Women's Acts

Plays by Women Dramatists
of Spain's Golden Age

TERESA SCOTT SOUFAS

EDITOR

THE UNIVERSITY PRESS OF KENTUCKY

Publication of this book was assisted by a grant from
The Program for Cultural Cooperation between
Spain's Ministry of Culture and United States Universities.

Scholarly publisher for the Commonwealth,
serving Bellarmine College, Berea College, Centre
College of Kentucky, Eastern Kentucky University,
The Filson Club, Georgetown College, Kentucky
Historical Society, Kentucky State University,
Morehead State University, Murray State University,
Northern Kentucky University, Transylvania University,
University of Kentucky, University of Louisville,
and Western Kentucky University.

Editorial and Sales Offices:
The University Press of Kentucky
663 South Limestone Street
Lexington, Kentucky 40508-4008

Library of Congress Cataloging-in-Publication Data

Women's acts : plays by women dramatists of Spain's Golden Age /
   Teresa Scott Soufas, editor.
         p.   cm.
   Includes bibliographical references (p.   ).
   ISBN 0–8131–1977–4 (cloth : alk. paper). —ISBN 0–8131–0889–6
(pbk. : alk. paper)
   1. Spanish drama—Women authors.   2. Spanish drama—Classical
period, 1500–1700.   I. Soufas, Teresa Scott, 1948–
PQ6218.5.W65W6   1997
862′.30809287—dc20   96-23710

This book is printed on acid-free recycled paper meeting
the requirements of the American National Standard
for Permanence of Paper for Printed Library Materials.

Manufactured in the United States of America

I dedicate this book to
my son Paul and his smile
and all that we share

Contents

Introduction

The plays contained in this collection reveal the authorial participation of seventeenth-century women dramatists in the great period known as Spain's Golden Age. Angela de Azevedo, Ana Caro Mallén de Soto, Leonor de la Cueva y Silva, Feliciana Enríquez de Guzmán, and María de Zayas y Sotomayor contributed to an artistic dimension that was male-dominated and, because of its public and performative nature, transcended the enclosed domestic spaces where many educated and privileged women of the period tended to write private pages for personal consumption. The theater, however, is an arena of display for a playwright's works through the physical gesture and utterances of actors playing roles before spectators. In an age when moralists still denounced women's public speech and activity, these women dramatists wrote and created performable and utterable works that, whether produced on stage or not, reveal each writer's familiarity with the theatrical conventions and literary/artistic practices of the period. They also promote a woman-centered resistance to the frequently staged myth of the lack of female agency in Golden Age dramas.

Among the issues addressed in the male- and female-authored *comedia* is that of woman's access to public speech and activity, portrayed as male privileges for which the depicted men are well prepared and in which they regularly busy themselves. Among the most recurrent dramatized situations are the arrangements for upper-class marriages and the often devastating results of a love affair—or even merely an openly acknowledged amorous attraction—for the woman involved in contrast to her male suitor. Such scenarios often reveal the patriarchal social tendency to objectify the woman who is the center of scrutiny; her sexuality becomes the basis for a multitude of dramatized complications that emphasize the contradictory nature of woman's dichotomous status, which categorizes her socially, literarily, and artistically as virgin/whore.[1]

What the plays in this volume share most strongly is an emphasis on male irresponsibility with regard to social mores and gender ideological demands. Located clearly within the Renaissance feminist approach, so cogently defined recently by Constance Jordan, these female playwrights do not overtly demand, in the modern revolutionary sense, an overturning of their age's value system. Rather, they expose, through their use of the artistic and theatrical myth of woman, the consequences for the females when the males, who control so many of the dramatized conditions of their lives, do not follow the patriarchal precepts themselves, behaving instead as shirkers who do not uphold the socio-political, religious, and philosophical tenets that prescribe the constructed gendered categories of behavior. Their plays by and large are studies of the disorderly man rather than the transgressive, disorderly woman, and as such are examples of Jordan's description of the Renaissance feminist approach:

Renaissance feminists spoke of powerlessness and objectification, but they tended to see the wretched condition of women as the consequence of the moral perversion of men, who failed to live up to the challenge of being fully human. They sought recognition for women as females and exponents of the feminine but also as a reason to reform the distorted humanity of men, to bring the other half of the human race into line. They understood that sexuality was a fact of life but they thought it related only to procreation. Gender was a far more comprehensive and significant category than was sex. For a man to be fully human meant that he had accepted his own obligation to cultivate the feminine virtues and recognized the masculine virtues in women. Women were correspondingly to exert themselves in ways traditionally required of men, to exercise their minds and bodies, in part for the sake of a humanist virtue, in part because such vitality was judged to be the best defense against male abuse.[2]

The dramas by Golden Age women, therefore, do not usually move toward anagnorisis for the female figures, who instead struggle throughout the plays to inspire reform, understanding, and repentance in their male companions and family members.

This volume contains three plays by Azevedo, two by Caro, and one each by Cueva, Enríquez, and Zayas. At the center of each of these works is a female character (or characters) whose response to the affection offered by one or more males is closely observed and critiqued by the surrounding dramatic figures. The women are trapped in a position of impossible resolution that becomes a social and emotional double bind. If they do not respond positively to the courtship overtures, they are relentlessly pursued by the enamored males, even in the face of serious consequences for their reputation and thus their social and physical safety. Those who return the affection suffer grave disappointment because their suitors either fail to fulfill promises of marriage or engage in unseemly behavior that disrupts familial and matrimonial harmony. In Caro's play *El conde Partinuplés*, for instance, the female protagonist is Empress of Constantinople, but from her subjects' perspective her monarchical authority is secondary to her role as unmarried woman. Her status as independent woman beyond the control of marital subordination to a male partner becomes the overriding concern of her subjects—all of whom are represented by males—to the point that she is threatened with loss of her empire and even her life if she does not choose a husband. The decision between matrimony and autonomy is a most problematical process for this character, whose authority will at best evolve into a shared monarchical experience; her body natural will be emphasized to the detriment of her body politic once she becomes the wife of the new emperor and the mother of his children.[3] In Cueva's play *La firmeza en la ausencia*, the issue of royal authority is also at stake. This time, however, the unquestioned power of a king is the force resisted only by the female protagonist. She consistently rejects the king's obsessive courtship of her because she loves another man, who himself is a member of the authoritative male socio-political hierarchy and is thus unable to disobey the king's self-serving assignment of him to distant military duty. The

woman's resistance to amorous suit becomes in this play the site of contention rather than the lauded model of proper behavior.

Caro's other play, *Valor, agravio y mujer*, incorporates a favorite Golden Age character in the figure of the cross-dressed Leonor, who must pursue the nobleman Juan after he abandons her and defaults on promises of marriage. The decision to dress and present herself as the male courtier Leonardo emphasizes the serious tone of the typical Spanish depiction of such a figure, for her masquerade has none of the comical aspects that define exemplary Shakespearean roles such as that of Rosalind in *As You Like It*. Leonor's words of protest and demands for justice will not be heard unless she is perceived as a male and can enter the closed patriarchal court circle. Azevedo's play *El muerto disimulado* likewise makes use of two cross-dressed characters, one male and the other female, whose ruses are motivated by the need to uncover the identity of a character and to expose the violent jealousy that provoked him to attempt murder. Although the stakes are different in this play, and there are comical moments that arise from the gender transgressions, such as confusion over mistaken identities, the serious tone is not abandoned. The resolution of the principal women characters' happiness depends upon the success of the disguised performances and the challenges the cross-dressed figures articulate to the represented gender ideology. The appearance of a man dressed as a woman is also a startling components of this drama. Unlike the English drama of that time, such cross-dressing was rare in Golden Age drama because women actors populated the theater companies. There was no general need in Spain for boy actors to impersonate women characters, and so Azevedo's cross-dressed Clarindo/Clarinda adds a means for further destabilization of gender ideology.

Two other plays contained in the present collection portray the contradictions faced by women enmeshed in the myth, typical of that day, that they can find fulfillment in the limited gendered categories. In Azevedo's play *La margarita del Tajo que dio nombre a Santarén*, the two acceptable states for adult women in Renaissance and Baroque Spain—marriage and religious calling—are the options chosen by the two aristocratic female characters. In a match based on mutual love,

Rosimunda marries Felisardo, who likewise enjoys the unusual freedom granted to him by his parents to choose his own bride. His subsequent illicit, unreciprocated, and obsessive desire for the nun Irene disrupts all their lives and reveals that a peaceful and contented life for a woman is not guaranteed, even if she follows the tenets of society's gender ideology and wholeheartedly embraces its narrow range of possibilities for her respectability. The disorder caused by the male's desire, his refusal to accept that his attraction to the nun is not mutual, and his emotional abandonment of his chosen wife are shown in the play to be beyond human capacity to resolve. The women suffer, although they are in no way responsible for the complicated situation.

Zayas's *La traición en la amistad* approaches the socially constructed gender categories by means of a female character who consciously adopts problematical male behavior patterns in courtship relations, such that she refuses to settle on one suitor, openly encourages the attentions of numerous men, and leads each of them on with promises of devotion but with little conviction. The societal reaction against this female who adopts the conventional courtship morality of males is different from that enjoyed by the typical theatrical *galanes*, including those portrayed in this play. Her women friends treat her as a disruptive force and denounce her because she interferes with their own desires to marry the men they prefer, all of whom have been involved with the unconventional protagonist. Whereas the typical *comedia* plot of courtship complications resolves in the reabsorption, permanently or at least seemingly so, of an errant male into the social and moral community, the reincorporation of a female version of such a character in this play is more troublesome.

The play by Enríquez is one half of a two-part work, the independent halves of which do not support each other in plot or theme. Sharing only a few characters in common with its preceding companion piece, the *Segunda parte de la Tragicomedia de los jardines y campos sabeos* dismantles the unions of lovers accomplished earlier in the *Primera parte*. The latter dramatizes the slow progress toward two romantic pairings among young royal protagonists who, like many of their sort, must overcome parental opposition and schemed villainy in order to proclaim their wedding plans in the last scene. In the *Segunda parte*, however, these matches have been abandoned and new ones are promoted, but with much of the dramatic action and dialogue devoted to extraneous matters. All elements of the plots in both of Enríquez's dramas are portrayed by means of subverted theatrical practices (such as the scant dramatic space and time devoted to the central story; mixing of mortal and mythological figures; much dialogue dedicated to issues that do not further the plot) due to this playwright's challenge to Lope de Vega's *comedia nueva*. She insists in one of her theoretical pieces that accompanies the second play that her drama not be presented in the popular playhouses but rather must be read in aristocratic circles by those few who can appreciate her adherence to classical precepts, which, she nevertheless discloses, she has handled with poetic license. Her dramatizations have a seemingly contradictory theoretical bias; she demands that they be understood as something both new in Spain from a dramaturgical standpoint yet part of a novel approach that consists of writing plays based on the ancient rules for drama.

Unlike her female peers herein represented, who subscribe rather faithfully to the dramatic precepts of the *comedia nueva*, Enríquez presents herself as a challenger to the Lopean model by means of her purported adherence to classical formal principles and her rejection of the public playhouse, a stance that Lope himself ironically alleges to support but supposedly abandons due to commercial demands of a public that craves potboilers instead of intellectual exercises. Because she prefers the more elegant classical dramatic medium, Enríquez favors noble court, palace, and salon as sites for her presentations, where her audience is a more highly educated group able to understand, she asserts, the more sophisticated elements of her five-act dramas. Like Lope's frequently sarcastic *Arte nuevo de hacer comedias*, Enríquez's pronouncements are also at times self-contradictory, as she claims the freedom to interpret and organize to her own liking the classical precepts. Even the interludes she composed to intercalate between the acts of her two-part play reflect to an extent the dramas they accompany, for they do not depend on action for their dramatic effect. Like the plays, but via farcical mythological figures in comical discussion, the short pieces dramatize issues concerning marriage contracts and royal privileges.

Many scholarly studies of the history of the Spanish theater precede my introduction to this collection and provide a description for the interested reader of the development of a national and popular secular dramatic form known as the *comedia*.[4] From its more ritualistic origins in the medieval re-enactments of sacramental and religiously festive moments that offered neither dramatic distance between the audience and the figures enacting the prefixed biblical roles, nor composed poetic script, nor any sense of a self-contained dramatic dimension, the theater evolved during the sixteenth century into a form of entertainment that paralleled the Renaissance stage in other countries.[5] From the standpoint of an artistic spectacle to be enjoyed by observers who did not participate in the depicted world, the early classical Spanish drama moved eventually, by the end of the sixteenth century, from salon and palace hall to the boards of the popular theaters known as the *corrales* established in some of the largest cities, such as Madrid, Seville, and Valencia. At this point, theater history records the presence of Lope de Vega in the circles of the Madrid dramatists and the birth of the dramatic form so strongly associated with him and known as the *comedia nueva*: "a mixed drama that represented the culmination of a long, slow process of democratization of the Spanish drama since the days of [Juan del] Encina's court plays," and with it a "well-organized national theater which had a strong sense of its own identity and which was an integral part of the social and ideological life of the capital came fully into existence."[6]

The *comedia* is graced with a rich tradition of definition, beginning with Lope's early seventeenth-century *Arte nuevo de hacer comedias en nuestro tiempo* and extending to the present.[7] In general, the secular *comedia* is a full-length dramatic form that combines comic and serious plot elements represented through frequently portrayed characters such as the upper-class *galán* and *dama*, often depicted in some sort of love intrigue, and the *gracioso*, usually servant to the *galán* and paired humorously in a love affair with one of the *dama's* female servants. Other "complicating characters," as McKendrick labels them, are "figures of authority such as fathers, husbands or brothers, or figures of subversion such as rivals, jealous suitors, enemies, even the Devil."[8] Plot complications abound in the typical *comedia* with "a variety of material from ancient mythology, the Bible, the lives of saints, ancient history, medieval legends, Spanish history, the subject of Italian novelists, and Spanish life in the seventeenth century."[9] Love and honor tend to be consistent components as well.[10]

The public and professional playhouses to which Lope and his male colleagues contributed their dramatic works do not seem to have been open in the same way to women dramatists. Influential males like Lope and Juan Pérez de Montalbán evince familiarity with some of Caro's and Zayas's playtexts, and we also know that Caro received payment for composition of two *autos sacramentales* for observances of the Corpus Christi festival in Seville in the 1640s. No references have surfaced, however, about performances of any of the secular works included in this anthology.[11] This reflects more on the gender ideology of the day than on the performability of the plays in question, for each of these dramatic pieces suggests its author's thorough familiarity with the *comedia*, its poetics, and with dramatic possibilities for challenging cultural and artistic assumptions.

In preparing this edition of the plays included here, I have opted for offering a modernized version with regard to spelling and punctuation, although I realize that this alters, in each instance, the version with which I began. I have likewise used as my source the oldest text or manuscript in all but one case. Both Cueva's and Zayas's are autograph manuscripts and the only extant copies. For Caro's *El conde Partinuplés*, two seventeenth-century copies exist, one printed and the other handwritten. Since the handwritten copies are likely to be copies of the printed ones, as Blecua asserts, I have used the printed version as my basis and have supplied notes on the variants with regard to the contemporary manuscript.[12] For *Valor, agravio y mujer* one seventeenth-century manuscript exists, predating the next version by a century and serving as source. The copies of the printed texts of Enríquez's works carry the dates 1624 and 1627, respectively, but I have reversed my practice in her case and have based my version of the *Segunda parte de la Tragicomedia de los jardines y campos sabeos* on the later edition because it is more complete, published as it is with her theoretical pieces and the corrections to the play and its accompanying elements that the playwright herself sanctioned. Azevedo's texts exist in printed form, one copy each for *La margarita del Tajo* and *El muerto disimulado* and two identical ones for *Dicha y desdicha del juego*. My goal has been to provide a clear and readable copy that will be of use to scholars and students of Golden Age literature. In the case of some lines in the early copies of the plays, moreover, and in Zayas's manuscript in particular, the source copy is flawed. For example, careless attribution of speeches to the wrong character mars the readerly reception of a play, or in a few places a word is left out and must be editorially supplied for the sake of the poetic rhythm. Thus, I have made editorial decisions based upon the textual material about how to compensate for these inconsistencies in the seventeenth-century scripts in order to provide texts that are as complete as possible.

In this undertaking, I am sympathetic to Stephen Orgel's discussion of the misguided efforts to produce the pure and original Shakespeare text. He writes:

But all readings of Shakespeare, from the earliest seventeenth-century adaptations through eighteenth-century attempts to produce "authentic" or "accurate" texts to the liberal fantasy of the old Variorum Shakespeare, have been aware of deep ambiguities and Shakespeare's errors and generally revised them through plausible emendation or outright rewriting. The argument was that Shakespeare wrote in haste and would have written more perfect plays had he taken time to revise; the corollary to this was, of course, that what we want are the perfect plays Shakespeare did not write rather than the imperfect ones that he did. A little later the errors became not Shakespeare's but those of the printing house, the scribe, the memory of the reporter or the defective hearing of the transcriber; but the assumption has always been that it is possible to produce a "perfect" text: that beyond or behind the ambiguous, puzzling, inconsistent text is a clear and consistent one.[13]

With more specific references to particular textual issues in Shakespeare's *The Tempest*, Orgel concludes this argument with the assertion: "This is our myth: the myth of a stable, authentic, legitimate text, a text that we can think of as Shakespeare's legitimate heir."[14]

The plays contained in this collection, furthermore, must at this time be appreciated as texts and not as performances, for without substantiating information about their representations, we cannot contemplate—in the same way that we can about a play by Lope, Calderón, Mira de Amescua, or Tirso—the "gap between the text and its performance" or the "imagination intervening between the texts and their audiences . . . the imagination of producer, director, or actor."[15] Because women dramatists' theatrical experience did not seem to afford the same openings to public and professional exposition, their texts have not undergone the countless efforts to resolve their instability that many male-authored texts have. My aim is not only to impose my editorial imagination upon these texts, but, more importantly, to bring them to the attention of a public that can appreciate them, use them, and destabilize them further through commentary, reading approaches, and even perhaps performance.

In the pages that follow, therefore, the punctuation is modern. I have standardized spellings through dependence on the current print practices with regard to the letters "u" and "v," giving each letter its modern pronunciative value. Throughout I have, nevertheless, maintained some older forms and spellings when a change would disturb either the metric count of the poetry or the rhyme (for example, "mesmo," "quedastes," "pudiere," "agora"). In the *entremés* by Enríquez, however, I have left the majority of the rustic and/or antiquated terms since their comic register carries part of the literary and performative value of this two-part piece.

I have also been consistent in including any stage directions parenthetically, as is additionally the case with the notation "Ap." for characters' asides. The character names for each speech are to the left of the dialogue, and the breaking of poetic lines at the change of speech attribution is bridged with indentions. I have provided notes to explain editorial decisions about certain aspects of the modernization of the text at hand and about terms that are likely to be unfamiliar to today's readership and audiences. I have not generally given definitions for words easily found in a comprehensive modern dictionary. Before each section of a dramatist's play or plays, I have provided a discussion of that writer's life and professional activity, synopses of the work(s), and a select bibliography applicable to that playwright and her work and concerns, generally from about 1970 forward. A select bibliography of recent works on Spanish Golden Age drama and issues of women's social and artistic lives in Renaissance and Baroque European society also follows this introduction.

Other recent editions of some of the plays in my multi-work edition do exist, but some are not easily available. The early twentieth-century printing of the plays *Valor, agravio y mujer* by Caro, *La firmeza en la ausencia* by Cueva, three acts of Enríquez's five-act *Primera parte de la Tragicomedia los jardines y campos sabeos*, some of her interludes and her theoretical "Carta ejecutoria," as well as *La traición en la amistad* by Zayas are found in the four-volume collection of women's writings by Manuel Serrano y Sanz (reprinted in 1975). An edition of Caro's *El conde Partinuplés* is also found in volume 49 of the multi-volume collection by the Biblioteca de Autores Españoles. Very recently, Louis C. Pérez has produced an edition of Enríquez's two-part play with its accompanying pieces, and Lola Luna has published a single edition each of Caro's *El conde Partinuplés* and *Valor, agravio y mujer.* The only anthological edition, published in Spain last year, is entitled *Teatro de mujeres del Barroco*. It contains only three works: the full plays by Cueva and Zayas and one *entremés* by Enríquez. A more comprehensive anthology of works by Golden Age women playwrights, comparable to the many available for male playwrights, does not exist. This volume of plays is meant to correct that imbalance.

It gives me great satisfaction to know that I am not alone in such an endeavor, and that my counterparts are at work in fields allied to my own. Very recently, for instance, Professor Susan Pickett of Whitman College, a musician who throughout her professional education and early career never heard of or played any music composed by a woman, began to investigate this issue further.[16] Three years ago, Pickett's curiosity about the absence of women composers in the music canon led her to information about the many women who have been victims of the gender ideology that imposes silence and enclosure on female musicians just as it has on female writers.

Having devoted time and energy to archival research in the Library of Congress's holdings of published pieces by numerous women, Pickett has catalogued more than six hundred pieces for violin and piano written by one hundred and seventy-five women and has copied three thousand pages of manuscripts. Publishing and performing such works helps fulfill Professor Pickett's defined goal: "to revive the best works of some 6,000 known women composers and unearth other scores by women who have gone unnoticed."[17]

In the dimension of dramatic texts, my goal is the same, and so I offer to the mixed and overlapping communities of academicians, teachers, students, and theater enthusiasts this collection of women-authored seventeenth-century plays so that we may all break the silence that has engulfed them.

NOTES

1. See Teresa S. Soufas, *Dramas of Distinction: A Study of Plays by Golden Age Women*, in press.

2. Constance Jordan, *Renaissance Feminism: Literary Texts and Political Models*, 9.

3. For further discussion of the issue of the monarch's two bodies in the context of queenship, see Margaret L. King, *Women of the Renaissance*, 157-62; Theodora A. Jankowski, *Women in Power in the Early Modern Drama*, 133-38; and Soufas, *Dramas of Distinction*.

4. Some of these studies are: José María Diez Borque, *Sociedad y teatro en la España de Lope de Vega*; J.M. Ruano de la Haza, ed., *El mundo del teatro español en su Siglo de Oro: ensayos dedicados a John E. Varey*; Melveena McKendrick, *Theater in Spain 1490-1700*; Ronald E. Surtz, *The Birth of a Theater: Dramatic Convention in the Spanish Theater from Juan del Encina to Lope de Vega*; J.E. Varey, *El teatro clásico español: Cosmovisión y escenografía*; Edwin M. Wilson and Duncan Moir, *A Literary History of Spain: The Golden Age Drama 1492-1700*; Margaret Wilson, *Spanish Drama of the Golden Age*; and Henryk Ziomek, *A History of Spanish Golden Age Drama*, among others.

5. See Charlotte Stern, "The Early Spanish Drama: From Medieval Ritual to Renaissance Art," 177-201; and Walter Cohen, *Drama of a Nation*, 129-35.

6. McKendrick, *Theater*, 67.

7. See A. Robert Lauer, "The *Comedia* and Its Modes," 157-78.

8. McKendrick, *Theater*, 73.

9. Ziomek, *A History*, 40.

10. The hybrid nature of the mixed comic and tragic or serious elements offended many of the more artistically conservative intellectuals. Among those pronouncing against the *comedia nueva* were writers such as Cristóbal Suárez de Figueroa, Francisco Cascales, Alonso López Pinciano, and Pedro Torres Rámila. They, in turn, were answered by *comedia* supporters such as Alonso Sánches de Moratalla, Francisco Bances Candamo, and the contemporary playwright Tirso de Molina.

11. About the details of the commission of these *autos* and their performances, see Amy Kaminsky, "Ana Caro Mallén de Soto," in *Spanish Women Writers: A Bio-Bibliographical Source Book*, 86-97 and Ruth Lundelius, "Ana Caro: Spanish Poet and Dramatist," In *Women Writers of the Seventeenth Century*, 228-50; Lola Luna, ed., *Ana Caro, "Valor, agravio y mujer,"* 9-14; and idem, ed., *Ana Caro, "El conde Partinuplés,"* 1-9.

12. A. Blecua, *Manual de crítica textual*, 213.

13. Orgel, Stephen. "Prospero's Wife," in *Rewriting the Renaissance: The Discourses of Sexual Difference in Early Modern Europe*, 53.

14. Orgel, "Prospero's Wife," 53. Orgel further contends: "These are texts that have always had to be realized. Initially unstable, they have remained so despite all attempts to fix them. All attempts to produce an authentic, correct, that is, stable text have resulted only in an extraordinary variety of versions. Their differences can be described as minor only if one believes that the real play is a Platonic idea, never realized but only approached and approximately represented by its text" ("Prospero's Wife," 53). For more discussion of related issues, see Stephen Orgel, "What Is a Text?" in *Staging the Renaissance: Reinterpretations of Elizabethan and Jacobean Drama*, 83-87.

15. Orgel, "Prospero's Wife," 53.

16. Susan Pickett, "Reviving Women's Arts," in *The Chronicle of Higher Education*, A5.

17. Ibid.

SELECTED BIBLIOGRAPHY

Anderson, Bonnie S., and Judith P. Zinsser. *A History of Their Own: Women in Europe from Prehistory to the Present*. Vol. I. New York: Harper and Row, 1988.

Babb, Lawrence. *The Elizabethan Malady*. East Lansing: Michigan State College Press, 1951.

Bleuca, A. *Manual de crítica textual*. Madrid: Gredos, 1987.

Bravo-Villasante, Carmen. *La mujer vestida de hombre en el teatro español: siglos XVI-XVII*. Madrid: Revista de Occidente, 1955.

Casa, Frank P., and Michael D. McGaha, eds. *Editing the "Comedia."* Ann Arbor: Dept. of Romance Languages, University of Michigan, 1985.

Case, Sue-Ellen, and Janelle Reinelt, eds. *The Performance of Power: Theatrical Discourse and Politics*. Iowa City: Univ. of Iowa Press, 1991.

Cohen, Walter. *Drama of a Nation: Public Theater in Renaissance England and Spain*. Ithaca: Cornell Univ. Press, 1985.

Cotarelo y Mori, Emilio. *Bibliografía de las controversias sobre la licitud del teatro en España*. Madrid: Revista de Archivos, Bibliotecas y Museos, 1904.

Cotton, Nancy. *Women Playwrights in England 1363-1750*. London: Associated Univ. Presses, 1980.

Cruz, Anne J., and Mary Elizabeth Perry, eds. *Culture and Control in Counter-Reformation Spain*. Minneapolis: Univ. of Minnesota Press, 1992.

de Toro, Alfonso. "El drama de honor y su sistema: 'proximación semiótica a los términos de 'tragoedia', 'comoedia' y 'tragicomedia'." *Gestos* 1(1986): 53-72.

"'Tragoedia', 'comoedia' y 'tragicomedia' española en los siglos XVI y XVII. (Segunda parte)" *Gestos* 2(1986): 39-56.

Diez Borque, José María. *Los géneros dramáticos en el siglo XVI: El teatro hasta Lope de Vega*. Madrid: Taurus, 1987.

———. *Sociedad y teatro en la España de Lope de Vega*. Barcelona: Bosch, 1978.

———. *Sociología de la comedia española del siglo XVII*. Madrid: Cátedra, 1976.

Ferguson, Margaret W., Maureen Quilligan, and Nancy J. Vickers, eds. *Rewriting the Renaissance: The Discourses of Sexual Difference in Early Modern Europe*. Chicago: Univ. of Chicago Press, 1986.

Fernández Alvarez, Manuel. *La sociedad española en el Siglo de Oro*. Madrid: Editora Nacional, 1983.

Gossy, Mary S. *The Untold Story: Women and Theory in Golden Age Texts*. Ann Arbor: Univ. of Michigan Press, 1989.

Green, Otis H. *Spain and the Western Tradition*. Vol. 3. Madison: Univ. of Wisconsin Press, 1965.

Jackson, Stanley W. *Melancholia and Depression from Hippocratic Times to Modern Times*. New Haven: Yale Univ. Press, 1986.

Jankowski, Theodora A. *Women in Power in the Early Modern Drama*. Urbana: Univ. of Illinois Press, 1992.

Jordan, Constance. *Renaissance Feminism: Literary Texts and Political Models*. Ithaca, N.Y.: Cornell Univ. Press, 1990.

José Prades, Juana de, ed. *Lope de Vega: "El arte nuevo de hacer comedias en este tiempo."* Madrid: Consejo Superior de Investigaciones Científicos, 1971.

Kamen, Henry. *Golden Age Spain*. London: MacMillan, 1988.

Kaminsky, Amy. "Ana Caro Mallén de Soto." In *Spanish Women Writers: A Bio-Bibliographical Source Book*. Ed. Linda Gould Levine, Ellen Engelson Marson, and Gloria Feiman Waldman, 86-97. Westport, Conn.: Greenwood Press, 1993.

Kelly, Joan. *Women, History, and Theory: The Essays of Joan Kelly*. Chicago: Univ. Chicago Press, 1984.

Kelso, Ruth. *Doctrine for the Lady of the Renaissance*. Urbana: Univ. of Illinois Press, 1978.

King, Margaret. *Women of the Renaissance*. Chicago: Univ. of Chicago Press, 1991.

Laurer, A Robert. "The *Comedia* and Its Modes." *Hispanic Review* 63 (1995): 157-78.

Levine, Linda Gould, Ellen Engelson Marson, and Gloria Feiman Waldman, eds. *Spanish Women Writers: A Bio-Bibliographical Source Book*. Westport, Conn.: Greenwood Press, 1993.

Luna, Lola, ed., *Ana Caro, "El conde Partinuplés."* Kassel: Edition Reichenberger, 1993.

———, ed. *Ana Caro, "Valor, agravio y mujer."* Madrid: Castalia, 1993.

Lundelius, Ruth. "Ana Caro: Spanish Poet and Dramatist." In *Women Writers of the Seventeenth Century*. Ed. Katharina M. Wilson and Frank J. Warnke, 228-50. Athens: Univ. of Georgia Press, 1989.

MacLean, Ian. *The Renaissance Notion of Woman*. Cambridge: Cambridge Univ. Press, 1980.

Maravall, José Antonio. *Teatro y literatura en la sociedad barroca*. Madrid: Seminarios y Ediciones, 1972.

McGaha, Michael, and Frank P. Casa. *Editing the "Comedia" II*. Ann Arbor: Dept. of Romance Languages, University of Michigan, 1991.

McKendrick, Melveena. *Theater in Spain 1490-1700*. Cambridge: Cambridge Univ. Press, 1989.

————. *Woman and Society in the Spanish Drama of the Golden Age*. Cambridge: Cambridge Univ. Press, 1974.

Miller, Nancy K., ed. *The Poetics of Gender*. New York: Columbia Univ. Press, 1986.

Newels, Margarete. *Los géneros dramáticos en las poéticas del Siglo de Oro*. Trans. Amadeo Sole-Leris. London: Tamesis, 1974.

Orgel, Stephen. "Prospero's Wife." In *Rewriting the Renaissance: The Discourses of Sexual Difference in Early Modern Europe*. Ed. Margaret W. Ferguson, Maureen Quilligan, and Nancy J. Vickers, 50-64. Chicago: Univ. of Chicago Press, 1986.

————. "What is a Text?" In *Staging the Renaissance: Reinterpretations of Elizabethan and Jacobean Drama*. Ed. David Scott Kastan and Peter Stallybrass, 83-87. New York: Routledge, 1991.

Orozco Díaz, Emilio. *El teatro y la teatralidad del Barroco*. Barcelona: Planeta, 1969.

Pérez, Louis C., ed. *The Dramatic Works of Feliciana Enríquez de Guzmán*. Valencia: Albatrós, 1988.

Susan Pickett. "Reviving the Work of Woman Composers." *Chronicle of Higher Education*, 12 Oct. 1994. A5.

Rico, Francisco, ed. *Historia y crítica de la literatura española. Siglo de Oro: Barroco*. Barcelona: Crítica, 1983.

Rodríguez, Evangelina. "Editing Theater: A Strategy for Reading, an Essay about Dramaturgy." In *The Politics of Editing*. Ed. Nicholas Spadaccini and Jenaro Talens, 95-109. Minneapolis: Univ. of Minnesota Press, 1992.

Rose, Mary Beth, ed. *Women in the Middle Ages and the Renaissance*. Syracuse, N.Y.: Syracuse Univ. Press, 1986.

Ruano de la Haza, J.M., ed. *El mundo del teatro español en su Siglo de Oro: ensayos dedicados a John E. Varey*. Ottawa: Dovehouse Editions Canada, 1989.

Ruiz, Elena. "Crítica textual. Edición de textos." In *Métodos de estudio de la obra literaria*. Ed. José María Diez-Borque, 72-73. Madrid: Taurus, 1985.

Ruiz Ramón, Francisco. *Historia del teatro español*. Madrid: Cátedra, 1988.

Salstead, M.I. *The Presentation of Women in Spanish Golden Age Literature: An Annotated Bibliography*. Boston: G.K. Hall, 1980.

Sánchez Escribano, Federico, and Alberto Porqueras Mayo. *Preceptiva dramática española del renacimiento y el barroco*. Madrid: Gredos, 1972.

Serrano y Sanz, Manuel de. *Apuntes para una biblioteca de escritoras españolas*. Vols. 268-271. Madrid: Biblioteca de Autores Españoles, 1975.

Shergold, N.D. *A History of the Spanish Stage from Medieval Times until the End of the Seventeenth Century*. Oxford: Clarendon, 1969.

Soufas, Teresa S. *Dramas of Distinction: A Study of Plays by Golden Age Women*. Lexington: Univ. Press of Kentucky, 1997.

————. *Melancholy and the Secular Mind in Spanish Golden Age Literature*. Columbia: Univ. of Missouri Press, 1990.

Stern, Charlotte. "The Early Spanish Drama: From Medieval Ritual to Renaissance Art." *Renaissance Drama*, n.s. 6 (1973): 177-201.

Stoll, Anita K., and Dawn Smith, eds. *The Perception of Women in Spanish Theater of the Golden Age*. Lewisburg, Penn: Bucknell Univ. Press, 1991.

Surtz, Ronald E. *The Birth of a Theater: Dramatic Convention in the Spanish Theater from Juan del Encina to Lope de Vega*. Princeton: Princeton Univ. Press, 1979.

Varey, J.E. *El teatro clásico español: Cosmovisión y escenografía*. Madrid: Castalia, 1987.

Virgil, Mariló. *La vida de las mujeres en los siglos XVI y XVII*. Madrid: Siglo Venitiuno, 1986.

Wardropper, Bruce W. "La comedia española." In Francisco Rico, ed. *Historia y crítica* (Barcelona: Crítica, 1983), 239-47.

————. *Teoría de la comedia: La comedia española del Siglo de Oro*. Barcelona: Editorial Ariel, 1978.

Wilson, Edward M., and Duncan Moir. *A Literary History of Spain: The Golden Age Drama 1492-1700*. London: Ernest Benn, 1971.

Wilson, Katharina M. *Women Writers of the Renaissance and Reformation*. Athens: Univ. of Georgia Press, 1987.

Wilson, Katharina M., and Frank J. Warnke, eds. *Women Writers of the Seventeenth Century*. Athens: Univ. of Georgia Press, 1989.

Wilson, Margaret. *Spanish Drama of the Golden Age*. Oxford: Pergamon Press, 1969.

Ziomek, Henryk. *A History of Spanish Golden Age Drama*. Lexington: Univ. Press of Kentucky, 1984.

REFERENCE BOOKS CONSULTED

A New Pronouncing Dictionary of the Spanish and English Languages. Chicago: Wilcox and Follett.

Breve diccionario etimológico de la lengua castellana. Ed. Joan Corominas. Madrid: Gredos, 1973.

Bulfinch's Mythology (Mythology by Thomas Bulfinch). Ed. Edmund Fuller. New York: Dell, 1973.

Classical Mythology. Mark P.O. Morford and Robert J. Lenardon. New York: David McKay, 1973.

Collins Spanish Dictionary. London: Collins, 1971.

Diccionario de autoridades. Edición facsímil. Madrid: Gredos, 1979. (*Aut*.)

Diccionario de la lengua española. Madrid: Real Academia Española, 1956. (Real Ac.)

Diccionario de refranes. Ed. Juana G. Campos and Ana Barella. Madrid: Espasa-Calpe, 1993.

Dictionary of Mythology. Ed. Bergen Evans. New York: Dell, 1973.

Gran Enciclopedia Rialp. Madrid: Rialp, 1989.

Enciclopedia Universal Ilustrada. Madrid: Espasa-Calpe, 1955.

Ensayo de un diccionario español de sinónimos y antónimos. Ed. F.C. Sainz de Robles. Madrid: Aguilar, 1973.

Lapesa, Rafael. *Historia de la lengua española*. Madrid: Escelicer, 1968.

Refranero del Marqués de Santillana. Ed. María Josefa Canellada. Madrid: Editorial Magisterio Español, 1980.

Refranero general ideológico español. Ed. Luis Martínez Kleiser. Madrid: Real Academia Española, 1953.

The Book of Saints: A Dictionary of Persons Canonized or Beatified by the Catholic Church. New York: Thomas Y. Crowell, 1966. (*Book*)

The New Columbia Encyclopedia. Ed. William H. Harris and Judith S. Levey. New York: Columbia Univ. Press, 1975.

The New Encyclopaedia Britannica. Chicago: Benton, 1980. (*Encyc. Brit.*)

Velázquez. *A New Pronouncing Dictionary of the Spanish and English Languages*. Chicago: Wilcox and Follett. (*Veláz.*)

Angela de Azevedo

INTRODUCTION

Angela de Azevedo was born in Lisbon, Portugal, probably in the first years of the seventeenth century, to Juan de Azevedo Pereira and his second wife, Isabel de Oliveira, a couple connected with courtly life through his service as "hidalgo de la Casa Real."[1] They were in a position to provide their daughter with an education and intellectual opportunities such that, as one of the very few commentators on her life and works says of her: "tuvo fama de ingeniosa, discreta y hermosa."[2] Moving to Madrid with her parents, Azevedo served Queen Isabel de Borbón in Philip IV's court as lady-in-waiting, a position in which the queen, it is reported, "le distinguió con especial afecto."[3] The palace setting must have provided Azevedo with ample exposure to literary and artistic peers with whom she participated in the world of arts and letters and of which the Hapsburg monarch was a famed patron. That her three extant plays call for frequent use of extensive stage machinery and props indicates that she enjoyed the advantages of court sponsorship and perhaps its more elaborate staging opportunities. No records have been found about representations of her plays in the popular theater, and so, if staged, we must assume that they provided entertainment for private, aristocratic, and royal audiences. In Madrid, Azevedo married a highborn man, and upon his death, she entered a Benedictine convent with her only daughter. No information about which convent she entered is available, but it was there that she apparently spent her remaining years.

All but one of the copies of the printed texts of Azevedo's plays are housed in the rare book section of the Biblioteca Nacional de España in Madrid: *Dicha y desdicha del juego y devoción de la Virgen*, 21435; *La margarita del Tajo que dio nombre a Santarén*, T 33142; and *El muerto disimulado*, 19049. One copy of *Dicha y desdicha del juego* is in the British Museum in London, 11.728 a. 28, a text I was unable to consult but one that is, as indicated by Barbeito Carneiro, identical to the Madrid copy.

Dicha y desdicha del juego y devoción de la Virgen reflects not only Azevedo's ties to Portugal with its setting in Oporto but also her creative enthusiasm for complicated stagings and her ability to devise scenes necessitating stage machinery to effect the movement of supernatural characters and divine interventions. The play concerns the plight of two noble but impoverished siblings whose marriage hopes seem initially dashed because the sister, María, has no dowry to offer, and the brother, Felisardo, cannot enhance the wealth of a prospective wife's family. The advantage that both hold against the difficulties caused by Felisardo's very wealthy rival, Fadrique, is their devotion to the Virgin Mary. When Felisardo goes to extreme lengths to reverse his economic troubles through a gambling match with Fadrique, he almost wins Fadrique's fortune. One final hand,

1

however, turns the tables again, and his next bet is a cruel and improper one that threatens further devastation for his family. Felisardo's misfortune is aggravated by the Devil, who appears on stage at several moments in the play and even tempts Felisardo into a damning pact. Thanks to the appearance of the Virgin, in a scene demanding stage machinery so that the figures can fly through the air, the Devil's influence is diminished and the characters' problems are resolved.

Azevedo's play *La margarita del Tajo que dio nombre a Santarén* is a drama set in southern Portugal. It reveals the author's strong connections to her native country not only through the depicted location but also through the dramatization of the story of Saint Irene (or Santa Iria), a tale famous in the hagiography of Portugal as well as Portuguese balladry.[4] Set in the fourth century, the play depicts Irene's struggle to avoid the amorous attentions of Britaldo, a newly married nobleman who neglects his devoted wife Rosimunda and is obsessed with the religious woman unavailable to him. Both of the women epitomize social propriety in that they each embrace one of the acceptable roles for women in seventeenth-century Catholic nations, that is, wife or nun. The men, however, do not respect the integrity of these social categories. As the play unfolds, Irene is beset not only by Britaldo's amorous attentions, but also by those of her mentor and protector, the monk Remigio. Azevedo's play follows the traditional plot of the saint's biography, except that she adds the character of Rosimunda and reworks God's part. Through His representative, an angel dressed and behaving as a standard theatrical *galán*, God, the heavenly Spouse of the nun Irene, expresses jealousy. The tensions fluctuate throughout the drama as Irene comes close to making Britaldo understand her depth of dedication to the religious life, but due to a particularly heinous trick on Remigio's part, she is shamed and becomes the martyred victim of Britaldo's own blind jealousy.[5]

The third play by Azevedo, *El muerto disimulado*, dramatizes conventional elements of Golden Age plays such as the separation of lovers and their struggles either to accept their mutual loss or to regain past hope and happiness. Azevedo uses the popular figure of the cross-dressed female in this process, but stretches the possibilities of such a dramatization by also including a cross-dressed male character. Treachery, a purported homicide, and arranged marriages that the younger characters resist are all part of the intrigue and difficulties that must be overcome before couples can be reunited and order restored. This play, likewise, provides a historical background through references to various characters' participation in the so-called "Armada de Saboya." Such an allusion probably indicates a period of time that encompassed the entire sixteenth century, when the region in northern Italy, which included the Duchy of Savoy, was contested because of its crucial position for access to northern Europe. These tensions led to military action from 1598 to 1648, the period during which Portugal was still annexed to Spain (1580 to 1640). It was thus reasonable to depict Portuguese and Spanish characters participating together in campaigns on Italian soil for the sake of political and economic interests of the Iberian Peninsula.

The present edition of the three plays is based on the seventeenth-century printed text of each of them, which appear to be from the same press but have no indication of place or date of publication. Each text is printed in double column, with the first page carrying the title and the author's name; there is no cover sheet. *Dicha y desdicha* has 56 pages; *La margarita del Tajo*, 62 pages; and *El muerto disimulado*, 56 pages. It is likely that Azevedo composed her plays during the period of her court service to Queen Isabel, who reigned from 1621 until her death in 1644.

NOTES

1. Manuel Serrano y Sanz, *Apuntes para una biblioteca de escritoras desde el año 1401 al 1833*, 10. See also Domingo de Garcia Peres, *Catálogo razonado de los autores portuguese que escribieron en castellano*, 7.

2. Sources of information on Azevedo'a life are: Serrano y Sanz, *Apuntes*, 7; Cayetano Alberto de la Barrera y Leirado, *Catálogo bibliográfico y biográfico del teatro antiguo español*, 4; Damiae de Froes Perim, *Theatro Heroino, abecedario historico, e catalogo das mulheres illustres em armas, letras, accoens heroica, e artes liberaes*, 493-94; Diogo Barbosa Machado, *Bibliothece Lusitana*, I:175; Garcia Peres, *Catálogo razonado*, 7; and María Isabel Barbeito Carneiro, *Escritoras madrileñas del siglo XVII*, I:78-88.

3. Barbeito Carneiro, *Escritoras madrileñas*, 78.

4. See Almeida Garretta, *Viagens na minha terra*, 189-93 and Amorim Rosa, *Historia de Tomar*, 26-31.

5. Rosa, *Historia de Tomar*, 29, lists thirty-five literary, historical, and hagiographic works written in Spanish and Portuguese on Santa Irene from 1528 to 1667.

SELECTED BIBLIOGRAPHY

Barbeito Carneiro, Maria Isabel. *Escritoras madrileñas del siglo XVII. (Estudio bibliográfico-critico.)* Vol. 1. Madrid: Editorial de la Universidad de Madrid, 1986.

Barbosa Machado, Diogo. *Bibliothece Lusitana.* Lisbon: n.p., 1741-1759.

Barrera y Leirado, Cayetano Alberto de la. *Catálogo bibliográfico biográfico del teatro antiguo español.* Madrid: Rivadeneyra, 1860.

Froes Perim, Damiao de. *Theatro Heroino, abecedario historico, e catalogo das mulheres illustres em armas, letras, accoens heroica, e artes liberaes.* Lisbon: Academia Real, 1740.

Garcia Peres, Domingo de. *Catálogo razonado de los autores portuguese que escribieron en castellano.* Madrid: Colegio Nacional de Sordo-Mudos y de Ciegos, 1890.

Garrett, Almeida. *Viagens na minha terra.* Oporto: Livraria Arnado, 1977.

Rosa, Amorim. *Historia de Tomar.* Tomar: Gabinete de Estudos Tomarenses, 1965.

Serrano y Sanz, Manuel de. *Apuntes para una biblioteca de escritoras españolas.* Vol. 268. Madrid: Biblioteca de Autores Españoles, 1975.

Soufas, Teresa S. *Dramas of Distinction: A Study of Plays by Golden Age Women.* Lexington: University Press of Kentucky, 1997.

Dicha y desdicha del juego
y devoción de la Virgen
Comedia famosa

Hablan en ella las personas siguientes:

Felisardo, galán
Don Fadrique de Miranda, galán
Don Nuño Osorio, viejo
Sombrero, primer gracioso
Tijera, segundo gracioso

Violante, dama
Doña María de Azevedo, dama
Belisa, criada
Rosela, criada
La Virgen

El Demonio

JORNADA PRIMERA

(Dentro Felisardo.)

FEL. ¿Hay atrevimiento igual?
   ¿Puede haber más desafuero
   que perderse a los decoros
   de aquesta casa el respeto?
   ¿Quién es el que intenta osado,　　5
   quién el que emprende travieso
   eclipsar su esplendor puro
   con tan grande atrevimiento?
   Quienquiera que sea, ¡aguarde!
   Verá como encuentra presto　　10
   la desdicha en sus arrojos
   y el castigo en sus excesos.

(Sale Felisardo a medio vestir, de noche, con la espada en la mano.)

FEL. Ya nadie podrá escaparse
   de los filos de este acero.

(Entrase por la otra puerta.)
(Sombrero dentro.)

SOMB. ¡Ladrones en casa, acudan!　　15
   Traición en casa tenemos;
   ah, Felisardo, señora,
   Rosela; ¿que a sueño suelto
   duerman todos, y que yo
   esté en tal trance despierto?　　20

(Dentro Felisardo.)

FEL. En vano, infame, te escondes,
   que ni de la tierra el centro
   te ha de valer.

SOMB. 　　　　Mas mi amo
   con ellos ha dado, a ellos

   embiste con la canalla.　　25
   Que va a ayudarte Sombrero.

(Dentro doña María.)

MAR. ¿Que es esto Virgen María?

(Dentro Rosela.)

ROS. Virgen Sagrada, ¿qué es esto?

(Vuelve a salir Felisardo con la espada en la mano, tentando a una y otra parte, como a oscuras, y de la misma forma Sombrero a medio vestir, ridículo, por la puerta contraria.)

FEL. ¡Por más que hago, nadie topo!

SOMB. ¡Por más que hago, nadie
   encuentro!

FEL. Pero hacia aquí siento pasos.　　31

SOMB. Pero hacia aquí pasos siento.

(Llegan a encontrarse midiendo las espadas.)

FEL. Ya del desagravio mío
   me va una espada advirtiendo.

SOMB. Ya una espada la suerte hace　　35
   (¡qué triste suerte!) a mi miedo.

(Riñen.)

FEL. Ea, honor.

SOMB. 　　　　Miedo, dejadme.

MAR. Toma esta luz, registremos
   Rosela, de aquesta casa
   la inquietud.

FEL. 　　　　Llegar no puedo　　40
   a alcanzarle.

SOMB. 　　　　Si es doctor,
   mucho aquí un récipe temo.

(Salen doña María y Rosela cada una con

su luz, por la puerta de en medio, donde
habrá un oratorio con una imagen de la
Virgen.)
MAR. ¿Quién es?
ROS.   ¿Quién riñe?
(Felisardo y Sombrero como que despiertan de
un sueño.)
LOS DOS.   ¡Jesús!
MAR. ¡Mas mi hermano!
ROS.   ¡Mas Sombrero!
MAR. ¿Cómo riñendo los dos?   45
ROS. ¿Como los dos descompuestos?
FEL. Y SOMB.¡Nosotros riñendo aquí!
MAR. ¿Qué os movió? ¡Decidlo presto!
FEL. Ya lo digo, ¡raro caso!
SOMB. Ya lo diré, ¡caso nuevo!   50
FEL. Muerto estaba yo (si es llano
   que en los brazos de Morfeo,
   aquel que se juzga vivo,
   ya se representa muerto)
   cuando de la fantasía   55
   tuve unos avisos necios,
   de que en esta casa, que es
   sagrado del honor templo,
   entrando un hombre atrevido,
   profanamente resuelto,   60
   robar quería (¡qué arrojo!)
   la prenda rica (¿dirélo?),
   perdona, hermana querida,
   si te agravio, si te ofendo,
   que son cosas de sueño hablando,   65
   que al fin son cosas de sueño;
   siendo contra tu decoro,
   como tu virtud respeto,
   y tu opinión idolatro,
   pienso, que es un sacrilegio.   70
   De esta ilusión asaltado,
   ya una afrenta concibiendo,
   doy voces como ofendido,
   como agraviado me quejo;
   y a los sentimientos vivo,   75
   bien que a los sentidos muerto,
   (que entre sentidos durmientes,
   es Argos un noble pecho)
   ofrecido a desagravios,
   como a venganzas expuesto,   80
   me hallo a estímulos de honor,
   cuando dormido, despierto.
   Con la brevedad que pide
   tan considerable empeño,
   el amparo del vestido   85

busco, y desamparo el lecho;
y echando mano brioso
de aqueste valiente acero,
sin más luz que presunciones,
sin más norte que recelos,   90
voy registrando la casa
para ver si a mis intentos
consigo el logro de hallar
el enemigo que pienso;
cuando llegando a esta cuadra,   95
de pasos ruido sintiendo,
la espada aplico, y con otra,
que se ha embarazado veo;
y pensando haber hallado
la empresa de mis deseos,   100
que era de quitar la vida
a quien me quita el sosiego,
a los golpes de la espada
remito mi desempeño;
causa, que sin duda, hermana,   105
fue de tu desasosiego;
y a los visos de esas luces,
que en sus trémulos reflejos
parece que se acobardan
delante de tus luceros,   110
recuerdo de mi letargo,
hallando que era Sombrero
el que conmigo reñía,
y hallando que todo es sueño.
MAR. ¡Hay suceso más extraño!   115
ROS. ¡Hay más extraño suceso!
SOMB. Pues oigan mi cuento ahora,
   que es también cosa de cuento.
   Yo estaba sin más ni más
   entre sábanas envuelto,   120
   que esto es deciros que estaba
   como quien está durmiendo;
   sin ser como otros prolijo,
   que usan siempre de rodeos
   para contar una historia,   125
   gastando sin fruto el tiempo;
   y soñando con ladrones,
   a quien cobré tanto miedo
   desde muy niño, señores,
   que siempre sueño con ellos.   130
   Pensando que en casa andaban,
   (aunque no era grande el riesgo,
   pues, por la gracia de Dios,
   es su caudal tan pequeño)
   llamé, y oí que mi amo   135
   ya los iba sacudiendo,

a quien para acompañar
dejé la cama de un vuelo.
Eché mano, por cubrirme
de aquello que hallé primero,   140
que una ocasión repentina
no repara en el aseo;
empuñé ésta miserable,
y a medio vestir saliendo,
por no irme al desafío   145
desnudo de medio a medio,
tras la pendencia me voy,
y entre oscuridades ciego
voy buscando al enemigo
cuando a aquesta sala llego,   150
y con la espada que traigo,
hecha ya en la mano, encuentro
un demonio, sierpe o rayo,
otra espada, que es lo mesmo
en mi consideración;   155
y fuerzas sacar queriendo
de flaqueza, por hacer
de esta vez cierto el proverbio,
la mano juego de espadas,
sabe Dios con cuanto miedo,   160
pues si el sueño dura más,
sin duda perdiera el juego.
Despierto al fin, y me halláis
con mi amo en el terrero,
acudiendo a los avisos   165
de mi nunca visto esfuerzo;
pasmado de haber tenido
tanto valor, mas es cierto
que la valentía en mí
siempre fue cosa de sueño.   170
FEL. Casos suceden notables.
MAR. ¡Qué confusión!
ROS.   ¡Qué embeleco!
FEL. Mucho el sueño puede.
SOMB.   Mucho,
y los gentílicos yerros
por su poder de deidad   175
le consagraron respetos.
FEL. ¿Qué hora es?
MAR.   La una ha dado.
ROS. Y aun estábamos haciendo
las dos en el oratorio
oración, que es el empeño   180
continuo de mi señora.
MAR. Lisonja es para el deseo
la devoción de la Virgen.

SOMB. Alabado sea el cielo,
que nos dio estas dos santicas   185
por cuyos merecimientos
nos ha Dios de hacer merced.
Pobre de mí majadero,
que apenas tomo el rosario
cuando asaltado me veo   190
del sueño, que en mí el rezar
sin duda es su llamadero;
con las cuentas cuentas hago
en tomándolas, pues luego
de las cuentas me despido.   195
ROS. Yo por mí y por ti las rezo.
SOMB. Extremo es de caridad,
y en él confiado duermo.
FEL. Ea, recógete, hermana,
y al descanso todos demos   200
lo que resta de la noche.
MAR. Con Dios, pues, Rosela, entremos;
dale a Sombrero esta luz,
y ven mis pasos siguiendo.
(Dale a Sombrero Rosela la luz y vanse
las dos.)
FEL. Poderoso es un cuidado,   205
Sombrero, pues tan sujeto
vive un hombre a sus combates,
que aun se alcanza su desvelo
durmiendo, que es muy probable
que un cuidado que tenemos   210
entre sueños nos dibuja
la fantasía.
SOMB.   Lo apruebo;
pues trayendo yo en ladrones
todo el día el pensamiento,
también, señor, como has visto,   215
de noche con ellos sueño.
¿Mas qué cuidado es el tuyo?
FEL. Pues, ¿ignoras el que tengo?
¿Qué mayor cuidado, dime,
que tener de puerta adentro   220
hermana, doncella y moza,
discreta, hermosa y con esto
tan pobre que es en el mundo
para la honra un tropiezo.
Bien, que de doña María   225
la devoción, el ejemplo,
el recato, la virtud
me van, amigo, poniendo
freno a los temores míos;
pero el mundo es tan travieso   230

que con pobreza al honor
siempre le amenazan riesgos.
Este cuidado me trae
en mil inquietudes puesto;
esto el reposo me quita;   235
con esto el descanso pierdo.
SOMB. Tu cuidado te disculpo,
y yo a aquel adagio viejo:
Vino y moro no es tesoro,
doncella hermosa acreciento.   240
Esta fruta no es de guarda,
y así, señor, fuera bueno
a tu hermana dar estado.
FEL. ¿Qué estado, di? ¿Tú estás necio?
Si en toda aquesta ciudad   245
no hay más pobre caballero
que yo, aunque por la sangre
a todos ventaja llevo,
¿dónde ha de venir el dote
para mi hermana?
SOMB.   ¿Qué dices?   250
¿Qué dote? Aquesto es desprecio
para una moza bonita,
discreta y noble; ¿este resto
no vale nada? ¿Las gracias
no es, señor, cosa de precio?   255
¿Las prendas ya no se estiman?
¿Puede haber mejor empleo
para un hidalgo, si es rico,
que el hallazgo de un sujeto
con las partes de tu hermana?   260
FEL. Ya no hay de esos casamientos;
no quieren prendas los hombres.
SOMB. ¿No? Pues son unos jumentos;
dámela, señor, a mí,
que no reparo en dineros.   265
FEL. Deja burlas.
SOMB.   Va de veras.
Metámosla en un convento,
que a las mujeres de partes
siempre se les ha respeto,
y sin dote las reciben.   270
FEL. Aunque en algún monasterio
recibirán a mi hermana,
por saberse que es portento
de gracias y perfecciones,
siempre es preciso el dispendio   275
en la entrada y profesión
y en ir con aquel aseo
que pide su calidad,

que satisfacer no puedo
por mi pobreza que es mucha.   280
SOMB. ¿Con que no hay ningún remedio?
FEL. Sólo el remedio consiste
en tomar aquel consejo
que mi madre nos ha dado.
SOMB. ¿Qué consejo?
FEL.   El Padrenuestro   285
muy bien sabes.
SOMB.   ¿Es, señor,
acaso relación eso?,
pregunto.
FEL.   Relación no.
SOMB. Aqueso sí; pues di presto,
y circunstancias excusa   290
que no vinieren a pelo,
porque la vela se gasta
y a oscuras nos quedaremos.
FEL. Ya sabes, pues, que mi padre
(¡o cuando de esto me acuerdo,   295
qué congoja al alma oprime!)
por jugador . . .
SOMB.   Ya te entiendo,
echó a perder esta casa;
que un tiempo gozó los fueros
de ser la casa más rica   300
que había en aqueste pueblo,
y hoy ninguna está más pobre.
FEL. Pues mi madre . . .
SOMB.   Bien penetro
lo que me quieres decir:
murió de este sentimiento;   305
allí se están ya los dos,
téngalos Dios en el cielo.
¿Qué más? Vamos adelante.
FEL. Mi madre, amigo, pues, viendo
que ya deshacerse quería   310
en ella aquel nudo estrecho,
dulce prisión con que el alma
queda en la cárcel del cuerpo . . .
SOMB. Quiéresme decir que estando
moribunda.
FEL.   Por consuelo   315
de su ausencia estas palabras
nos trasladó de su afecto:
"Hijos, muy pobres quedáis,
mas un recurso os enseño
donde saquéis el reparo   320
de la pobreza en que os dejo".
Y a la imagen de María,

que en este oratorio vemos,
volviendo los ojos, dijo:
"Allá está el amparo vuestro;   325
allá tenéis vuestra Madre;
sus hijos sois, mostrad serlo;
sed devotos de la Virgen,
que de su piedad espero
alcancéis vuestras mejoras",   330
dijo, y dio el vale postrero;
y en la memoria tan fijo
nos quedó aqueste precepto,
que todo nuestro cuidado
ha sido su cumplimiento.   335
Y mucho más de mi hermana,
que con primoroso celo
en este santo ejercicio
ocupa devota el tiempo.
Y así vivo confiado,   340
cuando un punto no faltemos
a aquesta satisfacción,
que del patrocinio bello
de María ha de venirnos
de nuestra dicha el grajeo,   345
con que cobrará mi hermana
su ventura y su remedio.
SOMB. Segura es esa esperanza,
buenos son esos intentos;
mas después de eso, ¿no sabes,   350
Felisardo, qué debemos
siempre hacer de nuestra parte
la diligencia?
FEL.   Lo creo;
¿mas qué diligencia, di,
puedo hacer?
SOMB.   Yo te la muestro.   355
Mira, ¿no has ya visto muchos
que, de esta ciudad saliendo
para la India embarcados,
con tanta riqueza han vuelto,
que habiendo su caudal sido   360
(para bien encarecerlo)
más que de poetas corto,
los admira el mundo Cresos?
La fortuna, como es vana
y de natural soberbio,   365
se quiere, señor, buscada;
hagamos también lo mesmo;
busquemos pues la fortuna;
demos velas a los vientos;

si la dicha viene a soplos,   370
para la dicha soplemos.
Ea, dejemos la patria,
y si de desgracias centro
es para los naturales,
hagámonos extranjeros.   375
FEL. Difícil rumbo dispones
a mi suerte, que en él veo,
como ciertos, los peligros,
los intereses inciertos;
mas no es la dificultad   380
esta de que yo me venzo
para dejar de seguirlo.
SOMB. ¿Pues cuál?
FEL.   El impedimento
de estar con mi hermana yo.
¿Dejarla no es desacierto?   385
¿Quieres que la deje sola?
SOMB. Pues, ¿no hay un recogimiento,
o una casa de una amiga
donde mientras no volvemos
de correr nuestra fortuna   390
pueda estar? Muy grande aprecio
sé que hará de ello Violante;
tiene sólo un padre viejo;
no hay más hombres en su casa;
es gente de gran respeto,   395
muy noble, muy principal;
aquí, señor, será bueno
que se quede mi señora.
FEL. ¡Ay, que ahora has descubierto
para mi resolución   400
un imposible, Sombrero!
¿No sabes que de Violante
adoro los ojos bellos?
SOMB. Ya sé que a Violante adoras.
FEL. Pues, si es Violante mi dueño,   405
¿cómo de ella he de ausentarme?
SOMB. ¿Cómo? Bueno está, diciendo,
"Adiós, dueño de mi alma;
no haya en este apartamiento
lágrimas; usted se quede,   410
yo me voy".
FEL.   De amor exento
como estás, así discurres.
SOMB. También a Belisa quiero;
mas llegando al pundonor,
no tanto al amor me entrego   415
que me deje a mí por él.

FEL. El amante verdadero
   no mira más que su amor.
SOMB. Por eso el amor es ciego,
   y ninguno más que el tuyo.   420
   ¿No me dirás qué provecho
   sacas de aquese cuidado,
   qué lucro, señor, qué premio?
   Tú pobre, Violante rica,
   sin tener otro heredero   425
   su padre más que ella sola,
   mira qué buen argumento
   para casarla contigo;
   ni ella (a lo que yo sospecho)
   se debe acordar de ti   430
   más que yo de mi bisabuelo.
   Los pobres son desdichados;
   dime un favor, ¿qué te ha hecho?
FEL. Brevemente he de lograr
   el mayor que considero,   435
   pues me avisó que su padre
   esta mañana dispuesto
   tenía de salir fuera
   a visitar cierto deudo;
   y así, que podía hablarla   440
   en su casa; y me resuelvo
   llevarte en mi compañía
   porque mires si poseo
   de mi Violante favores.
SOMB. Norabuena, que me huelgo   445
   por ver también Belisa;
   y ahora, señor, sobre eso
   vamos a dormir un poco,
   que si hemos de hablar conceptos,
   que es fuerza hablando con damas,   450
   importa asentar los sesos.
FEL. ¡O día, el paso apresura
   para ver a quien deseo!
SOMB. ¡O noche, detente un año
   para me hartar bien de sueño!   455
(Vanse.)
(Sale el Demonio.)
   O María sublime y prodigiosa,
   a quien Dios con afecto amante y tierno
   tal privilegio dio de poderosa
   del respeto obligándose materno,
   que a mi industria oponiéndose orgullosa
   jurisdicción embargas al infierno;   461
   pues por las que te ofrecen oraciones,
   no alcanzan tus devotos mis traiciones.

De la mano de Dios bella criatura
saliste, para ser de mis furores   465
una envidia cruel y en tu hermosura
afianzando los hombres sus favores;
al tiempo que en ti crece su ventura,
se aumentan más mis rabias y dolores;
siendo por ti el hallazgo de la gracia,   470
la fatal ocasión de mi desgracia.

¿No te bastaba la prerrogativa
de escapar a la peste del pecado,
sino que con piedad tan excesiva
librar quieres al mundo inficionado?   475
Pues tu gran protección tanto me priva
de presas que pudiera haber logrado,
que aun la invocación es de tu nombre
reparo y defensión a todo el hombre.

¿Hasta cuando has de dar en perseguirme,
siendo todo tu empeño el maltratarme,   481
tu diligencia toda destruirme,
y toda tu intención el abrasarme?
Mas si estrella del mundo eres tan firme,
no tengo más que ya desesperarme,   485
que a cada paso en tu poder tropiezo,
pues me pones el pie sobre el pescuezo.

¡O vil desprecio a la soberbia mía!
¡O dura afrenta a mi arrogancia vana!
Cuando apenas de Dios mi rebeldía   490
a la fuerza se rinde soberana,
¡me llego a ver vencido de María!
¡Yo de María, una criatura humana!
¿Cómo es posible, del infierno furias,
que pueda yo sufrir tantas injurias?   495

¡O María, qué rara es tu humildad!
¡Qué de grande valor tu pequeñez!
Por humilde tuviste potestad
para burlarte así de mi altivez,
que ya más contra tu mucha autoridad   500
con victoria he salido alguna vez;
pues mi desdicha el juego así baraja,
que siempre te me opones con ventaja.

Los dos opuestos en continuas lides,
mía es la pena, tuyo el vencimiento;   505
dispongo trazas, tú me las impides,
que desdichado siempre fue mi intento;

contigo se malogran mis ardides,
para tu gloria, para mi tormento;
que no son mis astucias eficaces   510
contra tus prevenciones más sagaces.

Cada hora me lo dice la experiencia
y ahora me lo muestra el desengaño,
pues pretendiendo yo con mi violencia
a Felisardo maquinar un daño,   515
y a su hermana, que con gran frecuencia
celan tu devoción, veo mi engaño;
porque contra el veneno que maquino
es tu piedad antídoto divino.

Del amo y del criado que pagando   520
tributo al sueño estaban (que aun
     durmiendo
los hombres, como estoy siempre vestido,
estoy mis telas yo también tejiendo),
moví la fantasía, imaginando
que fuera una desdicha sucediendo;   525
mas mi astucia no es perturbadora
de quien tu protección es defensora.

Presumí que pudiesen mis traiciones
alborotar la casa de tal suerte
que a fuerza de tiranas tentaciones   530
sucediera el disgusto de una muerte;
mas de la hermana por las oraciones
hiciste que cualquier luego despierte,
que en las tinieblas, por clemencia rara,
triunfó siempre tu luz hermosa y clara.   535

En vano se cansó mi ceguedad,
pero aun a mis cóleras apelo,
que aunque límite no haya en tu bondad,
no hay término también en mi desvelo;
y así adelante voy con mi maldad,   540
que éste el estudio es mío, éste mi anhelo,
por ver si de mis mañas puedo al arte
el logro conseguir por otra parte.

Y del amor pues vive de Violante
Felisardo cautivo, mi malicia   545
hará que este su amor vaya adelante,
perdiendo al casamiento la justicia;
pues su padre, por ser tan pobre amante,
a un rico la dará por la codicia;
y a Felisardo, viéndose sin ella,   550
le hará desesperar esta querella.

Y tal vez, que de amor la inclinación
(de mi esperanza al logro buen indicio)
le haga olvidar de aquesta devoción,
que hace olvidar de amor el ejercicio,   555
y seguirá también su imitación
la hermana, que es muy fuerte ejemplo el vicio;
armas, pues, armas, fiera rabia mía,
guerra contra devotos de María.
(Vase.)
(Sale[n] Violante y Belisa.)
VIOL. ¿Fuese mi padre?
BEL.   Ya, señora,   560
     se ha ido, aunque no lo creo,
     hablando en cuanto al deseo
     de vernos sin él una hora.
     ¿Qué trabajo hay más que aflija
     ni que agravie la paciencia   565
     que estar siempre en la presencia
     del padre viejo una hija?
     El año se va y se viene
     sin que de esta casa salga,
     el nombre de Dios nos valga;   570
     notable condición tiene.
     Dicha ha sido soberana
     ofrecerse esta ocasión,
     para que sin opresión
     lograses una mañana;   575
     aunque si pensando vas
     que a las doce ha de volver,
     te ha el tiempo de parecer
     que es un instante no más.
     Que si el tiempo de horas malas   580
     con pies de plomo camina,
     de gusto el que se examina
     vuela con ligeras alas.
VIOL. Aunque el albedrío aprueba
     tu queja contra mi padre,   585
     como a la razón no cuadre,
     la obligación la reprueba;
     juzga el apetito enfado
     de mi padre la asistencia,
     pero dice mi obediencia   590
     que estoy muy bien a su lado.
BEL. Cómo está prudencial
     mi ama, ¿ustedes no ven?
     Si tú dices que estás bien,
     yo no estoy sino muy mal.   595
     Y con gran razón me quejo,
     que, si va a decir verdades,
     no se hicieron mocedades

para delante de un viejo;
que él, como pasó su tiempo,   600
a su envejecido humor
le parece que es error
un lícito pasatiempo.
Si yo quiero reír, no río;
no puedo si quiero holgarme,   605
por mucho atemorizarme
su semblante, que es sombrío.
El juzga por devaneos
las músicas y las danzas;
porque abomina las chanzas,   610
aborrece galanteos.
En llegando a una ventana
una mujer, la censura,
diciendo que no es cordura,
y la acusa de liviana.   615
Al fin, porque nos cansamos,
ni ir a oír misa nos deja;
mira si es justa mi queja,
y aun dirás que bien estamos.
¿Vióse más prolijidad?   620
¿Hay mayor encerramiento?
En un cartujo convento
no habrá menos libertad.
VIOL. Yo, como tengo perdida
la libertad, ya no extraño   625
de la sujeción el daño
de que te muestras sentida.
BEL. Dime, ¿dónde la perdiste,
por si hallarla puedo yo?
VIOL. Felisardo me la hurtó.   630
BEL. A buen galán te rendiste.
VIOL. ¿Qué me dices de sus prendas,
de su gracia y perfección,
de su talle y discreción?
BEL. Señora, no me lo vendas,   635
que comparártelo no quiero;
con Sombrero me acomodo,
que como me está bien todo,
bien estoy con un Sombrero.
Mas mal con nuestros afanes,   640
pues por presas no podemos
(y aun dudas que mal estemos)
hablar a nuestros galanes.
VIOL. Ese no es impedimento
que a quien ama cause enojos,   645
cuando en el afecto hay ojos
y lengua en el pensamiento.
BEL. Buena es la oración mental,

mas la devoción de amor
se paga de lo exterior,   650
y así admite la vocal.
VIOL. Para eso un billete se hizo.
BEL. Verbigracia, como ayer;
eso quería saber,
que aun no me satisfizo   655
tu amistad en darme parte
del papel, que te vi echar
de la ventana al pasar
Felisardo; ¿qué descarte
fue aquél?   660
VIOL.   Le dije, sabiendo
que esta mañana iba fuera
mi padre, que ocasión era
para nos vernos, queriendo.
BEL. El cielo te dé buen día,
y porque a mí me lo dé,   665
¿vendrá Sombrero?
VIOL.   No sé.
(Al paño Felisardo y Sombrero.)
SOMB. Servidor, Isabel mía.
BEL. ¡Jesús, que ellos son, señora!
Gracias le doy al amor.
VIOL. Felisardo, entrad, señor,   670
para os ver quien os adora.
BEL. Isabel, ¿a mí me llama?
SOMB. Este el nombre tuyo es,
pues Belisa, como ves,
es de Isabel anagrama;   675
y así, si hay amante fiel,
que con curiosa pesquisa
a Isabel llama Belisa,
llamó a Belisa Isabel.
FEL. Agradezco a la ventura   680
tanto la dicha de veros,
cuanto en el bien de quereros
ufano el pecho se apura;
mas cuando el alma procura
hacer manifestación   685
del gusto, no halla razón
para mostrar su contento,
porque está el entendimiento
cautivo del corazón.
La fe del amor me obliga   690
en la gloria de miraros
que me ocupe en contemplaros
y otro dictamen no siga;
y si es para que consiga
la fineza que apetezco,   695

todo al silencio me ofrezco,
y como tan fino me hallo,
agradezco lo que callo
si callo lo que agradezco.
El agradecer contiene   700
el medio para pagar;
pagar, es desobligar
de la deuda que se tiene;
y quien a intentarlo viene,
afecta sus exenciones   705
y falta a las atenciones
de la deuda del empeño;
muera, pues, el desempeño,
vivan las obligaciones.
Tanto he llegado a pagarme   710
de mi estrella, que al sabella
cuando me obliga mi estrella,
procuro más obligarme,
tanto quiero conservarme
en la deuda con que lucho,   715
que al amor decir escucho:
"¿Deudor siempre quieres ser?
Mucho debes de querer,
pues que quieres deber mucho".
Aunque mi deuda no siento,   720
ni la quiero conocer,
que se arriesga a agradecer
quien tiene conocimiento;
y solamente experimento,
cuando a conocerla tardo,   725
que de mi fortuna aguardo
felicidad con rigor,
porque en llamas del amor
yo, Violante, feliz ardo.
VIOL. Cuando de amor no estuviera   730
a vuestras prendas rendida,
daros de nuevo la vida
corto sacrificio era;
y cuando el amor quisiera
un imposible vencer,   735
se valiera del poder
de vuestra discreción bella,
teniendo que aprender de ella
para enseñarse a aprender.
Bien dicen que una elocuencia   740
cautiva la libertad,
causando en la voluntad
una amorosa dolencia;
de la vuestra en la excelencia,
se encierra eficaz virtud,   745
con que en suave inquietud
los sentidos encadena;
y al son de aquesta cadena
entono mi esclavitud.
Si cupiera en mi pesar   750
de perder el albedrío,
me pesara, señor mío,
por no tener ya qué os dar;
si me lo queréis prestar,
si es que del aprecio hacéis   755
nueva ofrenda en mí, veréis
que en repetirla convengo,
y os daré lo que no tengo,
si me dais lo que tenéis.
Aunque ya más presunción   760
en mí de discreta ha habido,
ya sé que discreta he sido,
pues tuve tal elección;
gracias a mi inclinación,
parabienes a mi empleo,   765
pues en la empresa que veo
en que el afecto milita,
la voluntad se acredita,
se desvanece el deseo.
FEL. Al alma entre nuevos grillos   770
ponéis con tantos favores.
BEL. Poco plático es de amores.
SOMB. Son mis modos muy sencillos,
y así para referillos,
no sé pataratas yo;   775
pero nadie me igualó
en querer, que es mi querer.
BEL. ¿Qué es, diga, para saber?
SOMB. Cosa que nunca se vio.
(Al paño don Nuño.)
¡Qué es lo que a ver llego, honor!   780
Presto me desengañasteis,
que a los ojos me mostrasteis
mis afrentas, ¡qué rigor!,
para examen del primor.
De Violante y su prudencia   785
fingí de casa esta ausencia;
mas, ¡hay de mí! que al instante
me quiso mostrar Violante
que fue costosa experiencia.
FEL. Dichoso el que amor ha hecho   790
de vuestra beldad despojo.
SOMB. ¿Te llena mi garbo el ojo?

BEL. Cierto que me ha satisfecho.

VIOL. De rico se alaba el pecho,
   por ser vuestra posesión, 795
   confesando la razón,
   que tiene de os adorar.

(Sale D. Nuño.)

NUÑ. No tengo más que escuchar,
   muy buena es la confesión.

VIOL. *(Ap.)* Padre (¡qué desdicha rara!). 800

FEL. *(Ap.)* Señor (¡qué rara desdicha!).

SOMB. Malo, enturbióse la dicha,
   que es la dicha siempre avara.

BEL. *(Ap.)* ¡Quién tal mohina pensara!

(Todos turbados.)

VIOL. Yo estaba aquí.

FEL.   Yo venía. 805

SOMB. Mal haya la fantasía
   del poeta endemoniado
   que aquí este viejo ha encajado.

NUÑ. No os turbéis por vida mía.
   Bien sé que aquí habéis llegado, 810
   y que aquí estabais bien sé,
   y también sé que llegué
   más presto que habéis pensado;
   que a quien le asiste el cuidado
   del honor, tan diligente 815
   se porta que cuando ausente
   se imagina no se va,
   pues donde quiere que está
   tiene el cuidado presente.
   Y supuesto que se ve 820
   (como vos mismo dijistes),
   Felisardo, que vinistes,
   ¿tomara saber a qué?

FEL. *(Ap.)* Amor disculpa me dé;
   una se me ofrece ya. 825
   Me envió mi hermana acá,
   y que a Violante pidiera
   licencia porque viniera
   a visitarla.

SOMB. *(Ap.)* Arre allá;
   ¿hay tal modo de mentir? 830

BEL. *(Ap.)* Lindamente las compone.

VIOL. *(Ap.)* Su ardid ánimo me pone.

NUÑ. ¿Y eso os obligó a venir?

SOMB. Quiso a su hermana servir,
   que halló que era sólo él 835
   para la embajada fiel.

NUÑ. Basta que un papel se escriba.

SOMB. Felisardo es carta viva,
   y así se excusó el papel.

NUÑ. Y de esta carta, decid, 840
   ¿vinisteis por estafeta?

SOMB. *[Ap.]* Miren como el viejo aprieta;
   ¿hay más enfadosa lid?,
   pero válgame el ardid.
   Aprisa mi amo salióse, 845
   y de la caja olvidóse
   del tabaco, tras él corro,
   para traerle el socorro,
   que estando sin él, murióse.

FEL. *(Ap.)* ¡Extremado disparate! 850

BEL. *(Ap.)* A su amo en mentir prefiere.

NUÑ. ¿Que tanto el tabaco quiere?

SOMB. No hay cosa de que más trate,
   aquéste es su chocolate.

NUÑ. Pues me ha de hacer beneficio 855
   de tener ese ejercicio
   fuera de esta casa, pues
   el tabaco vicio es,
   y aquí no ha de entrar el vicio.
   Y tú Violante allá vete, 860
   no tienes qué hacer aquí.
   ¿Qué estás guardando, di?

SOMB. Resoluto es el vejete.

FEL. *(Ap.)* ¡En qué trance amor me mete!

VIOL. Si tu cuidado tuviera 865
   cerrada la puerta, hubiera
   lugar.

BEL.   ¿Qué, para esconderlos?
   Venir pudiera a cogerlos,
   y aun entonces peor fuera.

(Vanse.)

NUÑ. *(Ap.)* Importa que no me arguya 870
   la prudencia que aquí gana.
   Felisardo, a vuestra hermana
   decid, que esta casa es suya;
   y pido también que huya
   a vuestra curiosidad 875
   de aquesta facilidad
   de entrar donde están doncellas,
   que aunque no haya querellas,
   es contra la honestidad.
   Y a vos . . .

SOMB.   Mi sentencia espero. 880

NUÑ. No he menester que aquí os vean.

SOMB. Todos testigos me sean
   que no ha menester Sombrero.

FEL. Sólo obedeceros quiero.
NUÑ. En eso me haréis favor.   885
FEL. Pero creedme, señor,
   que sano mi intento fue.
NUÑ. Id con Dios, muy bien lo sé.
FEL. Guardeos Dios; *[Ap.]* paciencia amor.
(Va[n]se.)
NUÑ. ¿Quién, honra, puede tener   890
   en vos confianza segura,
   si pende vuestra ventura
   del querer de la mujer?
   Y aunque no puedo creer
   que Violante ha de faltar   895
   en este particular,
   véola hablar divertida,
   y cerca de la caída
   estuvo siempre el hablar.
   Felisardo es muy galán,   900
   aquesta calle frecuenta,
   y abriéndose de la afrenta,
   por aquí las puertas van;
   mis escrúpulos me están
   diciendo que a la nobleza   905
   atendiendo y gentileza
   de Felisardo, le elija
   por marido de mi hija,
   mas me embarga su pobreza.
   Con tan pobre casamiento   910
   no dice riqueza tanta,
   pues ni el caudal se adelanta,
   ni la casa va en aumento;
   yo pues que aumentarla intento,
   sirviéndome esta ocasión   915
   de final resolución,
   buscar pretendo a Violante
   esposo que sea importante,
   sin tener más dilación.
(Vase.)
(Ruido de desembarcar, y sale[n] don Fadrique y Tijera.)
TIJ. De buena escapado habemos,   920
   déjame besar la playa,
   que si yo no pierdo el juicio,
   te prometo que no salga
   ya más de ella para fuera
   a meterme entre unas tablas   925
   y a riesgo de ser despojo
   de las espumas saladas.
   Mal haya el primer borracho,
   que con acción temeraria
   fió del viento su fortuna   930

   y entregó su vida al agua.
   Máteme Dios por la tierra,
   que es la esfera destinada
   para el hombre, y no la mar,
   que es de los peces estancia,   935
   donde todo son peligros.
FAD. Tijera, la vida humana
   expuesta a peligros vive,
   y nadie de esto se escapa,
   ya sea por mar o por tierra.   940
TIJ. Pues si en la tierra hay desgracias,
   ¿qué será en la mar, señor,
   donde hay corsarios, piratas,
   sustos, naufragios, zozobras;
   y si acaso de bonanza   945
   un día un cristiano tiene,
   al punto se le preparan
   a millares las tormentas,
   a montones las borrascas,
   y a veces un huracán   950
   cuando menos de la casta
   del que nos iba poniendo
   en la postrera jornada;
   y en términos de no vernos
   ésta de la Lusitania   955
   bella ciudad, dulce fin,
   que es del Duero y nuestra patria?
FAD. Brava tempestad ha sido,
   pues las ondas encrespadas,
   furiosamente soberbias,   960
   a su inclinación contrarias,
   ya parece que subían
   cristalinas atalayas,
   penetrando el aire y fuego,
   a juntarse con las aguas   965
   que están sobre el firmamento
   divididas y apartadas
   para formar nuevo abismo.
TIJ. Detente; ¿qué es esto? Calla
   y no me pintes ahora   970
   la tempestad ya pasada;
   que aunque dicen que es gran cosa
   el contar de la batalla,
   le cobré tal miedo que
   ni aun verla quiero pintada.   975
   Solamente lo que quiero
   es que aprisa a ver la cara
   vamos de tu padre, pues
   diez años ha que su casa
   dejamos, yendo a la India   980
   de la pobreza por causa

a probar suerte, y es forzoso
que por ausencia tan larga
han de ser nuestras personas
del viejo muy festejadas   985
y más después que supiere
vienes a dorar sus canas
con quinientos mil ducados
que la fortuna intentaba
llevarnos tras nuestras vidas;   990
pero quedóse engañada,
gracias al cielo, señor.
FAD. Tijera, dicha tan alta
la debemos a la Virgen.
TIJ. Eso es cosa averiguada,   995
pues al decir ya perdidos,
nuestra Señora nos valga,
la mar se serenó luego.
FAD. Su piedad sea alabada;
y así es bien que agradecidos   1000
vamos a darle las gracias
primero que todo.
TIJ.   Apruebo
la razón, que es ajustada.
FAD. Sígueme, pues, que aquí cerca
está su imagen sagrada   1005
en una iglesia que yo
muchas veces frecuentaba.
TIJ. Camina pues, que ya te sigo,
y de camino me holgara
saber el intento tuyo,   1010
trayendo riqueza tanta,
que te afirmo, si yo fuera
don Fadrique de Miranda,
mozo, gentilhombre y rico,
que en la corte me casara   1015
con la hidalga más ilustre;
que a la sangre más hidalga
hace igualdad la riqueza.
FAD. Otro intento me acompaña,
pues viéndome en el peligro   1020
de aquella tempestad brava,
has de saber que hice un voto
a la Virgen soberana,
de que si de aquel aprieto
con vida y caudal libraba,   1025
en esta ciudad de Oporto
(noble empeño de la fama)
con la más pobre doncella,
siendo noble y siendo honrada,
casaría.
TIJ.   Intento es justo;   1030

mas tengo por cosa extraña
honrada mujer y noble
con pobreza, que ésta arrastra
la nobleza y muchas veces
la honra también ultraja.   1035
(Salen doña María y Rosela.)
FAD. Esta regla, aunque es común,
es falible. Pero aguarda,
que de la Iglesia que digo
dos mujeres, y una a Palas
excediendo en la hermosura,   1040
vienen saliendo. ¡Qué rara
belleza! El alma suspensa,
ya rendida, ya obligada
a la gala de sus ojos,
del cautiverio hace gala.   1045
TIJ. ¿Qué es aquesto, señor mío?
¿Tu vida otra vez naufraga,
de la mar allí en zozobras,
aquí del amor en llamas,
aquí un diluvio de fuego   1050
después de un diluvio de agua?
FAD. Tijera, a sus bellos ojos
hacen los sentidos salva.
MAR. No hay quien apartarse pueda
de esta imagen sacrosanta   1055
de María.
ROS.   Es milagrosa,
y por tal muy frecuentada;
y la música, ¿no estuvo
del rosario, di, aseada?
MAR. Lindamente se cantó;   1060
pero en nosotras reparan
dos hombres, ¿no ves Rosela?
Lugar a su confianza
no demos; tápate.
FAD.   Yo llego.
TIJ. Pues aprisa, que se tapan.   1065
FAD. No neguéis luces al día,
señora, que el ser avara,
si bien os inculca rica,
también os publica ingrata.
Mirad, que me ha anochecido   1070
después de ver la mañana
en el candor de esa estrella
y de esa luz en la gracia.
No se arrepienta la aurora,
deponga el rebozo el alba,   1075
para dar alma a las vidas,
para dar vida a las almas.
MAR. Esas lisonjas, señor,

procurad mejor gastarlas,
que con quien no las merece 1080
se hacen muy poco estimadas.
Si hacer queréis oración,
entrad y dejad quien pasa,
no dejando por curioso
la cortesía agraviada. 1085
FAD. Curiosidades de amor,
cuando no obliguen, no agravian,
y el amor, que es cortesía,
de cortesías se paga.
MAR. Yo de amor entiendo poco, 1090
ni eso es cosa de importancia;
y solamente me importa
no hacer en mi casa falta,
y así licencia me dad.
FAD. Pues de vuestras luces claras 1095
me priváis, también la pido
de que acompañando os vaya.
MAR. Aquesto no, por mi vida.
FAD. Mucho obligáis, eso basta.
MAR. Cielos, ¿qué hombre será aquéste? 1100
(Vase.)
FAD. Cielos, ¿quién será esta dama?
De la criada te informa,
Tijera, por ver si alcanzas
quién es aquesta mujer.
TIJ. Oye, doncella, Deo gracias; 1105
la palabra me perdone,
si es que llegue a levantarla
algún falso testimonio.
Si hace el papel de criada,
hable a cara descubierta; 1110
no se nos venda tan cara.
ROS. Hable a otra puerta, mi rey,
porque aquésta está cerrada.
TIJ. Yo no ando de puerta en puerta;
y advierta que puedo darla 1115
limosna, y si usted quisiere,
aun dote para casarla.
ROS. ¿Que es tan rico?
TIJ.   Mi amo y yo
venimos llenos de alhajas
de las Indias, y queremos 1120
escoger (si en fruta mala
hay en que escoger se pueda)
mujeres, y deseaba
saber si usted me contenta.
(Descúbrese.)
ROS. Pues míreme.

TIJ. (Ap.)   ¡O lo que allana 1125
la fuerza del interés!
Válgate Dios por muchacha;
digo que tengo escogido;
y ahora, ¿cómo se llama,
resta saber, tu señora? 1130
ROS. Doña María llaman
de Azevedo; a mí Rosela,
y vivimos a la entrada
de la calle de las Flores,
y no hay más gente en su casa 1135
que un hermano; es casa pobre,
mas tan noble como honrada,
y porque a mi ama sigo,
con esto no soy más larga.
(Vase.)
TIJ. La moza es sin ceremonia; 1140
la fortuna te depara,
señor, lo que has menester,
porque a un tiempo te señala
con pobreza, honra y nobleza.
FAD. ¿Es posible?
TIJ.   Aquesto pasa; 1145
y porque informar te puedas,
la calle tengo apuntada,
el nombre y todo.
FAD.   Pues mira,
no se te olvide
TIJ.   No hayas
miedo, y tratemos ahora 1150
de ir a la Virgen sagrada
a hacer oración.
FAD.   Entremos;
y permita amor que salga
la información a mi gusto.
TIJ. Dios lo quiera.
FAD.   Dios lo haga; 1155
cumpliré mi voto yo.
TIJ. Yo a la moza la palabra,
y quedaremos perdidos,
cuando ellas aprovechadas.

JORNADA SEGUNDA

(Salen don Fadrique y Tijera de luto.)
TIJ. Ahora, señor, que Oporto 1160
tenía para admirarse
ocasión, viendo lucir

nuestra riqueza y caudales
en galas y bizarrías,
quiso la suerte mostrarse   1165
invidiosa en impedirnos
con la muerte de tu padre,
a cuyas memorias tristes
es culto este negro traje.
FAD. Tijera amigo, no hay gusto   1170
que cabal llegue a lograrse,
y en medio de los placeres
se introducen los pesares.
Cuando con mi padre yo
pudiera desempeñarme   1175
por la obligación de hijo
de la deuda de crearme,
regalando su persona
con mis liberalidades,
por muestra de gratitudes   1180
y de finezas por lance,
quiso la parca atrevida
dar el golpe inexorable,
por suspenderle el aliento
de su vida en el estambre.   1185
TIJ. Poco tiempo el pobre viejo
logró las felicidades
de ver su casa tan rica,
hasta aquí tan miserable;
pues apenas ocho auroras   1190
abrir pudieron cabales
las ventanas del oriente,
cuando le volvió cadáver
la común pensión del hombre;
de que fue causa bastante   1195
(según los físicos dicen,
si es que hablar saben verdades)
el excesivo contento
que en tu dicha le causaste,
llegando a verte tan rico,   1200
y en tantas prosperidades;
que del hombre al corazón,
como una tristeza grande,
suele un excesivo gusto
servir de mortal achaque.   1205
FAD. Eso llora mi disgusto.
TIJ. También puedes consolarte
de que tu padre murió
con opinión tan loable,
que edificándose el pueblo   1210
a sus honras funerales,
asistió generalmente;

si no es que pudo obligarle
por seguir de la lisonja
las sendas abominables,   1215
el verte tan rico a ti;
porque es cosa muy probable
que todos al pobre dejan,
y al rico asistencias hacen.
Pero en esta acción quien supo   1220
más primoroso ostentarse
fue don Nuño Osorio que,
con empeño más notable,
quiso tomar por su cuenta,
con finas puntualidades,   1225
el disponer las exequias.
FAD. No sé con qué he de pagarle
lo que a su persona debo.
TIJ. Pues aun de todo no sabes,
que él me ha dicho a mí: "Tijera,   1230
tendrá intención de casarse
tu señor en esta tierra?"
Yo le dije: "Es importante
que tenga intención, porque,
como vuesa merced sabe,   1235
sin que intervenga intención
ningún sacramento se hace.
¿Pero por qué lo pregunta?"
le volví, y él con donaire
me respondió: "Porque sé   1240
quien aquí pudiera darle
una hija sola que tiene
la más noble y de más partes,
la más honrada y más rica
que la veloz fama aplaude".   1245
"Todos esos atributos
fío que a mi amo agraden,
menos, señor, la riqueza",
le respondí, "que le place
solamente una mujer   1250
sin dote, a lo mendicante.
Más ¿qué señora es aquésta
para dar a mi amo parte?"
le dije; y él respondióme:
"Esta es mi hija Violante".   1255
FAD. Calla, amigo, que este nombre
ha dado al alma un combate,
en que animoso el deseo
mira la razón cobarde.
La razón me está diciendo   1260
pues que ya llegué a informarme
de quien es doña María

de Azevedo, que me case
con ella, habiendo sabido
que ninguna hay que la iguale   1265
en la ciudad en pobreza,
cosa que me persuade,
siendo honrada y siendo noble,
Tijera, a desempeñarme
de la obligación del voto.   1270
Mi deseo de otra parte,
con las celebres noticias,
que de las prendas se esparcen
de Violante, en que la fama
por milagro de beldades   1275
y asombro de perfecciones
la publica, convidarme
ha querido a que le atienda,
y de la razón no trate;
y sin verla, no te admires   1280
de que así me cautivase
el pensamiento, que amor,
como afecta ceguedades
(porque en la fe del objeto
de finezas haga alarde),   1285
más suele que por los ojos
por los oídos entrarse.
TIJ. ¡Jesús, no ha de haber mujer
que a ti, señor, no te agrade!
¿Ya de la dama primera   1290
tan aprisa te olvidaste?
Mas no fuera amor tan niño
si no fuera tan mudable.
FAD. Ya pues por Violante muero,
y sólo fuera bastante   1295
de mi amor para el desvío
el ver las desigualdades
que hay de su sangre a la mía,
pues por preeminencia trae
el blasón de los Osorios   1300
honor de las calidades;
mas ya que su padre quiere,
sin que en aquesto repare,
(según, Tijera, me dices)
a tal grado levantarme,   1305
(fortuna de mi riqueza,
que aquestos milagros hace)
cumplir quisiera el deseo,
a no querer impugnarme
la deuda de la razón,   1310
porque a cumplirla no falte.
Y en una lucha metido,

viéndome deudor y amante,
no sé como haberme pueda;
amigo, un consejo dame.   1315
TIJ. El consejo que te doy
es que a tu gusto te cases,
porque el casar y el comer
siguen del gusto el dictamen.
FAD. ¿Y el voto que he hecho, di?   1320
TIJ. Ese voto es dispensable;
miren como está devoto.
(Baten dentro.)
FAD. Dices bien; pero ¿quién bate
a esa puerta?
NUÑ.   ¿Dais licencia,
señor don Fadrique?
TIJ.   Zape,   1325
que es don Nuño, y en el negocio
si no viene a hablar me maten.
(Sale D. Nuño.)
NUÑ. Para besaros las manos
y con veras amigables
saber del servicio vuestro,   1330
si hay en qué queráis mandarme,
me trae el cuidado mío.
FAD. No hagáis prodigalidades
de mercedes tan crecidas
con quien, viendo así empeñarse,   1335
señor don Nuño, no puede
para obligaciones tales
hallar cabal desempeño.
NUÑ. Yo soy quien no puede hallarse
al deseo de serviros.   1340
FAD. Como a vuestra hechura honráisme.
NUÑ. ¿Cómo pasáis?
FAD.   Como quien
tan grande razón le cabe
en la deuda del sentir.
NUÑ. Razón es sentir los males,   1345
mas la consideración
de que son forzosos vale
mucho para divertirlos;
y así, pues somos mortales,
y vuestro padre, señor,   1350
(que en descanso perdurable
le tenga Dios) ya tenía
la vejez que estas edades
permiten, parece exceso
y a la prudencia extrañable   1355
apurar tanto el enojo;
sólo lo que es importante

es encomendarle a Dios
y no entregar a pesares,
de que los daños se burlan   1360
cuando son irremediables.
Vida y salud sólo resta
que los cielos os dilaten
por muchos años y que
en vuestro estado os deparen   1365
empleo de vuestro gusto;
que por más aprisa darle,
señor, a vuestros amigos,
bien es que de ello se trate.
TIJ. *(Ap.)* Enemigos digo yo,   1370
si en ver no quiere encajarle.
NUÑ. Y por verdes, como supo
mi amistad adelantarse
en vuestras cosas, ya os tengo
esposa elegida.
TIJ. *(Ap.)*   Tate: 1375
reventando está de suegro.
FAD. El cuidado que de honrarme
tenéis mucho os agradezco;
pero es menester que pase
más tiempo, que está la llaga   1380
fresca y puede estimularse
el pueblo, viendo que en mí
duró poco.
TIJ.   Disparate;
antes dirá que a la pena
por fresca quisiste echarle   1385
la sal de tu casamiento
para mejor conservarse.
NUÑ. Confieso que madrugué,
pero puede disculparme
la diligencia el deseo   1390
que tengo de que en vos halle,
por mi gloria y dicha suya,
marido tan estimable
una hija sola que tengo:
bien sabido es su linaje,   1395
su dote es mi casa toda;
y en cuanto a sus prendas, baste
deciros que son aquéllas
que una dama hacen amable.
Cuando de esta voluntad   1400
vuestra persona se pague,
dadme, señor, luego el sí,
porque el tiempo es variable,
y muchas veces sucede
que en materias semejantes,   1405

lo que luego no se ajusta,
sin logro se va quedarse.
Yo estoy con grande deseo
de ver casada a Violante,
y aquestas canas me dicen   1410
que apure las brevedades,
que estoy en fin de mis días.
(Ap.) No es sino por estorbarle
a mi honor algún disgusto.
FAD. *(Ap.)* Lo que quiero me persuade.   1415
TIJ. Y tiene mucha razón,
si ella es ya para casarse,
pues sazonada la fruta,
si no se coge se cae.
NUÑ. ¿Qué decís?
FAD.   ¿Qué he de decir,   1420
si no hay dicha que se iguale
a la mía? Que podéis
a vuestra casa contarle
más un criado, señor.
NUÑ. No sino un hijo; dejadme   1425
que vaya a pedir albricias
a Violante, de que alcance
un empleo tan dichoso.
(Vase.)
FAD. Yo soy el que he de preciarse
de venturoso. ¿Qué decís   1430
de mi suerte?
TIJ.   Que es notable.
FAD. Si don Nuño fuera pobre,
no es mucho que le obligase
mi riqueza al casamiento;
¡mas tan rico!
TIJ.   No te espantes   1435
ni te admires porque un rico
otro rico busca.
FAD.   ¿Sabes
en lo que reparo sólo?
En que así se apresurase,
no sé si de algún secreto   1440
tanta diligencia sale.
TIJ. No hagas escrúpulo, que
esta diligencia nace
de haber temido sin duda
que hubiese quien le quitase   1445
la presa que tiene en ti;
y así quiso andar delante,
porque ello es cosa infalible
que han de venir a buscarte
más de dos mil casamientos;   1450

y éstos, de los principales;
que al fin los dineros son
cebo de las voluntades;
pero de todos, ninguno,
es cierto, que puede estarte   1455
mejor que éste.
FAD.   ¿Quién lo duda?
TIJ. Pues voyme a llamar los sastres.
FAD. ¿Para qué?
TIJ.   Buena pregunta;
para que de hacernos traten
las galas para las bodas,   1460
que ya quisiera engalanarme
y cantar a nuestros lutos
el *Requiescant in pace.*
FAD. Muerto estás por te vestir.
TIJ. Es porque quiero mostrarme   1465
a los ojos de Belisa.
FAD. ¿Quién es Belisa?
TIJ.   A Violante
sirve y por eso me sirve,
que es precepto lacayage,
si sus amos con las amas,   1470
con las criadas quedarse.
FAD. ¿Pues te olvidas de Rosela?
TIJ. ¿Qué quieres, si el mismo talle
hay en mi amor que en el tuyo?
FAD. ¿Qué talle?
TIJ.   El no ser constante. 1475
FAD. Constante a Violante quiero.
TIJ. Yo, más constante que un fraile
es en la murmuración,
amo a Belisa.
FAD.   Di, ¿sabes
algo de poeta, [mi amigo]?   1480
TIJ. Siempre me precié de orate.
FAD. ¿Quieres celebrar mi dicha?
TIJ. Siendo tú versificante,
¿eso me pides? Buen chasco;
pero vamos un romance   1485
a su empleo cada uno
escribir; y si quedare
mejor el mío, le toma;
y el tuyo, señor, darásme,
que a mí me basta cualquiera.   1490
FAD. ¡Hay tal casta de ignorante!
¿No ves que son los objetos
diferentes?
TIJ.   No te enfades;
pues donde Belisa diga,
Violante puede encajarse.   1495

FAD. ¡Gran necedad! Ea, vamos.
TIJ. Vamos y sin que repares
en las necedades mías,
porque ni tú has de librarte
de decirlas, que los novios   1500
dicen dos mil necedades.
(Vanse.)
(Sale el Demonio.)
DEM. Albricias puede ya
pediros, mi venganza, pues que va
la suerte disponiendo
a mi intención el logro que pretendo. 1505
Mirando la ocasión
en que la soberana devoción
(senda la más derecha
por donde el mundo todo se aprovecha)
de María divina   1510
pienso (si no me engaño) que declina,
ya a su inmenso favor,
que de la mar le ha hecho en el furor,
salvándose por ella,
(que es María del mar luciente estrella)
ingrato se ha olvidado   1516
de cumplir promesa que ha jurado
don Fadrique que, habiendo
de casar por el voto y conociendo
que en toda la nobleza   1520
doña María excede en la pobreza,
con Violante se casa,
que de Violante en el amor se abrasa,
bien es verdad que en esto
eché de mis astucias todo el resto.   1525
Pues al desembarcar,
le ha querido la Virgen deparar;
doña María luego,
de cuyo amor quedó cautivo y ciego,
con quien, por informarse   1530
de que ninguna más podía hallarse
con estas condiciones
que piden de su voto obligaciones,
sin duda cesaría,
pues la deuda y amor le persuadía,   1535
a no andar yo atento
en divertirle aqueste pensamiento,
con las prendas que oyó
de Violante de quien se enamoró,
que amor saca despojos   1540
por los oídos más que por los ojos;
y con la vanidad
de ser ella más noble en la ciudad,
y por verse rogado

de don Nuño, que estaba aconsejado 1545
de su mucha ambición,
que ésta de un rico es propia condición,
que aunque su casa vía
muy rica, mucho más verla desea,
resolvióse al efecto 1550
de don Fadrique el amoroso afecto.
Es verdad que a Violante,
de Felisardo en el amor constante,
obligar no he podido
a que aquéste su amor ponga en olvido
y a don Fadrique quiera, 1556
porque es al fin amante verdadera;
y en llegando a querer,
ni un demonio divierte la mujer;
mas fuerza es que se tuerza 1560
del respeto del padre por la fuerza.
Buena fortuna aguardo
porque doña María y Felisardo,
éste constante y fino
de Violante en su amante desatino, 1565
y aquélla ya cautiva
por la llama de amor fuerte y activa
de don Fadrique, helados
veo en su devoción, que los cuidados
de amor otros impiden, 1570
mientras del corazón no se despiden;
y aun les conjeturo
un suceso infeliz, tirano y duro,
que hace desesperado
al amante un amor, si es malogrado. 1575
Mi rabia enfurecida,
¿qué os falta? Que María no lo impida,
pues contra mi cautela
María es vigilante centinela;
pero si lo impidiere, 1580
ya me contento cuando no pudiere
mi eslabón echar lumbre,
con dar a sus devotos pesadumbre.
(Vase.)
(Sale[n] Violante con un lienzo en los ojos y
Belisa.)
BEL. Señora, si esto ha de ser,
        ¿de qué sirve el lastimarte? 1585
        Procura el dolor templarte.
VIOL. ¿Qué templanza puede haber,
        Belisa, en mi pena fuerte,
        pues quiere un padre inhumano
        de a quien no quiero la mano 1590
        para darme a mí la muerte?
        Aun mal lloro (si bien lloro)

el mal, que tan presto aguardo,
pues pierdo a Felisardo
cuando a Felisardo adoro. 1595
Y así, pues tanta razón
tiene el alma en sus enojos,
deja que lloren los ojos,
que lo manda el corazón.
Mal haya el primero, amen, 1600
que haciendo al gusto violencia,
busca al casar conveniencia
más que la del querer bien.
BEL. Aun, señora, no has llegado
        tu esposo a ver; podrá ser 1605
        que te llegue a parecer
        tan bien que te cause agrado;
        y a Felisardo, a quien quieres,
        haga poner en olvido,
        que en otras ha sucedido. 1610
VIOL. No soy de aquesas mujeres.
        Supongo, y suponer puedes,
        que es (porque en mi amor te explique)
        un Adonis don Fadrique,
        un Narciso, un Ganimedes; 1615
        y al fin de tal perfección,
        tales gracias, tal aseo,
        que el más galán queda feo,
        yendo a su comparación,
        nunca lugar en mi pecho 1620
        ni acogida puede hallar,
        por de Felisardo estar
        tan pagado y satisfecho.
        El agrado del objeto
        de las aficiones viene, 1625
        y a quien más amor se tiene,
        aquése es el más perfecto.
        Así a Felisardo llamo,
        que yo (tanto amor prevalece)
        no amo el que bien me parece, 1630
        me parece bien el que amo.
BEL. Trato, comunicación,
        el tiempo contrario fuerte,
        y del estado la suerte
        producir suele afición. 1635
        Así, pues, señora, cuando
        te cases con don Fadrique
        y cuando él te comunique,
        le irás afición cobrando.
VIOL. Si el amor pudiera darme 1640
        otro corazón, no dudo;
        más con éste no me mudo
        y es imposible el mudarme.

¿No has visto, Belisa, ya
escribirse algún papel, 1645
y hallarse después en él,
que el discurso errado va,
y enmendarse, no pudiendo
tomar papel diferente,
en que se va nuevamente 1650
otro discurso escribiendo?
Pues mi pecho has de advertir
que es papel, sin que te asombre,
en que quiso amor el nombre
de Felisardo escribir. 1655
Si amor halla que fue error,
y otro nombre escribir quiere,
que ha de procurar se infiere
un nuevo papel amor;
pues cuando a la enmienda atienda, 1660
será confusión fatal,
que de ordinario muy mal
lo que está escrito le enmienda.
Corazón pues nuevo aguardo
en que don Fadrique escriba, 1665
porque en éste está muy viva
la firma de Felisardo.
BEL. Brava constancia es la tuya.
VIOL. Acabará con la vida,
por más que el hado lo impida 1670
o la fortuna lo arguya.
BEL. Pues, ¿intentas explicarte
con tu padre, di?
VIOL.   ¡Ay Belisa!
Que no el recato me avisa.
BEL. Y si él intenta casarte, 1675
¿qué has de hacer, dar el sí?
VIOL.   Yo
no sé que diga (¡ay de mí!);
diré con la boca sí
y con el corazón no.
BEL. El sí a penar te condena. 1680
VIOL. El no en vergüenza me sale.
BEL. Esa en el rostro más vale
que en el corazón la pena.
VIOL. Pues mi decoro procura
en este trance tan fuerte 1685
más sujetarme a la muerte
que no a la desenvoltura.
BEL. ¿Esa es tu resolución?
VIOL. Esta; y solamente intenta
dar a Felisardo cuenta 1690
de este rigor mi intención:

si él descubriere algún medio
con que ataje mi desdicha,
deberéle aquesta dicha.
BEL. Yo dificulto el remedio. 1695
VIOL. A lo menos quiero darle
en un papel parte de esto;
voy pues a escribirle presto;
anda porque has de llevarle.
(Vanse.)
(Salen doña María y Rosela.)
ROS. No te admires de que yo, 1700
señora, de ti me admiro,
cuando veo tu semblante
(que es cierto del alma aviso)
tan diferente y mudado,
que da evidentes indicios 1705
de que alguna ansia te inquieta
o algún cuidado excesivo.
Y con muchas ocasiones
esta presunción confirmo,
reparando muchas veces 1710
en que echas unos suspiros
que me obligan a que crea,
por lo mucho enternecido
que algún secreto se esconde
de tu pecho en el archivo, 1715
que a inquietudes te condena.
Sin duda por lo que he visto,
debe de ser grande el daño,
porque hasta del ejercicio
de tu santa devoción 1720
te priva, pues en ti miro
aquel afecto devoto,
aquel celo tan activo
de rezar a la Señora
muy flojo, muy enflaquecido, 1725
que en se acercando cuidados,
está el espíritu tibio.
¿Qué tienes, di? ¿Qué te ha dado?
Da a tus cuidados alivio
con darme a mí parte de ellos. 1730
MAR. ¡Ay de mí! No en vano ha sido,
Rosela, tu presunción;
y aunque yo del pecho mío
no quería que saliese
de mi accidente el motivo, 1735
(que hay secretos tan secretos,
que aun al más puntual amigo,
de cobarde o cautelosa,
no osa el alma el descubrirlos)

ya que para darte parte 1740
de mis ansias el camino
me has abierto, sabe agora
si has hasta aquí presumido.
Ya sabes que las saetas
hasta aquí del ciego niño 1745
no he conocido.
ROS.   Bien sé
que te burlas de sus tiros;
y por ser divina en todo,
es tu amor a lo divino.
MAR. También de aquella ocasión, 1750
que te acuerdas imagino,
en que acabado el rosario . . .
ROS. Sí, señora, no me olvido,
que saliendo de la iglesia,
dos hombres habemos visto, 1755
y uno de ellos, que esperaba
ver tu rostro peregrino,
que con la nube del manto
cual sol estaba escondido,
te dijo algunas palabras 1760
con cortés y amante estilo;
a que tu recato entonces
con prudencia satisfizo,
retirándose modesta;
después habemos sabido 1765
que aquéste era don Fadrique
de Miranda, hombre muy rico
que de las Indias llegaba,
cuyo criado me dijo
(como te he contado ya) 1770
que estaba con el designio
los dos de escoger mujeres
al gusto de su albedrío;
que como tan ricos eran,
y eran hombres entendidos, 1775
no querían más que prendas;
yo entonces haciendo juicio
de que no podía hallar
el amo por todo el siglo
mujer a ti semejante 1780
en gracias, donaire y bríos,
ni el criado hallar mozuela
que me igualase en caprichos,
pues ni soy coja ni tuerta
ni boba, y (Dios sea bendito) 1785
leo, escribo y hago una copla
también como mis vecinos;
pensando que en nuestra casa

la dicha a meterse vino,
hallando, siendo tan pobres, 1790
unos tan ricos maridos;
al criado me descubro,
que al verme quedó rendido;
y como me dijo luego
que le importaba infinito 1795
a su amo saber quien eras,
al mismo instante le pinto
nuestros nombres, calle y casa,
vida y trato, y me despido;
y esperando que por horas 1800
vinieran a recibirnos
ojos que los vieron, que ellos
hasta aquí no han parecido,
es verdad, que les disculpa
haberse luego metido 1805
la muerte del padre en medio.
MAR. Ya te extraño ese delirio
con que has tanto a mi pesar
la honestidad ofendido.
¿Tú habías de ser tan fácil 1810
con hombres desconocidos?
ROS. La gente hablándose entiende.
MAR. En doncellas es prohibido.
ROS. ¿Si no hay quien por ellas hable?
MAR. De Dios le vendrá el auxilio. 1815
Mas, pues no tiene reparo
si es ya pasado el delito.
Vuelvo a contarte mi achaque
que de allí trae el principio:
yo pues como me burlaba 1820
del poder del dios Cupido,
tomó de mí tal venganza
y me dio tan gran castigo
que desde entonces me veo
metida en un laberinto, 1825
en que, presas las potencias
y cautivos los sentidos,
se mira la libertad
con el valor tan perdido
que está en puntos de entregarse. 1830
¿De entregarse? Mal he dicho,
que ya se entregó—¡que pronuncien
esto los labios!—la lengua,
¡que se atreva a proferirlo!
Mas, ¡ay de mí, que lo siento 1835
mucho mejor que lo digo!
Tengo en todas mis acciones
(como ves) tan divertidos

mis sentidos que no sé
si están muertos, si están vivos.   1840
No sé si vivo o si muero;
aunque, si bien lo averiguo,
estoy muerta y solamente
siento a mi cuidado vivo.
Y porque en breves palabras   1845
venga, Rosela, a decirlo:
yo me pierdo, yo me abraso,
yo me consumo, me aflijo.
¿Sabes ya de qué me quejo,
di?
ROS.   ¿De qué, señora? Dilo.   1850
MAR.   Del amor de . . .
(Dentro Felisardo.)
FEL.   Don Fadrique;
¡y que he de poder sufrirlo!
MAR.   Pero mi hermano por mí
(¿qué es aquesto?) ha respondido.
FEL.   El sentido he de perder.   1855
SOMB.   ¿Cuál ha de ser de los cinco?
MAR.   Sin duda de mi amor sabe.
ROS.   No puede haberlo sabido.
*(Sale Felisardo con un puñal en la mano y
Sombrero teniéndole.)*
FEL.   Déjame, infame, que acabe.
SOMB.   Por amor de Jesu-Cristo.   1860
ROS.   ¿Qué es esto? Tenle, Sombrero.
MAR.   Socorro, cielos benignos.
(Híncase de rodillas.)
No más, ea, basta, hermano;
perdóname si delinco;
no te ofendo, aunque soy mala;   1865
perdón, hermano querido.
FEL.   ¿Qué perdón? Levanta, hermana;
yo me perdono a mí mismo;
pues tentado del rigor
que veo en el hado esquivo,   1870
determinaba que fuese
despojo de este cuchillo
mi vida, por desdichada.
Mas pues tus ojos divinos
(rémora de mis enojos,   1875
farol que alumbra los míos)
me destierran las tinieblas
en su respecto público,
que aunque infelizmente muero,
por ti felizmente vivo.   1880
¿Tú culpada en mis arrojos?

Qué gran virtud darte quiso
el cielo, pues de piadosa
quisiste en mis desvaríos
suponerte a ti culpada   1885
cuando era el delito mío.
Yo soy quien la culpa tiene,
y así me daba el castigo,
que el ser desdichado un hombre
ya se tiene por delito.   1890
Y porque sepas la causa,
sabrás si no lo has sabido,
que adoro a Violante bella
desde que apenas cumplidos
dos lustros tuve de edad.   1895
Y como era amante fino,
no reparé (porque nada
repara de amor el brío)
en que de venir a ser
su esposo aquel logro altivo   1900
estaba, por ser Violante
rica y yo pobre, impedido.
Creció con la edad mi amor
(si crece quien siempre es niño)
sin otras satisfacciones   1905
haber amor permitido
más que de vernos y hablarnos,
brindándonos con cariños;
que sólo de esto se paga
un amor honesto y liso.   1910
Y por amor confiado,
que a ser suyo me habilito,
(que a veces quien quiere más
suele ser el preferido)
me vine a hallar engañado;   1915
pues alcanzo que el destino
del amor importa poco
sin de la fortuna auxilio.
Bien lo experimento a mi costa,
pues su padre (¡ay hado impío!)   1920
con don Fadrique la casa,
(¡no sé como aquí no expiro!)
porque tiene y yo no tengo;
que es cierto el proverbio antiguo
que el tener o el no tener   1925
hace al hombre indigno o digno.
Y así, no extrañéis, hermana,
en mí cualquier laberinto;
pues toda la dicha pierdo
cuando a Violante he perdido,   1930

porque hay casos en que un hombre
(por más cuerdo y comedido)
cuando si no vuelve loco,
no siente o no tiene juicio.
MAR. *(Ap.)* ¡Qué escuché! De un sobresalto
en otro (¡ay triste!) he caído.　　　1936
ROS. *(Ap.)* ¡Don Fadrique con Violante!
En mi ama ha dado el tiro.
MAR. Hermano, tu enfado siento
como propio (*[Ap.]* ¡y no he mentido!),
mas si te impide la suerte,　　　1941
Felisardo, ese camino
por donde amor te guiaba,
supón que no era servido
el cielo de que llegaste　　　1945
al logro de tus designios.
Y así, con Dios te conforma,
que siendo de su servicio
que lo que aspiras tuvieras,
aunque quisiera impedirlo,　　　1950
todo el mundo le alcanzaras.
SOMB. Y añade aqueste puntillo:
si mi amo corriera más
que don Fadrique ha corrido.
FEL. Y del suceso Violante,　　　1955
que avisarme no ha querido,
debe de ser de su gusto.
(Sale Belisa.)
BEL. No es que yo traigo el aviso.
SOMB. ¿Qué hay, Belisa? ¿En esta casa?
¿Quién por acá te ha traído?　　　1960
BEL. Traer aqueste papel.
SOMB. Bien estamos; ¿papelillo?
¿Es carta de despedida?
FEL. ¿Para mí?
BEL.　　　　Sí, señor mío.
SOMB. Lee, pues, y si es tu sentencia,　　　1965
apela para otro juicio.
(Lee Felisardo.)
　La violencia de un padre ambicioso, que
atiende más al amor de un interés que al interés
de un amor, no queriendo que sea la posesión
de mi albedrío de quien era dueño de mi
libertad, me obligó a dar a D. Fadrique de
Miranda la mano de esposa. Cualquiera de
estos días se determina que sea el de nuestras
bodas, en que se representará la lastimosa
tragedia de mi vida, si el alivio de éste tiene
algún recurso. Vos lo mirad, mientras en la mar

que forman las lágrimas de mis ojos fluctúa la
dicha de mis esperanzas. Dios os guarde.
Vuestra, sin ventura de serlo. Violante.
SOMB. De la sentencia apelamos.
MAR. *(Ap.)* ¿Para esto, amor, me ha herido?
FEL. Belisa, di a tu señora
que aunque en todos desconfío　　　1970
de que haya en esta desgracia
el remedio que codicio,
porque nunca de cobarde
me acuse amor, determino
hablar con su padre luego.　　　1975
SOMB. Y yo, señor, he de ir contigo,
por ver si ablandar podemos
un Faraón empedernido.
BEL. Adiós, Sombrero.
SOMB.　　　　¿Hay acaso,
dime, para ti otro indio?　　　1980
BEL. Todo puede ser.
SOMB.　　　　Pues vea
si con estos papelillos
puede venir a pagarme.
BEL. Dése usted por advertido,
por si hubiere novedad.　　　1985
(Vase.)
SOMB. Aquesa advertencia estimo;
esto sí que es prevención.
FEL. Hermana, este es el peligro
donde el bien mío se pierde
o se restaura mi alivio.　　　1990
Ahora es el tiempo, ahora,
que de implorar necesito
tu ayuda; si te aplicabas
hasta aquí con tanto ahínco
a la devoción suprema　　　1995
de la Virgen, te suplico
que con más cuidado acudas
a este soberano asilo,
pidiéndole que me ampare
en este lance.
SOMB.　　　Ea, digo　　　2000
para cuando las queremos,
si no para este conflicto,
veremos para que valen
las beaticas.
MAR.　　　Tan oídos
sean, hermano, mis ruegos.　　　2005
ROS. Yo por mí digo lo mismo.
FEL. Pues en esa confianza

y a la confianza asido,
que hace tener a los hombres
de María el patrocinio,   2010
mi amor propondré a don Nuño,
esperando reducirlo.
SOMB. Y cuando el viejo no quiera
y el negocio va perdido,
gritarle, que para esto   2015
se hicieron, señor, los gritos.
(Vanse.)
MAR. ¿Qué te parece, Rosela,
lo que aquí me ha sucedido?
ROS. Que no hay comedia que traiga
semejante paso escrito.   2020
MAR. ¿Y qué dices de mi amor?
ROS. Que grande desdicha ha sido
el no venir a saberlo
don Fadrique, que imagino
te lo había de pagar,   2025
pues te lo mostró al principio;
mas como vio su exención,
mudó su aflicción de sitio.
MAR. Con más brevedad lo hiciera,
cuando viera que me inclino,   2030
que yo sin tener experiencia
de esta materia, he oído
que el amor es como el rayo
que hace a resistencias tiro.
Así un hombre quiere más   2035
mientras no se ve querido;
y tal vez, viéndose amado,
desmaya en el apetito.
ROS. El, sin duda, adivinó
tu amor; y así hizo retiro   2040
su afecto para Violante,
sin duda porque ha entendido
que no le quiere.
MAR.   O será
porque su riqueza ha visto
y mi pobreza.
ROS.   Eso fuera   2045
reparo para un mendigo;
si ella es un rico sujeto,
tú eres un sujeto rico.
MAR. No se estima la pobreza;
¡ha fortuna! Mas mi olvido   2050
grande ha sido; al oratorio
entremos para pedirnos
a la Virgen por mi hermano.
ROS. También por nosotras digo,

pidiéndola nos conserve   2055
siempre en su santo servicio.
(Vanse.)
(Sale don Nuño.)
NUÑ. Muy triste a Violante veo
desde el día que la he hablado
en su casamiento, indicio
del amor de Felisardo   2060
que le ha causado este susto,
viendo que ha de dar la mano
a don Fadrique de esposa;
que aunque por disimularlo
se ha empeñado su prudencia,   2065
en el rostro, que es traslado
de las pasiones del pecho,
se deletrea a lo claro
su enojo; también no dudo
de que será sobresalto   2070
de tomar estado nuevo;
que es cierto que el nuevo estado
siempre asusta a las doncellas,
por su vergüenza o recato.
Sea en fin por lo que fuere,   2075
ello está bien acertado;
y basta ser gusto mío,
aunque a su gusto contrario.
Don Fadrique no es muy noble;
mas viéndose el blasonario   2080
de la fortuna, el más rico
se tiene por más hidalgo.
Si Felisardo no fuera
tan pobre y necesitado,
o hubiera aquí en el honor   2085
de escrúpulo algún resabio,
pudiera por su nobleza
con mi hija muy bien casarlo;
mas siendo un hombre tan pobre
y no habiendo amor llegado   2090
a murmuración, el vulgo
me daría un grande chasco
si llegara a permitirlo,
pensando que algún agravio
me había hecho en el honor   2095
Felisardo.
(Sale Felisardo.)
FEL.   Buen presagio
para los intentos míos
el haber, señor, llegado
a tiempo que tú me nombras.
Y pues esto ha sido acaso,   2100

y acaso vienen las dichas,
como mereció tus labios
mi nombre, quiero saber
si acaso a tus ancianos
oídos llegar merecen   2105
mis razones.
NUÑ.   Explicaos,
y decid lo que queréis.
(*Ap.*) ¡Viose semejante paso!
FEL. Quiero, señor, lo que quiero.
(*Al paño Violante, Belisa y Sombrero.*)
VIOL. Allí están los dos hablando.   2110
BEL. Pues de aquí escucharlos puedes.
SOMB. Chitón, señoras, oigamos.
NUÑ. Ea, acabad, ¿qué decís?
FEL. Digo, pues, señor, que acabo
si tú acabas de impedirme   2115
el logro de mi cuidado.
Si al amor conoces bien,
verás que es rugir extraño
apartar dos corazones
que el bien querer ha juntado.   2120
Violante y yo nos queremos,
uno de otro tan pagado
que dividir a los dos
es lo mismo que matarnos.
Tened piedad de dos vidas,   2125
no quites para el estado
al gusto propio el derecho
que es un error temerario.
Mira, que el amor se queja.
NUÑ. Tened; decid: ¿ha pasado   2130
entre los dos el amor
del querer bien?
FEL.   ¿Tan villano
me presumís? ¿De Violante
no es error el sospecharlo?
NUÑ. ¿Habéis dado por ventura   2135
la palabra de casaros
los dos, decid?
FEL.   No por cierto,
que hacer, señor, ese pacto
era agravio a tu obediencia.
NUÑ. Pues si el cielo no me ha dado   2140
más que una hija a quien viene
de mi casa el mayorazgo,
¿no la casaré a mi gusto?
FEL. Debe ser examinado
el suyo.
NUÑ.   Los hijos nobles   2145

lo tienen subordinado
al de los padres, y así
con don Fadrique la caso.
SOMB. Mala palabra.
VIOL.   ¡Ha cruel!
BEL. No hay que hacer, que es obstinado.
FEL. ¿Y es más noble don Fadrique?   2151
NUÑ. No os digo que es más hidalgo
ni tanto; mas la fortuna
(que tiene sus altibajos)
hace y deshace noblezas.   2155
FEL. ¿Con que él por rico ha ganado
lo que yo por pobre he perdido?
NUÑ. ¿Quién lo duda?
FEL.   ¿Y si los hados
me hicieran tan rico a mí
como don Fadrique?
NUÑ.   Es llano,   2160
que tuviérades la suerte.
FEL. ¿Pues no me daréis un plazo,
suspendiendo el casamiento,
señor, por un cierto espacio
hasta que haga diligencia   2165
para verme mejorado;
corriendo remoto climas,
maquinando medios raros
para venir a ser rico,
que a veces hace milagros   2170
la diligencia, yendo un hombre
de buena intención llevado?
NUÑ. Y este término cumplido,
¿si vos, señor Felisardo,
no tuviéredes mejora,   2175
y estuviere ya casado
don Fadrique, que es posible
que no quiera aguardar tanto?
Felisardo, ya está hecho;
yo estoy en fin de mis años,   2180
y porque luego a la muerte
pagaré el feudo ordinario,
dar quiero estado a mi hija;
la ocasión está en las manos,
y en no querer que se pierda,   2185
afrenta ninguna os hago;
y adiós; licencia me dad,
que tengo muy ocupados
estos días.
FEL.   ¿Y las bodas,
oíd, no me diréis cuando   2190
serán?

NUÑ.   Dentro de ocho días.
(Vase.)
(Salen los del paño.)
SOMB. Poco menos a un ahorcado
   se le dan.
VIOL.   Pocos me restan
   de vida.
BEL.   ¡Caso apretado!
SOMB. Ha señor, ¿estás suspenso?   2195
   Vive Dios, que le dio pasmo.
BEL. ¿Y a mi ama también, no miras?
SOMB. Pues, Belisa, ¿no pasmamos?
   Ya que pasman los señores,
   pasmen también los criados.   2200
(Felisardo y Violante pensativos.)
FEL. Y VIOL.¡Ay de mí triste!
SOMB.   Aleluya,
   que se ha acabado el encanto.
FEL. ¡Que te pierdo, amado dueño!
VIOL. ¡Que te perdí, dueño amado!
FEL. ¡Que tu padre
VIOL.   ¡Qué rigores!   2205
FEL. sin admitir
VIOL.   ¡Qué trabajos!
FEL. la razón
VIOL.   ¡Qué tiranías!
FEL. del amor mío,
VIOL.   ¡Qué daños!
FEL. ha dispuesto
VIOL.   No me ahogues.
FEL. que sean luego
VIOL.   ¿Qué aguardo?   2210
FEL. tus bodas!
VIOL.   No me lo digas.
FEL. ¿Le oíste?
VIOL.   Apenas.
FEL.   Pues callo.
SOMB. Eso me parece bien,
   porque si de tales casos
   no está el remedio en decirlos,   2215
   es mucho mejor callarlos.
   Callar; y obrar sólo importa
   si queréis aprovecharos
   de un consejo que os daré.
FEL. Y VIOL. ¿Qué consejo?
SOMB.   Es extremado.
   No hay más que tratar Violante   2221
   de hurtar a este viejo avaro
   los doblones que pudiere,
   y de ellos acompañados,

   poner los dos tierra en medio   2225
   y a vuestro gusto casaros.
FEL. ¿Yo a su padre dar disgustos,
   a Violante sobresaltos,
   a mi hermana turbaciones
   y a mi nombre de hombre bajo?   2230
   Para el amor eso es bueno;
   para el primor eso es malo.
SOMB. Primores te han de matar;
   pues, ¿qué has de hacer?
FEL.   Ha pensado
   la industria de mis deseos   2235
   hacer un examen raro
   para probar mi fortuna.
SOMB. Y LAS DOS. ¿Qué examen?
FEL.   Este,
   escuchadlo:
   en vida del padre mío,
   como era tan inclinado   2240
   al juego, en la inclinación
   le iba también imitando;
   que imitar al padre el hijo
   en el vicio es ordinario.
SOMB. Y aun le imitabas, señor,   2245
   en ser también desdichado,
   pues siempre de cualquier juego,
   jugando tú juegos varios,
   te levantaste perdiendo;
   lo que tu padre notando,   2250
   con haber visto también
   que por el juego había dado
   con su casa en polvorosa
   al tiempo del desengaño,
   que es la hora de la muerte,   2255
   entre otros preceptos sabios,
   con grande encarecimiento
   te encomendó, Felisardo,
   que ni aun siendo de burlas
   jugases, que has observado   2260
   muy puntualmente hasta aquí.
FEL. Después de eso un matemático,
   levantándome figura,
   me ha dicho que afable el astro
   me promete por el juego   2265
   de ventura un grande hallazgo
   en cierta ocasión; yo pues
   que ocasión ninguna aguardo
   en que haya más menester
   la dicha de que estoy falto   2270
   que la presente, procuro,

por ver si la dicha alcanzo,
examinar la fortuna;
y pues estoy informado
de que es grande jugador   2275
Fadrique, desafiarlo
pretendo.
SOMB.   Señor, ¿qué dices?
Ese astrólogo borracho
sin duda encajarte quiso;
mira que vas engañado,   2280
y puedes, señor, perder.
FEL. Ignorante es tu reparo;
poco en lo poco se pierde.
SOMB. De parecer soy contrario,
pues pierde en lo poco mucho   2285
aquél que es necesitado.
FEL. No hay que hacer, Violante mía;
adiós, que voy arrojado
a probar la estrella mía;
y si el cielo soberano   2290
me favorece de suerte
que a don Fadrique sacando
por el juego cuanto tiene
(que no es el primer milagro,
pues por la dicha del juego   2295
hubo algunos que llegaron
a tener hacienda mucha,
y otros también que han bajado
de muy ricos a tan pobres
que anduvieron mendigando   2300
del juego por la desdicha)
que llegue yo al estado
en que a don Fadrique veo,
y él, cual estoy yo quedando,
quedaré del amor mío,   2305
cuando él sin premio, premiado;
pues tu padre de ambicioso,
al interés respetando,
sólo la riqueza estima.
VIOL. Plegue al amor que mis daños   2310
por esa industria se excusen;
mas, ¿si fueren malogrados
tus ardides?
FEL.   Moriré,
como quien perdió tus brazos.
VIOL. ¡O! no lo permita amor;   2315
vé, pues, mientras esperando
estoy mi muerte o mi vida.
FEL. Adiós, y al influjo claro
de tus soberanos ojos,

estrellas de mi cuidado,   2320
encomiendo mi ventura.
VIOL. Al juego, pues, Felisardo.
FEL. ¡Ay si pierdo, cuánto pierdo!
VIOL. ¡Ay si ganas, cuánto gano!
(Vanse.)
SOMB. ¿Quién no se admira, señores,   2325
de la invención de mi amo?
Pero como amor es juego,
en juego su amor ha dado.
Yo me voy a ser mirón
y si me dieren barato.   2330
BEL. ¿Qué repartirá conmigo?
SOMB. Yo, Belisa, no reparto,
que doy todo cuanto tengo.
BEL. Aquesto es ser hombre honrado;
pues al juego, Sombrerillo.   2335
SOMB. ¿Y si de él ganancia saco?
BEL. Jugará de amor conmigo.
SOMB. ¿Y si el juego bien barajo?
BEL. Triunfará con esta sota.
SOMB. Y usted con este caballo.   2340
(Vanse.)
(Salen don Fadrique, Tijera de gala y
Música.)
MÚS. Fuese amor a coger flores,
de Flora a la estancia bella,
y entre todas, por más rica,
quiso escoger la Violeta;
que es la flor más brillante   2345
por parecerse mucho con Violante.
TIJ. De flores el tono está
y gracioso por extremo
y la letra es extremada.
FAD. Este romance he compuesto.   2350
TIJ. No es menester que lo digas,
que bien lo dicen los versos,
pues luego parecen tuyos;
la ventaja te confieso,
que es mucho mejor que el mío   2355
tu romance, y no me atrevo
a mostrar el que escribí.
FAD. ¿Por qué?
TIJ.   Porque me avergüenzo;
mas como es desvergonzado
todo el poeta, a lo menos   2360
diré la primera copla.
FAD. Vaya, pues.
TIJ.   Estáme atento.
Sólo Belisa me place

por ser brava mocetona,
que al fin Belisa es Belona 2365
con que amor la guerra me hace.
Su gala es Primavera,
y es el corte mejor para Tijera.
FAD. Bastante está por mi vida.
TIJ. Por lo menos todo es nuestro; 2370
mas fáltame la opinión
que tienen muchos sujetos
que han merecido de sabios
y de discretos el fuero,
con conceptos de ladrones, 2375
por ladrones de conceptos.
FAD. Dejemos murmuraciones;
cantad.
TIJ.   Ea, calla; lego,
que si es malo el cantar mal,
mejor es que bien cantemos. 2380
MÚS. Fuese amor, &tc.
(Salen Felisardo y Sombrero.)
SOMB. La casa está festival,
entra con el pie derecho,
señor, y vuélvela en luto.
FEL. ¡O, si lo quisiera el cielo! 2385
El parabién vengo a daros
([Ap.] mal sabes a lo que vengo)
del estado cuyo logro
feliz con vuestros deseos
se conforme. (Ap.) Con los míos. 2390
FAD. La merced os agradezco,
y sea la voluntad
de serviros desempeño.
(Ap. los dos.)
TIJ. No hay cosa como casar
por ver como acuden luego 2395
para dar los parabienes
al novio los caballeros.
SOMB. ¿Y usted, digo, también casa?
TIJ. ¿Pues este garbo, este aseo,
esta gala, este capricho 2400
no le huele a casamiento?
SOMB. ¿Y la dama es principal?
TIJ. Hidalga es de grande precio.
SOMB. ¿Cómo se llama?
TIJ.   Belisa.
SOMB. (Ap.) ¿Belisa? Aquesto está bueno.
TIJ. Belisa; ¿de qué se espanta? 2406
Belisa es la que sirviendo
a Violante está.

SOMB. (Ap.)   ¡Ha infame!
más, celos, disimulemos.
TIJ. (Ap.) Parece que le ha pesado; 2410
afuera, señores celos;
yo apuro su turbación.
Diga, ¿de qué está suspenso?
SOMB. Me admiro de que esa niña
llegue a grado tan supremo; 2415
mas lo ha hecho su virtud.
TIJ. Tal es su merecimiento.
FAD. Digo que bien me parece,
que el juego es divertimiento.
¿Oyes? Al instante trata, 2420
Tijera, de disponernos
la mesa para jugar.
SOMB. Ya están metidos de dentro.
FAD. Y algo a esos músicos da.
TIJ. Ya tardaba; ¡es caso fiero 2425
que mi amo con cuantos topa
se ponga luego a armar juego!
No vi mayor jugador;
y aun estos juegos recelo
que en la cabeza le den. 2430
(Vase y los Músicos.)
FAD. Señor Felisardo, entremos,
y el juego eligiréis vos.
FEL. Fortuna, a tu gracia apelo.
(Vanse.)
SOMB. Dios se la depare buena;
yo me voy también a verlos; 2435
y en la siguiente jornada
veremos, queriendo el cielo,
si le ha venido a mi amo
dicha o desdicha del juego.

JORNADA TERCERA

(Sale[n] Felisardo y Sombrero; y Felisardo
rompiendo unos naipes.)
FEL. Tirana invención del ocio, 2440
curiosidad enemiga,
bravo hechizo de los hombres,
fuerte encanto de la vida,
vive Dios, que si cogiera
aquí tu inventor, que haría 2445
de él otros tantos pedazos.

SOMB. Tú me parece que imitas
    a un flaco, señor, que sé
    que salió mal de una riña,
    y vengándose en la espada,   2450
    la hizo trescientas astillas.
    ¿Qué culpa tienen los naipes,
    que en ellos pruebas tus iras?
FEL. ¿Qué quieres que haga, Sombrero,
    quien tuvo tanta desdicha,   2455
    que después de una ganancia
    (como has visto) tan crecida,
    ha llegado a perder tanto
    que perdió su hermana misma?
SOMB. Demasía fue notable,   2460
    y cierto que me lastima,
    siendo tu hermana una santa,
    que saliese una pérdida.
    Perdieras, señor, las barbas;
    perdieras, señor, la vista,   2465
    como sucedió a San Franco;
    perdieras, señor, las tripas;
    ¿mas tu hermana? A ser yo ella,
    buena te la pegaría;
    porque había de hacer yo   2470
    lo que ha hecho en cierta villa
    la mujer de un tahúr grande,
    que entró por su casa un día,
    diciendo: "Perdido estoy;
    llorad, mujer, mis mohinas,   2475
    que jugando con fulano,
    todo he perdido a las pintas,
    y a vos os perdí también".
    Soltó la mujer la risa,
    y tomando luego el manto,   2480
    le dijo: "¿Esta es la fatiga?
    Marido, no os enojéis
    cuando a la pérdida mía,
    que yo por ganada me doy";
    y puesta en la calle aprisa,   2485
    se fue derecha a la casa
    de quien ganado la había.
    Lo mismo hiciera tu hermana
    a no ser una santica,
    sabiendo que la has jugado.   2490
FEL. ¿Qué haré con las penas mías?
SOMB. Sufrirlas, pues fuiste tal
    que cuando ganado habías
    cuatrocientos mil ducados
    (que era bastante mobilia),   2495

    no quisiste levantarte;
    porque sin duda te hacían
    los ciento que le quedaban
    a don Fadrique cosquillas;
    y como todo lo pierde   2500
    el que todo lo codicia,
    te ha dejado tu ambición
    en el estado que miras.
FEL. No fue la ambición, Sombrero,
    la causa de mi porfía.   2505
SOMB. Pues, ¿cuál, señor, fue la causa?
    Mas ya espero que me digas
    que el no querer cometer
    aquella descortesía
    de levantarte del juego.   2510
FEL. Es verdad.
SOMB.   De tan maldita
    razón de estado reniego,
    que fue sólo introducida
    para perderse los hombres;
    ¿pero cómo te podía   2515
    suceder bien, Felisardo,
    si contra el precepto ibas
    de tu padre?
FEL.   Amor lo ha hecho,
    fiado en la astrología.
SOMB. Ella tu dicha acertó,   2520
    mas no acertó tu desdicha;
    y ha sido un grande milagro
    que el que males pronostica,
    suele siempre hablar verdad;
    y aquél que bienes, mentira.   2525
    ¿Sabes de lo que me pesa?
    De haber llevado noticias
    de tu fortuna a Violante
    sin aguardar la salida;
    mas no sé qué el corazón   2530
    (que aunque apenas adivina)
    me dijo, y así anticipéme,
    por no perder las albricias.
FEL. ¿Qué hará Violante, sabiendo
    de mi fortuna enemiga?   2535
    ¿Qué hará mi hermana?
SOMB.   ¿Qué harán?
    Don Fadrique te lo diga,
    que una ha de ser su mujer,
    y otra su dama.
FEL.   ¿Me incitas,
    necio, a desesperación?   2540

SOMB. ¿Y de esto te escandalizas?
¿Si él ha ganado las dos?
FEL. Pues cuando su tiranía
afrentar quiera mi hermana,
¿no sabré perder la vida   2545
en su defensa? Mas ay,
que esto es civil injusticia;
si la acabo de perder,
su virtud, que es peregrina,
le acuda; que si es constante,   2550
no tendrá el honor mancilla,
por más que insista el agravio;
que yo, pues la tengo ofendida
y pues a Violante pierdo,
será vergüenza que viva   2555
más en aquesta ciudad.
Sombrero, adiós.
SOMB.   ¿Qué imaginas?
FEL. Voyme por el mundo, adiós.
(Vase.)
SOMB. No vas sin mi compañía;
aguarda, señor, espera.   2560
[Desde dentro.]
FEL. No hay que esperar, no me impidas.
(Vase [Sombrero] y salen Violante y Belisa.)
VIOL. ¿No me das los parabienes,
Belisa, de mi ventura?
BEL. Felizmente a Felisardo
favoreció la fortuna;   2565
y si así queda, señora,
con tanto caudal, no hay duda
que lograrás tus deseos,
porque cesará la excusa
que en su pretensión le daba   2570
tu padre, dando repulsa
a don Fadrique por pobre,
que es bien lastimosa injuria
para quien se vio tan rico.
VIOL. La suerte le restituya   2575
lo que le hurtó la desgracia,
y le dé ventura mucha,
(que me compadezco a fe),
mas después de estar segura
mi posesión, que es primero   2580
que toda la dicha suya;
saltos me da el corazón,
mostrando que en la estrechura
del pecho no cabe ya
de contento.

BEL.   No es cordura   2585
anticipar regocijos
primero que se descubra
el fin del suceso, pues
quien a festejar madruga,
sin esperar hasta el fin,   2590
el bien, así como apunta,
suele, señora, espantarlo;
que es fruta la dicha juzga,
que antes de estar sazonada
no se ha de coger la fruta;   2595
la dicha de Felisardo
aun se está, señora, en duda,
que aun en el juego quedaba,
y como presto se muda
en él la dicha en desdicha,   2600
con desacierto procuras
esta dicha celebrar.
VIOL. El alma no disimula,
Belisa, una alegre nueva
cuando de ella tanto gusta.   2605
(Sale don Nuño.)
NUÑ. Quiero que sepas, Violante,
el mayor caso que nunca
oíste.
VIOL.   ¿Qué fue, señor?
(Ap.) El corazón se me asusta.
NUÑ. Felisardo y don Fadrique   2610
VIOL. *(Ap.)* Temblando el alma le escucha.
NUÑ. jugaron, y Felisardo
VIOL. *(Ap.)* Amor mi esperanza ayuda.
NUÑ. a don Fadrique ganó
de doblones grande suma.   2615
BEL. *(Ap.)* Vítor, esperanzas mías;
hasta aquí bien va, aleluya.
NUÑ. Pero como el juego es vario,
BEL. Este "pero" me disgusta.
VIOL. *(Ap.)* Ay triste, ¿qué es lo que espero?
NUÑ. tanto a la parte se ajusta   2621
de don Fadrique la suerte,
BEL. Malo.
VIOL. *(Ap.)* Ven, muerte, no huyas.
NUÑ. que a ganar vuelve otra vez,
sin quedarle cosa alguna   2625
a Felisardo, y después
de perder todo (¡qué furia!),
también su hermana jugó;
¡no hay más extraña locura!
BEL. *(Ap.)* Este hombre sin duda es plaga;

¡Jesús, los cielos le acudan;   2631
que mi ama por él se pierda!
¡Mas su hermana!
VIOL.   (*Ap.*) ¿Hay más angustias?
Extraño suceso fue.
NUÑ.   Tales el juego acostumbra   2635
producir sin que los hombres
el desengaño descubran.
Para ocupación del ocio
el juego inventó la industria;
mas esta curiosidad   2640
así los hombres abusan,
que el vicio la ha hecho trato
en que la vida se ocupa,
ejercicio abominable,
de que experiencias divulgan;   2645
que si hay pérdidas que dañan,
hay raro interés que luzca.
Raro será el jugador
que por este trato suba,
habiendo muchos que bajan.   2650
Yo de manera ninguna,
viendo que era jugador,
(que mi condición repugna)
admitiera en casa mía
hombre que me la destruya.   2655
Mas el ver que don Fadrique
el resto cobró, y que mudan
las costumbres los estados,
me está obligando a que cumpla
la palabra que le di;   2660
y así, mañana sin duda
serán las bodas, Violante;
haz que no haya falta alguna
de la casa en el aseo,
ni en la gala y compostura   2665
de tu persona también;
que aunque tu belleza excusa
los afeites, bien parece
el ornato en la hermosura.
Con don Fadrique a hablar voy   2670
porque esté de acuerdo. (*Ap.*) Mucha
tristeza en Violante miro,
mas todo el tiempo lo cura.
Si no volviera a perder
Felisardo, fuera suya   2675
la suerte; mas no ha querido
ayudarle la fortuna.
(*Vase.*)

BEL.   ¿Y ahora daréte bien
los parabienes?
VIOL.   ¿Te burlas,
ignorante, en mis desgracias?   2680
BEL.   Esto, señora, no es burla
sino los pésames darte.
VIOL.   ¡Ay mi esperanza difunta!
BEL.   Tú, señora, de su muerte
pienso que tienes la culpa.   2685
VIOL.   Si tengo por desdichada.
BEL.   No es sino porque en la cuna
la ventura celebraste
y espantaste la ventura.
¿No te acuerdas de aquel dicho,   2690
que aunque de viejos anuncia
como si fuera evangelio
la verdad sincera y pura;
que hasta lavarse los cestos
es vendimia? En la disputa   2695
del juego los dos quedaban,
y tú sin hacer consulta
con tu consideración
de que hasta el fin de la lucha
no se ve quien lleva el premio.   2700
VIOL.   Calla, ¿quieres que te sufra
tus retóricas razones?
BEL.   Pues, ¿qué te haré yo a tus cuitas?
Sufrirás, pues, tus enojos.
VIOL.   No son males que se sufran.   2705
BEL.   Pues, ¿qué has de hacer si mañana
te casan, dime?
VIOL.   ¿Me apuras
la paciencia? ¿Yo casarme?
Primero un rayo consuma
mi vida.
BEL.   ¿Y qué has de impugnarlo?
VIOL.   El albedrío lo impugna;   2711
y así pues no hay que esperar;
Belisa, mis joyas junta
que al instante que mi padre
salga de aquésta, procura   2715
mi intento ponerme en casa
de Felisardo.
BEL.   Te acusa,
señora, el decoro; advierte.
VIOL.   No hay que advertir, mi amor busca
mi marido, y tú responde   2720
de mi padre a la pregunta
que me metí en un convento,

porque mientras no se apura
la verdad, tiempo se ofrezca
para casarnos.
BEL.   Jo, burra;   2725
¿el diablo, que se lo diga,
quieres que pague tus furias?
¿Yo quedarme sola en casa?
No, que el miedo lo recusa;
yo he de seguirte, señora,   2730
de aquí hasta las Asturias.
VIOL. Pues callar y obrar, Belisa.
BEL. Digo que seré una muda.
¡Lo que pasa quien bien ama!
VIOL. El amor me dé su ayuda.   2735
BEL. Quiera el cielo que la hagamos
limpia.
VIOL.   Los cielos me acudan.
(Vanse, y sale[n] Felisardo y Sombrero.)
FEL. Tú no has de pasar de aquí
por las celestes esferas
o te he de quitar la vida;   2740
no me sigas, que es afrenta
el seguir a un desdichado.
SOMB. Aunque aquí matarme quieras,
no me he de apartar de ti,
pues que ya, señor, tan fuera   2745
estamos de la ciudad
donde nadie oírnos pueda
(si no es que las piedras oyen)
sin que en tan terrible ausencia,
primero, señor, me digas   2750
los intentos que te llevan.
FEL. ¿No te he dicho que me voy
por el mundo hasta que pueda
encontrar una región
la más oculta y secreta   2755
donde a mi patria de mí
jamás las noticias vengan
ni yo las tenga de mi patria?
SOMB. Excusada diligencia,
porque de cualquiera parte,   2760
si es mala una nueva, vuela;
y aunque de muy cerca parta,
no acierta a venir la buena;
y así vuélvete, señor.
FEL. ¿Quieres que mis ojos vean   2765
casada a Violante, di?
No tiene el amor paciencia.
Vuélvete tú.
SOMB.   ¿Yo? ¡Qué tarde!

No hay duda que buena cuenta
daré de tu compañía.   2770
FEL. Pues si no, fuerza es que seas
testigo del desatino
mayor que la fama cuenta.
SOMB. ¿Qué desatino?
FEL.   ¿No dicen
que al que en su remedio espera,   2775
aparecer el demonio
suele en visible presencia?
SOMB. Ese es remedio del diablo.
FEL. Pues yo en mi pena tan fiera
el demonio he de invocar.   2780
SOMB. ¿Qué es eso? ¿Calabaceas?
¿Eso ha de decir un hombre
que de cristiano se precia?
¿Aquésa es tu devoción?
A la Virgen te encomienda.   2785
FEL. Como soy gran pecador,
faltaráme su asistencia;
y pues mi desdicha es tanta,
no extrañes, no, mi miseria.
Diablo.
SOMB.   Tente señor,   2790
Felisardo, no te pierdas.
FEL. Aquesto ha de ser. Diablo.
(Sale el Demonio.)
[DEM.] Esas voces lastimeras
me traen desde el abismo.
SOMB. No vi figura más fea;   2795
¡Jesús!
FEL.   El alma se asusta.
DEM. No te acobardes, no temas,
que a curar vengo tus males;
y pues que por tu pobreza
pierde tu amor a Violante,   2800
¿qué dieras a quien te hiciera
al instante a don Fadrique
aventajado en riquezas?
FEL. ¿Al instante?
DEM.   No lo dudes.
SOMB. Miente, señor; no le creas.   2805
FEL. Si es así, de agradecido
en mí hallarás muchas veras.
DEM. Pues ánimo, Felisardo,
que como aquí me prometas
de hacer lo que te dijere,   2810
lograrás tu buena estrella.
SOMB. Mira no te precipiten
sus engañosas cautelas.

DEM. *(Ap.)* Este criado me cansa.

FEL. Está pronta mi obediencia 2815
a la disposición tuya.

SOMB. ¿Qué has dicho? A perder te echas.

DEM. ¡O grosero y vil criado!

FEL. Dime pues lo que me ordenas.

DEM. Lo que importa, Felisardo, 2820
es que por lograr tu empresa,
de Dios, de la fe cristiana
y los misterios que encierra
reniegues.

SOMB.   El diablo es moro.

FEL. Cara sale tu promesa. 2825

SOMB. Así son todas las suyas.

DEM. ¿Qué reparas? ¿Qué recelas?
Logra tu buena fortuna,
que después tiempo te resta
para arrepentirte.

SOMB.   Miren; 2830
qué larga que es tu consciencia;
cuenta, señor, con la fe.

FEL. ¿En qué estoy dudando? Ea,
yo estoy por lo que me dices.
¿Hay más en que te obedezca? 2835

SOMB. Acabóse, está perdido;
¡lo que hace una pasión ciega!

DEM. *(Ap.)* Ya cayó este miserable;
¡lo que es la humana flaqueza!
pues no ha de parar aquí, 2840
porque con su lengua mesma
renegará de la Virgen,
de quien es devoto. Resta,
Felisardo, que reniegues
de María.

FEL.   El labio cierra; 2845
¿yo hacer agravio a María,
que tanto el alma respeta?

DEM. ¿No es más renegar de Dios?
Es fuerza que lo concedas;
pues si lo que es más hiciste, 2850
¿lo que es menos de hacer dejas?

FEL. ¡Ay, no hay menos ni más!
María en mi pecho reina,
y no he de hacerla ese agravio,
aunque liberal me ofrezcas 2855
todos los bienes del mundo.

SOMB. Lindo, bien vas, bien apelas.

DEM. Pues sin esta condición
no tendrás lo que deseas.

FEL. Todo sin María es nada. 2860

SOMB. Cierto es que está todo en ella.

DEM. No ves que estás ya perdido;
di, ¿por qué no te aprovechas?

FEL. Piérdase todo; a la Virgen
el respeto no se pierda. 2865

DEM. *(Ap.)* ¡Hay devoción más constante!
¡Hay constancia más entera!
¿Esta es su resolución?

FEL. Mi resolución es ésta.

DEM. Pues ya que a Dios has dejado, 2870
ven, necio, a pagar tu tema
a los infiernos conmigo.

(Cógele el Demonio y vuelan por el aire.)

FEL. Virgen soberana y bella,
socorro, amparo.

DEM.   No le hay
para quien de Dios reniega. 2875

SOMB. El diablo se lo llevó;
¡quien así sus amos viera,
que tratan mal los criados!
¡Hay desgracia como aquésta!
A señor diablo, digo, 2880
mire, vuestra diablencia,
(si yerro el título, perdone,
que en este punto tropieza
con facilidad un hombre,
como hay tanta diferencia 2885
de títulos) digo, pues,
que un ratico se detenga,
porque quiero despedirme
de mi amo; dos mil leguas
sin duda están ya de aquí; 2890
¿qué haré en tan triste tragedia?
Voy a avisar a su hermana
para que por él ofrezca
oraciones a la Virgen
que del diablo le defienda. 2895

(Vase.)

*(Bajan de lo alto de una parte Felisardo, de la
otra el Demonio y en el medio la Virgen.)*

FEL. Reina insigne de los orbes,
a cuya gracia suprema
en sus mejoras deudor
todo el mundo se confiesa.
Yo, pecador miserable, 2900
conozco la grande ofensa
que cometió contra Dios
mi maldad, mas Vuestra Alteza
con los pecadores grandes
más generosa se ostenta; 2905

y así os suplico, Señora,
que por intercesión vuestra
me alcancéis de Dios perdón.
DEM. En vano es tu diligencia,
ya no es tiempo, ya eres mío. 2910
VIRG. No es tuya, infame, esta presa;
mientras el pecador vive,
perdón en tiempo cualquiera
le puede pedir a Dios.
DEM. ¿Qué perdón, el que reniega 2915
de Su Majestad divina?
VIRG. Ninguna ofensa hay que pueda
poner en dificultad
de Dios la piedad inmensa;
y más con mi patrocinio, 2920
que tiene con Dios tal fuerza,
que como le tenga el hombre
de su parte, no experimenta
de Dios el menor castigo;
y porque, alevoso, veas 2925
la estimación que Dios hace
de mi nombre, de la pena
y culpa que cometió
éste mi devoto, ordena
que quede absuelto, pues tanto 2930
se ha apurado tu fineza
en mi santa devoción.
DEM. Para apurarme las penas.
VIRG. Y así, Felisardo, vete
a tu casa norabuena, 2935
donde hallarás con Fadrique
casada tu hermana bella,
y don Nuño te dará
a Violante; persevera
en tu devoción, que en esto 2940
está tu dicha y tus medras.
Y tú, dragón infernal,
vete luego a las tinieblas,
que me subo a las delicias
de la gloria sempiterna. 2945
DEM. Vamos, rabia; envidia, vamos
a arder entre llamas fieras.
*(Sube la Virgen y húndese el Demonio y queda
en el suelo Felisardo de rodillas.)*
FEL. Gracias os doy infinitas,
Señora, por la clemencia
que habéis usado conmigo, 2950
pues tengo por cosa cierta
que si no fuera por Vos,
sacra y divina Princesa,

que metido en llamas vivas
a estas horas estuviera. 2955
Mas como vuestra piedad,
alta Emperatriz, se precia
de Madre de pecadores,
nadie queréis que perezca.
Los espíritus alados 2960
os den, poderosa Reina,
las alabanzas por mí,
pues mi lengua es tan grosera.
(Levántase.)
¿Adónde estará Sombrero
que en aquesta estancia mesma 2965
le he dejado? Mas sin duda
se habrá vuelto a casa; a ella
me voy, y aquesta ciudad,
siendo mi voz pregonera,
oirá de la devoción 2970
de la Virgen excelencias.
(Vase.)
(Sale doña María.)
MAR. No sé lo que adivina
el alma pensativa y cuidadosa;
sin duda vaticina
alguna empresa triste y enfadosa; 2975
porque del alma un susto
suele ser el correo del disgusto.
Del corazón inquieto,
entre combates mil alborotado,
dudosa me prometo 2980
algún suceso triste y desdichado;
que suele el corazón
pronosticar a veces la ocasión.
El pensamiento vario,
cuando al desasosiego así se aplica, 2985
de algún lance contrario
a mi temor me los multiplica;
que no estando de asiento,
presagio se presume el pensamiento.
Felisardo mi hermano 2990
de su amante pasión por la porfía,
por no perder la mano
de Violante, a quien ciego amor le guía,
rara traza procura,
que el amor todo es traza, si se apura. 2995
Desesperado y ciego
de su afición prolija e importuna,
a don Fadrique al juego
desafió, confiado en la fortuna;
que imagina el amante 3000

que su estrella ha de hallar fija y constante.
Y hasta aquí no he sabido
del suceso, mas cosa es cierta y llana
que sin duda ha perdido,
que aquél que desafía nunca gana;   3005
porque no participa
la dicha el que ambicioso se anticipa.
Del suceso a informarse
a Rosela he enviado; ¡o si quisiesen
los cielos acordarse   3010
del amor de los dos, porque nos diesen
Violante a Felisardo,
y a mí a Fadrique, en cuya afición ardo!
Pero mientras no viene,
me voy al oratorio, porque el medio   3015
mejor que aquí se tiene
es buscar de la Virgen el remedio;
que es sola esta Señora
de las necesidades protectora.

(Entrase por la puerta de en medio, y salen D.
Fadrique y Tijera.)

TIJ. Resolución notable   3020
ha tomado, señor, tu desatino;
mira que es extrañable
caminar por tan bárbaro camino.

FAD. Yo, Tijera, pretendo
cobrar la deuda que me están debiendo.
Si en el juego perdió   3026
Felisardo su hermana hermosa y bella,
y hasta ahora faltó
en dármela, a su casa voy por ella,
por lograr su hermosura,   3030
pues de ganarla tuve la ventura.

TIJ. Para, señor, casarte
con ella en cumplimiento de tu voto,
no quiso el amor darte
ni siquiera una onza de devoto;   3035
¿y hoy tan grande afición
para ofenderla? ¡Brava devoción!

FAD. Es del profano amor
la condición, Tijera, peregrina,
que a la parte peor   3040
la voluntad del hombre siempre inclina;
y si es justa la empresa,
del corazón aparta la firmeza.
Mas no es el apetito
la causa de mi arrojo solamente;   3045
¿sabes por qué me incito
a esta ofensa de honor?

TIJ.   Di brevemente,

porque la brevedad
siempre fue del discreto propiedad.

FAD. ¿Ves cual me iba dejando   3050
Felisardo del juego en la contienda,
que me iba ya ganando
mi dinero a las pintas y mi hacienda,
de que si no llegara
otra vez a ganarle, reventara?   3055
Pero no has de creer,
que sola aquesta pérdida lloraba;
más lloraba el perder
la mano de Violante a que aspiraba,
que la riqueza mía   3060
(tan poderosa es) me concedía.
Con esto, pues, quedé
a Felisardo tan opuesto, amigo,
que le aborreceré
de hoy más cual mi contrario y mi enemigo;
y es venganza tirana   3066
más que apetito el logro de su hermana.

TIJ. Harto vengado quedas
en volverle a ganar el resto todo,
sin que, señor, excedas   3070
los límites del odio por tal modo;
mira que no conviene
que ella pague la culpa que no tiene.

FAD. Tijera, esto ha de ser.

TIJ. ¡Y su hermano que es noble y que es valiente,
queriéndose poner   3076
en defensión!

FAD.   Reparas neciamente;
¿hay más que pelear?
¿Que en esto llega un hombre a reparar?

TIJ. No es mi pregunta loca,   3080
que en el duelo que llego a presumir,
mucho el saber me toca
qué oficio haré.

FAD.   ¿Qué oficio? El de reñir.

TIJ. El reñir no me importa,
que Tijera no riñe, sino corta;   3085
¿en aquesta ocasión
otro papel no haré?

FAD.   ¿Qué papel, di?

TIJ. ¿No es bueno el de mirón?
Diré que llegué y vi si no vencí.

FAD. Ha grosero y cobarde,   3090
¿que de flaquezas hagas siempre alarde?
¡Mejor lance no fuera
guardarme las espaldas, di, bellaco?

TIJ. Guardara, si pudiera,

mas no puedo, señor, que soy muy flaco;
y en aquestas porfías,   3096
apenas guardo las espaldas mías.
FAD. Pues vuélvete, gallina,
vuélvete a casa; pues, al punto vete;
solo iré.
(Vase.)
TIJ.   Pues camina,   3100
que yo me vuelvo con Dios. ¿Y quién te mete,
Tijera, en cuchilladas?
No las quiero, aunque a mí me las den dadas.
(Va a entrarse por la otra puerta, y le sale al
encuentro Rosela.)
TIJ. ¿Tan lindo encuentro? ¿Adónde,
Rosela mía?
ROS.   De tu casa vengo.   3105
TIJ. La dicha se me esconde
y que por poco aqueste bien no tengo,
yo a casa me iba ahora.
ROS. A ella me ha enviado mi señora,
que le han dicho que estaba   3110
con tu amo jugando el amo mío,
y viendo que tardaba
y por saber el fin del desafío,
me obligó su obediencia
a que hiciese yo aquesta diligencia.   3115
Pero la casa hallando
sola, otra vez a casa me volvía;
y pues está aguardando
mi señora por mí; saber quería
qué mi amo se ha hecho,   3120
y de quién fue la pérdida o provecho.
TIJ. De tu señor, Rosela,
no sé; lo que podré sólo decirte,
pues tu deseo anhela
que la verdad procure descubrirte,   3125
es que el lance primero
dejó a tu amo rico aventurero.
Mas como es variable
la fortuna del juego, de tal suerte
la suerte ha sido afable   3130
con mi señor, y contra el tuyo fuerte,
que éste pierde, aquél gana,
y tu señor perdió su misma hermana.
ROS. ¡Qué escucho! ¿Esto es posible?
TIJ. Esto, Rosela, pasa, y a esta hora   3135
tengo por infalible
que ofendida estará.
ROS.   ¿Quién?
TIJ.   Tu señora,

y es mi amo el autor,
como de su hermosura es acreedor.
Yo de casa saliendo   3140
con él a toda fuerza y toda instancia
le vine disuadiendo
hasta aquí de tan fiera exorbitancia;
mas, ¿qué consejo vale
con quien de la razón ciego se sale?   3145
Y tanto que le he dicho,
viendo que en su intención perseveraba,
que temiese el capricho
de Felisardo que le amenazaba;
y siempre es más valiente   3150
el hombre que pelea justamente.
El cobarde me llama,
que irá solo y que me vuelva dice;
y como tengo fama
de flaco, con primor le satisfice;   3155
y así me iba volviendo,
cuando me van tus ojos deteniendo.
ROS. Mal has hecho en dejarle
ir solo, que yendo tú por compañero,
pudieras estorbarle   3160
este arrojo cruel, bárbaro y fiero.
¡Viose tan gran maldad!
Acudamos a tal necesidad.
TIJ. Vamos, pues me aseguras
que no quedaba en casa Felisardo,   3165
que en estas aventuras
has de saber que siempre me acobardo.
ROS. Vamos pues.
TIJ.   Vamos luego,
diré, a más no poder . . .
ROS.   ¿Qué?
TIJ.   fuego, fuego.
(Vanse.)
(Descúbrese en el medio del vestuario un oratorio
con una imagen de la Virgen, y al pie del altar
doña María dormida, y aparece a la puerta D.
Fadrique.)
(Entre sueños doña María.)
MAR. Suspende aquesta traición,   3170
no ejecutes tu malicia,
mira que está la justicia
contra ti y más la razón.
FAD. ¡Qué voces son éstas, cielos,
que escucho luego al entrar,   3175
pues me llegan a apurar
mis temores y recelos!
Mas la casa hasta aquí veo

sola; adelante imagino
pasar por si hallo camino 3180
para cumplir mi deseo.
MAR. No experimente tu rigor
una mujer principal
que no tiene más caudal
que la joya del honor. 3185
FAD. Más me van amenazando
estos acentos que escucho;
con mil sobresaltos lucho;
yo me voy más acercando.
MAR. Mira que es bárbaro arrojo; 3190
advierte que es gran maldad
que sea mi honestidad
de tu apetito despojo.
FAD. ¡Qué oigo! ¿Oratorio no es éste?
Sí es, y puesta en un altar 3195
se ve la imagen estar
de la Emperatriz celeste,
y del sueño arrebatada
aquí una mujer; ¡qué hermosa!
sin duda que es más airosa 3200
la hermosura descuidada.
Doña María es sin duda;
quiérome más acercar;
ella es, no hay que dudar;
la ocasión me da su ayuda. 3205
La muerte el sueño retrata,
y tengo por cosa cierta,
si está la belleza muerta,
que más la belleza mata.
Animo ardiente, porfía; 3210
mas ay, que apaga tu llama
el recato de una dama
y el respeto de María.
MAR. Basta don Fadrique, basta,
o de la vida me priva; 3215
pierda yo alientos de vida,
no los candores de casta.
FAD. Mi nombre en sueños profiere,
y me censura el error;
de estos avisos temor 3220
algún misterio se infiere.
MAR. ¿No te bastaba el faltar,
ingrato, a quien te acudió
y piadosa te libró
del peligro de la mar? 3225
¿No bastaba el no querer
cumplir el voto que has hecho,
sino que mal satisfecho

me procuras ofender?
Si de mi hermano el error 3230
me ha jugado, burla ha sido,
que nadie (es cierto) ha tenido
dominio sobre el honor.
¿Quieres que te satisfaga
mi honor? No ha de ser así, 3235
que no es bien se pague en mí
el que de mí no se paga.
Casa, si amor te obligó,
con Violante, sin querer
que ella sea tu mujer 3240
y sea tu dama yo.
No prosiga tu intención;
mira que no has de cumplirla,
pues tengo para impedirla
en la Virgen defensión. 3245
FAD. ¿Qué es esto? Todo lo sabe;
gran prodigio aquí se encierra.
Ya sé que mi intención yerra;
ya en mí el desengaño cabe.
Esto lo dispone el cielo 3250
porque escape de la pena;
esto la Virgen lo ordena:
afuera, vano desvelo.
Truéquese ya de esta vez
el error por la prudencia, 3255
por el primor la insolencia.
¿Qué espero? ¿Qué aguardo pues?
(Va a despertarla.)
Ea, despertad, señora.
MAR. ¿Mas quién me ase de la mano?
¡Jesús!
FAD.   Quien no es ya tirano, 3260
marido sí, que os adora.
(Levántase.)
MAR. Pues, señor, ¿cómo aquí vos?
FAD. Como hasta aquí me traía
la culpa, hermosa María;
pero ya me tiene Dios. 3265
No os turbes, que si aquí estoy,
no estoy como vine aquí;
y así no tendréis en mí
lo que fui, mas lo que soy.
Y por mayor desempeño 3270
de vuestro sueño, mirad,
que si el sueño fue verdad,
ya aquella verdad es sueño.
Y por verdad solamente
observará mi cuidado 3275

aborrecer lo pasado
y aprovechar lo presente.
(Al paño Tijera y Rosela.)
TIJ. Allí están los dos hablando.
ROS. Y de paz, según parece.
FAD. Y si un rendido merece   3280
    el perdón que va buscando,
    el perdón de lo que he sido
    me dad, pues rendido estoy;
    y mano de esposo os doy,
    si me queréis por marido.   3285
TIJ. Esto en casamiento para;
    Rosela, a la boda entremos.
MAR. A tan amantes extremos
    y a cortesía tan rara,
    ¿qué ha de hacer quien es dichosa   3290
    por disposición divina,
    sino corresponder fina,
    dándoos la mano de esposa?
(Salen los dos.)
TIJ. Por siempre jamás, amén.
ROS. ¡Hay suceso a éste igual!   3295
    ¡Que lo que fue para mal,
    viniese a ser para bien!
FAD. No extrañéis los dos aquesto.
TIJ. Otra cosa te extrañaba.
FAD. Esto el pecado trazaba.   3300
MAR. Esto el cielo lo ha dispuesto.
TIJ. Para bien sea, señor.
ROS. Para bien, señora, sea;
    y porque el día se vea
    festivo a todo primor,   3305
    no es, no, propósito loco
    que otro casamiento se haga.
TIJ. Por el más ruin se deshaga.
ROS. Pues, Tijera, envido.
TIJ.   Topo.
(Al paño Violante y Belisa.)
BEL. No sé si ha sido acertada   3310
    la acción, señora, que hiciste.
VIOL. Mi marido a buscar vengo;
    ¿quién podrá de esto arguirme?
ROS. Señora, Violante viene.
TIJ. ¿Si con embargos te embiste?   3315
FAD. ¿Violante en esta ocasión?
MAR. ¿Ahora Violante?
VIOL.   ¡Ay triste,
    que a don Fadrique he topado!
    ¿Pues cómo aquí, don Fadrique?
    Cielos, ¿qué viene a ser esto?   3320

BEL. Es hallarle por huirle.
FAD. Entrad, señora Violante,
    porque aquí nadie os impide.
MAR. Servíos de aquesta casa.
VIOL. En ella hay quien bien me sirve;   3325
    y por no gastar palabras,
    que el tiempo no lo permite,
    y puede el tiempo faltarle
    a quien el tiempo no mide,
    oídme, señor: el gusto   3330
    no es razón que se cautive;
    la voluntad no se fuerza;
    la elección de amor es libre;
    mi padre ha dado en casarme
    con vos (excusado timbre),   3335
    sabiendo que a Felisardo
    quiero tan constante y firme
    que mi corazón con él
    ha sabido tanto unirse
    que vivo sin corazón.   3340
    ¿Sin corazón? ¡Qué mal dije!
    Pues en su lugar me puso
    el amor, por sus ardides,
    a Felisardo en el pecho,
    que es quien mis acciones rige.   3345
    Al fin yo vivo por él,
    si por él llego a morirme;
    por mi corazón le tengo,
    porque el mío con él vive.
    Cuán mal nos está a los dos   3350
    el casamiento, lo mire
    vuestra prudencia, señor;
    pues será cosa insufrible
    que se obliguen dos sujetos
    a casar sin que se obliguen   3355
    de amor, que es el propio medio
    para semejantes fines.
    Viendo que mi padre pues,
    queriendo que esto se aplique,
    salió de casa esta tarde   3360
    para hablaros, resolvíme,
    viendo la ocasión cercana,
    a buscar (nadie se admire)
    en Felisardo a mi esposo;
    y así, donde está decidme.   3365
    Pero mi padre, señores,
    amparadme.
(Don Nuño al paño.)
NUÑ.   Aquí me dicen
    que entrara; él es, mas Violante,

¡que aquí mis ojos la miren
en casa de Felisardo!   3370
Muere, ingrata; infame, rinde
a esta daga tus alientos.
FAD. Deteneos.
BEL.   Ya lo dije;
de esta vez nos despedaza.
MAR. Señor don Nuño.
ROS.   ¡Ay tal! Miren
como el viejo es endiablado.   3376
TIJ. A aguarnos vino el convite.
NUÑ. Como queréis que suspenda
la indignación que me asiste,
si saliendo yo a buscaros,   3380
y no os hallando, me dicen
que aquí entrasteis, sin saber
lo que aquesto signifique
cuando vengo; y también hallo
(¡habrá quién tal imagine!),   3385
dejando a Violante en casa,
Violante aquí; ni se admite
por su disculpa, señora,
(porque todo lo prohibe
el recato de una dama)   3390
de las dos la amistad firme;
porque es casa donde hay hombre,
y es fuerza se escandalice
su esposo, que está casada
con el señor don Fadrique.   3395
FAD. ¿Conmigo? Otra esposa tengo.
VIOL. ¿Otra? Di, amor, ¿no me pides
albricias?
NUÑ.   ¿Y la palabra
así procuráis cumplirme?
Pues tomará aqueste acero   3400
la satisfacción.
FAD.   Oídme.
NUÑ. Reñid, que no os oigo ahora.
VIOL. Padre.
MAR.   Señor.
ROS.   ¡Ay que riñen!
¿Qué haces Tijera?
TIJ.   Estoy viendo.
BEL. ¿Quién acude?
(Dentro Sombrero.)
[SOMB.]   Dios nos libre   3405
de suceso semejante.
NUÑ. Tened, que una voz divide
con lastimosos acentos
los aires.

(Sale Sombrero.)
[SOMB.]   ¡Suceso horrible!
Mas aquí esta gente, ¿qué hace?   3410
MAR. ¿Qué has visto, Sombrero, dime?
¿Dónde está mi hermano?
SOMB.   Todos,
señores, los que quisistes
(sin que yo la ocasión alcance,
ni tampoco me compite   3415
el saberla, porque el tiempo
no sufre, que se averigüe)
hallaros en esta casa,
oídme un caso increíble:
Felisardo, que adoró   3420
siempre a Violante, la pide
a su padre, que por pobre
por su esposo no lo admite.
Viéndose desesperado
en su pretensión, elige   3425
para enmendar la desgracia
que de este bien le despide
el medio más prodigioso
que las historias repiten.
Fiado pues en la opinión   3430
de un matemático insigne,
que le ha dicho que en el juego
las estrellas apacibles
le prometían ventura,
fue a jugar con don Fadrique   3435
por ver si le despojaba
(¡o deseo, y lo que finges!)
del caudal, porque con esto
del casamiento le prive,
y el de su amada Violante   3440
por esposo se habilite;
pues la riqueza era el medio
para aquesto conseguirse,
que hoy sin ella, poco importa,
que las más partes militen.   3445
Y habiendo muchos dineros
ganado ya (¡caso triste!),
como es el juego tan vario
ni en su dicha hay quien se fíe,
porque en desdicha se vuelve   3450
al mismo instante, tal pique
dio la suerte a Felisardo
que, llegando a reducirle
otra vez a su pobreza
sin tener blanca que envide,   3455
le obliga a jugar su hermana

el enfado de infelice.
Perdióla y desesperado,
dejando el juego, me dice:
"Sombrero, adiós, que me voy   3460
por el mundo". Yo disuadirle
pretendiendo, voy tras él;
el cual no queriendo oírme,
ni siquiera una palabra,
furioso, imitando un tigre,   3465
se salió de la ciudad;
voy en su alcance, seguíle
hasta un sitio no muy lejos
de la ciudad, que unos mimbres,
verde guarnición de mayo,   3470
con tal artificio ciñen,
que oponiéndose a los rayos
de ese planeta sublime,
por más que luces esfuerce,
por más que esplendores vibre,   3475
le sirven de fresco estorbo
para que no le registre,
donde me dijo: "¿Sombrero,
dónde vas? ¿Por qué me sigues?
Vuélvete, y déjame ya".   3480
"Eso no haré", respondíle.
"¡Yo apartarme de mi amo!
aunque la vida me quites".
"Pues si no quieres", volvióme,
"será fuerza que examines   3485
el desatino mayor,
que las memorias exprimen".
Luego invocando el demonio,
(¡cómo este temor me aflige
cuando del caso me acuerdo!)   3490
una y dos veces repite:
"Diablo", cuando aparece
el diablo en forma visible;
diciéndole, "No te enojes,
que mi poder ya te asiste.   3495
¿Quieres que tan rico te haga,
que más don Nuño te estime
que a don Fadrique, y te case
con Violante? Pues servirte
quiero, si una condición   3500
aquí no quisieres cumplirme;
y es que reniegues de Dios;
ni aquesto te atemorice,
pues tu fortuna alcanzando
bien puedes arrepentirte".   3505
"Digo que de Dios reniego",

dice Felisardo (¡o triste!).
"¿Qué más?" El demonio entonces
muy satisfecho, le dice:
"Resta, Felisardo, ahora   3510
que reniegues de la Virgen".
"¿De la Virgen? Eso no",
le responde, "aunque me obligues
con las riquezas del mundo;
difícil cosa me pides".   3515
Viendo el diablo esta constancia,
con acción más que irascible
asió de él, diciendo: "Necio,
no ves que ya te perdiste,
dejando a Dios? Pues no quieres   3520
aprovecharte, terribles
penas te aguardan", y luego
(¿quién no llora? ¿quién no gime?)
volaron por estos aires
los dos, y al instante vine   3525
a contar este suceso.
MAR. ¿Mi hermano? ¡Qué escucho, Virgen!
VIOL. ¿Qué he oído, Felisardo?
ROS. ¿Hay caso más infelice?
BEL. ¿Hubo desdicha mayor?   3530
FAD. ¿Que esto es verdad es posible?
NUÑ. ¿Posible es que esto es verdad?
TIJ. Sombrero, ¿que aquesto viste?
SOMB. Ojalá que no le viera.
(Mirando adentro.)
      Mas cielos, ¿qué es lo que vide? 3535
      Felisardo es o su sombra;
      aquí los santos me libren,
      que abogados son del miedo.
      Señor, ¿por qué me persigues?
      Dime si eres sombra vana,   3540
      que el ser tú propio es difícil;
      o, di, ¿cómo te libraste?
(Sale Felisardo.)
[FEL.] El alma, señora, os rinde
      grata a mercedes tan grandes
      mil alabanzas.
SOMB.   ¿Que vives?   3545
MAR. ¿Esto es realidad o sueño?
VIOL. ¿La fantasía esto finge,
      cielos, o será verdad?
FEL. Porque la sepáis, oídme.
      Yo soy Felisardo, aquél . . .   3550
SOMB. Detente, señor, no aspires
      a relaciones ahora,
      que ya todos (como les dije)

saben que por no querer
con constancias varoniles 3555
a la Virgen agraviar
después que a Dios ofendiste,
el demonio te llevó;
y si aquí te vemos libre,
que la Virgen te ha librado 3560
es fuerza, que ha de inferirse.
FEL. Ella me salió al encuentro,
cuando con clamores tristes
agarrado del demonio,
le rogaba más que humilde 3565
que me socorriera; entonces
María al diablo despide
de mi posesión, diciendo:
"Vanas son tus trazas viles,
porque está ya perdonado 3570
Felisardo; en vano insistes
contra él, porque en tales causas
se han de malograr tus lides,
porque no permite Dios
que mis devotos peligren; 3575
y así vuélvete al infierno".
Y con donaire apacible
me dijo; "Vete a tu casa
do hallarás, porque te admires,
con don Fadrique casada 3580
tu hermana, y que ha de admitirte
don Nuño para marido
de Violante. No te olvides
de tu devoción, que en esto
toda tu dicha consiste", 3585
dijo y desapareció,
dejándome alegre y triste;
triste con su ausencia, alegre,
por lo que el alma recibe;
mirad si hay obligación 3590
en mí para que publique
de María soberana
mercedes.
FAD.   Todo lo rige
la Virgen, que yo de la mar
en grande peligro vime, 3595
y por la Virgen llamé
para que me patrocine,
haciendo voto y promesa
de que si me viese libre,
con la doncella más pobre 3600
que hubiese en estos países
casaría, siendo noble;

libré, e informarme quise
de quien sería mi esposa;
y mi información colige 3605
que por estas condiciones
doña María me sirve.
Mas como pasado el riesgo
no hay hombre que no se olvide,
no sé si por su riqueza, 3610
que un rico riquezas sigue,
puse mi amor en Violante,
olvidando el voto que hice;
y así ajusto con su padre,
que esto quiso persuadirme, 3615
por ser rico, el casamiento.
Mas como el deseo incline
al hombre más para el mal
que para el bien y le prive
el odio de la razón, 3620
no bastó el restituirme
la suerte todo el caudal
que perdí (que son falibles
dicha y desdicha del juego)
sino que (¡infame despique!) 3625
determiné aprovecharme
(¡que haya quien tal determine,
y tal destino intente!)
de la belleza (¡qué crimen!)
de doña María, pues 3630
le gané a su hermano; oprime
tanto un deseo, ¿qué arrojo
hay que el odio no motive?
Incitado pues del odio
de ver que iba a destruirme 3635
en el juego Felisardo,
si la suerte, que es movible,
no me ampara, y de un deseo
(a que apenas se resiste)
vengo (¡qué error!) a su casa; 3640
y hallé que del sueño eclipse
padecen sus bellos ojos,
junto al altar de la Virgen,
y quejándose entre sueños
de mi intención represible, 3645
me censura mis acciones,
y de la promesa que hice,
la mala satisfacción
me reprehende; no es posible
que alcanzase lo que a nadie 3650
más que a mi criado dije;
conque a que todo es misterio

fue forzoso persuadirme
y de la Virgen sagrada
trazas; y así resolvíme,　　　　3655
depuesta mi ceguedad,
a la Señora cumplirle
el voto, dando la mano
a doña María firme
de esposo.
MAR.　　　Gracias a Dios,　　3660
que hay mal a que el bien se sigue.
FAD. Esta fue, señor, la causa
de que aquí me halláredes.
NUÑ.　　　　　Fadrique
fue la de aquí me encontrárades,
pues yo a buscarlo salíme,　　　3665
y no hallándolo en su casa,
informaciones me dicen
que hacia esta parte viniera,
do la vecindad (que es lince)
me asegura que aquí entrara;　　3670
entré cuando (no os admire
que me admire) hallo también
Violante aquí.
VIOL.　　　　Pues yo vine,
viendo la ocasión cercana
de mis bodas infelices,　　　　3675
pues por orden de mi padre
iba el casamiento a pique,
a buscar en Felisardo
esposo, mas afligirme
de topar en su lugar　　　　　3680
quien detenerlo se exime
en mi corazón.
NUÑ.　　　　Sin duda
así el cielo lo permite;
y si ésta es su voluntad,
siendo, Felisardo, origen　　　3685
mi ambición de vuestros trances,
mi casa toda se os rinde,
dándoos la mano de esposa
Violante.
FEL.　　¡Suerte felice!

Desdicha, que en dicha para,　　3690
dichosa amor la apellide.
(Danse las manos.)
VIOL. Bien hay en tan malos medios
do salen tan buenos fines.
SOMB. Ea, aquí no hay que esperar
más que las bodas serviles.　　　3695
TIJ. Pues de aquestas dos fregonas,
mira cuál puede servirte,
como Rosela no sea,
que con ella satisfice
un voto, que hice también,　　　3700
pues al cielo prometíle,
al contrario de mi amo,
de casar rico.
SOMB.　　　Pues dime,
¿acaso es rica Rosela?
TIJ. ¿No ves (como entiende el chiste)　3705
que no hay casamiento pobre?
SOMB. Pues, por esa regla elige
a Belisa mi afición.
BEL. No hay interés que se estime
como el gusto.
ROS.　　　　Con el gusto　　3710
ningún interés se mide.
TIJ. Pues tendrás con que cortar.
SOMB. Pues tendrás con que cubrirte.
TIJ. Aquí hay otro par de bodas,
miren que los novios piden,　　　3715
y el dote de los criados
siempre a los amos compite.
FAD. Seis mil ducados os doy.
FEL. Yo a vos otros seis.
SOMB.　　　　　Suavice
aqueso un yugo tan grande.　　　3720
TIJ. Tal cruz así se mitigue.
FEL. Y acabando aquí, Senado,
de errores perdón os pide,
Dicha y desdicha del juego,
y devoción de la Virgen.　　　3725

F I N

La margarita del Tajo
que dio nombre a Santarén
Comedia famosa

Hablan en ella las personas siguientes:

Britaldo, galán — Irene
Etcétera, gracioso — Rosimunda
Banán, caballero — Lucinda
Castinaldo, viejo — Angeles
Remigio, monje — Músicos

JORNADA PRIMERA

(Sale[n] Britaldo, Etcétera y Músicos.)

MÚS. El mal que el alma padece
  no es dolencia que se explique,
  que las heridas del alma,
  si se sienten, no se dicen.
BRIT. Al tono de este accidente   5
  parece que el tono es hecho,
  que si la pasión del pecho
  bien se dice, mal se siente.
  Desmienten las presunciones
  las voces de una pasión,   10
  que siempre hay menos razón
  donde se hallan más razones.
  Quien sabe su mal decir,
  su queja ofendida deja,
  que saber formar la queja   15
  es no saberla sentir.
  No dudo que alivio tiene
  la pena que se refiere,
  mas lo que el sujeto quiere
  nunca al achaque conviene.   20
  Procure el alivio quien
  con su dolor está mal;
  que yo estoy bien con mi mal,
  sin mi mal no me hallo bien.
  Hay males que con el susto   25
  con que oprimen lisonjean,
  pues las ansias que acarrean
  vienen mezcladas de un gusto.
  De aqueste rigor la herida,
  herida el alma me advierte,   30
  que la que examina muerte
  está presumiendo vida.
  Esto debe a mi fineza
  la causa de mi dolor,
  que no siento su rigor   35
  cuando atiendo a su nobleza.
  Y así, si con este ardid
  hago el obsequio a la causa,
  póngase a las voces pausa.
  Callad lengua. Proseguid.   40
MÚS. No consiente un pecho noble
  que la fineza peligre,
  por eso siente callando
  las pasiones que le afligen.
BRIT. O, qué bien que lo examino   45
  de mi corazón fiel,
  siendo consigo cruel
  por ser con su empeño fino.
  A la fineza prefiere,
  ni habrá quien de ella le prive,   50
  y muere de lo que vive
  si vive de lo que muere.
  No cantéis más, y dejadme,
  idos todos.
1 MÚS.   ¡Mal extraño!
2 MÚS. ¡Que no le alivie en su daño   55
  la música!
BRIT.   Despejadme
  este cuarto.
ETC.   Condición
  de portugués en pedir;
  daránte por te servir
  no un cuarto, mas un doblón.   60

BRIT. Etcétera, ven acá,
 no te vayas.
ETC.   ¿Cómo no?
 ¿No entro en los todos yo?
 Si has, señor, mandado ya
 que todos se vayan, dime,   65
 ¿de esta razón inclusiva
 hay alguna que me priva,
 hay alguna que me exime?
BRIT. Una muy particular,
 que es el ser mi amigo.
ETC.   Ten;   70
 según eso, infiero bien
 que los que haces retirar
 son enemigos.
BRIT.   No tal;
 pero, amigo, considera
 que no llamo yo a cualquiera   75
 sino al amigo leal;
 y como conozco en ti
 de la lealtad el primor,
 pagado de tanto amor,
 te singularizo aquí.   80
 Es verdad que a todos dije,
 cansado en mis penas fieras,
 me dejen, mas que te fueras
 nunca de aquí se colige.
 Quedar solo he deseado,   85
 mas no quiero que me dejes,
 que aunque de mí no te alejes,
 siempre a solas he quedado.
ETC. ¿A solas? ¡Hay tal error!
 No sé como puede ser;   90
 según eso (a mi entender)
 nadie vengo a ser, señor.
 Nadie supones que soy,
 pues solo te consideras
 conmigo; mas ya en las veras   95
 de tus pensamientos doy,
 ya entiendo por donde van;
 querrás decir, no lo niego,
 que *amicus* es *alter ego*,
 como lo dice el refrán.   100
BRIT. Ahora diste en la verdad,
 que quien de amigo se precia,
 si bien la amistad aprecia,
 se supone una mitad
 del amigo; y así ninguno   105
 vuelve a proferir mi voz;
 me asiste aquí, pues los dos

no somos dos, somos uno;
 que para llevar la palma
 la amistad del bien querer,   110
 los amigos han de ser
 dos cuerpos con sola un alma.
ETC. ¿Y cuál de los dos se queda
 desalmado e insensible,
 que dos cuerpos no es posible   115
 que un alma animarlos pueda?
BRIT. En la ley de las lealtades,
 puesto que dos almas son,
 no son dos por la unión,
 que ha de haber de voluntades.   120
ETC. ¿Con que vienes a tenerme
 por tu amigo verdadero?
BRIT. Quién lo duda.
ETC.   Pues infiero
 que no debes suponerme
 tu criado, que los tales   125
 no pasan plaza de amigos;
 que criados y enemigos
 corren parejas iguales.
 Y así con la confianza,
 no de criado, señor,   130
 de amigo sí, a un favor
 se atreve ya mi esperanza,
 y es decirme tu tormento
 que en ocasión de placer
 hame dado en que entender   135
 que te niegues al contento.
 ¡Tu triste recién casado!
 En verdad que es caso extraño,
 porque siempre el primer año
 de casado es deseado.   140
 Y contra esta observación
 se ha atrevido tu disgusto,
 pues lo que en otros es gusto,
 en ti miro turbación.
 ¿Qué es esto, señor, que ha dado   145
 tu pena, por peregrina,
 cuidado a la medicina,
 porque no la ha penetrado;
 y haciendo una junta fuerte
 los médicos contra ti,   150
 condenan tu frenesí
 a la sentencia de muerte?
 Aquél que tu mal procura
 curar, no habiendo podido,
 dice que locura ha sido,   155
 pues que ninguno lo cura.

Con que tu mal importuno
por ligero causa espanto,
pues se ve que corre tanto,
que no lo alcanza ninguno.   160
¿Qué tienes, di, que te altera?
Sepa yo tu enfermedad,
si es que su riguridad
consiente que se refiera.

BRIT. Etcétera, hay accidente,   165
bien lo sabes no lo ignoro,
que por vergüenza o decoro
a veces calla el doliente,
porque ve que en su dolencia
no puede descubrir medio   170
en que halle eficaz remedio
a sanar.

ETC.   Imprudencia
me parece y ceguedad;
no hay sin remedio dolor,
si no es la muerte, señor.   175

BRIT. Pues esa es mi enfermedad:
yo muero.

ETC.   ¿De qué, pregunto?

BRIT. De un achaque tan esquivo
que estoy muerto estando vivo.

ETC. Recen por este difunto;   180
¿viose mayor disparate?
Este no tiene segundo.
Achaque del otro mundo
es el tuyo, y porque trate
de tus sufragios y bienes   185
con diligencia y cuidado,
revélame ya tu estado,
dime el estado que tienes.

BRIT. ¿Qué pesa un secreto?

ETC.   Mucho.

BRIT. ¿Quién le sustenta?

ETC.   El amigo.   190

BRIT. ¿Qué ha de ser?

ETC.   Fiel testigo.

BRIT. Escúchame, pues.

ETC.   Escucho.

BRIT. Déjame dar dos suspiros
por desahogo primero,
que son las preparaciones   195
para explicarse un enfermo.
Ya sabes que de mi casa,
rico y único heredero,
robé de mis padres siempre
el cariño y el afecto,   200

tanto que a mi libertad
un privilegio le dieron,
que rara vez a los hijos
conceder los padres vemos;
pues siendo el tomar estado   205
del propio gusto un empleo
en cuya elección no vale
más que el voto de su dueño,
hay muchos que del dictamen
de aquesta regla saliendo,   210
(o sea razón de estado,
o pundonor, o respeto)
el estado de sus hijos
por el interés midiendo,
hacen jurisdicción suya   215
lo que es de ellos privilegio,
sin primero examinar
la inclinación del sujeto;
error, que en cosas del gusto,
sólo el gusto es el acierto.   220
Por eso se ve en el mundo
tanto enfado y desconsuelo,
tanta tristeza y desdicha,
y al fin tantos descontentos
que no puede ser el logro   225
de cualquiera suerte bueno,
si antes no se dan las manos,
el estado y el deseo.
Mis padres pues, advertidos
con sabio y prudente acuerdo,   230
deponiendo en este punto
en mi mano su derecho,
(si acaso pueden los padres
en este punto tenerlo)
me dejaron que eligiera   235
esposa de mi contento
con quien firmase esperanzas
el vínculo de Himeneo
de una sucesión dichosa,
gloria de padres y abuelos.   240
Viendo pues que me contaba
dos ostracismos el tiempo,
edad en que puede el hombre
disponer casa y gobierno,
empecé de hacer examen   245
de mi esposa, discurriendo
por esta noble ciudad
de Nabancia, hermoso cielo
de muchas estrellas vivas,
que lo son por garbo bello   250

sus nobles damas, en orden
a hallar de mi estrella encuentro.
Y supuesto hallé que había
mil soberanos sujetos
a cuya copia de gracias 255
la fama es muy corto lienzo,
como alcancé por noticias,
por vistas y por paseos,
juegos y conversaciones,
y al fin otros pasatiempos, 260
en que suelen los galanes
con modo cortés y honesto
hablar de las hermosuras
más celebres de sus tiempos,
quedó sin logro el designio; 265
no que a mi amoroso intento
resistencia hallase alguna,
que de la experiencia es cierto
que un mozo de prendas mías,
rico, galán y al gobierno 270
de Nabancia sucesor,
para marido es muy bueno
de cualquiera ilustre dama,
que si no me engaño, pienso
que cuando yo lo intentara, 275
lo tuviera por acierto.
Pero porque me acordaba
de lo que dice el proverbio
que para un hombre casarse,
lo ha de mirar bien primero; 280
y a más la pretensión mía
de este aviso con recelos
para que la ejecutara
me podía hallar resuelto;
hasta que me dio noticias 285
el de la fama correo
de la hermosa Rosimunda,
por quien muchos caballeros
de sus prendas convidados
de Scalabis al soberbio 290
Clima, en cuyo asiento noble
la grandeza está de asiento,
concurrían codiciosos
para ver el desempeño
que en la experiencia tenía 295
su fama con los deseos.
En esta empresa amorosa
me hallé, y en unos torneos
que allí entonces se ordenaron
salí por aventurero; 300

y fue tal la suerte mía,
que Rosimunda, atendiendo
primorosa a mis ventajas,
dio por mi victoria el pleito.
De esposa me dio la mano, 305
con que muchos concibiendo
mil envidias, yo mil dichas,
mil placeres nuestros deudos,
la truje para Nabancia
con rico acompañamiento 310
para la solemnidad
de los desposorios nuestros.
Hasta aquí nada te he dicho
de lo que decirte quiero,
mas a lo que he de decirte 315
sirve aquesto de argumento.
¿Quien dijera que quedando
de mi esposa tan contento,
tan pagado de sus gracias,
de su amor tan satisfecho, 320
fuese amor tan atrevido,
tan tirano y tan travieso
que alterase mis quietudes
y burlase mis sosiegos?
Pues porque, amigo, conozcas 325
que es el refrán verdadero,
nadie diga que está bien,
escúchame ahora atento.
El día de nuestras bodas
(mejor diré de mi entierro), 330
estando en nuestra parroquia,
que es el magnífico templo
de Pedro y Pablo, brillantes
de la cristiandad luceros,
por ser en su mismo día, 335
entraban al tiempo mesmo
para visitar su casa
(uso antiguo de su celo)
las monjas de San Benito
de ese insigne monasterio, 340
a quien el río Nabán,
cuyos caudales soberbios
dieron nombre de Nabancia
a este grande país nuestro,
por apacibles lisonjas, 345
por agradables obsequios,
como a centro de sus ninfas,
tributa en cristales besos.
Y entre todas se ostentaba
en primores del aseo, 350

cual entre las flores Flora,
cual entre los astros Venus,
ése de virtud prodigio,
ése de belleza extremo,
ése de prendas milagro,   355
ése de gracias portento;
Irene, digo, divina,
que de niña en el convento
al amparo de unas tías,
junto con los documentos,   360
se ha criado de Remigio,
varón de virtud y ejemplo,
que por sus preceptos sabios
tomó Irene por maestro.
Vila y quedé tan perdido   365
que sentí abrasarse luego
en las luces de sus ojos
mariposa el pensamiento.
¡O lo que una vista incauta,
lo que un mirar desatento   370
ocasiona de peligros,
de inquietudes y de riesgos!
Bien lo siento desde entonces
que en mi pecho amor, queriendo
poner de Irene el retrato,   375
sacó a mi esposa del pecho.
Respondíame al instarle
contra sus impulsos fieros:
"¿No adviertes, que tengo esposa?"
"Yo soy niño, no lo advierto".   380
"¿No ves de Irene el estado?"
"Yo soy ciego, no lo veo".
"¿No es sinrazón oponerte,
amor, a tantos respectos?"
"Buena está la sinrazón",   385
respondióme más severo;
"Yo estoy de razón desnudo,
y así la razón no atiendo".
Al fin quedéme vencido,
y por Irene tan muerto   390
que sólo a Irene idolatro
y a Rosimunda aborrezco,
en este fuego abrasado,
sin que puedan este fuego
apagarlos dos contrarios,   395
que se meten de promedio;
como de Irene el decoro,
la fe que a mi esposa debo,
respetos que de mi amor
el logro están impidiendo;   400

he llegado, como sabes,
Etcétera, a tal aprieto
que en dudosas opiniones
la vida y salud he puesto.
Este es el secreto, amigo,   405
que ha estado tanto en secreto,
que sólo tú ahora sabes
de amor este atrevimiento.
Esta es la guerra en que vivo,
ésta es la lucha en que muero,   410
ésta es la lid en que acabo,
ésta es el ansia en que peno,
ésta la opresión que traigo,
ésta es la pasión que tengo,
sin que ya más ni un instante   415
vea en mí un divertimiento
de este asalto que me oprime,
de este combate que temo,
de este veneno que trago,
de este tósigo que bebo,   420
de este mar en que zozobro,
de este golfo en que me anego,
de este incendio en que me abraso,
de este ardor en que me quemo,
etcétera.
ETC.   Bien pudieras,   425
señor, en mi nombre mesmo
decir todo lo demás
para decirlo de menos,
y no estar con letanías,
digresiones y progresos,   430
hipérboles, elogios
y otros encarecimientos
que son invención prolija
de los poetas modernos
para pulir sus razones   435
y hermosear sus conceptos.
Para una comedia aquí,
brava relación tenemos
o una celebre oración
que en tono grave y sereno   440
puedan los ciegos cantar
por las calles de este pueblo;
mas si es historia de amor,
claro se está, que es de ciegos.
¿Posible es que para un hombre   445
decir que se siente preso
de amor, sean menester
circunstancias ni rodeos
si no decir claramente

con un portugués despejo: 450
"*Querolhe bem, acabouse*"?
Pero, señor, darte quiero
un consejo saludable.
BRIT. ¿Qué saludable consejo
puede haber a mis pasiones? 455
ETC. ¿Tú no dices que tu afecto
es de Irene y a Rosimunda
tienes aborrecimiento?
BRIT. Ojalá no fuera así.
ETC. Pues tu remedio está en esto, 460
en que a Rosimunda adores
y a Irene olvides.
BRIT.   Es cierto.
ETC. Pues un remedio te aplico
en que no ha dado Galeno.
Lo propio es cierto que enfada, 465
y se apetece lo ajeno;
haga entre lo ajeno y propio
tu imaginación un trueco.
Supón que Irene es tu esposa,
y aquesta Irene se ha hecho, 470
si quieres, señor, tener
en tu cura un buen suceso;
porque a Irene, como propia,
verás que la olvidas luego,
y tu esposa estimarás 475
por ajena la teniendo.
BRIT. No estaba el remedio malo,
mas es tal mi cautiverio
que habiéndome amor robado,
ni imaginación poseo. 480
ETC. Pídela, señor, prestada
a un hombre que tiene miedo,
a un triste o a un hipocondrío,
que es de imaginación centro.
BRIT. La imaginación, ¿qué importa? 485
Que a mi amor como obedezco,
no quiero lo que imagino,
imagino lo que quiero.
ETC. Pues, ¿qué harás, señor?
BRIT.   Morir.
ETC. Ese es último remedio. 490
BRIT. Morir o lograr mi amor.
ETC. Aquesas dos te repruebo;
porque el morir, señor mío,
no es negocio de provecho;
lograr tu amor no es posible 495
por no hacer un sacrilegio.
BRIT. Amor en nada repara.

ETC. Con una esposa del cielo.
BRIT. El amor es atrevido.
ETC. ¿Y qué ha de decir el pueblo, 500
sus deudos, tu padre, el mundo?
BRIT. Amor no guarda respeto.
ETC. ¿Y tu esposa? Pero tate,
que viene.
BRIT.   Disimulemos.
(Sale[n] Rosimunda y Lucinda.)
ROS. Como no me hallo sin vos, 505
os busco, querido dueño,
que me pierdo sin miraros,
si por miraros me pierdo.
¿Cómo estáis, decid, mis ojos,
de este mal, que siendo vuestro, 510
viene a ser achaque mío?
Decidme, mi bien, si puedo
pedir de vuestra mejora
albricias a mis deseos?
BRIT. Bueno y malo estoy, señora. 515
ROS. La implicancia no penetro.
BRIT. Estoy malo, pues mis males
no son, señora, de aquéllos
que con remedios comunes
se curan, pues el que espero 520
es el morir solamente,
y como cerca me veo
de mi muerte, que es mi cura,
ya bueno me considero;
porque el enfermo que sabe 525
que ha de hallar remedio presto,
va dejando de estar malo;
mirad si estoy malo y bueno.
ROS. Que el alivio está en morir,
grande es del mal el aumento. 530
BRIT. Muero tanto por mi alivio,
que por mi alivio me muero.
ETC. Mi amo muere por su gusto
y por singular enfermo
le pondrán un epitafio: 535
"Este por querer se ha muerto".
(Hablan los dos a solas Britaldo y
Rosimunda.)
LUC. Y él, diga, si es muerto o vivo,
¿cómo está?
ETC.   Como parezco.
LUC. Según eso, bien está,
pues tiene tan buen aspecto. 540
ETC. Y usted debe de estar mala.
LUC. ¿Por qué?

ETC.   Por el mismo intento,
   porque el aspecto no es cosa.
LUC. ¿Eso es burla, majadero?
   Otras más feas se casan.   545
ETC. Muy discreto casamiento.
LUC. Me has ya perdido el amor.
ETC. Bien poco se pierde en eso.
LUC. Ha traidor, ¿así me pagas?
ETC. Pues diga usted, ¿qué le debo?   550
LUC. Mil afectos, mil cuidados.
ETC. Esos son pocos dineros;
   perdone, que no hay trocado.
LUC. Yo te trocaré, embustero.
ETC. ¿Por quién?
LUC.   Por otro galán.   555
ETC. Lucinda, pluguiera al cielo,
   no soy yo tan venturoso.
LUC. Yo te haré rabiar de celos.
ETC. No hayas miedo que tal hagas,
   que soy un manso cordero.   560
ROS. ¿Del ansia vuestra el motivo
   no sabré? Poco os merezco.
BRIT. Aunque pudiera decirlo,
   os estaba mal saberlo.
ROS. ¿Qué importa sienta la causa   565
   si el efecto estoy sintiendo?
BRIT. Eso sentís vos por mí,
   por vos sintierais aquello.
ROS. ¿Tanto es la causa en mi daño?
BRIT. No apuréis mi sufrimiento;   570
   basta que os diga, por Dios,
   que en decírosla os ofendo;
   y porque puedo arriesgarme,
   adiós, que huyo de ofenderos.
(Vase.)
ROS. Etcétera, ¿qué me dices   575
   de tu señor? ¿Qué es aquesto?
ETC. No entiendo su enfermedad,
   que soy físico moderno,
   trato sólo de asistirle,
   que esto toca al enfermero.   580
(Quiere irse y le detiene Lucinda.)
LUC. ¿Pues así, sin más ni más?
ETC. Lucinda, ni más ni menos.
LUC. ¿Ni un requiebro ni un pellizco?
ETC. Ni un pellizco ni un requiebro.
LUC. Pues adiós, dueño dejado,   585
   que por cobarde te dejo.
ETC. Pues adiós, dueño perdido,
   que por perdida la pierdo.

LUC. El desdén con que me trata,
   me hace con que más le quiero.   590
ETC. Con la red de la esquivanza
   estos pececillos pesco.
(Vase.)
ROS. "Y porque puedo arriesgarme,
   adiós, que huyo de ofenderos".
   Discurso, ¿en males tan fieros   595
   podéis de dudas sacarme?
   ¿En qué puede a mí agraviarme,
   Britaldo, si en su aflicción
   manifiesta la ocasión
   que tuvo su padecer?   600
   Discurramos para ver
   si alcanzamos la razón.
LUC. ¿Qué habla entre sí mi señora
   cuidadosa y pensativa?
   Quizá de la pena esquiva   605
   de su esposo, que esto llora,
   viendo que nadie hasta ahora
   acierta con su salud,
   y que él en esta inquietud
   la trata con tal desdén   610
   que cierto no asienta bien
   con su amor y su virtud.
   Y hasta Etcétera parece
   que ha su mal participado,
   pues desdeñoso ha mostrado,   615
   que de todo me aborrece.
   ¿Cómo no se compadece
   el cielo en la pena nuestra,
   viendo que el hado se muestra
   tanto contra estas cuitadas?   620
   ¡O mujeres desdichadas,
   qué mala es la estrella vuestra!
ROS. Esto es sin duda recelos,
   bien lo habemos presumido;
   este mal desconocido   625
   de Britaldo han sido celos.
   Pero son vanos desvelos
   que, sabiendo mi lealtad,
   recato y honestidad,
   decoro, sangre y nobleza,   630
   amor, constancia y firmeza,
   haya en él tal vanidad.
   Mas que importa que aun deshecha
   no queda la presunción,
   que a veces contra razón   635
   se arma una mala sospecha;
   y bien claro de ver se echa

en lo que a entender me dio
Britaldo, pues si calló
por no ofenderme sus ansias, 640
son bastantes circunstancias
que mal de mí presumió.
¿Imaginaciones mías,
no es esto así? Claro está;
no puede ser; sí será. 645
¿Cómo, si son demasías?
Mas se apuran mis porfías,
porque de esta suerte infiera
que aunque en mi honor no pudiera
Britaldo imaginar vicio, 650
le harían un maleficio
para que lo presumiera.
¿Pues en opinión mi honor?
Aquesto llego a pensar,
¿y no me mata el pesar 655
y no me acaba el dolor?
Mas ¡ay de mí, que el rigor
de mis escrúpulos siento!
¡Ay, que ya la muerte experimento
de mi juicio en los vaivenes! 660
Lucinda.
(Llégase a ella Lucinda.)
LUC.   Aquí estoy, ¿qué tienes?
(Desmáyase en los brazos de Lucinda.)
ROS. ¡Ay de mí!
LUC.   Perdió el aliento,
desmayo sin duda ha sido;
socorro, que un accidente
dio a mi señora; ¿no hay gente 665
que acuda?
(Sale Castinaldo.)
CAST.   ¿Qué ha sucedido?
LUC. Sin duda de haber sentido
el achaque riguroso
mi señora de su esposo,
que ha estado ahora con él, 670
tiene un desmayo cruel,
que un disgusto es poderoso.
(Tiénela Castinaldo y va Lucinda por agua.)
CAST. ¡Qué mal! Lucinda, vé presto,
trae agua, ¡válgame Dios!
¿Qué dispone el hado atroz? 675
Cielos divinos, ¿qué es esto?
Echó la fortuna el resto
de su inclemencia en mi daño;
¿en mi hijo un mal tan extraño,
Rosimunda de esta suerte? 680

Sin duda éste es de mi muerte
el último desengaño.
(Sale Lucinda con el agua.)
LUC. Aquí está el agua.
CAST.   Ea, pues,
llega; mas ya en sí volvió.
(Vuelve del desmayo.)
ROS. No he menester agua yo, 685
que afrenta a mis ojos es;
Lucinda, no me la des;
¡válgame Dios! ¡Ay de mí!
¿Pero vos, señor, aquí?
CAST. Sí, que os hallé desmayada 690
en brazos de la criada.
ROS. Púsome el dolor así.
CAST. Ea, el aliento cobrad
que os ha robado el desmayo,
y restituid al mayo 695
la flor de vuestra beldad.
ROS. Alivios aconsejad,
señor, a quien los admite,
que a mí no me los permite
del mal de mi esposo el susto; 700
que es fuerza que este disgusto
todo el descanso me quite;
y más, viendo la esquivanza
que estos días me ha mostrado,
en que a conocer me ha dado 705
que hay en su afición mudanza.
CAST. Quitad la desconfianza,
que eso hace la tiranía
de la gran melancolía
que le aflige y le consume. 710
ROS. *(Ap.)* O será lo que presume
mi imaginación impía.
CAST. Pero aquestas aflicciones
el cielo ha de remediar,
porque no puede dejar 715
de oír tantas peticiones;
con muchas deprecaciones
toda Nabancia lo pide;
y es cierto que si se mide
con justicia la oración, 720
halla en Dios inclinación,
y nunca Dios la despide.
Y esto más me certifica
ver que por su cuenta tiene
aqueste cuidado Irene, 725
que es una monja santica;
si su devoción se aplica

con la de su esclarecido
maestro (que esto le pido),
se ha de mostrar Dios piadoso,   730
que a preces de un virtuoso
no niega Dios el oído.
ROS. Permítalo su clemencia.
CAST. Lo ha de permitir su amor.
LUC. Así lo quiera el Señor.   735
CAST. En tanto con la paciencia
os habéis de conformar;
venid, pues, a descansar,
porque el cielo ha de acudir.
    (Ap.) ¿Si acabará mi sentir?   740
ROS. *(Ap.)* ¿Si acabará mi pesar?
(Vanse.)
(Sale Irene con un libro en la mano.)
IREN. En esta estancia rica,
retrato de los cielos soberanos,
lugar que se dedica
al candor de los ángeles humanos   745
que se juzgan por tales
los sujetos que pisan sus umbrales,
en este prado hermoso
de racionales plantas guarnecido,
que apacible y pomposo,   750
contra el tiempo se ve siempre florido;
que constantes sus flores
no sienten de la tarde los horrores.
Cárcel donde se prenden
con gustosa prisión las libertades;   755
escuela donde aprenden
a seguir la razón las voluntades,
cuya aprobada ciencia
enseña la virtud de la obediencia;
lucido firmamento   760
adonde las estrellas más brillantes,
por fijas en su asiento,
firman la dicha en la exención de errantes,
que no es dicha el ser bella,
mas en no ser errante está la estrella.   765
Aquí en este retiro,
adonde reina sólo la pobreza
sin que le acierte el tiro
de la vana ambición de la riqueza;
porque todo posee   770
quien no tiene del mundo que desee,
aquí en seguro asilo
contra tantas del siglo tempestades,
puerto dulce y tranquilo
adonde todo son serenidades,   775

estado delicioso
donde muere el afán, vive el reposo.
Aquí, mi Dios, notando
mi miseria, mi ser y mi flaqueza,
las gracias os voy dando,   780
pues por vuestra bondad, vuestra grandeza
de Egipto me sacasteis,
y de Sión las sendas me enseñasteis.
Por otros espaciosos
caminos muy bien puede caminarse,   785
mas son dificultosos,
y del camino el norte puede errarse;
y éste, aunque más estrecho,
no hay en él embarazo, es muy derecho.
Esta es vida, esta es suerte   790
que merece ser sólo deseada,
y la del mundo es muerte,
porque es vida muy triste y muy cansada,
y de razón se olvida
quien a vida sin orden llama vida.   795
Aquí por orden suya
se ocupan bien las horas todo el tiempo,
porque mejor se huya
a lo que llama el mundo pasatiempo;
pues es la ocupación   800
la que quita del ocio la ocasión.
Y pues aquí llegamos,
consideración mía, aprovechemos
la hora que aplicamos
a la empresa tan útil que tenemos   805
que es la lección sagrada
que por Remigio me es bien explicada.
Ya parece que tarda
a darme la lección (todo mi empleo),
si no es que quien aguarda   810
siempre el tiempo midió por su deseo;
y así juzga tardanza
cualquiera detención en su esperanza.
Pero mientras no viene,
por el sacro jardín de la escritura   815
que el cuidado entretiene
el mío se recree, si procura
sacar buena cosecha
del fruto de sus flores que aprovecha.
(Abre el libro.)
    O ciega vanidad   820
de los libros curiosos y profanos,
pues la curiosidad
no halla en ellos sino consejos vanos;
sacando los lectores,

a su inútil lección por fruto, flores.   825
  Esta sí que es lección,
  pues se halla entre sus flores fruto rico.
(Sale Remigio.)
REM. Mi propia obligación
  a que el cuidado de maestro aplico,
  dichoso me encamina   830
  a la lección de Irene peregrina;
  y bien digo dichoso,
  viendo en Irene que aprovecha tanto
  su ingenio milagroso,
  (grande asombro del mundo, grande
     espanto)   835
  que el discípulo diestro
  es la dicha sin duda del maestro.
  y aunque por ocupado
  esta tarde asistirla no podía,
  no dejó mi cuidado   840
  sin primero la ver pasar el día.
IREN. Libro aquí de memoria
  tienen los Macabeos, ¡grave historia!
REM. Con la biblia en la mano
  allí la veo estar; es rara cosa,   845
  ¡que al juicio soberano
  junte también Irene el ser curiosa!
IREN. Por la santa observancia
  dieron la vida del martirio a instancia.
REM. Dejarme quiero estar,   850
  no quiero del estudio divertirla.
IREN. Mucho es para envidiar
  tal suerte; quien pudiera conseguirla
  a sangre, agradeciendo
  la mucha que a mi Dios estoy debiendo.
REM. Pero quiero saber   855
  la materia que estudia. ¿Irene mía?
IREN. ¡O quien pudiera hacer
  a los mártires santos compañía!
REM. De aplicada no atiende   860
  más que al estudio que curiosa emprende.
(Cierra el libro y vele.)
IREN. ¡Qué bien! Maestro mío,
  decid, ¿cómo tan tarde habéis llegado?
REM. Hija mía, un desvío
  ha sido la ocasión de haber tardado.   865
  Y vos, ¿en qué ocupada
  estabadeis, decid, Irene amada?
IREN. Aquí ahora leyendo
  el de los Macabeos libro estaba,
  que me iba entreteniendo;   870
  pero en él lo que más me recreaba

era ver de unos hijos
  con su madre los ánimos tan fijos;
  pues firmes y constantes
  con el brío y valor más soberano,   875
  de su ley observantes,
  entregaban las vidas al tirano;
  fineza superior
  en que al cielo mostraron su primor.
  Después que Cristo vino,   880
  Capitán de los mártires supremo,
  a morir, dio camino
  para por El se obrar aqueste extremo;
  ¿mas quien antes de abierto
  lo acertó, no es muy fino? Aquesto es cierto.
  ¡O valientes soldados,   886
  que por vuestras espléndidas personas
  os hacéis envidiados,
  más porque ganáis bellas coronas
  que a muerte de esta suerte,   890
  qué mejor premio que la misma muerte!
  ¡O Madre, y quien tuviera,
  pues que tengo tu nombre, tu fortuna,
  porque dichosa viera
  mis deseos, que son, sin duda alguna   895
  puros hijos del alma
  en el logro feliz de aquesta palma!
  Pedid, Remigio, a Dios,
  que me conceda el bien que tanto anhelo,
  porque haciéndolo vos,   900
  será bien sucedido mi desvelo,
  logrando con efecto,
  la dicha de morir por su respeto.
REM. *(Ap.)* ¡Qué espíritu que tiene!
  Aunque vuestros deseos son tan justos,
  sabed, querida Irene,   906
  que señora no sois de vuestros gustos;
  y así habéis de dejarlos
  a quien se lo pluguiere ha de premiarlos.
IREN. Mucha es mi inadvertencia,   910
  perdonad la ignorancia que he mostrado.
REM. *(Ap.)* ¡Extremada prudencia!
(Tocan dentro una campanilla.)
IREN. Dadme lección, mas no, que me ha
     llamado
  al coro la campana,
  y esto es primero; adiós.
REM.   Hasta mañana;
  ¡qué virtud!   916
IREN.   Aguardad;
  decidme, si sabéis (mucho es mi olvido,

poca es mi caridad),
¿cómo Britaldo está?
REM.   Vive afligido,
  y del mal que le asiste   920
  toda su casa está penosa y triste.
  No, Irene, os olvidéis
  de encomendarlo a Dios.
IREN.   Así lo hago;
  pero vos no dejéis
  de hacer lo mismo.
REM.   Así lo satisfago.   925
IREN. El cielo con su ayuda
  en aprietos tan trágicos acuda.
REM. En tantas aflicciones,
  tantas ansias, angustias y dolores
  las vuestras oraciones   930
  alcanzarán del cielo los favores.
IREN. Adiós, que el coro espera.
REM. Adiós; ¡no vi virtud más verdadera!
(Va[n]se.)
(Salen Britaldo y Etcétera.)
ETC. Importuna es la porfía
  que de sus pasiones noto,   935
  pues pueden contigo tanto,
  y tú con ellas tan poco.
  El día y la noche pasa[n],
  y siempre del mismo modo
  te miro entre tus desvelos,   940
  pensativo y cuidadoso.
  Tu comer es tu cuidado,
  tu desvelo es tu reposo,
  tu vida es tu pensamiento,
  tus pasiones son tus logros;   945
  y haciendo brindis del aire,
  siendo Irene un vaso de oro,
  bebes por ella los vientos,
  que aquesto es decirlo todo.
BRIT. Son tributos de quien ama.   950
ETC. Mal con ellos me acomodo.
BRIT. Es porque de amor no sabes.
ETC. También al amor conozco;
  mas quiero de calidad,
  que sin que amor me haga estorbo 955
  a las conveniencias mías,
  calzo, visto, bebo y como,
  duermo, brinco, juego y pago
  al amor un rato, sólo
  cuando el ocio me acomete,   960
  que es bueno evitar el ocio;
  amor, que es un desenfado,

por enfado no lo tomo.
Mas tú, que hecho un laberinto
de ays, suspiros y sollozos,   965
haciendo del amor trato,
que es un contrato gracioso,
publicas que tu querer
no es querer como los otros;
amor con todos es niño,   970
mas contigo ha sido monstruo.
Y lo peor es que yo pago
todos aquestos enojos,
que para servirte a ti,
de alivio y de desahogo   975
yo me ahogo por servirte,
y ahora me faltó poco
porque a cenar empezaba
cuando que me llamas oigo;
y para acudir a prisa,   980
diligente y primoroso,
me llevé toda la cena
de un bocado y fue forzoso
llamar, señor, por San Blas,
que soy grande su devoto,   985
para que me socorriese
en trance tan riguroso,
que de ser ancho el bocado,
se le hizo el camino angosto.
Vengo, y a la calle me sacas, 990
sin saber por qué ni cómo
me llevas, siendo de noche;
si es desafío, es impropio
para los dos, que este duelo
no sirve para nosotros,   995
pues por enfermo eres flaco,
y flaco yo por temeroso.
BRIT. Calla, Etcétera, que vamos
de aquel serafín hermoso
al convento, porque quiero   1000
significarle en un tono
de mi afecto los cuidados,
y están músicos famosos
ya de acuerdo para esto.
ETC. Aquese cantar es otro.   1005
Y ¿quién hizo la letrilla?
Mas que fue fraile supongo,
siendo para monjas hecha;
de oírla estoy deseoso.
BRIT. La letra he compuesto yo, 1010
y la solfa un curioso.
ETC. ¿Y tú sabes hacer versos?

Mas todo el amante es loco.
Y al echarte en casa menos,
¿qué dirás?

BRIT.   Tu juicio es corto;   1015
que salí a gozar del fresco,
que el tiempo está caluroso.
Vamos, y el secreto guarda.

ETC. Vamos, que seré el demonio
de quien la noticia dice   1020
que era ciego, mudo y sordo.

(Vanse.)

(Salen Rosimunda y Banán.)

ROS. Esto sin duda, Banán,
ha sido dulce despojo
[d]el corazón de Britaldo
de algún cuidado amoroso;   1025
que haber ahora salido
de casa entre los rebozos
de la noche, a mi cuidado
da ocasión de sospechoso;
confirma mi pensamiento   1030
decirme a mí cauteloso,
que en explicar sus pasiones
consistían mis oprobios;
y lo afirma oír decirle
del sueño entre los sobornos.   1035
¡Ay amor, que mal me tratas,
pues un imposible adoro!
Mis afrentas son sabidas,
mis agravios son notorios.
Britaldo mis agasajos   1040
desprecia por otros ojos.

BAN. De lo que decís, señora,
confuso quedo y absorto,
y de que amor pueda tanto
me admiro, pasmo y asombro.   1045

ROS. De las flechas del amor
los tiros son prodigiosos,
y más siendo el dueño ingrato
y el amante es extremoso.
Alguna belleza adora   1050
Britaldo muy cariñoso,
de quien mal correspondido
de su fe siente el malogro.

BAN. ¿Y será amor tan osado
que agravie ese sol hermoso?   1055

ROS. Más lo ajeno lisonjea,
que siempre enfadó lo propio;
y así pues sois la persona

de mi casa a quien otorgo
los más ocultos secretos,   1060
vuestra diligencia invoco;
de mi agravio centinela
en vuestro primor heroico
espera hallar desengaño
mi pensamiento celoso.   1065
Seguid, Banán, a Britaldo,
rondad, ved si de mi esposo
por la diligencia vuestra
ciertos mis agravios topo.

BAN. Trataré de obedeceros,   1070
y sin detenerme un poco,
ya voy a hacer el examen
con cuidado.

(Vase.)

ROS.   Ya lo supongo.
¿Sospechas, estamos bien?
¡Qué poco con vos mejoro!   1075
¡Qué poca dicha poseo!
¡Qué poca ventura logro!
Hasta aquí compré recelos
de agravios contra el decoro;
ahora contra el amor   1080
¿qué martirio, celos, compro?
Paciencia, celos, paciencia,
vamos a sufrir enojos
hasta que acabéis conmigo
o acabe yo con vosotros.   1085

([Vase] Aparece en lo alto junto a una reja
Irene en oración.)

IREN. Mi Dios, por vuestras piedades,
feliz del alma recurso,
que a la casa de Britaldo
acudáis en los disgustos.
Yo os lo pido, yo os lo ruego,   1090
y aunque sin mérito alguno,
de vuestra pasión me valgan,
Señor, los méritos muchos.

(Sale[n] Britaldo, Etcétera y músicos.)

ETC. Ya estamos en el terrero
del convento, amado culto   1095
que es de tus adoraciones
o de desatinos tuyos.

BRIT. ¿Llamas a amor desatino?

ETC. Llamo, pues por sus impulsos
vienes a inquietar un ángel,   1100
que a estas horas (no lo dudo)
en su celda en oración

estará; mas yo aseguro
que esté a tu canto sorda,
pues no se divierte el justo.   1105
BRIT. Etcétera, esto ha de ser,
con mis pensamientos cumplo.
ETC. Ea, pues si es cumplimiento,
vaya en cortesía.
BRIT.   El puro
objeto de mis sentidos   1110
en quien todos los ocupo,
hacia esta parte me han dicho
que tiene el retrete suyo.
ETC. Vámonos pues acercando.
BRIT. La noche oscura se puso.   1115
ETC. A mi juicio, que no es claro,
todo le parece oscuro.
BRIT. Ea, la música empiece.
ETC. Señores jurisconsultos
de la anfiónica palestra,   1120
¿templaron?
MÚS. 1   Todo está a punto.
MÚS. 2 Todo está muy bien dispuesto.
ETC. De un grande enfado me excuso,
que me huelgo de oír cantar,
mas el templar no lo sufro.   1125
(Sale Banán.)
BAN. Siguiendo a Britaldo vengo,
que con cuidado le busco
para averiguar sospechas
que Rosimunda de él tuvo;
y hasta aquí vi que se acercan   1130
unos hombres, y presumo
que uno de ellos es Britaldo,
si no me ha engañado el bulto;
aquí entraron.
MÚS. 1   ¿Empecemos,
señor Britaldo?
BAN.   ¡Qué escucho!   1135
Britaldo han dicho.
BRIT.   Cantad.
ETC. Y sin ruegos, que es mal uso.
(Empiezan a tocar.)
IREN. Hallen, Señor, vuestros siervos
en vuestra piedad refugio.
BAN. Britaldo es, y esto es del canto;   1140
veamos lo que más descubro.
(Cantan.)
MÚS. De Irene en los ojuelos,
hechizos de las almas

tiene amor armas nuevas,
deja sus viejas armas.   1145
Al arma, al arma;
que el amor de tus ojos
flechas dispara.
IREN. ¿Qué música es ésta, cielos,
que de confusión anuncio   1150
pronuncia mi mismo nombre?
¡Con mil sobresaltos lucho!
BAN. ¡La música a Irene salva!
¡Britaldo aquí! Bien arguyo
algún empeño amoroso   1155
de sus cuidados ocultos.
Pero si una Irene hay sola
en el convento, que el vulgo
por de virtud raro espejo
celebra, en vano lo apuro.   1160
Mas si es mujer y él es hombre,
¿para qué lo dificulto?
Daré a Rosimunda parte
de la observación que juzgo.
Descubierto está el enigma,   1165
y pues hasta aquí me encubro,
irme sin que me conozcan
es lo que sólo procuro.
IREN. Tapad, Señor, contra el canto
de las sirenas del mundo   1170
mis oídos, como el áspid.
BRIT. Proseguid.
ETC.   Vamos al punto.
(Sale un ángel.)
ANG. Con este humano disfraz
de parte de Dios acudo
de Irene a la defensión,   1175
angel embajador suyo.
Echar del terrero intento
quien con lisonjero insulto
profana el alto respeto
de aquestos sagrados muros.   1180
MÚS. Rendido a sus saetas
un corazón se abrasa,
pagado de sus tiros,
que adora a quien le mata.
Al arma, (etc.)   1185
ANG. Al arma digo también.
ETC. Malo es este contrapunto.
BRIT. ¿Quién eres tú; qué te atreves?
ANG. Yo soy, groseros y estultos,
quien os dice y desengaña   1190

en vuestros grandes absurdos,
que Irene, que tiene dueño.
BRIT. ¿Dueño más que yo? Ninguno.
ANG. Mirad cómo le defiendo.
BRIT. Mira pues cómo lo impugno.   1195
ETC. ¡O cómo de mala gana,
acero mío, os desnudo!
(Riñen y valos metiendo dentro a cuchilladas.)
IREN. ¿Pendencias? Las religiosas
voy a avisar (yo me turbo)
a que en oración se pongan   1200
en trance tan fiero y duro.
(Vase.)
(Sale uno.)
1. No hay reparo con sus golpes.
(Vase.)
(Sale otro.)
2. Su valor es más que mucho.
(Vase.)
(Sale Etcétera.)
ETC. ¿Adónde va aquí la fiesta,
pues de ella el huirme cupo?   1205
Muy buena la habemos hecho,
nunca más, guarda, oxte puto;
fue muy buena esta jornada,
yo me escapo, yo me escurro.
(Vase.)
(Sale Britaldo cayendo.)
BRIT. Fantasma, espíritu o rayo,   1210
aguarda, porque me injurio
de que la vida me dejes
si así te has llevado el triunfo.
(Levántase.)
Cansado de pelear
he caído; hados injustos,   1215
matadme, pues mi valor
he visto en tal infortunio.
A mi enemigo no veo,
y de su valiente orgullo,
Etcétera, con los otros   1220
huyó, ¡cobardes incultos!
¿Quien será quien con Irene
se me opone? Mas me apuro
con aquesta emulación
a seguir de amor el rumbo.   1225
Hasta aquí sufrí al amor,
los celos no disimulo;
pensamientos adelante,
que yo he de hacer vuestro gusto.
(Vase.)

JORNADA SEGUNDA

(Sale[n] Rosimunda con manto y Banán.)
ROS. De aquesta resolución   1230
no tratéis de disuadirme;
soy mujer y tengo celos,
cosas que no se resisten;
esto ha de ser.
BAN.   Ved primero.
ROS. Ya lo vi; ¿no me dijisteis   1235
que con Irene me agravia
Britaldo?
BAN.   Aquesto colige
mi presunción, viendo anoche
que entre sus rebozos tristes
hacía en sonora silva   1240
a sus ricos ojos brindis.
Mas no son premisas éstas
para sacarse infalible
consecuencia de que Irene
tales lisonjas admite,   1245
ni que haya dado ocasión
(que a su recato desdice)
de requiebros semejantes;
antes quizá de no oírle,
sus suspiros amorosos   1250
tan fuertes ansias le asisten.
ROS. Callad, porque me parece,
Banán, que es casi imposible
que sin que la mujer quiera,
haya galán que se anime   1255
a enamorar su belleza.
BAN. Los pensamientos son libres.
¿Qué culpa se da en la llama
para que la solicite
amante la mariposa?   1260
Ni la llama, ni permite
sus inquietudes osadas;
la mariposa la sigue
para en su luz abrasarse
por hallarla apetecible.   1265
Así habrá visto Britaldo
de Irene la luz sublime,
sin que ella haya sido parte
en que su amor le dedique.
Y si ella en esto interviene,   1270
(que no lo creo) decidme,
¿cómo de aquesta afición
puede el cuidado afligirle?
Amor sin aceptación

es pena que el alma oprime; 1275
mas el amor que se acepta,
¿qué gusto más apacible?
Con que si nació su achaque
del amor, ha de inferirse
ser amor sin agasajo 1280
que es una pena insufrible.
ROS. Por faltar correspondencia
no sólo el amante gime,
sino porque de su amor
mira el logro inaccesible. 1285
Los dos sin duda se quieren,
y el mal que en Britaldo vive
nace de ver que el estado
de los dos su amor impide.
Tras mis escrúpulos voy; 1290
al convento voy a reñirle
mis celos y sus excesos;
acompañadme y seguidme.
BAN. Mirad.
ROS.   ¿Qué he de mirar yo?
Tratad, Banán, de servirme; 1295
y no me aconsejéis más,
que no aconseja quien sirve.
[Vanse Rosimunda y Banán.]
(Sale Irene.)
IREN. ¡No sé lo que el alma siente,
que entre confusiones triste
no hay causa que la divierta, 1300
no hay respeto que la alivie!
Desde que esta noche (¡cielos!),
vi que en acentos civiles
a mi nombre aclamaciones
lisonjeras se aperciben; 1305
y luego (¡aquesto me asombra!)
mostrarse en bélicas lides,
como a principios alegres,
se siguen sangrientos fines,
no estoy en mí de turbada, 1310
sin saber como examine
lo que este lance promete,
lo que este suceso exprime.
¿Dulce ejercicio de Apolo,
de Marte empresa terrible 1315
en este sitio? ¿Qué es esto?
No sé lo que signifique.
¿Quién será quien alborota
con alevosos ardides
estas sacras soledades, 1320
estos honestos países?

¿Quién habrá dado ocasión
para que se prevariquen
con inquietudes mundanas
sus descansos apacibles? 1325
¿Qué tentaciones son éstas?
¿Qué alborotos, qué motines
hacen que de este reposo
la tranquilidad se eclipse?
En confusiones grandes, 1330
cielos santos, descubridme
la verdad; ¿mas qué verdad
si la experiencia la dice?
Si yo misma me oí nombrar,
¿qué más hay que se averigüe? 1335
Sin duda la causa soy
de esta moción; ¿mas qué dije?
Si al lugar de esta clausura
de tan pocos años vine,
que apenas puedo acordarme 1340
que a mis propios padres vide;
si en este retiro santo,
después que profesión hice,
solamente a mi maestro
permito que me visite, 1345
¿puede haber quien obligado
de persona tan humilde
en aras de amor profano
obsequios me sacrifique?
(Dentro.)
    Sí.
IREN. Sí, una vez me responde, 1350
o será que aquesto finge
mi imaginación, queriendo
que lo que dudo imagine.
Mas si esto es así, mi Dios,
¿será porque me castigue 1355
vuestra justicia, atendiendo
lo que esta esposa delinque?
(Dentro.)
    No.
IREN. ¡Qué escucho! Otra voz vuelve
mis dudas a decidirme,
si no es que soñando estoy; 1360
mil sobresaltos me embisten:
un sí me avisa que llore,
un no dice que me anime.
¿Quién en tanta duda habrá
que de un sí y de un no me libre? 1365
(Baja un ángel.)
ANG. Yo.

IREN.   ¡Jesús, ay, cómo, quién!
ANG.   Cobra aliento, Irene insigne,
que del poderoso Dios,
que cielos y tierra rige,
angel administratorio   1370
rompí los aires sutiles
para dar satisfacción
a tus dudas y advertirte
que tu hermosura suprema
el cielo por medio elige   1375
para fin de su alabanza
y de tus méritos timbre.
Has de saber, bella Irene,
que el ciego amor te persigue,
y hace de tus ojos flechas   1380
para que a Britaldo tire.
El día de Pedro y Pablo,
cuando tú a su templo fuiste,
(devoción que cada un año
observan tus monjas firmes),   1385
vióte, y con tal eficacia
supo amor su pecho herirle
que cayó enfermo de amante
(tanto es un amor sensible.)
IREN. (Ap.) ¡Cielos, qué estoy escuchando!
ANG.   Y tratando de encubrirle   1391
a los médicos su achaque,
hallando que en descubrirse
era a tu decoro ofensa,
y era de su esposa pique,   1395
fue su pasión tan forzosa
(tal es la que se reprime),
y se vio en términos tales
que sin saber qué le apliquen
los físicos recelaron,   1400
que el mal la vida le quite.
Viéndose así pues Britaldo
en vísperas de morirse
alivio buscó a su pena,
que éste está en que se publique.   1405
Anoche al terrero vino
sólo a fin de descubrirte
sus ansias y sus desvelos
en la música que oíste;
y de celoso tu Esposo   1410
(que hasta en Dios celos se admiten)
me encargó tu defensión
porque, Irene, no peligres.
Del terrero a cuchilladas

a él y a los que le siguen   1415
eché, de cuyo rumor
el sobresalto tuviste.
Esto es lo que pasa, Irene,
por tanto no desanimes,
que en esta de amor batalla   1420
has de quedar invencible.
Procura a Britaldo hablar,
y su exceso reprensible
desengaña, porque en esto
sus mejorías consisten.   1425
Y para esto a tu prelada
licencia primero pide,
que no te la negará,
viendo que no se prohibe
a cualquiera religiosa   1430
que los enfermos visite
en virtud de caridad.
Esta acción puede servirte
de ocasión de ir a su casa
para hablarle y disuadirle   1435
con tu desengaño, Irene,
de ansias de amor insufribles.
Y con esto en paz te queda,
que más pudiera decirte,
mas de Dios no traigo ahora   1440
más licencia.
(Vuela el angel.)
IREN.   Aguarda; ¿huiste
criatura angelical?
Mas no hay para que me admire,
porque las personas grandes
siempre huyeron de las viles.   1445
¿Qué es esto que por ti pasa,
Irene? ¿Tú ocasión diste
a pasiones amorosas?
¿A esto has llegado? ¿Es posible?
¡Tu hermosura ha sido causa,   1450
tu belleza ha sido origen
de inquietudes tan traviesas,
de accidentes tan terribles!
¡Britaldo por tu respeto
es posible que suspire!   1455
¡Y su casa por tu culpa
posible es que se amohine!
¡Esto alcanzas y no lloras;
esto sabes y no gimes!
O estás muerta pues no sientes,   1460
o estás loca pues que vives.

Mas si el cielo lo dispone,
Irene dichosa, dime,
¿para qué has de entristecerte,
Irene, por qué no ríes?   1465
Hágase la voluntad
de Dios, que los infelices
de mucho sirven viviendo,
si sirven para servirle.
(Sale[n] Rosimunda y Banán.)
ROS. Aquí está, tomar pretendo   1470
celosa satisfacción;
padezca mi indignación
y sufra, si estoy sufriendo;
quedaos aquí.
(Banán al paño.)
[BAN.]   De aquí, oyendo
todo lo que pasa, aguardo.   1475
ROS. Parece que me acobardo
al verla, que en su presencia
hay de respeto influencia.
¿Mas qué espero? ¡Que me tardo!
Guardeos Dios; ¿me conocéis?   1480
Mas me ha parecido a mí
que pues me agraviáis así,
conocerme no podéis;
y así pues no lo sabéis.
IREN. ¿Quién será? Estoy sin sentido.   1485
ROS. Sabed que sólo he venido
para que me conozcáis.
IREN. ¿Quién sois y qué me mandáis?
ROS. Yo no mando, sino pido.
IREN. Manda quien llega a rogar   1490
a quien desea servir,
así que vuestro pedir
será, señora, mandar.
ROS. Pues que no me queráis dar,
os mando lo que yo pidiere;   1495
porque si darme quisiere
lo que pienso que me dais,
vuestro exceso me agraviáis.
IREN. ¿Aquesta mujer qué quiere?
ROS. Y por quedar entendida   1500
en una cosa empeñada
vengo, que no es para dada,
por más que sea pedida.
IREN. No os entiendo.
ROS.   Pues por vida
de quien soy que he declarado   1505
mi intento.

IREN.   *(Ap.)* ¡Qué he escuchado!
¿Qué es esto, divinos cielos?
ROS. Sabed pues que tengo celos,
y me los habéis causado.
IREN. *(Ap.)* Cielos, Rosimunda es ésta   1510
que de Britaldo celosa
piensa que estoy criminosa
en celos que manifiesta.
ROS. *(Ap.)* Agravio brío me presta.
IREN. *(Ap.)* Déme el cielo su favor.   1515
ROS. *(Ap.)* Aquí he menester valor.
IREN. *(Ap.)* Aquí he menester prudencia.
ROS. *(Ap.)* Que es terrible la pendencia.
IREN. *(Ap.)* Que es excesivo el rigor.
LAS DOS. Vos, decidme, contra mí.   1520
ROS. Agravios ocasionando,
IREN. Celosas quejas formando,
ROS. así osada,
IREN.   airada así,
ROS. *(Ap.)* Aquí rabio.
IREN.   *(Ap.)* Tiemblo aquí.
LAS DOS. ¿os atrevéis?
IREN.   Reparad,   1525
que no soy parte.
ROS.   Mirad,
que soy parte muy forzosa.
IREN. Decid, ¿por qué estáis quejosa?
ROS. Mis quejas pues, escuchad.
¿Vistes una tortolilla   1530
que con su consorte amado
en las lisonjas del prado
se vio felice avecilla,
logrando alegre y sencilla
de sus amores el trato,   1535
cuando un cazador astuto
mostró en cruel desengaño
que hoy lo que era bien es daño,
y lo que era fiesta es luto;
al pajarillo cogió,   1540
y llevándole cautivo,
en un tormento excesivo
la tortolilla dejó;
su ausencia tanto sintió
que negada a los contentos,   1545
a las aves de escarmientos
sirvió y al prado de espanto,
pues la dulzura del canto
trocó en fúnebre lamento?
De tortolilla en dolor   1550

la suerte me ha sucedido;
Britaldo el cautivo ha sido,
vuestro amor el cazador;
mi esposo por vuestro amor
preso está y de aquesta dura   1555
prisión enfermó, y aunque cura
sanar de este achaque atroz
no puede, porque sois vos
la enfermedad y la cura,
Britaldo en fin por vos muere,   1560
y por vos llego a morir,
que no puedo yo vivir
cuando él muere porque quiere;
y pues su amor os prefiere
(pena en mí que es sin segunda),   1565
mi intento en esto se funda:
que yo mejore de suerte
o dar a Irene la muerte
ya que muere Rosimunda.
BAN. Altiva la desengaña.   1570
IREN. (Ap.) ¿Qué haré?, que si aquí de culpa
me eximo, ésta mi disculpa
ha de pensar que la engaña,
disculpa al enojo daña;
y así en trance que es tan duro   1575
otro medio más seguro
y conveniente imagino:
vencerla así determino,
así ablandarla procuro.
(Híncase de rodillas.)
Aunque, Rosimunda bella,   1580
no me conozca culpada,
viéndoos contra mí enojada,
apruebo vuestra querella;
y sin ser la causa de ella,
como haya sido ocasión   1585
de aquesta vuestra pasión,
perdón os pido rendida,
viendo que es cosa debida
dar al rendido el perdón.
No niego que a las pasiones   1590
de Britaldo causa di;
sabe Dios si delinquí,
que examina corazones;
no falto a las atenciones
de mi culpa, y de este modo   1595
con mi culpa me acomodo,
si la he llegado a tener;
porque una mala mujer
tiene la culpa de todo.

Pero aunque siempre entendí   1600
ser mala, entendía (¡ay Dios!)
que no lo era para vos,
sino sólo para mí;
mas ya que lo conocí,
dejad que en vuestros enojos   1605
saque, señora, despojos
del corazón, pues a quien
su culpa ha mirado bien,
bien es que acudan los ojos.
(Llora.)
BAN. ¡Qué humilde es, y qué prudente!
ROS. ¡Válgate Dios por mujer!   1611
¿Cielos, cómo puede ser
culpada aquesta inocente?
No sé lo que el pecho siente,
que apartado de la queja   1615
de los rigores se aleja,
la piedad le satisface,
y lo mismo que ella hace
que haga también me aconseja.
(A ella.)
Mujer más que soberana,   1620
mujer más que peregrina,
tu condición, que es divina,
hace que me vuelva humana;
compasiva de tirana
con tus razones me haces,   1625
y en ellas por eficaces
ya que tal virtud se encierra,
no quiero contigo guerra,
ya quiero contigo paces.
Levanta, y con propiedad   1630
en señal de mi mudanza,
hágamos una balanza
de aquesta nuestra amistad;
(Va a levantarla.)
porque en fiel conformidad
pues la humildad te postró,   1635
esa misma me obligó
a postrarme; no te espantes,
que es fuerza que te levantes
para que me postre yo.
(Va a postrarse, y la detiene.)
BAN. ¡Quién vio lance más notable!   1640
IREN. No haréis tal, que es demasía,
porque fue obligación mía
lo que en vos será culpable.
ROS. Pues ya que esto por afable
me impedís, con estos lazos   1645

me prended, que en tales brazos
me amparo de la desdicha.
(Abrázanse.)
IREN. Anda a brazos con la dicha
quien logra vuestros abrazos.
BAN. ¡Tiernas están, qué primor!　　　1650
La guerra en paz se resuelve;
mas si amor celos se vuelve,
celos se vuelven amor.
IREN. ¿Conservaréis el rigor
de los celos contra mí?　　　1655
ROS. No, contra Britaldo sí.
¿Le amaréis?
IREN.　　　Aqueso no.
ROS. ¿Y él os ama?
IREN.　　　Eso sé yo.
ROS. ¿Por qué lo sabéis?
IREN.　　　Lo oí.
Mas, señora, cierta estad　　　1660
en que su afición acabe.
ROS. ¿Cuándo será?
IREN.　　　Dios lo sabe;
creo que con brevedad.
ROS. Con Dios, Irene, quedad,
que me lleva esa esperanza.　　　1665
IREN. Adiós, tened confianza.
ROS. Ya de aquí sin celos parto,
Banán.
BAN.　　　Nacieron de un parto
amor y desconfianza.
(Vanse.)
IREN. Ya, Irene, mejor estamos,　　　1670
y porque mejor quedemos,
de amor resta que escapemos,
pues de celos escapamos;
y pues de acuerdo quedamos
en que a Britaldo he de hablar,　　　1675
lo tengo de consultar
en como ha de ser primero.
Remigio es mi consejero;
con él me he de aconsejar.
(Vase.)
(Sale[n] Britaldo y Etcétera.)
BRIT. Tú eres famoso gallina.　　　1680
ETC. Yo lo creo, que a ser gallo
me temiera aquel león
que anoche nos dio el asalto;
pero como no lo soy,
viéndome tan apretado,　　　1685
tomé, señor, el consejo

que me dio, siendo muchacho,
un gran maestro de esgrima.
BRIT. ¿Qué consejo?
ETC.　　　Me ha enseñado
que no teniendo partido,　　　1690
deje reveses y tajos
y me escape, si pudiere,
y así si puedo me escapo;
mas no obstante esta lección,
no dejara libre el campo　　　1695
para no dejarte a ti
a solas con el contrario,
a no ver los compañeros
que en el valor destemplaron,
y en la música quisieron　　　1700
valerse del contrabajo.
Y su elección les disculpo,
pues allí consideraron
alto el empeño, y ninguno
quiso, señor, ser contra alto.　　　1705
Yo viendo, señor, el tono
que se iba desafinando,
tomé la voz del falsete
y traté de acompañarlos;
seguí en fin su mal ejemplo　　　1710
(que esto hace un ejemplo malo)
porque yo con quien vengo, vengo.
BRIT. ¡Ha groseros y bellacos!
No hay duda que todos sois
unos valientes soldados;　　　1715
¿no me dirás de qué sirven
acá en el mundo los flacos?
ETC. Los flacos sirven de mucho,
ya el mundo fuera acabado
si todos fueran valientes;　　　1720
que como son temerarios,
solicitan precipicios
y mueren de los fracasos;
pero los flacos conservan
el mundo, que en los trabajos　　　1725
saben huir los peligros,
prudentes y acautelados.
Los flacos, señor, son todos
devotos, buenos cristianos,
no granjean enemigos,　　　1730
por ser en sí retirados.
Con la flaqueza no hay vicio;
por eso, señor, ayunamos
para huir con la flaqueza
del alma los adversarios.　　　1735

Por flacos el nombre se alcanza,
y aquel gran poeta Horacio
por flaco le estima el mundo,
que en él por flaco es nombrado.
BRIT. Bien por los flacos acudes, 1740
Etcétera; pero es llano
que sólo a ti te compite
defender aqueste caso.
ETC. Así es, que como este pleito
está tan averiguado, 1745
no he menester quien me ayude
en su defensión; yo basto.
Pero si me enfada mucho,
y aquí de los flacos llamo,
la mayor parte del orbe 1750
se ha de poner de mi bando.
¿Que digo la mayor parte?
Todo el mundo, porque es claro
que son la misma flaqueza
los hombres por sus pecados. 1755
BRIT. De los flacos no me trates,
que los aborrezco tanto,
Etcétera, que ni aun
oír quisiera nombrarlos.
Háblame de los valientes. 1760
ETC. Supón que en valientes hablo;
pues como por las flaquezas
los triunfos más bizarros,
las victorias más sublimes
se hayan, señor, alcanzado; 1765
haz cuenta, señor, que aquí,
aunque sus respetos callo,
tácitamente memoria
de las valentías hago.
BRIT. ¿Qué has dicho, qué triunfos, di, 1770
por flaquezas se han llevado?
ETC. Todos cuantos puede haber;
mira, pues lo estás dudando.
Cuando dos se desafían
en una lucha empeñados, 1775
¿no es cierto que el que venció
lleva de más fuerte el lauro?
Luego el otro no es tan fuerte;
y la ventaja mirando
del que venció flaco queda, 1780
y al otro ocasión ha dado
a costa de su flaqueza
a que saliese gallardo;
con que si flacos no hubiera,

queda, señor, asentado 1785
que nunca hubiera valientes,
y el ejemplo está en las manos.
Si del valentón de anoche,
de que fuimos asaltados
yo y los camaradas míos, 1790
de brío y de ánimo faltos,
temiendo los golpes recios
del esfuerzo de su brazo,
no apelamos al retiro
para ponernos en salvo, 1795
jamás alcanzara nombre
(a nuestro respeto hablando)
de intrépido, de valiente,
de terrible, de arrojado;
luego en nosotros sin duda 1800
el temor fue necesario,
porque él triunfase en el juego
y quedase aventajado.
Sin pérdida no hay ganancia,
pues para ganar la mano 1805
en el juego el venturoso,
la pierde el que es desdichado.
No hay vencedor sin vencido,
que es decreto de los hados
nacer la ventura propia 1810
de los ajenos trabajos.
Sin tímido no hay temido,
por eso, si lo has notado,
hallarás que se compone
de un vocablo otro vocablo. 1815
BRIT. Muy bien discurres el punto.
ETC. Es que en él soy graduado.
BRIT. Yo no digo que en el mundo,
pues es un compuesto vario,
han de ser valientes todos; 1820
mas digo que en los acasos
deben los hombres cumplir
con la obligación de honrados.
No está en mi mano el vencer,
que eso es favor de los astros 1825
o ventaja del valor
a que yo no quedo obligado.
Sólo lo que es deuda mía
primorosamente pago,
que es reñir hasta caer, 1830
cuando en la ocasión me hallo.
ETC. Hay varias obligaciones;
algunos tienen, obrando

por miedo de obligación,
el huir por gran pecado;   1835
otros, que no escrupulean,
con su flema acomodados,
por obligación de miedo
no hacen en huir reparo.
BRIT. Lo que puedo debo hacer.   1840
ETC. Eso es, y a eso no falto,
que huyo siempre cuanto puedo;
con que yo lo que puedo hago,
y así hasta no poder más
he de seguir este atajo,   1845
y tú hasta más no poder,
sigue ése.
BRIT.   De aqueso trato,
y anoche me sucedió,
pues de reñir ya cansado
caí.
ETC.   De esas tentaciones   1850
me lloro, y en ellas no caigo.
Y cuando te vio en el suelo,
¿qué hizo el contrario?
BRIT.   Pensando
quizá que quedaba muerto,
se ausentó.
ETC.   ¿Y no has alcanzado   1855
quién es tu competidor?
BRIT. Aquesto me da cuidado,
Etcétera; quién será
discurramos.
(Hablan aparte los dos.)
ETC.   Discurramos.
(Al paño Castinaldo y Rosimunda.)
CAST. Lo que me decís, señora,
atónito me ha dejado;   1860
¿es posible que el amor
produzca efectos tan raros?
ROS. Esto es, señor, lo que pasa,
y creo no halla agasajo   1865
su amante afecto en Irene.
CAST. Eso en su virtud es claro;
yo entro y de reprenderle,
sus locas pasiones trato.
ROS. Con amor no hay resistencias,   1870
que en la condición es rayo.
CAST. Del padre las represiones
a veces hacen milagros.
ETC. Sería algún hechicero,
algún duende o algún diablo.   1875

BRIT. Sea quienquiera que fuere;
de amor y de celos rabio,
y en el empeño que sigo
más me pierdo, más me abraso.
ETC. Tus porfías te disculpo,   1880
(aunque no te las alabo)
que celos sirven de espuelas
de amor al que está picado.
BRIT. ¿Que otro galán tiene Irene?
ETC. Si tendrá dos, tres y cuatro,   1885
¿no es mujer?
BRIT.   ¿Irene?
ETC.   Calla,
que entra tu padre.
(Sale Castinaldo.)
CAST.   ¿Britaldo?
BRIT. Padre y señor.
CAST.   Yo quisiera,
Britaldo, a solas hablarte.
BRIT. *(Ap.)* ¿Qué querrá? Salte allá fuera.
ETC. ¿Secreto tenemos? Salgo;   1891
aunque ninguno pudiera
más que Etcétera guardarlo,
que si lo que callo digo,
también lo que digo callo.   1895
(Vase.)
CAST. ¿Cómo en vuestro mal pasáis?
BRIT. No paso, pues tan tiranos
son mis males que con ellos
he llegado a tal estado,
que a cada paso me quedo   1900
de nuevas ansias cercado;
y aunque paso de tenerlas,
ya más de tenerlas paso.
CAST. Pienso que es porque queréis.
BRIT. *(Ap.)* ¿Qué es esto? El ya penetrando
sin duda mis pensamiento.   1906
¿Y por qué lo habéis pensado?
CAST. Por no querer divertiros,
que el achaque más pesado
siempre en el divertimiento   1910
remedio tuvo y reparo.
BRIT. No hay reparo con mis penas,
tanto que en ellas reparo,
que el divertimiento es poco,
cuando su poder es tanto.   1915
CAST. Poned vos la diligencia.
BRIT. La diligencia es en vano.
CAST. ¿En vano es la diligencia?

Vos mismo os habéis culpado,
pues ciego, loco sin juicio, 1920
del apetito llevado,
las vanidades seguís.
BRIT. *(Ap.)* Ya descubiertos estamos,
cuidados míos.
CAST. Decidme,
¿para qué al hombre le ha dado 1925
Dios la razón? Cosa es cierta
que fue porque cuerdo y sabio
sujetase el albedrío
a su obediencia y mandato;
en diferencia del bruto, 1930
que por este desamparo
tras su apetito se va;
y aun en los brutos hallamos
algunos que por tener
el instinto aventajado, 1935
parece que en ellos hizo
la misma razón milagros,
mostrándose más prudentes,
viviendo menos incautos.
Vos de los mayores brutos 1940
la ceguedad imitando,
sin gobierno de razón,
de un gusto desordenado
os vencéis, mirad si es esto
ser bruto o si es ser humano, 1945
pues es falto de razón
aquél que del uso es falto.
ROS. Cuerdamente le censura
sus afectos temerarios.
BRIT. *(Ap.)* ¿Quién habrá mis pensamientos
a mi padre revelado? 1951
CAST. No os culpo vuestros deseos,
porque no está en vuestra mano
no tenerlos, que es muy libre
la voluntad; sólo extraño 1955
que no queráis reprimirlos,
que no queráis refrenarlos,
haciendo gala del gusto
y del apetito garbo.
BRIT. Señor, mi exceso conozco, 1960
si de él estáis informado,
que si como bruto quiero,
como hombre también alcanzo;
mas mi voluntad no es mía,
que la tiene cautivada 1965
el ciego amor (que por eso
le llaman el dios tirano,

pues la libertad del hombre,
habiendo privilegiado
el Dios verdadero, quiso 1970
cautivarla este dios falso)
y así la razón no puede
valerme en aqueste caso,
pues tengo (como os he dicho)
un dios, señor, por contrario. 1975
CAST. Bien sé que es la voluntad
en que está amor empeñado
nave, que en popa navega
montes de cristal cortando;
mas también sé que se ha visto 1980
que de un pez bien limitado,
quedando una nave asida,
llega a suspender los pasos.
La razón vuestra supongo
rémora, considerando 1985
vuestra voluntad bajel
a la mar de amor echado.
Si la rémora se aplica
al bajel (aunque es tan bravo),
quedará el bajel vencido 1990
y la rémora triunfando.
BRIT. Poderosa es la razón,
y en el mando abreviado
del hombre es sol que ilumina;
mas al esplendor bizarro 1995
del sol se opone una nube,
que el pabellón enlutando,
de zafir su luz eclipsa,
y le soborna los rayos.
Nube es mi amor atrevida, 2000
que de la razón manchando
el cielo a oscuras me deja
y puesto en este nublado.
¿Qué he de hacer?
CAST. Lo que hace el sol,
que primoroso y gallardo, 2005
esgrimiendo claras luces,
rompe de la nube el manto.
BRIT. Cuando la nube es más densa,
vence el sol; he procurado
romper la nube y no pude, 2010
que le derribó un desmayo
al valor; si otra vez vuelvo
a reñir, la muerte aguardo;
eso no, viva mi gusto;
primero soy yo.
ROS. ¡Ha ingrato! 2015

BRIT. Quede por mi amor el triunfo,
    quede por mi amor el campo;
    viva mi amor, viva, viva.
(Sale Rosimunda.)
ROS. ¿Y muera quién, yo?
BRIT.   *(Ap.)* ¡Qué enfado!
    Morid vos, y mueran todos,   2020
    que yo en vivo fuego abrasado
    diré a voces del trofeo,
    dando a mi amor los aplausos.
    Victoria por el amor,
    viva Irene a quien consagro   2025
    mi afecto, vivan sus ojos
    porque se abrasa Britaldo.
(Vase.)
ROS. ¿Qué os parece? ¿Qué decís?
CAST. ¿Qué puede un viejo cansado
    decir a quien la fortuna   2030
    ha dado un hijo tan malo?
    Con los ojos os respondo,
    que hechos granizos y estando
    vueltos mis cabellos nieve,
    me quedo un invierno helado.   2035
(Llora.)
ROS. ¿Vos lloráis?
CAST.   Por más que llore
    nunca de llorar acabo,
    mirando el disgusto vuestro,
    que es tanto para llorado.
ROS. Si el llanto es por mi respecto,   2040
    poned, señor, pausa al llanto,
    que mi sufrimiento vive
    con su suerte acomodado.
    No lloréis, no, mi disgusto,
    que el cielo ha de remediarlo;   2045
    (Ap.) ¡que haya de darle consuelos
    mi pecho desconsolado!
    No lloréis, que espero en Dios
    (según me lo ha asegurado
    Irene), que un fin dichoso   2050
    en esta aflicción tengamos.
    Pues me ha dicho que estas penas
    se han de acabar muy temprano;
    Dios ha de oír su virtud.
CAST. En esto estoy confiado;   2055
    mas entretanto, señora,
    la diligencia pongamos,
    que yerra quien sin diligencia
    todo al cielo lo ha dejado.
    Y pues los físicos todos   2060

    su enfermedad no acertaron,
    pues se descubrió, si aciertan
    con el remedio veamos;
    quizá que en la medicina
    habrá alguno extraordinario   2065
    que haga poner en olvido
    de Britaldo los cuidados.
ROS. Digo que bien me parece.
CAST. Vamos pues a consultarlo.
ROS. Vamos; Dios cure este mal.   2070
CAST. Dios acuda en tal trabajo.
(Vanse.)
(Sale[n] Irene y Remigio.)
IREN. Remigio, esto ha sucedido,
    y así le tengo de hablar
    para le desengañar.
REM. Notable suceso ha sido.   2075
IREN. Hacer participación
    de mi intento os he querido,
    porque mis acciones mido
    por vuestra disposición.
    A vuestra prudencia dejo   2080
    de aqueste lance el empeño,
    pues el mayor desempeño
    fío de vuestro consejo.
    Maestro de mis acciones
    os elegí por capaz,   2085
    y ahora me importan más,
    Remigio, vuestras lecciones.
    El modo pues me enseñad,
    en el ardid me instruid,
    que a veces un buen ardid   2090
    vence la dificultad.
    Sabio sois, aconsejadme;
    ¿qué razones buscaré
    para vencerle? ¿Qué haré?,
    decid, Remigio, enseñadme.   2095
REM. Eso fuera inadvertencia,
    mucho en mí para notar,
    pues era al fin agraviar,
    señora, vuestra prudencia.
    Además, que aquesta empresa   2100
    es del cielo, él os dará
    armas con que se podrá
    defender vuestra pureza;
    y así en esta causa a Dios
    se ha sólo de recorrer,   2105
    que Él solo os ha de valer.
    Imitad, Irene, vos
    aquella ilustre matrona,

honra y gloria de Israel,
que en ser a su pueblo fiel,   2110
empeñada su persona,
antes de al campo salir
contra Holofernes, ¿qué hizo?
¿Qué? Con las armas se quiso
de la oración prevenir,   2115
y salió tan animosa
con las armas que buscó,
que su enemigo cayó
y ella quedó victoriosa.
La oración, Irene, sea   2120
vuestra prevención también
para que os suceda bien
en esta de amor pelea.
IREN. Siendo de tanto valor
cualquiera consejo vuestro,   2125
jamás hasta aquí, maestro,
me aconsejastes mejor.
Aquesas armas intento
tomar, que son armas bellas,
y es cierto que sólo en ellas   2130
está cierto el vencimiento.
Dadme vuestra bendición,
y adiós, que a Dios voy [a] pedir
se digne de me acudir
en tan precisa ocasión.   2135
REM. Dios su favor quiera daros.
IREN. Rogadle también por mí.
REM. Mi obligación de que así
lo haré puede aseguraros.
*(Vase andando despacio, y él queda
mirándola.)*
¡Qué bizarra es! ¡Qué airosa!   2140
¡Qué gracia y donaire tiene!
¡Qué bien parece en Irene
con ser bella el ser virtuosa!
¡No hay cosa más agradable
que una honestidad compuesta,   2145
una gravedad honesta,
y cómo que se hace amable!
¡Mas qué es esto, atención mía!
¿Parece que vuestro agrado
los límites ha pasado,   2150
llegando a ser demasía?
¿Os alborotáis deseos?
¿Qué es aquesto? Reportaos,
tened, tened, retiraos,
parad, parad, deteneos.   2155
Mas ¡ay de mí, que parece

que amor quiere cautivarme!
¡Ay que ya siento abrasarme!
¡Esto a Remigio acontece!
Contagio es sin duda amor,   2160
que también se comunica,
y a mi corazón se aplica
de Britaldo este rigor;
ya somos del ciego dios,
Irene, dos los heridos,   2165
y pues están dos perdidos,
haz que se ganen los dos.
Haz con Dios la diligencia
para Britaldo sanar,
y también para curar   2170
de Remigio esta dolencia;
mientras le pido (¡ay de mí!),
haciendo de ansias alarde,
que de Britaldo te guarde,
y me defienda de ti.   2175
[Vase Remigio.]
(Sale[n] Lucinda y Etcétera.)
LUC. ¿Es usted lindo alcahuete?
ETC. ¿Yo alcahuete? No soy digno;
mira que me desvanezco
con tan honrado apellido;
que hoy anda en personas graves   2180
la posesión de este oficio,
ni para tal ministerio
los Etcéteras servimos;
pues los alcahuetes todos,
sabrás, si no lo has sabido,   2185
que son, Lucinda, habladores,
y en un proceso infinito
de lisonjeras razones,
haciendo plato del vicio,
ya venden gato por liebre   2190
cocineros de Cupido.
Al contrario de nosotros,
que callados y encogidos,
en una palabra todo
los Etcéteras decimos;   2195
y así no sé qué ocasión
puede haber, Lucinda, habido
para alcahuete llamarme.
LUC. ¿Qué ocasión hubo? Bonito;
a su amo se lo pregunte,   2200
que en amorosos delirios,
sirviéndole su persona
de pernicioso ministro,
con cuidados de galán

compra olvidos de marido; 2205
siendo su amor tan culpable,
que al convento fue atrevido
a dar músicas a Irene;
y a usted en este delito
por cómplice han de ahorcarle. 2210
ETC. ¡Jesús!, aquí me despico
del nombre que me has impuesto;
¿qué diablo te lo ha dicho?
Tú eres, Lucinda, hechicera.
LUC. A mi señora lo dijo 2215
Banán, que de ella enviado,
ya por algunos indicios
que le ha dado su inquietud
lo que se ha pasado ha visto,
yendo una noche tras él. 2220
ETC. Todo se sabe en el siglo.
LUC. Sólo me resta saber
si él anda enamoradito
de alguna monja también.
ETC. Nunca a esa gente me inclino; 2225
no es mi amor de ceremonias,
y el de las monjas no es liso.
Muchos, Lucinda, las aman
solamente por capricho,
mostrando que son corrientes, 2230
y hállanse después corridos.
Esta gente corre mucho,
y por no quedar vencido,
quiero decir alcanzado;
sólo correr determino 2235
con quien yo pueda alcanzar;
por eso corro contigo.
LUC. ¿Y usted sabe cómo corro?
ETC. No sé.
LUC. Pues así camino.
(Hace que huye.)
ETC. Aguarde, no se adelante, 2240
que no tendré buen partido,
y cerramos mano a mano;
dame la tuya.
LUC. Quedito,
¿así una mano se alcanza
de una dama? Muy novicio 2245
se halla usted en la materia;
eso poquito a poquito
se consigue; es menester
servirla primero fino.
ETC. Pues, Lucinda, aquí me tienes 2250
muy constante a tu servicio.

LUC. ¿Usted no quiere entenderme?
De eso sólo no me sirvo.
Quien pretende ser amante,
si quiere ser admitido, 2255
debe ofrecerse con joyas,
dádivas y regalitos.
ETC. ¿Eso es amor?
LUC. Amor es.
ETC. Amor es pobre, no es rico,
tanto que ni capa tiene. 2260
LUC. Así le pintaban niño;
mas hoy que el amor es hombre,
le pintan . . .
ETC. ¿Cómo?
LUC. Vestido;
y así quien trata de amor,
ha de proceder *cum quibus*. 2265
ETC. ¿Y quien no tiene qué dar?
LUC. Deje el amante ejercicio.
ETC. ¿Qué más dar que el corazón?
LUC. Para Dios es manjar lindo;
usted se le ofrezca el suyo, 2270
no a mí, que no le codicio.
ETC. ¿Pues qué codicias, dineros?
El amor está perdido.
LUC. Con eso está muy ganado.
ETC. ¿Codicia es amor?
LUC. Lo afirmo; 2275
y con aquesto me voy,
advierta lo que le digo:
Cupido en romance, amor,
codicia en latín, *cupido.*
(Vase.)
ETC. En latín se despidió, 2280
y me doy por despedido,
pues pedirme y despedirme
para mí todo es lo mismo.
¡O hermosuras ambiciosas!
Bien dijo un contemplativo 2285
que de la hermosura el eco
es el interés maldito;
pues el nombre apellidando
de hermosura, y repetido
del eco que se le escucha, 2290
solamente usura oímos.
(Sale Britaldo.)
[BRIT.] ¿Qué has hecho, traidor, infame,
(Dale.)
falso, aleve, fementido?
¿Esta es tu fidelidad?

ETC. Por amor de Jesu Cristo: 2295
  sin duda a furia ha pasado
  su amoroso desatino,
  y vengo a pagarlo todo;
  no me mates, señor mío,
  o cuando matar me quieras,   2300
  dime primero el motivo.
  ¿En qué pequé? ¿Qué te he hecho?
  ¿Qué mal hice?
BRIT.   Me has vendido.
ETC. ¿A qué feria te he llevado
  para venderte?
BRIT.   Me fío   2305
  de ti en mi secreto amante,
  y tu vileza ha querido,
  faltando a la obligación
  de la lealtad, descubrirlo.
ETC. ¿Yo descubrí tus secretos?   2310
BRIT. ¿Quién entregarme ha podido,
  sabiéndose todo en casa,
  di, sino tú?
ETC.   ¡San Longinos!
  mira si en trance tan fuerte
  anduve bien advertido   2315
  en preguntarte la causa
  de ser tan cruel conmigo;
  que a no ser eso, imitabas
  al tirano más impío,
  matando a un hombre inocente.   2320
  ¿Sabes donde esto ha salido?
  Lucinda me ha dicho ahora
  que Banán por los avisos
  de Rosimunda, que había
  ya escrúpulos concebido,   2325
  nos fue siguiendo a los dos
  aquella noche que fuimos
  al convento, y así de todo
  le dio cuenta e imagino
  que fue el valentón sin duda   2330
  con quien el choque tuvimos.
BRIT. ¿Eso cómo puede ser?
  Si él procuraba seguirnos
  solamente por topar
  el logro de su designio,   2335
  ¿por qué había de oponerse
  a nuestra intención altivo,
  y fingiendo que era dueño
  de Irene?
ETC.   Industria habrá sido
  por ver si de desengañado   2340

  hacía tu amor retiro,
  sabiendo que a tus empleos
  estaba el puesto impedido.
BRIT. No creo fuese Banán,
  Etcétera, el enemigo,   2345
  que él tiene esfuerzo bastante,
  pero no tan excesivo.
ETC. Cogiónos de sobresalto,
  y así nos ha parecido
  un Alcides, un gigante,   2350
  un dragón, un basilisco.
BRIT. Fuese, Etcétera, o no fuese,
  ya está mi amor conocido,
  y pues se sabe que quiero,
  sepa el amor que le sigo;   2355
  tú, pues, has de ir a llamarme
  presto a Remigio.
ETC   ¿A Remigio?
  ¿Para qué, señor?
BRIT.   Pretendo
  que quiera ser mi padrino,
  manifestándole a Irene   2360
  mi amor de su gracia digno;
  que como es maestro suyo,
  quizá será bien oído.
ETC. El no querrá, que ese lance
  es de su virtud indigno.   2365
BRIT. Por fuerza haré que lo haga,
  yendo con él, y así, amigo,
  ve al instante.
ETC.   Si eso es fuerza,
  es fuerza que obedecido
  quedes, señor; voy corriendo,   2370
  aunque es muy malo el camino.
BRIT. Oyes, no le digas nada
  del intento que maquino;
  llámale tan solamente.
ETC. En eso voy advertido.   2375
(Vase.)
BRIT. Amor, pues si de ti me admiro, miro
  que cuando más me satisfago, hago
  a mi desvelo en mi retiro tiro,
  consiguiendo en tu dulce halago lago
  en que metido no respiro, expiro,   2380
  pues tus favores más que apago, pago;
  mi fineza, que así se apura, pura
  halle en Irene lo que procura cura.
(Sale Etcétera.)
ETC. Albricias, señor, albricias
  me da de una nueva extraña.   2385

BRIT. ¿Qué hay? ¿Qué albricias, di, qué nueva?
ETC. La que tú más deseabas;
  ¿me has enviado a llamar
  a Remigio?
BRIT.   Cosa es clara;
  ¿no has ido?
ETC.   Di, ¿para qué?   2390
BRIT. ¿No te he dicho que intentaba
  que me hablase con Irene?
ETC. Pues eso es cosa excusada,
  que ya Irene te viene a ver.
BRIT. ¿Qué has dicho?
ETC.   Lo que sé pasa. 2395
BRIT. Necio, ¿te burlas de mí?
ETC. No es burla que ahora acaba
  de subir las escaleras.
BRIT. ¿Eso es así? Tú me engañas.
ETC. No es engaño.
BRIT.   ¡Hay tal fortuna!   2400
ETC. Y no fue fortuna mala,
  que sin que nadie la vea,
  entrado en tu cuarto se haya.
BRIT. No quepo en mí; ¿a qué vendrá?
ETC. Vendrá a rendirte las gracias   2405
  del obsequio que le has hecho
  y el amor con que la tratas.
BRIT. ¿Quién puede habérselo dicho?
ETC. ¿Aun de conocer no acabas
  que adivinan las mujeres?   2410
  Ea, apercibe la salva
  de tu gusto a su venida.
BRIT. Amigo, afuera te aparta,
  y avisa si nos escuchan.
ETC. Soy contento, con palabra   2415
  de que me des baratillo
  de tu amorosa ganancia.
(Vase.)
(Sale Irene.)
IREN. Hasta aquí nadie me ha visto,
  y él es el que está en la sala;
  el cielo mi intento ayude.   2420
BRIT. Lucero de mi mañana,
  blanco de mis pensamientos,
  norte de mis esperanzas,
  Santelmo al naufragio mío,
  Iris de tanta borrasca,   2425
  estrella de mi ventura,
  cuyas influencias raras,
  dominando en mi albedrío,
  mi voluntad avasallan,

  y aunque la llevas por fuerza,   2430
  por gusto se te consagra.
  Deidad soberana y bella,
  que en primorosas ventajas,
  a ser yo Paris, te diera
  y no a Venus la manzana;   2435
  no sé si de darme vida,
  si de quitármela tratas,
  pues si por tus ojos vivo,
  tus mismos ojos me matan;
  si para morir de nuevo   2440
  me alumbra tu vista clara,
  para ofrecerte más vidas,
  por ti resucita un alma.
  Mi bien, mi vida, mi dueño,
  dime, ¿a quién dicha tan alta   2445
  debo, porque reconozca
  la duda para pagarla?
  Si acaso el amor te obliga,
  porque correspondas grata
  a las veras con que un pecho   2450
  tan constante te idolatra,
  dímelo, prenda querida,
  porque al culto de sus aras
  ofrezca mil gratitudes;
  dímelo, prenda adorada.   2455
IREN. La caridad, señor mío,
  me ha conocido obligada,
  sintiendo los males vuestros,
  a veros en vuestra casa.
  Dícenme que habéis tenido   2460
  una enfermedad tirana,
  que de la quietud os priva
  y el sosiego os arrebata;
  lo he sentido por extremo,
  y en mis oraciones flacas   2465
  os he encomendado a Dios
  para que piadoso os valga,
  repartiendo de su mano
  con vos siempre aventajada
  salud que habéis menester,   2470
  y os decía aquesta esclava.
  Huélgome de hallaros ya
  de pie, aunque a veces haya
  sumamente rigurosos
  males, que de pie se pasan;   2475
  pero hame puesto, señor,
  en confusiones extrañas
  el recibimiento vuestro
  tan impropio a mi llegada.

¿Vos cariñoso, vos tierno   2480
para una persona baja?
No entiendo la cortesía,
no sé lo que en ésta señala.
¿Qué modo ése, decid,
que términos, qué palabras   2485
que en vos exceso publican
y en mí la modestia agravian?
BRIT. Esto, Irene de mis ojos,
son muestras de quien se abrasa,
son indicios de quien muere   2490
y evidencias de quien ama.
Desde aquel día en que os vi,
cuando en las memorias sacras
de los apóstoles fuistes
de su templo adorno y gala,   2495
quedé de amor tan herido
que mi pecho en vivas llamas,
racional carbón ardiendo,
sacrificó a vuestra gracia.
Disimulé cuanto pude   2500
mi amor, pues consideraba
del estado mío y vuestro,
la que había repugnancia;
y creció el fuego de suerte
que el respeto no bastaba   2505
a apagarle, que al fin era
a tanto fuego poca agua.
Viendo, pues, que sin remedio
con mi silencio acababa
mi vida (que a esto llega   2510
el que sus pasiones calla),
lugar di al afecto mío
para que del pecho salga,
porque a lo menos se sepa,
si muero, que sois la causa.   2515
Y fui quien hizo una noche
a vuestra hermosura salva
y en armónicos acentos
exprimió de amor las ansias.
Yo soy quien muere, señora,   2520
por las prendas soberanas
con que la naturaleza
os quiso hacer sublimada.
Yo seré quien (si os mostráis
con mis afectos avara)   2525
muera a manos de un desprecio
(que un desprecio a veces mata).
Mi gloria, mi amor, mi dicha,
aunque sea la esquivanza

condición de la hermosura,   2530
sed bella sin ser ingrata.
Si del bien querer la fuerza
no se os esconde (por sabia),
la fuerza del bien querer
os obligue a ser humana.   2535
Si de caridad decís
que venís acompañada
a dar alivio a un enfermo,
a un alma que enferma se halla,
dad alivio, pues sin duda   2540
de caridad tiene falta
quien pudiendo no remedia,
quien pudiendo no agasaja.
Dad alivio a un afligido,
que de ardores en la fragua   2545
suspira por esta nieve,
que es refrigerio del alma.
(Va a tomarla la mano, y ella le detiene.)
IREN. Tened, señor, que desdice
de una condición hidalga
acción que es tan descompuesta,   2550
tan grosera y tan villana.
En esto veo que ha sido
vuestra confesión errada,
pues no quiere bien quien quiere
lo que el bien querer ultraja.   2555
No queréis bien, queréis mucho,
vuestra queja así se engaña;
querer mucho y querer bien,
son dos cosas muy contrarias.
Querer bien es querer sólo   2560
lo que a la razón agrada;
querer mucho es querer más
de lo que la razón manda.
Querer bien es un deseo
del bien de la cosa amada;   2565
querer mucho, ambición es
que la voluntad arrastra.
Querer bien es un afecto
de que otro fin no se saca
más que el querer solamente,   2570
que amor del amor se paga.
Querer mucho es apetito
que de interés se acompaña,
y en la posesión de un logro
constituye la esperanza.   2575
Afición que al logro aspira
es afición limitada,
pues el logro la termina

y en la posesión se acaba.
Querer por sólo querer, 2580
ésta es la afición bizarra,
que es eternizar finezas,
que son del amor la gala.
El querer bien a un sujeto
con veras desengañadas, 2585
es amarle por quererle,
sin más otra circunstancia.
Quien ama por lo que espera
del perfecto amor se aparta,
pues hace de amor usura, 2590
y del bien querer ganancias.
No es amante, es pretendiente
quien más que por mí me halaga,
pues no me ama a mí por mí,
más sus intereses ama. 2595
Aun amar a Dios, señor,
por la gloria que se aguarda
o pena que se recela
imperfecto amor se llama.
Quien ama a Dios solamente 2600
por lo que sabe que alcanza,
quebranta la ley de amor,
aunque la ley no quebranta;
que debiendo amarle sólo
por su bondad soberana, 2605
le adora porque le teme,
o porque merced le haga;
Britaldo, señor, amemos
de veras bien inclinadas,
con afecto liso y puro, 2610
con voluntad limpia y sana.
Amemos a lo divino
como se quieren las almas,
que es la amistad verdadera
y no la amistad profana. 2615
Amemos a Dios por Dios
y en Dios las cosas criadas,
que éste es amor de buen gusto,
y el otro no tiene gracia.
Sin Dios no me améis a mí, 2620
que va la afición errada;
que yo sin Dios no os amo a vos,
pues mucho a Dios agraviara.
Los dos en Dios nos amemos
en conformidad cristiana; 2625
a Dios vaya el amor nuestro,
y otro amor a Dios se vaya.
Trocad por amor perfecto

la benevolencia mala,
que yendo a quererme bien, 2630
quererme mal es desgracia.
Y si con esto, señor,
vuestra pasión no se aplaca,
una consideración
ponga a vuestro intento pausa: 2635
si con Rosimunda hermosa
otro galán intentara
ofenderos el honor,
poniendo al decoro mancha,
¿qué hariades vos? ¿No es cierto 2640
que, expuesto a vuestra venganza
tan grande agravio, os moviera
al castigo? Cosa es llana.
Pues, ¿que hará un Dios Esposo
con el cual estoy casada, 2645
sabiendo que hay quien se atreva,
decid, a su esposa casta?
Casados somos los dos,
dos penas os amenazan;
por Dios mi Esposo ofendido, 2650
por vuestra esposa agraviada.
Si persistís en el yerro,
mirad, que hay en el cielo espadas;
mirad, que Dios tiene celos;
mirad, que mi honor ampara. 2655
Aquella noche lo vistes
cuando en la pendencia brava
del terrero del convento
os retiró a cuchilladas
quien de parte de mi Esposo 2660
con cuidado y vigilancia.
BRIT. *(Ap.)* ¡Qué escucho! Válgame el cielo!
IREN.   Me ampara, defiende y guarda.
Ea, despertad, señor,
quédese desengañada 2665
vuestra pasión, que se arriesga
el que no se desengaña.
Mucho puede una pasión,
mas una pasión no basta
para rendir el valor, 2670
si la razón se adelanta.
Recorred de la prudencia,
señor Britaldo, a las armas,
que a quien hace lo que puede,
nunca el cielo desampara. 2675
BRIT. Ya sé que del cielo sois,
y así, Irene, no me espanta
que quien es toda del cielo

sepa con tal eficacia
ablandar mi corazón,   2680
que sello vuestras palabras
lleguen a imprimirse en él,
dispuesto cual cera blanda.
No sé qué tenéis, señora,
que ya el alma está mejorada,   2685
oyendo vuestras razones
que edifican, que regalan.
Ya desiste el pensamiento
de la empresa comenzada,
y por legítimas veras   2690
trueca las firmezas vanas.
Mis ojos de las tinieblas
se van abriendo en que estaban,
que sois la luz de mis ojos
con que mi vista se aclara.   2695
De vuestro divino ejemplo
mi afición queda enseñada
a amaros; como decís,
ya tomo aquesta enseñanza.
Y así os suplico perdón   2700
de una mal encaminada
voluntad con que os quería,
afición con que os amaba.
Culpa ha sido, mas de amor,
y así debéis perdonarla,   2705
que siendo de amor la culpa,
por sí queda disculpada.
Sólo quisiera (¡ay de mí,
que difícilmente escapa
de un deseo quien amó!) . . .   2710
IREN. ¿Qué queréis decir?
BRIT.   Tomara,
si por acaso algún día
hubiese en las observancias
(lo que el cielo no permita)
de vuestra pureza falta . . .   2715
IREN. ¿Qué es lo que decís? ¿Qué es eso?
BRIT. Que ninguno otro lograra
lo que yo no puedo, pues fuera
de celos aquesta llaga
peor que la del amor.   2720
IREN. Del mal, señor, que os maltrata
reliquias parecen ésas;
dejad presunciones varias,
que a la que buscáis salud
imaginaciones dañan.   2725
No querrá el cielo, señor,
que yo sea tan desdichada;
fío en él, que ha de asistirme.

BRIT. Yo en él tengo confianza,
que del desengaño en mí   2730
ha de haber perseverancias.
IREN. Esa es la esperanza mía.
BRIT. Esas son mis esperanzas.
IREN. Con Dios pues, señor, quedad.
BRIT. El con vos, Irene, vaya.   2735
IREN. Y pues amor enflaquece,
BRIT. y pues el amor desmaya,
IREN. si la razón le ha vencido,
BRIT. si es de la razón la palma,
IREN. dígase por maravilla,   2740
BRIT. publíquese por hazaña,
LOS DOS. victoria por la razón,
a quien rinde amor la aljaba.

JORNADA TERCERA

(Sale Remigio.)
REM. Pensamiento atrevido,
¡posible es que no acabe   2745
de acabar tu porfía
sólo para acabarme!
¿Por qué tan riguroso
conmigo en los combates?
Deja el asalto, deja,   2750
baste la instancia, baste.
Detente, que te arriesgas,
adelante no pases,
repriman tus arrojos
tantas dificultades.   2755
No mi enemigo seas;
pues, pensamiento, sabes
que desatinos tuyos
esfuerza[n] que yo los pague.
Hasta aquí te perdono,   2760
hagamos ya las paces,
si acaso el pensamiento
con su dueño las hace.
No subas, que subiendo
vienes a derribarme;   2765
muévante, si es posible,
de mí esta vez piedades.
Si aquésas son tus glorias,
éstos son mis pesares;
no quieras, no, los bienes   2770
a trueco de mis males.
¿Contra un pecho te atreves,

haciendo que cobarde
se entregue a tu dominio,
faltando a las lealtades? 2775
Mira, que de traidor
ya trata de acusarme,
mi propia obligación
no quieras que le falte.
Detén el paso y advierte 2780
que ocasiona tu avance
de loco en ti opiniones,
de infiel en mí desaires.
Loco eres pues no miras
de que suerte volaste, 2785
pues dando al cielo vuelos,
tus vuelos son del aire.
Sobre loco, eres ciego,
no sabiendo a qué parte
caminas, prosiguiendo 2790
tus mismas vanidades.
Errar en los principios
error es disculpable;
proseguir los errores,
son más que ceguedades. 2795
Tu ceguedad es mucha,
pues si lo examinares,
de un riesgo en otro riesgo
quieres precipitarte.
Pensamiento, detente, 2800
afuera, salte, salte,
mira que un buen retiro
cosa es que mucho vale.
Trata de arrepentirte,
que aunque tarde lo haces, 2805
para arrepentimientos
lo tarde nunca es tarde.
Quita, que nos perdemos;
huyamos, que es dislate
quien sabe los peligros 2810
no saber retirarte.
Mas sin razón me quejo
de ti en tan duro trance,
si el amor a tus plumas
sopla para volarles. 2815
Amor es quien te obliga,
amor quien te persuade;
y si el amor te fuerza,
es fuerza que me asaltes.
Amor tiene la culpa, 2820
perdóname el culparte,
que contra quien se vuelva
un quejoso no sabe.

Contra amor pues de quejas
me ayuda a hacer alarde, 2825
que he menester ayuda
de amor para quejarme.
Amor tirano y fiero,
que a tus riguridades
sujetas corazones, 2830
sin que alguno se te escape,
¿no hicieras excepción,
di, de tu vasallaje
en quien mil privilegios
tiene para alegarte? 2835
¿No bastaban mis años,
pues sólo mocedades
suelen pagar tributo
al pasatiempo amante?
¿No bastaba mi vida, 2840
y ni por retirarme
del mundo de tus flechas
ha podido escaparse?
¿No bastó mi opinión
en que el mundo me aplaude 2845
para quedar exento
de tus atrocidades?
¿No bastaba maestro
de Irene apellidarme,
porque más advertido 2850
el respeto me guardes?
¿No bastó su virtud
que debe respetarse,
para escaparte; al fin,
no es esto bastante? 2855
Bastante, mas no importa;
bastante, mas no vale,
que no es mucho que un ciego,
sin saber a quien, mate.
¡O amor ciego, amor loco, 2860
dios de las falsedades,
inadvertido niño,
intrépido gigante!
Mas no, ¿qué es lo que digo?
No, pensamiento, tate, 2865
mira que no se dice
mal de las majestades.
Libertades los presos
tienen para quejarse,
mas siendo contra el rey, 2870
no tienen libertades.
Manda el rey, que es amor,
que sus leyes se guarden,
y si él lo determina,

de obedecerse trate.   2875
Ya cautivos estamos,
y debe acomodarse
con su dueño un cautivo
para que le agasaje.
Pidamos al amor   2880
que en cautiverios tales
nos quiera ser propicio,
ya blando y favorable,
influyendo en Irene,
centro de las beldades,   2885
a las pasiones mías
una atención afable.
Mis afectos por veces
le he dicho entre disfraces,
pero los disimula   2890
su prudencia notable.
Agora, que resuelto
mi porfía me trae
para que en mis pasiones
mejor pueda explicarme,   2895
ruega a amor, pensamiento,
que a Irene por mí hable;
ruégaselo, así vivas,
ruega, que Irene sale.
(Sale Irene.)
IREN. ¿Mi maestro?
REM.   ¿Hija Irene?   2900
IREN. ¿Cómo así os olvidastes
de verme aquestos días?
REM. No puede, no, olvidarte
quien su cuidado tiene
siempre tan vigilante.   2905
IREN. Pues, ¿qué ha sido?
REM.   Un deseo.
(Ap.) Buen modo de explicarse
topó la intención mía.
IREN. (Ap.) Tu intento he de apurarle.
REM. Un deseo, señora,   2910
es quien pudo obligarme
a hacer algún retiro
de vuestra vista; (Ap.) dame,
amor, aquí confianza.
IREN. ¿Deseo?
REM.   De olvidarme,   2915
recorriendo al retiro
que en la vista distante
un cuidadoso suele
a veces olvidarse.
Mas hallo que sin fruto   2920

la experiencia me sale,
que en vez de los olvidos,
memorias me combaten.
IREN. ¿De quién, (Ap.) bien disimulo,
decidme, deseastes   2925
de olvidaros?
REM.   De vos.
IREN. ¿Eso no es agraviarme?
REM. No, que por no ofenderos
no quería acordarse
de vos mi pensamiento;   2930
y así para preciarme
de fino, la memoria
quise poner de parte.
IREN. ¿Olvidar es fineza?
REM. ¿No es fineza? Escuchadme.   2935
Asaltado y combatido,
querida Irene, me veo
del cuidado de un deseo,
del deseo de un olvido.
Del cuidado perseguido   2940
mucho un deseo se enciende
u otro deseo que entiende,
que con olvido se apaga,
porque el fuego se deshaga,
agua del olvido emprende.   2945
El cuidado me acrimina
cuando un gusto me aconseja,
que aunque gustoso me deja,
mis primores me arruina.
El deseo que examina,   2950
viéndome en aqueste estado,
que está el primor reparado
del olvido en el reposo,
queriéndome primoroso,
me solicita olvidado.   2955
Del olvido la pereza
la lealtad me solicita,
si extremoso me acredita
del cuidado la firmeza.
Yo, que aspiro a la fineza,   2960
a la lealtad atendiendo,
una y otra cosa viendo,
para mejor escoger
he elegido no querer
lo mismo que estoy queriendo.   2965
Mas ha sido tal mi suerte,
que por mucho que he querido
olvidarme, no he podido,
que es el cuidado muy fuerte.

Esta es mi vida o mi muerte,   2970
si mi fineza advertís,
si mi desvelo sentís,
piadosa satisfaciendo.
IREN. ¿Que es aquesto, que no entiendo
(sí entiendo) lo que decís?   2975
REM. Digo que el querer es fiero,
y que para no ofenderos
yo quisiera no quereros,
mas quiero lo que no quiero;
aunque el no querer prefiero,   2980
el querer no se mitiga;
y así, pues, amor me obliga.
IREN. Reprimid el loco intento,
porque un hablar desatento
no es justo que se prosiga.   2985
¿Que es amor? ¿Estáis sin vos?
¿Que es querer? ¿Así ha de hablar
un hombre sin respetar
el temor que debe a Dios?
¿No se enmudece la voz,   2990
que eso llega a proferir?
¿Aqueso habéis de decir?
¿Amor? ¡Hay tal osadía!
¿Querer? ¡Hay tal demasía!
¿Esto de vos llego a oír?   2995
Lo que estáis, Remigio, hablando,
¿posible es que va de veras?
No puede ser, son quimeras;
presumo que estáis soñando;
si dormís, id despertando;   3000
ved si hay cosa más ajena
de razón que más mal suena;
¿con qué malicia se iguala
que me enseñe a mí a ser mala
quien me ha enseñado a ser buena?   3005
Bien, Remigio, me enseñáis,
bien, maestro, me instruís,
lindamente me advertís,
muy buen ejemplo me dais.
¿Vuestra regla así guardáis?   3010
¿Esta es vuestra profesión?
¿Esta es vuestra religión?
¿Esta obligación tenéis?
No hay duda que me ponéis
en grande edificación.   3015
No extrañéis el reprenderos,
cuando debéis enseñarme,
que aquesto es desempeñarme
de lo que llego a deberos;

y así para agradeceros   3020
las que me distes lecciones,
la deuda de obligaciones
de esta suerte satisfago;
y hallo que muy bien os pago
si os pago con represiones.   3025
Esta libertad nació
de ser tan bien doctrinada,
que estoy tan bien enseñada
que os puedo reprender yo.
No es afrenta vuestra, no,   3030
cuando el caso es tan siniestro,
que si hay discípulo diestro
que de reprender se alabe,
su maestro mucho sabe,
y así es gloria del maestro.   3035
Pero sin duda me engaño
si aquí maestro os nombre,
y lo que he dicho no sé,
pues parecéis hombre extraño;
no os admire el desengaño   3040
con que, Remigio, esta vez
a tornaros al revés
mi suposición se atreve;
pues el que no es el que debe,
no debe ser el que es.   3045
Hasta aquí siempre dudé
si erades vos quien me hablaba
por sombras lo que escuchaba;
por eso disimulé;
mas ya de todo alcancé.   3050
pues os declaráis así,
no me hablando como a mí,
que no sois el que me habláis;
y así, pues aquí no estáis,
no tengo de estar aquí.   3055
(*Vase.*)
REM. ¿Quedamos buenos, amor?
Amor, decid, ¿quedáis bien?
¿Cómo lleváis el desdén?
¿Cómo os va con el rigor?
¿Sufrís aqueste dolor?   3060
No, que estáis desesperado;
no, porque estáis empeñado;
y quien empeñado está,
por todo bien pasara,
mas no por desengañado.   3065
¡Ay, amor, que mi recelo
aquesto os pronosticó
tanto que el empeño vio

de vuestro vano desvelo!
¿De un mal logro vuestro anhelo   3070
al fin no mirará? No,
que al fin nunca amor miró
como mal aconsejado;
pues quedad para vendado,
si para vendido yo.   3075
Paciencia, amor, pues, paciencia;
más diréis que estáis terrible,
que siempre ha sido insufrible
sin remedio la dolencia;
que es la mayor inclemencia   3080
del hado llegar un pecho
en veras de amor deshecho
con vergüenza a declararse
y por remate quedarse
su osadía sin provecho.   3085
¿Qué haréis pues sin esperanza,
viendo, amor, el menosprecio?
¿Qué? De iras haciendo aprecio,
apelar a la venganza:
"Armas contra la esquivanza".   3090
¿Qué es lo que decís? Mirad.
Digo que en la adversidad,
a pesar del pundonor,
odio se vuelve el amor
y enemistad la amistad.   3095
Yo quiero pues ayudaros;
¿mas contra quién? Contra Irene;
e Irene, ¿qué culpa tiene
para con ella enojaros?
¿Porque no quiso pagaros?   3100
Sí, porque se llegue a ver
cuál es del odio el poder,
haciendo, porque mal haga,
que quien con querer no paga,
venga a pagar sin querer.   3105
Veamos pues, ¿con qué invención
os vengaréis, de qué modo?
Traza tiene para todo
siempre una mala intención.
¿No hay formar una traición?   3110
¿Qué de ficciones no inventa
aquél que vengarse intenta?
¿Qué de embustes, qué mentiras
no han maquinado las iras
para ejercer una afrenta?   3115
¿Afrenta? Sí. Mal mirada
la venganza fue. No ha sido;

quedó Remigio corrido,
pues quede Irene afrentada.
Y para que ejecutada   3120
quede la afrenta, ¿qué haremos?
Muy buena traza tenemos;
una pienso tan extraña
que si el ardid no me engaña,
bien nos desempeñaremos.   3125
¿No alcanzas, Remigio, di,
de las yerbas virtud,
que hay unas que dan salud
y otras que la quitan? Sí.
Haz pues tu venganza así;   3130
¿de yerbas en variedad,
no hay unas de cualidad
que si a la mujer se aplican,
en los efectos publican
que perdió la castidad?   3135
Ya se vio con evidencia
que algunas, siendo aplicadas
a las mujeres, preñadas
se muestran en la apariencia;
haz pues con esta experiencia   3140
que tu persona admitida,
con muestras de arrepentida,
sea de Irene, y hallarás
ocasión en que podrás
ofrecerle esta bebida.   3145
¡Buena traza! Bien me vengo
pues de Irene en la opinión;
acabe su estimación
con la industria que prevengo.
¡Brava resolución tengo!   3150
¿Qué hacéis, intenciones mías?
¿Tan crueles alevosías
de Irene contra el honor?
Sí, que un despreciado amor
no repara en tiranías.   3155
(Vase.)
(Sale[n] Lucinda y Etcétera.)
ETC. Lucinda, flor más lucida
que supo el garbo pulir,
más pomposa que es el mayo,
más brillante que el abril,
cándida como la nieve,   3160
rubicunda cual rubí,
y más graciosa que el alba
cuando se empieza a reír;
aseada como un cielo,

hermosa como un jardín, 3165
más suave que la miel,
mucho más dulce que anís;
y al fin, todo lo demás
que se acostumbra decir
en poéticos encomios, 3170
que doy por expreso aquí;
dejando, por no cansarte,
otras adiciones mil,
pues me sirve como a todos
de bordón mi nombre a mí; 3175
¿qué causa has tenido, ingrata,
para me privares, di,
de tu gracia, pues me tienes
como sin luz un candil?
Después que se retiraron 3180
para este noble país
de Scalabís nuestros amos
de Nabancia, por huir
el contagio de la peste,
de cuyo rigor allí 3185
nadie podía escaparse,
me ha llegado tanto a herir
la peste de tu esquivez,
que en tan desdeñosa lid,
hasta aquí por ti muriendo, 3190
me muero ahora sin ti.
¿Qué te he hecho, di, tirana,
para me tratar así?
¿En qué contra tu respeto
he llegado a delinquir? 3195
¿No soy yo aquél que te adora
y a tu hermosura gentil
sacrifica cuantas veras
pudo el amor descubrir?
¿No eres tú, Lucinda, aquélla 3200
de cuya afición feliz
mil cariños, mil requiebros
he llegado a recibir?
Pues ya se acabó aquel tiempo,
ya se acabó, bien lo vi; 3205
porque mujer y mudanza
nacieron de un parto al fin.
Si por otro me has dejado,
dilo, para le decir
no quiera de ti fiarse, 3210
que eres mujer de no y sí.
¿No me hablas? Di; pero tiene,
si bien lo llego a advertir,

quien muda de condición,
condición de muda en sí. 3215
LUC. ¿Qué quiere que hable, alevoso,
bribón, bellaco, ruín,
quien tiene tantos agravios
de aquesa persona vil?
¿Aun osa, falso, embustero, 3220
su desvergüenza civil
parecer en mi presencia,
valiéndose del ardid
de arguirme de inconstante,
cuando yo le debo arguir 3225
de mudable?
ETC.   ¿Yo mudable?
LUC. Dígalo Pascuala, Gil,
Beatricilla y Manuela,
Antoñita de la Vid,
con otras más picarotas, 3230
de que es usted Benjamín,
que si yo empiezo a nombrarlas
muy tarde les daré fin;
¿piensa que no sé de todo?
Nada se puede encubrir. 3235
ETC. Ay verás que muchas damas
han dado en me perseguir,
y tú sola eres blanco
de mi amante frenesí.
LUC. Y usted no las ama, ¿no? 3240
ETC. Llegue yo, Lucinda, a morir
en mi vida se acabando,
si el cuidado mujeril,
fuera del tuyo, me debe
de amor un maravedí. 3245
Es verdad que a las que apuntas,
que no te quiero mentir,
debo cuatro mil abrazos
y besos cuarenta mil.
LUC. Sin tratos ha confesado; 3250
¿sabe, señor matachín,
qué merece el que así habla?
ETC. ¿Qué?
LUC.   ¿Qué? Que le hagan así.
(Dale un bofetón y vase.)
ETC. ¡Jesús, que con este tras
me dejó la boca un tris! 3255
Cuatro muelas me ha sacado;
no vi mano más sutil.
O tirana sacamuelas,
vénguese el cielo de ti;

¿pero qué digo? ¿Venganza 3260
tiene un hombre de pedir
que se precia de cristiano?
Eso es cosa de un gentil.
Buscar a Lucinda quiero,
y para mejor cumplir 3265
con la regla de humildad,
le diré: "Mi serafín,
dame otra de esta otra parte,
que si dicen por ahí
que manos blancas no ofenden, 3270
las tuyas son de marfil".
(Vase.)
(Salen Castinaldo y Rosimunda.)
CAST. Ya, Rosimunda hermosa
aquella tempestad tan rigurosa,
que la prolija suerte
trujo a Nabancia en el contagio fuerte,
siendo con tanta instancia 3276
bravo azote la peste de Nabancia,
según me han avisado,
(gracias a Dios) de todo se ha acabado.
ROS. ¿Y qué gente se dice 3280
de este asalto murió tan infelice?
CAST. Mató la adversidad
la cuarta parte y más de la ciudad.
ROS. ¡Jesús! pérdida ha sido
notable.
CAST.   Grande fue; mas lo he sentido
con especial dolor 3286
por la casa de Astolfo; ¡qué rigor!
pues de ella la fortuna
no dejó ...
ROS.   ¿Qué decís?
CAST.   Persona alguna.
ROS. ¡Ay mi amiga Clavela! 3290
La pena de su muerte me desvela.
CAST. Yo os disculpo el pesar,
que es bastante ocasión para llorar,
si bien se considera
la falta de una amiga verdadera. 3295
Y de mi parte os digo
que la muerte de Astolfo nuestro amigo,
vecino tan honrado,
me deja en el dolor harto empeñado.
ROS. Creed que de mi tío, 3300
que era el único solo deudo mío
que en mi tierna niñez
me dejó de la parca la esquivez,

(que así la dura parca
con mis deudos ha sido poco parca) 3305
no me dio tanta pena
su muerte, aunque a mucha me condena,
cuánta es la que experimento
de Clavela en la pérdida que siento;
siendo con tanto extremo, 3310
que sólo este pesar ahora temo,
que ha de ser poderoso
a quitarme el cuidado riguroso
que por desdicha brava
la muerte de mi tío me causaba; 3315
habiendo más de un año
que me asiste el dolor de aqueste daño,
que apenas quince días
(huyendo de la peste tiranías)
habría que dejamos 3320
a Nabancia y a Scalabís pasamos,
cuando de aquesta vida
mi tío se partió y a mi partida
con el cuchillo fuerte
me dejó (¡qué tristeza!) de su muerte; 3325
quedando (bien se ha visto)
tal con este dolor que no resisto,
que alivios no apetezco
y a Scalabís de todo ya aborrezco;
y así estaba aguardando 3330
que en Nabancia el rigor fuera acabando,
para mudar de clima,
que ya mi deseo a Scalabís no estima,
queriendo examinar
si alivia la mudanza del lugar. 3335
Mas me embarga el deseo
de Clavela la pérdida que veo,
teniendo con tal susto
el vivir en Nabancia por disgusto.
CAST. Muy justa es vuestra queja, 3340
más de cualquiera un corazón se aleja
con el tiempo.
ROS.   No puede
curar el tiempo mal que todo excede.
CAST. Eso está en vuestra mano,
divirtiendo el pesar fiero y tirano. 3345
ROS. Con el pesar que toco,
como es mucho, cualquier alivio es poco.
¡Cómo puedo vivir
sin Clavela! Dejadme pues sentir.
CAST. No madruguéis, señora, 3350
para la pena tanto.

ROS.   Quien bien llora,
  por tiempo nunca aguarda,
  pues temprano que empiece, siempre tarda.
CAST. Quizá no será cierta
  esta nueva.
ROS.   La mala siempre acierta.   3355
CAST. Como en Nabancia había
  dos Astolfos o tres, muy bien podía,
  señora, con cualquiera
  la nueva equivocarse, y pues se espera
  que de Nabancia venga   3360
  Banán para que fin la duda tenga;
  veamos si ha venido
  o si acaso Britaldo lo ha sabido.
ROS. Veamos, que en tal daño,
  de vida a muerte espero el desengaño.   3365
(Vase.)
(Sale[n] Britaldo y Banán.)
BAN. Aqueso en Nabancia corre,
  sí, señor, y estas noticias
  que el vulgo aclama por ciertas
  y verdaderas publica,
  presta las confirmará   3370
  la experiencia, pues se afirma
  que anda en vísperas Irene
  de mostrar en señas vivas
  la falta de su pureza
  y su castidad perdida.   3375
BRIT. ¿Y sospéchase quién fue
  el autor?
BAN.   No se averigua
  hasta aquí quien habrá sido
  el autor de su ignominia.
BRIT. Ha, ingrata, aleve, engañosa,   3380
  traidora, falsa, fingida.
  ¡Viose nunca tal mudanza!
  ¿Quién de mujeres se fía?
  No extrañéis, Banán, que sienta
  la nueva.
BAN.   ¿A quién no lastima   3385
  en una sierva de Dios
  tan desgraciada caída?
BRIT. ¿Sierva de Dios? Bien lo muestra;
  ¡hubo tal hipocresía!
  ¡Esta era la santidad!   3390
  ¡Esta la virtud crecida
  porque era tan venerada!
  ¿Qué os parece la beatica?
BAN. Con razón, señor, te espantas,

con razón, señor, te admiras;   3395
  pues quien viese aquel ejemplo
  de su humildad peregrina,
  de su devoción suprema,
  mal, señor, decir podría
  que llegase a tal estado;   3400
  pero el que bien imagina
  cual es la flaqueza humana,
  ya, señor, no se santigua
  de ver hoy vuelto miseria
  lo que ayer fue maravilla.   3405
BRIT. No creo que eran verdades
  lo que en Irene se vía,
  porque a ser tanto del cielo,
  como se hacía, asistida,
  que por mandado de Dios   3410
  ángeles la socorrían,
  como ella me lo afirmó,
  cuando en mi amante porfía
  me dejó desengañado,
  diciéndome muy santica   3415
  que un embozado con quien
  yo en el terrero reñía
  del convento cuando fui
  con música a persuadirla,
  de parte de Dios guardaba   3420
  su honor y le defendía;
  a ser pues cual se pintaba,
  no fuera como se pinta.
  Aquesto mi presunción,
  Banán, de Irene platica,   3425
  quien por cuenta de Dios corre
  tanto, como ella decía,
  aunque libertad le queda,
  para el riesgo no peligra.
  Y pues (como pienso) fue   3430
  engaño todo y mentira,
  todo embuste y falsedad,
  dejando por mi enemiga
  y no por ser virtuosa,
  de corresponderme fina;   3435
  pues me faltó a la palabra
  de que nadie triunfaría
  de su pureza constante
  que quiso negarme esquiva;
  pues lo que yo no he alcanzado   3440
  otro alcanzó; pues de envidia,
  Banán, reventando estoy.
  Si de una afición antigua

aun quedan cenizas muertas
para las venganzas vivas,   3445
volviéndose amor en odio,
y abrasado el pecho en iras,
si es que conociste ya
lo que una pasión obliga,
no has de admirarte, Banán,   3450
de que mi furor te pida
que hagas por mí una fineza.
BAN. ¿Qué hay, señor, en que te sirva?
BRIT. Pues ir a Nabancia puedes
con capa de que te envían   3455
a componernos las casas,
para hacernos la partida
de Scalabís, pues Nabancia
puesta en sosiego se mira.
BAN. ¿Qué es, señor, lo que dispones?   3460
BRIT. Puedes, tomando pesquisas,
amigo, bien informarte
del tiempo, ocasión y vía.
BAN. ¿Para qué?
BRIT.   Para quitar
la vida a Irene.
BAN.   ¿La vida?   3465
¿Qué es lo que dices, señor,
que es bárbara acción e impía?
BRIT. No me repliques a nada,
que rabias me multiplicas;
si de mi amigo te precias,   3470
si a mis lisonjas te inclinas,
haz, Banán, lo que te ruego,
que te prometo a fe mía
que de mi casa a ser vengas
la persona que más priva,   3475
dándote caudal y hacienda,
con que tu persona rica,
logrando en el mundo aplausos,
con que el nombre se acredita,
vivas poderoso siempre   3480
a pesar de las envidias.
Pero si aquí no te mueven
mis dádivas y caricias,
si cobarde las desprecias,
si flaco no las estimas,   3485
mi cólera te amenaza,
mi rencor te desafía
a ser, mi enojo probando,
el blanco de las desdichas.
¿Qué dices?

BAN.   ¡Lance apretado!   3490
Que si el interés me anima,
el exceso me acobarda;
mas alto fortuna mía,
mi conveniencia es primero.
Digo que nada me entibia,   3495
señor, para obedecerte.
BRIT. Haz, amigo, pues, aprisa
la diligencia.
BAN.   A eso voy;
tú verás la bizarría
de mi ánimo.
BRIT.   Y del mío   3500
verás lo que participas.
BAN. Bien está.
BRIT.   Y hecho el negocio,
al punto luego me avisa
que en Nabancia no he de entrar
hasta que aquesto consiga.   3505
(Vase Banán.)
Muera Irene y satisfaga
mis pasiones vengativas
de esta liviana la muerte.
(Sale Castinaldo.)
CAST. Sabiendo de la venida
de Banán, vengo a saber   3510
de Nabancia las noticias;
¿dónde está?
BRIT.   Para Nabancia
otra vez hizo partida.
CAST. ¿Cómo tan presto volvió?
BRIT. Ciertos amigos me avisan   3515
que hay allá murmuraciones
sobre ser muy excesiva
nuestra ausencia; y pues está
hoy, señor, por cuenta mía,
por la deposición vuestra,   3520
el gobierno y la justicia,
procuro obviar las quejas;
y así envié a toda prisa
a Banán para que luego
con su diligencia asista   3525
a disponer el aseo
de la casa ([Ap.] bien fingida
tiene mi industria la causa
de su vuelta repentina),
pues para Nabancia luego   3530
partirme, señor, quería.
CAST. Lo habéis dispuesto muy bien,

aunque no sé si se libra
ya del todo le ciudad
de aquel mal.
BRIT.   Toda está limpia.   3535
CAST. ¿Y hay alguna novedad?
BRIT. No hay novedad que se diga;
    (Ap.) ni es para decirse aquélla
    que a enojo y rabia me incita.
CAST. ¿Es cierto, decid, que Astolfo   3540
    murió y toda su familia?
BRIT. ¿Qué Astolfo?
CAST.   El vecino nuestro.
BRIT. No, toda su gente es viva.
CAST. No sabéis lo que me huelgo;
    vamos a pedir albricias   3545
    a Rosimunda, que estaba
    muy penosa y afligida,
    presumiendo que era muerta
    Clavela, de Astolfo hija.
BRIT. Vamos a quitarle el susto,   3550
    (Ap.) que el mío no se me quita
    hasta saber la venganza
    que tome de mi enemiga.
(Vanse y sale Irene muy llorosa, aplicando un
pañuelo a los ojos, habiendo dicho dentro
muchas voces la copla siguiente.)
[VOCES.] Echese de la clausura,
    porque no es justo que esté   3555
    con religiosas aquélla
    que el honor llegó a perder.
IREN. Y tienen mucha razón,
    muy justa es la queja, pues
    donde están siervas de Dios,   3560
    no ha de estar tan ruin mujer.
    Pero aunque yo soy tan mala,
    Dios mío, muy bien sabéis
    que la culpa que me imponen
    no he llegado a cometer.   3565
    Las religiosas me arguyen
    dondequiera que me ven,
    pensando que he quebrantado
    de la castidad la ley;
    como ahora, que saliendo   3570
    de maitines lo escuché,
    tratándome con desprecios
    (bien merecida esquivez).
    Mis deudos, imaginando
    que mi pureza agravié,   3575
    me desprecian, y Remigio

también no me quiere ver.
¿Cómo, Señor, un achaque
como éste dado me habéis,
que en opiniones del mundo   3580
se ha juzgado por preñez?
No siento por mí la infamia
que he llegado a padecer,
mas por el estado solo
que tengo, sentirla sé.   3585
¿Contra una esposa, decid,
vuestra, permitir queréis
que de deshonra una fama,
Señor, se pueda atrever?
Castigo sin duda es mío,   3590
bien lo llego a conocer,
pues no me faltarán culpas,
aunque en esto no pequé.
Y así no lo extraño, no,
antes me conformaré   3595
con vos, Dios mío, quedando
vuestro querer mi querer.
Aquí cerca del convento,
junto al río, trataré
(como algunas veces suelo)   3600
de alabaros esta vez.
(Júntase junto al paño.)
    Agua, que fugitiva y lisonjera
copiando al vivo vas la vida humana,
pues por ligera ser, por ser liviana,
a tu corriente imita en la carrera.   3605
    No huyas tan veloz, detente, espera,
deja tu condición prolija y vana,
y no seas conmigo tan tirana,
que murmures mi suerte lastimera.
    Alaba a Dios por mí, viendo mis males,
que yo de mis culpas viendo los despojos,
también te ayudaré con mis raudales.   3612
    Y a Dios, para alabar en mis enojos,
en mi lengua se vuelvan tus cristales,
y en tus cristales vuélvanse mis ojos.   3615
Pero el sueño aquí me aprieta;
ojos, no os dejéis vencer,
abrid las puertas al llanto,
abridlas, no las cerréis.
No quiere el sueño dejarme   3620
hasta que un rato le dé;
cuerpo, ea pues, reposad;
corazón, no reposéis.
(Quédase dormida y baja un angel.)

ANG. Irene, tus aflicciones
el cielo benigno ve   3625
para darles la corona
que llegan a merecer.
El dislate que has tenido
en gloria se ha de volver,
que aquello que es para mal,   3630
vuelve el cielo para bien.
De la enfermedad que pudo
tu opinión casta ofender,
la causa ha sido Remigio.
IREN. ¡Cielos, qué es lo que escucho!   3635
ANG. Por verse menospreciado
su amor y por no poder
lograr sus malos intentos,
(ya odió lo que amor fue)
queriendo de ti vengarse   3640
(ciega una venganza es)
de una diabólica traza
se quiso, Irene, valer;
hizo pues de confecciones
varias cierto licor, que,   3645
sin saber lo que bebías,
llegaste, Irene, a beber.
Y pasados pocos días,
te comenzaste a poner
de la suerte que te has visto,   3650
mostrando (¡pena cruel!)
haber el honor perdido;
y así comenzó a correr
por el vulgo esta opinión;
la cual, faltando a la ley   3655
Remigio de tu maestro,
ayudó a romper también.
IREN. ¿Remigio? ¡Válgame el cielo!
Dios se lo perdone, amén,   3660
que yo también le perdono.
ANG. Tiempo es ya de se saber
la verdad, que no es razón
que tan encubierta esté.
Ya llegó el tiempo dichoso   3665
en que tienes de te ver
con tu Esposo celestial
a quien has guardado fe.
Más de una muerte tirana
por medio, Irene, ha de ser,   3670
pues llegando a la noticia
de Britaldo, Irene, aquél
que por ti anduvo perdido,
la opinión falsa que ves,

pensando que otro galán   3675
ha llegado a poseer
tu honor, más cándido y puro
que la mayor candidez
que él no ha podido, de rabia
celosa viéndose arder,   3680
manda que en su desagravio
la muerte, Irene, te den.
Presto serás degollada,
con que vendrás a tener
con la corona de virgen   3685
la del martirio también.
IREN. ¡Yo mártir, mi Dios, yo mártir!
¡A Irene tanta merced!
ANG. ¿Ves el Nabán, que ligero
se va en el Tajo a meter?   3690
Pues tu cuerpo puro y casto
echado ha de ser en él.
Que recibiéndole el Tajo,
ufano con la altivez
de lograr perla tan rica,   3695
su archivo ha de ser fiel,
hasta hallar un puerto noble
adonde lugar le dé,
que el clima scalabitano
(por más felice) ha de ser.   3700
Allí en un bello sepulcro,
(obra que de ángeles es)
apartándose las aguas,
tu cuerpo ha de parecer.
Haránse mil diligencias   3705
por trasladar este bien,
mas el Tajo de ambicioso
lo ha de volver a esconder.
Y Scalabís por preciarse
de tal reliquia tener,   3710
de tu nombre, Irene santa,
se ha de llamar Santarén.
El cielo por ti milagros
infinitos ha de hacer.
Esta es tu fortuna, Irene,   3715
queda a Dios, constancia ten.
(Vase.)
IREN. Oye, aguarda, espera, escucha,
dime.
(Sale Banán.)
BAN.   Aqueste el sitio es
donde a la orilla del río
suele, según me informé,   3720
Irene hacer oración;

mas allí un bulto se ve;
¿si es ella? Quiero acercarme
para mejor conocer.

IREN. Dispuesta a vuestro servicio, 3725
mi Dios, siempre me hallaréis.

BAN. Ella es, y entre sueños habla.

IREN. ¿Quién ha, Señor, de temer
la muerte por vuestro amor?
¿Quién ha de temerla, quién? 3730

BAN. Con la muerte está soñando,
sin decirse de esta vez
que los sueños sueños son;
¿qué aguardo que no hago pues
que de su muerte el retrato 3735
su original venga a ser?
Pero resolución mía,
detente, que eres cruel;
¿qué te ha hecho, Irene, di,
para darla muerte, qué? 3740
¡Que esto han de sufrir los cielos!
¿Qué hombre en el mundo ha de haber
que quiera ser homicida
por fuerza del interés?
Mas ya el interés me obliga, 3745
y con los ojos en él,
cualquier hombre por ganar
se quiere echar a perder.
Ea, pues, arrojo mío,
ánimo y brío tened. 3750
Muera Irene.

(Despierta.)

IREN.   Jesús mío,
¿será ilusión lo que soñé?
Pesado sueño he tenido;
¿pero aquí un hombre? Huir de él
me conviene.

(Vase huyendo; Banán tras ella.)

BAN.   Muere ingrata. 3755

(Dentro Irene.)

IREN. Mi honor, señor, defended
aunque se pierda la vida,
que no hay vida como él es.

BAN. El honor ya le perdiste,
y así perderás también 3760
la vida.

IREN.   El alma, mi Dios,
os doy que dado me habéis.

BAN. Así acaba una liviana.

(Sale con la espada ensangrentada.)

Ya la vida le quité,

¡infame y traidor he sido! 3765
Triste estoy; mas siempre fue
sucesora del pecado
la tristeza; ¿qué he de hacer?
pero a lo hecho no hay remedio;
ya está hecho, y es menester 3770
encubrir este delito;
y para encubrirlo bien,
echar pretendo en el río
su cuerpo, para tener
parte conmigo en la culpa, 3775
ya que su nombre se ve,
que participa del mío;
pues ya los curiosos ven,
que Nabán es anagrama
de Banán, y luego iré 3780
dar noticias a Britaldo,
para me satisfacer
premiando el exceso mío,
si al malo hay quien premios dé. 3784

(Vase.)

(Sale Remigio.)

REM. ¿Qué te asalta, corazón?   Razón.
¿Qué soborna tu denuedo?   Miedo.
¿Y qué sacas de tu daño?   Desengaño.
Ya tu confusión no extraño,
pues, corazón, contra ti
se conjuran (¡ay de mí!) 3790
razón, miedo y desengaño.
¿Qué ocasiona tu dolencia?   Consciencia.
¿Qué amenaza tu malicia?   Justicia.
Tu esperanza, ¿qué te ordena?   Pena.
Gran susto al alma condena, 3795
pues en terrible pelea
por enemigos granjea,
consciencia, justicia y pena.
¿Qué te ha Remigio turbado?   Pecado.
¿Y qué te importó su gusto?   Disgusto.
¿Quién tu recelo hace fuerte?   La muerte.
Despierte el alma, despierte 3802
de su letargo, mirando
que la están amenazando
pecado, disgusto y muerte. 3805
¿Quién quejosa hace la honra?   Deshonra.
¿Quién de ella pide la cuenta?   Afrenta.
¿Qué hace en el mundo un
    traidor?   Dolor.
Quién mirando este rigor,
Remigio, no se enternece, 3810
pues por ti Irene padece

deshonra, afrenta y dolor.
¿Qué remedia esta desgracia?   Gracia.
¿Qué requiere esta maldad?   Piedad.
¿Y qué pide esta traición?   Perdón:
armas pues de contrición.   3816
Remigio, a Irene acudamos,
y a su gran virtud pidamos
gracia, piedad y perdón.
(Vase.)
(Salen Britaldo, Rosimunda, Castinaldo y
Lucinda.)
BRIT. Aquí junto al claro Tajo,   3820
    cuyas doradas arenas
    Pactolo, Arimaspo y Hermo
    con Hydaspes reverencian;
    de placer en esta casa,
    que a sus olas siempre opuesta   3825
    con noble exención rebate
    sus cristalinas ofrendas,
    recreando los sentidos,
    puedes, Rosimunda bella,
    despidiéndote del río   3830
    que a Scalabís hermosea,
    divertida entretenerte
    mientras no hacemos la vuelta
    para Nabancia.
ROS.   Te afirmo,
    señor, que el alma se alegra   3835
    en todas las ocasiones
    que a mirar los ojos llegan
    aquesta apacible estancia;
    pero ahora con más muestras
    de contento, el corazón   3840
    aquesta asistencia afecta.
CAST. Siempre en una despedida
    parece lo que se deja
    mejor, señora, a los ojos.
BRIT. Se tiene por cosa cierta   3845
    que las dichas poseídas
    se estiman más en la ausencia.
LUC. Acrediten mis memorias
    de Nabancia esta experiencia,
    pues nunca tuve a mi patria   3850
    afición con tantas veras
    como cuando ausente estoy;
    y me holgara que viniera
    presto Banán con aviso
    de que estaban ya dispuestas   3855
    las cosas para dejarnos
    la scalabitana tierra;

¡y el que viene es rara cosa
que luego se mira cerca
el ruin cuando en él se habla!   3860
(Sale Banán.)
BRIT. Banán, bien venido seas;
    ¿lo dejas dispuesto ya?
BAN. Ya, señor, dispuesto queda,
    no hay sino hacer la jornada.
LUC. A Dios, que nos vamos de ésta.   3865
(Hablan a solas Britaldo y Banán.)
ROS. Muy contenta estás, Lucinda.
LUC. No es tanto porque me llevan
    a ver a mi patria como,
    señora, por conveniencia
    de hacer una jornadita.   3870
ROS. ¿Las jornadas te contentan?
LUC. Mucho y aun por eso, señora,
    me aficiono a las comedias.
BRIT. Desahogaste mis pasiones;
    yo premiaré tus finezas.   3875
BAN. Mi mayor premio es servirte.
(Sale Etcétera.)
ETC. Remigio pide licencia,
    y al parecer muy turbado,
    para entrar.
BAN.   ¡El alma queda
    suspensa!
BRIT. *(Ap.)* ¡Remigio aquí!   3880
    No sé lo que el alma piensa.
    ¿Qué querrá Remigio? Dile
    que entre.
(Llegue Etcétera al paño.)
ETC.   Puede entrar usencia,
    o como mejor se llama.
(Sale Remigio.)
LUC. La persona es reverenda.   3885
REM. Si merecen las desdichas
    atención en las orejas,
    al hombre más desdichado,
    señores, prestadle audiencia.
    Ya sabéis que soy Remigio,   3890
    y en esto se manifiestan
    las desgracias, que en los hombres
    influyen malas estrellas.
    Llegué a ser por la opinión
    de mi prudencia y mis letras   3895
    de Irene maestro indigno.
    (Aquí la memoria tiembla,
    cuando miro que fiscal
    aquesta obligación mesma

me está acusando en la culpa 3900
que apenas cabe en la lengua.)
La conversación, el trato,
la hermosura o la flaqueza
humana, que es la disculpa
de Dios siempre en las ofensas, 3905
me atropelló la razón
para que no resistiera
a un deseo mal nacido,
a una pasión desatenta,
a un pensamiento villano 3910
contra Irene; al fin améla,
y puesto que nunca osaba
de su virtud por decencia
comunicarla el cuidado
de mi afición deshonesta, 3915
se lo dije entre disfraces
que disimuló discreta;
hasta que oyéndome un día,
que en razones desenvueltas
cerré la puerta al recato, 3920
y abríla a la desvergüenza,
reprendiendo mi osadía
con su honestidad severa,
dejó a mi desenvoltura
su loca esperanza muerta. 3925
Viendo amor en la conquista,
que sus orgullosas fuerzas
que daban menospreciadas,
a una vil venganza apela,
fue el caso pues que, teniendo 3930
yo experiencia de las yerbas
en que secretos notables
encerró naturaleza,
traté hacer de yerbas varias
una bebida compuesta 3935
de tal cualidad que al punto
en que una mujer la beba,
de que el honor ha perdido
da tan aparentes muestras
que doncella no se juzga, 3940
aunque sea una doncella.
Esta, pues, di traza yo,
que Irene tomase (¡o fiera
traición!) y en muy pocos días
se vio la experiencia cierta. 3945
Al instante por el vulgo
corrió su fingida afrenta,
yo a soplos de mi venganza
hice volar esta nueva.

Mas como un acusador 3950
tiene el hombre en su conciencia,
de mi consciencia acusado
entré conmigo a hacer cuentas.
Del peso pues oprimido
(que es la cosa que más pesa) 3955
de una deuda de la honra
(mirad qué carga y qué deuda)
a Irene busco, intentando
impetrar de su clemencia
perdón del agravio que hice 3960
a su cándida pureza.
Al convento voy, no la hallo
ni menos quien de ella sepa
más que en el convento susto
por su falta (¡qué tristeza!). 3965
Quién duda se ausentaría
Irene por la vergüenza
de verse mal opinada;
(aquí me ahoga la pena)
pues Irene por el mundo 3970
peregrinando y expuesta
(siendo yo la causa) a peligros,
es carga que traigo a cuestas.
A vos, Britaldo, recurro,
pues como sois de estas tierras 3975
gobernador soberano,
podéis mandar en hileras
juntar la gente que busque
a Irene con diligencia;
y cuando Irene no viva, 3980
cuando Irene no parezca,
echar por estos distritos
un bando en que se refiera
de Remigio la maldad
y de Irene la inocencia. 3985
Y a mí (si una vida acaso
es paga a culpa tan fea)
quitádmela, que tal vida
no es razón que viva, muera.

BRIT. Y BAN. Muere infame.
CAST.   Deteneos.
LUC. Ténganse, señores, tengan, 3991
      no queden irregulares.
ETC. El monje es muy buena pieza.
ROS. ¡Viose caso más notable!
BRIT. Porque disculpable sea 3995
      mi rabia contra Remigio,
      salga ya del pecho fuera
      todo el veneno. Ya se sabe

que con relevantes veras
a Irene adoré y que pudo   4000
del amor de su belleza
dejarme desengañado
de su virtud la advertencia.
Dos veces los doce signos
visitó el cuarto planeta,   4005
después que este amor pasado
dejó libres mis potencias,
cuando de Nabancia vino
Banán un día y por nuevas
me dio que fama corría   4010
que Irene el honor perdiera;
noticia que del cuidado
revolvió cenizas muertas
para despertar en mí
una celosa fiereza.   4015
De aquel amor pues difunto
naciendo una envidia fiera
de que hubiera quien triunfase
de la castidad de aquélla,
que fue del alma reliquia,   4020
que fue del corazón perla;
aquella afición pasada
en odio presente vuelta,
viendo que no cumplió
la palabra que me diera   4025
de que nadie lograría
su amor que casta me niega,
envié Banán a Nabancia,
y en ocasión de que fuera
a hacer la disposición   4030
para la asistencia nuestra,
(¡o crueldad nunca creída!)
le encargué . . .
BAN.   ¡Detente, espera,
que aqueso me toca a mí!
Haga confesión quien peca.   4035
Enviado pues de Britaldo,
fui a Nabancia, y con promesa
de hacerme mercedes muchas,
me informé con mis cautelas
del lugar del tiempo y hora   4040
en que a Irene hallar pudiera;
y una noche en que acababa
de dar al cuidado treguas
Irene junto al Nabán,
estando apenas despierta,   4045
volvió esta hoja tirana
aquella flor macilenta.

Y porque aqueste delito
tan grande no se supiera,
eché su cuerpo en el río,   4050
testigo de esta tragedia.
BRIT. y así cuando no permitas,
BAN. y así cuando no consientas,
BRIT. que muera aqueste alevoso,
BAN. que aqueste alevoso muera,   4055
BRIT. que fue de esta culpa origen,
BAN. que fue de este mal cabeza,
BRIT. señor, con mi misma espada,
BAN. señor, con mi espada mesma,
BRIT. sácame de aquesta vida,   4060
BAN. de esta vida me destierra,
BRIT. que una vida tan infame,
BAN. que una vida tan grosera,
BRIT. razón es que presto acabe,
BAN. presto es razón que fenezca.   4065
CAST. ¡Hay desdicha semejante!
    ¡Hay confusión como aquésta!
ROS. ¡Divinos cielos, qué miro!
    ¡Hubo suerte más severa!
LUC. ¡Hay más lastimoso trance!   4070
ETC. La obra está muy bien hecha.
(Voces dentro.)
    Gran prodigio, gran milagro.
CAST. ¿Pero qué voces son éstas?
VOCES. Al río, al Tajo.
(Etcétera mirando hacia dentro.)
ETC.   Señores,
grande novedad se encierra   4075
en el río, pues sus aguas
de una y otra parte abiertas
dan lugar a que se mire
un rico ataúd entre ellas,
sobre el cual, si no me engaño,   4080
una mujer está puesta.
Vamos ver la novedad.
CAST. Bajemos todos a verla.
(Entran por una puerta, y mientras que
vuelven a salir por la otra, se descubre en
medio del vestuario una forma de sepulcro,
y así de una parte, como de otra, unas como
ondas de agua; y sobre el sepulcro Irene
difunta, con una señal de sangre en el cuello, y
a los lados unos ángeles que cantarán lo
siguiente.)
MÚS.Venid, venid, zagales,
    venid, venid aprisa,   4085
    del ya sagrado Tajo

a ver las maravillas.
Veréis que sus corrientes
las del Jordán imitan,
corriéndose paradas, 4090
parándose corridas.
Veréis que haciendo plaza,
las aguas se retiran,
que hoy sus murmuraciones
se vuelven cortesías. 4095
BRIT. ¡Cielos, no es aquésta Irene!
REM. ¡No es, cielos, Irene aquésta!
BAN. Irene es, no hay que dudar,
porque del golpe la seña
que le he dado (¡ay de mí triste!) 4100
me está diciendo que es ella,
pues muriéndose en el Tajo
el Nabán, donde (¡qué pena!)
la eché río abajo vino.
ETC. Y tuvo rica marea, 4105
que es, por ser más que de rosas,
de ángeles, quien tal tuviera,
para andar siempre embarcado.
LUC. Y ellos por traza suprema
labraron sin duda alguna 4110
su sepulcro.
ETC.   Es cosa cierta,
que en las aguas quien podría,
y de tan labrada piedra,
que los arquitectos mismos
al verla, ángeles se quedan. 4115
ROS. ¡Qué misterio!
CAST.   ¡Qué prodigio!
ETC. Oigan, señores, la letra
que hacen de Irene divina
los ángeles las exequias.
MÚS. Todo esto son aplausos, 4120
todo salvas y vivas,
de quien el Tajo adora
por más graciosa ninfa,
de aquélla que en las aguas
de perlas es envidia, 4125
siendo por la pureza
más cándida y más fina,
aquélla a quien los celos,
cuando la vida quitan,
hacen que fénix trueque 4130
la muerte por la vida.
Esta es Irene hermosa,
que rosa nabantina
del cielo se hizo estrella,

del Tajo margarita. 4135
Venid, &tc.
(Acabando de repetir la música la primera
copla de la letra, corren las aguas, y
encubriendo el sepulcro, se cierra el vestuario.)
ETC. A encubrirla vuelve el agua,
la dicha es siempre avarienta;
pues lo que el agua nos da,
el agua misma nos lleva. 4140
ROS. ¡O Tajo!, felice vivas.
LUC. ¡O Tajo!, envidiado seas.
ROS. ¡O mi esclarecida santa!
LUC. ¡O gloria de nuestra tierra!
CAST. La honra así de los justos 4145
la bondad divina cela.
BRIT. Sepa el mundo este milagro.
CAST. Nabancia el prodigio sepa;
vamos luego a referirlo.
REM. La fama tendrá esa cuenta. 4150
Y tú, Irene soberana,
que gozas de la asistencia
ya de tu Esposo querido
en esa celeste esfera,
con Él me alcanza perdón, 4155
mientras hago penitencia
(¡ay Dios!) del pecado mío;
pues ya mi designio intenta
peregrino por el mundo
por parte de recompensa 4160
visitar esos lugares
que la Tierra Santa encierra.
BAN. Y yo, que de este delito
merezco la mayor pena,
te quiero hacer compañía. 4165
BRIT. Yo os pido también licencia,
para que pueda, señora,
acompañarlos, que en esta
culpa he delinquido más.
ROS. Mi parecer os aprueba 4170
esa intención.
CAST.   Yo confirmo
esa resolución vuestra.
ROS. Y de Irene en el convento
me quedaré hasta la vuelta
recogida.
LUC.   Yo te acompaño, 4175
que he de ser monja profesa.
ETC. ¿Con que no quieres casarte?
LUC. No, señor.
ETC.   Nunca tú quieras.

Pues yo seré fraile lego,
y alcanzaré una dispensa　　　　4180
para casarme conmigo;
de no casar, no me pesa,
quédese sin casamiento
en buena hora la comedia.
CAST.　Así el poeta la acaba,　　　4185
　y advierte que para ella,

ni pide perdón ni víctor,
sea mala o sea buena;
pues no la escribió, Senado,
en gracia o lisonja vuestra,　　　4190
sino por la devoción
de la santa portuguesa.

L A U S　D E O.

El muerto disimulado
Comedia famosa

Hablan en ella las personas siguientes:

Clarindo, galán	Papagayo, gracioso	Hipólita
Don Alvaro de Gamboa, galán	Lisarda	Dorotea
Alberto, galán	Doña Beatriz de Gamboa	Daneas
Don Rodrigo de Aguilar, viejo	Jacinta	Criadas

JORNADA PRIMERA

(Sale Jacinta, como huyuendo de don Rodrigo, que viene con una daga en la mano, y Dorotea, teniéndole.)

ROD. Deja, aparta; no me impidas
dar a una infame la muerte.
DOR. Ten, señor, el brazo fuerte
por amor de Dios.
ROD.   Mil vidas,
si tantas naturaleza   5
le hubiera dado, a mi enojo
fueran pequeño despojo.
DOR. Templa, señor, tu fiereza.
ROD. Suelta o mataréte a ti.
DOR. Pues mátame a mí y no mates.   10
ROD. ¡Que así de oponerte trates
a mi cólera!
JAC.   ¡Ay de mí!
Déjale ya, Dorotea,
no le impidas sus furores
para que de sus rigores   15
ofrenda mi vida sea;
que es menos riguridad
que yo a sus fieras manos muera,
que ver que tirano quiera
quitarme la libertad.   20
ROD. Libertad, donde hay honor,
en los hijos no se admite;
calla, quieres que te quite . . .
DOR. ¿La vida? Basta señor,
mi ama se acomodará   25
con tus preceptos en todo.
JAC. Mal con eso me acomodo.
ROD. Aquesto mejor le está.
    (Ap.) Válgame aquí mi cordura
y de la blandura el medio,   30

que a veces muestra el remedio
más que el rigor la blandura.
Jacinta, del corazón
única prenda querida,
de mi edad envejecida   35
alivio y consolación,
bien, como discreta, alcanzas
que son del padre el empleo,
los hijos son su deseo
y todas sus esperanzas,   40
su imaginación, su anhelo,
su importancia, su cuidado,
son su lisonja, su agrado,
su interés y su desvelo.
Y si aquesta natural   45
propensión se deja ver
en el que llega a tener
muchos hijos, desigual
debe de ser y diferente,
pues no es amor repartido   50
el amor del que ha tenido
un hijo tan solamente.
Según esto, inferir puedes,
si sola una hija tengo,
que amor a tenerte vengo,   55
porque agradecida quedes.
Yo la gratitud que espero
hoy de tu correspondencia
es que ajustes tu obediencia
a querer lo que yo quiero.   60
Que en esto, Jacinta, son
los padres de Dios figura,
cuando el buen hijo procura
ir tras su disposición.
Quien no sabe conformarse   65
con la voluntad de Dios,

aunque lo sea en la voz,
cristiano no ha de llamarse.
Donde, Jacinto, colijo
que aquel hijo que disgusta   70
a su padre y no se ajusta
a su querer no es buen hijo.
Argumenta tu intención
opuesta al intento mío
que es muy tuyo tu albedrío;   75
digo que tienes razón.
El albedrío es exento
y no sufre violentarse;
pero debe sujetarse
para hacer merecimiento.   80
Podrás decirme en efecto
que sendas mejores miras
en el estado a que aspiras,
que es estado más perfecto.
De tu opinión no disueno,   85
pues la religión, es cierto,
que es de todos mejor puerto,
mas también hay otro bueno.
Y aunque a seguir aconseja
lo mejor la perfección,   90
no falta a la obligación
quien por lo bueno lo deja.
Si el ser monja mejor es,
también es bueno el casar,
y así te has de acomodar   95
a lo bueno de esta vez.
Pues no tengo quien herede
de mi casa la nobleza,
hoy lo mejor tu belleza
por lo bueno dejar puede.   100
En todo estado (sin vicio)
servir a Dios bien podrás,
y quizá que en éste harás,
Jacinta, a Dios más servicio.
Yo esposo no quiero darte   105
de mi mano, que en la tuya
dejo en causa tanto suya
la elección para casarte.
Privilegio no pequeño,
que muchos padres prolijos   110
nunca fían de los hijos
semejante desempeño.
Galanes la corte tiene
muy dignos de merecerte;
llega, pues, a resolverte,   115
que esto, Jacinta, conviene.

Ve pues a quien se aficiona
de tu persona el agrado,
que, siendo noble y honrado,
yo haré rica su persona.   120
DOR. ¡O buen viejo! Aquesto sí
que es tan poco escrupuloso
que deja elegir esposo;
no me hicieran esto a mí.
ROD. ¿Qué dices?
JAC.   Padre, no sé   125
que diga en esta ocasión,
si tanto a mi inclinación
tu gusto opuesto se ve.
ROD. La inclinación fácilmente
pues la prudencia la excede,   130
vencer la prudencia puede,
que todo vence el prudente.
Consúltalo, pues, contigo
y haz, Jacinta, por vencerte,
que esto llego a requererte   135
como padre y como amigo.
(Yéndose a la criada.)
Dorotea, tus razones
la dejen desengañada,
que a veces de una criada
pueden más las persuasiones.   140
Dila, si quiere vivir,
que mi gusto ha de observar,
que o Jacinta ha de casar
o Jacinta ha de morir.
(Vase.)
DOR. ¿Sabes ya del pensamiento   145
de tu padre?
JAC.   ¿Qué imagina?
DOR. Poco es lo que determina;
tu muerte o tu casamiento.
JAC. Siempre me viene a matar.
DOR. Muy diferente es la suerte,   150
señora, y muerte por muerte,
mejor es la del casar.
Cuando no es el casamiento
al gusto de la mujer,
no hay duda que viene a ser   155
el casar grande tormento.
Mas si en su mano se deja
la elección, de aquesta suerte
es vida lo que era muerte,
lisonja lo que era queja.   160
¿Qué razón, señora, luego
tienes, di, para quejarte

cuando llegas a casarte
a tu gusto?
JAC.   ¿Gusto? Niego,
    que aunque en mi padre veo   165
    que me da la autoridad
    de casar con libertad,
    no casaré a mi contento;
    que hallo por tan importuno
    el casar, porque te asombre   170
    que en el mundo ningún hombre
    me puede agradar, ninguno.
DOR. Tú eres la mujer primera
    que sin amor he topado.
JAC. Después que amor me ha dejado,   175
    quedé de aquesta manera.
DOR. Luego tu amor has tenido,
    pues dices, ¿qué te dejó?
JAC. Amor he tenido yo,
    pero de él me he despedido.   180
DOR. ¿Que de amor te despediste?
JAC. No me apures la paciencia,
    que del alma la dolencia
    agravias. ¡Ay de mí triste!
DOR. Si algún mal secreto tienes,   185
    ya tu amistad me lo diga,
    señora, que de una amiga
    se fían males y bienes.
JAC. Aunque no son para dichas
    desdichas mías, pues eres   190
    mi amiga y saberlas quieres,
    te contaré mis desdichas.
    Una vuelta, poco más,
    en su radiante carroza
    ha dado a los doce signos   195
    el bello hijo de Latona;
    después que para la empresa
    más lúcida y más hermosa
    que han admirado los siglos
    y advertido las historias   200
    en que la nación insigne
    que entre las naciones todas
    confunde la envidia a pasmos,
    a sustos la fama asombra,
    poniendo de portuguesa   205
    en la armada de Saboya
    el non plus ultra a sus timbres,
    y a su primor la corona.
    Concurrió de todo el reino
    la nobleza más famosa   210
    a emplear su gallardía

en ocasión tan heroica;
    y entre muchos caballeros
    que se hallaron de Lisboa
    en esta corte, ventaja   215
    de las cortes de la Europa,
    fue Clarindo (¡ay, cómo el alma
    se aflige en esta memoria,
    que las cosas que se pierden
    lastiman cuando se nombran!),   220
    Clarindo digo, en quien puso
    la naturaleza todas
    las prendas que hacen amable
    y querida una persona.
    La gentileza, la gracia,   225
    la discreción que son cosas
    que raras veces unidas
    en un sujeto se topan,
    le hicieron compuesto rico,
    para darle poderosa   230
    jurisdicción de ganarle
    al amor muchas victorias,
    robando las libertades;
    porque no es como las otras
    la guerra de amor, que en ésta   235
    quien más vence es quien más roba.
    Bien lo ha sentido la mía,
    que aunque exenta y cautelosa
    de amor, contra las saetas
    fue siempre constante roca;   240
    a los ojos de Clarindo
    con resistencia tan poca
    se halló, que quedó cautiva;
    él como fue, oye agora.
    De San Antonio en la iglesia,   245
    adonde por su devota
    y quedar de nuestra casa
    tan vecina, voy a solas
    casi siempre a oír misa,
    vile y vióme, y de curiosa   250
    pasó la vista a empeñada;
    porque es cosa muy notoria
    nacer de amor los empeños
    de las vistas licenciosas;
    pues si los ojos se aplican,   255
    luego el corazón se postra.
    Clarindo aplicó los suyos,
    quizá porque halló tan pronta
    curiosidad en los míos;
    donde sacando forzosa   260
    consecuencia de admitido,

tal vez de aquesta lisonja
llevado, al siguiente día
acudió a las mismas horas
al puesto, a que no falté,   265
porque ya de la misma forma
nuestros deseos estaban,
y esto el deseo ocasiona,
repetir las diligencias
por si la suerte se logra;   270
repitiéronse las vistas,
repetición tan dañosa
a mi libertad que luego
la vi perdida, y no es corta
la pérdida, Dorotea,   275
que cuando el mundo pregona
y la experiencia publica,
que lo perdido se cobra,
por Antonio en San Antonio
quedase yo perdida sola.   280
Un papel que alcé del suelo,
que por industria ingeniosa
dejó Clarindo caer,
pasando por mí a la hora
que iba ya de San Antonio,   285
saliendo la gente toda,
fue el sello conque el amor
hizo mi prisión notoria.
"Si las vistas no se engañan",
(decía el papel), "señora,   290
y con los ojos del alma
los del cuerpo se conforman,
que amor a los dos obliga
sospecha quien os adora,
por lo que respuesta aguarda   295
de su razón sospechosa".
Respondí con el deseo,
y, siendo así, no se ignora
cuál sería la respuesta:
"Sí", respondí deseosa.   300
De la noche pues siguiente,
entre las confusas sombras,
le di punto a que me hablase,
dando por seña amorosa
un ay a que acudiría,   305
bajando a esa reja angosta
más vecina de la calle
a las doce, hora más propia
de amor para la cautela;
y por dar a su persona   310
noticias de nuestra casa,

le advertí de aquesta forma:
que habiendo el papel leído
que yo por industria ardidosa
en el mismo sitio eché,   315
(y Clarindo alzó) con toda
sagacidad me siguiese,
(que casi un amante se informa)
hasta entrarme en casa yo
para quedarle en memoria.   320
Sucedió como quería,
llegó la ocasión gustosa
que juzgué por muy felice,
por no poder haber otra
en que habláramos los dos;   325
porque en la siguiente aurora
se partía con la armada
Clarindo para Saboya.
Descubriéronse los pechos,
aunque con palabras cortas,   330
porque donde hay veras muchas,
suele haber razones pocas.
Dióme de quien era parte,
a que era deuda forzosa
darle parte de quien era,   335
y por acortar la historia,
su lucida cualidad,
con sus prendas primorosas,
fueron para mi deseo
tan poderosa lisonja,   340
que le acepté la palabra
de ser mío, y de su esposa
se la di también, diciendo
de la fineza por honra
que aunque de aquella jornada   345
no volviera, (¡o cuánto llora
el alma este vaticinio!)
no sería poderosa
segunda elección conmigo,
que es de amor sabida cosa   350
que no se aficiona más
aquél que más se aficiona.
Con esto nos despedimos,
si él saudoso, yo más saudosa;
que es cierto que a quien se queda,   355
más las saudades ahogan.
No repares en la frase
que de ausencia este síntoma
solamente se declara
cuando en portugués se nombra.   360
¿Quién dijera, Dorotea,

que la fortuna envidiosa
malograra tan aprisa
de mi esperanza la gloria?
Mas siendo de amor, no es mucho   365
que así fuese venturosa,
que de amor las esperanzas
brevemente se malogran.
Malográronse las mías,
que al recogerse la flota,   370
cuando esperaba el deseo
de sus ansias las mejoras,
mintióme la confianza,
que las que amor ocasiona
nunca han sido verdaderas,   375
siempre fueron mentirosas.
Presagio de mi desdicha
fue un sueño en que me transforma
la fantasía a Clarindo,
dando a una espada traidora   380
la vida, envuelto en su sangre;
no fue ilusión, sino sombra
de mi trágica fortuna,
porque luego se pregona
de su muerte la noticia,   385
sin saberse hasta aquí otra
circunstancia que decirse
que de una herida alevosa
murió, sin que el homicida
se sepa, porque suponga   390
que fue la desdicha mía
quien tuvo la culpa toda.
Por culpada mi desgracia
en tal caso se conozca,
pues nunca la culpa falta   395
donde la desgracia sobra.
Esto es, Dorotea amiga,
lo que pasa, mira ahora
(si has conocido las veras
de una pasión amorosa)   400
si a Clarindo quise bien,
si aun sus memorias adora
el alma, si le perdí
y si he de poner por obra
la fineza prometida   405
(en que amor me hace deudora)
de no admitir otro dueño,
¿cómo es posible que ponga
de parte esta obligación,
si del alma no se borran   410
de amor empeños primeros?

Eso no, no se acomoda
mi inclinación con aquesto;
morir sí, que en tal congoja
no es tan penosa la muerte,   415
como es la vida penosa.
DOR. Cuando admirada me dejas,
me dejas más admirada,
de que siendo tu criada
no sepa hasta aquí tus quejas.   420
Es verdad que tu primor
no puede en esto culparse,
que de nadie han de fiarse
secretos que son de amor.
No culpo tu sentimiento   425
de tu malogrado amor,
antes siento tu dolor,
y tus desabores siento.
Mas parece sinrazón,
si no remedias el daño,   430
irse tras el desengaño
de esa tu resolución.
El primer amor, no hay duda
que es del alma impresión fuerte,
pero mudada la suerte,   435
también el amor se muda.
De tu constante firmeza
ya quedas desobligada,
porque le vida acabada,
acabase la fineza.   440
No pues ese amor te impida
otro amor, y si olvidarlo
quieres, procura trocarlo;
que amor con amor se olvida,
y no teniendo poder   445
amor para te inclinar,
lo que no haces por amar,
hazlo por agradecer.
Agradece de un amante
las veras con que te adora,   450
pues te merece, señora.
JAC. Ten, no pases adelante
si en don Alvaro has de hablar
de Gamboa, porque es hombre
que hasta la voz de su nombre   455
me llega, amiga, a enfadar.
Su porfía de amor, ciega,
prolija, importuna y vana
me enfada, que es cosa llana
que siempre enfada quien ruega.   460
Sé que le llegó a deber

un desvelo peregrino;
pero si amor es destino,
¿qué le debo agradecer?
Bien es que se satisfagan   465
deudas que el amor publica,
mas si el natural replica,
deudas de amor no se pagan.
DOR.   Según eso, recibir
una carta que me ha dado,   470
¿no querrás?
JAC.   Mal has andado,
Dorotea, en la admitir;
mas ya que lo has hecho así,
cortesía será el verla;
veamos lo que dice en ella.   475
(Toma la carta.)
Yo la abro, pues dice aquí:
(Lee.)
   Si puede dar pésames en la causa de un
sentimiento quien participa el sentimiento
por la misma causa, bien puedo manifestarle
a V.m. el que me cabe en la muerte de
Clarindo, en cuya pérdida nos ha hecho a los
dos iguales la desdicha, pues a un tiempo le
faltó a mi afecto tan grande amigo, como a
tu belleza amante; y aunque debiera
quejarme de que hallase su amor tanto
agasajo, donde el mío siempre esquivez,
quedará mi queja con cabal satisfacción
cuando, permitiéndome la dicha que
sucediendo en su lugar, merezca tener por
dueño a quien me ofrezco por esclavo. Cuya
perdona el cielo me guarde como quiero.
D. A. de Gamboa.
JAC. Si hasta aquí con desagrado
he mirado su persona,
este papel me ocasiona
más fastidio y más enfado.   480
Excusada cortesía
su osadía lo inspiró,
pues así se resolvió
a tan grande demasía.
Notable facilidad   485
y confianza es la suya,
de que es fuerza que se arguya
su indiscreta vanidad.
¿Y quien le habrá dicho a él
que era Clarindo mi amante   490
para escribirme ignorante
un semejante papel?

¡Ay, que no sé, Dorotea,
qué el corazón imagina,
que mil veces adivina   495
lo que puede ser que sea!
Don Alvaro fue sin duda
de Clarindo el homicida.
DOR. Ay, señora, por tu vida
de tal pensamiento muda;   500
¿y de qué inferirlo puedes?
JAC. Mira si tengo razón
en ésta mi presunción
para que advertida quedes;
don Alvaro se pregona   505
amigo particular
de Clarindo, y alcanzar
podría de su persona
nuestro amor, que aunque consigo
quedar debía el secreto,   510
el que es amigo perfecto
nada esconde de su amigo.
Don Alvaro viendo, pues,
Clarindo favorecido
de amor, él aborrecido,   515
que insufrible dolor es,
¿quién duda que de su enojo,
por acabar mi esperanza,
queriendo tomar venganza,
fuese su vida el despojo?   520
DOR. ¿Entre amigos tal maldad?
Eso era ser alevoso.
JAC. Quien de amor está quejoso
no respeta la amistad:
y no será, no, el primero   525
que una novela ha leído
en que el caso ha sucedido
a un amante caballero.
DOR. Señora, eso es fingimiento.
JAC. Su ejemplo muestra el fingir,   530
y para esto presumir
ya tengo este fundamento.
Yo pues intento apurar
quien fue autor de aquesta muerte.
DOR. ¿Apurar? ¿Y de qué suerte?   535
JAC. La respuesta has de llevar,
que una experiencia ha de ser
de lo que pensando estoy;
anda, que a escribirla voy.
(Vase.)
DOR. ¿Qué intenta Jacinta hacer?   540
Yo apuesto que en hora y media

nadie (según lo imagino)
ha de dar en el camino
que lleva aquesta comedia.

(*Vase.*)

(*Sale[n] Lisarda, vestida de hombre, y Papagayo.*)

PAP. Ya en Lisboa estás, y aquéste   545
   el terrero es de palacio,
   tropiezo hermoso de Tetis,
   rica adoración del Tajo.

LIS. ¡Gallarda plaza por cierto!

PAP. Todo en Lisboa es gallardo,   550
   pues no ha visto cosa boa,
   según lo afirma el adagio,
   el que no ha visto Lisboa.

LIS. Por la crueldad de los hados
   bien a mi pesar la veo,   555
   pues la muerte de mi hermano,
   cuyas noticias la vida
   a mi padre le quitaron,
   me obliga a pisar sus calles.

PAP. Mejor (si bien lo he pensado)   560
   dijeras, que de curiosa
   lo has hecho, porque yo no alcanzo
   como por aquesta causa
   hayas, señora, trocado
   a Lamego por la corte.   565

LIS. No te he dicho, Papagayo,
   que me voy tras el deseo
   de saber quien fue el tirano
   homicida de Clarindo,
   pues hasta aquí no han llegado   570
   de su muerte otras noticias
   que las que hasta aquí llegaron,
   diciéndose que en la armada
   de Saboya le mataron,
   sin saberse quien ha sido   575
   el traidor, el vil, el falso
   que de mi hermano en la vida
   la de mi padre ha quitado;
   yo pues que de este disgusto
   quedé con vida, no en vano   580
   has de imaginar que ha sido
   si no para que el espacio
   de todo el orbe examine,
   hasta que de aqueste agravio
   pueda encontrar el autor.   585

PAP. Te expones a un gran trabajo,
   que será tiempo perdido
   averiguar este caso;
   quien busca a quien no conoce,

señora, ¿cómo ha de hallarlo?   590
   ¿Sin nombre ni señas quieres
   buscar un hombre? ¿Hay tal paso?
   Esto vendrá a ser lo mismo
   que ha sucedido a un villano
   entrando en cierto convento   595
   de frailes, que preguntando
   por uno, de cuyo nombre
   se había él tal olvidado,
   dijo, "Padres, solamente
   me acuerdo (si no me engaño)   600
   que el nombre empezaba en Fray".
   "Lindas señas, mentecato",
   le respondieron: "no hay duda
   que así podréis informaros
   como si un Fray solo hubiera   605
   en el convento". Otro tanto
   digo por ti: ¿cómo quieres,
   sin indicio bueno o malo,
   buscar un hombre, señora,
   que a otro la vida ha quitado,   610
   como si hubiera en el mundo
   sólo un matador? Buen chasco.

LIS. Desatino es del enojo,
   no hay duda, mas no hay reparo
   en el enojo que es ciego;   615
   bien que de una luz me valgo
   ya para el intento mío;
   pues según me han informado,
   de esta corte un caballero,
   camarada de mi hermano,   620
   en esta jornada ha sido,
   y de él podré ver, si acaso
   como amigo que era suyo,
   algunas noticias hallo;
   bien que del nombre me olvido   625
   que me han dicho, mas del barrio
   me acuerdo en que vive.

PAP.   Bueno,
   para Lisboa excusado
   es el barrio sin saberse
   la calle, porque es tan largo,   630
   y tantas calles encierra
   un barrio, que por ser tantos
   los vecinos, ni ellos mismo
   las saben; pero veamos,
   ¿qué barrio es ese, señora?   635

LIS. San Pablo me han apuntado.

PAP. Allá se va por aquí,
   que aun me acuerdo de estos pasos

de otra vez que acá he venido;
pero para preguntarnos   640
por un hombre amigo de otro,
disparate es; pero vamos,
si el nombre fue con San Pedro,
vaya el hombre con San Pablo.
Y de camino quisiera   645
saber, hallando este hidalgo,
(que yo quiero suponerlo)
cuando él no supiere darnos
de aquesta muerte noticias,
(que no será gran milagro,   650
porque es muy raro el amigo,
si no fuere amigo raro,
que en los peligros y riesgos
se halla de su amigo al lado)
¿qué haremos?

LIS.   Ir determino   655
a hablar al rey a palacio
y requerirle un decreto
en que doce mil ducados
prometa a quien descubriere
quien dio la muerte a mi hermano,   660
que tantos y aun más daré,
amigo, por alcanzarlo,
pues no me faltan dineros
como sabes; y si acaso
este interés me consigue   665
del matador el hallazgo,
que el interés muchas veces
tiene poder, Papagayo,
para allanar imposibles;
y así por más que este caso   670
solicite la fortuna
por mi desdicha ocultarlo,
la diligencia del oro
que sabe muchos atajos
puede tal vez descubrirlo;   675
si este logro pues alcanzo,
no pienses que por justicia,
Papagayo, he de llevarlo,
aguardando a que el verdugo
deje en su muerte vengado   680
a mi enojo; porque yo misma,
cogiéndole con mis brazos,
le he de hacer víctima horrible
para ejemplo de tiranos.

PAP. ¡Notable crueldad! ¿Tú misma   685
intentas ser el carrasco?
Mas no me espanto, señora,

porque dicen que es probado
que entre los árboles todos,
así hay hembras como hay machos,   690
y así carrascas se encuentran,
como se encuentran carrascos.
Y no es mucho que verduga
te ostentes, por lo gallardo
de tu hermosura, que aquésta   695
la ha hecho el niño vendado
de los hombres matador.

LIS. ¿Te burlas y me das chasco?
No me hables en hermosuras,
sino en coriscos, en rayos,   700
en fierezas, en rencores,
en pasiones, en enfados,
en pesadumbres, en iras,
en furores, en estragos,
que la cólera mi pecho   705
hizo un incendio en que ardo.

PAP. Así lo enseña tu nombre,
señora, que te has mudado;
si ardo, es de Lisardo el eco,
¿qué mucho en tu nombre hablando,   710
que arda Lisarda también?

LIS. Aquese nombre he dejado,
y mira no te equivoques,
que has de llamarme Lisardo.

PAP. Cuando Lisarda te llame,   715
no será el error muy craso,
ni ocasión daré con eso
a que el disfraz que has tomado
de hombre quede conocido
y a todos conste a lo claro   720
que eres mujer; no está el punto
en el nombre, yo me declaro;
no hace el nombre macho o hembra,
pues entre los papagayos
hay papagayas también,   725
y en las golondrinas damos
con golondrinos, y vemos
que éstos son apellidados
con el nombre femenino,
y aquéllas también nombramos   730
con la masculina voz;
lo mismo en ti estoy pensando
que aunque mi voz te apellide
Lisarda, ¿quién te ha quitado
el ser Lisardo, señora,   735
porque hay mujeres Lisardos,
y hay también Lisardas hombres?

LIS. De aqueste traje me valgo
    para la venganza mía,
    con más libertad buscando   740
    de mi hermano el homicida.
(Dentro ruido de cuchilladas.)
    Mas oye, si no me engaño,
    que en aquesta casa suenan
    cuchilladas.
PAP.   Está dando
    algún maestro de esgrima   745
    sin duda lección.
LIS.   Subamos
    pues, que la puerta está abierta,
    a ver lo que es.
PAP.   No me allano
    a aprender en esta escuela.
(Dentro Alberto.)
    Reparad.
(Dentro don Alvaro.)
          Ya no hay reparo   750
    si no es el de los aceros.
ALB. La confianza.
ALV.   Es sagrado
    el honor.
ALB.   Pues cuando hubiera
    escrúpulo, con la mano
    de esposo satisfacía.   755
ALV. De eso no me satisfago;
    don Alvaro de Gamboa
    no satisface su agravio
    sino con darte la muerte,
    o morir.
(Riñen.)
LIS.   ¿No has escuchado   760
    aquel nombre? Pues me acuerdo
    que es del hombre que buscamos
    de que me he olvidado, él mismo.
PAP. Puede ser, mas no hace al caso
    que habrá muchos de este nombre.   765
LIS. Por si es, a saberlo vamos:
    entra conmigo.
PAP.   Ea entremos,
    aunque harto estoy recelando,
    que entrando de uñas arriba,
    me salga de uñas abajo.   770
(Vase.)
(Salen don Alvaro y Alberto, riñendo.)
ALV. De esta suerte de mi honor
    vengar las injurias trato.
ALB. No el honor así se venga,

que es ofenderlo apurarlo,
    y más si son las sospechas   775
    procedidas de un engaño.
ALV. ¿Qué engaño, aleve? Mi acero
    te hará el desengaño claro.
ALB. Ved primero.
ALV.   Ya lo he visto.
*(Salen Papagayo y Lisarda metiéndose en
medio.)*
LIS. Caballeros, reportaos,   780
    y de los aceros vuestros
    reprimid los golpes bravos.
PAP. No puedo sacar el mío,
    que está mal acostumbrado,
    y por ser poco devoto,   785
    nunca hasta aquí le contaron
    de Coimbra en la procesión
    de los desnudos.
ALV.   Dejadnos;
    ¿qué os obligó, caballero,
    a entraros acá?
PAP.   El diablo,   790
    que no fue santo ni santa.
LIS. Ea, no haya más, hidalgos.
ALB. A muy buen tiempo ha venido
    este hombre para excusarnos
    a los dos una desdicha;   795
    y así, pues lugar me ha dado,
    yo me retiro.
ALV.   Cobarde,
    ¿huyes? Espera.
LIS.   Mi brazo
    os detendrá.
ALB.   Nos veremos
    a solas los dos.
(Vase.)
PAP.   En salvo   800
    se pone este amigo; acierta.
ALV. Pues que me habéis estorbado
    mi venganza, contra vos
    se han de volver mis enfados.
LIS. Sinrazón es, que mi acero   805
    sabrá rebatir.
PAP.   Remalo;
    ¿con mi amo es la pendencia?
    ¿Qué harás en aqueste caso,
    Papagayo? Ya se ve,
    por si acaso algún cristiano   810
    va por la calle que acuda
    decir de los papagayos,

siguiendo el común estilo,
¿quién pasa, quién pasa?
(Caese la espada a don Alvaro.)
ALV.   ¡Raro
   valor! Tened, que la espada   815
   se me ha caído.
PAP.   O bizarro
   Lisardillo, que hecho hombre
   de espadas, ganó la mano.
(Dale Lisarda la espada.)
LIS. Tomad y a reñir volved.
ALV. Esto no, mas las volvamos   820
   a las vainas, y os suplico
   (que ya me veo aficionado
   a vuestros bríos) ¿quién sois
   me digáis?
LIS.   A mí Lisardo
   me llaman; soy forastero,   825
   y vengo por un despacho
   de servicios a la corte.
PAP. Y servicios harto malos.
LIS. Calla bobo.
PAP.   Sí señor,
   y voy siguiendo a mi amo   830
   también a la forastera.
LIS. ¿Quieres callar, mentecato?
PAP. No, porque no son de estima
   los papagayos callados,
   que se quieren habladores;   835
   al fin, como voy contando,
   paseándonos los dos
   por esta calle, escuchamos
   cuchilladas acá dentro,
   y la puerta abierta hallando,   840
   por esa escalera arriba
   subimos; éste es el caso.
ALV. ¿Y dónde es vuestra posada?
PAP. Un mesón de los diablos
   que está a las puertas del mar,   845
   que el mar contra nos airado
   nos tiene echado por puertas.
ALV. Pues, sírvase vuestro agrado
   de esta casa, que es ya vuestra,
   señor Lisardo.
PAP.   Mil años   850
   vivas, poco más o menos,
   pues que tu primor honrado
   nos saca de un purgatorio,
   cual es un mesón; me parto
   a conducir las maletas.   855

LIS. Eso no; aunque obligado
   quedo a vuestra cortesía,
   señor, no quisiera daros
   tanta molestia.
ALV.   Lisonja
   me hacéis grande, y así pagaos   860
   de este deseo.
LIS.   Los míos
   ya a vuestro servicio allano;
   ve por las maletas pues,
   Papagayo.
PAP.   Voy de un salto.
(Vase.)
ALV. Yo hago luego disponer   865
   a vuestra persona un cuarto.
(Vase.)
LIS. De la urbanidad de este hombre
   mi afecto está muy pagado.
(Don Alvaro dentro.)
   Beatriz, Hipólita, hermana.
LIS. ¡O si así como agasajo   870
   encuentro en él mi fortuna,
   me hubiera aquí deparado
   noticias de lo que busco!
   ¿Si es éste el mismo don Alvaro?
(Sale don Alvaro.)
ALV. Sin duda alguna los cielos   875
   hoy quieren de mis desgracias,
   Lisardo, haceros testigo,
   que os ha traído a mi casa
   la suerte a tiempo que yo
   pretendía con mi espada   880
   tomar en mi primo Alberto
   de mis ofensas venganza;
   pues dándole el parentesco
   confianzas temerarias
   para llegar atrevido   885
   a hablar con Beatriz mi hermana,
   con ella hablando le hallé,
   y la vida le quitara
   a no entrar en este tiempo
   vuestra persona en la sala   890
   a meterse de por medio,
   porque él de mí se escapara;
   y agora que adentro fui
   para que se diera traza
   a disponer el aseo   895
   (¡quién jamás lo imaginara!)
   para el agasajo vuestro,
   hallo que con la criada

falta mi hermana Beatriz,
que por una puerta falsa   900
(¡o falsa puerta a mi honor!)
se han salido, dando causa
con esta ausencia a que crea
que es ya mi deshonra clara,
pues nunca hubiera salido   905
a no estar Beatriz culpada.
¿Qué haré pues con mis afrentas?
¿Qué he de hacer con mis desgracias?

LIS. Señor, en trances de honor
las quejas son excusadas;   910
y quien más las disimula,
menos a su honor ultraja.
De ausentarse esa señora,
es presunción temeraria
inferirse en ella culpa,   915
pues del recelo obligada
de los escrúpulos vuestros,
temiendo alguna venganza,
que de la inocencia suya
en esta ocasión tomara   920
vuestra presunción celosa,
de alguna vecina a casa
se acogería.

(Sale Dorotea.)

DOR.   Esta carta
traigo, señor, para vos.

ALV. ¿Para mí?

DOR.   ¿Quién tal dudara?   925
¿Pues para quién, si a vos dice?

LIS. *(Ap.)* Billete de alguna dama
es que a don Alvaro quiere,
que lo merece su gala.

ALV. Veamos lo que dice aquí.   930

(Abre y lee para sí.)

DOR. *[Ap.]* No le falta aquí a mi ama
en que escoger, y el mancebo
que así con tan poca barba
también sus años apoca,
bien de mancebo en la gracia   935
acaba con los deseos,
porque si mancebo acaba
en cebo, es cebo de amor
para cautivar las almas.

LIS. *[Ap.]* ¿Qué es esto, amor, tú me tiras   940
sin que hasta aquí de tus armas
los tiros conozca? ¡Ay Dios,
qué conquista tan extraña!
En celos amor comienza;

¡quién de su ardid tal pensara!   945
¡De envidiosa emulación
posible es que mi amor nazca!
Sí, que es don Alvaro airoso,
y alguna dama prendada
se ve de su gallardía;   950
y esta consideración basta
para mover mi afición;
que amor sigue las pisadas
de otro amor, y en competencias
sus incendios se señalan.   955

ALV. Dorotea, de este amigo
la asistencia cortesana
me hace dejar por ahora
la respuesta reservada;
yo responderé, y por porte   960
de carta tan estimada
de mi afecto, por mi vida
de esta sortija te paga.

DOR. *(Ap.)* Esta sí que es la respuesta
para mí más necesaria,   965
que la otra no me importa;
besa tus pies esta esclava.

(Vase.)

ALV. No puedo y a mis empeños,
Lisardo, encubriros nada;
y pues de mi honor el duelo   970
sabéis, ved también la causa
de mi amor en un papel,
que cuando gustoso agrada
al alma, entre sus renglones
se mira asustada el alma.   975

(Lee en voz alta.)

Obligada del amor de vuestra cortesía y persua-
dida de la cortesía de vuestro amor, bien quisiera luego premiar vuestra voluntad con las gratitudes que debo a su inclinación, a no impedirme la deuda de una fineza; pues he hecho un
voto de no admitir de hombre alguno la mano,
mientras Clarindo estuviere vivo; que esta constancia me merecía su afición; y aunque hasta
aquí han corrido noticias de su muerte, como no
las hay de quien se las dio, no se da mi desengaño por satisfecho sin que vos, así como me dais
los pésames de esta falta, me deis también sin
ella (si lo habéis sabido) del homicida parte,
que sólo de esta suerte acabaréis con los deseos de
vuestra pretensión, como yo con la pretensión
de mis deseos. Dios os guarde. Jacinta.

LIS. *(Ap.)* Si éste es mi hermano Clarindo,

buen camino me prepara
la suerte para mi intento,
yendo esta dama empeñada
por amor que le ha tenido   980
en el lance; sólo falta
que don Alvaro aquí sepa
la noticia para darla.

ALV. La carta que habéis oído,
Lisardo, es tan buena y mala   985
que, apuntándome una dicha,
me recuerda una desgracia;
dicha porque me convida
a poseer la esperanza
la mano de una mujer   990
que tanto el alma idolatra;
desgracia porque me arguye
de la culpa más extraña
que a hombre alguno ha sucedido:
oídlo en cuatro palabras.   995
De Lamego un caballero
en la ocasión de la Armada
de Turín vino a la corte,
que Clarindo se llamaba;
y embarcándonos los dos,   1000
le tuve por camarada,
de quien fui íntimo amigo
por sus prendas, que eran raras;
y siendo su amigo estrecho,
(¡o amistad tan mal lograda!)   1005
bien puedo decir que fui
amigo suyo *usque ad aras,*
pues su vida sacrificio
fue de mi traición villana.
El caso fue que por veces   1010
de Jacinta, que yo adoraba,
me repetía favores,
con que mi celosa rabia,
viendo encontrarle cariños
donde yo hallaba esquivanzas,   1015
pues siempre Jacinta hermosa
conmigo había sido ingrata,
se enfureció de tal suerte
que cuando Clarindo estaba
viniendo en mayor descuido,   1020
con dos fuertes puñaladas
de mis celos en su vida
satisfice la venganza.
Por el ejército todo
su muerte fue divulgada,   1025

sin saberse el homicida
hasta aquí, porque tal traza
supo tener mi cautela
en esta muerte tirana,
que el cielo y yo solamente   1030
lo sabemos, y lo alcanza
ahora vuestra persona
a quien, por la confianza
que ya promete de darme
en la lid más empeñada   1035
de mi fortuna, salida
de amor a mis esperanzas,
he fiado este secreto;
y pues no se desengaña
de la muerte de Clarindo   1040
hasta que noticias claras
del homicida Jacinta
llegue a saber, (circunstancia
para que goce dichoso
de su mano soberana)   1045
de hacer por mí una fineza
me habéis de dar la palabra.

LIS. ¿Esta es realidad o sueño?
(Ap.) ¿Qué es esto que por mí pasa?
¿Que encuentro yo a mi enemigo   1050
a tiempo que amor me embarga
vengarme, pues la fortuna
en este hombre me depara
mi ofensor cuando me tiene
ya su amor aficionada?   1055
Mi amor con mi agravio miro;
¿quién vio cosas más contrarias?
¿Qué haré en lance tan terrible?
¿Qué haré en empresa tan brava?
Ea, amor, deja el empeño,   1060
no quieras a quien me agravia;
ea, agravio, las pasiones
de amor venzan tus audacias.

ALV. Parece que divertido
me oístes, pues me dilata   1065
vuestra atención la respuesta
que mi petición aguarda.

LIS. Divertida no, suspensa
se mira y perpleja el alma,
viendo que a un amigo vuestro   1070
distes muerte tan osada.

ALV. No hay amigo, siendo amante.

LIS. *(Ap.)* En mí hay experiencia contraria,
pues con amor no hay enemigo,

cuando luego no te sacan 1075
tu vida aquí mis furores.

ALV. Si a lo hecho pues no se halla
remedio, resta que sólo
le queráis dar a mis ansias,
que en la fineza consiste, 1080
qué os he pedido.

LIS. *(Ap.)* ¿Empeñada
mi palabra a una fineza?
¿Que puede ser? Pero vaya,
que el amor por él me obliga
a que mil finezas haga. 1085

ALV. ¿Qué decís?

LIS. Si está en mi mano,
palabra os doy.

ALV. Pues pagada
está de mi amor Jacinta;
y para premiarle basta
saber quien mató Clarindo, 1090
(que aun con su vida se engaña)
confesando que fui yo,
aunque su amor fue la causa,
como le ha querido bien;
cosa es bien averiguada 1095
que enojada contra mí,
perderé dicha tan alta.
Vos me habéis de dar licencia
y permitir que me valga
de una mentira, diciendo 1100
que aquesta muerte fue obrada
por vos, consintiendo en esto
porque con mi logro salga;
y cuando de aquí os suceda
alguna fortuna mala, 1105
me obligo yo a deshacerla.

LIS. *(Ap.)* Sólo aquesto me faltaba;
¡ser yo mi enemigo mismo,
y en amores de otra dama!
Mas ya palabra le di; 1110
veamos en qué aquesto para,
que cuando Jacinta quiera
darle la mano, estorbarla
pienso con otra mentira
que haré que sea informada 1115
de que él a otra dama quiere;
y si no valieren trazas
para impedirle este logro
y mis celos no se acaban,
sabrá entonces en su vida 1120

tomar venganza mi espada.
En tanto agravio, paciencia;
que por ahora os embargan
los celos la ejecución,
para que agravios no haya 1125
donde hay celos, si otras veces
agravios celos apartan.

ALV. ¿Qué me respondéis, Lisardo?

LIS. Que aunque es cosa temeraria
tomar sobre mí una culpa, 1130
es nuestra amistad ya tanta
que haré por vos este exceso.

ALV. A vuestra nobleza hidalga
mi amor y mi vida debo.

LIS. *(Ap.)* Y sin duda no te engañas 1135
cuando Lisarda te quiere,
y por eso no te mata.

ALV. Y pues de mi amor el pleito
tiene ya salida, falta
que la tenga el de mi honor; 1140
y así, pues Beatriz mi hermana
no parece, y fue el motivo
Alberto, es fuerza que vaya
luego a quitarle la vida,
si así un honor se restaura; 1145
quedaos, Lisardo, que ya vuelvo.

LIS. Tened, porque aquesa llaga
no se cura así.

ALV. A lo menos
con su sangre así se lava.
(Vase.)

LIS. Tras él voy para impedirle 1150
de su enojo esta desgracia.
(Vase.)
(Salen doña Beatriz e Hipólita.)

HIP. Señora, imprudente arrojo
fue el de tu resolución.

BEA. Diome, Hipólita, ocasión 1155
el recelo de un enojo,
pues pudiera ser despojo
del enfado de mi hermano
mi vida, (que es deshumano
un antojo, si lo advierto) 1160
hallándome con Alberto,
aunque en modo cortesano.

HIP. Nunca de ti liviandad
llegaría a presumir,
que aqueso era desmentir 1165
tu sangre y tu calidad;

ninguna facilidad
en la nobleza es censura
de su reputación pura,
pues solamente se advierte
que en quien es de baja suerte, 1170
no hay reputación segura.
BEA. Una condición celosa,
cual en mi hermano se ve,
sin por qué ni para qué
siempre ha sido escrupulosa; 1175
yo pues como soy medrosa,
de cualquiera acción me asusto,
y contra el temor injusto
de esta suerte me prevengo;
y así, como has visto, vengo 1180
huyendo de su disgusto.
HIP. Su disgusto solamente
contra tu primo habrá sido,
por haberse introducido
en su casa.
BEA. Aqueso siente, 1185
por amarle tiernamente
el alma con más razón;
sin duda su indignación
le habrá quitado la vida,
Hipólita, que esta herida 1190
adivina el corazón.
HIP. Si con tu hermano reñía
Alberto de mano a mano,
también, señora, tu hermano
él mismo riesgo corría; 1195
mas dime por vida mía,
¿de cuál más pena tuvieras?
BEA. Si es que amor bien consideras,
en vana pregunta das,
porque siempre obligan más 1200
que la sangre amantes veras.
HIP. Más que prima de vihuela
en la de amor eres fina;
¿mas adónde te encamina,
sin que amor de ti se duela, 1205
pues conmigo te desvela
a pisar las calles, di?
BEA. ¿No se va bien por aquí
de Jacinta a casa?
HIP. Bien.
BEA. Pues siendo mi amiga, ¿quién 1210
me valdrá mejor a mí?
Su casa me ha de valer
en tal trance.

HIP. En eso asiento,
que pensaba que a un convento
te querías acoger; 1215
que monja no quiero ser,
que nunca he sido inclinada
a la vida de encerrada.
BEA. Ven pues mis pasos siguiendo.
HIP. Vamos, que aquí, a lo que entiendo,
se da fin a la jornada. 1221

JORNADA SEGUNDA

*(Sale Papagayo con unas maletas como huyendo
de Clarindo, que le va siguiendo.)*
PAP. Sombra, fantasma o ilusión,
no me persigas, supuesto
que tengo el ánimo flaco
para semejantes duelos; 1225
¿que siempre quien es cobarde
tope de aquestos encuentros?
Parece que aquestas cosas
suele deparar el miedo.
¡Jesús! ¿Qué santo abogado 1230
se hallará contra los muertos?
Si eres sombra de Clarindo,
como en tu presencia veo,
y vienes a pedir misas,
déjame, que te prometo 1235
de buscar un sacerdote
en la materia más diestro
que el mismo Amaro da Lago,
que por tu ánima luego
se ponga a decir mañana 1240
media docena a lo menos.
CLAR. Harás como buen cristiano,
Papagayo, que con eso
saldré de mi purgatorio,
que le tengo en este puesto. 1245
PAP. ¿Purgatorio? Poco has dicho;
mejor dijeras infierno,
porque es desesperación
un mesón de los dineros;
¿mas por qué en este lugar 1250
penando estás?
CLAR. En él peno
de cuentas por un engaño.
PAP. ¿Engañaste al mesonero?

CLAR. Engañé.

PAP. ¡Quién tal pensara!
¡Lo que son juicios del cielo! 1255
Desde niño me arrullaron
con aquel vulgar proverbio,
que quien esta gente engaña
al cielo se va derecho.

CLAR. Pero entre mis penas, ¿sabes 1260
cuál es mi mayor tormento?

PAP. ¿Cuál es?

CLAR. El olvido, amigo,
de mis amigos y deudos,
que con sufragios de mí
no se acuerdan.

PAP. Mal es viejo 1265
que se hace un hombre olvidado
en poniendo tierra en medio.

CLAR. Sin duda no me han tenido
con certidumbre por muerto.

PAP. ¿Cómo no? Todos lo saben 1270
también como yo lo creo,
pues han corrido noticias
de que en la armada te han muerto.

CLAR. ¿Y el homicida se sabe?

PAP. No es posible, aunque se han hecho
diligencias en el caso. 1276

CLAR. (Ap.) El quedará descubierto
a manos de mi venganza;
en tanto disimulemos,
celos, hasta averiguaros, 1280
que aunque dicen que primero
son que celos los agravios,
primero ahora son celos.
¿Y qué se ha hecho mi padre?

PAP. Tomó las de Villadiego 1285
su vida con este enojo.

CLAR. ¿Murió?

PAP. De una vez el viejo;
¿no le has por allá encontrado
por el final hemisferio?

CLAR. ¿Y mi hermana?

PAP. (Ap.) Aquí está el punto
pues si la verdad le cuento, 1291
aunque por su causa hizo
Lisarda tan grande exceso,
será la pena doblarle,
sabiendo su arrojo fiero; 1295
viva, pues, el secretillo,
y quédese en el silencio,
que ni aun de los difuntos

se ha de fiar un secreto.
Mas no sé qué he de decirle, 1300
que no puedo hablar de miedo.
Tu hermana se metió fraile.

CLAR. ¿Fraile?

PAP. Monja decir quiero,
que esto de frailes y monjas
todo viene a ser lo mesmo, 1305
pues tienen hábitos todos
y viven en monasterios.

CLAR. Y tú dime.

PAP. Quita allá,
¿no puedes hablar de lejos?

CLAR. ¿Quién te ha traído a la corte? 1310

PAP. Yo sirvo a un vecino nuestro,
treinta casas más arriba,
y a la corte con él vengo
a proveernos de bulas,
para venderlas al pueblo; 1315
y la mala vecindad
de chinches de este aposento
me hace mudar a otra parte
aquestos trastes que llevo;
(Ap.) no hay poeta, vive Dios, 1320
que mienta como yo miento.

CLAR. Y dime, ven acá.

PAP. Tate,
no te avecines, que tengo
una poquita de sarna,
y pegártela recelo. 1325

CLAR. Aqueso no temas tú.

PAP. Pues es otro lo que temo.

CLAR. Dime.

PAP. O cuánto dime, aguarda
(de esta me escapo) que ya vuelvo.

(Vase.)

CLAR. Fuese y el miedo que ha tenido 1330
le hace de mí ir huyendo,
que por muerto me ha juzgado.
Sin duda un común concepto
se ha formado de mi muerte,
y el fin sólo de mi intento 1335
consiste en disimularlo,
y ánimo me da para ello
el juicio de Papagayo,
que quedó de pavor lleno
en viéndome en la posada, 1340
del cual, cauteloso, viendo
que el susto me confirmaba
la opinión en que estoy puesto,

fui con él disimulando,
figura de muerto haciendo.   1345
Cosas suceden extrañas;
¡quién dijera que viniendo
a dar en aquesta casa
donde el huésped, que es arriero,
me ha traído de Madrid,   1350
camino por donde vuelvo
desde Nisa, do he quedado
en casa de un caballero
herido de un falso amigo,
de que sucedió que luego   1355
(según me informé) se tuvo
(por morir en aquel tiempo
un soldado de mi nombre)
mi muerte por caso cierto!
Había de hallar aquí   1360
Papagayo; ¡extraño encuentro!
¿qué querrá aquesto decir?
Que como él no es verdadero,
y del miedo el sobresalto
le dejó de juicio ajeno,   1365
no me fío en sus razones;
bien que pesaroso advierto,
que en lo que toca a mi padre
ninguna duda le puedo
poner, que una nueva mala   1370
tiene aqueste privilegio.
Sea lo que fuere al fin,
que yo no he de ir a Lamego
sin primero una venganza
satisfacer y unos celos;   1375
venganza contra un ingrato,
que la amistad ofendiendo
me quiso sacar la vida,
(o traidor, falso y grosero)
envidioso de Jacinta   1380
ser de mis sentidos dueño,
celos de aquesta hermosura;
porque de sus ojos bellos
cuando me aparté me dijo
que aunque los hados siniestros   1385
no me dejasen con vida
llegar de Lisboa al puerto,
siempre de mí la memoria
tendría tanto en el pecho
que ya más pudiese inclinarse   1390
de amor a otro algún empleo.
De esta pues promesa suya
experiencia hacer queriendo

con muerto disimularme,
saber ahora pretendo   1395
(pues ya sé que está Jacinta
por casar) si los deseos
de don Alvaro conquistan
la belleza por qué muero,
y si Jacinta rebate   1400
sus amantes galanteos
con la constancia debida,
que de su fineza espero,
bien cuesta a la ofensa mía
el disimulo que apresto   1405
que a don Alvaro tomara
quitarle la vida luego.
Mas de mi amante cuidado
quedo ahora por consejo,
muerto para mi venganza   1410
y vivo para mis celos.
Y muerto disimulado,
mejor ocasión reservo
para el desagravio mío,
que con el disfraz que observo,   1415
cuando esté más descuidado,
y seguro presumiendo
mi enemigo que no vivo,
tendrá con su muerte encuentros.
A tal disimulación   1420
amante celoso apelo
para adquirir desengaños
de lo que a Jacinta debo.
Mas para hacer más exacta
esta experiencia que emprendo   1425
de su firmeza y constancia,
¿qué traza hallaré? ¿Qué medio?
Si amor tiene de enseñarme,
vamos a estudiar, ingenio,
para dar en la salida   1430
de mi amante desempeño.
(Vase, y sale[n] Hipólita y Dorotea.)
DOR. Vea usted, ¿cómo ha de ser,
cómo tengo de decirlo?
Sin más detención mi anillo
al punto me ha de volver,   1435
que estaba en mi cofrecillo.
HIP. Es usted muy confiada
cuando tanto se arrojó,
que mal de mí presumió,
que esto en mujer tan honrada   1440
no sucede como yo.
DOR. O pues si a la honra va,

que en su merced resplandece,
cosa es que no se encarece;
usted muy honrada será,   1445
mas mi anillo no parece.
No tiene ella culpa; ¿sabe
quién esta culpa ha tenido?
Mi ama, que no ha advertido
que en ninguna casa cabe   1450
quien no ha en su casa cabido;
y gente así de este talle
nunca ha sido de provecho;
a tal gente de ver hecho
que se ha de enseñar la calle,   1455
pues no entra con pie derecho.
HIP. Hable bien, que si salimos
de nuestra casa, en verdad
que no ha sido liviandad,
porque solamente huimos,   1460
temiendo una adversidad.
DOR. Liviandad, no a fe, inquietud,
no tome usted ni se asombre
al tener en casa un hombre,
dale nombre de virtud;   1465
diga, mi reina, ¿a qué nombre?
HIP. De un primo que en casa entró,
¿qué culpa puede formarse?
¿Puede en esto repararse?
DOR. No señora; ¿y qué sé yo   1470
si el primo llegó a llamarse?
Y aun diciendo está su cara
que tendrá usted buena treta
para de amor estafeta.
HIP. Cuando usted me lo enseñara,   1475
fuera entonces alcahueta.
DOR. No soy mujer que de un viejo
tan afrentoso me venza,
que soy mujer de vergüenza.
HIP. Este interés del oficio   1480
apunta su desvergüenza.
(Enséñale el anillo.)
DOR. Miren la traza en que ha dado
para hacer la confesión
del hurto buena razón;
y piensa que ha disfrazado   1485
así su mala opinión.
HIP. Pues diga, ¿puede negar
que ha sido de mi señor
este anillo, que de amor
por anuncio usted le dar,   1490
se le daría en favor?

DOR. Yo con intento sencillo
le he llegado a recibir.
HIP. Así lo llego a advertir,
sin duda obispo de anillo   1495
le quiso constituir.
Es usted muy linda joya,
y qué bella es la criatura;
es una inocencia pura.
Para hacer una tramoya   1500
no vi más linda figura.
DOR. Con sus términos villanos
por lo menos no convengo.
HIP. Es una; pero no tengo
boca.
DOR.   Pues yo tengo manos   1505
con que de infames me vengo.
(Dale.)
HIP. Acudan, que una traidora,
mis señores, me maltrata.
DOR. El anillo suelta, ingrata,
o te he de matar ahora.   1510
HIP. Acúdanme, que me mata.
(Salen Jacinta y doña Beatriz.)
JAC. ¿Qué es aquesto, Dorotea?
BEA. Hipólita, ¿qué es aquesto?
JAC. Vuestro rumor manifiesto.
BEA. Vuestra impensada pelea.   1515
JAC. ¿Qué ha sido?
BEA.   Decidlo presto.
HIP. Señora, esta su criada
osada me descompuso,
y en mí cruel sus manos puso.
DOR. Si estoy, señora, culpada,   1520
el castigo no rehuso;
mas tengo tanta razón,
que un anillo le pedí
que me ha tomado, y así,
por no hacer restitución,   1525
contra ella me enfurecí.
BEA. ¿Cómo a tal desenvoltura,
Hipólita, te atreviste,
que a Dorotea ofendiste?
Dime, ¿aquesa travesura   1530
en mi casa la aprendiste?
HIP. Yo, como el anillo hallé
haber sido de tu hermano,
a restaurarlo me allano,
y por eso le tomé   1535
para volverlo a su mano.
DOR. El me lo dio por mi vida,

por más que he instado con él,
por corresponder fiel
con su urbanidad crecida   1540
como porte de un papel.
JAC. *(Ap.)* A saber que no le quiero,
no tuviera este primor.
BEA. *(Ap.)* Si Jacinta tiene amor
a mi hermano, en ella espero   1545
Iris contra su rigor.
JAC. Pudieras disimular
más, Dorotea, tu queja,
que de urbanidad se aleja
con los huéspedes quebrar.   1550
BEA. Aquesa porfía deja,
Hipólita, y la sortija
da a Dorotea, que es suya.
HIP. Mi voluntad es la tuya;
tome, hermana, y no se aflija   1555
ni de villana me arguya.
(Va a darle el anillo.)
JAC. Muestra este anillo; *(Ap.)* parece
que es el que a Clarindo di;
contra don Alvaro aquí
ya más mi sospecha crece;   1560
¿aquí mi anillo? (¡ay de mí!)
en verdad que es pieza hermosa;
de mí le puedes fiar,
que ya te lo volveré a dar
muestra a ver.
DOR.   No hay que dudar;   1565
de ti fiaré la cosa
mejor que se puede hallar.
BEA. Hagan las dos abrazadas
paces.
DOR.   Basta que lo digas.
(Abrázanse.)
HIP. ¿Somos amigas?
DOR.   Amigas,   1570
que sólo son las criadas
de sus amas enemigas.
(Sale don Rodrigo.)
ROD. Ya, señora, me informé
y tengo claras noticias
del lance de vuestro hermano   1575
con vuestro primo; con vida
están los dos.
BEA.   Dios os guarde,
señor, pues tanto me alivia
esa nueva que me dais;

cuánto el corazón temía   1580
que entre los dos sucediera
alguna grande desdicha.
ROD. Lo que ahora importa es
que en este caso se elija
el más prudente consejo   1585
para que aquí se consiga
contra tan penoso avalo
la bonanza más tranquila.
BEA. ¿Qué consejo más prudente
puede deparar la dicha   1590
en aflicción semejante
que el que mis desgracias fían
de esas venerables canas,
que la esperanza me animan
para en mis tribulaciones   1595
hallar remedio o salida?
ROD. Pues yo con vuestra licencia
voy buscar a toda prisa
vuestro hermano y darle parte
de como en la casa mía   1600
se queda vuestra persona,
con que viendo que mi hija
tiene tan grande amistad,
aunque la pena es precisa
que le dará vuestra ausencia,   1605
quedará más divertida
descansando su cuidado,
(si hay descanso que se admita
en los cuidados de honor)
rogándole que permita   1610
que deis a Alberto la mano,
pues no pierde su hidalguía
en esto, por ser de Alberto
la nobleza bien sabida;
que mire las circunstancias   1615
de la ocasión que le obliga
a aquesta resolución,
que de otra suerte peligra
la honra, que el qué dirán
pone mancha en la más limpia.   1620
Y porque más se compongan
estas cosas, determina,
señora, mi voluntad,
cuando de aquésta se sirva
ofrecerle (lo que a muchos   1625
puede ser causa de envidia)
a mi hija por esposa;
que aunque es cierto que Jacinta

no se inclina a aqueste estado,
viendo como vuestra amiga   1630
que hay conveniencia aquí vuestra,
(pues vuestro hermano cumplida
la pretensión que aspiraba
de ser yerno mío ha días,
según lo que me ha constado   1635
por señas que me lo indican;
con este gusto quizá,
que vendrá en lo que le pidan,
olvidando pesadumbres,
que experiencias nos avisan,   1640
que a veces con un cuidado
otro cuidado se olvida)
no dejará de inclinarse
a aqueste interés mi hija.
[Ap.] En buena ocasión mi intento   1645
repite aquesta conquista
que es de su mano don Alvaro
por cierto persona digna.

BEA. (Ap.) Plegue al cielo que así sea.

JAC. (Ap.) Antes perderé mil vidas.   1650

ROD. En tanto de aquesta casa,
como vuestra casa misma,
servíos, señora, y tened
buen ánimo, que un buen día
espero en Dios que ha de darnos;   1655
ea, trata de divertirla. (Vase.)

HIP. Ya de amigas nuestras amas
pasarán a cuñaditas.

DOR. Y de amigas pasarán,
que amiga y cuñada implica.   1660

(Dentro Clarindo.)

[CLAR.] ¿Quién quiere algo de la rienda,
que traigo cosas muy lindas
de Génova, de Venecia,
de Alemania y de las Indias?

(Llega Dorotea al paño.)

[DOR.] Señora, por la calle   1665
vendiendo una caloyita
muchas cosas tan airosa
que su gracia certifica,
que las vende muy baratas,
porque es de caras envidia   1670
su cara.

HIP.   De esas villanas
hay algunas muy bonitas.

DOR. ¿Llamémosla para vernos?

JAC. Llámala, si es que se inclina

doña Beatriz mi señora   1675
a ver alguna cosita.

BEA. Esto de curiosidades
gusto a los deseos brindan;
me holgaré de ver.

DOR.   Mi reina,
llegue usted, suba acá arriba.   1680

HIP. El cielo influya en mi ama
comprarme algo, que tenía
para prender el cabello
necesidad de unas cintas.

(Sale Clarindo en hábito de mujer con una
canastilla en la cabeza.)

CLAR. Dios guarde a Vuesas Mercedes. 1685
(Ap.) ¡Qué bella es la compañía
que aquí con Jacinta está,
bien que si a la luz se mira
de sus hermosos luceros,
toda belleza se eclipsa!   1690

BEA. ¡Qué hermosa que es la muchacha!

HIP. De pascoa es una carita.

JAC. (Ap.) Válgate Dios por mozuela;
no sé, que en su rostro miran
mis memorias, pues parece   1695
de Clarindo copia viva.

CLAR. (Ap.) Ya Jacinta cuidadosa
en mí repara; amor rija
bien mis disimulaciones,
a que en tal traje me anima   1700
mi edad, que aun le faltan señas
por do el hombre se divisa.

DOR. Veamos pues lo que aquí trae,
ponga usted la canastilla.

JAC. ¿Y cómo se llama?

CLAR.   Clara;   1705
(Ap.) aqueste nombre me sirva
de disfraz.

JAC. (Ap.)   ¡Aun semejanzas
(¡ay tristes memorias mías!)
tiene en parte de aquel nombre
por quien el alma suspira!   1710

BEA. Bien es, que clara se llame
quien con tal donaire brilla.

CLAR. No se burle, mi señora,
porque tengo de entendida
solamente el conocerme.   1715

HIP. Descubra usted sus droguitas.

(Va enseñando.)

CLAR. Aquí tengo ricos guantes,

obra en verdad peregrina
de Milán, que dan de mano
a los de mayor estima.   1720
De cristal claros espejos,
tan verdaderos que avivan
a las feas desengaños,
si a las hermosas animan.
De piedras inestimables   1725
traigo aquí raras sortijas,
que no hay que poner el dedo
en más noble gallardía.
Medias de precio estimadas,
con quien las medias más finas   1730
se llevan el lustre a medias,
que en éstas es sin medida.
Abanicos primorosos
que por su gala excesiva
del aire de su donaire,   1735
aire el mismo aire mendiga.
Bolsillos de tanto precio
que cada dobla metida
en ellos, dobla el valor
en más corriente valía.   1740
Al fin, cintas, tan hermosa
traza del arte que afirma
que jamás hasta aquí se puso
para parto igual en cinta.
JAC. Bien sabe vender sus cosas.   1745
BEA. Cierto que es encarecida.
HIP. Maña tiene su lisonja.
DOR. El vender todo es mentira.
HIP. Una docena de varas;
      ¿cuánto de estas cintas, diga,   1750
      me ha de costar?
CLAR.   Mil reales,
      que las vendo baratillas.
HIP. ¿No más? ¿Vióse tal barato?
CLAR. Soy una mujer perdida;
      bien muestro que ha poco tiempo   1755
      aqueste oficio ejercita
      quien tan mal sabe vender.
HIP. ¿Cuánto tiene de esta vida?
CLAR. Algunos piensan que es muerte;
      no tengo un mes todavía.   1760
JAC. Dígame, ¿cuál es su patria?
CLAR. Hay de aquí allá muchas millas.
JAC. ¿Cuál es?
CLAR.   Yo soy saboyana,
      nací en la ciudad de Nisa.

JAC. ¿Qué le ha traído a Lisboa?   1765
CLAR. Palabras de hombres fingidas
      que engañan a las mujeres;
      pues en la ocasión lucida
      de la armada, en que Lisboa
      dejó la tierra turina   1770
      de admiración de su gala
      tan llena que aun hoy le admira.
JAC. (Ap.) Verdugo es esa memoria
      para un alma tan sentida.
CLAR. Cierto galán de esta corte,   1775
      por amistad que tenía
      con mi padre, tuvo entrada
      (confianza mal permitida)
      en su casa, y tantas veces
      me habló que la cortesía   1780
      se hizo amor, que estas dos cosas
      siempre fueron muy vecinas.
      Con promesa al fin de esposo
      (¡o promesa fementida!)
      me robó amante la joya   1785
      que en el mundo más se estima.
      Con la armada en fin partióse,
      diciendo a la despedida
      que iba a disponer sus cosas,
      y que entonces volvería   1790
      para ponerse en efecto
      la palabra prometida.
      Viendo pues que de la vuelta
      el plazo pasado había
      que me dio, por engañada   1795
      me di luego en su malicia;
      y hurtando a mi padre joyas
      y dineros, ofendida
      y mujer (dos circunstancias,
      que un arrojo facilitan),   1800
      de hombre el hábito tomando
      y alquilando a toda prisa
      una mula, que ligera
      de Belerofonte hacía
      olvidado el bruto alado,   1805
      conmigo en la corte villa
      di, y con igual brevedad
      en aquesta esclarecida
      ciudad y por este ingrato
      haciendo varias pesquisas,   1810
      no he sabido parte de él,
      con que pienso fue mentira
      y que me supuso el nombre,

pues por él no hallo noticias.
Y viendo que una mujer   1815
de aqueste trato tenía
libertad para correr
las calles y de esta guisa
entrarse en cualquiera casa,
me ha animado a que le siga   1820
por si topo su persona
ingrata y desconocida.
JAC. ¡Caso extraño! De esta suerte
también puede ser fingida
su patria y no ser Lisboa.   1825
CLAR. Tal mi desgracia sería;
pero como aquesta corte
es una feria continua
a que acude tanta gente,
no será gran maravilla   1830
toparle.
JAC.   ¿Y cómo era el nombre
que ese galán se ponía?
CLAR. *(Ap.)* Muy bien la mentira entablo,
se llamaba . . .
(Dentro Alberto.)
ALB.   Me permita,
don Rodrigo mi señor,   1835
licencia Vueseñoría
para besarle la mano.
HIP. Señora, esta voz se indica
de tu primo.
BEA.   ¿Cómo es esto?
HIP. Como el amor adivina,   1840
habrá sabido sin duda
que aquí estás.
BEA.   Si mi salida
ha sido tan impensada,
no es posible.
JAC.   El se visita
con mi padre muchas veces,   1845
y así aquésta su venida
será por ese respecto.
DOR. ¿Hay más de que se despida,
pues mi señor no está en casa?
BEA. Dorotea se lo diga.   1850
HIP. No, que licencia dará
para cuatro palabritas
Jacinta.
JAC.   Yo le doy lugar,
quita esos trastes, Clarilla,
y recojámonos todas.   1855

BEA. Eso no, sin que me asista
tu persona no he de hablarle.
JAC. Yo no tengo de ser vista.
CLAR. *(Ap.)* Aqueso es lo que me agrada.
BEA. Queda tú en mi compañía,   1860
Hipólita.
HIP.   Abierta está
la puerta.
(Vanse las tres, y se quedan Beatriz e Hipólita.)
BEA.   Y mi alma afirma
que abiertas están las suyas.
HIP. Entre quien es; suba arriba.
(Sale Alberto.)
ALB. Beatriz mía, ¿qué ventura   1865
es la que amor me depara,
pues aquí (¡quién tal pensara!)
me encuentro con tu hermosura?
Ausente de tu luz pura
cuando el alma le anochece,   1870
¿ya la aurora le aparece?
Son del deseo esto antojos,
¿pues la estrella de tus ojos
por milagro me amanece?
¿Qué milagro es éste, amores?   1875
¿Qué novedad, prima mía?
Dime, mi bien, ¿por qué vía
debo a amor estos favores?
HIP. Esto fueran disfavores
que de mi señor temió;   1880
y así, tanto que le vio
de espadas contigo hacerse,
temió en el juego perderse,
con que afuera se salió.
BEA. Dirás que fue demasía   1885
y arrojo en una doncella;
pero por todo atropella
de un temor la cobardía;
y como es amiga mía
Jacinta, a su casa apelo,   1890
asaltada del recelo
del peligro de los dos,
aunque más, primo, por vos
se empeñaba mi desvelo.
¿Pero qué milagro, primo,   1895
es el que hace a mi deseo
aquí el amor, pues que veo
sin esperar lo que estimo?
ALB. A don Rodrigo me animo
de amor en este accidente   1900

mi amigo a pedir, que intento
a don Alvaro ablandar
su prudencia, que acabar
suele un gran pleito un prudente.

HIP. Los dos, que estaban parece   1905
    hablados, que a mi señor
    ya fue del viejo el primor
    hablar en lo que se ofrece;
    mucho en el mundo acontece;
    vino el suceso pintado.   1910

BEA. Don Rodrigo es tan honrado
    que esto tomó por su cuenta;
    y lo que mi hermano intenta
    presto verá mi cuidado.

ALB. ¿Y qué hombres (pregunto yo)   1915
    serían, Beatriz, aquéllos
    que subieron y uno de ellos
    a los dos nos apartó?

HIP. ¿Quién sabe acá quien entró?
    ¿Viene celos a pedir?   1920
    Sólo aqueso por venir
    falta ahora a mi señora.

ALB. Celos no, porque la adora
    mi alma sin los admitir.

BEA. Yo de aqueso no sé nada,   1925
    que por otra puerta fui,
    así que a mi hermano vi
    sacar contra ti la espada,
    quedando de ansías cercada,
    presumiendo un mal extraño   1930
    hasta que de aquese daño
    me asegure que a mi ruego
    me dio, informándose luego
    don Rodrigo el desengaño.

HIP. No se hable en aquesto más,   1935
    a lo hecho no hay remedio,
    lo que importa es ver si es medio
    el viejo de aquesta paz.

ALB. Y si no fuere eficaz,
    ¿qué haremos, amor?

BEA.   Sufrir,   1940
    penar, callar y sentir.

ALB. Eso es la vida acabar.

HIP. Pues yo os tengo de ayudar
    a los dos a bien morir.
    No se anticipe la pena,   1945
    y póngase ahora pausa
    a la ternura que causa
    escrúpulo en casa ajena.

ALB. Hasta ver pues lo que ordena

en este de amor vaivén   1950
la fortuna, adiós mi bien.

BEA. Adiós, que tendré memoria
    de avisarte.

HIP.   Y después gloria,
    por siempre jamás, amén.

(Vanse.)

(Salen don Rodrigo y don Alvaro.)

ALV. Si acaso, señor mío,   1955
    de honor en las adversas ocasiones
    puede un dolor impío
    algunas permitir satisfacciones,
    con la nueva mi pecho
    que me dais queda en parte satisfecho. 1960
    Si amparado se hubiera
    en la desatención en que ha caído
    de alguna que no fuera
    vuestra casa Beatriz que le ha valido,
    por este arrojo osado   1965
    no pasara, mas fuese a lo sagrado.
    Que mucho me costara
    de su recato en tal descompostura,
    que a otra parte llegara
    de un tan grande desaire la censura; 1970
    mas en vuestra nobleza
    ha tomado buen puerto su flaqueza.
    Y así, pues no se suelda
    la menor quiebra (que es un vidrio fino)
    del honor, que una celda   1975
    de un convento la oculte determino.
    Por vos, pues, si la muerte
    no le doy, la sepulto de esta suerte.

ROD. Eso es dar ocasión
    para que de Beatriz, contra el decoro, 1980
    alguna presunción
    se atreva a concebir algún desdoro;
    y de honra las materias
    piden unas consultas mucho serias.
    Lo que bien me parece,   1985
    pues Alberto es su deudo y caballero,
    que su mano merece,
    que se case con él.

ALV.   Yo considero,
    que por aqueste modo
    se hace la presunción cierta de todo; 1990
    pues viéndose que Alberto
    es tan pobre y Beatriz tan bien dotada,
    el escrúpulo advierto
    del vulgo si con él la ve casada.

ROD. No hace desigualdad   1995

la pobreza en la sangre y cualidad;
si Alberto y Beatriz pues
son iguales, no puede esto extrañarse;
y cuando digan que es
efecto que de amor pudo causarse,   2000
no se agravian primores
de honor, que muchos casan por amores.
Y si así se mejora,
don Alvaro, de honor aqueste susto,
no saldrá esta señora   2005
de mi casa sin darme aqueste gusto;
y cabal, porque sea,
ya vengo en lo que vuestro amor desea;
que a Jacinta bien sé
pagáis (nada se esconde) ha muchos días
(que a porfías se ve   2011
de paseos) de amor idolatrías.

ALV. El alma a esa señora
nunca puede negar cuanto la adora;
mas tan poca privanza   2015
mi amor con su agasajo ha merecido,
que ni aun confianza
de poderla mirar he conseguido.

ROD. Su recato excesivo
jamás verse ha dejado de hombre vivo. 2020

ALV. Y si muerto algún hombre
pudiera ser testigo, lo afirmara.

ROD. ¿Qué decís?

ALV.   No os asombre;
mi amor con esta carta se declara.

(Dale un papel y lee para sí don Rodrigo.)
También curiosidades   2025
hubo allá, si hubo acá facilidades.
Para que don Rodrigo
sepa, si a Beatriz fácil amor pinta,
que en la carta testigo
halla de que lo fue también Jacinta;   2030
y no sola mi hermana
se quede con la nota de liviana.
Aunque yo sí muy bien creo
(porque todo Clarindo me decía)
que en el honesto aseo   2035
de Jacinta no ha habido demasía,
sino honesta afición,
cual de Beatriz me enseña la opinión.

ROD. Admirado me deja,
don Alvaro, esta carta, pues juzgaba   2040
de Jacinta mi queja,
viendo como a casar no se inclinaba,
que en el mundo no hubiera

hombre alguno que bien le pareciera.
¿Hay caso como aquesto?   2045
No hay formar de mujeres pareceres;
engaño es manifiesto
fiar en condiciones de mujeres.

ALV. No pues aqueste antojo
os venga a ocasionar algún enojo,   2050
que yo desde aquí me ofrezco,
no sólo por esposo, mas criado
ya ser suyo apetezco.
Y pues por su constancia (que he estimado)
que ya el alma la imagina,   2055
como con otro fue conmigo fina,
no tiene de admitirme
sin que sepa quien dio a Clarindo muerte
Jacinta, he de servirme
de vos en la respuesta de esta suerte;   2060
que está tan admitida
de mí aquesta su cláusula advertida,
que cuando ella quisiere,
el homicida tengo de mostrarle.

ROD. Adiós, pues, que Dios quiere   2065
sin duda a mi vejez buen yerno darle.
(Vase.)

ALV. A Lisardo debiendo
la traza estoy que cauteloso emprendo;
y con qué agradecerle
la fineza no tengo en cuanto valgo;   2070
¿do estará para hacerle
presente lo que pasa aqueste hidalgo?
Para darle le espero
cuenta como a un amigo verdadero.
(Vase.)
(Sale Clarindo.)

CLAR. Ya la celosa invención   2075
e industriosa estratagema
que hallé para de Jacinta
entrar en la casa mesma
he visto también lograda,
que a mí Jacinta me ruega   2080
a que me quede en su casa,
obligándome a que venga
buscar a aquesta posada
mis ropas, que aquí se albergan,
y haga a su casa mudar   2085
mis trastes con diligencia;
que como ha considerado
por las inculcas y señas
que le di de aquel galán
que he dicho me supusiera   2090

el nombre para engañarme,
(y a la verdad bien lo piensa
en cuanto a la ofensa mía)
que es don Alvaro, y desea
su padre con él casarla,   2095
con pie de que se concierta
así de Beatriz su hermana
el alboroto, pues ella
de su casa se ha valido,
tomando ya por su cuenta   2100
de don Alvaro aplacar
el rencor de tal manera
que con Alberto su primo
que case su hermana quiera;
viendo que en esto vendrá,   2105
pues le dan en recompensa
de su pesadumbre un gusto,
pues ha mucho tiempo anhela
de Jacinta ser esposo;
y como ella le desprecia,   2110
así por poco inclinada
como por tener sospecha
(según lo que me ha advertido)
que de mi muerte (supuesta)
fue el actor, quiere que yo   2115
acompañándole esté,
para conmigo embargar
la ejecución que se espera,
diciendo que no se casa
con quien dio a otra doncella   2120
su palabra. Hasta aquí miro
constancia en Jacinta bella,
de aquí adelante veremos
como en ella persevera,
porque no he descubrirme   2125
hasta apurar la fineza.
(Sale[n] Lisarda y Papagayo.)
LIS. ¿Aquí dices que le has visto?
PAP. Aquí (aun el alma me tiembla)
con mis ojos pecadores
le vi; mas éste tu tema   2130
me admira, que es desatino
procurar que te aparezca
un muerto.
LIS.   Está en mi cuidado,
Papagayo, tan impresa
la memoria de Clarindo,   2135
que aun muerto el alma quisiera
visitarle.
PAP.   Pues supón

que la fortuna reserva
ese encuentro para mí,
porque de nosotros tenga   2140
cada uno su aventura;
porque tú (según me cuentas)
encontraste al matador
cuando conmigo se encuentra
el muerto, mas yo reparo   2145
en que hasta aquí tu cautela
no me ha dicho quién ha sido.
LIS. (Ap.) No lo he dicho por vergüenza
de ver que el amor me embarga
la venganza de mi ofensa.   2150
Aun lo sabrás, Papagayo;
mira, ¿qué fregona es ésta?
¿Será acaso del mesón?
PAP. Será, que en las mesoneras,
como hacen las cuentas caras,   2155
hay caras de mucha cuenta.
LIS. Cierto que la moza es bella.
CLAR. [Ap.] Papagayo es el que miro
y éste, que con él se acerca
su amo será sin duda,   2160
con quien dijo que viniera
de Lamego; pero dudo
que de aquella ciudad sea,
que galán de aqueste talle
jamás he visto en mi tierra.   2165
Gentilhombre es en verdad,
y si así como fue hembra
mi hermana, fuera varón
y fuera viva, dijera
que era la misma.
LIS.   ¿No miras   2170
lo mucho que se asemeja
con el semblante a Clarindo?
¡Ay, si mi hermano viviera,
y así como fue varón,
fuera mujer, ¡con firmeza   2175
afirmara que era el mismo!
PAP. Yo no, que aun me representa
el miedo aquí su persona,
y hallo mucha diferencia
de aquesta cara que mata   2180
para aquella cara muerta:
si no es que en cuerpo le he visto,
y será su alma aquesta
Clarinda, porque en el nombre
todas las almas son hembras.   2185
LIS. Apropinquémonos más.

CLAR. Retírome, que se acercan,
  y entiendo que en mí reparan.
LIS. Aguarde usted.
CLAR.   ¿Qué me ordenan?
PAP. No ordenamos, que no somos   2190
  obispos, si es que lo piensa.
LIS. ¿Es cierto que por aquí,
  diga, una sombra se muestra
  que dicen ser de un Clarindo,
  si es de casa?
CLAR. *(Ap.)*   Aquesta nueva   2195
  manifestó Papagayo;
  de casa soy yo, y de veras
  por aquí esa sombra anduvo,
  y ha días que no se encuentra.
LIS. ¿Y usted le ha visto también?   2200
CLAR. También, y de la manera
  que ustedes viéndome están;
  pero en casa más enteras
  noticias le pueden dar,
  que yo soy criada, y la mesa   2205
  a un huésped voy a poner.
PAP. Añada dos servilletas
  para los dos, que aquí estamos.
CLAR. El dinero hace la cuenta.
(Vase.)
PAP. ¿Quieres aun de mi verdad   2210
  más clara y evidente prueba?
  El buen Clarindo sin duda
  de misas alguna deuda
  tenía, y así voló tanto
  que de ellas le hice promesa;   2215
  y así vámonos de aquí
  y dejemos la contienda,
  que ya es hora de comer
  y estamos en casa ajena;
  no demos con la demora   2220
  a don Alvaro molestia,
  que por nosotros aguarda;
  y yo, bien sabes, que en ausencia
  de la hermana y la criada
  le sirvo de cocinera;   2225
  y para comer los dos
  me dio, mi nombre me cuesta
  porque yo os dispongo la papa,
  y sólo el gayo me queda,
  que éstas hoy de un Papagayo   2230
  son en la corte las medras.
LIS. Vamos pues que el corazón
  más viva la pena lleva

  de la muerte de mi hermano,
  porque aquesta mesonera,   2235
  tan vivo traslado suyo,
  sus memorias me recuerda.
(Vanse y salen don Rodrigo y Jacinta.)
ROD. ¿Es posible, Jacinta,
  que tanto disimulas
  de un amor el cuidado   2240
  que de un padre le ocultas?
  Aquésta la exención
  era, porque rehusas
  tan constante estado
  que mi elección te inculca.   2245
  ¿Quién de ti tal pensara?
  ¿Quién presumiera de una
  modestia tan altiva,
  como entendí la tuya,
  Jacinta, aqueste lance?   2250
  Mas pues ya no se excusa
  aquello que ha pasado,
  y tienes la disculpa
  en que de amor la fuerza
  tal vez viene de alguna   2255
  influencia de estrella
  o simpatía mucha
  que inclina los sujetos,
  y así entre ti, sin duda,
  y aquél de quien observas   2260
  aun memorias difuntas,
  lo mismo considero;
  no hay aquí que te arguya;
  y ahora sólo apruebo
  la elección que procura   2265
  en Alvaro tu suerte;
  el cual (pues que así apuras
  tu amante desengaño)
  la cláusula que apuntas
  acepta, y pronto está,   2270
  para que te descubra
  quien dio a Clarindo muerte;
  la respuesta ésta es suya.
JAC. De doncella el recato,
  padre y señor, disculpa   2275
  no haberte dado parte
  de mi amante fortuna;
  y así, pues que confiesas
  como discreto y juzgas
  que es un destino amor   2280
  que corazones junta,
  no debes extrañar

la afición lisa y pura
que entre dos corazones
plantó de amor la industria.   2285
Clarindo vióme y vile,
y como se divulgan
por los ojos del pecho
las pasiones ocultas,
ajustados quedamos,   2290
y así cada uno jura
de no admitir empleo
más que el que amor le apunta.
En la armada le han muerto,
y algunas conjeturas   2295
tengo de que don Alvaro
fue de mi suerte oscura
el autor; y queriendo
experiencia en mis dudas
hacer, le he puesto, padre,   2300
la condición que apuntas.
Que como él sí de esposa
con diligencias muchas
de mí pretende (ha días)
porque el deseo cumpla,   2305
(como en nada repara
quien de un deseo busca
el logro) si él la tiene,
confesará la culpa.
ROD. ¡Caso extraño! ¿Y qué intentas   2310
cuando él no te la encubra,
y en sí mismo te diere
del homicida inculca?
JAC. De mi amor con su muerte
vengar la extraña injuria.   2315
ROD. ¡Terrible estás! ¿No miras
que adquieres la censura
de negar tu palabra,
(que en nobles no se excusa)
hallando en ti por premio   2320
su confesión tal furia?
JAC. A palabra cualquiera
no se extraña que huya
un ánimo quejoso.
ROD. ¿Y a las sospechas tuyas   2325
si él diere el desengaño
y con claridad pura
muestre que el homicida
otro fue?
JAC.   Porque acuda
entonces de su hermana   2330
a la causa, (si juzga

tu parecer, que así
las pasiones se excusan)
le admitiré con tanto
que a doncella ninguna   2335
haya palabra dado.
ROD. ¿Palabra? Y pues tú dudas
sobre el dar su palabra?
JAC. A aquésta tu pregunta
en casa tengo yo   2340
quien responda.
ROD.   ¿Qué lucha
es ésta de embarazos?
¿Y quién?
JAC.   Esa disputa
ha de ser la postrera,
que primero procuran   2345
mis pretensiones ver
como a cumplir le ajusta
la promesa don Alvaro.
ROD. Yo le aviso; importunas
confusiones, salgamos   2350
de aquesta lid confusa,
salgamos, y los cielos
por mis quejas acudan.
(Vanse.)

JORNADA TERCERA

*(Salen Jacinta y Clarindo cada uno por su parte,
sin verse.)*
JAC. Cuando, tristes memorias,
que apuntando me estáis perdidas glorias,
CLAR. Cuando, dulces deseos,   2356
que enseñándome estáis ricos empleos;
JAC. que apenas convidando
del corazón la vida van quitando;
CLAR. que gustos ofreciendo,   2360
al corazón lisonjas van haciendo;
JAC. ¿tendrán con mis pasiones
vuestras riguridades compasiones?
CLAR. ¿tendrán en mis desvelos
el deseado fin vuestros recelos?   2365
JAC. Acabe ya una vida,
que su esperanza toda ve perdida.
CLAR. El disfraz ya se acabe,
que cuesta mucho a un pecho que amor
    sabe.

JAC. Si a Clarindo he perdido, 2370
  poco siento hasta aquí, pues que he vivido.
CLAR. Si a Jacinta a ver llego,
  encubrirme mucho es, que amor es ciego.
JAC. Ea pues, pena impía,
  muramos, que ya allá va la vida mía. 2375
CLAR. Industria pues celosa,
  declarémonos ya, que sois penosa.
JAC. Mas tened, que en mi daño
  habéis de ver de todo el desengaño.
CLAR. Mas dejad, que en la empresa 2380
  de Jacinta apuramos la firmeza.
JAC. ¡Clara!
CLAR.   ¡Jacinta bella!
JAC. ¿Aquí estás?
CLAR.   Aquí estoy, que era querella
  del amor, mi señora,
  dejar de estar contigo en cualquier hora
  quien en casa ha tenido 2386
  por puerto contra el hado desabrido;
  y por tantos favores,
  deben siempre asistirte mis primores.
JAC. No favores, se indica 2390
  lo que mis conveniencias certifica,
  que ve el alma imagina
  en ti lo que ya no ve por mi mohina;
  y aun por esto me ordena
  tu vista darme gloria cuando pena, 2395
  porque del bien pasado
  tormento viene a ser ver el traslado;
  bien que quien se recrea,
  como yo, ya en su pena la desea;
  con que por retratarme, 2400
  Clara, a Clarindo, puedes recrearme.
CLAR. Huélgome y juntamente
  me pesa de que en mí se represente
  su copia, pues tormento
  te doy cuando te llego a dar contento. 2405
JAC. ¿Y tu tienda, que la has hecho?
CLAR. Ya de ella, mi señora, me he deshecho,
  que ya nada vender quiero,
  que a comprar sólo aspiro lo que quiero.
JAC. ¿Y están acá tus trastes? 2410
CLAR. Sí, que la suerte a mí me dio contrastes.
JAC. Habla en tu lengua, Clara,
  porque yo de ella noticia tengo clara.
CLAR. De mi dicha la mengua
  aun olvidarme ha hecho de mi lengua; 2415
  por eso me ha inclinado
  a la española.

JAC.   En breve la has tomado.
CLAR. La lengua castellana,
  que es buena de tomar, es cosa llana.
  Mas vamos otra vez 2420
  a lo que dices de ese portugués;
  ¿que a él soy semejante?
JAC. Me parece tenerle aquí delante
CLAR. Así es, que ya me decía
  mi padre, que con él me parecía; 2425
  que con él se trataba,
  y como a un hijo suyo le estimaba;
  y aun por eso muy fuerte
  sentimiento he tenido de su muerte.
JAC. Y dime; ¿nunca (¡ay triste!) 2430
  quien haya sido su homicida oíste?
CLAR. No, mas puede saberse
  que sin saberse nada llega a hacerse.
JAC. Pues yo (aquí me consumo)
  has de saber, Clarilla, que presumo 2435
  (no sin causa lo digo)
  que de las dos hay sólo un enemigo;
  y que es quien te engañó
  el mismo que a Clarindo muerte dio.
CLAR. No yerras el camino, 2440
  que así también, Jacinta, lo imagino.
JAC. Que don Alvaro fue
  de quien te quejas, Clara, bien se ve,
  pues fuera de las señas
  que tú de su persona ya me enseñas, 2445
  bien se confirma aquesto
  con el nombre, que dicho me has supuesto;
  porque si bien lo advierto,
  es (Urbano de Lago Amado) cierto
  y cabal anagrama 2450
  de don Alvaro, porque así se llama
  de Gamboa este hombre,
  que las letras contiene de aquel nombre;
  que su industria, sin duda,
  por engañarse el nombre así se muda. 2455
CLAR. *(Ap.)* No lo fue sino mía,
  que este nombre trazó mi fantasía.
  O, que diste en la treta;
  nadie puede quitarte el ser discreta,
  como el nombre lo pinta; 2460
  este mismo mi ingrato fue, Jacinta.
JAC. Pues que fue de mis daños
  el autor, fuera de otros desengaños
  este anillo lo muestra,
(Enséñale un anillo.)
  que a Clarindo (¡ay de mi suerte siniestra!)

le di de amor por prenda,　　　　　2466
que a la mano me vino, porque entienda
que de su infame arrojo
ha sacado esta prenda por despojo.
CLAR. *(Ap.)* Este anillo al partirme　　2470
me dio Jacinta, que después de herirme
y dejarme el traidor
por muerto, me robó, que fue el rigor
que sentí más severo
por ser prenda del alma que venero.　　2475
¿Por qué ardid, por qué arte
vino a dar el anillo en esta parte?
Con él, para prendada
ser del traidor, Jacinta mal pagada
de él está, ni él debía　　　　　2480
dárselo porque entonces descubría
su alevosa traición.
JAC. ¿Qué piensas?
CLAR.　　　　　Aprobando tu razón
conmigo estoy, que yo,
cuando Urbano de mí se despidió,　　2485
le vi con este anillo.
JAC. Con eso acabo, pues ya de inferirlo,
bien claro ver se deja,
que es un mismo el autor de nuestra queja,
y sólo por tu causa　　　　　2490
a mi venganza puedo poner pausa;
que yo bien quisiera darle
la muerte; pero aqueso era quitarle,
Clara, el logro a tu amor.
CLAR. No por eso suspendas el rigor;　　2495
satisface tu agravio
porque éste viene a ser mi desagravio;
que en tus enojos ya
el desempeño mío todo está;
que yo no busco a este ingrato　　2500
por amor, que ofendida sólo trato
con su muerte venganza
tomar de su malévola esquivanza;
y si dicen que aparta
la esquivanza el amor, mi amor se encarta
ya en odio, y así intenta　　　　2506
con su sangre mi honor lavar su afrenta.
Pero si a quien me ofende
(por ser grata con él, que te pretende)
de amor darle la paga　　　　2510
quieres, y de esta suerte así se apaga
el enfado que tiene
contra su hermana, y él con esto viene
(como me has referido

que, Jacinta, tu padre ha presumido)　2515
en dejarla casar
con su primo, me quiero acomodar
con mi injuria excesiva;
y así muera mi ofensa y su amor viva.
JAC. Eso no; de ese modo　　　　2520
yo a pagarlo venía entonces todo;
que es, Clara, cosa cierta,
que antes me moriré; ¿me quieres muerta?
Si yo muriendo al disgusto
acudo de Beatriz de morir gusto,　　2525
mas no de esa manera.
CLAR. Don Alvaro pues muera,
JAC.　　　　　　　　　Muera.
CLAR.　　Muera.
(Salen don Rodrigo, Beatriz, Hipólita y
Dorotea.)
ROD. Suspended, Beatriz, señora,
por vida vuestra el intento,
hasta que de aqueste lance　　　　2530
se tome el último acuerdo.
BEA. Del corazón (que adivina)
está temiendo el recelo
que no consienta mi hermano
que sea mi esposo Alberto.　　　　2535
Y aunque yo pudiera casarme
sin este consentimiento,
a su gusto quiero tanto
que sin su gusto no quiero.
Y así pues que aqueste avalo　　　2540
dispuso el hado siniestro,
y no he de volverme a casa,
viendo mi peligro cierto;
que aunque mi hermano conoce
que agravio al honor no he hecho,　2545
honor es escrupuloso,
y corre mi vida riesgo.
¿Qué queréis, señor, que haga,
metida en tan grande aprieto?
No quiero enfadaros más,　　　　2550
voy meterme en un convento.
Adiós Jacinta, adiós Clara,
Dorotea, adiós: aquesto
ha de ser; y tú mis pasos
ven, Hipólita, siguiendo.　　　　2555
HIP. Ese parecer no sigo,
que en esta casa experimento
mucho agasajo, y no es justo
que de ella nos ausentemos.
DOR. Señora, doña Beatriz,　　　　2560

aunque dice allí el proverbio
que el día en que se despide
el huésped, es el más bueno
para una casa, en verdad
que hoy por ésta no lo entiendo,   2565
pues le tendremos muy malo
cuando sin usted quedemos.
JAC. Así lo confiesa el alma,
porque es un apartamiento
verdugo de corazones   2570
cuando es el amor perfecto.
Y de Beatriz, como amiga
tan de veras, me confieso
siento que quedo sin mí
cuando sin ella me quedo.   2575
BEA. Decir que sin vos quedáis
más justifica mi afecto,
pues cuando de vos me aparto,
Jacinta, en el alma os llevo.
CLAR. Bien viene aquí la cuestión,   2580
que se alterca ha mucho tiempo,
y en problema se ha quedado
que hasta aquí no se ha resuelto.
Viene a ser que de una ausencia
¿quién más siente el golpe fiero,   2585
quien se queda o quien se va?
HIP. Ea, vaya de conceptos,
y a Beatriz divirtamos.
BEA. Nunca del mal me divierto.
ROD. Entretenedla, muchachas.   2590
JAC. Tu parecer sobre aquesto,
di, Clara, pues has tocado
el asunto.
CLAR.   Asunto es viejo;
pero sobre viejo asunto
decir se puede algo nuevo.   2595
JAC. Pues ¿cuál es tu parecer?
CLAR. El tuyo, señora, espero.
JAC. Sólo por oírte a ti
he de decir lo que entiendo:
quien se queda (a mi sentir)   2600
padece mayor tormento
de ausencia que quien se va.
CLAR. Yo digo que siente menos.
JAC. Yo digo que siente más,
y en una octava lo pruebo.   2605
CLAR. Venga, porque siendo tuya,
por maravilla la tengo.
JAC. La memoria, que deja el bien ausente,
es verdugo cruel de un pecho amante;

y el puesto, adonde estuvo, no consiente
divertirla a quien queda, ni un instante;
y si el dolor es fuerza que se aumente,   2612
si fuerte la memoria más constante,
quien se queda no hay duda (así
    lo siento)
que llega a padecer mayor tormento.   2615
ROD. Tiene razón.
DOR.   Bien ha dicho
mi señora.
CLAR.   Así lo creo,
más yo la opinión contraria
sigo en aqueste soneto.
    La mudanza de amor en la fortuna   2620
es tirano martirio del cuidado,
y entonces el martirio es duplicado,
si la mudanza fuere más que una.
    La suerte a quien se va tanto importuna
que deja el bien y el puesto deseado,   2525
donde el mismo bien suyo se ha quedado,
que a quien queda, alivio es sin duda alguna.
    Apartarme del puesto en que tenía
el bien, e irme del bien que más venero,
duplicada mudanza se avalia.   2630
    Pues ausente no vivo con quien quiero,
y dejo de asistir donde quería,
con que es de quien se va el mal más fiero.
BEA. ¡Buen juicio!
HIP.   ¡Lindo!
DOR.   ;¡Gallardo!
ROD. Discreta es Clara por cierto.   2635
JAC. *(Ap.)* También con Clarindo Clara
se parece en el ingenio.
(Sale Papagayo.)
PAP. Buena está la compañía,
y en buenas cuentas el viejo,
que es de estas Ave Marías   2640
me parece el Padrenuestro.
Perdonen haberme entrado
acá sin llamar primero,
porque como soy de casa,
no he hecho reparo en ello.   2645
ROD. ¿De casa sois? ¿Qué decís?
PAP. Un pájaro soy doméstico,
que Papagayo se llama;
¿ve usted como soy casero?
CLAR. Papagayo, ¿cómo aquí?   2650
JAC. Este hombre ha perdido el seso.
DOR. ¿Qué casta de Papagayo
es ésta?

BEA.   ¿Hubo tal gracejo?
    ¿Hay tan suelta confianza?
HIP. Si es Papagayo, esté preso.   2655
PAP. ¿Cuál es aquí la señora
    doña Beatriz?, que deseo
    agradecerla una gracia.
BEA. ¿Qué gracia?
HIP.   El chasco está bueno.
PAP. ¿De haber dejado su casa   2660
    y su moza, por respectos
    que no importa que se digan,
    para que por cocinero
    yo sirva ahora a su hermano,
    porque él, y otro caballero   2665
    que conmigo allá he aportado,
    comamos?
BEA.   ¿Y qué hacen ellos
    en esa casa?
PAP.   Acudimos
    de una grave riña al pleito,
    que usted debe de saber,   2670
    si es que autora ha sido; el celo
    quiso el hombre pues pagarnos,
    y así nos ofreció luego
    su casa que esto en Lisboa
    y para dos forasteros   2675
    como los dos, que a un negocio
    y de bien poco provecho
    a la corte hemos venido,
    importa mucho dinero.
CLAR. ¿Y es buen cocinero?, diga.   2680
PAP. No será con tanto aseo
    como usted.
CLAR.   De eso sé poco.
PAP. Yo (si bien me acuerdo)
    la he visto a usted en parte,
    ¿dónde pudiera saberlo?   2685
    ¿No es mesonera?
CLAR. (Ap.)   Acordado
    se ha del mesón; ya no tengo
    ese oficio, que aquí vivo.
PAP. Muy buena mudanza ha hecho.
    Mas volviendo a la cocina   2690
    que es mi oficio a que me vuelvo,
    con tanto primor lo hago
    que al más melindroso enfermo
    puedo guisar la comida.
HIP. ¿Que es en aquesto tan diestro?   2695
PAP. ¡Qué mal me conoce! Sabe
    que a una cátedra me he opuesto,

y no hay en la universidad
quien más entienda los textos.
HIP. ¿Y hay también en los estudios   2700
    esta escuela?
PAP.   Antes no vemos
    que sin ella estudios haya;
    ¿no prueban los cocineros?
    Pues aquesto de probar
    anda siempre en argumentos.   2705
HIP. Grandes sujetos habrá.
PAP. Hay sujetos a lo menos,
    que la corte tiene grandes,
    la universidad sujetos.
HIP. Mucho deben de saber.   2710
PAP. Según tiene el condimento,
    es que cada uno sabe
    cuál es dulce, cuál es tierno,
    cuál es duro, cuál es agrio,
    cuál salado y cuál advierto   2715
    con tan poca sal que el hombre
    que estuviere más hambriento
    no puede tal vez tragarlo.
DOR. Gracia tiene el majadero.
HIP. ¿Quién hoy por hombre mayor   2720
    se tiene allá?
PAP.   Con exceso
    se aventaja San Cristóbal
    en la procesión del pueblo;
    éste es el mayor de todos,
    y si fuere al más pequeño,   2725
    el enano del obispo
    de todos se lleva el premio.
ROD. El hombre es entretenido.
PAP. A mucha gente entretengo,
    como Papagayo soy.   2730
ROD. Excusad de entretenernos
    más, y decid, ¿qué queréis?
PAP. Acabe, porque muriendo
    estaba ya por decirlo,
    pero nunca a hablar me atrevo,   2735
    señor, sin que me pregunten,
    para parecer discreto.
    Mas yo traigo comisión
    para decirlo a los viejos
    y no a las mozas.
ROD.   ¿Conmigo   2740
    viene a ser el pleito luego?
    Ea, pues dennos lugar.
JAC. Todas pues lugar le demos.
    (Vanse.)

PAP. Eso sí, porque esta gente
  no es mucho para secretos.   2745
ROD. Decid, que solos estamos.
PAP. Digo pues que está dispuesto
  don Alvaro de Gamboa
  para dar el cumplimiento
  a aquello que le ha advertido,   2750
  señor, el aviso vuestro;
  que os agradece el aviso,
  más que él estaba previendo
  la cautela que importaba
  observar para este efecto   2755
  que cuando él tuviera culpa;
  (Ap.) (sí la tiene el majadero,
  mas no quiere confesarla,
  que aunque amigo suyo es el viejo,
  al fin de Jacinta es padre)   2760
  en tal caso del silencio
  no saldría, porque el logro
  suyo no tuviese riesgo.
  Y entonces buscara un hombre
  que en la fe de defenderlo   2765
  se confesara el culpado
  que todo lo hace el dinero;
  pero que sin este ardid
  tiene en casa un caballero
  que el autor del caso ha sido   2770
  que con él se ha descubierto,
  por amistad que se tienen;
  el cual se obliga a su ruego,
  por no hacer a su amor daño
  en presencia del objeto,   2775
  que amante pretende hacer
  confesión de lo que ha hecho;
  con seguro que le ha dado
  de quedar por esto expuesto
  a defender su persona;   2780
  y que aqueste desempeño
  le digáis cuándo se hará.
ROD. Muy bien; mañana le espero,
  y que me he holgado mucho
  le decid de este suceso.   2785
PAP. Pues con esto a Dios quedad.
(Vase.)
ROD. Id con Dios. Mucho me huelgo
  que otro, y don Alvaro no,
  fuese el matador, que a serlo,
  no hay duda que de Jacinta   2790
  fuera el aborrecimiento
  estorbo de que llegaran

  a cumplirse mis deseos,
  que se fundan en tener
  a don Alvaro por yerno;   2795
  pues como Jacinta quiso
  bien a Clarindo, sabiendo
  que él la muerte le había dado,
  le rehusara por dueño;
  pues vi en ella de este agravio   2800
  el odio tan manifiesto;
  y por eso le he avisado
  que se encubriese, atendiendo
  a ser de Jacinta traza
  y experiencia que su intento   2805
  hizo con él sospechosa
  de que él a Clarindo ha muerto.
  Pero como ha sido otro,
  según me avisa, tenemos
  la dificultad vencida;   2810
  con que solamente veo
  por vencer la de haber dado
  su palabra a otro sujeto.
  Mas como Jacinta ha dicho
  que está de puertas adentro   2815
  quien puede servir de embargo
  a este logro, yo no siento
  quien pueda ser sino Clara,
  esta moza que su afecto
  por su belleza y su gracia   2820
  le robó con tal extremo
  que siempre en su compañía
  la tiene; pero yo no tengo
  por parte esta tan forzosa
  que sirva de impedimento   2825
  a don Alvaro, si está
  su amor en Jacinta puesto;
  pues siendo mujer común,
  (porque hasta aquí no sabemos
  que sea de cualidad)   2830
  con dote para un convento
  acomodarse podrá.
  Y juntamente veremos
  si se compone la causa
  de doña Beatriz y Alberto,   2835
  pues que tomé, como honrado,
  ya por mi cuenta este pleito.
  Yo, como de Alberto amigo,
  mucho en verdad lo deseo,
  y así en ello he de empeñarme;   2840
  lo demás hágalo el cielo.
(Sale Lisarda.)

LIS. Accidentes tan notables,
 sucesos tan peregrinos
 como los que me suceden,
 ¿a quién habrán sucedido?   2845
 ¡Que venga yo tras mi agravio,
 y topando a mi enemigo,
 me embargue el amor que tome
 satisfacción del delito!
 ¡Y que a pesar de mis celos,   2850
 le tengo yo prometido
 de hacerme misma el culpado
 porque él logre sus designios!
 ¡Que en paga de esta fineza,
 por mostrarse grato amigo   2855
 de mi persona, y por odio
 que tiene a Alberto su primo,
 que de mi esposa la mano
 don Alvaro haya querido
 me dé su hermana, pensando   2860
 que soy yo el que me finjo!
 ¿Viéronse lances más raros?
 ¿En qué comedia se han visto
 más extrañas novedades
 ni enredos más excesivos?   2865
 El amor quiera sacarme
 ya de aqueste laberinto
 de confusiones, que aquesto
 hace perder los sentidos.
(Quédase a un lado hablando consigo.)
(Sale don Alvaro.)
ALV. ¡Qué duelos más portentosos,   2870
 qué más pasmosos prodigios
 por hombre alguno han pasado
 que los que pasan conmigo!
 ¡Que hallase luego mi hermana,
 doña Beatriz, por abrigo   2875
 del temor de mis enfados,
 la casa del dueño mío!
 ¡Y que por esta ocasión
 me llegue a mi don Rodrigo
 a ofrecerme de Jacinta   2880
 la mano, que amante aspiro!
 ¡Y que este logro que anhelo,
 me lo ofrezca por partido
 de consentir que mi hermana
 dé la mano al que abomino!   2885
 ¡Que se llegue con mi intento
 a conformar el aviso
 de don Rodrigo, pues tengo

 dispuesto lo que me ha dicho!
 Que si me advierte, que traza   2890
 de Jacinta fue el arbitrio
 de poner por condición
 porque yo logre sus cariños,
 declararle quien ha hecho
 de Clarindo el homicidio,   2895
 que sin este desengaño
 no he de ser de ella admitido;
 por ver (como ya sospechas
 de que el homicida he sido
 tiene) si por tal respecto   2900
 homicida me publico,
 para en vez de me pagar
 lo mucho que la he adquirido,
 sabiendo que hice esta muerte,
 probar su desdén esquivo;   2905
 lo anteví yo, y al primor
 de Lisardo he recorrido
 para que, fingiendo ser
 el homicida, el camino
 me deje franco a mi amor;   2910
 pues habiendo yo cumplido
 la condición de mostrarle
 quien dio la muerte a Clarindo,
 viendo su sospecha vana,
 ya no puede haber desvío.   2915
 ¿Quién tal confusión ha visto?
 Pero Lisardo aquí está,
 mucho me obliga este amigo,
 mucho debo a su amistad.
 ¿Lisardo?
LIS.   ¿Qué hay del servicio   2920
 vuestro, don Alvaro?
ALV.   Vio,
 Lisardo, en vuestro capricho
 mi afecto tan empeñado
 con vos que sólo pediros
 debo que de mí os sirváis;   2925
 y tanto el deseo mío
 se mira a vuestra amistad,
 Lisardo amigo, rendido
 que igualmente como soy
 de Jacinta amante fino,   2930
 vuestro amigo soy de veras;
 y aun (dejadme así decirlo)
 a dejar de ser Lisardo
 (por vida mía os afirmo)
 y otra (muy bien lo encarezco)   2935

Jacinta fuerades, digo
que por vuestro amor dejara
a quien ahora me inclino.
LIS. ¡Grande extremo de amistad!
Y ese imposible vencido   2940
cuando Jacinta no fuera
(*[Ap.]* muy bien su amor averiguo)
y fuera otra dama yo,
fuera lo mismo?
ALV.   Lo mismo.
LIS. *(Ap.)* No me suena mal aquesto.   2945
Grande amistad apercibo
en vos.
ALV.   Y aun por eso quiero,
para sernos más que amigos,
que nos hagamos hermanos,
buscando en vos un marido   2950
para Beatriz de mi gusto.
LIS. Esa honra mucho estimo,
mas eso fuera de Alberto
para el amor caso impío.
ALV. Si eso es tener presunción   2955
de que hay en el honor limpio
de Beatriz la menor nota,
por el cielo cristalino,
que cuando yo tal pensara,
a ella y al fementido   2960
Alberto hiciera despojos
de mi enojo vengativo.
LIS. No lo digo yo por tanto,
porque otra opinión concibo
de las doncellas de sangre   2965
en que no hay de honor peligros;
dígolo por no robarle,
señor, el logro debido
al empleo de los dos;
que no puede haber más digno   2970
sujeto de tal ventura
que Alberto.
(Sale Papagayo.)
PAP.   Si no me libro
con cuatro vuelos, voló
el dicho Papaguillo:
arre allá con tal encuentro.   2975
LIS. ¿Qué fue?
ALV.   ¿Qué te ha sucedido?
PAP. No es nada, no; aquel Alberto
o diablo, que es tu primo,
con quien, señor, peleabas,

cuando a la riña acudimos,   2980
al pasar por esta calle
se llegó a mí y me dijo:
"No sois vos del caballero
que en casa se ha recogido
de don Alvaro criado?"   2985
Que el propio era, le he dicho.
Y él volvióme, "pues yo tengo
de su estado presumido,
que mi primo con su hermana
quiere casarle; y así os digo   2990
que le digáis que conozca
que Beatriz es dueño mío;
y que no ha de ser su esposa,
porque es mi amor tan altivo
y mis celos tan briosos,   2995
que de este acero a los filos
llegará su vida a ser
de mi enojo sacrificio.
Y para que en la memoria
mejor os quede este aviso,   3000
tomad", y alzando la mano,
cuanto yo no me retiro,
tanto me imprime en el rostro
él sus mandamientos cinco;
mis narices y mis barbas   3005
libraron de un gran conflicto,
pues sin duda me quedara,
cuando me acertara el tiro,
con una cara más mala
que la que tengo; que afirmo,   3010
según tan mala la tengo,
que harto lo he encarecido.
ALV. ¿Hay término tan bellaco?
¿Vióse mayor desatino?
Mirad, Lisardo, por quien   3015
se empeña vuestro capricho,
patrocinando un aleve;
que a no tener tal padrino,
ya hubiera muerto a mis manos,
pues habiendo yo querido   3020
darle la muerte, dos veces
me lo habéis vos impedido.
¿Y quién le dijo al infame
que yo, Lisardo, determino
daros Beatriz por esposa?   3025
PAP. *(Ap.)* Y lleva muy buen marido;
será brujo o hechicero
el bueno del Albertillo.

LIS. Donde hay amor siempre hay celos,
y donde hay celos hay juicios, 3030
y así de Beatriz amante,
viendo Alberto como asisto
en vuestra casa, juzgando
que somos grandes amigos,
sin duda por consecuencia 3035
de aquí sacar ha podido
que para mi reserváis
el logro de los cariños
de Beatriz.
ALV.   Bien inferido
lo ha, pero quedaráse 3040
con sus celosos arbitrios,
y mi hermana con la suerte
de un esposo tan lucido
como en vos le tengo hallado.
LIS. En el alma os gratifico, 3045
don Alvaro, honra tan alta,
mas no quiero ser motivo
de eclipsar inclinaciones,
que eso viene a ser martirio
para Alberto y pesadumbre 3050
para Beatriz, que en su primo
puesto el amor ya tendrá.
ALV. En esto está el gusto mío,
en que seamos cuñados.
LIS. (Ap.) A grado mayor aspiro. 3055
ALV. Que en Beatriz no hay gusto propio,
esto ha de ser pues.
LIS.   Yo os pido
que elijáis mejor acuerdo.
ALV. Sólo aqueste acuerdo elijo,
y hablemos en otra cosa; 3060
¿qué te ha dicho don Rodrigo?
PAP. Que mañana por ti aguarda
para el desempeño dicho.
ALV. Bien está, mañana espero
ver mis intentos cumplidos, 3065
Lisardo, con la palabra
que me habéis dado en fingiros
el que a Clarindo dio muerte.
PAP. (Ap.) Será dos veces fingido.
LIS. (Ap.) Otros mis intentos son, 3070
y tengo de conseguirlos,
esperanza; pues pagado
que está de mí tengo visto,
diciendo que a ser yo dama,
hiciera su amor retiro 3075
de Jacinta para mí;

y con esto más le obligo,
confesándome el culpado,
porque él logre su designio;
y cuando quiera lograrse, 3080
saldré entonces a impedirlo,
diciendo que en casa tiene
otra dama a quien debido
ha su afición, que soy yo,
descubriéndome.
ALV.   Imagino 3085
que estáis, pues suspenso os veo
ya, Lisardo, arrepentido
de darme aquella palabra.
LIS. No me arrepiento, mas miro
el aprieto en que me pongo 3090
por vos, porque conocido
por homicida, me arriesgo
con evidencia al peligro
que amenaza a un delincuente.
ALV. Entonces a ese conflicto 3095
acudiré yo, mostrando
que soy el que ha delinquido.
LIS. Ea pues, estamos conformes.
PAP. No toméis, señores míos,
enfados, que aquí estoy yo, 3100
que haré cierto el dicho antiguo
de pagar el inocente
por el que lo ha merecido,
pues que ya sin merecerlo,
quería Alberto conmigo 3105
hacer el proverbio cierto;
con que siendo Dios servido,
será otro día mañana;
y pues ya la noche avisos
nos da de horas de cenar, 3110
agora a los dos convido
a que conmigo cenéis;
que pues la comida os guiso,
soy de esta casa el patrón;
vamos pues.
ALV.   Vamos; el tiro 3115
logrará mi amor mañana.
(Vase.)
LIS. Para mañana remito
de mi afición el avance
o de mi agravio el castigo.
(Vase.)
PAP. No es cosita de cuidado, 3120
señores, el enredillo;
ven ustedes a Lisarda,

amante de su enemigo
y homicida disfrazado,
lisonjeando su apetito,   3125
y de don Alvaro, esposo
de su hermana pretendido;
¿qué diablo de poeta
maquinó tantos delirios?
Parece cosa de sueño;   3130
¿han ustedes esto visto?
¿En qué ha de parar aqueste
de confusiones abismo?
Mucho tengo que contar
si de ésta bien nos salimos.   3135
(Vase y sale Alberto.)
ALB. Esperanzas y recelos
en mi corazón concurren,
haciendo que titubee
entre amantes confusiones.
Recelos de que Beatriz   3140
trueque mis afectos nobles
por otros, que a mi cuidado
ya mis celos me suponen.
Pues de Lisardo mi primo,
como amigo, se conoce   3145
que casa y mesa le ha dado;
tengo bastantes razones
para que celoso infiera
que para esposo le escoge
de Beatriz, para vengarse   3150
de mi amor con sus rigores;
con cuya suerte sin duda
me asisten ya presunciones
(que nunca a un celoso faltan)
de que Beatriz se acomode;   3155
pues quedando de avisarme
de lo que pasa olvidóse
hasta aquí; grande argumento
para que mis celos formen
este concepto; esperanzas   3160
por otra parte me ponen
de su amor en confianza;
pues don Rodrigo avisóme
de que me hallase mañana
en su casa, que ocasiones   3165
se ofrecen que puede ser
que a mi amor mucho le importen.
¡No sé lo que aquesto inculca
ni lo que de aquesto note;
o si alguna buena nueva   3170
me esperara en mis amores!

¿Estará mi primo acaso
ya con mi intento conforme?
Que sí, responde el deseo;
que no, el recelo responde;   3175
o día, apresura el paso
si vienes porque yo mejore.
Vuela, noche, si eres plazo
de que por dicha se logren
mis amorosos cuidados;   3180
llega día, vuela noche.
(Vase.)
(Sale Jacinta.)
JAC. El plazo, sospechas mías,
de vuestras dudas llegóse,
que presto habemos de ver
del desengaño a las voces   3185
quien el autor fue del daño,
que es bien que mis ojos lloren
sin tasa, que ésta es la deuda
que a mi afición corresponde.
Ea, desengaños míos,   3190
en breve espero que os conste
de quien penas a mi pecho
ocasionó tan atroces.
Apercebid la venganza
contra aquel ánimo doble,   3195
que dos vidas ha sacado
de su crueldad con un golpe.
Haced, iras, vuestro ensayo
para el que os espera choque,
sin que mujeril piedad   3200
el desempeño os estorbe.
Mas si don Alvaro está
inocente y a mis dolores
otro fuere quien ha dado
las infaustas ocasiones;   3205
si le he dado la palabra
de agradecerle el informe
con el premio de mi mano,
tiro de sus pretensiones,
que es el gusto de mi padre,   3210
para que así se conforme,
con permitir que Beatriz
con Alberto se despose;
cuando, afuera de Clarindo,
aborrezco todo el hombre,   3215
que solamente se inclina
una vez un pecho noble;
obligándome mi padre
a que su elección otorgue

con don Alvaro, ¿qué haré? 3220
¿Sujetarme a los rigores
de casar contra mi gusto?
Eso no, mas que me corten
el cuello con un cuchillo,
mi vida aquí me perdone. 3225
(Pónese a un lado hablando a solas.)
(Sale doña Beatriz.)
BEA. En una balanza puesta
llega mi amor a advertir
su esperanza, sin saber
lo que ha pesado hasta aquí.
Ya pende para una parte, 3230
ya para otra parte, y así
se queda en duda el cuidado,
sin que le pueda medir
el peso; piense el deseo
que se inclina para mí; 3235
pero la desconfianza
no se puede persuadir
a que ella para mí pese,
diciendo que para sí
es que se inclina el pesar; 3240
miente sin poder mentir.
No miente, porque mi suerte,
como es tan poco feliz,
es fuerza, que a mi pesar
el logro me ha de impedir. 3245
Miente, que como no espero
bien que me pueda venir,
viene a ser de mi esperanza
todo el pesar para mí.
Pero Jacinta aquí está, 3250
y aguarda sin duda aquí
a que le venga mi hermano
poner a sus dudas fin:
que ésta es, poco más o menos,
la hora que oí decir 3255
se ajustó para apuntarle
el que llegó a delinquir
en la muerte de su amante,
que para ella le admitir
por esposo, aqueste pacto 3260
ha hecho, y de aquesta lid
no sé qué sepa mi hermano;
mas como pretende al fin
a Jacinta por esposa,
le daría amor ardid 3265
para saberlo, que amor
sabe enseñar trazas mil

para que imposibles llegue
un amante a conseguir.
Pensativa debe estar, 3270
pues no ha llegado a sentir
mis pasos; yo llego; amiga,
señora, ¿en qué os divertís?
JAC. Como es grande mi cuidado,
no se puede divertir. 3275
BEA. ¿Será del amor pasado?
JAC. Cuidado de ese amor, sí;
pasado no, que no pasa
cuando se llega a advertir,
fino el amor, que se llega 3280
en las almas a imprimir;
y a mi amor, como carácter,
nunca, Beatriz, le perdí.
BEA. Ya con el estado nuevo
se olvidará.
JAC.   No, Beatriz, 3285
que los primeros cuidados
no se pueden omitir.
(Hablan las dos a solas.)
(Don Rodrigo y Alberto al paño.)
ROD. No habéis de pasar agora,
señor Alberto, de aquí
hasta ver en lo que para 3290
de aquesta ocasión el fin.
ALB. Mi obediencia es vuestro gusto,
aquí estoy para cumplir
las disposiciones vuestras.
ROD. Entonces podéis salir 3295
cuando os llegue a llamar yo.
ALB. Bien está.
ROD.   Jacinta, allí
viene don Alvaro; aquesto,
hija, te vengo a decir
para que tú estés de acuerdo. 3300
Y vos, señora Beatriz,
retiraos; no conviene
que agora aquí estéis; salid
cuando os llegue yo a llamar.
BEA. Hago lo que me advertís, 3305
señor mío.
(Retírese a otra parte.)
ROD.   Pues yo llego
a la puerta a recibir
a don Alvaro; ea, entrad,
la casa es vuestra; subid,
señor.
JAC.   Ea, corazón, 3310

ya el plazo quiso venir
de morir o de matar;
el valor apercebid,
o para matar a quien
mi dicha quiso impedir,   3315
dando la muerte a mi bien,
o cuando no sea así,
para morir; si mi padre
me obliga a casar a mí
con don Alvaro, que tomo   3320
por más suave el morir.
(Salen don Alvaro, Lisarda y Papagayo con
unas ropas debajo de la capa.)
LIS. ¿Has traído Papagayo
aquello que te advertí?
PAP. El vestido de mujer
aquí le traigo.
LIS.   Servir   3325
me puede, escóndele agora.
ALV. Llegó, señora, el abril
para un deseo, que invierno
ha llegado a presumir
el tiempo en que no ha visto   3330
esa rica flor de lis;
y así agora que la suerte
me llegó la dicha a abrir,
viendo a quien más deseaba,
ya la primavera vi,   3335
que hasta aquí mi amor lloró,
mas ya se puede reír.
JAC. Unos ríen y otros lloran,
y en tan contrapuesta lid,
si la risa es para vos,   3340
será el llanto para mí.
LIS. *(Ap.)* Dama es Jacinta gallarda,
y esto me da que sentir
que hace grande oposición
a mi esperanza.
(Al paño Clarindo.)
CLAR.   Advertir   3345
de aquí puedo lo que pasa.
ALV. ¿Llanto para vos decís?
Esto es enturbiarme el gusto
de veros yo; despedid
ya, señora, las memorias   3350
de amor pasado y admitid
de mi corazón las veras,
pues ya para os disuadir
de la duda que en vos hay
de aquella muerte infeliz   3355

de Clarindo, aqueste hidalgo
quiso conmigo venir
debajo de la palabra
que de asegurarle di
su persona; esta fineza   3360
por mí ha querido cumplir,
confesando la verdad,
que él, señora, ha sido al fin
el delincuente.
CLAR.   Ha traidor,
no ha de valerte el ardid   3365
de buscar quien por ti haga
un papel, que es tan ruin
que de Papagayo el amo
por él se llegue a fingir
homicida; ¡qué hombre es éste   3370
que en tan grande frenesí
ha dado! Grande interés
le pudo a esto impelir;
que de un interés la fuerza
a un arrojo tan civil   3375
sólo obligar puede a un hombre.
JAC. ¿Vos (*[Ap.]* mejor talle no vi
de hombre, y con Clarindo, ¡ay Dios!
algo su talle gentil
se parece) el delincuente   3380
habéis sido?
LIS.   Permitir
lo quiso así mi desgracia,
siendo los dos (¡ay de mí!)
tan amigos, que de hermanos
nos tratábamos.
JAC.   Decid,   3385
¿qué ocasión os dio?
LIS.   De juego
fue una porfía.
JAC.   ¿Es así
presunción mía?   *(Ap.)* Diréis,
que no, porque descubrís
en el anillo otra cosa.   3390
(Saca el anillo.)
¿Por dónde os llegó a venir
esta sortija a la mano
que a Dorotea pedí?
ALV. *(Ap.)* O qué inadvertido anduve
que he dado, sin advertir,   3395
de Clarindo a Dorotea
el anillo. Recibí
de Clarindo aquesta prenda.
JAC. Os la ha dado, ¿qué decís?

ALV. Me la dio por amistad.   3400
CLAR. Ya no puedo más sufrir.
(Sale.)
    Decid que se la robastes.
ALV. *(Ap.)* Cielos, ¿que mujer aquí
    desmentir a mí me puede?
    ¡No sé lo que a discurrir   3405
    la imaginación me enseña,
    que en aquesta moza vi
    a Clarindo retratado!
    ¿Quién sois que me desmentís?
JAC. Sin duda él es de quien Clara   3410
    se queja, a quien descubrir
    llegó tal vez por amante
    este secreto.
CLAR.   A decir
    quien soy, pues no lo sabéis,
    ya llego; aguardad. *(Entrase.)*
ALV.   ¿Qué oí?   3415
JAC. No os turbéis; esta doncella
    a quien quisisteis mentir,
    engañándola, parece
    que de esto sabe.
ALV.   ¿Yo mentí
    a esta dama? Es falsedad.   3420
JAC. Falsedad es, señor, sí,
    lo de aquel nombre supuesto
    con que el engaño cubrís.
ALV. ¿Qué nombre?
JAC.   Urbano de Lago
    Amado, que incluye en sí,   3425
    las mismas letras que tiene
    vuestro nombre.
ALV.   ¿Yo proferí
    tal nombre?
JAC.   Ella lo dirá,
    que fue para conferir
    la verdad alguna seña,   3430
    según de ella lo entendí,
    a buscar.
ROD.   ¡Qué es esto, cielos,
    que veo! ¿En qué ha de venir
    a parar esto?
LIS.   ¿No es ésta
    la mesonera que vi
    contigo?   3435
PAP.   La misma es,
    o algún duende, que aquí urdir
    nos quiere alguna tramoya.
(Sale Dorotea.)

DOR. Señora, algún frenesí
    ha dado sin duda a Clara,   3440
    que agora la vi vestir
    de hombre.
JAC.   ¿Qué, qué es lo que dices?
DOR. Que agora con ella di
    en su aposento, quitando
    el hábito mujeril   3445
    y de hombre tomando el traje;
    y ella es la que viene allí.
(Sale Clarindo de hombre.)
CLAR. Nadie se admire de verme
    en este traje, pensando
    que es ajeno, que éste es mío,   3450
    porque el otro era prestado.
    Yo soy Clarindo, que algunos
    por muerto hasta aquí juzgaron,
    viviendo yo, que hasta aquí
    fui muerto disimulado.   3455
    Por la maldad de un amigo
    (si es amigo aquél que es falso)
    de la armada en la ocasión
    que no sólo a saboyanos,
    mas a todas las naciones   3460
    sirvió de envidioso pasmo,
    quedé en la ciudad de Nisa
    herido de su vil mano,
    que me quiso dar la muerte,
    dejándome atravesado   3465
    de dos puñaladas fuertes
    una noche por engaño,
    obligándome a salir
    a coger el aire al campo,
    sin armas, que su fin todo   3470
    era hallarme desarmado;
    después de conversación,
    que entre los dos de ordinario
    se movía sobre ser
    yo quien más era estimado   3475
    de Jacinta, que hallé en ella
    un amoroso agasajo,
    imprudencia de mi amor,
    (que amor de prudencia es falto)
    hacer aquesta jactancia   3480
    con quien estaba agraviado
    como don Alvaro, pues
    siempre fueron despreciados
    sus afectos de Jacinta;
    un puñal (¡quien tal agravio   3485
    de un amigo presumiera!),

celoso y cruel sacando,
me lo envainó por el pecho
dos veces, que a resguardado
no estar de un fuerte coleto, 3490
me diera el mortal letargo.
Yo viendo que por celoso
fue conmigo tan tirano,
disimulándome muerto,
me dejé caer postrado, 3495
por ver si con esta industria
quedaba en el desengaño
don Alvaro de mi muerte;
para que, habiendo librado
después, hiciese experiencia 3500
con amoroso cuidado
de la fe de mi Jacinta,
y si don Alvaro acaso
la pretendía, o si ella
le admitía, que empeñado 3505
su amante primor me había
de no hacer de otro amor caso,
aunque en la armada muriese.
Sucedió así, que pensando
que me quitara la vida 3510
don Alvaro, que un gallardo
anillo, por hacer prueba
de mi muerte, me ha quitado
del dedo, que consentí,
sabe amor con que trabajo, 3515
por ser de Jacinta prenda,
mi muerte disimulando.
Fuese y dejóme por muerto,
y yo de un caballero honrado
buscando el abrigo y puesto 3520
en manos de cirujanos,
aunque no eran peligrosas,
ni a mí me daban cuidado
las heridas, del coleto
que digo por el resguardo; 3525
empero con una fiebre
que me sobrevino he estado
siete meses en un lecho;
mas ya estaba casi sano
cuando la armada a Lisboa 3530
se recogió; y un soldado,
que se llamaba Clarindo
como yo que de un fracaso
de unas heridas murió
en esta sazón, ha dado 3535
motivo a que se tuviese

de mi muerte (pues pensaron
que yo era) aquesta opinión.
Viéndome pues mejorado,
me partí para Lisboa 3540
por tierra, adonde buscando
traza para entrar en casa
de Jacinta, haciendo exacto
examen de su fineza
y probar si en su cuidado 3545
conservaba mis memorias,
fingíme mujer de trato,
yendo a su casa a vender;
que el amor, como es vendado,
sabe vender; admitida 3550
de ella fui, suerte que alcanzo
con la que formé mentira;
diciéndole que un ingrato
galán buscaba que a mí
me había palabra dado 3555
de esposo, en nombre supuesto
que Urbano de Lago Amado
se decía; y ella advirtiendo
de este nombre que forjaron,
con otras que le di señas, 3560
los ardides de mi agravio
y de mis celos las letras
de que es el nombre formado
de su amante y mi enemigo,
como quería casarlo 3565
su padre con ella, a quien
su afecto no era inclinado,
afuera de que sospechas
tenía de que el tirano
me había dado la muerte, 3570
quedarme dejó a su lado
para que a su casamiento
saliese con el embargo
de haberme el honor debido;
y así pues ya que informado 3575
de la constante fineza
de Jacinta (que es milagro
de las finezas tener
de un muerto amante cuidado)
estoy, y presente está 3580
quien con deseo villano
me ha muerto, bien es que pruebe
para ejemplo de los falsos
amigos de aqueste acero
el castigo.
(Saca la espada.)

LIS.   Aqueste brazo   3585
su reparo sea.
(Saca Lisarda la espada.)
CLAR.   ¿Quién
sois que le hacéis reparo?
LIS. Con palabra que me deis
de suspender un rato,
os lo diré.
CLAR.   Me suspendo;   3590
decid.
LIS.   Llega Papagayo
al tope de la escalera
conmigo.
PAP.   Ya estoy en el caso;
quieres mudar de vestido.
(Entra[n]se Papagayo y Lisarda.)
BEA. ¡Hubo suceso más raro!   3595
¡Quién dijera que era Clara
Clarindo, y que así mi hermano
se hubiese con él!
JAC.   ¡Es sueño
esto, cielos soberanos!
¡Clarindo vive y no muero   3600
de contento! Ea, animaos,
corazón, que si hasta aquí
con el dolor inhumano
de su concebida muerte
pudisteis, mas alentaros   3605
habéis menester ahora,
que más arriesga a un desmayo
un gusto que una tristeza.
ALV. *(Ap.)* ¡Esto es cierto o estoy
soñando!
No puedo hablar de confuso.   3610
ROD. ¡Quién vio caso más extraño!
CLAR. Pasmados a todos veo,
y no es mucho que pasmados
estén con caso tan nuevo.
(Sale Hipólita.)
HIP. Señores, ¿hay más encantos   3615
que los que hay en esta casa?
¿Hay más confuso palacio?
¿En qué más metamorfosis
los dioses se transformaron?
Una mujer se hizo hombre,   3620
y agora (¡quién ha pensado
tal cosa!), ¿un hombre mujer
se ha hecho?
JAC.   ¿Qué es?

HIP.   Que un hidalgo,
que agora de aquí se ha ido,
en traje se está mudando   3625
de mujer.
JAC.   ¿Cómo es aqueso?
HIP. Como él viene a declararlo.
*(Sale[n] Lisarda, de mujer, y
Papagayo.)*
PAP. Plaza, plaza, que aquí viene
vuelto Lisarda Lisardo.
CLAR. Cielos, mi hermana es
aquésta.   3630
ALV. *(Ap.)* ¡Lisardo en mujer trocado!
ALB. Si es mujer, como parece,
mis celos han sido vanos.
LIS. No se admire quien conoce
que suelen efectos varios   3635
una afición y una pena
causar en un pecho humano,
de lo que me ha sucedido
siendo mujer, porque es claro,
siendo más flaco este sexo,   3640
que siempre es más arrojado.
De la imaginada muerte
de Clarindo, que llegando
de mi padre a las orejas,
viéndose de un hijo falto,   3645
que por ser único fue
de su amor tan estimado,
quitóle el dolor la vida,
y con dolor duplicado,
viéndome sola, conmigo   3650
ha podido tanto el bravo
enojo de esta desdicha,
que no teniendo otro hermano
ni deudo que solicite
de esta ofensa el desagravio,   3655
buscando por todo el mundo
de su homicida tirano
noticias, porque ningunas
de quien fuese se alcanzaron,
enojada y resoluta,   3660
mi hacienda y casa dejando
a un vecino que en mi ausencia
tuviese de esto cuidado,
en traje de hombre partíme
sola con este criado   3665
para esta corte por ver
si descubría algún rastro

de mi intento, que en Lamego
ya me habían informado,
que un don Alvaro había sido   3670
su camarada, y pensando
que él me daría noticias
del traidor para buscarlo
y darle la muerte, oí
de don Alvaro, llegando   3675
a la puerta, en casa riña,
y por su nombre nombrarlo;
y hallando la puerta abierta
me fui tras el nombre entrando,
donde le hallé con un primo   3680
riñendo; pude apartarlos,
donde quedó de mis bríos
don Alvaro tan pagado
que su casa me ofreció,
adonde estuve por Lisardo   3685
hasta aquí; y como amor,
cuando menos se ha pensado
suele cautivar un pecho,
conmigo ha podido tanto
que en don Alvaro topé   3690
el mismo autor de mi agravio,
pues se descubrió conmigo;
y cuando para matarlo
me impelía la pasión,
la de amor no sólo embargos   3695
me puso, mas aun por él
este arrojo temerario
hice de hacerme homicida,
porque él su amor deseado
con Jacinta, a quien quería,   3700
lograra, porque era pacto
de Jacinta el no admitir
de don Alvaro la mano
sin darle parte primero
del autor de aqueste caso,   3705
por confirmar de la muerte
de Clarindo el desengaño;
porque si por homicida
se descubría don Alvaro,
del logro de sus intentos   3710
temía quedar privado,
que a Jacinta enojaría,
viéndole autor de sus daños.
No fue mi intento que al logro
don Alvaro del amado   3715
objeto de sus amores

llegase, que amor avaro
es de aquello que se quiere
sin querer participarlo;
y así sólo para mí   3720
es que a don Alvaro guardo;
lo hice sólo por fineza
para más lisonjearlo,
fingiéndome delincuente
por quien sólo es el culpado.   3725
Y cuando llegase a punto
de quererle sus cuidados
premiar Jacinta, tenía
intención yo de estorbarlo,
diciendo que otra mujer   3730
tenía en casa a su lado,
que era yo, y ponerme entonces
del traje en que agora salgo
que para aquesta ocasión
lo traía Papagayo.   3735
Y así, hermano, pues que vives,
y he por tu respecto obrado
este exceso, y pues amor
por destino o por acaso
en don Alvaro me quiso   3740
de mi amoroso cuidado
dar el dueño, cuando él quiera
serlo, le perdona.

ALV.   Esclavo
suyo a sus pies me confieso,
(Híncase de rodillas.)
      pidiendo humilde y postrado   3745
      perdón de la culpa mía,
      que envidias de amor causaron
      en amistad tan estrecha
      este arrojo.
CLAR.   Levantaos,
      que si amor así lo quiere,   3750
      quiero constante mostraros
      que soy para vos amigo
      y vos para mí cuñado.
ALV. Cuñado en mí no tendréis,
      mas un verdadero hermano,   3755
      pues Lisarda mi señora
      me hace tan feliz.
CLAR.   Las manos
      os dad pues.
ALV.   Con el deseo.
LIS. Con igual afecto lo hago.
(Danse las manos.)

CLAR. Y a vos, Jacinta querida,   3760
    llegó el tiempo de pagaros
    el amor que os he debido
    con el que os tengo, otorgando
    vuestro padre y mi señor
    estos deseos.
ROD.   Mi agrado   3765
    y mi gusto apruebo.
JAC.   Aplaudo
    con el alma solamente
    mi ventura, pues no alcanzo
    con las voces mi contento.
CLAR. Tuyo soy, mi bien.
JAC.   Me alabo   3770
    de ser tuya.
(Danse las manos.)
ROD.   Para ser
    este gusto bien logrado,
    señor don Alvaro, hacedme
    una merced de barato,
    pues la suerte me impidió   3775
    el haber en vos logrado
    el yerno que deseé.
ALV. Siempre soy vuestro criado,
    y en todo he de obedeceros.
ROD. Pues salid de aquese cuarto,   3780
    señor Alberto, salid
    señora Beatriz; tomado
    he por mi cuenta este empeño,

    y vos habéis de otorgarlo;
    este casamiento es mío.   3785
(Salen Alberto y Beatriz.)
ALV. En día tan celebrado
    no ha de haber ningún disgusto;
    dense en buena hora las manos.
ALB. La mía es ésta y la vida.
BEA. Con ésta, primo, te pago.   3790
(Danse las manos.)
PAP. Agora pues de los primos
    pasemos a los criados;
    ¿cuál de aquestas dos mozuelas
    se aficiona a este lacayo?
DOR. Yo no, que con mi señor   3795
    he de quedar siempre al lado.
HIP. Pues yo sí, que siempre amiga
    he sido de papagayos.
PAP. Real respuesta, real
    de aquí Portugal te llamo;   3800
    dame ésa tu mano, y sea
    jaula de aquésta mi mano.
CLAR. Y aquí tiene fin dichoso
    el *Muerto disimulado.*
PAP. Tal caso no ha sucedido;   3805
    pero como casos raros
    suceden, también supongo
    que ha sucedido este caso.

L A U S   D E O.

Ana Caro Mallén de Soto

INTRODUCTION

There is some discrepancy among scholars who have studied Ana Caro's life and works as to her birthdate. It is generally accepted that she was born around 1600 in southern Spain, probably in Granada.[1] She spent the majority of her life in Seville, one of Spain's theatrical centers, and from that city's records we know that she did receive payment for the composition of two *autos sacramentales,* one entitled *La puerta de la Macarena* performed in 1641 and the other, *La cuesta de Castilleja,* performed in 1645.[2] This means that she is a remarkable example of a woman who enjoyed professional status as a playwright, although no reliable information has come to light about theatrical performances of her two extant secular dramas, *El conde Partinuplés* and *Valor, agravio y mujer.* Tantalizing references in these works and commentary from her contemporaries suggest that Caro's *comedias* may have been performed or at least circulated in manuscript form among literary circles. In his seventeenth-century *Varones ilustres de Sevilla,* Rodrigo Caro includes her with the following description: "insigne poetisa que ha hecho muchas comedias, representadas en Sevilla y Madrid y otras partes, con grandísimo aplauso, en las cuales casi siempre se le ha dado el primer premio."[3] A fictional theater manager in Matos Fragoso's play, *La cosaria catalana,* likewise lists Caro's work *El conde Partinuplés* as one among the group of plays he brings from Spain, and two works from the 1670s

refer to her as the author of "comedias."[4] It is hoped that in the future others of her reported "muchas comedias" may come to light.

Thanks to circumstantial poetry written in dedication and praise of each other's work, the friendship between Caro and her contemporary, María de Zayas, is ackowledged, and her presence in Madrid where Zayas lived is documented in one of Caro's poems written to celebrate royal festivities in the capital city in 1637.[5] During the decades of the 1630s and 1640s, Caro produced poetic works for public celebrations as well as a "Loa sacramental" for the Corpus Christi festival in 1639. As one scholar notes, Caro's last such published piece of poetry is a poem in praise of Tomás de Palomares's book *Estilo nuevo de escrituras públicas* in 1645.[6] Amy Kaminsky also records that nothing more is known about Caro after 1653. Both she and her friend Zayas "disappear from literary and historical records" during the six-year period from 1647 to 1653, and as Ruth Lundelius suggests, Caro may have been a plague victim during the terrible epidemic that struck Seville from 1649 to 1652.[7]

Both of Caro's secular plays exist in seventeenth-and eighteenth-century manuscript form as well as in later printed editions. I have based my edition on the earliest manuscript or printed text in each case. *El conde Partinuplés* was printed in 1653 in a collection entitled *Laurel de comedias* that also contained plays by Pedro Calderón de la

Barca, Luis Vélez de Guevara, and Antonio Mira de Amescua, among others. The other seventeenth-century copy of the play is a manuscript of sixteen pages with dialogue written in two columns on each page and catalogued in the Biblioteca Nacional de Madrid as ms. 17189, and identified in my notes as B. Since these two texts are contemporary with the playwright, I supply variants from B in my notes. I have chosen to base my edition on the printed copy since, as Blecua points out, usually the handwritten copies "proceden . . . de copias de las partes impresas."[8] *Valor, agravio, y mujer* exists in its earliest and only seventeenth-century form in a handwritten manuscript of forty-nine pages with one column of dialogue on each and is housed in the Biblioteca Nacional as ms. 16620.

El conde Partinuplés dramatizes a tale from a French chivalric novel about Partonopleus de Blois, translated first into Spanish in 1497.[9] Caro's dramatic version makes use of certain elements from the chivalric tradition of the story, such as astrological predictions, issues of succession to a royal throne, magical spells, an enchanted castle, trials and tasks to prove and/or win a beloved, and numerous obstacles to be overcome in the name of true love for the principal characters: Rosaura (Empress of Constantinople), the French Count Partinuplés, his cousin Countess Lisarda, and the three other suitors for Rosaura's hand. Caro eliminates the novel's prominent elements of eroticism and physical love in order to craft a play in the tradition of the Lopean *comedia nueva*, but makes considerable use of stage machinery for scenes in which the sorceress Aldora works her magic through metamorphoses, the invocation of visions, supernatural boats, and enchanted meals. With its understandable demand for stage machinery to effect these events and settings, this play can be categorized as "comedia de apariencias" and could have been represented in the public theaters of Caro's seventeenth-century Seville as well as in the grander setting of private courtly palaces and homes.[10]

Another element incorporated into the play is Caro's allusion to the myth of Psyche and Cupid; Rosaura forbids Partinuplés to look upon her face until she permits him to do so.[11] This prohibition is similar to that by which the mythological Psyche must abide. Cupid loves her and transports her to a beautiful place where she enjoys his visits each night in the dark but with the caveat that she must not attempt to look at his face. Eventually overcome with curiosity and doubt about whether she is loved by a monster or a god, Psyche violates the command and looks at Cupid while he sleeps. The aftermath includes the god's angry disappearance and the imposition of a series of difficult tasks on Psyche in order to atone for her transgression. Caro's play revisits these mythological elements, albeit through a reassignment of roles, for it is Partinuplés who is forbidden to see the face or know the identity of Rosaura, the mysterious woman he loves. A full reversal of gendered norms is not enacted, however, for Rosaura's recourse to secrecy and cover of darkness is, in part, necessitated by her adherence to the codes of silence and enclosure for respectable women.[12] Rosaura's womanhood is, moreover, the problematical center of the dilemma she faces as female monarch, for her subjects refuse to accept her as unmarried queen, whereas her dead father has predicted destruction if she does marry. Death and civil unrest are the threatened consequences for either option, and Rosaura's negotiation of this seemingly impossible situation moves the drama forward. *El conde Partinuplés* was probably composed in the 1630s or early 1640s. It was during this period that Caro was most actively writing and publishing her poetry and her commissioned *autos*. The 1653 printing date presumably postdates any representation of the play, as was the case with printing practices in seventeenth-century Spain.[13]

Valor, agravio y mujer presents the often dramatized Golden Age story of a woman abandoned by the man who courts her and promises marriage. Leonor adopts the conventional technique of disguising herself as a man in order to follow Juan from her native Spain to Brussels. He lingers there during a break in military duties brought about by an event Caro borrows from recent history—the signing of a peace treaty with Holland in 1621 after twelve years of warfare between that country and Spain. At the Belgian court, much complication results from Leonor's performance as Don Leonardo while she prepares the groundwork for forcing Juan to fulfill his obligations to her and perhaps rekindle their love.[14] The date of composition of this play is not indicated in the manuscript or any documentation available about Caro. The year of the peace treaty must therefore be the earliest possible date of composition, and, as for her published poetry and the *autos* for which she was paid, this work too was surely written before the mid-century mark when it is supposed that she died. Documentation shows that she obtained the status of professional writer in the 1630s and 1640s with the money she earned for the *autos* in Seville as well as the payment she received in the form of "libranzas anuales" in 1637, 1641, 1642, 1643, and 1645 for her written work.[15] Her drama *Valor, agravio y mujer* is likely to have been a product of this busy period of her professional life.

NOTES

1. For information about Caro's birth as well as facts about her life, see Frederick de Armas, "Ana Caro Mallén de Soto," in *Women Writers of Spain: An Annotated Bio-bibliographical Guide*, 66; Amy Kaminsky, "Ana Caro Mallén de Soto," in *Spanish Women Writers: A Bio-Bibliographical Source Book*, 86-87; Ruth Lundelius, "Ana Caro: Spanish Poet and Dramatist," in *Women Writers of the Seventeenth Century*, 228-32; Teresa S. Soufas, "Ana Caro's Re-evaluation of the *Mujer varonil*," in *The Perception of Women in Spanish Theater of the Golden Age*, 85-86, "Introducción," in *Ana Caro: "El conde Partinuplés,"* ed. Lola Luna; and "Introducción," in *Ana Caro: "Valor, agravio y mujer,"* ed. Lola Luna.

2. See Kaminsky, "Ana Caro," 86-87 and Lundelius, "Ana Caro," 230.

3. Cited in Cayetano Alberto de Barrera y Leirado, *Catálogo bibliográfico y biográfico del teatro antiguo español desde sus orígenes hasta mediados del siglo XVIII*, 71.

4. Matos Fragoso cited in Manuel Serrano y Sanz, *Apuntes para una biblioteca de escritoras españolas desde el año 1401 al 1833*, vol. 268, 179. See also D. Ortiz de Zúñiga, *Anales eclesiasticos y seculares de la muy noble y leal ciudad de Sevilla, Metropoli de la Andalucia que continen sus más principales memorias desde el año de 1246 . . . hasta el de 1671*; Nicolás Antonio, *Bibliotheca Hispana sive Hispanorum*.

5. See Lundelius, "Ana Caro," 230 and Kaminsky, "Ana Caro," 86-87.

6. Lundelius, "Ana Caro," 231.

7. Kaminsky, "Ana Caro," 87; Lundelius, "Ana Caro," 231.

8. A. Blecua, *Manual de crítica textual*, 213.

9. Luna, "Introducción," *El conde*, 28.

10. See Luna, "Introducción," *El conde*, 46-47; Jean Sentaurens, *Séville et le théâtre de la fin du Moyen Age à la fin du XVIIᵉ siècle*, 444-45; and A. Egido, ed., *La escenografía del teatro barroco*.

11. See Luna, "Introducción," *El conde*, 40-46.

12. For further discussion of Caro's reinterpretation of the Cupid/Psyche myth, see Teresa S. Soufas, "Repetitive Patterns: The Unmarried Woman in Ana Caro's El conde

Partinuplés," in a forthcoming collection of essays, ed. Oakey and Williamsen.

13. Luna concurs with this speculation, ibid, 10.

14. For further discussion of the social and theatrical implications of the woman figure disguised as a man on the seventeenth-century Spanish stage, see Teresa S. Soufas, *Dramas of Distinction: A Study of Plays by Golden Age Women*.

15. See Luna, "Introducción," *Valor*, 11.

SELECTED BIBLIOGRAPHY

Antonio, Nicolás. *Bibliotheca Hispana sive Hispanorum*. Rome: n.p., 1677.

Barrera y Leirado, Cayetano Alberto de la. *Catálogo bibliográfico y biográfico del teatro antiguo español desde sus orígenes hasta mediados del siglo XVIII*. Madrid: Rivadeneyra, 1890.

Blecua, A. *Manual de crítica textual*. Madrid: Gredos, 1987.

Caro, Ana. *"El conde Partinuplés."* Ed. Lola Luna. Kassel: Edition Reichenberger, 1993.

———. *Ana Caro, "Valor, agravio y mujer."* Ed. Lola Luna. Madrid: Castalia, 1993.

———. *Comedia famosa El conde Partinuplés*. Madrid: Biblioteca Nacional de Madrid, ms. 17.189.

———. *El conde Partinuplés*. In *Laurel de comedias. Quarta parte de diferentes autores*. Madrid: Imprenta Real. 1653.

———. *El conde Partinupés*. In *Dramáticos posteriores a Lope de Vega*. Vol. II. Ed. R. Mesonero Romanos, 125-38. Madrid: Ribadeneira, 1859.

———. *Loa sacramental*. 1639. Seville: Juan Gómez de Blas. Reprinted in *Revista de dialectología y tradiciones populares*. Vol. 32: 263-75. Ed. F. López Estrada. 1976.

———. *Valor, agravio y mujer*. Madrid: Biblioteca Nacional, ms. 16.620. N.p., n.d.

———. "Valor, agravio y mujer." In *Apuntes para una biblioteca de escritoras españolas*, 268:179-212. Ed. Manuel Serrano y Sanz. Madrid: Biblioteca de Autores Españoles, 1975.

de Armas, Frederick. "Ana Caro Mallén de Soto." In *Women Writers of Spain: An Annotated Bio-bibliographical Guide*. Ed. Carolyn L. Galerstein, 66-67. New York: Greenwood Press, 1986.

———. *The Invisible Mistress: Aspects of Feminism and Fantasy in the Golden Age*. Charlottesville, Va.: Biblioteca Siglo de Oro, 1976.

Egido, A., ed. *La escenografía del teatro barroco*. Salamanca: Universidad Internacional Menéndez y Pelayo, 1989.

Kaminsky, Amy. "Ana Caro Mallén de Soto." In *Spanish Women Writers: A Bio-Bibliographical Source Book*. Ed. Linda Gould Levine, Ellen Engelson Marson, and Gloria Feiman Waldman, 86-97. Westport, Conn.: Greenwood Press, 1993.

López Estrada, Francisco, ed. "Costumbres sevillanas: El poema sobre la fiesta y octava celebradas con motivo de los sucesos de Flandes en le Iglesia de San Miguel (1635) por Ana Caro Mallén." *Archivo Hispalense* 203(1984): 109-50.

———, ed. "La frontera allende el mar: el romance por la victoria de Tetuán (1633) de Ana Caro de Mallén." In *Homenaje a José Manuel Blecua. Ofrecido por sus discípulos, colegas y amigos*, 337-46. Madrid: Gredos, 1983.

————, ed. "La relación de las fiestas por los mártires del Japón, de Doña Ana Caro Mallén (Sevilla), 1628." *Libro-Homenaje a Antonio Pérez Gómez*, 51-69. Cieza: Artes Gráficas Soler, 1978.

————, ed. "Una loa del Santísimo Sacramento de Ana Caro de Mallén en cuatro lenguas." *Revista de Dialectología y Tradiciones Populares* 22(1976): 263-75.

Luna, Lola. "Ana Caro, una escritora 'de oficio' del Siglo de Oro." *Bulletin of Hispanic Studies* 72(1995): 11-26.

Lundelius, Ruth. "Ana Caro: Spanish Poet and Dramatist." In *Women Writers of the Seventeenth Century*. Ed. Katharina M. Wilson and Frank J. Warnke, 228-50. Athens: Univ. of Georgia Press, 1989.

Mastrangelo Latini, Guilia. "Doña Ana Caro y su Conde Partinuplés." *Quaderni di Filologie e Lingue Romanze* 3(1988): 27-36.

McKendrick, Melveena. "Women Against Wedlock: The Reluctant Brides of Golden Age Drama." In *Women in Hispanic Literature: Icons and Fallen Idols*. Ed. Beth Miller, 115-46. Berkeley: Univ. of California Press, 1983.

Ordóñez, Elizabeth. "Woman and Her Text in the Works of María de Zayas and Ana Caro." *Revista de Estudios Hispánicos* 19(1985): 3-15.

Rodríguez López, A. "La mujer en el teatro español: De Calderón a Jardiel Poncela." In *Actas del Simposio Internacional Mujer y Cultura*, 465-68. Santiago: Universidad de Santiago, 1993.

Sentaurens, Jean. *Séville et le théâtre de la fin du Moyen Age à la fin du XVIIe siècle*. Talence: Presses Universitaires de Bordeaux, 1984.

Serrano y Sanz, Manuel de. *Apuntes para una biblioteca de escritoras españolas*. Vol. 268. Madrid: Biblioteca de Autores Españoles, 1975.

Soufas, Teresa S. "Ana Caro's Re-evaluation of the *Mujer varonil*." In *The Perception of Women in Spanish Theater of the Golden Age*. Ed. Anita K. Stoll and Dawn L. Smith, 85-106. Lewisburg, Penn.: Bucknell Univ. Press, 1991.

————. *Dramas of Distinction: A Study of Plays by Golden Age Women*. Lexington: Univ. Press of Kentucky, 1997.

————. "Repetitive Patterns: The Unmarried Woman in Ana Caro's *El conde Partinuplés*." In a collection of essays. Ed. Valerie Hegstrom Oakey and Amy R. Williamsen. Lewisburg: Bucknell Univ. Press, forthcoming.

Stroud, Matthew D. "La literatura y la mujer en el barroco: *Valor, agravio y mujer*." In *Actas del VIII Congreso de la Asociación Internacional de Hispanistas*. Ed. David Kossoff, José Amor y Vázquez, Ruth H. Kossoff, and Goeffrey Ribbans, 605-12. Madrid: Ediciones Istmo, 1986.

Walthaus, Rina. "La comedia de Doña Ana Caro Mallén de Soto." In *Estudios sobre escritoras hispánicas en honor de G. Sabat-Rivers*. Ed. Lou Charnon-Deutsch, 326-40. Madrid: Castalia, 1992.

Williamsen, Amy R. "Rewriting in the Margins: Caro's *Valor, agravio y mujer*." *Bulletin of the Comediantes* 44(1992): 21-30.

El conde Partinuplés
Comedia famosa

ACTO PRIMERO

*(Tocan cajas y clarines, y salen, empuñando las
espadas, Arcenio y Clauso, y Emilio,
deteniéndolos.)*

ARC. Sucesor pide el imperio;
   dénosle luego, que importa.
EMIL. Caballeros, reportad
   el furor que os apasiona.
CLAU. Cásese o pierda estos reinos.   5
EMIL. Esperad; razón os sobra.
ARC. Pues si nos sobra razón,
   cásese o luego deponga
   el reino en quien nos gobierne.
EMIL. Rosaura es vuestra señora   10
   natural.
ARC.   Nadie lo niega.
   Toca al arma.
CLAU.   Al arma toca.
(Tocan el arma.)
*(Salen Rosaura y Aldora, y en viéndola, se
turban.)*
ROS. Motín injusto, tened.
   ¿Dónde vais?
ARC.   Yo, no . . .
CLAU.   Señora . . .
ROS. ¿No habláis? ¿No me respondéis?   15
   ¿Qué es esto? ¿Quién os enoja?
   ¿Quién vuestro sosiego inquieta?
   ¿Quién vuestra paz desazona?
   Pues, ¿cómo de mi palacio
   el silencio se alborota,   20
   la inmunidad se profana,

   la sacra ley se deroga?
   ¿Qué es esto, vasallos míos?
   ¿Hay acaso en nuestras costas
   enemigos? ¿Han venido   25
   de Persia bárbaras tropas
   a perturbar nuestra paz,
   envidiosos de mis glorias?
   Decidme qué es; porque yo,
   atrevida y fervorosa,   30
   con vosotros, imitando
   las ilustres amazonas,
   saldré a defender, valiente,
   de estos reinos la corona,
   y aun ofreceré la vida   35
   con resolución heroica,
   porque vosotros gocéis
   la parte que en ésa os toca,
   pacíficos y contentos.
   No hagáis, por mi amor, ociosa   40
   la razón de vuestro enojo
   en el silencio que estorba
   en mi atención el informe;
   hablad.
ARC.   ¡Qué cuerda!
EMIL.   ¡Qué hermosa!
ROS. No me neguéis la ocasión   45
   del disgusto.
ARC.   Gran señora,
   bellísima emperatriz,
   nuestro delito perdona;
   que tú sola eres la causa.
ROS. Sea agravio o sea lisonja   50
   de vuestro amor el ser yo,

vasallos, la causa sola;
pues está mi confianza
de vuestra lealtad heroica
satisfecha felizmente, 55
advertid que se malogra
la intención mientras la ignoro;
responded.
EMIL.   Rosaura hermosa,
yo diré a lo que han venido;
perdona y oye, señora. 60
Ya sabes la obligación
con que de estos reinos gozas,
y que por ella es preciso
tomar estado. No ignoras
tampoco que te ha pedido 65
tu imperio que te dispongas
a casarte, y te ha propuesto
el príncipe de Polonia,
el de Chipre, Transilvania,
Inglaterra y Escocia. 70
Cásate pues, que no es justo
que dejes pasar la aurora
de tu edad tierna, aguardando
a que de tu sol se ponga.
Esta es inviolable ley, 75
que en tus años tan costosa
que han de ejecutarla; dicen
que habías de ver tu corona
dividida en varios bandos
y arriesgada tu persona. 80
Elige esposo primero
que la fe jurada rompan,
porque, de no hacerlo así,
tu majestad se disponga
a defenderse de un vulgo 85
conspirado en causa propia.
Yo te aconsejo, yo justo;
tú, emperatriz, mira ahora
si te importa el libre estado,
o si el casarte te importa. 90
ROS. (Ap.) No sé cómo responderle;
tanto el enojo me ahoga
que están bebiendo los ojos
del corazón la ponzoña.
¡Hay tan grande atrevimiento! 95
¡Hay locura tan impropia!
¡Que estos mi decoro ofendan!
¡Que así a mi valor se opongan!
Pero no tiene remedio;
porque si las armas toman 100

y quieren negar, ingratos,
la obediencia y la corona,
¿cómo puedo, cómo puedo
siendo muchos y yo sola,
defenderme? Y no les falta 105
razón. ¡Ay querida Aldora,
si yo te hubiera creído!
¿Qué haré?
ALD.   Responde amorosa
que un año te den de plazo,
y que si al fin de él no tomas 110
estado, les das licencia
para que el reino dispongan
a su elección.
ROS. (Ap.)   ¡Ah vasallos!
Si sois traidores, ¿qué importa
rendiros con beneficios 115
ni obligaros con lisonjas?
EMIL. Gran señora, ¿qué respondes?
ROS. Agradecida y dudosa
del afecto y la elección
me detuve, mas agora 120
quiero que escuchéis, vasallos,
porque os quiero hacer notoria
la causa que ha tanto tiempo
que mis designios estorba.
Ya sabéis que en este imperio, 125
generoso esplendor del hemisferio,
obedeció por dueño soberano
al insigne Aureliano,
mi padre, y que fue herencia
de su real y antigua descendencia. 130
También sabréis como mi madre hermosa
sin sucesión dichosa
estuvo largo tiempo, y que los cielos,
con devotos desvelos,
los dos importunaban 135
(mas, ¡justas peticiones, que no acaban!).
Ya se ve, pues se hicieron tanto efecto
las generosas quejas de su afecto,
que el cielo, o compasivo u obligado,
les vino a dar el fruto deseado; 140
mas fue con la pensión ¡oh infeliz suerte!
de la temprana muerte
de aquella hermosa aurora
del Puzol, Rosimunda, mi señora,
que de mi tierna vida al primer paso 145
la luz oscureció en mortal ocaso,
dando causa a comunes sentimientos;
ya lo sabéis, pues; escuchadme atentos.

Quedó el emperador, mi padre amado,
con golpe tan pesado,   150
desde aquel triste día,
ajeno de alegría;
mas viendo su presencia
a pique de perderse en la experiencia
de dolor tan esquivo,   155
dio al pesar, ni bien muerto ni bien vivo,
treguas, como cristiano,
pues fuera intento vano
ser su mismo homicida,
no pudiendo animar la muerta vida   160
de su adorada esposa;
suspendió, en fin, la pena lastimosa,
y quiso de mis dichas mal seguro
investigar del tiempo lo futuro.
Consultó las estrellas,   165
miró el influjo de sus luces bellas,
escudriñó curioso
el benévolo aspecto o riguroso
de Venus, Marte, Júpiter, Diana,
antorchas de esa esfera soberana   170
o llamas de ese globo turquesado,
que de varios astrólogos mirado,
me pronostican de opinión iguales
mil sucesos fatales;
y todos dan por verdadero anuncio   175
(¡con qué temor, ay cielos, lo pronuncio!),
que un hombre ¡fiero daño!
le trataría a mi verdad engaño,
rompiéndome la fe por él jurada,
y que si en este tiempo reparada   180
no fuese por mi industria esta corona,
riesgo corrían ella y mi persona;
porque este hombre engañoso
con palabra de esposo,
quebrantando después la fe debida,   185
el fin ocasionaba de mi vida.
Supe después ¡ay triste! de sus labios
de mi adversa fortuna los agravios;
y así, por no perderos y perderme,
no he querido, vasallos, resolverme   190
jamás a elegir dueño.
Mas ¡ay!, que me ponéis en este empeño
(sea o no sea justo),
a daros rey me ajusto.
Sepa el de Transilvania,   195
Chipre, Escocia y Albania,
Polonia, Inglaterra
que me podré rendir, mas no por guerra;

que esta dulce conquista
sólo ha de conseguirse con la vista   200
de una firme asistencia,
blandura, agrado, amor, correspondencia.
Obliguen, galanteen,
escriban, hablen, sirvan y paseen;
rendirán mi desdén con su porfía,   205
obligarán mi altiva bizarría;
y en tanto yo, advertida y desvelada,
huiré aquella amenaza anticipada,
examinando el más constante y firme;
pues es fuerza rendirme   210
a yugo de Himeneo
que temo y que deseo
por sólo asegurar vuestro cuidado.
Alcance pues mi amor en vuestro agrado,
para determinarme   215
a morirme o casarme,
sólo un año de término preciso;
y si al fin de él halláredes remiso
mi temeroso intento,
o me obligad por fuerza al casamiento   220
o elegid rey extraño.
Todos sois nobles y vasallos míos;
ayudadme a vencer los desvaríos
de mi suerte inhumana,
pues soy vuestra señora soberana.   225
Examinemos quién será el ingrato
que ha de engañarme con perjuro trato;
busquemos modo o suerte
para huir el influjo adverso y fuerte
de aquella profecía esquiva, acerba,   230
cuyo rigor cobarde el alma observa.
Este es, nobles, mi intento;
éste es mi pensamiento;
éste mi ruego y éstos mis temores;
éstos de mi fortuna los rigores;   235
y ésta la ejecución con que restaura
tan triste amago la infeliz Rosaura.
EMIL. Emperatriz hermosa,
tu pena lastimosa
sentimos como es justo;   240
y así, Tu Majestad haga su gusto
y repare ese daño
en el plazo de un año,
y en él haga experiencia
de la fe, la lealtad y la obediencia   245
con que ha de hallar rendidas
de sus vasallos las honradas vidas.
Aqueste parecer de mi fe arguyo;

ahora Vuestra Alteza diga el suyo;
avise de su intento.   250
ROS. Sea como os [he] dicho.
EMIL.   Pues contento
estoy con esto; el reino se restaura.
¡Viva la emperatriz, viva Rosaura!
Tu nombre en bronce eterno el tiempo
    escriba.
¡Viva la emperatriz, Rosaura viva!   255
[Vanse Emilio y los otros.]
ALD. Suspensa, prima, has quedado.
ROS. No tengo, Aldora, no tengo
satisfacción de mi suerte.
Aquello[s] anuncios temo,
y no sé si he de elegir   260
algún ingrato por dueño
que el alma que me amenaza
sea bárbaro instrumento.
Quisiera yo, prima mía,
ver y conocer primero   265
estos caballeros que
mis vasallos me han propuesto.
Y si de alguno me agrada
el arte, presencia e ingenio,
saberle la condición   270
y verle el alma hacia dentro,
el corazón, el agrado,
discurso y entendimiento,
penetrarle la intención,
examinarle el concepto   275
de su pecho, en lo apacible,
o ya ambicioso o ya necio.
Mas si nada de esto puedo
saber y me he de arrojar
al mar profundo y soberbio   280
de elegir por dueño a un hombre
que ha de elegir el imperio
del alma con libertad,
o ya ambicioso o ya ciego,
¿qué gusto puedo tener   285
cuando ¡ay Dios! me considero
esclava, siendo señora,
y vasalla, siendo dueño?
ALD. Discretamente discurres;
mas es imposible intento   290
penetrar los corazones
y del alma los secretos.
Lo más que hoy puedo hacer
por ti, pues sabes mi ingenio
en cuanto a la mágica arte,   295

es enseñarte primero
en aparentes personas
estos príncipes propuestos.
Y si es fuerza conocer
las causas por los efectos,   300
viendo en lo que se ejercitan,
será fácil presupuesto
saber cuál es entendido,
cuál arrogante o modesto,
cuál discreto y estudioso,   305
cuál amoroso o cuál tierno.
Y asimismo es contingente
inclinarte a alguno de ellos
antes que con sus presencias
tenga tu decoro empeño,   310
no atreviéndose a elegir.
ROS. ¡Oh, Aldora, cuánto te debo!
Si hacer quieres lo que dices,
presto, prima, presto, presto;
pues sabes que las mujeres   315
pecamos en el extremo
de curiosas de ordinario.
Ejercita tus portentos;
ejecuta tus prodigios,
que ya me muero por verlos.   320
ALD. Presto los verás; atiende.
ROS. Con todo el alma te atiendo.
ALD. ¡Espíritus infelices,
que en el espantoso reino
habitáis por esas negras   325
llamas, sin luz y con fuego,
os conjuro, apremio y mando
que juntos mostréis a un tiempo
de la suerte que estuvieren
a los príncipes excelsos,   330
de Polonia a Federico,
de Transilvania a Roberto,
de Escocia a Eduardo, de Francia
Partinuplés . . .¡Bastan éstos?
ROS. Sí, prima; admirada estoy.   335
ALD. Ea, haced que en breve tiempo
en aparentes figuras
sean de mi vista objetos.
*(Vuélvese el teatro, y descúbrense los cuatro de
la manera que los nombra.)*
ROS. Válgame el cielo, ¿qué miro?
Hermosa Aldora, ¿qué es esto?   340
ALD. Este [que] miras galán,
que en la luna de un espejo
traslada las perfecciones

del bizarro, airoso cuerpo,
es Federico, polonio. 345
(Va señalando a cada uno.)
    Aquéste que está leyendo,
estudioso y divertido,
es Eduardo, del reino
de Escocia príncipe noble,
sabio, ingenioso y discreto, 350
filósofo y judiciario.
    Aquél que del impío acero
adorna el pecho gallardo,
es el valiente Roberto,
príncipe de Transilvania. 355
El que así se ve suspenso
o entretenido, mirando
el sol de un retrato bello,
es Partinuplés famoso,
de Francia noble heredero 360
por sobrino de su rey,
que le ofrece en casamiento
a Lisbella, prima suya;
príncipe noble, modesto,
apacible, cortesano, 365
valiente, animoso y cuerdo.
Este es más digno de ser,
entre los demás tu dueño,
a no estar (como te he dicho)
tratado su casamiento 370
con Lisbella.
ROS.   ¿Con Lisbella?
Por eso, Aldora, por eso
me lleva la inclinación
aquel hombre.
ALD.   Impedimento
tiene, a ser lo que te digo. 375
ROS. ¡Ay Aldora!, a no tenerlo,
otro me agradara, otro
fuera en mi grandeza empeño
de importancia su elección;
pero si le miro ajeno, 380
¿cómo es posible dejar,
por envidia o por deseo,
de intentar un imposible,
aun siendo sus gracias menos?
(Vuélvese el teatro como antes, y cúbrese todo.)
    Ya se ausentó, y a mis ojos 385
falta el agradable objeto
de su vista, y queda el alma,
¿diré en la pena o tormento?

Digo en el tormento y pena
de su ausencia y de mis celos. 390
ALD. No sé si le llame amor,
Rosaura, a tu arrojamiento,
y parece desatino.
ROS. Que es desatino confieso.
ALD. ¿No es galán el de Polonia? 395
¿No es el de Escocia discreto,
gallardo el de Transilvania?
ROS. Si consulta con su espejo
el de Polonia sus gracias
y está de ellas satisfecho, 400
¿cómo podrá para mí
tener, Aldora, requiebros?
Si es filósofo el de Escocia,
judiciario y estrellero,
¿cómo podrá acariciarme, 405
ocupado el pensamiento
y el tiempo siempre en estudio?
Y si es tan bravo Roberto,
¿quién duda que batirá
de mi pecho el muro tierno 410
con fuerzas y tiranías,
siendo quizá el monstruo fiero
que amenaza la ruina
de mi vida y de este imperio?
ALD. ¿No es peor estar rendido 415
a otra beldad?
ROS.   Es exceso
el que propones, si sabes
que no halla el común proverbio
excepción en la grandeza.
Yo lo difícil intento; 420
lo fácil es para todos.
ALD. Pues, emperatriz, supuesto
que Partinuplés te agrada,
todo cuanto soy te ofrezco;
yo haré que un retrato tuyo 425
sea brevemente objeto
de su vista, porque amor
comience a hacer sus efectos.
Ven conmigo.
ROS.   Voy contigo;
desde hoy en tu dulce incendio 430
soy humilde mariposa,
tirano dios, niño ciego.
(Vanse, y haya adentro ruido de caza y luego sale el rey de Francia, Lisbella y el conde Partinuplés, Gaulín y criados, de caza todos.)
CRIADO 1. *(Dentro.)* Al arroyo van ligeros.

CRIADO 2. Por esa otra parte, Enrico,
   Julio, Fabio, Ludovico.   435
CONDE. Al valle, al valle, monteros.
REY. ¡Qué notable ligereza!
   O hijos del viento son
   o del fuego exhalación.
CONDE. Descanse, señor, Tu Alteza;   440
   baste la caza por hoy.
REY. ¿Vienes cansada, Lisbella?
LISB. Como siguiendo la estrella
   del sol, que mirando estoy.
REY. El equívoco me agrada;   445
   ese sol ¿soy yo o tu primo?
LISB. Tú, pues en tu luz animo
   la vida, señor.
GAUL.   No es nada;
   requiebritos en presencia
   de quien a ser suyo aspira.   450
   Mas si es justo, ¿qué me admira?
REY. Habla, pues tienes licencia,
   Partinuplés, a tu esposa.
CONDE. Cuando sabe que soy suyo,
   ociosa, señor, arguyo   455
   toda palabra amorosa,
   porque, a mi entender, no hay mengua
   en el amable discreto
   como empeñar el respeto
   en lo activo de la lengua.   460
   El que explica libremente
   su amor, la verdad desdice,
   que siente mal lo que dice
   quien dice bien lo que siente.
   Yo, que la luz reverencio   465
   del sol que en Lisbella adoro,
   por no ofender su decoro
   la hablo con el silencio;
   que fuera causarla enojos
   con discursos poco sabios,   470
   volverla a decir los labios
   lo que le han dicho los ojos.
REY. Bien encarecido está,
   sobrino, tu sentimiento.
LISB. Y yo, de oírte contento,   475
   también, primo, en mí será
   el silencio lengua muda
   que acredite tu opinión.
(Salen dos pescadores, asidos a una caja.)
PESC.1. Mía es.
PESC.2.   Mayor acción
   tengo a su valor, no hay duda,   480

   pues te la enseñé; y así
   la caja, Pinardo, es mía.
PESC.1. Sáquenos de esta porfía
   Su Alteza, pues está allí;
   démossela.
PESC.2.   Soy contento.   485
REY. ¿Qué es esto?
PESC.1.   Este pescador
   y yo sacamos, señor,
   de ese espumoso elemento
   esta caja de una nave
   que pasó naufragio ya;   490
   y por salvarse quizá,
   alijó su peso grave.
   Mas, aunque fue de los dos
   hallada y ambos queremos
   su valor, ya le cedemos   495
   con gusto, señor, en vos.
REY. Dios os guarde.
*(Rompen la caja y sacan un retrato de
Rosaura.)*
CONDE.   Abrirla presto;
   veremos qué es.
PESC.1.   Sólo hay
   un retrato.
GAUL.   ¡Qué cambray!
CONDE. Echó el cielo todo el resto   500
   en su hermosura.
PESC.2.   Pinardo,
   no trujimos mal tesoro.
PESC.1. Calla; que estoy hecho un moro
   de rabia.
REY.   ¡Pincel gallardo!
CONDE. Por Dios, beldad peregrina   505
   ostenta, ¡ay cielos!
GAUL.   Extraña,
   si acaso el pincel no engaña.
LISB. Vara hermosa.
CONDE.   Divina;
   ¿quién será aquesta mujer?
LISB. ¿Es gusto o curiosidad,   510
   Partinuplés?
CONDE.   ¡Qué deidad!
   Curiosidad puede ser;
   ¿qué gusto fuera de verte?
   Ni le estimo ni le quiero.
LISB. Ya pareces lisonjero;   515
   mas quiero, primo, creerte.
   Señor, una R y una A
   tiene aquí; ignoro el sentido.

GAUL. Pues que me escuches te pido.
REY. ¿Sábeslo tú?
GAUL.   Claro está.   520
LISB. Si habla cualquiera por sí,
    en la R dirá reina.
    Y en la A . . .
CONDE.   En las almas reina.
LISB. De Asia o Africa.
CONDE.   ¡Ay de mí!
    Que es nombre propio, e imagino   525
    puede ser . . .
GAUL.   Oíd dos instantes
    los sentidos más galantes
    de mi ingenio peregrino.
REY. Di, pues.
GAUL.   Llámese romana,
    o rapada o relamida,   530
    rayada, rota o raída,
    rotunda, ratera o rana,
    respondona o Rafaela;
    Ramira, ronca o rijosa,
    Roma, raspada o raposa,   535
    risa, ronquilla o rasuela,
    o regatona o ratina,
    y si es enigma más grave,
    el A quiere decir ave,
    y la R, de rapiña.   540
REY. Como de tu ingenio es
    la conclusión de la cifra.
GAUL. Pues, ¿más que no la descifra
    Rodamonte aragonés
    con más elegancia?
LISB.   Celos   545
    me está dando el conde ingrato,
    divertido en el retrato.
CONDE. ¿Qué es esto que he visto, cielos?
    Rendido está a los primores
    de aquel pincel mis sentidos.   550
GAUL. Muy buena hacienda han traído
    los amigos pescadores;
    bien puede darles, Lisbella,
    su hallazgo.
CONDE.   Gaulín, desde hoy
    sabrá Lisbella que soy   555
    sombra de esta imagen bella.
GAUL. Mira que de exceso pasa
    tu locura.
CONDE.   ¡Qué rigor!
    Disimulemos, amor,
    el incendio que me abrasa.   560

LISB. ¿Que pague de esta manera
    mi amor el conde? ¿Qué haré,
    cielos? ¿Disimularé
    su ocasión?
(Dentro.)
[VOCES.]   Guarda la fiera.
REY. Aquella voz me convida.   565
    Venid, sobrinos, conmigo.
LISB. Yo voy.
CONDE.   Yo, señor, te sigo.
REY. Da el retrato, por tu vida,
    a quien le guarde; después
    tendréis los dos premio justo.   570
PESC.1. El saber que es de tu gusto
    es el mayor interés.
[Vanse.]
CONDE. De mi brazo y de mi aliento
    no has de poder escaparte,
    si no te esconde la tierra;   575
    aguarda, fiera.
GAUL.   No aguardes.
*(Sale el conde tras una fiera vestida de pieles,
vale a dar y vuélvese una tramoya, y aparece
Rosaura, como está pintada en el retrato.)*
CONDE. Espera, monstruo ligero.
GAUL. Señor, que es gran disparate,
    hombre, que te precipitas
    a morir.
CONDE.   Temor infame,   580
    esto ha de ser.¡Todo el cielo
    me valga!
GAUL.   ¡Bizarro lance,
    que buscando una fiera,
    una belleza se hallase
    mi amo! ¿Qué más ventura?   585
    ¡Y que yo nunca me halle,
    si no es uno que me mienta,
    si no es cuatro que me engañen,
    cuarenta que me apaleen,
    cuatrocientos que me estafen!   590
    Sin duda que esto consiste
    en el ánimo; animarme
    quiero y buscar mi ventura;
    ya podrá ser que topase
    en vez de moza, una sierpe,   595
    y en vez de talego, un fraile.
    Mas, ¿qué es aquello? Mi amo
    parece que está en éxtasis,
    o que a lo de *resurrexit,*
    judío asombrado yace.   600

Yo quiero ver qué resulta
de suspensiones tan grandes;
que, si no me engaño, ya
parece que quiere hablarle.
CONDE. Cuando fiera te seguí,   605
monstruo, mujer o deidad,
ignorando tu crueldad,
sólo a un riesgo me ofrecí;
pero ya descubre en ti
más peligros mi flaqueza;   610
pues cuando de tu fiereza
libre examiné el rigor,
mal podré, muerto de amor,
librarme de tu belleza.
Tu hermosura y tu cautela   615
se han conjurado en mi daño;
que una se viste de engaño,
otra a la fiereza apela.
No en vano el temor recela
dar riesgos después de verte,   620
pues de ésta o de aquella suerte
vienes a ser mi homicida;
¿y si, fiera cruel, das vida,
beldad piadosa, das muerte.
¿Eres de este valle diosa?   625
¿Eres ninfa de este monte?
¿Cuál es el sacro horizonte
de tu aurora milagrosa?
Muda fiera, enigma hermosa
de aquel retrato, que al arte   630
por tuyo excede, ¿en qué parte
vives, asistes o estás?
ROS. Si me buscas, me hallarás.
(Desaparécese Rosaura.)
CONDE. Voy con el alma a buscarte.
¿Por qué a mis ojos te niegas,   635
bello hechizo, hermoso áspid?
GAUL. Vive Cristo, que a mi amo
le han dado con la del martes.
CONDE. ¿Por qué te escondes y dejas
burlada mi fe constante?   640
"Si me buscas, me hallarás",
dijiste, y cuando buscarte
quiero, ligera desprecias
mis esperanzas amantes.
¿Qué haré, cielos? ¿Qué he de hacer?   645
O respondedme o matadme.
(Vase.)
GAUL. En tanto que el conde está
dando suspiros al aire,
he de buscar mi aventura,

siquiera por imitarle.   650
Ea, a la mano de Dios,
venzamos dificultades
de miedo, si acaso topan
mis dichas en animarme,
que será posible; pues   655
a los atrevidos hace
fortunilla los cortijos,
que me ayude favorable.
Quiero ver; aquí no hay nada.
(Busca.)
[Sale el conde.]
CONDE. Estos verdes arrayanes   660
fueron de su planta alfombra,
siendo del campo plumajes.
¡Vive el cielo, que estoy loco!
GAUL. Apostaré que dice alguien
que esto es andar por las ramas;   665
mas entre aquellos dos sauces
veo la sombra de un sol
sin nubes y con celajes.
(Aparécesele Aldora a otro lado, entre unos
árboles.)
Vive Dios, que di con él;
todo el cielo se me cae   670
encima, que llueven glorias.
Esta es runfla sin descarte,
perla sin concha, y almendra
sin cáscara o sin ropaje
de engaños ni de fiereza;   675
la muchacha es como un ángel.
¡Oh animal el más hermoso
de todos los animales!
CONDE. Aquí he perdido mi bien,
y aquí, cielos, he de hallarle.   680
Bosques, fieras, espesuras,
campos, prados, montes, valles,
ríos, plantas, pajarillos,
fuentes, arroyos, cristales,
decid, ¿dónde está mi bien?   685
(Vase.)
GAUL. Orlando furioso, tate;
cada loco con su tema;
pues antes, reina, pues antes
que me dé otro trascartón.
(Vala a coger y vuela, y sale un león y coge a
Gaulín, y sale el conde.)
CONDE. ¿Dónde iré?
GAUL.   Cielos, libradme,
ya que mi amo no quiere.   691
CONDE. ¿Qué es esto?

GAUL.   Es para la tarde.
(Va a dar al león y se desaparece.)
CONDE. Oh fiero león, espera.
    Desvaneció en un instante
    su espantosa forma.
GAUL.   ¡Ay Dios!   695
    Todo estoy hecho un vinagre.
    Mira, señor, si me ha herido;
    que por esos arrabales
    parece que estoy sudando,
    aunque no aromas fragantes.   700
CONDE. No estás herido, sosiega.
GAUL. ¿De verdad?
CONDE.   ¿He de engañarte?
GAUL. No, pero será posible
    que a ti la vista te engañe,
    pero no el olfato a mí;   705
    no acabo de santiguarme.
    ¡Jesús mil veces, Jesús!
    ¡Qué tierra de Barrabases
    es ésta donde no hallamos
    sino fieras y animales   710
    que burlen y que aporreen!
CONDE. Confuso estoy.
(Suenan truenos.)
GAUL.   Yo cobarde.
    Pues mira qué truenecitos;
    hoy damos con todo al traste.
    Si es Tesalia o la engañosa   715
    de Circe, estancia agradable,
    salgamos presto, señor,
    de ella; que se cubre el aire
    de nubes y exhalaciones.
CONDE. ¿Cómo es posible alejarme   720
    de este sitio, si en él dejo
    del alma la mayor parte?
GAUL. Déjala toda y partamos;
    que al alma no han de tocarle
    en un pelo de la ropa.   725
    A esos cuerpos miserables
    es fuerza que les busquemos
    albergue donde se guarden;
    fuera de que el rey tu tío
    y tu esposa han de buscarte,   730
    y han de estar perdiendo el juicio
    de ver que así los dejaste.
    Rayo es aquél; ¡Santa Prisca,
    Santa Bárbara, Sant Angel!
    Salgamos presto de aquí.   735
CONDE. ¿Dónde podrás ocultarte
    de la inclemencia del tiempo?

GAUL. Del tiempo, en ninguna parte;
    porque todo está azureña
    rasa; mas para librarte   740
    de las fieras de estos montes
    esta noche, allí nos hace
    del ojo una nao que está
    varada en aquel paraje,
    que debieran de dejar   745
    surca allí los temporales;
    y aunque esta desarbolada,
    sin jarcias y sin velamen
    para navegar, al menos
    podrá esta noche albergarte   750
    de las fieras, como digo.
CONDE. Tus miedos han de obligarme
    a perderme.
GAUL.   Acaba presto;
    mira, señor, que es ganarte.
CONDE. Vamos, si es ganarme.
GAUL.   Ven;   755
    que de ti quiero agarrarme.
CONDE. Fiera hermosa, aunque me voy,
    presto volveré a buscarte.

ACTO SEGUNDO

(Salen el conde y Gaulín.)
CONDE. ¡Notable navegación!
    Si no pasara por mí,   760
    no creyera tal.
GAUL.   Yo sí,
    y sin mayor confusión
    (después de tanto tormento)
    es ver un navío seguro
    sin piloto, Palinuro,   765
    que sin embate ni viento,
    tan sosegado tomase
    puerto en esta playa, caso
    que ahora parece acaso.
CONDE. ¡Que se fuese y me dejase!   770
GAUL. Que es gran maravilla pienso,
    o alguna extraña aventura.
CONDE. ¡Qué prodigiosa hermosura!
GAUL. ¿De qué estás, señor, suspenso?
CONDE. El sentido he de perder.   775
GAUL. *(Ap.)* El ha dado en mentecato.
CONDE. ¡Oh peregrino retrato!
    ¡Oh bellísima mujer!

GAUL. Señor, que te echas a pique,
　　haciéndole al juicio quiebra.　　　　780
　　¿No ves que te dio culebra
　　la fiera por alambique,
　　vuelta en dama, y que sin duda
　　fue algún espíritu malo?
CONDE. A un ángel, Gaulín, la igualo　785
　　de ese pensamiento muda.
GAUL. Con eso me desbautizo,
　　me enfurezco, me remato.
　　¿No ves que fue ruido hechizo?
　　Pues luego ver una fiera　　　　　790
　　y trasformarse en mujer
　　(aunque no hay mucho que hacer),
　　¿quién, sino el diablo, lo hiciera?
　　Entrarnos en un navío
　　desarbolado, y al punto　　　　　795
　　verlo con jarcias, pregunto,
　　¿quién pudo hacerlo, amo mío?
　　No ver quién lo gobernaba,
　　quién, cosa y cómo guió
　　hasta aquí, pregunto yo,　　　　800
　　¿quién lo hizo, señor?
CONDE.　　　　　　　　Acaba,
　　fortuna.
GAUL. Gentil despacho,
　　linda si urdimbre y mejor trama:
　　retrato, nao, fiera y dama,
　　fortuna.
CONDE.　　Calla, borracho.　　　　805
GAUL. Yo de hambre y sed, vive el cielo,
　　tengo lánguido el bulto.
CONDE. Ahora, Gaulín, dificulto
　　el comer.
GAUL.　　　¡Qué gran consuelo
　　fuera para mí el hallar　　　　810
　　una santa chimenea!
　　Mas, vive Dios, que humea
　　hacia allí, no hay que dudar.
CONDE. ¿Qué? ¿Estás loco?
GAUL.　　　　　　　　No estoy loco.
CONDE. De tu humor me maravillo.　815
GAUL. Morirás; hay un castillo
　　bellísimo.
CONDE.　　Espera un poco;
　　dices bien, yo he de ir allá.
*(Mirando el conde hacia donde estará pintado
un castillo.)*
GAUL. Vamos, aunque sea al abismo;
　　contigo al infierno mismo　　　820

no temeré, claro está;
　　porque es cierta conclusión,
　　que contradicción no implica,
　　que quien anda en la botica
　　ha de oler al diaquilón.　　　　825
CONDE. Entra pues.
GAUL.　　　　　　Ya, señor, entro,
　　si puedo; que el miedo sabio
　　arroja el aliento al labio,
　　mas él se quedó allá dentro.
*(Entran en el castillo, y salen Aldora y
Rosaura.)*
ALD. Ya en el castillo l[e] tienes.　　830
　　¿Qué intentas hacer ahora?
ROS. Darme de mi dicha, Aldora,
　　venturosos parabienes.
ALD. Y en fin, ¿mañana has de dar
　　a los príncipes audiencia?　　　835
ROS. Sí, aunque es vana diligencia,
　　que sólo [a]l conde he de amar.
(Mirando a la puerta derecha.)
ALD. Pues ya viene allí.
ROS.　　　　　　　　Procura
　　que no nos vea.
ALD.　　　　　　Es error;
　　ven.
(Vanse y salen el conde y Gaulín, temblando.)
GAUL. Buen ánimo, señor,　　　　840
　　que diz que todo es ventura.
　　Mas no sé si me resuelva
　　a parecer alentado,
　　porque aun no se me ha olvidado
　　el leoncillo de la selva.　　　845
(Mirando las paredes.)
CONDE. Hermosa estancia, Gaulín,
　　y vestida ricamente.
GAUL. Sí, mas no hemos visto gente
　　en sala ni camarín,
　　patio, tinelo o cocina,　　　　850
　　de su distrito apacible,
　　ni un ápice comestible,
　　cosa que me desatina.
CONDE. ¿Hambre tienes?
GAUL.　　　　　　　Claro está,
　　que es contrario poderoso;　　　855
　　¿tengo yo cuerpo glorioso,
　　como tú, señor? Mas ya,
*(Saquen una mesa, sin que se vea quién, con
mucho aparato, y ponen una silla arrimada al
paño.)*

sin ver ni oír quién la pone,
silla y mesa tienes puesta,
grandiosa ventura es ésta   860
que la suerte te dispone.
CONDE. Cosas son éstas, Gaulín,
que no le dejan recurso
a la razón ni al discurso,
encaminados a un fin.   865
Miro varios accidentes,
cuyas conjeturas son
para el alma confusión.
GAUL. Lo mejor es que te sientes.
Todos los medios que has visto   870
se guiaron a este empeño;
come, no se encoge el dueño
de casa, por Jesucristo.
Agradece el hospedaje,
aunque sea cumplimiento.   875
CONDE. No entiendo tanto portento.
GAUL. Come, pesia a mi linaje.
CONDE. ¡Válgame, Dios, si no fuera
mi corazón tan valiente!
GAUL. No seas impertinente;   880
que la comida te espera.
CONDE. Por no parecer ingrato,
me mostraré agradecido.
Mas, por Dios . . .
GAUL.   Yo me he comido
ya con los ojos un plato.   885
CONDE. Que excusara el beneficio,
excusando el bienhechor.
GAUL. No des en eso, señor;
acaba.
CONDE.   Pierdo el juicio.
GAUL. Siéntate.
(Siéntase, y quitan la toalla de encima por
dentro de la mesa.)
CONDE.   Siéntome pues.   890
GAUL. Y esto ¿no lo hace el diablo?
Pues, por Dios, que no soy Pablo,
ni Onofre mi amo es.
Música a fuer de señor
te tratan.
(Tocan guitarras dentro.)
CONDE.   Déjame oír.   895
GAUL. Que nos dejaran muquir
fuera el regalo mayor.
(Canten, y coma el conde los platos que le
sirven por debajo de la mesa.)
CONDE. Dulce engaño, ¿dónde estás?;

que ciego ignoro la parte
donde mi amor pueda hallarte.   900
(Cantan.)
Si me buscas, me hallarás.
CONDE. "¿Si me buscas, me hallarás?"
El final de aquella letra
toda el alma me penetra.
GAUL. Advierte que cantan más.   905
[VOZ] SOLA.*(Canta.)* Si acaso ignoras de amor
esta enigma venturosa,
en la más dificultosa
más se conoce el valor;
no te parezca rigor   910
la duda que viendo estás.
TODOS. Si me buscas, me hallarás.
CONDE. Al alma me hablan; gran día,
Gaulín, para ti.
(Comiendo el conde siempre.)
GAUL.   Es preciso
si lleno este paraíso.   915
CONDE. ¡Come éste, por vida mía!
Pues esta licencia da
el ver que nadie nos ve.
(Apártele una que estará a una esquina de la
mesa.)
GAUL. Dios te dé vida, que a fe
que la deseaba ya.   920
(Al tomarla, ábrela y salen cuatro o seis pájaros
vivos de ella.)
¿Qué es esto? ¿Burla excusada?
Luego que empanada vi,
por Dios vivo, que temí
que me daban en pan nada.
CONDE. Pues, ¿qué fue?
GAUL.   Nada presumas
que fue, pues que en un momento   926
los pájaros en el viento
forman abriles de plumas,
volaron en conclusión.
(Bebe el conde, y al darle el vaso, se le quitan
de la mano.)
CONDE. Brindis.
GAUL.   *Salutem et pacem.*   930
Aunque sin razón me hacen,
digo que haré la razón.
(Quítanle la bebida ahora.)
CONDE. ¿Qué es esto?
GAUL.   ¿Qué puede ser,
sino la mala ventura
que me sigue y me procura   935

desbautizar y ofender?
¿Soy zurdo, soy corcovado?
¿Cómo me tratan así?
CONDE. Come, Gaulín, come aquí,
en este plato a este lado.   940
(Pásase al otro lado.)
Huéspedes somos los dos;
quizá aquí estarás seguro.
(Al comer del plato que le aparta el conde, se le
quitan de la mano.)
GAUL. ¡Oh maestresala perjuro,
quién te viera, vive Dios,
que éste es rigor inhumano!   945
CONDE. Calla y el semblante alegra.
GAUL. Pues lleve el diablo a mi suegra.
¿Soy camaleón cristiano?
¿Para esto nos han traído?
Mal haya, amén, la venida.   950
(Vuelven a cantar.)
CONDE. ¿Cantan? Oye, por mi vida.
GAUL. Oye tú, pues has comido.
(Cantan.)
[VOZ.] Probé lágrimas vertidas
y enjutos ojos serenos,
y sé que no cuestan menos   955
lloradas que detenidas.
CONDE. Buscaré, pues que me anima
esta dicha.
(Va a tomar un plato y agárranle de la mano y
tiénensela.)
GAUL.   De la mesa
he de tomar esta presa;
¿por qué? ¿Por qué me lastimas?   960
¿Qué te he hecho? ¿Qué te he hecho,
mujer, hombre o Satanás?
(Suéltanle, levántase el conde y meten la mesa.)
¿No comes más?
CONDE.   Ya no más.
GAUL. Hágate muy buen provecho;
tú has comido, y ¡ay del triste   965
que está en ayunas!
CONDE.   ¡Prodigios
me suceden!
GAUL.   Vive Dios,
que estoy hambriento y mohíno.
Ya es de noche, y encerrados
en esta trampa o castillo   970
estamos, sin luz, sin camas;
por Dios, que pierdo el juicio.

Parece, señor, que adrede
aun más presto ha anochecido
que otras veces.
CONDE.   No te aflijas.   975
GAUL. ¡Gran flema! ¡Gentil alivio!
Encerrados y sin luz,
sin saber la parte o sitio
donde estamos, claro está
que éste es encanto o hechizo   980
del demonio, o por lo menos
estamos entre enemigos
de la fe.
CONDE.   Aunque sean demonios,
resistirlos.
GAUL.   ¿Resistirlos?
Yo no estoy para reñir,   985
y tengo el bulto vacío,
y no haré más. ¡Dios me valga!
(Sale Rosaura, a oscuras, y tropieza al salir.)
ROS. Tropecé. ¡Dios sea conmigo!
GAUL. No tan malo; ¿oyes, señor?
A Dios nombró.
CONDE. (Con miedo.) Ya lo he oído.   990
¿Quién va allá?
ROS.   ¿Quién habla aquí?
CONDE. Un hombre.
ROS.   Pues, ¿qué motivo
le ha traído a profanar
de mi palacio el retiro?
CONDE. La ocasión.
ROS.   ¿De qué manera?
CONDE. Yo lo ignoro, por Dios vivo.   996
ROS. Pues, ¿quién os trujo?
CONDE.   No sé.
ROS. ¿Qué buscáis?
CONDE.   Un laberinto.
ROS. Y ¿queréis salir de él?
CONDE.   Sí,
si vos me dais luz [e] hilo.   1000
ROS. Ahora bien; sosegaos, conde.
CONDE. ¡Válgame Dios! ¿Quién os dijo
quien soy?
ROS.   Quien lo sabe.
CONDE.   Basta;
que digáis, os suplico,
quién sois.
ROS.   Soy una mujer   1005
que os quiere.
CONDE.   El favor estimo.

GAUL. Plegue a Dios que por bien sea.
ROS. Y a que le paguéis aspiro.
CONDE. Si aspiráis a eso, no
  desluzcáis el beneficio   1010
  en ocultaros de mí.
ROS. El ocultarme es preciso
  por algún tiempo.
CONDE.   Es rigor.
ROS. Es fuerza.
CONDE.   ¡Oh, qué barbarismo!
  ¿Queréisme bien?
ROS.   Os adoro.   1015
CONDE. Pues ¿qué teméis?
ROS.   A vos mismo.
CONDE. ¿No sois digna de mi amor?
  Decid.
ROS.   Sujeto soy digno
  de vuestro amor.
CONDE.   Pues, ¿por qué,
  cuando me tenéis rendido   1020
  en vuestro poder y estáis
  satisfecha de lo dicho,
  me negáis vuestra hermosura,
  privando el mejor sentido
  del gusto en su bello objeto?   1025
ROS. No apuremos silogismos;
  confieso que es el más noble,
  más pronto, más advertido
  que los demás; pero yo,
  para acrisolar lo fino   1030
  del oro de vuestra fe,
  árbitro hago el oído
  en su juicio, afianzado
  de mis dichas lo propicio
  con misterioso decoro;   1035
  demás que me habéis visto
  y os he parecido bien.
CONDE. ¿Yo? ¿Cuándo?
ROS.   No he de decirlo;
  tiempo vendrá en que sepáis
  quién soy y lo que os estimo.   1040
GAUL. Brava maula; vive Dios,
  que lo cogió al espartillo.
CONDE. ¿Que al fin no queréis que os vea?
ROS. No puedo.
CONDE.   ¡Raro capricho!
ROS. Conde, creedme y queredme;   1045
  ciego es amor.
CONDE.   Ciego y niño,

cuya materia alimenta
los espíritus visivos
de dos que se corresponden.
ROS. Débaos yo haberme creído,   1050
  pues me debéis lo que os quiero.
CONDE. No me obligáis.
ROS.   Sí, os obligo.
  Ahora descansad; el lecho
  os espera.
CONDE.   No es alivio
  el lecho para quien tiene   1055
  tan desvelado el juicio.
ROS. Pues que os desveléis me importa;
  que para cierto designio
  os he [mucho] menester.
CONDE. Si valgo para serviros,   1060
  dichoso yo; ahora estaré
  contento y agradecido.
ROS. Ea, entraos a reposar;
  que una antorcha os dará aviso.
  Seguidla.
CONDE.   Esperad, oíd.   1065
ROS. No puedo; adiós.
(Vase.)
CONDE.   ¿Has oído
  lo que me pasa, Gaulín?
GAUL. Y estoy temblando de oírlo.
CONDE. ¿Quién será aquesta mujer?
GAUL. Bruja, monstruo o cocodrilo   1070
  será, pues tanto se esconde.
  Allí viene el hacha; asido
  de ti me tengo de entrar.
CONDE. La luz por mi norte sigo.
GAUL. Yo la tuya por mi sol.   1075
(Sale una hacha por una puerta y vase por otra,
y el Conde se va tras ella, y agarra a Gaulín
Aldora antes de entrar.)
ALD. ¿Dónde vas tú?
GAUL.   ¡San Patricio!
  Donde su merced mandare;
  siguiendo iba cierto amigo,
  a quien un ángel o un cielo
  hoy hace amigable hospicio.   1080
  Mas donde su merced está,
  (Ap.) ¡Virtud quiero hacer el vicio,
  oh gran necedad del miedo!
  no he menester, imagino,
  más favor.
ALD.   ¿Angel o cielo?   1085

GAUL. Sí, señora.

ALD. ¿Habéisla visto?

GAUL. No, señora.

ALD. Siempre habláis
de cabeza.

GAUL. Pues ¿qué he dicho?

ALD. Nada; que rata, ratera,
Roma, raída, ronquillo. 1090

GAUL. Rastillo.

ALD. Raposa, raída, rana,
relamida.

GAUL. ¡San Remigio!

ALD. ¿No es hablar?

GAUL. Soy re, fa,
mi, sol (la piedad te pido); 1095
un rastrojo, un remendón,
un repostero, un rengifo,
un repollo.

ALD. Bien está.

GAUL. Y tu esclavo.

ALD. Ven conmigo;
que de todas esas erres 1100
has de llevar un recibo.

GAUL. ¿Relámpagos a estas horas?
Sobre mí dio el remolino.

(Vanse.)

(Salen Emilio y Roberto de Transilvania.)

ROB. Como quien dice amor dice impaciencia,
hoy, que Rosaura hermosa nos da audiencia,
a esta justa de amor, aventurero 1106
vengo, Emilio, el primero.

EMIL. Quien primero en grandezas siempre ha
sido,
primero, claro está, será elegido. 1109

ROB. No me prometo de mis dichas tanto.

(Sale Federico de Polonia.)

FED. ¡Si me premiase amor, pues sabe cuánto
lo deseo!

(Sale Eduardo de Escocia.)

ED. De amor los tribunales
solicitamos hoy con memoriales.

FED. ¿Qué hay, famoso Roberto?

ROB. De amor al triunfo incierto 1115
tres ocurrimos; ¡lance peligroso!

FED. Si el mérito se advierte,
yo estoy desconfiado de mi suerte.

ROB. Pues si el común proverbio mi fe
esfuerza,
yo, príncipe, seré el feliz por fuerza; 1120

si al fin, como mujer, Rosaura elige,
si ya no es que deidad mayor la rige.

EMIL. Caballeros, Su Alteza.

(Sale[n] Rosaura, Aldora y acompañamiento.)

FED. ¡Qué majestad!

ED. ¡Qué garbo!

ROB. ¡Qué belleza!

EMIL. Aquí están, gran señora, 1125
los príncipes heroicos.

ROS. ¡Ay, Aldora,
que han de cansarse en vano!

EMIL. El escocés, polonio y transilvano.

ALD. No excusas agasajos repetidos. 1129

ROS. Sean Vuestras Altezas bien venidos.

ROB. Quien ya os pudo ver, no se ha excusado
de ser en cualquier tiempo bien llegado.

ROS. Lisonja o cortesía,
es de estimar; sentáos, por vida mía.

(Después de haberse asentado la infanta, van
tomando asientos, diciendo cada uno estos
versos, cogiéndola en medio.)

ED. Al tal precepto mi obediencia
ajusto. 1135

ROB. Soy vuestro esclavo.

FED. Obedecer es justo.

ROS. Supuesto que el ruido
de la fama ligera os ha traído,
oh príncipes excelsos, que la fama
clarín es ya que llama, 1140
por dote o por belleza, al casamiento,
y el mío solicita vuestro intento.
Cualquiera digresión es excusada;
admitiros me agrada. 1144
Sea el buscarme gusto o conveniencia;
hablad.

ROB. ¡Qué gran valor!

ED. ¡Qué gran prudencia!

ROB. Habla tú, Federico.

FED. Por no ocupar el tiempo, no replico.
Yo soy, Rosaura hermosa,

(Levántase y hace la cortesía.)

de la provincia fértil y abundosa 1150
de Polonia heredero;
no con riquezas obligaros quiero,
parias de plata y oro,
aunque es grande el tesoro
que hoy dispende mi padre Sigismundo
por el mayor del mundo; 1156
que el más rico, según mi sentimiento,

es el vivir pacífico y contento,
de su reino leal obedecido,
de todos los extraños bien querido.   1160
Yo, pues, como publico,
soy, señora, el polonio Federico.
Esto que soy a Vuestra Alteza ofrezco,
y sé que no merezco
aspirar a la gloria   1165
de estar un solo instante en tu memoria,
mas básteme la dicha que interesa
mi fe con oponerse a tanta empresa.

ED. Mi nombre es Eduardo
(Levántase y hace cortesía.)
mi reino Escocia, que [en] la Gran Bretaña
se incluye a quien el Talo, poco tardo   1171
de perlas riega, de cristales baña;
cerca le asiste el irlandés gallardo,
provincia hermosa, que, sujeta a España,
participa feliz de su grandeza,   1175
esfuerzo, armas, virtud, valor, nobleza;
no dilatado mucho, mas dichoso
por la fertilidad, riqueza, asiento,
belleza y temple de su sitio hermoso.
Por suyo a Vuestra Alteza lo presento;   1180
poco don, pero muy afectuoso,
y si igualarle a mi deseo intento,
no hay duda excederá su valor solo.

ROB. Yo soy, bella emperatriz,
aquel prodigio a quien llama   1185
Alcides fuerte la Europa,
invencible Marte el Asia,
cuyos hechos tiene impresos
el tiempo en la eterna España
de las memorias, porque   1190
se inmortalicen preclaras
las mías, asunto ilustre
de la voladora fama,
que hoy noticiosa ejercita
plumas, ojos, lenguas, alas,   1195
vista, relación y vuelo
en publicar alabanzas
a mi nombre; finalmente,
Roberto de Transilvania
soy, cuyo famoso reino   1200
en sus términos abarca
cuatro grandiosas regiones,
que son Valaquia o Moldavia,
que todo es uno, la Serbia,
la Transilvania y Bulgaria,   1205

reinos distintos que incluye
el gran imperio de Dacia.
De éstos, pues, soy heredero,
hermosísima Rosaura;
hijo soy de Ladislao   1210
y de Aurora de Tinacria,
y más me precio de ser
inclinado a lides y armas
que de los reales blasones
de sus ascendencias claras;   1215
pues ya diez y siete veces
me ha mirado la campaña
armado sin que me ofenda
de enero la fría escarcha,
de julio el ardiente sol,   1220
con su hielo o con sus llamas.
Tiembla Africa de mi nombre,
sabe mi esfuerzo Alemania,
Dalmacia teme mi brío,
venera mi aliento España.   1225
Perdona si te he cansado
en mis propias alabanzas,
que no suele ser vileza
cuando a las verdades falta
tercero que las informe,   1230
razón que las persuada.
Yo pues, Rosaura divina,
este imperio y el del alma
libre a tu belleza ofrezco,
rendidas sus arrogancias,   1235
sujetas sus bizarrías,
sus vanidades postradas;
justo rendimiento, pues
eres deidad soberana.

ROS. Príncipes valerosos,   1240
estimo los intentos generosos
que han a Vuestras Altezas obligado,
puesto que asunto soy de su cuidado
y en tan justo afecto se acrisola;
y quisiera tener no una alma sola,   1245
sino tres que ofreceros con la vida;
que es bien que al premio el interés se mida
por deuda o cautiverio;
mas no tengo más de una y un imperio
que ofrecer a los tres.La elección dejo   1250
a los de mi consejo.
Esto se mirará con advertencia
de mi decoro y vuestra conveniencia;
y puesto que ninguno ha de ofenderse,

despacio podrá verse 1255
el que ha de ser mi dueño.
(*Levántanse todos.*)
ROB. Soy contento.
ED. ¡Claro ingenio!
FED. ¡Divino entendimiento!
Sea como lo ordenas.
ED. Tu precepto
es ley en [el] respeto.
ROS. Y quedaos; que no quiero deteneros.
(*Van acompañándola hasta la puerta,
representando siempre.*)
ROB. En [fin] es justo obedeceros, señora. 1261
(*Vanse la princesa por su puerta y los demás por
otra.*)
(*Salen el conde y Gaulín.*)
CONDE. ¿Qué dices?
GAUL. Digo que oí
lo que te he dicho.
CONDE. No sé;
¿Constantinopla?
GAUL. Eso fue.
CONDE. ¿Que es Constantinopla?
GAUL. Sí. 1265
CONDE. Tú, en fin, estás bien hallado.
GAUL. ¿No he de estar, si duermo y como
sin pagarle al mayordomo
distribución ni cuidado?
CONDE. De mis dichas participas. 1270
GAUL. Claro está, y tener procuro
en mi estómago a Epicuro,
y a Heliogábalo en mis tripas.
Yo no sé por donde viene
quien lo guisa o quien lo da, 1275
mas sé que en entrando acá,
es bueno el sabor que tiene.
Guarde Dios cierta marquesa,
que no veo, sin embargo,
que tomó muy a su cargo 1280
las expensas de mi mesa
desde la noche que entramos;
pero, dejando esto aparte,
he querido preguntarte
mil veces, no sé si estamos 1285
seguros de que nos oigan;
escucha a fuer de convento,
¿cómo te hallas?
CONDE. Muy contento.
GAUL. ¿Viste la tal mujer?

CONDE. No.
GAUL. ¿Qué dices?
CONDE. Lo que digo.
GAUL. Pues ¿por qué?
CONDE. Porque no quiere.
GAUL. ¿Amante de *miserere* 1292
te has hecho?
CONDE. Mis dichas sigo.
GAUL. Y ¿la quieres bien?
CONDE. La adoro.
GAUL. ¿Sin verla, señor?
CONDE. Sin verla. 1295
GAUL. ¿Y Lisbella?
CONDE. No hay Lisbella;
perdóneme su decoro.
GAUL. Y ¿es retrato y fiera?
CONDE. Espera;
vengo, Gaulín, a entender
que es esta hermosa mujer 1300
mi bella adorada fiera;
porque haciendo reflexión
de los sucesos pasados
en la memoria, y notados
equívocos y canción 1305
y otras mil cosas, es ella.
GAUL. Esa es ignorancia clara,
porque no se te ocultara,
siendo una mujer tan bella.
CONDE. Con fe de que la he querido, 1310
sea o no sea.
GAUL. Bien mirado,
tú estás muy enamorado,
pero muy mal avenido.
La fiera no es maravilla
querer; mas, ¿quién no se pasma 1315
de que ames una fantasma,
buho, lechuza, abubilla,
sin saber si es moza o vieja,
coja, tuerta, corcovada,
flaca, gorda, endemoniada, 1320
azafranada o bermeja?
Por Dios, que es un desaliño
de los más lindos que vi.
CONDE. Yo adoro, Gaulín, allí
un espíritu divino. 1325
GAUL. ¡Espíritu! Guarda fuera.
CONDE. Un entendimiento claro,
un ingenio único y raro,
de quien mi fe verdadera

hoy se halla tan bien pagada 1330
que aprehende, y con razón,
que es la mayor perfección
su hermosura imaginada.
Igual al entendimiento
será toda, es evidencia. 1335
GAUL. Yo niego la consecuencia
y refuto el argumento,
pues jamás hay igual cosa,
ni es posible que se vea;
siempre la discreta es fea 1340
y siempre es necia la hermosa.
CONDE. Si de iguales perfecciones
consta la hermosura, ella
es la más discreta y bella.
GAUL. Disparate, aunque perdones. 1345
Tú la miras con antojos
de hermosura.
CONDE.   El alma ve,
y el alma ha de hacer más fe
que el crédito de los ojos.
GAUL. ¡Que hayas dado en ignorante! 1350
Ya la noche se ha llegado;
yo me acojo a mi sagrado.
CONDE. Parece que siento gente.
GAUL. Es fuerza, que ha anochecido.
Yo temo que me han de dar 1355
mil palos y he de pagar
por lo hablado lo comido.
CONDE. Calla, necio.
GAUL.   Yo me voy.
Adiós. ¡Oh qué miedo llevo!
Hoy me ponen como nuevo. 1360
[*Vase.*)
[*Sale Rosaura.*]
ROS. ¿Conde?
CONDE.   ¿Quién llama?
ROS.   Yo soy.
¿Cómo te hallas desde anoche?
CONDE. Como quien libradas tiene
en tu amor las esperanzas
de su vida o de su muerte; 1365
como quien vive de amarte,
como quien sin verte muere,
y entre la gloria y la pena
el bien goza, el mal padece.
Pues si nada de esto ignoras, 1370
pues si todo esto aprehendes,
¿cómo a mis ojos te niegas?

¿Has juzgado acaso aleves
las lealtades, los afectos
de mis verdades corteses? 1375
Que si es así, vives tú,
dueño amado, que me ofendes
en imaginarlo, aun más
que me obligas con quererme.
ROS. Conde, amigo, señor, dueño, 1380
aunque pudiera ofenderme
de tu poca fe, después,
después de tantos solemnes
juramentos como has hecho,
del no hablar en esa leve 1385
materia ni procura[r]
de ninguna suerte verme
hasta que ocasión y tiempo
nuestras cosas dispusiesen,
préciome tanto de tuya, 1390
o conde, y tanto me debes
que disculpo lo curioso
de tu deseo impaciente,
con los achaques de amor,
que en ti flaquezas parecen. 1395
A la fuerza de tus quejas
he satisfecho mil veces
con decirte que soy tuya
y que presto podrás verme
(o sea razón de estado, 1400
o forzosos intereses
de mi voluntad, o sea
prueba de mi corta suerte).
Hagan más crédito en ti
de amor las hidalgas leyes 1405
que el antojo de un sentido,
a quien no es justo deberle
crédito tal vez los cuatro,
supuesto que engaña y miente;
los demás están despiertos, 1410
y si ahora la vista duerme,
no quieras que por mi daño
y por el tuyo despierte.
Esto, conde, importa ahora;
bien es que tu amor se esfuerce 1415
en las dudas, que el valor
nunca en ellas desfallece.
Y porque veas que yo,
aun siendo forzosamente,
por mujer más incapaz 1420
de aliento, más flaca y débil,

fío más de tus verdades
y de la fe que me tienes
que tú de mí te aseguras,
quiero revelarte (advierte)   1425
un secreto, confiada
en que indubitablemente
te volveré a mis caricias
victorioso, ufano, alegre.
Francia está en grande peligro,   1430
el inglés cercada tiene
a Paris, del rey, tu tío,
famosa corte eminente.
Ha sentido el rey tu falta
(como es justo), pues no puede   1435
sin tu valor gobernar
su desalentada gente.
Esta, conde, es ocasión
que dilación no consiente;
ve a favorecer tu patria.   1440
Haz que el enemigo tiemble,
que se sujeten sus bríos,
que su arrogancia se enfrene;
prueba es ésta de mi amor.
Pues siendo el gozarte y verte   1445
mi mayor dicha, procuro,
Partinuplés, que me dejes,
porque quiero más tu honor
que los propios intereses
de mi gusto; esto es amarte.   1450
Al arma pues, héroe fuerte;
ea, gallardo francés,
ea, príncipe valiente,
bizarro el escudo embraza,
saca el acero luciente,   1455
da motivo a las historias
y a tu renombre laureles.
Al arma toca el honor,
la fama el ocio despierte,
el triunfo llame a las glorias   1460
de tus claros ascendientes;
pueda el valor más en ti
que de amor los accidentes;
desempeña belicoso
la obligación de quien eres,   1465
porque yo te deba más
y porque el mundo celebre
mis finezas y tus bríos,
que unas triunfan y otras vencen.
CONDE. *(Ap.)* Entre el amor y el temor,
no sé lo que me sucede.   1471

Al fin, señora, ¿que Francia
está en peligro evidente?
ROS. No hay duda, conde; al remedio.
CONDE. Si tú me animas, ¿qué teme   1475
mi amor? Mas, ¿podré llegar
a tiempo cuando tan breve
remedio pide el peligro?
ROS. Eso, conde, es bien que dejes
a cargo de quien dispone   1480
tus cosas; en ese puente
del río, que este castillo
foso de plata guarnece,
hallarás armas, caballo
y [a] quien te encamine y lleve   1485
en breve espacio.
CONDE.   ¿Que al fin
te he de dejar? ¡Lance fuerte!
ROS. Esto importa por ahora;
tiempo queda para verme,
si acaso mi amor te obliga.   1490
CONDE. Haz de mí lo que quisieres.
ROS. ¿Sabes que me debes mucho?
CONDE. Sé que he de pagarte siempre.
ROS. ¿Sabes que el alma me llevas?
CONDE. Sé que he de morir sin verte. 1495
ROS. ¿Serás mío?
CONDE.   Soy tu esclavo.
ROS. ¿Serás firme?
CONDE.   Eternamente.
ROS. ¿Olvidarásme?
CONDE.   Jamás.
ROS. ¿Volverás con gusto?
CONDE.   Advierte
que sin ti no quiero vida.   1500
ROS. Pues adiós.
(Vase.)
CONDE.   Adiós; si excede
la obligación al amor,
en mi ejemplo puede verse;
pues hoy, porque mi honor viva,
me solicito la muerte.   1505

ACTO TERCERO

(Sale el conde y Gaulín tras él.)
(Dentro.)
GAUL. Para, para, tente, espera,

Pegaso o Belerofonte
del infierno. ¡Vive Dios,
(Sale.)
que temí que de este golpe
dábamos en el profundo!   1510
Lástima es que se malogre
aquel triunfo con volvernos
tan presto a ser motilones
de este convento de amor
donde servimos a escote   1515
por la comida.

CONDE.   ¡Ay Gaulín!

GAUL. No te quejes, no provoques
el cielo, pues tú lo quieres.

CONDE. Está mi gusto tan dócil,
tan sujeto, tan rendido   1520
a esta mujer, no lo ignores,
que aunque ella no lo trujera,
como ves, yo hiciera entonces
alas de mi pensamiento
y viniera a sus prisiones   1525
satisfecho y obediente.

GAUL. No sé qué ermitaño o monje
pueda amar la reclusión
como tú; guarda no obre
mi relación, pues Lisbella   1530
sabe los tales amores
y queda hecha un basilisco.
No sé cómo te dispones
a olvidarte de tu prima.

CONDE. Ya, Gaulín, no me la nombres;
por este imposible muero.   1536

GAUL. Quiera Dios que no le llores
con ambos ojos después.
¡Qué necios somos los hombres!
Con una sola engañifa,   1540
con una lágrima, un voyme
que nos hace una mujer
(¡o quién las matara a coces
a todas!) nos despeñamos;
no hay razón que nos reporte,   1545
cera se hace el que es diamante,
y el que es de acero, cerote.
¡O, cuál quedaría Lisbella,
(válgame señor San Cosme)
viendo nuestra fuga!

CONDE.   ¿Qué hay?   1550

GAUL. ¡Notables resoluciones!
Ya estás en tu propia esfera.

CONDE. Bien la suerte lo dispone,
pues llego al anochecer
al castillo.

GAUL.   Señor, ¿oyes?   1555
Algo tienen de Noruega
estos obscuros amores,
pues de la luz de tus días
no gozas más de las noches.

CONDE. ¡Quién saliera de estas dudas!   1560
Ciega tengo de pasiones
el alma y lleno el sentido
de penas.

GAUL.   Pues ya es de noche,
¿cómo el ángel de tinieblas
no sale a hacerte favores,   1565
que ya sabrá que has venido?
Mas escucha, pasos se oyen
en esta cuadra, chitón;
pongo a los labios seis broches.
(Sale Rosaura.)

ROS. ¿Conde, mi señor?

CONDE.   ¿Mi dueño?   1570

ROS. Dame tus brazos.
(Abrázale.)

CONDE.   Prisiones
dulces, y dichoso yo.

ROS. Hoy de mi jardín las flores
vi alegres más que otras veces,
y dije: "Bien se conoce,   1575
mi dicha, pues que mostráis
tan vivos vuestros colores,
dando al conde bienvenidas".
Luego en los ramos de un roble
alternaba un ruiseñor   1580
celos, dulzuras y amores;
y dije, oyendo su canto:
"¡Qué bien das en tus canciones
bienvenidas a mi dicha!"
Oí el murmúreo conforme   1585
de una fuente que en cristal
desatadas perlas corre,
y viéndola tan risueña,
dije: "Bien se reconoce
que anuncias en tu alegría   1590
de mis dichas los favores,
pues tan ufana te ríes
y tan lisonjera corres".
No fue engaño del deseo,
pues quiere el cielo que goce   1595
la mayor gloria, que es verte.
¿Cómo te has hallado?

CONDE.   Oye:
    como sin el sol el día,
    como sin luces la noche,
    como sin furor la aurora   1600
    triste, tenebrosa y torpe.
    Tú, ¿cómo has estado?
ROS.   Escucha;
    como sin lluvia las flores,
    como sin flores los prados,
    como sin verdor los montes,   1605
    suspensa, afligida y triste.
GAUL. ¿Qué gastan de hiperbatones?
    Infeliz lacayo soy,
    pues he prevenido el orden
    de la farsa, no teniendo   1610
    dama a quien decirle amores.
    Descuidóse la poeta;
    ustedes se lo perdonen.
ROS. Siéntate y dime el suceso
    de tu victoria.
GAUL.   ¿Es de bronce   1615
    mi amo?
(Siéntanse en unas almohadas de estrado.)
CONDE.   Oye pues.
ROS.   Ya escucho.
GAUL. Sorda estés, Dios me perdone.
CONDE. Partimos, como ordenaste,
    yo y Gaulín en dos veloces
    hipogrifos, si no fueron   1620
    dos vivas exhalaciones.
    A Paris hallé cercada
    de enemigos escuadrones,
    alegres porque la miran
    sin resistencia que importe;   1625
    porque mi tío, aunque hacía,
    ya con ruegos, ya con voces,
    oficio de general,
    poniendo su gente en orden,
    sin valor ni resistencia   1630
    se hallaban sus años nobles,
    por tantos causas rendidos
    del tiempo a las invasiones.
    Rompí del campo enemigo
    la fuerza y, tomando el nombre   1635
    del ejército francés,
    procuro que su desorden
    se reduzca a mi valor,
    pudiendo en sus corazones
    tanto mi valiente afecto,   1640

    que en tres horas vencedores
    nos vimos de la arrogancia
    de escoceses y bretones.
    Llegó mi tío, y Lisbella,
    y viéndome (no te enojes),   1645
    él contento, ella admirada
    de verme . . . Atiende . . . (¡Durmióse!)
    digo, pues, ¿oyes, señora?
    ¡Qué ocasión, Gaulín!
GAUL.   Pues, conde,
    no la pierdas, que es locura.   1650
CONDE. Por salir de confusiones,
    vive Dios, que a tener luz,
    intentara, aunque se enoje,
    saber . . . Ah, señora, ¿duermes?
GAUL. ¿A qué aguardas? ¿A que ronque?
    ¿Es bodegonera acaso?   1656
    En aquellos corredores
    se determina una luz.
    ¿Voy por ella?
CONDE.   Sí, no; ¿oyes?
    Vuela; mas no.
(Levántase.)
GAUL.   Acaba ya;   1660
    ¿No es mujer y tú eres hombre?
    ¿Te ha de matar?
CONDE.   Dices bien;
    vé por ella.
GAUL.   Resolvióse;
    salgamos de esta quimera.
(Vase.)
CONDE. ¡Gran yerro intento, pasiones!
    A mucho obliga un deseo   1666
    si tras un engaño corre;
    ¿es posible que yo (¡cielos!)
    falte a mis obligaciones
    por lisonjear mi gusto?   1670
(Sale Gaulín con una vela.)
GAUL. Esta es la luz.
CONDE.   Acabóse.
    En esta curiosidad
    sé que mi muerte se esconde;
    mas ya estoy en la ocasión,
    de esta vez mi fe se rompe.   1675
    Dame esa bujía.
GAUL.   Toma.
CONDE. Venzamos, amor, temores.
    ¡Válgame Dios, qué belleza
    tan perfecta y tan conforme!

Excedióse todo el cielo, 1680
extremando los primores
de naturaleza en ella.
¿No ves la fiera del bosque,
Gaulín?
GAUL.　　Admirado estoy;
¡qué divinas perfecciones! 1685
CONDE. Bella esfinge, aun más incierta
después de verte, es mi vida;
a espacio matas dormida,
aprisa vences despierta.
Confusa el alma concierta 1690
sus daños anticipados;
que si males ignorados
un sol el pasado advierte,
ya para anunciar mi muerte
dos soles miro eclipsados. 1695
Hermosísimo diseño
del soberano poder,
¿de qué te ha servido hacer
en negarte tanto empeño?
¡O, bien haya, amén, el dueño, 1700
que suspendió tus cuidados!
Engaños son ya excusados
que arguyen malicia clara,
querer esconder la cara
si matas a ojos cerrados. 1705
(Medio dormida.)
ROS. Prosigue, conde, prosigue.
¡Ay Dios! ¿Qué es esto? Engañóme
tu traición.¿Qué has hecho, ingrato?
(Levántase.)
GAUL. Hija en casa y malas noches
tenemos.
ROS.　　　Mal caballero, 1710
¿conmigo [tal] trato doble?
Falso, aleve, fementido,
de humildes obligaciones,
¿qué atrevimiento esforzó
tu maldad a tan disforme 1715
agravio, engañoso, fácil?
(Sale Aldora.)
[ALD.] ¿Qué tienes? ¿Por qué das voces?
Rosaura hermosa, ¿qué es esto?
ROS. Aldora, a ese bárbaro hombre
haz despeñar, por ingrato, 1720
traidor, engañoso enorme.
Muera el conde; esto ha de ser,
aunque a pedazos destroce

el corazón que le adora
con puros afectos nobles. 1725
Esta es forzosa venganza,
aunque la pena me ahogue,
porque ya sin duda advierto, ﹁
pues malogré mis favores,
que del vaticinio infausto 1730
es dueño el aleve conde.
Muera antes que lo padezca
mi imperio; desde esa torre
hazle despeñar al valle,
pues ofendió con traiciones 1735
tanto amor.
ALD.　　　¡Ofensa grave!
Es francés, no es bien te asombre,
que jamás guardan palabra.
CONDE. Oye.
ROS.　　　No hay satisfacciones
a tal traición, a tal yerro. 1740
GAUL. Por Dios, que tú la reportes,
señora.
ROS.　　¿También tú hablas,
criado vil?
GAUL.　　　Sabañones;
¡mal haya mi lengua, amén!
CONDE. Ya que el castigo dispones, 1745
advierte.
ROS.　　¿Qué he de advertir?
CONDE. Amor.
ROS.　　　¿Qué satisfacciones?
CONDE. Acuérdate . . .
ROS.　　　　No hables más.
CONDE. De los dichosos favores.
ROS. ¡Oh atrevido! Presto, Aldora, 1750
que con sus mismas razones
está incitando mis iras
para que venganza tomen.
Quítale ya de mis ojos;
acaba, o daré mil voces 1755
a los de mi guarda.¡Hola!
GAUL. *Santi Petri, ora pro nobis.*
ALD. Ven, conde, conmigo presto.
CONDE. Ea, desdichas, de golpe
me despeñad, porque fui 1760
del carro del sol Faetonte.
[Vanse.]
(Salen al son de cajas Lisbella, con espada y sombrero, y soldados.)
LISB. Ya es fuerza, heroicos soldados,

ya es tiempo, vasallos míos,
que pruebe Constantinopla
vuestros esfuerzos altivos   1765
y que en su arenosa playa
(a quien llaman los antiguos
Nigroponto) echen sus anclas
nuestros valientes navíos.
Esa voluble montaña,   1770
esa campaña de pinos,
esa escuadra de gigantes,
ese biforme prodigio,
que se rige con las cuerdas
y gobierna con el lino,   1775
quede surto en las espumas
de ese margen cristalino.
Supuesto que sabéis todos
o la causa o el designio
que, alentando a mi esperanza,   1780
da a mi jornada motivo,
no ha de saltar nadie en tierra;
que a ninguno le permito
que me sirva o acompañe.
Solos Fabio y Ludovico   1785
me asistirán, porque sean
de mis alientos testigos.
Y verá Constantinopla
y verá el mundo que imito
a Semíramis, armada   1790
de ardimientos vengativos,
y verá también Rosaura
como, valerosa, aspiro
a destruir sus imperios
si no me entrega a mi primo.   1795
Ea pues, vasallos nobles,
puesto que, muerto mi tío,
soy vuestra reina, mostrad
de vuestro acero los filos;
pues si no me entrega al conde,   1800
vuestro rey, vuestro caudillo,
vive Dios, que en la experiencia
ha de hallar mal prevenidos
mis enojos y sus daños,
mis celos y sus delirios,   1805
mi rigor y sus pesares,
mis iras y sus delitos.
UNO. Todos te obedecerán.
OTRO. Todos morirán contigo.
LISB. Pues vamos a prevenir   1810
mi venganza o mi castigo,

rayo ardiente desatado,
de cuyos obscuros giros
primero el rigor se siente
que se previene el ruido.   1815
(Vanse.)
(Salen Gaulín y el conde, medio desnudo.)
GAUL. Mira, señor, que es locura
estimar la vida en poco.
CONDE. Claro esta, Gaulín, que es loco
quien perdió tal hermosura.
GAUL. Si ella te quisiera bien,   1820
no era fineza en rigor;
que en lo que verás de amor
más te engañó.
CONDE.   Dices bien.
GAUL. Alégrate, pesia a tal,
que a tu vida es de importancia;   1825
mira que te espera en Francia
tu Lisbella.
CONDE.   Dices mal
GAUL. ¡Con qué rabia y qué desdén
la tal Rosaura mandó
matarme, y cómo mostró   1830
que era falsa!
CONDE.   Dices bien.
GAUL. No des tan flaca señal
de tu amorosa querella;
apela para Lisbella,
que es [muy] bella.
CONDE.   Dices mal;   1835
villano, infame, atrevido,
tú tienes la culpa tú.
(Va tras él.)
GAUL. ¡Oh fiera de Bercebú,
nunca tú hubieras nacido!
¡Ah señor, señor, por vida   1840
de Rosaura, no me des!
CONDE. Pierda yo la vida, pues
hallé la ocasión perdida.
¡Muerto estoy!
GAUL.   ¿Qué? ¡Vivo estás!
CONDE. ¡Vivo yo! ¡Qué vano intento! 1845
Yo no toco, yo no siento.
Ven acá, llégate más.
GAUL. Aquí estoy bien.
CONDE.   ¿Dónde está,
mi vida?
GAUL.   Gentil historia;
en ti mismo.

CONDE. ¿Y mi memoria? 1850
GAUL. Rosaura sabe de ella.
CONDE. ¡Ay dulce amorosa llama!
  ¡Que me abraso, que me hielo!
  ¡Socorro, socorro, cielo!
(Sale Aldora, en una apariencia en que se
subirán con ella los dos al fin del paso.)
ALD. ¿Conde? ¿Ah conde?
CONDE.   ¿Quién me llama?
ALD. Yo soy. 1856
GAUL.   ¿Usted? Tramoya tenemos;
  esto es hecho.
CONDE.   ¿Oíste hablar?
ALD. ¿Conde?
(En el aire, sin verse.)
GAUL.   Prisa a condear.
  ¿Dónde nos esconderemos?
  Señores, aquí es mi hora; 1860
  temblando de miedo estoy.
(Abrese la tramoya.)
ALD. ¿Conde?
CONDE.   ¿Quién eres?
ALD.   Yo soy.
(Baja al tablado.)
CONDE. [Hermosísima] señora,
  precursora de aquel sol,
  de aquel oriente arrebol, 1865
  lucero de aquella aurora,
  ¿es posible que te veo?
ALD. Di, ¿cómo estás de esa suerte?
CONDE. Quien desea hallar su muerte
  no hace en las galas empleo. 1870
  Mas dime, ¿qué novedad
  de esta suerte te ha traído?
ALD. Buscar tu dicha.
CONDE.   Yo he sido
  dichoso si eso es verdad.
ALD. Tú has de sustentar por mí 1875
  un torneo.
CONDE.   Justo empleo,
  cuando servirte deseo.
ALD. Carteles puse por ti,
  de que un príncipe encubierto
  sustenta que de Rosaura 1880
  él solo la mano aguarda.
CONDE. Ya tu pensamiento advierto.
ALD. Diciendo que en calidad,
  en valor y en bizarría
  y en puesto la merecía. 1885

CONDE. Ese soy yo.
ALD.   Así es verdad;
  el reino se alborotó,
  y Rosaura en tus ardores
  a los tres sus pretensores
  a salir les obligó 1890
  a la defensa, fiada
  de mí, sospechosa que
  de su rigor te libré,
  y aún hasta ahora engañada.
  El tiempo se cumple ya 1895
  del cartel, mas no me espanto,
  pues de mi ciencia el encanto
  la jornada abreviará.
CONDE. ¿Ella está ya arrepentida?
  ¿Qué dice?
ALD.   Lo que has oído; 1900
  sólo a llevarte he venido.
CONDE. Di mejor a darme vida.
ALD. Vente conmigo, si quieres.
CONDE. Dichoso mil veces soy.
GAUL. Más loco que el conde estoy; 1905
  demonios sois las mujeres.
ALD. En tu esfuerzo la sentencia
  se libra.
CONDE.   Su gusto sigo.
ALD. Pues vente, conde, conmigo.
(Pónense con ella los dos.)
GAUL. Diablo eres en mi conciencia. 1910
(Va subiendo la tramoya con los tres.)
  Fuera de abajo que sube,
  y aunque tan espacio y quedo,
  puede ser que, con mi miedo,
  vapor granice la nube.
(Escóndese la tramoya, y sale un viejete, y otro
con la valla y martillo.)
VIEJO. A esta hermosa batalla 1915
  hoy amor ha de dar fin;
  poned, Guillermo Guarín
  hacia esta parte la valla.
GUILL. Aquí estará bien.
VIEJO.   Enfrente
  está del real balcón. 1920
GUILL. En no haciendo colación,
  no trabaja bien la gente.
(Poniendo la valla.)
VIEJO. Despúes beberás, Guillermo.
GUILL. Mejor fuera ahora.
VIEJO.   Acaba.

GUILL. Nuestro amo, tengo sed brava.   1925
    Más vale cuero que enfermo;
    ya está puesta de este lado.
VIEJO. Dame, pues, acá el martillo.
GUILL. Hoy dos azumbres me pillo
    a cuenta de lo ganado.   1930
VIEJO. ¿Quién es el mantenedor?
GUILL. Sólo dicen los carteles
    que sustenta a tres crueles
    botes de lanza.
VIEJO.   ¡Qué error!
GUILL. Y a cinco golpes de espada;   1935
    que en valor y en calidad
    merece la majestad
    de la princesa.
VIEJO.   No es nada.
    Ea, ¿está fuerte?
GUILL.   Ya está
    como ha de estar.
VIEJO.   Pues venid.   1940
    El que ganare la lid
    buena moza llevará.
(Vanse, y corren una cortina y aparécese,
sentada en su estrado con sus damas, Rosaura
en un balcón bajo con sus gradas, y abajo, de
juez, Emilio. Tocan chirimías, cajas y clarines.)
ROS. ¿Que llegó, Celia, este día?
CEL. Sí, señora.
ROS.   Triste vengo.
CEL. No haces bien; por vida tuya,   1945
    que alientes, señora, el pecho.
ROS. ¿Cómo es posible, ¡ay de mí!
    si me falta en este tiempo
    mi prima Aldora? No sé
    cuál sea su pensamiento.   1950
(Tocan al patio cajas.)
EMIL. Ya viene el mantenedor,
    mas a caballo, ¿qué es esto?
ROS. ¿Qué novedades son éstas?
    Mujer es.
(Sale Lisbella a caballo, saca un lienzo y hace
señas.)
EMIL.   Y con extremo
    hermosa.
ROS.   Escuchad; que hace   1955
    seña de paz con el lienzo.
LIS. Reina de Constantinopla,
    a quien hoy lo más de Tracia
    en tu imperio reconoce

    por señora soberana;   1960
    príncipes, duques y condes,
    oíd; con vosotros habla
    una mujer sola que
    viene de razón armada;
    y porque sepáis quien soy,   1965
    yo soy Lisbella de Francia,
    hija soy de su delfín
    y de Flor de Lis, hermana
    de Enrico, su invicto rey;
    heredera soy de Galia,   1970
    reino a quien los Pirineos
    humillan las frentes altas.
    Dueño soy de muchos reinos,
    y soy Lisbella; que basta
    para emprender valerosa   1975
    esta empresa, aunque tan ardua.
    Yo he sabido, emperatriz,
    que usurpas, tienes y guardas
    al conde Partinuplés,
    mi primo, y que con él tratas   1980
    casarte, no por los justos
    medios, sino por las falsas
    ilusiones de un encanto;
    y deslustrando su fama,
    le tiranizas y escondes,   1985
    le rindes, prendes y guardas,
    contra tu real decoro.
    Yo pues, que me hallo obligada
    a redimir de este agravio
    la vejación o la infamia,   1990
    te pido que me le des,
    no por estar ya tratadas
    nuestras bodas; no le quiero
    amante ya, que esta infamia
    no es amor, es conveniencia,   1995
    pues es forzoso que vaya
    como legítimo rey,
    supuesto que murió en Francia
    mi tío, de cuya muerte
    quizá fue su ausencia causa,   2000
    y es el conde su heredero.
    Esto, emperatriz Rosaura,
    vengo a decirte, y también
    que dejo una gruesa armada
    en ese puerto que está   2005
    a vista de las murallas
    de tu corte; y si me niegas
    a mi primo, provocada,

no he de dejar en tus reinos
ciudad, castillo ni casa 2010
que no atropelle y destruya;
porque, ya precipitada
sin poderme resistir,
seré furia, incendio, brasa,
terror, estrago, ruina 2015
de tu nombre, de tu fama,
de tu amor, de tu grandeza,
de tu gloria y de tu patria.
(Sale Aldora arriba, al lado de Rosaura.)
ALD. ¿Esto es verdad o ficción?
EMIL. ¡O, qué francesa arrogancia! 2020
ROS. Tú seas muy bien venida.
    Ya culpaba tu tardanza;
    ¿has oído el reto, Aldora?
ALD. Habla como apasionada.
ROS. Pues, prima, ¿qué te parece? 2025
ALD. Fuerza es que la satisfagas.
ROS. Vuestra Alteza, gran señora,
    debajo de mi palabra,
    llegue de paz.
(Apéese, y vaya por el palenque de los que
tornean.)
LIS.   Voy de paz.
ROS. ¡Ay Aldora, qué desgracia! 2030
    Sea Lisbella bien venida.
    Oye mis verdades.
LIS.   Habla.
ROS. Vuestra Alteza, gran señora,
    viene ciega y engañada.
    Mal informada, me culpa; 2035
    mal advertida, me ultraja,
    mi casto crédito ofende,
    mi noble decoro agravia;
    y porque de lo que digo
    quede más asegurada, 2040
    hoy de mi boda será
    testigo, si quiere honrarla,
    pues es fuerza que me case
    en Polonia, Transilvania
    o Escocia.
LIS.   ¿De qué manera? 2045
ROS. Un torneo es quien señala
    o decide la elección
    de su efecto.
LIS.   ¡Que, engañada
    de Gaulín, viniese a hacer
    una acción tan temeraria! 2050

Digo que quiero asistir
a tus bodas, obligada
a disculpa tan cortés
y satisfacción tan clara.
(Tocan, y callen luego.)
EMIL. Los instrumentos publican 2055
    que viene un aventurero.
(Tocan, hace la entrada Roberto y da la letra.)
(Lea.)
ALD. "Si el cielo sustento, en vano
    temeré mudanza alguna
    del tiempo ni la fortuna".
(Tornean, y después entra Eduardo y hace lo
mismo, y lee Aldora mientras echan las
celadas.)
(Lea.)
ALD. "No tiene el mundo laurel 2060
    para coronar mis sienes,
    dulce amor, si dicha tienes".
(Tocan, y entra Federico y hace lo mismo que
los demás.)
ROS. Ni tengo elección, ni tengo
    sentido con que juzgar,
    porque me falta el aliento. 2065
EMIL. Toma la letra, señor.
ALD. Venga; dice así el concepto.
(Lea.)
    "Del mismo sol a los rayos,
    águila o Icaro nuevo,
    hoy a penetrar me atrevo". 2070
(Tornean, y dice Emilio.)
EMIL. El mantenedor merece
    la emperatriz y el imperio.
(Alcen las celadas y hablen.)
ROB. ¿Cómo, cuando no se sabe
    quién es este caballero,
    y es traición no habernos dado 2075
    cuenta a los aventureros?
ALD. Hable, señora, Tu Alteza.
ROS. La condición del torneo
    fue que al que venciese en él,
    como fuese igual sujeto, 2080
    el premio gozase.
FED.   Yo
    lo remitiré al acero.
ED. Todos haremos lo mismo.
ROS. Decid quién sois, caballero;
    hablad ya, pues es preciso. 2085
(Descubre la celada.)

CONDE. Soy el conde.
ROS.   Amor, ¿qué es esto?
(Bajan al tablado las damas.)
LIS. Conde, mi primo y señor,
   mira que te espera un reino.
CONDE. Gózale, Lisbella, hermana;
   que sin Rosaura no quiero   2090
   bien ninguno.
ROS.   Yo soy tuya.
CONDE. Prima, aquí no hay remedio;
   Francia y Roberto son tuyos.
   ¿Qué respondes?
LIS.   Que obedezco.
ROB. Soy tu esclavo.
ED.   Y yo, Aldora,   2095
   tu esposo, si gustas de ello.
ALD. Tuya es mi mano.

ROB.   Si quieres,
   Federico, serás dueño
   de mi hermana Recisunda.
FED. Yo seré dichoso.
GAUL.   Bueno.   2100
   Todos y todas se casan;
   sólo a Gaulín, santos cielos,
   le ha faltado una mujer,
   o una sierpe, que es lo mesmo.
CONDE. No te faltará, Gaulín.   2105
GAUL. Cuando hay tantas, yo lo creo;
   mayor dicha es que me falte.
CONDE. Aquí, senado discreto,
   El conde Partinuplés
   da fin; perdonad sus yerros.   2110

F I N

Valor, agravio y mujer
Comedia famosa

[JORNADA PRIMERA]

*(Han de estar a los dos lados del tablado dos
escalerillas vestidas de murta, a manera de
riscos, que lleguen a lo alto del vestuario; por la
una de ellas bajen Estela y Lisarda, de
cazadoras, con venablos. Fingiránse truenos y
torbellino al bajar.)*

LIS. Por aquí, gallarda Estela,
    de ese inaccesible monte,
    de ese gigante soberbio
    que a las estrellas se opone,
    podrás bajar a este valle,   5
    en tanto que los rigores
    del cielo, menos severos
    y más piadosos, deponen
    negro encapotado ceño.
    Sígueme, prima.

EST.   ¿Por dónde,   10
    que soy de hielo. ¡Mal hayan
    mil veces mis ambiciones,
(Van bajando poco a poco y hablando.)
    y el corzo que dio, ligero,
    ocasión a que malogre
    sus altiveces, mi brío,   15
    mi orgullo bizarro, el golpe
    felizmente ejecutado;
    pues sus pisadas veloces
    persuadieron mis alientos
    y repiten mis temores!   20
    ¡Válgame el cielo! ¿No miras
    cómo el cristalino móvil
    de su asiento desencaja
    las columnas de sus orbes,

    y cómo turbado el cielo,   25
    entre asombros y entre horrores,
    segunda vez representa
    principios de Faetonte?
    ¿Cómo, temblando sus ejes,
    se altera y se descompone   30
    la paz de los elementos,
    que airados y desconformes
    granizan, ruidosos truenos
    fulminan, prestos vapores
    congelados en la esfera,   35
    ya rayos, ya exhalaciones?
    ¿No ves cómo, airado Eolo,
    la intrépida cárcel rompe
    al Noto y Boreas, porque,
    desatadas sus prisiones,   40
    estremeciendo la tierra,
    en lo cóncavo rimbomben
    de sus maternas entrañas
    con prodigiosos temblores?
    ¿No ves vestidos de luto   45
    los azules pabellones,
    y que las preñadas nubes,
    caliginosos ardores
    que engendraron la violencia,
    hace que rayos se aborten?   50
    Todo está brotando miedos,
    todo penas y rigores,
    todo pesar, todo asombro,
    todo sustos y aflicciones;
    no se termina un celaje   55
    en el opuesto horizonte.
    ¿Qué hemos de hacer?

LIS.   No te aflijas.

EST. Estatua de piedra inmóvil
 me ha hecho el temor, Lisarda.
 ¡Que así me entrase en el bosque!   60
(Acaban de bajar.)
LIS. A la inclemencia del tiempo,
 debajo de aquestos robles,
 nos negaremos, Estela,
 en tanto que nos socorre
 el cielo, que ya descubre   65
 al Occidente arreboles.
(Desvíanse a un lado, y salen Tibaldo, Rufino y Astolfo, bandoleros.)
TIB. ¡Buenos bandidos, por Dios!
 De más tenemos el nombre,
 pues el ocio o la desgracia
 nos está dando lecciones   70
 de doncellas de labor.
 Bien se ejerce de Mavorte
 la bélica disciplina
 en nuestras ejecuciones.
 ¡Bravo orgullo!
RUF.   Sin razón   75
 nos culpas; las ocasiones
 faltan, los ánimos no.
TIB. Buscarlas porque se logren.
AST. ¡Por Dios, que si no me engaño,
 no es mala la que nos pone   80
 en las manos la ventura!
TIB. ¡Quiera el cielo que se goce!
AST. Dos mujeres son bizarras,
 y hablando están; ¿no las oyes?
TIB. Acerquémonos corteses.   85
EST. Lisarda, ¿no ves tres hombres?
LIS. Sí; hacia nosotras vienen.
EST. ¡Gracias al cielo! Señores,
 ¿está muy lejos de aquí
 la quinta de Enrique, el conde   90
 de Belflor?
TIB.   Bien cerca está.
EST. ¿Queréis decirnos por dónde?
TIB. Vamos, venid con nosotros.
EST. Vuestra cortesía es norte
 que nos guía.
RUF.   Antes de mucho,   95
 con más miedos, más temores,
 zozobrará vuestra calma.
(Llévanlas, y baja D. Juan de Córdoba, muy galán, de camino, por el risco opuesto al que bajaron ellas, y dice:)

JUAN. ¡Qué notables confusiones!
 ¡Qué impensado terremoto!
 ¡Qué tempestad tan disforme!   100
 Perdí el camino, en efecto,
 y será dicha que tope
 quién me le enseñe, tal es
 la soledad de estos montes.
(Vaya bajando.)
 Ata esas mulas, Tomillo,   105
 a un árbol, y mientras comen
 baja a este llano.
(Tomillo arriba, sin bajar:)
TOM.   ¿Qué llano?
 Un tigre, un rinoceronte,
 un cocodrilo, un caimán,
 un Polifemo cíclope,   110
 un ánima condenada
 y un diablo, Dios me perdone,
 te ha de llevar.
JUAN.   Majadero,
 ¿sobre qué das esas voces?
TOM. Sobre que es fuerza que pagues   115
 sacrilegio tan enorme,
 como fue dejar a un ángel.
JUAN. ¿Hay disparates mayores?
TOM. Pues, ¿qué puede sucedernos
 bien, cuando tú . . . ?
JUAN.   No me enojes,   120
 deja esas locuras.
TOM.   Bueno;
 locuras y sinrazones
 son las verdades.
JUAN.   Escucha;
 mal articuladas voces
 oigo.
TOM.   Algún sátiro o fauno.   125
(Salen los bandoleros con las damas, y para atarles las manos, ponen en el suelo las pistolas y gabanes, y estáse D. Juan retirado.)
TIB. Perdonen o no perdonen.
LIS. Pues, bárbaros, ¿qué intentáis?
AST. No es nada, no se alboroten,
 que será peor.
TOM.   Acaba
 de bajar.
JUAN. Escucha, oye.   130
TOM. ¿Qué he de oír? ¿Hay algún paso
 de comedia, encanto, bosque
 o aventura, en que seamos

yo Sancho, tú don Quijote,
porque busquemos la venta,   135
los palos y Maritornes?
JUAN. Paso es, y no poco estrecho,
adonde es fuerza que apoye
sus osadías mi orgullo.
TOM. Mira, señor, no te arrojes.   140
TIB. Idles quitando las joyas.
EST. Tomad las joyas, traidores,
y dejadnos. ¡Ay, Lisarda!
JUAN. ¿No ves, Tomillo, dos soles
padeciendo injusto eclipse?   145
¿No miras sus resplandores
turbados, y que a su lumbre
bárbaramente se opone?
TOM. Querrás decir que la tierra
no son sino salteadores,   150
que quizá si nos descubren
nos cenarán esta noche,
sin dejarnos confesar,
en picadillo o gigote.
JUAN. Yo he de cumplir con quien soy.   155
LIS. ¡Matadnos, ingratos hombres!
RUF. No aspiramos a eso, reina.
EST. ¿Cómo su piedad esconde
el cielo?
(Póneseles D. Juan delante con la espada
desnuda. Tomillo coge en tanto los gabanes y
pistolas, y se entra entre los ramos, y ellos se
turban.)
JUAN.   Pues ¿a qué aspiran,
a experimentar rigores   160
de mi brazo y de mi espada?
EST. ¡Oh, qué irresistibles golpes!
JUAN. ¡Villanos, viles, cobardes!
TOM. Aunque pese a mis temores,
les he de quitar las armas   165
para que el riesgo se estorbe,
que de ayuda servirá.
TIB. ¡Dispara, Rufino!
RUF.   ¿Dónde
están las pistolas?
TOM.   Pistos
les será mejor que tomen.   170
AST. No hay que esperar.
TIB.   ¡Huye, Astolfo,
que éste es demonio, no es hombre!
RUF. ¡Huye, Tibaldo!
(Vanse y D. Juan tras ellos.)

TOM.   ¡Pardiez,
que los lleva a lindo trote
el tal mi amo, y les da   175
lindamente a trochemoche
cintarazo como tierra,
porque por fuerza la tomen!
Eso sí, ¡pléguete Cristo,
qué bien corrido galope!   180
EST. ¡Ay, Lisarda!
LIS.   Estela mía,
ánimo, que bien disponen
nuestro remedio los cielos.
(Sale D. Fernando de Ribera, y capitán de la
Guarda, y gente.)
FERN. ¡Que no parezcan, Godofre!
¿Qué selva encantada, o qué   185
laberinto las esconde?
Mas, ¿qué es esto?
EST.   ¡Ay, don Fernando!
Rendidas a la desorden
de la suerte . . .
FERN.   ¿Qué fue? ¿Cómo?
LIS. Unos bandidos enormes   190
nos han puesto . . .
FERN.   ¿Hay tal desdicha?
(Desátelas.)
LIS. Mas un caballero noble
nos libró.
(Sale D. Juan.)
JUAN.   Ahora verán
los bárbaros que se oponen
a la beldad de esos cielos,   195
sin venerar los candores
de vuestras manos, el justo
castigo.
FERN.   ¡Muera!
(Empuña la espada.)
EST.   No borres
con ingratitud, Fernando,
mis tristes obligaciones;   200
vida y honor le debemos.
FERN. Dejad que a esos pies me postre,
y perdonad mi ignorancia.
TOM. ¿Y será razón que monde
nísperos Tomillo? En tanto   205
estos testigos, conformes
o contestes, ¿no declaran
mis alentados valores?
FERN. Yo te premiaré.

JUAN.   Anda, necio.
   Guárdeos Dios, porque se abone   210
   en vuestro valor mi celo.
EST. Decid vuestra patria y nombre,
   caballero, si no hay
   causa alguna que lo estorbe.
   Sepa yo a quién debo tanto,   215
   porque agradecida logre
   mi obligación en serviros,
   deseos por galardones.
FERN. Lo mismo os pido; y si acaso
   de Bruselas en la corte   220
   se ofrece en qué os sirva, si
   no porque se reconoce
   obligada la condesa,
   sino por inclinaciones
   naturales de mi estrella,   225
   venid, que cuanto os importe
   tendréis en mi voluntad.
TOM. Más que doscientos Nestores
   vivas. ¡Qué buen mocetón!
LIS. Tan justas obligaciones   230
   como os tenemos las dos,
   más dilatará el informe
   que juntos os suplicamos.
JUAN. Con el efecto responde
   mi obediencia agradecida.   235
FERN. ¡Qué galán! ¡Qué gentilhombre!
JUAN. Nací en la ciudad famosa
   que la antigüedad celebra
   por madre de los ingenios,
   por origen de las letras,   240
   esplendor de los estudios,
   claro archivo de la ciencia,
   epílogo del valor
   y centro de la nobleza,
   la que en dos felices partos   245
   dio al mundo a Lucano y Séneca,
   éste filósofo estoico,
   aquél insigne poeta.
   Otro Séneca y Aneo
   Galión; aquél enseña   250
   moralidad virtuosa
   en memorables tragedias,
   y éste oraciones ilustres,
   sin otros muchos que deja
   mi justo afecto, y entre ellos   255
   el famoso Juan de Mena,
   en castellana poesía;
   como en la difícil ciencia
   de matemática, raro

escudriñador de estrellas,   260
aquel marqués generoso,
don Enrique de Villena,
cuyos sucesos admiran,
si bien tanto se adulteran
en los vicios que hace el tiempo;   265
Rufo y Marcial, aunque queda
el último en opiniones.
Mas porque de una vez sepas
cuál es mi patria, nació
don Luis de Góngora en ella,   270
raro prodigio del orbe,
que la castellana lengua
enriqueció con su ingenio,
frasis, dulzura, agudeza.
En Córdoba nací, al fin,   275
cuyos muros hermosea
el Betis, y desatado
tal vez en cristal, los besa,
por verle antiguo edificio
de la romana soberbia,   280
en quien ostentó Marcelo
de su poder la grandeza.
Heredé la noble sangre
de los Córdobas en ella,
nombre famoso que ilustra   285
de España alguna excelencia.
Gasté en Madrid de mis años
floreciente primavera,
en las lisonjas que acaban
cuando el escarmiento empieza.   290
Dejéla porque es la envidia
hidra que no se sujeta
a muerte, pues de un principio
saca infinitas cabezas.
Por sucesos amorosos   295
que no importan, me destierran,
y juntos poder y amor
mis favores atropellan.
Volví, en efecto, a la patria,
adonde triste y violenta   300
se hallaba la voluntad,
hecha a mayores grandezas,
y por divertir el gusto,
si hay alivio que divierta
el forzoso sentimiento   305
de una fortuna deshecha,
a Sevilla vine, donde
de mis deudos la nobleza
desahogo solicita
en su agrado a mis tristezas.   310

Divertíme en su hermosura,
en su alcázar, en sus huertas,
en su grandeza, en su río,
en su lonja, en su alameda,
en su iglesia mayor, que es   315
la maravilla primera
y la octava de las siete,
por más insigne y más bella
en su riqueza, y al fin . . .

(Sale[n] el príncipe Ludovico y gente.)

LUD. ¿Don Fernando de Ribera,   320
    decís que está aquí? ¡Oh amigo!
FERN. ¿Qué hay, príncipe?
LUD.   Que Su Alteza,
    a mí, a Fisberto, a Lucindo
    y al duque Liseno ordena,
    por diferentes parajes,   325
    que sin Lisarda y Estela
    no volvamos; y pues ya
    libres de las inclemencias
    del tiempo con vos están,
    vuelvan presto a su presencia,   330
    que al repecho de ese valle
    con una carroza esperan
    caballeros y criados.
EST. Vamos pues; haced que venga
    ese hidalgo con nosotros.   335
FERN. Bueno es que tú me lo adviertas.
EST. *(Ap.)* ¡Que no acabase su historia!
FERN. Con el príncipe, condesa,
    os adelantad al coche,
    que ya os seguimos.
EST.   Con pena   340
    voy, por no saber, Lisarda,
    lo que del suceso queda.
LIS. Después lo sabrás.

(Vanse con el príncipe y la gente.)

FERN.   Amigo,
    alguna fuerza secreta
    de inclinación natural,   345
    de simpatía de estrellas,
    me obliga a quereros bien;
    venid conmigo a Bruselas.
JUAN. Por vos he de ser dichoso.
FERN. Mientras a la quinta llegan   350
    y los seguimos a espacio,
    proseguid, ¡por vida vuestra!
    ¿Qué es lo que os trae a Flandes?
JUAN. *(Ap.)* Dicha tuve en que viniese
    el príncipe por Estela,   355
    porque a su belleza el alma

ha rendido las potencias,
y podrá ser que me importe
que mi suceso no sepa.
Digo pues que divertido   360
y admirado en las grandezas
de Sevilla estaba, cuando
un martes, en una iglesia,
día de la Cruz de Mayo
que tanto en mis hombros pesa,   365
vi una mujer, don Fernando,
y en ella tanta belleza
que usurpó su gallardía
los aplausos de la fiesta.
No os pinto su hermosura   370
por no eslabonar cadenas
a los yerros de mi amor;
pero con aborrecerla
si dijere que es un ángel,
no hayas miedo que encarezca   375
lo más de su perfección.
Vila, en efecto, y améla;
supe su casa, su estado,
partes, calidad y hacienda,
y satisfecho de todo,   380
persuadí sus enterezas,
solicité sus descuidos,
facilité mis promesas.
Favoreció mis deseos
de suerte que una tercera   385
fue testigo de mis dichas,
si hay dichas en la violencia.
Dila palabra de esposo;
no es menester que os advierta
lo demás; discreto sois.   390
Yo muy ciego, ella muy tierna
y con ser bella en extremo
y con extremo discreta,
afable para los gustos,
para los disgustos cuerda;   395
contra mi propio designio,
cuanto los designios yerran,
obligaciones tan justas,
tan bien conocidas deudas,
o su estrella o su desdicha   400
desconocen o cancelan.
Cansado y arrepentido
la dejé, y seguí la fuerza,
si de mi fortuna no,
de mis mudables estrellas.   405
Sin despedirme ni hablarla,
con resolución grosera,

pasé a Lisboa, corrido
de la mudable influencia
que me obligó a despreciarla;   410
vi a Francia y a Inglaterra,
y al fin llegué a estos países
y a su corte de Bruselas,
donde halla centro el alma
porque otra vez considera   415
las grandezas de Madrid.
Asiento tienen las treguas
de las guerras con Holanda,
causa de que yo no pueda
ejercitarme en las armas;   420
mas pues ya vuestra nobleza
me ampara, en tanto que en Flandes
algún socorro me llega,
favorced mis intentos,
pues podéis con Sus Altezas,   425
porque ocupado en palacio
algún tiempo me entretenga.
Don Juan de Córdoba soy,
andaluz; vos sois, Ribera,
noble y andaluz también.   430
En esta ocasión, en ésta
es bien que el ánimo luzca,
es bien que el valor se vea
de los andaluces pechos,
de la española nobleza.   435
Este es mi suceso; ahora,
como de una patria mesma,
y como quien sois, honradme,
pues ya es obligación vuestra.
FERN. Huélgome de conoceros,   440
señor don Juan, y quisiera
que a mi afecto se igualara
el posible de mis fuerzas.
A vuestro heroico valor,
por alguna oculta fuerza   445
estoy inclinado tanto,
que he de hacer que Su Alteza
como suya satisfaga
la obligación en que Estela
y todos por ella estamos,   450
y en tanto, de mi hacienda
y de mi casa os servid.
Vamos juntos donde os vea
la infanta, para que os premie
y desempeñe las deudas   455
de mi voluntad.

JUAN.   No sé
¡por Dios! cómo os agradezca
tantos favores.
FERN.   Venid.
(Sale Tomillo.)
TOM. Señor, las mulas esperan.
FERN. ¿Y la carroza?
TOM.   Ya está   460
pienso que en la cuarta esfera,
por emular la de Apolo,
compitiendo con las selvas.
[Vanse.]
(Salen Da. Leonor, vestida de hombre, bizarra,
y Ribete, lacayo.)
LEON. En este traje podré
cobrar mi perdido honor.   465
RIB. Pareces el dios de amor.
¡Qué talle, qué pierna y pie!
Notable resolución
fue la tuya, mujer tierna
y noble.
LEON.   Cuando gobierna   470
la fuerza de la pasión,
no hay discurso cuerdo o sabio
en quien ama; pero yo,
mi razón, que mi amor no,
consultada con mi agravio,   475
voy siguiendo en las violencias
de mi forzoso destino,
porque al primer desatino
se rindieron las potencias.
Supe que a Flandes venía   480
este ingrato que ha ofendido
tanto amor con tanto olvido,
tal fe con tal tiranía.
Fingí en el más recoleto
monasterio mi retiro,   485
y sólo a ocultarme aspiro
de mis deudos; en efecto,
no tengo quien me visite
si no es mi hermana, y está
del caso avisada ya   490
para que me solicite
y vaya a ver con engaño,
de suerte que aunque terrible
mi locura, es imposible
que se averigüe su engaño.   495
Ya pues, me determiné
y atrevida pasé el mar,

o he de morir o acabar
la empresa que comencé,
o a todos los cielos juro   500
que nueva amazona intente,
o Camila más valiente,
vengarme de aquel perjuro
aleve.

RIB.   Oyéndote estoy,
y ¡por Cristo! que he pensado   505
que el nuevo traje te ha dado
alientos.

LEON.   Yo soy quien soy.
Engañaste si imaginas,
Ribete, que soy mujer;
mi agravio mudó mi ser.   510

RIB. Impresiones peregrinas
suele hacer un agravio;
ten que la verdad se prueba
de Ovidio, pues, Isis nueva,
de oro guarneces el labio;   515
mas, volviendo a nuestro intento,
¿matarásle?

LEON.   Mataré
¡vive Dios!

RIB.   ¿En buena fe?

LEON. ¡Por Cristo!

RIB.   ¿Otro juramento?
Lástima es.

LEON.   Flema gentil   520
gastas.

RIB.   Señor Magallanes,
a él y a cuantos don Juanes,
ciento a ciento y mil a mil
salieren.

LEON.   Calla, inocente.

RIB. Escucha, así Dios te guarde.   525
¿Por fuerza he de ser cobarde?
¿No habrá un lacayo valiente?

LEON. Pues ¿por eso te amohinas?

RIB. Estoy mal con enfadosos
que introducen los graciosos   530
muertos de hambre y gallinas.
El que ha nacido alentado,
¿no lo ha de ser si no es noble?
¿Que no podrá serlo al doble
del caballero el criado?   535

LEON. Has dicho muy bien; no en vano
te he elegido por mi amigo,
no por criado.

RIB.   Contigo
va Ribete el sevillano
bravo que tuvo a lacería   540
reñir con tres algún día,
y pendón rojo añadía
a los verdes de la feria;
pero tratemos del modo
de vivir que has de hacer   545
ahora.

LEON.   Hemos menester,
para no perderlo todo,
buscar, Ribete, a mi hermano.

RIB. ¿Y si te conoce?

LEON.   No
puede ser, que me dejó   550
de seis años, y está llano
que no se puede acordar
de mi rostro; y si privanza
tengo con él, mi venganza
mi valor ha de lograr.   555

RIB. ¿Don Leonardo, en fin, te llamas,
Ponce de León?

LEON.   Sí llamo.

RIB. ¡Cuántas veces, señor amo,
me han de importunar las damas
con el recado o billete!   560
Ya me parece comedia,
donde todo lo remedia
un bufón medio alcahuete.
No hay fábula, no hay tramoya
adonde no venga al justo   565
un lacayo de buen gusto,
porque si no, ¡aquí fue Troya!
¿Hay mayor impropiedad
en graciosidades tales,
que haga un lacayo iguales   570
la almohaza y majestad?
¡Que siendo rayo temido
un rey, haciendo mil gestos,
le obligue un lacayo de éstos
a que ría divertido!   575

LEON. Gente viene; hacia esta parte
te desvía.

(Sale[n] don Fernando de Ribera y el príncipe.)

FERN.   Esto ha pasado.

LUD. Hame el suceso admirado.

FERN. Más pudieras admirarte
que de su dicha, aunque es tanta,   580
de su bizarro valor,

pues por él goza favor
en la gracia de la infanta.
Su mayordomo, en efecto,
don Juan de Córdoba es ya.   585
LEON. ¡Ay, Ribete!
LUD.   Bien está,
pues lo merece el sujeto.
Y, al fin, ¿Estela se inclina
a don Juan?
FERN.   Así lo siento,
por ser de agradecimiento   590
satisfacción peregrina.
(Hablan aparte los dos.)
LEON. Don Juan de Córdoba ¡ay Dios!
dijo. ¡Si es aquel ingrato!
Mal disimula el recato
tantos pesares.
FERN.   Por vos   595
la hablaré.
LUD.   ¿Puede aspirar
Estela a mayor altura?
Su riqueza, su hermosura,
¿en quién la puede emplear
como en mí?
FERN.   Decís muy bien.   600
LUD. ¿Hay en todo Flandes hombre
más galán, más gentilhombre?
RIB. ¡Maldígate el cielo, amén!
FERN. Fiad esto a mi cuidado.
LUD. Que me está bien sólo os digo;   605
haced, pues que sois mi amigo,
que tenga efecto.
(Vase Ludovico.)
FERN.   ¡Qué enfado!
LEON. Ribete, llegarme quiero
a preguntar por mi hermano.
RIB. ¿Si le conocerá?
LEON.   Es llano.   610
FERN. ¿Mandáis algo, caballero?
LEON. No, señor; saber quisiera
de un capitán.
FERN.   ¿Capitán?
¿Qué nombre?
LEON.   Estas lo dirán;
don Fernando de Ribera,   615
caballerizo mayor
y capitán de la guarda
de Su Alteza.
FERN. (Ap.)   ¡Qué gallarda
presencia! ¿Si es de Leonor?

Haced cuenta que le veis;   620
dadme el pliego.
LEON.   ¡Oh, cuánto gana
hoy mi dicha!
FERN.   ¿Es de mi hermana?
(Dale el pliego.)
LEON. En la letra lo veréis;
Ribete, turbada estoy.
(Lee D. Fernando.)
RIB. ¿De qué?
LEON.   De ver a mi hermano.   625
RIB. Ese es valor sevillano.
LEON. Has dicho bien; mi honor hoy
me ha de dar valor gallardo
para lucir su decoro,
que, sin honra, es vil el oro.   630
FERN. Yo he leído, don Leonardo,
esta carta, y sólo para
en que os ampare mi amor,
cuando por mil de favor
vuestra presencia bastara;   635
mi hermana lo pide así,
y yo, a su gusto obligado,
quedaré desempeñado
con vos, por ella y por mí.
¿Cómo está?
LEON.   Siente tu ausencia,   640
como es justo.
FERN.   ¿Es muy hermosa?
LEON. Es afable y virtuosa.
FERN. Eso le basta. ¿Y Laurencia,
la más pequeña?
LEON.   Es un cielo,
una azucena, un jazmín,   645
un ángel, un serafín
mentido al humano velo.
FERN. Decidme, por vida mía,
¿qué os trae a Flandes?
LEON.   Intento,
con justo agradecimiento,   650
pagar vuestra cortesía,
y es imposible, pues vos,
liberalmente discreto,
acobardáis el concepto
en los labios.
FERN.   Guárdeos Dios.   655
LEON. Si es justa ley de obligación forzosa
¡oh Ribera famoso! obedeceros,
escuchad mi fortuna rigurosa,
piadosa ya, pues me ha traído a veros;

el valor de mi sangre generosa 660
no será menester encareceros,
pues por blasón de su nobleza muestro
el preciarme de ser muy deudo vuestro.
Serví una dama donde los primores
de toda la hermosura cifró el cielo; 665
gozó en secreto el alma sus favores,
vinculando la gloria en el desvelo;
compitióme el poder, y mis temores
apenas conocieron el recelo,
y no os admire, porque la firmeza 670
de Anarda sólo iguala a su belleza.
Atrevido mostró el marqués Ricardo
querer servir en público a mi dama;
mas no por eso el ánimo acobardo,
antes le aliento en la celosa llama. 675
Presumiendo de rico y de gallardo
perder quiso al decoro de su fama;
inútil presunción, respetos justos,
ocasionando celos y disgustos.
Entre otras, una noche que a la puerta
de Anarda le hallé, sintiendo en vano 681
en flor marchita su esperanza muerta
al primero verdor de su verano,
hallando en su asistencia ocasión cierta,
rayos hice vibrar mi espada y mano, 685
tanto que pude sólo retiralle
a él y a otros dos valientes de la calle.
Disimuló este agravio; mas un día,
asistiendo los dos a la pelota, 690
sobre juzgar la suerte suya o mía,
se enfada, se enfurece y alborota;
un "¡Miente todo el mundo!" al aire envía,
con que vi mi cordura tan remota,
que una mano lugar buscó en su cara,
y otra de mi furor rayos dispara. 695
Desbaratóse el juego, y los parciales,
coléricos, trabaron civil guerra,
en tanto que mis golpes desiguales
hacen que bese mi rival la tierra.
Uno, de meter paces da señales; 700
otro, animoso y despechado, cierra;
y al fin, entre vengados y ofendidos,
salieron uno muerto y tres heridos.
Ricardo, tantas veces despreciado
de mi dama, de mí, de su fortuna, 705
si no celoso ya, desesperado,
no perdona ocasión ni traza alguna;
a la venganza aspira, y agraviado,
sus amigos y deudos importuna,

haciendo de su ofensa vil alarde, 710
acción, si no de noble, de cobarde;
mas yo, por no cansarte, dando medio
de su forzoso enojo a la violencia,
quise elegir por último remedio
hacer de la querida patria ausencia. 715
En efecto, poniendo tierra en medio,
objeto no seré de su impaciencia,
pues pudiera vengarse como sabio,
que no cabe traición donde hay agravio.
Previno nuestro tío mi jornada, 720
y antes de irme a embarcar, esta sortija
me dio por prenda rica y estimada
de Victoria, su hermosa y noble hija.
Del reino de Anfitrite la salada
región cerúlea vi, sin la prolija 725
pensión de una tormenta, y con
    bonanza
tomó a tus plantas puerto mi esperanza.
FERN. De gustoso y satisfecho,
suspenso me habéis dejado.
No os dé la patria cuidado, 730
puesto que halláis en mi pecho
de pariente voluntad,
fineza de amigo, amor
de hermano, pues a Leonor
no amara con más verdad. 735
Esa sortija le di
a la hermosa Victoria,
mi prima, que sea en gloria,
cuando de España partí;
y aunque sirve de testigo 740
que os abona y acredita,
la verdad no necesita
de prueba alguna conmigo.
Bien haya, amén, la ocasión
del disgusto sucedido, 745
pues ella la causa ha sido
de veros.
LEON.   No sin razón
vuestro valor tiene fama
en el mundo.
FERN.   Don Leonardo,
mi hermano sois.
LEON.   ¡Qué gallardo! 750
Mas de tal ribera es rama.
FERN. En el cuarto de don Juan
de Córdoba estaréis bien.
LEON. ¿Quién es ese hidalgo?
FERN.   ¿Quién?

Un caballero galán,					755
cordobés.
LEON.		No será justo,
ni cortés urbanidad,
que por mi comodidad
compre ese hidalgo un disgusto.
FERN. Don Juan tiene cuarto aparte		760
y le honra Su Alteza mucho
por su gran valor.
LEON. (Ap.)		¡Qué escucho!
Y ¿es persona de buen arte?
FERN. Es la primer maravilla
su talle, y de afable trato,			765
aunque fácil, pues ingrato
a una dama de Sevilla,
a quien gozó con cautela,
hoy la aborrece, y adora
a la condesa de Sora;				770
que aunque es muy hermosa Estela,
no hay, en mi opinión, disculpa
para una injusta mudanza.
LEON. (Ap.) ¡Animo, altiva esperanza!
Los hombres no tienen culpa			775
tal vez.
FERN.	Antes, de Leonor
repite mil perfecciones.
LEON. Y ¿la aborrece?
FERN.			Opiniones
son del ciego lince amor;
por la condesa el sentido			780
está perdiendo.
LEON. (Ap.)		¡Ah, cruel!
Y ella ¿corresponde fiel?
FERN. Con semblante agradecido
se muestra afable y cortés;
forzosa satisfacción				785
de la generosa acción,
de la facción que después
sabréis. Fineo.
(Sale Fineo.)
FIN.		Señor.
FERN. Aderezad aposento
a don Leonardo al momento . . .		790
LEON. (Ap.) Muerto estoy.
RIB.			Calla, Leonor.
FERN. en el cuarto de don Juan.
FIN. Voy al punto.
FERN.			Entrad, Leonardo.
LEON. Ya os sigo.

FERN.		En el cuarto aguardo
de Su Alteza.
(Vase.)
RIB.		Malos van				795
los títeres. ¿A quién digo?
¡Hola, hao! de allende el mar
volvámonos a embarcar,
pues ya lo está aquel amigo.
Centellas, furias, enojos,			800
viboreznos, basiliscos,
iras, promontorios, riscos
está echando por los ojos.
Si en los primeros ensayos
hay arrobos, hay desvelos,			805
hay furores, rabias, celos,
relámpagos, truenos, rayos,
¿qué será después? Ahora
está pensando, a mi ver,
los estragos que ha de hacer		810
sobre el reto de Zamora.
¡Ah, señora! ¿Con quién hablo?
LEON. ¡Déjame, villano, infame!
(Dale.)
RIB. Belcebú, que más te llame,
demándetelo el diablo.				815
¿Miraste el retrato en mí
de don Juan? ¡Tal antuvión,
qué bien das un pescozón!
LEON. ¡Déjame, vete de aquí!
(Vase.)
¿Adónde, cielos, adónde			820
vuestros rigores se encubren?
¿Para cuándo es el castigo?
La justicia, ¿dónde huye,
dónde está? ¿Cómo es posible
que esta maldad disimule?			825
¡La piedad en un aleve,
injusta pasión arguye!
¿Dónde están, Jove, los rayos?
¿Ya vive ocioso e inútil
tu brazo? ¿Cómo traiciones			830
bárbaras y enormes sufres?
¿No te ministra Vulcano
de su fragua y de su yunque
armas de fuego, de quien
sólo el laurel se asegure?			835
Némesis ¿dónde se oculta?
¿A qué dios le substituye
su poder, para que grato

mi venganza no ejecute?
Las desdichas, los agravios,   840
hace la suerte comunes.
No importa el mérito, no
tienen precio las virtudes.
¿Tan mal se premia el amor,
que a número no reduce   845
un hombre tantas finezas
cuando de noble presume?
¿Que es esto, desdichas? ¿Cómo
tanta verdad se desluce,
tanto afecto se malogra,   850
tal calidad se destruye,
tal sangre se deshonora,
tal recato se reduce
a opiniones? Tal honor,
¿cómo se apura y consume?   855
¿Yo aborrecida y sin honra?
¿Tal maldad los cielos sufren?
¿Mi nobleza despreciada?
¿Mi casta opinión sin lustre?
¿Sin premio mi voluntad?   860
Mi fe que las altas nubes
pasó y llegó a las estrellas,
¿es posible que la injurie
don Juan? ¡Venganza, venganza,
cielos! El mundo murmure,   865
que ha de ver en mi valor,
a pesar de las comunes
opiniones, la más nueva
historia, la más ilustre
resolución que vio el orbe.   870
Y ¡juro por los azules
velos del cielo y por cuantas
en ellos se miran luces,
que he de morir o vencer,
sin que me den pesadumbre   875
iras, olvidos, desprecios,
desdenes, ingratitudes,
aborrecimientos, odios!
Mi honor en la altiva cumbre
de los cielos he de ver   880
o hacer que se disculpen
en mis locuras mis yerros,
o que ellas mismas apuren
con excesos cuánto pueden,
con errores cuánto lucen   885
valor, agravio y mujer,
si en un sujeto se incluyen.

JORNADA SEGUNDA

(Salen Estela y Lisarda.)

LIS. ¿Qué te parece don Juan,
    Estela?
EST.   Bien me parece.
LIS. Cualquier agrado merece   890
    por gentilhombre y galán.
    ¡Qué gallardo, qué brioso,
    qué alentado, qué valiente
    anduvo!
EST.   Forzosamente
    será bizarro y airoso,   895
    que en la elección de tu gusto
    calificó su buen aire.
LIS. Bueno está, prima, el donaire.
    ¿Y el de Pinoy?
EST.   No hay disgusto
    para mí como su nombre.   900
    ¡Jesús, líbrenme los cielos
    de su ambición!
LIS.   Mis desvelos
    premie amor.
EST.   ¡Qué bárbaro hombre!
LIS. ¿Al fin no le quieres?
EST.   No.
LIS. Por discreto y por gallardo,   905
    bien merece don Leonardo
    amor.
EST.   Ya, prima, llegó
    a declararse el cuidado,
    pues en término tan breve
    tantos desvelos me debe,   910
    tantas penas me ha costado.
    La obligación de don Juan,
    bien solicita en mi intento
    forzoso agradecimiento.
    Mas este Adonis galán,   915
    este fénix español,
    este Ganimedes nuevo,
    este dios de amor, mancebo,
    este Narciso, este sol,
    de tal suerte en mi sentido   920
    mudanza su vista ha hecho,
    que no ha dejado en el pecho
    ni aun memorias de otro olvido.
LIS. ¡Gran mudanza!
EST.   Yo confieso

que lo es; mas si mi elección 925
jamás tuvo inclinación
declarada, no fue exceso
rendirme.
LIS.   A solicitar
sus dichas le trae amor.
EST. Las mías, mejor dirás. 930
(Salen D. Fernando, Da. Leonor y Ribete.)
FERN. Ludovico, hermosa Estela,
me pide que os venga a hablar.
Don Juan es mi amigo, y sé
que os rinde el alma don Juan;
y yo, humilde, a vuestras plantas. 935
¿Por dónde he de comenzar?
Que, por Dios que no me atrevo
a pediros . . .
EST.   Que pidáis
poco importa, don Fernando,
cuando tan lejos está 940
mi voluntad de elegir.
FERN. Basta.
EST.   No me digáis más
de don Juan ni Ludovico.
FERN. (Ap.) ¡Qué dichoso desdeñar!
Pues me deja acción de amante. 945
LEON. [Ap.] Pues aborrece a don Juan,
¡qué dichoso despedir!
EST. Don Leonardo, ¿no me habláis?
¿Vos sin verme tantos días?
¡O, qué mal cumplís, qué mal, 950
la ley de la cortesía,
la obligación de galán!
FERN. Pues no os resolvéis, adiós.
EST. Adiós.
FERN.   Leonardo, ¿os quedáis?
LEON. Sí, primo.
EST.   A los dos por mí, 955
don Fernando, les dirás
que ni estoy enamorada,
ni me pretendo casar.
(Vase D. Fernando.)
LEON.   Mi silencio, hermosa Estela,
mucho os dice sin hablar, 960
que es lengua el afecto mudo
que está confesando ya
los efectos que esos ojos
sólo pudieron causar,
soles que imperiosamente 965
de luz ostentando están,
entre rayos y entre flechas,

bonanza y serenidad
en el engaño, dulzura,
extrañeza en la beldad, 970
valentía en el donaire,
y donaire en el mirar.
¿En quién, sino en vos, se ve
el rigor y la piedad
con que dais pena y dais gloria, 975
con que dais vida y matáis?
Poder sobre el albedrío
para inquietarle su paz,
jurisdicción en el gusto,
imperio en la voluntad, 980
¿Quién, como vos, le ha tenido?
¿Quién, como vos, le tendrá?
¿quién, sino vos, que sois sola,
o ya sol o ya deidad,
es dueño de cuanto mira, 985
pues cuando más libre estáis,
parece que lisonjera
con rendir y con matar,
hacéis ociosa la pena,
hacéis apacible el mal, 990
apetecible el rigor,
inexcusable el penar?
Pues si no es de esa belleza
la imperiosa majestad,
gustosos desasosiegos 995
en el valle, ¿quién los da?
Cuando más rendida el alma
pide a esos ojos piedad,
más rigores examina,
desengaños siente más. 1000
Y si humilde a vuestras manos
sagrado vine a buscar,
atreviéndose al jazmín,
mirándose en el cristal
desengañada y corrida, 1005
su designio vuelve atrás,
pues gala haciendo el delito
y lisonja la crueldad,
el homicidio cautela,
que son, publicando están, 1010
quién voluntades cautiva,
quién roba la libertad.
Discreta como hermosa,
a un mismo tiempo ostentáis
en el agrado aspereza, 1015
halago en la gravedad,
en los desvíos cordura,

entereza en la beldad,
en el ofender disculpa,
pues tenéis para matar   1020
altiveces de hermosura
con secretos de deidad.
Gala es en vos lo que pudo
ser defecto en la que más
se precia de airosa y bella,   1025
porque el herir y el matar
a traición jamás halló
sólo en vos disculpa igual.
Haced dichosa mi pena,
dad licencia a mi humildad   1030
para que os sirva, si es justo
que a mi amor lo permitáis;
que estas venturas, aquestos
favores que el alma ya
solicita en vuestra vista   1035
o busca en vuestra piedad,
si vuestros ojos los niegan,
¿dónde se podrán hallar?
RIB. Aquí gracia y después gloria,
amén, por siempre jamás.   1040
¡Qué difícil asonante
buscó Leonor! No hizo mal;
déle versos en agudo,
pues que no le puede dar
otros agudos en prosa.   1045
EST. Don Leonardo, bastan ya
las lisonjas, que imagino
que el ruiseñor imitáis,
que no canta enamorado
de sus celos al compás,   1050
porque siente o porque quiere,
sino por querer cantar.
Estimo las cortesías,
y a tener seguridad,
las pagara con finezas.   1055
LEON. Mi amor se acreditará
con experiencias; mas no
habéis comparado mal
al canto del ruiseñor
de mi afecto la verdad,   1060
pues si dulcemente, grave,
sobre el jazmín o rosal
hace facistol, adonde
suele contrapuntear
bienvenidas a la aurora,   1065
aurora sois celestial,
dos soles son vuestros ojos,

un cielo es vuestra beldad.
¿Qué mucho que, ruiseñor,
amante, quiera engañar   1070
en la gloria de miraros,
de no veros el penar?
EST. ¡Qué bien sabéis persuadir!
Basta, Leonardo, no más;
esta noche en el terrero   1075
a solas os quiero hablar
por las rejas que al jardín
se corresponden.
LEON.   Irá
a obedeceros el alma.
EST. Pues adiós.
LEON.   Adiós. Mandad,   1080
bella Lisarda, en qué os sirva.
LIS. Luego os veré.
LEON.   Bien está.
(Vanse las damas.)
LEON. ¿Qué te parece de Estela?
RIB. Que se va cumpliendo ya
mi vaticinio, pues ciega,   1085
fuego imagina sacar
de dos pedernales fríos.
¡Qué bien que se entablará
el juego de amor, aunque ella
muestre que picada está,   1090
si para que se despique
no la puedes envidar
si no es de falso, por ser
limitado tu caudal
para empeño tan forzoso!   1095
LEON. Amor de mi parte está.
El príncipe de Pinoy
es éste; su vanidad
se está leyendo en su talle;
mas me importa su amistad.   1100
RIB. ¡Linda alhaja!
(Sale el príncipe.)
LUD.   ¡Don Leonardo!
LEON. ¡Oh príncipe! Un siglo ha
que no os veo.
LUD.   Bien así
la amistad acreditáis.
LEON. ¡Yo os juro por vida vuestra . . .   1105
LUD. Basta; ¿para qué juráis?
LEON. ¿Qué hay de Estela?
LUD. ¿Qué hay de Estela?
Fernando la vino a hablar
y respondió desdeñosa   1110

que la deje, que no está
del príncipe enamorada
ni se pretende casar;
desaire que me ha enfadado,
por ser tan pública ya   1115
mi pretensión.
LEON.   ¿Sois mi amigo?
LUD. ¿Quién merece la verdad
de mi amor sino vos solo?
LEON. Mucho tengo que hablar
con vos.
RIB. *(Ap.)*   Mira lo que haces.   1120
LEON. Esto me importa; escuchad:
Estela se ha declarado
conmigo; no la he de amar
por vos, aunque me importara
la vida, que la amistad   1125
verdadera se conoce
en aquestos lances; mas
del favor que me hiciere
dueño mi gusto os hará;
y para que desde luego   1130
la pretensión consigáis,
al terrero aquesta noche
quiero que la vais a hablar
disfrazado con mi nombre.
LUD. ¿Qué decís?
LEON.   Que me debáis   1135
estas finezas; venid,
que yo os diré lo demás.
(Vanse los dos.)
RIB. ¿Qué intenta Leonor, qué es esto?
Mas es mujer; ¿qué no hará?
Que la más compuesta tiene   1140
mil pelos de Satanás.
(Sale Tomillo.)
TOM. ¡Vive Dios, que no sé donde
he de hallar a don Juan!
RIB. Este es el bufón que a Flora
imagina desflorar;   1145
pregonadle a uso de España.
TOM. ¡Oh paisano! ¿Qué será
que las mismas pajarillas
se me alegran en pensar
que veo españoles?
RIB.   Esa   1150
es fuerza del natural.
TOM. Al cuarto de don Fernando
creo que asistís.
RIB.   Es verdad;

criado soy de su primo
don Leonardo; ¿queréis más?   1155
TOM. ¿Cómo va de paga?
RIB.   Paga
adelantado.
TOM.   Y ¿os da
ración?
RIB.   Como yo la quiero.
TOM. No hay tanto bien por acá.
¿De dónde sois?
RIB.   De Madrid.   1160
TOM. ¿Cuándo vinisteis de allá?
RIB. ¡Bravo chasco! Habrá seis meses.
TOM. ¿Qué hay en el lugar de nuevo?
RIB. Ya es todo muy viejo allá;
sólo en esto de poetas   1165
hay notable novedad
por innumerables tanto
que aun quieren poetizar
las mujeres y se atreven
a hacer comedias ya.   1170
TOM. ¡Válgame Dios! Pues ¿no fuera
mejor coser e hilar?
¿Mujeres poetas?
RIB.   Sí;
mas no es nuevo, pues están
Argentaria, Sofoareta,   1175
Blesilla y más de un millar
de modernas que hoy a Italia
lustre soberano dan,
disculpando la osadía
de su nueva vanidad.   1180
TOM. Y decidme . . .
RIB.   ¡Voto a Cristo,
que ése es mucho preguntar!
(Vanse, y sale D. Juan solo.)
JUAN. Tanta inquietud en el pecho,
tanta pasión en el alma,
en el sosiego tal calma,   1185
en el vivir tal despecho,
tal penar mal satisfecho,
tal templar y tal arder,
tal gusto en el padecer,
sobornando los desvelos,   1190
sin duda, si no son celos
que infiernos deben de ser.
¿De qué sirvió la ocasión
en que me puso la suerte
si de ella misma se advierte   1195
cuán pocas mis dichas son?

Mi amor y su obligación
reconoce Estela hermosa;
mas ¿qué importa, si dudosa,
o no quiere o no se atreve,   1200
siendo a mis incendios nieve,
y a otro calor mariposa?
Con justa causa acobardo
o el amor o la esperanza,
pues tan poca dicha alcanza   1205
cuando tanto premio aguardo.
Este primo, este Leonardo,
de don Fernando en rigor
galán se ha opuesto a mi amor;
pero ¿no es bien que me asombre   1210
si habla, rostro, talle y nombre
vino a tener de Leonor?
Que, ¿quién, sino quien retrata
su aborrecido traslado,
pudiera haber malogrado   1215
suerte tan dichosa y grata?
Ausente me ofende y mata
con aparentes antojos,
de suerte que a mis enojos
dice el gusto, y no se engaña   1220
que Leonor vino de España
sólo a quebrarme los ojos.
El de Pinoy sirve a Estela,
y amigo del de Pinoy
es don Leonardo, a quien hoy   1225
su mudable gusto apela.
Yo, perdida centinela,
desde lejos miro el fuego,
y al temor concedo y niego
mis penas y mis favores,   1230
el pecho un volcán de ardores,
el alma un Etna de fuego.
"Más merece quien más ama",
dijo un ingenio divino;
yo he de amar porque imagino   1235
que algún mérito me llama.
Goce del laurel la rama
el que fortuna eligió,
pues si indigno la gozó,
es cierto, si bien se advierte   1240
que le pudo dar la suerte,
dicha sí, mérito no.

(Sale Ribete.)

RIB. ¡Qué ciegos intentos dan
    a Leonor desasosiego!
    Mas si van siguiendo a un ciego,   1245

    ¿qué vista tener podrán?
    Mándame que dé a don Juan
    este papel por Estela,
    que como amor la desvela,
    por desvanecer su daño   1250
    busca engaño contra engaño,
    cautela contra cautela.
    ¡A qué buen tiempo le veo!
    Quiero darle el alegrón.

JUAN. Yo he de amar sin galardón   1255
    y conquistar sin trofeo.

RIB. A cierto dichoso empleo
    os llama fortuna ahora
    por este papel.

JUAN.   Ignora
    la novedad mi desgracia.   1260

RIB. Y es de Estela, por la gracia
    de Dios, condesa de Sora.

JUAN. El papel beso mil veces
    por suyo; dejadme leer.

RIB. *(Ap.)* Leed, que a fe que ha de ser   1265
    más el ruido que las nueces.

JUAN. Dichoso, fortuna, yo,
    pues ya llego a persuadirme
    a que merezco por firme,
    si por venturoso no;   1270
    mi constancia al fin venció
    de Estela hermosa el desdén,
    pues me llama; a espacio ven,
    dicha, porque en gloria tal,
    ya que no me mató el mal,   1275
    me podrá matar el bien.

RIB. Bien lo entiende.

JUAN.   Esta cadena
    os doy, y os quisiera dar
    un mundo. ¡Dulce papel!

RIB. *(Ap.)* Pues a fe que lleva en él   1280
    menos de lo que ha pensado.

JUAN. No sé si es verdad o sueño,
    ni me atrevo a responder.
    Amigo, el obedecer
    será mi gustoso empeño;   1285
    decid a mi hermoso dueño
    que soy suyo.

RIB.   Pues adiós.

JUAN. El mismo vaya con vos.
    Oíd, procuradme hablar,
    porque habemos de quedar   1290
    grandes amigos los dos.

RIB. ¡O, pues eso claro está!

(Vase.)
JUAN. Aprisa, luciente coche,
   da lugar al de la noche,
   que obscuro te sigue ya.   1295
   Hoy mi esperanza hará
   de su dicha ostentación,
   pues Estela me da acción,
   y aunque el premio halle tardanza,
   más vale una alta esperanza   1300
   que una humilde posesión.
(Vase, y sale Da. Leonor, de noche.)
LEON. ¿Dónde, ¡ay! locos desatinos,
   me lleva con paso errante
   de amor la bárbara fuerza?
   ¿Cómo en tantas ceguedades,   1305
   atropellando imposibles,
   a creer me persuade
   que he de vencer? ¡Ay, honor,
   qué me cuestas de pesares,
   qué me debes de zozobras,   1310
   en qué me pones de ultrajes!
   ¡O, si Ribete acabase
   de venir, para saber
   si tuvo dicha de darle
   el papel a aquel ingrato   1315
   que a tantos riesgos me trae!
   Mas ya viene: ¿qué hay, Ribete?
(Sale Ribete.)
RIB. Que llegué; que di a aquel ángel
   el papel; que me rindió
   este despojo brillante,   1320
   pensando que era de Estela;
   que me dijo que dictase
   por ella a su dueño hermoso,
   que era suyo y vendrá a hablarle.
LEON. Bien está.
RIB.   Y ¿estás resuelta?   1325
LEON. Esta noche ha de entablarse
   o mi remedio o mi muerte.
RIB. Mira, Leonor, lo que haces.
LEON. Esto ha de ser.
RIB.   ¡Quiera Dios
   que no des con todo al traste!   1330
LEON. ¡Qué mal conoces mi brío!
RIB. ¿Quién dice que eres cobarde?
   Cátate aquí muy valiente,
   muy diestra, muy arrogante,
   muy alentada, y al fin,   1335
   un sepan cuantos de Marte,
   que hace a diestros y a siniestros

estragos y mortandades
   con el ánimo. Y la fuerza,
   di, señora, ¿dónde está?   1340
LEON. Semíramis, ¿no fue heroica?
   Cenobia, Drusila, Draznes,
   Camila, y otras cien mil,
   ¿no sirvieron de ejemplares
   a mil varones famosos?   1345
   Demás de que el encontrarle
   es contingente, que yo
   sólo quise adelantarme
   tan temprano, por hacer
   que el príncipe a Estela hable   1350
   sin ver a don Juan, Ribete.
RIB. Pues ánimo y adelante,
   que ya estás en el terrero,
   y aquestas ventanas salen
   al cuarto de la condesa,   1355
   que aquí me habló la otra tarde.
LEON. Pues, Ribete, donde dije
   ten prevenidas las llaves
   que te dio Fineo.
RIB.   Bien.
   ¿Son las que a este cuarto hacen, 1360
   junto al de Estela, que tiene
   balcones a esa otra parte
   de palacio, y ahora está
   vacío e inhabitable?
LEON. Sí; y con un vestido mío   1365
   me has de esperar donde sabes,
   porque me importa el vivir.
RIB. No; importa más el quedarme
   y defenderte, si acaso
   don Juan . . .
LEON.   ¡O, qué necedades!   1370
   Yo sé lo que puedo, amigo.
RIB. Pues si lo que puedes sabes,
   quédate, señora, adiós.
(Vase.)
LEON. Temprano vine por ver
   si a don Juan también le trae   1375
   su desvelo; y quiera Dios
   que Ludovico se tarde
   por si viniere.
(Sale D. Juan.)
JUAN.   No en vano
   temí que el puesto ocupase
   gente; un hombre solo es; quiero 1380
   reconocerle.
LEON.   Buen talle

tiene aquéste. ¿Si es don Juan?
Quiero más cerca llegarme
y conocer, si es posible,
quién es.

JUAN.   Si aquéste hablase,   1385
sabré si es el de Pinoy.

(Van llegando uno a otro.)

LEON. Yo me determino a hablarle
para salir de esta duda.
¿Quién va, hidalgo?

JUAN.   Quien sabe
ir adonde le parece.   1390

LEON. *(Ap.)* El es. ¡Respuesta galante!
No irá sino quiero yo.

JUAN. ¿Quién sois vos para estorbarme
que me esté o me vaya?

LEON.   El diablo.

JUAN. ¿El diablo? ¡Lindo descarte!   1395
Es poco un diablo.

LEON.   Ciento
mil millares de millares
soy si me enojo.

JUAN.   ¡Gran tropa!

LEON. ¿Burláisos?

JUAN.   No soy bastante
a defenderme de tantos;   1400
y así, os pido, si humildades
corteses valen con diablos,
que los llevéis a otra parte,
que aquí, ¿qué pueden querer?
(Ap.) Estime que aquí me halle   1405
este alentado, y que temo
perder el dichoso lance
de hablar a Estela esta noche.

LEON. Digo yo que querrán darle
a los como vos ingratos   1410
dos docenas de pesares.

JUAN. ¿Y si no los quiero?

LEON.   ¿No?

JUAN. Demonios muy criminales
traéis; moderaos un poco.

LEON. Vos muy civiles donaires.   1415
O nos hemos de matar,
o solo habéis de dejarme
en este puesto que importa.

JUAN. ¿Hay tal locura? Bastante
prueba es ya de mi cordura   1420
sufrir estos disparates;
pero me importa; el matarnos
fuera desdicha notable,

y el irme será mayor;
que los hombres de mis partes   1425
jamás violentan su gusto
con tan precisos desaires;
demás de que tengo dada
palabra aquí de guardarle
el puesto a un amigo.

LEON.   Bien;   1430
si como es justo guardasen
los hombres de vuestras prendas
otros preceptos más graves
en la ley de la razón
y la justicia, ¡qué tarde   1435
ocasionaran venganzas!
Mas ¿para qué quien no sabe
cumplir palabras, las da?
¿Es gentileza, es donaire,
es gala o es bizarría?   1440

JUAN. *(Ap.)* Este me tiene por alguien
que le ha ofendido; bien puedo
dejarle por ignorante.
No os entiendo, ¡por Dios vivo!

LEON. Pues yo sí me entiendo, y baste   1445
saber que os conozco, pues
sabéis que hablo verdades.

JUAN. Vuestro arrojamiento indica
ánimo y valor tan grande
que os estoy aficionado.   1450

LEON. Aficionado es en balde;
no es ésta la vez primera
que de mí os aficionasteis,
mas fue ficción, porque sois
aleve, ingrato, mudable,   1455
injusto, engañador, falso,
perjuro, bárbaro, fácil,
sin Dios, sin fe, sin palabra.

JUAN. Mirad que no he dado a nadie
ocasión para que así   1460
en mi descrédito hable,
y por estar donde estáis
escucho de vos ultrajes
que no entiendo.

LEON.   ¿No entendéis?
¿No sois vos el inconstante   1465
que finge, promete, jura,
ruega, obliga, persuade,
empeña palabra y fe
de noble y falta a su sangre,
a su honor y obligaciones,   1470
fugitivo al primer lance,

que se va sin despedirse
y que aborrece sin darle
ocasión?

JUAN.   Os engañáis.

LEON. Más valdrá que yo me engañe.   1475
    ¡Gran hombre sois de una fuga!

JUAN. Más cierto será que falte
    luz a los rayos del sol,
    que dejar yo de guardarle
    mi palabra a quien la di.   1480

LEON. Pues mirad: yo sé quién sabe
    que disteis una palabra,
    que hicisteis pleito homenaje
    de no quebrarla, y apenas
    disteis al deseo alcance,   1485
    cuando se acabó.

JUAN.   Engañáisos.

LEON. Más valdrá que yo me engañe.

JUAN. No entiendo lo que decís.

LEON. Yo sí lo entiendo.

JUAN.   Escuchadme.

LEON. No quiero de vuestros labios   1490
    escuchar más falsedades,
    que dirán engaños nuevos.

JUAN. Reparad.

LEON.   No hay que repare,
    pues no reparasteis vos;
    sacad la espada.

JUAN.   Excusarse   1495
    no puede ya mi cordura
    ni mi valor, porque es lance
    forzoso.

(Comienzan a reñir y sale el príncipe.)

LUD.   Aquí don Leonardo
    me dijo que le esperase,
    y sospecho que se tarda.   1500

JUAN. Ya procuró acreditarse
    mi paciencia de cortés,
    conociendo que me hablasteis
    por otro; pero no habéis
    querido excusar los lances.   1505

LUD. ¡Espadas en el terrero!

LEON. ¡Ejemplo de desleales,
    bien os conozco!

JUAN.   ¡Ea, pues,
    riñamos!

(Riñen.)

LUD.   ¡Fortuna, acabe
    mi competencia. Don Juan   1510
    es éste, y podré matarle
    ayudando a su enemigo.

(Pónese al lado de Leonor.)
    Pues estoy de vuestra parte,
    ¡muera el villano!

LEON.   No hará,

(Pónese al lado de D. Juan.)
    que basta para librarle   1515
    de mil muertes mi valor.

JUAN. ¿Hay suceso más notable?

LUD. ¿A quien procura ofenderos
    defendéis?

LEON.   Puede importarme
    su vida.

JUAN.   ¿Qué es esto, cielos?   1520
    ¿Tal mudanza en un instante?

LUD. ¡Ah, quién matará a don Juan!

LEON. No os habrá de ser muy fácil,
    que soy yo quien le defiende.

LUD. ¡Terribles golpes!

LEON.   Más vale,   1525
    pues aquesto no os importa,
    iros, caballero, antes
    que os cueste . . .

LUD. *(Ap.)* El primer consejo
    del contrario es favorable;
    a mí no me han conocido;   1530
    mejor será retirarme,
    no espere Estela.

(Vase retirando, y Leonor tras él.)

LEON.   Eso sí.

JUAN. Vos sois bizarro y galante.
    ¡Válgame el cielo! ¿Qué es esto?
    ¡Que este hombre me ocasionase   1535
    a reñir, y con la espada
    hiciese tan desiguales
    el enojo y la razón!
    ¡Que tan resuelto jurase
    darme muerte, y que en un punto   1540
    me defendiese! Este es lance
    que lo imagino imposible.
    Que puede, dijo, importarle
    mi vida; y cuando brioso
    a reñir me persuade,   1545
    ¡al que me ofende resiste!
    ¡No entiendo estas novedades!

(Sale Da. Leonor.)

LEON. ¡Ea, ya se fue; volvamos
    a reñir!

JUAN.   El obligarme
    y el ofenderme, quisiera   1550
    saber ¡por Dios! de qué nace
    yo no he de reñir con vos,

hidalgo; prueba bastante
de que soy agradecido.

LEON. Tendréis a favor muy grande   1555
   el haberos defendido
   y ayudado. ¡Qué mal sabe
   conocer vuestro designio!
   La intención de mi dictamen,
   con justa causa ofendido   1560
   de vos. ¡No quise que nadie
   tuviese parte en la gloria
   que ya espero con vengarme,
   pues no era victoria mía
   que otro valor me usurpase   1565
   el triunfo, ni fuera gusto
   o lisonja el ayudarme,
   pues con eso mi venganza
   fuera menos memorable,
   cuando está toda mi dicha   1570
   en mataros solo.

JUAN.   Si alguien
   os ha ofendido, y creéis
   que soy yo, engañáisos.

LEON.   Antes
   fui el engañado; ya no.

JUAN. Pues decid quién sois.

LEON.   En balde
   procura saber quién soy   1576
   quien tan mal pagarme sabe.
   El príncipe de Pinoy
   era el que seguí; bastante
   ocasión para que vuelva   1580
   le he dado; quiero excusarme
   de verle; quedaos, que a mí
   no me importa aquesto, y si antes
   os provoqué, no fue acaso.

JUAN. ¿Quién sois? Decid.

LEON.   No se hable
   en eso; creed que mi agravio   1586
   os buscará en otra parte.

JUAN. Escuchad, oíd.

LEON.   No es posible;
   yo os buscaré, aquesto baste.
(Vase.)

JUAN. ¡Vive Dios, que he de seguirle   1590
   sólo por saber si sabe
   que soy yo con quien habló,
   que recuerdos semejantes
   de mi suceso, no sé
   que pueda saberlos nadie.   1595
(Vase, y sale Estela a la ventana.)

EST. Mucho Leonardo tarda;

que se sosieguen en palacio aguarda,
si no es que de otros brazos
le entretienen gustosos embarazos.
¡O, qué mal en su ausencia me divierto!
Haga el amor este temor incierto.   1601
Ya sospecho que viene.
(Sale el de Pinoy.)

LUD. ¡Válgame el cielo! ¿Dónde se detiene
   Leonardo a aquesta hora?
   Hablar oí.

EST.   ¿Es Leonardo?

LUD.   Soy, señora . . .
   (Ap.) quiero fingirme él mismo . . .
       vuestro esclavo,   1606
   que ya por serlo mi ventura alabo.

EST. Confusa os aguardaba mi esperanza.

LUD. Toda mi dicha ha estado en mi tardanza.

EST. ¿Cómo?

LUD.   Porque os ha dado,   1610
   hermosísima Estela, ese cuidado.

EST. ¿En qué os habéis entretenido?

LUD.   Un rato
   jugué.

EST.   ¿Ganasteis?

LUD.   Sí.

EST.   Dadme barato.

LUD. ¿Qué me queda que daros, si soy todo
   vuestro?

EST.   Para excusaros buscáis modo;   1615
   llegaos más cerca, oíd.

LUD.   ¡Dichoso empleo!
(Sale Da. Leonor.)

LEON. Si le hablo, consigue mi deseo
   el más feliz engaño,
   pues teniendo de Estela desengaño,
   podrá dejar la pretensión.
(Sale D. Juan.)

JUAN.   ¡Que fuese
   siguiéndole, y al cabo le perdiese   1621
   al volver de palacio!

LEON. Este es don Juan: ¡a espacio, amor, a
      espacio,
   que esta noche me pones
   de perderme y ganarme en ocasiones!   1625

JUAN. Esta es, sin duda, Estela.

LEON. ¿Quién es?

JUAN.   Una perdida centinela
   de la guerra de amor.

LEON.   ¡Bravo soldado!
   ¿Es don Juan?

JUAN.   Es quien tiene a ese sol dado

del alma el rendimiento,   1630
memoria, voluntad y entendimiento,
con gustosa violencia;
de suerte que no hay acto de potencia
libre en mí que ejercite
razón que juzgue, fuerza que limite   1635
que a vos no esté sujeta.

LEON. ¿Que tanto me queréis?

JUAN.   Vos sois discreta,
y sabéis que adoraros
es fuerza si al cristal queréis miraros.

LEON. Desengaños me ofrece, si ambiciosa
tal vez estuvo en la pasión dudosa,   1641
la vanidad.

JUAN.   Será cristal obscuro.

LEON. Ahora, señor don Juan, yo no procuro
lisonjas al pincel de mi retrato,
sólo os quisiera ver menos ingrato.   1645

JUAN. ¿Yo ingrato? ¡Quiera el cielo,
si no os adora mi amoroso celo,
que sea aquéste mi último fracaso!

LEON. Que ¿no me conocéis?, vamos al caso.
¿Cómo queréis que os crea,   1650
si no era necia, fea,
pobre, humilde, villana
doña Leonor, la dama sevillana?
Y ya sabéis, ingrato, habéis burlado
con su honor la verdad de su cuidado.

JUAN. ¿Qué Leonor o qué dama?   1656

LEON. Llegaos más cerca, oíd: nunca la fama
se engaña totalmente,
y yo sé que no miente.

JUAN. (Ap.) ¡Que me haya don Fernando
descubierto!   1660

LUD. De que soy vuestro esclavo estoy bien
cierto,
mas no de que os desvela
mi amor, hermosa Estela.   1663
(Quiero saber lo que a Leonardo quiere.)
Yo sé que el de Pinoy por vos se muere;
es rico, es noble, es príncipe, en efecto,
y aunque atropella amor todo respeto,
no me juzgo dichoso.

EST. Por cansado, soberbio y ambicioso,
aun su nombre aborrezco.   1670

LUD. [Ap.] ¡Ah, ingrata, bien merezco
que anticipéis mi amor a sus favores!

LEON. ¿De qué sirven retóricos colores?
Ya confesáis su amor.

JUAN.   Ya lo confieso.

LEON. Pues lo demás será traición, exceso.

JUAN. Que la quise es muy cierto,   1676
mas no ofendí su honor, esto os advierto.

LEON. Muy fácil sois, don Juan; pues ¿sin
gozarla
pudisteis olvidarla?   1679

JUAN. Sólo vuestra beldad tiene la culpa.

LEON. ¿Mi beldad? ¡No está mala la disculpa!
Si os andáis a querer a las más bellas,
iréis dejando aquéstas por aquéllas.

JUAN. ¡Oíd, por vida vuestra!

EST. (Ap.) Yo haré de mis finezas clara muestra.

LUD. ¿Qué decís de don Juan?

EST.   Que no me
agrada   1686
para quererle; sólo a vos os quiero.

LUD. De que así me queráis me desespero.

JUAN. ¡Que ya lo sepa Estela! ¡Yo estoy loco!

LEON. Decid, don Juan, decid.

JUAN.   Oíd un poco:
como el que ve de la aurora,   1691
la estrella o claro lucero
de su lumbre mensajero,
cuando el horizonte dora,
que se admira y se enamora   1695
de su brillante arrebol,
pero saliendo el farol
del cielo, luciente y puro,
el lucero llama obscuro,
viendo tan hermoso el sol,   1700
así yo, que a Leonor vi,
o de lucero o estrella,
adoré su lumbre bella
y su mariposa fui;
mas luego, mirando en ti   1705
del sol lucientes ensayos,
hallé sombras y desmayos
en la vista de mi amor,
que es poca estrella Leonor,
y eres sol con muchos rayos.   1710

LUD. Pues yo sé que a don Juan se vio
obligado,
vuestro amante cuidado.

EST. Negarlo engaño fuera;
mas fue . . . escuchad.

LUD. Decid.

EST.   De esta manera:
como el que en la selva umbrosa   1715

o jardín, ve de colores
una provincia de flores,
pura, fragante y hermosa,
que se aficiona a la rosa
por su belleza, y al fin   1720
halla en la selva o jardín
un jazmín, y porque sabe
que es el jazmín más suave,
la deja y coge el jazmín,
así yo, que vi a don Juan,   1725
rosa que a la vista agrada,
de su valor obligada,
pude admitirle galán;
mas siendo tu vista imán
de mi sentido, escogí   1730
lo que más hermoso vi;
pues aunque la rosa admiro,
eres el jazmín, y miro
más fragante gala en ti.

LEON. ¿De suerte que la estrella   1735
precursora del sol, luciente y bella,
fue Leonor?

JUAN.   Sí.

LEON. (Ap.)   ¡Con cuántas penas lucho!
Pues escuchad.

JUAN.   Decid, que ya os escucho.

LEON. El que en la tiniebla obscura
de alguna noche camina,   1740
adora por peregrina
del lucero la luz pura;
sólo en su lumbre asegura
de su guía la esperanza,
y aunque ya del sol le alcanza   1745
el rayo, está agradecido
al lucero, porque ha sido
de su tormenta bonanza.
Tú, en el obscuro contraste
de la noche de tu amor,   1750
el lucero de Leonor,
norte a tus penas miraste;
guióte, mas olvidaste
como ingrato la centella
de su lumbre clara y bella   1755
antes de amar mi arrebol.
¿Ves cómo sin ver el sol
aborreciste la estrella?

LUD. Metáfora curiosa
ha sido, Estela, comparar la rosa   1760
a don Juan por su gala y bizarría.

EST. Engañáisos.

LUD.   Oíd, ¡por vida mía!
El que eligió en el jardín
el jazmín, no fue discreto,
que no tiene olor perfecto   1765
si se marchita el jazmín;
la rosa hasta su fin,
porque aun su morir le alabe,
tiene olor muy dulce y grave,
fragancia más olorosa;   1770
luego es mejor flor la rosa,
y el jazmín menos suave.
Tú, que rosa y jazmín ves,
admites la pompa breve
del jazmín, fragante nieve   1775
que un soplo al céfiro es;
mas conociendo después
la altiva lisonja hermosa
de la rosa codiciosa,
la antepondrás a mi amor,   1780
que es el jazmín poca flor,
mucha fragancia la rosa.

JUAN. ¡Sofístico argumento!

LEON. Perdonad, yo os he dicho lo
que siento.
Volved, volved a España,   1785
que no es honrosa hazaña
burlar una mujer ilustre y noble.

JUAN. Por sólo amaros, la aborrece al doble
mi voluntad, y ved qué premio alcanza.

LEON. Pues perded la esperanza,   1790
que sólo os he llamado
por dejaros, don Juan, desengañado.

EST. ¡Fáciles paradojas
intimas, don Leonardo, a mis congojas!
Yo he de quererte firme,   1795
sin poder persuadirme
a que deje de amar desdicha alguna.

LUD. Triunfo, seré dichoso de fortuna,
o ya jazmín o rosa.

EST. Adiós, que sale ya la aurora hermosa
entre luz y arreboles.   1801

LUD. No os vais, para que envidie vuestros soles.

EST. Lisonjas. Vedme luego
y adiós.

(Vase.)

LUD.   Sin vuestros rayos quedo ciego.

JUAN. ¡Que así se fuese Estela! ¡Hay tal
despecho?   1805

El corazón da golpes en el pecho
por dejar la prisión en que se halla;
la vida muere en la civil batalla
de sus propios deseos.
Al alma afligen locos devaneos,   1810
y en un confuso caos está dudando;
la culpa de esto tiene don Fernando.
¿Qué haré, Estela ingrata?
LUD. Aunque tan mal me trata
tu amor, ingrata Estela,   1815
mi engaño o mi cautela,
ya que no el adorarte,
en mis dichas tendrán la mayor parte.
(Vase.)
JUAN. Mas ¿cómo desconfío?   1819
¿Dónde está mi valor? ¿Dónde mi brío?
Yo he de seguir esta amorosa empresa,
yo he de amar la condesa,
yo he de oponerme firme a todo el mundo,
yo he de hacer que mi afecto sin segundo
conquiste sus desdenes;   1825
yo he de adorar sus males por mis bienes.
Confiéranse en mi daño
ira, enojos, tibieza, desengaño,
odio, aborrecimiento;
apóquese la vida en el tormento   1830
de mi pena importuna,
que si ayuda fortuna
al que osado se atreve,
sea la vida breve
y el tormento crecido,   1835
osado y atrevido,
con firmeza resuelta
de su inconstancia me opondré a la vuelta.

JORNADA TERCERA

(Sale[n] D. Fernando y D. Juan.)
FERN. Si para satisfaceros
a mi crédito importara   1840
dar al peligro la vida,
arrojar al riesgo el alma,
no dudéis, don Juan, lo hiciera.
¿Yo a Estela? Mi propia espada
me mate si . . .
JUAN.   Don Fernando,   1845
paso; mil veces mal haya
quien malquistó tantas dichas,

dando a tantos males causa.
Yo os creo; mas, ¡vive Dios,
que no sé que en Flandes haya   1850
hombre que sepa mi historia!
FERN. En mi valor fuera infamia,
cuanto más en mi afición
que se precia muy de hidalga
y amante vuestra.
JUAN.   Es agravio,   1855
después de desengañada
la mía, satisfacerme.
¡Por Dios, que me sangra a pausas
la pena de no saber
quién tan descompuesto habla   1860
de mis cosas! ¡Yo estoy loco!
¡Qué de penas, miedos y ansias
me afligen!
FERN.   Estela viene.
(Salen Estela y Lisarda.)
JUAN. Inquieta la espera el alma;
no le digáis nada vos.   1865
FERN. Estela hermosa, Lisarda
bella, hoy amanece tarde,
pues juntas el sol y el alba
venís.
LIS.   Hipérbole nuevo.
JUAN. No es nuevo, pues siempre abrasa
el sol de Estela, y da luz   1871
vuestro rostro, aurora clara.
EST. Señor don Juan, bueno está.
¿Tantas veces obligada
a valor y a cortesías   1875
queréis que esté?
JUAN.   Mi desgracia
jamás acierta a agradaros,
pues siempre esquiva e ingrata
me castigáis.
EST.   No don Juan;
ingrata no, descuidada   1880
puedo haber sido en serviros.
JUAN. Vuestros descuidos me matan.
EST. Siempre soy vuestra, don Juan;
y quiera Dios que yo valga
para serviros; veréis   1885
cuán agradecida paga
mi voluntad vuestro afecto.
JUAN. Don Fernando, ¡gran mudanza!
FERN. ¿Ves cómo estás engañado?
(Ap.) Hoy mis intentos acaban.   1890
JUAN. Decidme ¡por vida vuestra!
una verdad.

EST.　　　Preguntadla.
JUAN. ¿Diréisla?
EST.　　　　Sí, ¡por mi vida!
JUAN. ¿Quién os dijo que en España
　　servía, enamoré y gocé　　　　　　1895
　　a doña Leonor, la dama
　　de Sevilla?
EST.　　　¿Quién? Vos mismo.
JUAN. ¿Yo? ¿Cuándo?
EST.　　　　　¿Ahora no acaba
　　de despertar vuestra lengua
　　desengaño en mi ignorancia?　　　1900
JUAN. Y antes, ¿quién?
EST.　　　　　Nadie, a fe mía.
JUAN. Pues, ¿cómo tan enojada
　　me hablasteis en el terrero
　　la otra noche?
EST.　　　¿Oyes, Lisarda?
　　Don Juan dice que le hablé.　　　1905
LIS. Bien claro está que se engaña.
JUAN. ¿Cómo engaño? ¿No dijisteis
　　que una dama sevillana
　　fue trofeo de mi amor?
EST. Don Juan, para burla basta,　　1910
　　que no lo sé hasta ahora,
　　no; ¡por quien soy! ni palabra
　　os hablé de esto en mi vida
　　en terrero ni en ventana.
JUAN. ¡Vive el cielo, que estoy loco!　1915
　　Sin duda Estela me ama
　　y quiere disimular
　　por don Fernando y Lisarda;
　　porque negar que me dijo
　　verdades tan declaradas　　　　　1920
　　no carece de misterio.
　　Ea, amor, ¡al arma, al arma!
　　Pensamientos amorosos,
　　volvamos a la batalla,
　　pues está animando Estela　　　　1925
　　vuestras dulces esperanzas.
　　Yo quiero disimular.
　　Perdonad, que me burlaba
　　para entretener el tiempo.
FERN. La burla ha sido extremada,　　1930
　　mas pienso que contra vos.
LIS. ¿Era, don Juan, vuestra dama
　　muy hermosa? Porque tienen
　　las sevillanas gran fama.
JUAN. Todo fue burla, ¡por Dios!　　1935
EST. Si acaso quedó burlada,
　　burla sería, don Juan.

JUAN. No, a fe: ¿Quién imaginara
　　este suceso? ¡Oh amor!
　　¿Qué es esto que por mí pasa?　　1940
　　Ya me favorece Estela,
　　ya me despide, y se agravia
　　de que la pretenda, ya
　　me obliga y [me] desengaña,
　　ya niega el favorecerme,　　　　1945
　　ya se muestra afable y grata;
　　y yo, incontrastable roca
　　al furor de sus mudanzas,
　　mar que siempre crece en olas,
　　no me canso en adorarla.　　　　1950
FERN. Sabe el cielo cuánto estimo
　　que favorezcáis mi causa
　　por lo que quiero a don Juan.
　　(Ap.) Este equívoco declara
　　amor a la bella Estela.　　　　1955
　　Y así os pido, a quien hablara
　　por sí mismo, que le honréis.
　　¡Oh amistad, y cuánto allanas!
EST. Yo hablaré con vos después;
　　don Juan, tened con las damas　　1960
　　más firme correspondencia.
JUAN. Injustamente me agravia
　　vuestro desdén, bella Estela.
EST. Leonor fue la agraviada.
JUAN. *(Ap.)* No quiero dar a entender　1965
　　que la entiendo, pues se cansa
　　de verme Estela. Fernando,
　　vamos.
FERN.　　Venid. ¡Qué enojada
　　la tenéis! Adiós, señoras.
[Vanse.]
EST. Adiós. ¿Hay más sazonada　　　1970
　　quimera?
LIS.　　　¿Qué es esto, prima?
EST. No sé, ¡por tu vida! aguarda;
　　curiosidad de mujer
　　es ésta; a Tomillo llama
　　que él nos dirá la verdad.　　　1975
LIS. Dices bien. Tomillo.
(Sale Tomillo.)
TOM.　　　　　¿Mandas
　　en qué te pueda servir?
EST. Si una verdad me declaras,
　　aqueste bolsillo es tuyo.
TOM. Ea, pregunta.
EST.　　　　¿Quién fue, dime,
　　una Leonor que hablaba　　　　1981
　　don Juan en Sevilla?

TOM.   ¿Quién?
¡Ah, sí! ¡Ah!, sí, no me acordaba;
Norilla la Cantonera,
que vivía en Cantarranas   1985
de resellar cuartos falsos.
¿No dices a cuya casa
iba don Juan?
EST.   Sí, será.
TOM. *(Ap.)* ¡Qué dulcemente se engaña.
EST. ¿Qué mujer era?
TOM.   No era   1990
mujer, sino una fantasma:
ancha de frente, y angosta
de sienes, cejiencorvada.
EST. El parabién del empleo
pienso darle.
LIS.   Yo la vaya.   1995
Y ¿la quería?
TOM.   No sé;
sólo sé que se alababa
ella de ser su respeto.
EST. ¿Hay tal hombre?
TOM.   ¿Esto te espanta?
¿No sabes que le parece   2000
hermosa quien sea dama?
EST. Dices bien. Este es Leonardo.
TOM. Yo le he dado por su carta.
(Sale Da. Leonor.)
LEON. Preguntéle a mi cuidado,
Estela hermosa, por mí,   2005
y respondióme que en ti
me pudiera haber hallado;
dudó la dicha, el temor
venció, al temor la humildad,
alentóse la verdad,   2010
y aseguróme el amor;
busquéme en ti, y declaré
en mi dicha el silogismo,
pues no hallándome en mí mismo,
en tus ojos me hallé.   2015
EST. Haberte, Leonardo, hallado
en mis ojos, imagino
que no acredita de fino
de tu desvelo el cuidado;
y no parezcan antojos,   2020
pues viene a estar de mi parte,
por mi afecto, el retratarte
siempre mi amor en mis ojos,
que claro está que mayor
fineza viniera a ser   2025
que en ti me pudieras ver

por transformación de amor,
que sin mí hallarte en mí,
pues con eso me apercibes
que sin mis memorias vives,   2030
pues no me hallas en ti;
que es consecuencia notoria,
que si me quisieras bien,
como está en mí, también
estuviera en tu memoria.   2035
LEON. Aunque más tu lengua intime
esa engañosa opinión,
no tiene el amante acción
que en lo que ama no se anime;
si amor de veras inflama   2040
un pecho, alienta y respira
transformado en lo que mira,
animado en lo que ama.
Yo, aunque sé que estás en mí,
en fe de mi amor no creo,   2045
si en tus ojos no me veo,
que merezco estar en ti.
EST. En fin, no te hallas sin verme.
LEON. Como no está el merecer
de mi parte, sé querer,   2050
pero no satisfacerme.
EST. Y ¿es amor desconfiar?
LIS. Es, al menos, discreción.
LEON. No hay en mí satisfacción
de que me puedas amar   2055
si mis partes considero.
EST. ¡Injusta desconfianza!
Alentad más la esperanza
en los méritos; yo quiero
salir al campo esta tarde;   2060
sigue la carroza.
LEON.   Ajusto
a tu obediencia mi gusto.
EST. Pues queda adiós.
(Vase.)
LEON.   El te guarde.
En males tan declarados,
en daños tan descubiertos,   2065
los peligros hallo ciertos,
los remedios ignorados;
no sé por dónde ¡ay de mí!
acabar; amor intenta
la tragedia de mi afrenta.   2070
(Sale D. Juan.)
JUAN. Si estaba Leonardo aquí,
parece que le halló
la fuerza de mi deseo.

LEON. ¡Que ha de tener otro empleo,
  y yo burlada! ¡Eso no;   2075
  primero pienso morir!
JUAN. Señor don Leonardo.
LEON.   Amigo.
  (Ap.) ¡Plugiera a Dios que lo fueras!
  Mas eres hombre. ¿En qué os sirvo?
JUAN. Favorecerme podréis;   2080
  mas escuchad: yo he venido,
  como a noble, a suplicaros,
  como a quien sois, a pediros . . .
LEON. ¡Ah, falso! ¿Cómo a muy vuestro
  no decís, siendo el camino   2085
  más cierto para mandarme?
JUAN. Conózcoos por señor mío,
  y concluyendo argumentos,
  quiero de una vez decirlo,
  pues Estela me animó;   2090
  La condesa . . .
LEON.   ¡Buen principio!
  Ea, pasad adelante.
JUAN. La condesa Estela digo,
  o ya por su gusto o ya
  porque dio forzoso indicio   2095
  mi valor en la ocasión
  que ya sabéis de mis bríos,
  puso los ojos en mí;
  es mujer; no fue delito;
  vióse obligada; bastó,   2100
  porque el común desvarío
  de las mujeres comienza
  por afecto agradecido;
  dio ocasión a mis desvelos,
  dio causa a mis desatinos,   2105
  aliento a mis esperanzas,
  acogida a mis suspiros,
  de suerte que me juzgué
  dueño feliz ¡qué delirio!
  de su belleza y su estado.   2110
  De España a este tiempo mismo
  vinisteis, siendo a sus ojos
  vuestra gallardía hechizo
  que suspendió de mis dichas
  los amorosos principios.   2115
  A los semblantes de Estela,
  Argos velador he sido,
  sacando de cierta ciencia,
  que sus mudables indicios
  acreditan que me estima;   2120
  y así, Leonardo, os suplico,
  si algo os obliga mi ruego,

  por lo que debe a sí mismo
  quien es noble como vos,
  que deis a mi pena alivio,   2125
  dejando su pretensión,
  pues anterior habéis visto
  la mía, y con tanta fuerza
  de heroicos empeños míos.
  Haced por mí esta fineza,   2130
  porque nos rotule el siglo,
  si por generoso a vos,
  a mí por agradecido.
LEON. *(Ap.)* ¡Ah, ingrato, mal caballero!
  ¡Bien corresponde tu estilo   2135
  a quien eres! Vuestras penas,
  señor don Juan, habéis dicho
  con tal afecto, tal ansia,
  que quisiera ¡por Dios vivo!
  poder, *(Ap.)* sacaros el alma,   2140
  dar a su cuidado alivio;
  confieso que la condesa
  una y mil veces me ha dicho
  que ha de ser mía, y que soy
  el dueño de su albedrío,   2145
  a quien amorosa ofrece
  por víctima y sacrificio
  sus acciones; mas ¿qué importa,
  si diferentes motivos,
  si firmes obligaciones,   2150
  si lazos de amor altivos,
  me tienen rendida el alma?
  Que otra vez quisiera, digo,
  por hacer algo por vos
  como quien soy, por serviros   2155
  y daros gusto, querer
  a Estela y haberle sido
  muy amante, muy fiel;
  mas creed que en nada os sirvo,
  pues mis dulces pensamientos   2160
  me tienen tan divertido,
  que en ellos está mi gloria;
  y así, don Juan, imagino
  que nada hago por vos.
JUAN. ¿Es posible que ha podido   2165
  tan poco con vos Estela?
LEON. Si no basta a persuadiros
  mi verdad, este retrato
  diga si es objeto digno
  de mis finezas. *(Ap.)* Ahora,   2170
  ingrato, llega el castigo
  de tanto aborrecimiento.
JUAN. ¡Válgame el cielo! ¿Qué miro?

LEON. Mirad si esa perfección,
 aquese garbo, ese aliño,   2175
 ese donaire, ese agrado . . .
JUAN. ¡Perdiendo estoy el juicio!
LEON. merecen que yo le olvida
 por Estela.
JUAN.   Basilisco
 mortal ha sido a mis ojos;   2180
 parece que en él he visto
 la cabeza de Medusa,
 que en piedra me ha convertido,
 que me ha quitado la vida.
LEON. (Ap.) De conveniencias y arbitrios
 debe de tratar. Parece   2186
 que estáis suspenso.
JUAN.   Imagino
 que vi otra vez esta dama,
 ¡ah, cielos! y que fue mío
 este retrato. (Ap.) Rindióse   2190
 esta vez a los peligros
 de la verdad la razón.
LEON. Advertid que le he traído
 de España, y que es de una dama
 a quien deben mis sentidos   2195
 la gloria de un dulce empeño,
 y a cuyas dichas, si vivo,
 sucederán de Himeneo
 los lazos alternativos,
 para cuya ejecución   2200
 a Bruselas he venido,
 pues no he de poder casarme
 si primero no castigo
 con un rigor un agravio,
 con una muerte un delito.   2205
JUAN. (Ap.) ¿Qué es esto que por mí pasa?
 ¿Es posible que he tenido
 valor para oír mi afrenta?
 ¿Cómo de una vez no rindo
 a la infamia los discursos,   2210
 la vida a los desperdicios
 del honor? Leonor fue fácil;
 ¿y a los números lascivos
 de infame, tanta lealtad,
 fe tan pura, ha reducido?   2215
 Mas fue con nombre de esposo
 aquí de vosotros mismos,
 celos, que ya la disculpo;
 yo solo el culpado he sido,
 yo la dejé, yo fui ingrato;   2220
 ¿qué he de hacer en el abismo

de tan grandes confusiones?
 Don Leonardo.
LEON. (Ap.)   A partido
 quiere darse ya este aleve.
 ¿Qué decís?
JUAN.   No sé qué digo: 2225
 que me abraso en rabia y celos,
 que estoy en un laberinto
 donde no es posible hallar,
 si no es con mi muerte, el hilo,
 pues Leonor no fue Ariadna.   2230
 En este retrato he visto
 mi muerte.
LEON. (Ap.) ¡Ah, bárbaro, ingrato,
 tan ciego, tan divertido
 estás, que no me conoces!
 ¿Hay más loco desatino,   2235
 que el original no mira,
 y el retrato ha conocido?
 Tal le tienen sus engaños.
JUAN. Mal mis pesares resisto.
 ¿Qué empeños de amor debéis   2240
 a esta dama?
LEON.   He merecido
 sus brazos y sus favores;
 a vuestro entender remito
 lo demás.
JUAN.   Ahora es tiempo,
 locuras y desvaríos;   2245
 ahora penas, ahora
 no quede lugar vacío
 en el alma; apoderaos
 de potencias y sentidos;
 Leonor fue común; desdichas,   2250
 rompa mi silencio a gritos
 el respeto; esa mujer,
 ese monstruo, ese prodigio
 de facilidad, fue mía;
 dejéla, y aborrecido   2255
 pueden más celos que amor;
 ya la adoro, ya me rindo
 al rapaz arquero alado;
 pero ni aun hallo camino
 matándoos para vivir,   2260
 pues la ofensa que me hizo,
 siempre estará en mis oídos.
 ¿Quién imaginara el limpio
 honor de Leonor manchado?
LEON. (Ap.) Declaróse este testigo,   2265
 aunque en mi contra, en mi abono;

todo lo que sabe ha dicho;
mas apretemos la cuerda.
¿De suerte que mi enemigo
sois vos, don Juan?
JUAN.   Sí, Leonardo.   2270
LEON. ¡Que jamás Leonor me dijo
vuestro nombre! Quizá fue
porque el ilustre apellido
de Córdoba no quedase
en lo ingrato oscurecido;   2275
sólo dijo que en Bruselas
os hallaría, y que aviso
tendría en sus mismas cartas
del nombre; ya le he tenido
de vos, y es buena ocasión   2280
para mataros.
(Sale D. Fernando.)
FERN.   ¿Mi primo
y don Juan, de pesadumbre?
JUAN. ¡Don Fernando!
LEON.   ¿Si habrá oído
lo que hablábamos?
JUAN.   No sé;
sépalo el mundo.
LEON.   Yo digo   2285
que os podré matar, don Juan,
si no hacéis punto fijo
en guardar aqueste punto.
JUAN. Jamás a esos puntos sigo
cuando me enojo, Leonardo.   2290
LEON. Yo tampoco cuando riño,
porque el valor me gobierna,
no del arte los caprichos,
ángulos rectos o curvos;
mas a don Luis he visto,   2295
de Narváez, el famoso.
FERN. Los ojos y los oídos
se engañan. Don Juan, Leonardo,
¿de qué habláis?
LEON.   Del ejercicio
de las armas.
FERN.   ¿Cómo estáis,   2300
don Juan, tan descolorido?
JUAN. En tratando de reñir,
no puedo más, ah honor mío.
Leonardo, vedme.
(Yéndose.)
LEON.   Sí, haré,
que he de seguir los principios   2305
de vuestra doctrina. *(Ap.)* ¡Ah cielos!

JUAN. *(Ap.)* ¡Que luego Fernando vino
en esta ocasión!
LEON. *(Ap.)*   ¡Que en esta
ocasión haya venido
mi hermano! ¡Infelice soy!   2310
JUAN. A los jardines de Armindo
me voy esta tarde un rato;
venid, si queréis, conmigo;
llevarán espadas negras.
LEON. Iré con gusto excesivo.   2315
JUAN. ¿Quedáisos, Fernando?
FERN.   Sí.
JUAN. Pues adiós: lo dicho, dicho,
don Leonardo.
LEON.   Claro está.
FERN. ¿Fuese?
LEON.   Sí.
FERN.   Estela me dijo,
no obstante, que la pretende   2320
el príncipe Ludovico
de Pinoy, y que a don Juan
debe estar agradecido.
Sospecho que sólo a ti
inclina el desdén esquivo   2325
de su condición, de suerte . . .
LEON. No prosigas.
FERN.   No prosigo,
pues ya lo entiendes, Leonardo.
A favor tan conocido,
¿qué le puedes responder,   2330
si no desdeñoso, tibio?
(Ap.) Sabe el cielo cuánto siento,
cuando de adorarla vivo,
que me haga su tercero.
LEON. Pues, Fernando, si he tenido   2335
acción al amor de Estela,
desde luego me desisto
de su pretensión.
FERN.   ¿Estás
loco?
LEON.   No tengo juicio.
(Ap.) Deseando estoy que llegue   2340
la tarde.
FERN.   De tus designios
quiero que me hagas dueño.
LEON. Aún no es tiempo; divertirlo
quiero con algún engaño.
Ven conmigo.
FERN.   Voy contigo.   2345
(Vanse, y sale Tomillo.)

TOM. Después que bebí de aquel
    negro chocolate o mixto
    de varias cosas que Flora
    me brindó, estoy aturdido,
    los ojos no puedo abrir.   2350
(Sale Flora.)
FLO. Siguiendo vengo a Tomillo
    por si ha obrado el chocolate.
TOM. Doy al diablo lo que miro
    si lo veo; aquí me acuesto
    un rato. ¡Qué bien mullido   2355
    está el suelo, no parece
(Echase.)
    sino que aposta se hizo
    para quebrarme los huesos!
    Esto es hecho; no he podido
    sustentar la competencia;   2360
    sueño, a tus fuerzas me rindo.
(Duérmese.)
FLO. Como una piedra ha quedado,
    lindamente ha obrado el pisto;
    pero vamos al expolio,
    en nombre de San Cirilo.   2365
(Vale sacando de las faltriqueras.)
    Comienzo: ésta es bigotera,
    tendrá cuatrocientos siglos;
    según parece, éste es lienzo.
    ¡Qué blanco, qué limpio,
    ostenta sucias ruinas   2370
    de tabaco y romadizo!
    Esta es taba; ¡gran reliquia
    de mártir trae consigo
    este menguado! Esta es
    baraja; devoto libro   2375
    de fray Luis de Granada,
    de oraciones y ejercicios;
    el bolsillo no parece,
    y de hallarle desconfío,
    que en tan ilustres despojos   2380
    ni le hallo ni le miro.
    ¿Qué es aquesto? Tabaquero
    de cuerno. ¡Qué hermoso aliño,
    parto al fin de su cosecha,
    honor de su frontispicio!   2385
    Hombres, ¡que aquesto os dé gusto!
    Yo conozco cierto amigo
    que se sorbió entre el tabaco
    el polvo de dos ladrillos.
    Doyle vuelta a este otro lado.   2390
    Haré segundo escrutinio.

(Vuélvele.)
    ¡Cómo pesa el picarón!
    ¡San Onofre, San Patricio,
    que no despierte! Estas son
    marañas de seda e hilo,   2395
    y el cigarro del tabaco,
    que no se le escapa vicio
    a este sucio; éste, sin duda
    es el precioso bolsillo,
    a quien mis miedos consagro,   2400
    y mis cuidados dedico.
    ¡Jesús, cuántos trapos tiene!
(Va quitando capas.)
    Uno, dos, tres, cuatro, cinco,
    seis, siete, ocho; es imposible
    contar; mas ¡oh dulce archivo   2405
    de escudos y de esperanza,
(Sácale.)
    con reverencia te miro!
    Depositario dichoso
    de aquel metal atractivo
    que a tantos Midas y Cresos   2410
    puede ocasionar delitos,
    al corazón te traslado,
    metal generoso y rico,
    y voyme antes que despierte,
    y esas alhajas remito   2415
    a su cuidado el guardarlas
    cuando olvide el parasismo.
(Vase, y sale Ribete.)
RIB. Leonor anda alborotada
    sin decirme la ocasión;
    ni escucha con atención,   2420
    ni tiene sosiego en nada.
    Hame ocultado que va
    aquesta tarde a un jardín
    con don Juan, no sé a qué fin;
    ¡válgame Dios! ¿Qué será?   2425
    Sus pasos seguir pretendo,
    que no puedo presumir
    bien de aquesto.
TOM.   ¡Tal dormir!
    Un año ha que estoy durmiendo
    y no puedo despertar;   2430
    vuélvome de este otro lado.
RIB. Este pobrete ha tomado
    algún lobo.
TOM.   No hay que hablar.
RIB. ¡Ah, Tomillo! ¿Duermes?
TOM.   No.

RIB. Pues qué, ¿sueñas?

TOM.   No tampoco;   2435
 si duermo pregunta el loco,
 cuando ya me despertó.

RIB. ¿Son aquestas baratijas
 tuyas?

(Lévantese.)

TOM.   No sé; ¿qué es aquesto?
 Mi bolso.

(Turbado, busque.)

RIB.   ¿Dónde le has puesto?   2440

TOM. No sé.

RIB.   Aguarda, no te aflijas;
 busquémosle.

TOM.   ¿Qué es buscar?
 Quitádome ha de cuidado
 el que tan bien le ha buscado,
 pues no le supe guardar.   2445
 ¡Ay, bolso del alma mía!

RIB. Hazle una presopopeya.

TOM. ”Mira, Nero de Tarpeya,
 a Roma como se ardía”.
 ¿Partamos, quieres, Ribete,   2450
 hermanablemente?

RIB.   ¿Qué?
 ¡Voto a Cristo, que le dé!
 Mas déjole por pobrete.
 ¿No me conoces?

TOM.   Ya estoy
 al cabo; ¡ay, escudos míos!   2455

RIB. Por no hacer dos desvaríos
 con este triste, me voy,
 y porque no le suceda
 a Leonor algún disgusto.

(Vase.)

TOM. Flora me ha dado este susto;   2460
 esta vez vengada queda.

(Vase, y sale D. Juan.)

JUAN. El tropel de mis desvelos
 me trae confuso y loco,
 que el discurso enfrena poco
 si pican mucho los celos.   2465
 No es posible hallar medio
 mi desdicha en tanta pena;
 mi ingratitud me condena,
 y el morir sólo es remedio.
 Pues morir, honor, morir,   2470
 que la ocasión os advierte
 que vale una honrada muerte
 más que un infame vivir.

Bien se arguye mi cuidado,
 ¡ay, honor! pues no reposo,   2475
 desesperado y celoso.

(Sale Da. Leonor.)

LEON. Perdóname si he tardado,
 que me ha detenido Estela,
 mandándome que la siga.

JUAN. No me da su amor fatiga   2480
 cuando mi honor me desvela;
 yo os he llamado, Leonardo,
 para mataros muriendo.

LEON. Don Juan, lo mismo pretendo.

(Ribete a la puerta.)

RIB. ¡Grandes requiebros! ¿Qué aguardo?
 No he temido en vano; aprisa   2486
 a llamar su hermano voy,
 que está con Estela hoy.
 Leonor, se acaba tu empresa.

(Vase.)

LEON. Hoy, don Juan, se ha de acabar   2490
 toda mi infamia ¡por Dios!
 porque matándoos a vos,
 libre me podré casar
 con quien deseo.

JUAN.   Esa dicha
 bien os podrá suceder,   2495
 mas no a mí, que vengo a ser
 el todo de la desdicha;
 de suerte, que aunque mi espada
 llegue primero, no importa,
 pues aunque muráis, no acorta   2500
 en mí esta afrenta pesada,
 este infame deshonor;
 porque no es razón que pase
 por tal infamia y me case,
 habiendo sido Leonor   2505
 fácil después de ser mía
 con vos; y si me matáis,
 con ella viuda os casáis;
 mirad si dicha sería
 vuestra; mas no ha de quedar   2510
 esta vez de aquesa suerte.
 Yo os tengo de dar la muerte;
 procuradme vos matar,
 porque muriendo los dos,
 con ambas vidas se acabe   2515
 un tormento en mí tan grave,
 un bien tan dichoso en vos.

LEON. Don Juan, mataros deseo,
 no morir, cuando imagino

de aquel objeto divino   2520
ser el venturoso empleo.
Acortemos de razones,
que en afrentas declaradas
mejor hablan las espada.

JUAN. ¡Qué terribles confusiones!   2525
Matar y morir pretendo.

(Sacan las espadas, y salen D. Fernando y Ludovico.)

FERN. En este instante me avisa
Ribete que a toda prisa
venga, príncipe, y riñendo
están don Juan y Leonardo.   2530
¿Qué es esto?

LUD.   Pues, ¿caballeros,
amigos y los aceros
desnudos?

FERN.   Si un punto tardo
sucede . . .

JUAN.   ¿Fuera posible?
(Ap.) Nada me sucede bien.   2535
¡Ah, ingrata fortuna! ¿A quién
sino a mí, lance terrible . . .

FERN. ¿Fue aquesto probar las armas,
venir a ejercer fue aquesto
las espadas negras? ¿Son   2540
éstos los ángulos rectos
de don Luis de Narváez,
y el entretener el tiempo
en su loable ejercicio?
Don Juan, ¿con mi primo mesmo   2545
reñís? ¿Esta es la amistad?

JUAN. ¡En qué de afrentas me has puesto,
Leonor!

FERN.   No hay más atención
a que es mi sangre, mi deudo,
a que es de mi propia casta,   2550
ya que soy amigo vuestro.
¿Tan grande ha sido el agravio,
que para satisfacerlo
no basta el ser yo quien soy?
Vos, primo, ¿cómo tan necio   2555
buscáis los peligros, cómo
os mostráis tan poco cuerdo?

LEON. Yo hago lo que me toca;
sin razón le estás diciendo
oprobios a mi justicia.   2560

FERN. Decidme, pues, el suceso.

LEON. Don Juan lo dirá mejor.

JUAN. ¿Cómo declararme puedo,
agraviado en las afrentas
y convencido en los riesgos.   2565

FERN. ¿Qué es esto? ¿No respondéis?

JUAN. ¡Que esto permitan los cielos!
Diga Leonardo la causa.
(Ap.) De pesar estoy muriendo.

LEON. Pues gustas de que publique   2570
de tus mudables excesos
el número, Ludovico
y Fernando, estad atentos:
pues ya te hizo don Juan
¡oh primo! de los secretos   2575
de su amor y su mudanza,
como me dijiste, dueño,
que se vino y lo demás
sucedido y en efecto,
que sirvió a Estela, que aleve   2580
intentó su casamiento,
óyeme y sabrás lo más
importante a nuestro cuento.
Doña Leonor de Ribera,
tu hermana, hermoso objeto   2585
del vulgo y las pretensiones
de infinitos caballeros,
fue; no sé cómo lo diga . . .

FERN. Acaba, Leonardo, presto.

JUAN. Espera, espera, Leonardo.   2590
Todo me ha cubierto un hielo;
¡si es hermana de Fernando!
¿Hay más confuso tormento?

LEON. Digo, pues, que fue tu
hermana
doña Leonor de los yerros   2595
de don Juan causa.

JUAN.   Acabó
de echar la fortuna el resto
a mis desdichas.

FERN.   Prosigue,
prosigue, que estoy temiendo
que para oírte me falta   2600
el juicio y el sufrimiento;
¡ah, mal caballero, ingrato,
bien pagabas mis deseos
casándote con Estela!

LEON. Palabra de casamiento   2605
le dio don Juan, ya lo sabes,
disculpa que culpa ha hecho
la inocencia en las mujeres;
mas dejóla, ingrato, a tiempo
que yo la amaba, Fernando,   2610
con tan notables afectos,
que el alma dudó tal vez
respiraciones y alientos

en el pecho, y animaba
la vida en el dulce incendio   2615
de la beldad de Leonor,
corrida en los escarmientos
de la traición de don Juan;
y obligándome primero
con juramentos, que amando   2620
todos hacen juramentos,
me declaró de su historia
el lastimoso suceso
con más perlas que palabras;
mas yo, amante verdadero,   2625
la prometí de vengar
su agravio, y dando al silencio
con la muerte de don Juan
la ley forzosa del duelo,
ser su esposo; y lo he de ser,   2630
don Fernando, si no muero
a manos de mi enemigo.
A Flandes vine, sabiendo
que estaba en Bruselas; soy
noble, honor sólo profeso;   2635
ved si es forzoso que vengue
este agravio, pues soy dueño
de él y de Leonor también.
JUAN. No lo serás, ¡vive el cielo!
FERN. ¿Hay mayores confusiones?   2640
¡Hoy la vida y honor pierdo!
¡Ah, hermana fácil! Don Juan,
mal pagaste de mi pecho
las finezas.
JUAN.   De corrido
a mirarle no me atrevo.   2645
A saber que era tu hermana . . .
FERN. ¿Qué hicieras? No hallo medio
en tanto mal, Ludovico.
LEON. Yo la adoro.
JUAN.   Yo la quiero.   2649
LEON. ¡Qué gusto!
JUAN.   ¡Qué pesadumbre!
LEON. ¡Qué satisfacción!
JUAN.   ¡Qué celos!
Yo no me puedo casar
con doña Leonor, es cierto,
aunque muera Leonardo;
antes moriré primero.   2655
¡Ah, si hubiera sido honrada!
FERN. ¡Qué laberinto tan ciego!
Dice bien don Juan, bien dice,
pues si casarla pretendo
con Leonardo, ¿cómo puede,   2660

vivo don Juan? Esto es hecho;
todos hemos de matarnos,
yo no hallo otro remedio.
LUD. Ni yo le miro, ¡por Dios!
y ése es bárbaro y sangriento.   2665
LEON. En efecto; si Leonor
no rompiera el lazo estrecho
de tu amor, y si no hubiera
admitido mis empeños,
¿la quisieras?
JUAN.   La adorara.   2670
LEON. Pues a Leonor verás presto,
y quizá de tus engaños
podrás quedar satisfecho.
JUAN. ¿Dónde está?
LEON.   En Bruselas.
JUAN.   ¿Cómo?
LEON. Esperad aquí un momento.   2675
(Vase, y salen Estela, Lisarda, Flora, Ribete y
Tomillo.)
EST. ¡Don Leonardo con don Juan
de disgusto!
RIB.   Así lo entiendo.
TOM. ¡Ay, mi bolso y mis escudos!
LIS. ¿No está Leonardo con ellos?
EST. Señores, ¿qué ha sucedido?   2680
FERN. No sé qué os diga, no puedo
hablar.
LIS.   Ludovico escucha.
LUD. De ver a Estela me ofendo,
después que oí a mis oídos
tan desairados desprecios.   2685
¿Qué decís, Lisarda hermosa?
LIS. Don Leonardo, ¿qué se ha hecho?
¿Dónde está?
LUD.   Escuchad aparte.
FERN. ¡Qué mal prevenidos riesgos!
Hoy he de quedar sin vida,   2690
o ha de quedar satisfecho
mi deshonor. ¡Ay, hermana,
el juicio estoy perdiendo!
TOM. Flora, vamos a la parte.
FLO. ¿A qué parte, majadero?   2695
TOM. Ribete.
RIB.   ¿Qué es lo que dice?
TOM. Digo que soy un jumento.
RIB. ¿Dónde está Leonor? ¡Que se haya
metido en estos empeños!
(Sale doña Leonor, dama bizarra.)
LEON. Hermano, príncipe, esposo,   2700
yo os perdono el mal concepto

que habéis hecho de mi amor,
si basta satisfaceros
haber venido constante
y resuelta.
RIB.   ¿Qué es aquesto?   2705
LEON. Desde España hasta Flandes,
   y haberme arrojado el riesgo
   de matarme tantas veces;
   la primera, en el terrero,
   retirando a Ludovico   2710
   y a mi propio esposo hiriendo;
   y hoy, cuando guardó a palacio
   mi valor justo respeto,
   y deslumbrando a mi hermano,
   fingir pude engaños nuevos;   2715
   y ahora, arrojada y valiente,
   por mi casto honor volviendo,
   salí a quitarte la vida,
   y lo hiciera, ¡vive el cielo!
   a no verte arrepentido,   2720
   que tanto puede en un pecho
   valor, agravio y mujer.
   Leonardo fui, mas ya vuelvo
   a ser Leonor: ¿me querrás?
JUAN. Te adoraré.
RIB.   Los enredos   2725
   de Leonor tuvieron fin.
FERN. Confuso, hermana, y suspenso
   me ha tenido tanto bien.
LUD. ¿Hay más dichoso suceso?

EST. Leonardo, ¿así me engañabas?   2730
LEON. Fue fuerza, Estela.
EST.   Quedemos
   hermanas, Leonor hermosa;
   Fernando, ¿de esposo y dueño
   me dad la mano?
FERN.   Estas dichas
   causó Leonor; yo soy vuestro.   2735
LUD. Ganar quiero tu belleza,
   Lisarda hermosa; pues pierdo
   a Estela, dame tu mano.
LIS. La mano y el alma ofrezco.
RIB. Flora, de tres para tres   2740
   han sido los casamientos;
   tú quedas para los dos,
   y entrambos te dejaremos,
   para que te coman lobos,
   borrico de muchos dueños.   2745
EST. Yo te doy seis mil escudos.
RIB. [Así pues], digo que acepto
   por los escudos, pues bien
   los ha menester el necio
   que se casa de paciencia.   2750
TOM. Sólo yo todo lo pierdo;
   Flora, bolsillo y escudos.
LEON. Aquí, senado discreto,
   Valor, agravio y mujer
   acaban; pídeos su dueño,   2755
   por mujer y por humilde,
   que perdonéis sus defectos.

Leonor de la Cueva y Silva

INTRODUCTION

Evidence of her life as writer and intellectual within the locally focused circles of the upper class in her home city of Medina del Campo is left to us by Leonor de la Cueva y Silva in the manuscripts of poems and one extant play entitled *La firmeza en la ausencia*. She was born sometime at the beginning of the seventeenth century in the once-famous medieval and early Renaissance market city in northwestern Spain. Cueva's parents, Agustín de la Rúa and Leonor de Silva, and their social and economic privilege as minor nobles in that community apparently made possible to her an education appropriate to the cultivation of her literary talents. Some of the few details we have concerning Cueva's life come from military and governmental documents about the activities and positions of her brothers: Jerónimo de la Rúa (canon in Medina del Campo), Antonio de la Cueva y Silva (arms bearer to Prince Fernando as well as captain and commissary of the cavalry in Flanders), and Juan de la Rúa (military officer in Seville). The name of a sister, María Jacinta de la Cueva, also appears in some of this documentation, but without further elaboration.[1]

An overlap of the realms of public interaction for men and the more private and enclosed one inhabited by women is evinced in a few of Cueva's poems written to celebrate the reputations and exploits of some of her male relatives. One of these is her poem with the earliest compositional reference, a sonnet written in the early 1620s in honor of the death in 1621 of her uncle Francisco de la Cueva y Silva. He was, among other things, a lawyer and author in his own right with an interest in astrology, which eventually led to legal proceedings against him for such practices.[2] A selection of Cueva's poems has been anthologized recently, and the editors of this work speculate about her participation in literary circles in Medina del Campo.[3] They base their suppositions on amorous verses, listed in Cueva's autograph manuscript of poems as commissioned pieces, that suggest her admired status among hypothetical elite intellectual groups dedicated to such petitions and competitions.[4] It is likely that such groups also served as the readership for her dramatic text, for which there are no records about public representation.

There is also no record of whether Cueva ever married. Her supposed unmarried status is indicative of the dilemma faced in the same way by early modern female intellectuals such as Ana Caro and María de Zayas. If she dedicates herself to an intellectual life, the woman writer may have to renounce the sexualized life of wife and mother because of cultural associations drawn between a woman's public speech and writing and a presumed sexual openness. Thus, as recorded in several recent studies, many Renaissance female authors chose celibacy over marriage in order to engage in the male-dominated dimension of scholarship and authorship because of societal reluctance to recognize both dimensions as simultaneously legitimate for women.[5]

The date of Cueva's death is likewise unrecorded; Serrano y Sanz concludes that she died after 1650. However, more suggestive evidence of her remarkable longevity is available in some of her few dated or datable poetic works. One of these is a published sonnet in honor of the death of Queen Isabel de Borbón in 1645. Olivares and Boyce, however, consider the possibility that Cueva died in 1689 or after, for in this year Carlos II's wife María Luisa de Borbón died, and Cueva celebrated this deceased monarch with another sonnet. Unlike the poem of 1645, this sonnet appeared in print but without date or place of publication.[6] It may have appeared later and posthumously, but the queen's date of death indicates an advanced age for the poet, who by then would have been in her eighties. The larger collection of her poetry is found in an autograph manuscript together with poems from other seventeenth-century authors such as Lope de Vega, Luis de Góngora, and Miguel de Cervantes, a compilation that González Santamera and Doménech surmise must be her own personal anthology.[7]

The seventeenth-century manuscript of *La firmeza en la ausencia*, like that of her poetry, is written in Cueva's own hand and decorated on its last page with one of her characteristic geometric drawings. The manuscript of the play once belonged to the Duques de Osuna, but now is housed in the Biblioteca Nacional de Madrid, as ms. 17234 and comprises 54 folios of text in single columns. Its date of composition is difficult to determine, and the historical context of the dramatized story is set in a time remote from the dramatist's own lifetime but one based in historical fact. This historical background to the drama of love and jealousy at the royal court of the fictitious King Filiberto of Naples sets the action just prior to and during the early sixteenth-century French invasion of that city. An important battle in the ensuing struggle between Spain and France in 1503 took place near the river Garigliano and resulted in an important victory for the Spanish troops under the command of Gonzalo Fernández de Córdoba (known as the Gran Capitán), on whom the principal character Don Juan seems to be modeled. Thus, the play, unpublished during

the playwright's lifetime, affords no precise clues about when she wrote it. Considering, however, the intense rivalry and struggles between France and Spain during the Thirty Years' War (1618-1648), it is not unreasonable to imagine that Cueva chose the earlier historical moment as a backdrop for her otherwise ahistorical drama in order to celebrate, about mid-seventeenth century, her country's earlier political strength, which had become increasingly weakened through effective military challenges on the part of various political rivals as well as growing decadence from within. The year 1647, for instance, saw the renewed revolt of the kingdom of Naples itself during a time when Spain was experiencing deepening internal problems and becoming more and more vulnerable to confrontations, in particular with France over Spanish possessions on Italian soil. Though the Neapolitan revolt was successfully put down in 1648, its threat and Felipe IV's unrelenting policy of rivalry with France may have served as Cueva's inspiration to revisit the early sixteenth-century episode when Spain's national strength produced the clear victory over her neighbor in a regional possession considered important to Hapsburg hegemony. The latter half of the seventeenth century with Carlos II on the throne saw also the self-conscious Spanish recognition and a general European acknowledgment of Hapsburg devitalization, elements countered in a play such as *La firmeza en la ausencia*, which is set in a moment of more glorious national identity. The play was written apparently anywhere from the 1640s to perhaps the 1660s and thus at or just beyond the midpoint of the playwright's life.

The play's main focus is the emotional and intellectual dilemma that Armesinda faces when Juan, the man she loves and who has courted her discreetly for six years, is suddenly assigned to military duty in the defensive campaign against the French invasion of Naples. National and political interests are not, however, what motivate King Filiberto to send Juan away from his court in Naples where Armesinda serves the king's sister Celidaura as lady-in-waiting. The monarch himself has fallen in love with the young woman, and his abuse of power leads him to eliminate his rival through relocation and to try various unethical ways to win Armesinda's affection. All characters expect her devotion to Juan to waver in the face of the king's suit, and the resultant tensions become the driving force around which all other action revolves.

NOTES

1. The background information about Cueva's life is gleaned from the following studies: Cayetano Alberto de la Barrera y Leirado, *Catálogo bibliográfico y biográfico del teatro antiguo español, desde sus orígenes hasta mediados del siglo XVIII*, 121; Clara Janés, ed., *Las primeras poetisas en lengua castellana*, 210; Julian Olivares and Elizabeth S. Boyce, eds., *Tras el espejo la musa escribe: lírica femenina de los Siglos de Oro*, 48-49 and 105; Manuel Serrano y Sanz, ed., *Apuntes para una biblioteca de escritoras españolas desde el año 1401 al 1833*, 268:, 300-301; Teresa S. Soufas, "Leonor de la Cueva y Silva," in *Spanish Women Writers: A Bio-Bibliographical Source Book*, 125-26; and Felicidad González Santamera and Fernando Doménech, eds., *Teatro de mujeres del Barroco*, 221-27.

2. About Cueva's family members and their social positions and activities, see Olivares and Boyce, *Tras el espejo*, 105; Serrano y Sanz, *Apuntes*, 300-01; and Soufas, "Leonor de la Cueva y Silva," 125.

3. See Olivares and Boyce, eds., *Tras el espejo*, 48.

4. Ibid.

5. See Ann R. Jones, "Surprising Fame: Renaissance Gender Ideologies and Women's Lyric," in *The Poetics of Gender*, 74-95. Jones asserts, for example, that during the Renaissance, "in a woman, verbal fluency and bodily purity are understood to be contrary conditions" (78). In addition, Margaret King ("Book-Lined Cells: Women and Humanism in the Early Italian Renaissance," in *Beyond Their Sex: Learned Women of the European Past*, 66-90) notes that celibacy became "the learned woman's defiance of the established natural order and of the learned man's attempt to constrain her energies by making her mind the prison for her body" (78). See also Merry E. Wiesner, "Women's Defense of Their Public Roles," in *Women in the Middle Ages and the Renaissance: Literary and Historical Perspectives*, 1-27. Wiesner contributes the following observation: "[women] who chose the life of learning were generally forced to give up a normal family life. Most lived chaste lives of scholarly solitude in 'book-lined cells.' They chose celibacy because their desire for learning required it; their male admirers . . . felt no woman could be both learned and sexually active" (13).

6. Olivares and Boyce, eds., *Tras el espejo*, 105.

7. González Santamara and Doménech, eds., *Teatro de mujeres*, 222.

SELECTED BIBLIOGRAPHY

Barrera y Leirado, Cayetano Alberto de la. *Catálogo bibliográfico y biográfico del teatro antiguo español, desde sus orígenes hasta mediados del siglo XVIII*. Madrid: Rivadeneyra, 1969.

Cueva y Silva, Leonor de la. *La firmeza en la ausencia*. Madrid: Biblioteca Nacional de Madrid, ms. 17234.

———. *La firmeza en la ausencia*. In *Apuntes para una biblioteca de escritoras españolas desde el año 1401 al 1833*. Vol. 268:. 302-28. Ed. Manuel Serrano y Sanz. Madrid: Rivadeneira, 1903.

———. *La firmeza en la ausencia*. In *Teatro de mujeres del Barroco*. Felicidad González Santamera and Fernando Doménech, eds., 231-336. Madrid: Asociación de Directores de Escena de España, 1994.

González Santamera, Felicidad, and Fernando Doménech, eds. *Teatro de mujeres del Barroco*. Madrid: Asociación de Directores de Escena de España, 1994.

Janés, Clara, ed. *Las primeras poetisas en lengua castellana*. Madrid: Editorial Ayuso, 1986.

Jones, Ann R. "Surprising Fame: Renaissance Gender Ideologies and Women's Lyric." In *The Poetics of Gender*. Ed. Nancy K. Miller, 74-95. New York: Columbia Univ. Press, 1986.

King, Margaret. "Book-Lined Cells: Women and Humanism in the Early Italian Renaissance." In *Beyond Their Sex: Learned Women of the European Past*. Ed. Patricia H. Labalme, 66-90. New York: New York Univ. Press, 1980.

Olivares, Julian, and Elizabeth S. Boyce, eds. *Tras el espejo la musa escribe: lírica femenina de los Siglos de Oro*. Madrid: Siglo XXI, 1993.

Serrano y Sanz, Manuel de, ed. *Apuntes para una biblioteca de escritoras españolas*. Vol. 268. Madrid: Biblioteca de Autores Españoles, 1975

Soufas, Teresa S. "Leonor de la Cueva y Silva." In *Spanish Women Writers: A Bio-Bibliographical Source Book*. Ed. Linda Gould Levine, Ellen Engelson Marson, and Gloria Feiman Waldman, 125-30. Westport, Conn.: Greenwood Press, 1993.

Wiesner, Merry E. "Women's Defense of Their Public Roles." In *Women in the Middle Ages and the Renaissance: Literary and Historical Perspectives*. Ed. Mary Beth Rose, 1-27. Syracuse, N.Y.: Syracuse Univ. Press, 1986.

La firmeza en la ausencia

Hablan en ella las personas siguientes:

D. Juan, caballero   Armesinda, dama
D. Carlos, su amigo   Leonor, su criada
Tristán, lacayo de D. Juan   Leonelo, criado del rey
Filiberto, rey de Nápoles   Soldados, caja y bandera
La infanta Celidaura, su hermana

ACTO PRIMERO

(Salen D. Carlos, caballero, de camino, y
D. Juan, su amigo, y Tristán, lacayo.)

CAR. Pésame de haber venido
tarde en aquesta ocasión.
JUAN. Y con muy justa razón,
porque habéis, Carlos, perdido
una fiesta, la mejor   5
que vio Nápoles famosa,
que gozó esta edad dichosa,
ni ha inventado el mismo amor.
CAR. Fui con cartas de Su Alteza,
por la posta, al de Rosano;   10
no fue, don Juan, en mi mano
volver con mayor presteza,
aunque harto lo procuré;
mas los negocios de un rey
son primero, a toda ley.   15
JUAN. Decís bien.
CAR.   Pues gustaré
que me contéis el torneo,
galas, letras e invenciones
aunque acortéis de razones.
JUAN. Sólo serviros deseo;   20
y así, si mal os lo cuento,
bien me podréis perdonar.
CAR. De vuestro discreto hablar
pende el alma.
JUAN.   Estadme atento.
A los dichosos años que cumplía,   25
el rey ordena justas y torneos,
donde Nápoles muestra en bizarría
su belleza, su amor y sus deseos;
aquí suena la dórica armonía,
allí canciones que, afrentando Orfeos,   30

eran dulce recreo a los sentidos,
en tantas variedades suspendidos.
Después que en una máscara vistosa
nuestro gallardo rey entró embozado,
con librea tan rica y tan costosa,   35
que del pastor de Admeto fue envidiado,
corrió a las rejas de mi prenda hermosa;
pero su sol divino, retirado,
no dio lugar a que gozar pudiera
un solo rayo de su luz primera.   40
Sentido de desdén tan riguroso,
quiso darla a entender su amor constante,
y envióla un lazo, cuyo extremo hermoso
remataba un bellísimo diamante,
con una banda de color celoso;   45
cierta señal de enamorado amante,
en que hizo alarde de firmeza y celos,
manifestando en esto sus desvelos.
Llegóse, en fin, el aplazado día,
y los amantes ricos de favores,   50
ostentaron, con nueva gallardía,
de sus hermosas damas los mayores;
compitiendo en las galas a porfía,
la plaza hicieron un jardín de flores,
y por favor, el dueño de mis ojos   55
me dio del rey rendido los despojos.
Ya que ocupados todos los balcones
de caballeros y de damas bellas,
que causan [con] su vista admiraciones,
un cielo hermoso pareció de estrellas,   60
entre cuyas divinas perfecciones,
que liberal el cielo puso en ellas,
como el sol Armesinda se mostraba,
que los humanos ojos deslumbraba.
Entró el mantenedor bravo y brioso,   65
príncipe de Taranto, que llevaba

de tela verdegay vestido airoso
sobre nácar, que el verle deleitaba,
y por empresa, un corazón fogoso
que una hermosa doncella le arrancaba;   70
la letra dice: "Acaba mi esperanza,
y tu crueldad comienza en tu mudanza".
Salióle apadrinando el duque Arnesto,
padre de la gallarda Serafina,
y con aire vistoso tomó el puesto,   75
y al rey y damas la rodilla inclina;
el son de los clarines se oyó en esto,
porque entró por la calle más vecina,
de Visiniano el príncipe el primero,
hecho de amor valiente aventurero.   80
De morado y pajizo era el vestido,
con recamos de plata, ¡linda cosa!
y por empresa, un caballero herido
de una dama cruel y desdeñosa,
el corazón tenía dividido,   85
y enclavada una flecha rigurosa;
la letra: "En mis colores he mostrado
que me trae tu rigor desesperado".
Tras él entró Salerno, que ninguna
gala igualó la suya en lo lucido,   90
más brillante que el plaustro de la luna,
todo de fina plata guarnecido;
llevaba por empresa la fortuna,
y un bello joven de su rueda asido;
la letra: "Aunque más vueltas dé mi suerte,
no podrá hacer que deje de quererte".   96
Rogerio, el conde, entró en la plaza luego
vestido de leonado y verde oscuro,
cierta señal de congojoso fuego,   99
poca esperanza en mal de amor tan duro;
la empresa era el Amor desnudo y ciego,
que, rompiendo del pecho el fuerte muro,
un retrato sacaba, otro ponía;
la letra: "Ya no vive quien solía".   104
Yo entré de oro y azul, con las colores
y favor que me dio mi prenda hermosa;
en el escudo puesta, con primores,
de un amante la fuerza poderosa:
un león que, mostrando sus rigores,
seguía una cordera temerosa;   110
y la letra: "¡Pastor, estad alerta,
que si os dormís, vuestra pérdida es cierta!"
Después de varias suertes, que no cuento
por no ser tan prolijo, en que mostraron
su destreza, valor y pensamiento,   115

la gloria al de Taranto le dejaron;
y dando a todos general contento,
mil parabienes a su dueño enviaron,
que en tanta dicha, altivo y arrogante,
gozaba de los tres blasón triunfante.   120
Yo, que aguardado hasta este punto había,
al contrario me acerco, que orgulloso,
a mí con esperanza se venía
de hacer algún encuentro venturoso;
mas mintióle esta vez su fantasía,   125
pues, rendido a mi brazo poderoso,
con el bote primero de mi lanza
dejé, Carlos, burlada su esperanza.
Diéronme el parabién del vencimiento
con mil muestras de gusto y alegría,   130
publicando sus voces por el viento
la alegre y venturosa suerte mía;
el vulgo grato, a mi fortuna atento,
rompió el silencio en alabanza mía
con tanto aplauso, que esparció la gente
el vítor por el aire dulcemente.   136

CAR. Suspenso me habéis tenido;
   ¡fiesta, por cierto, extremada!
JUAN. Lo que os he dicho no es nada,
   conforme lo que ello ha sido;   140
   mas, por no daros enfado,
   pasé en silencio mil cosas,
   peregrinas y curiosas,
   con que al rey han festejado.
TRIS. Mira, que sale Leonelo   145
   con un papel.
CAR.   Yo me voy;
   otra vez os veré hoy.
JUAN. Mil años os guarde el cielo.
(Vase, y sale Leonelo, criado del rey, con un papel.)
TRIS. Ya ha entrado.
LEON.   Señor, don Juan.
JUAN. ¡Oh! Leonelo.
LEON.   Este papel   150
   es del rey, mirad en él
   el favor y honra que os dan.
JUAN. Mostrad.
TRIS.   Sin duda alguna
   que quiere darte, señor,
   el premio de vencedor;   155
   ¡vive Dios que es gran fortuna!
JUAN. Beso la nema; ya abrí;
   (Ap.) y me avisa mi temor
   que esto es venganza de amor.

TRIS. Léele, acaba.

JUAN.   Dice así: 160
"Don Juan, en este punto acabo de leer las
cartas que me trujo D. Carlos del príncipe de
Rosano, en que me avisa que el de Francia,
con mano armada, ha entrado por las tierras
de Nápoles. A vos os toca la defensa de mis
reinos, que, como cierto de vuestro valor y
lealtad, os he escogido más que a otro para
reprimir su osadía. Apercibíos al punto, porque
mañana ha de ser vuestra partida. El cielo os
guarde.
          El Rey."

LEON. ¿Qué respondéis?

JUAN.   Que obedezco;
    y que tan sujeto estoy,
    que mi vida y cuanto soy
    a sus pies humilde ofrezco;
    que aunque no soy digno yo   165
    de una merced tan subida,
    la tiene bien merecida
    mi lealtad, si el valor no;
    luego sus pies besaré.

LEON. Justamente en vos se emplea.   170

JUAN. ¿Quién hay que mi pena crea?

LEON. Yo me voy.

JUAN.   Pues luego iré.

LEON. Dios os guarde.

TRIS.   ¿Qué tenemos?

(Vase Leonelo.)

JUAN. ¿Qué he de tener, sino enojos?

TRIS. Mas ¿que humedeces los ojos?   175
    Deja ¡por Dios! los extremos.
    Yo, si te digo verdad,
    esperé cualque condado,
    y en ayunas me he quedado,
    paga de mi necedad.   180
    Más linda es, señor, la guerra,
    y no hay cosa que haga a un hombre
    ganar grande fama y nombre,
    como salir de su tierra.

JUAN. Deja vanos disparates,   185
    y tráeme tinta y papel.

TRIS. ¿Quiéresme alistar en él
    por capitán?

JUAN.   No me trates
    de guerra ni de soldados;
    veme por lo que te pido.   190

TRIS. Yo me encajo un apellido
    de los que son más nombrados;

    jineta de capitán
    tendrá mi brazo robusto,
    y entonces llamarme gusto   195
    don Fulano de Guzmán.

JUAN. Acaba, necio.

TRIS.   Ya voy.
    No hay más Leonor en el mundo;
    mi dicha en la guerra fundo.

JUAN. ¡Vivo, amor, muriendo estoy!   200
    Pues ánimo le ha faltado
    para contaros mi mal,
    ángel bello y celestial,
    al corazón desmayado.
    Denme paciencia los cielos   205
    y alivio en tanto rigor,
    pues no hay tormento mayor
    en amor que ausencia y celos.

(Sale Tristán con recado de escribir; llegue un
bufete y silla.)

TRIS. Aquí está tinta y papel.

JUAN. Pues en tanto que la pluma   210
    hace de mi mal la suma,
    llama a Carlos.

TRIS.   Voy por él.

(Vase Tristán, y siéntase a escribir.)

JUAN. Remedio amor ha trazado,
    y que ha de tenerle creo
    a medida del deseo   215
    este celoso cuidado.

(Escribe.)

    No he comenzado muy mal;
    pase la pluma adelante,
    pintando el poder gigante
    de quien causa pena igual.   220

(Vuelve a escribir.)

    Ya acabé; mas no es posible
    en tan tirano rigor
    que tenga fin mi dolor,
    siendo en todo tan terrible
    que a todo mal se prefiere,   225
    ya el papel está cerrado,
    y yo en mi amor abrasado.

(Salen D. Carlos y Tristán, y levántase D. Juan.)

CAR. ¿Qué es lo que don Juan me quiere?

TRIS. No lo sé; mas aquí está
    suspenso y solo consigo: 230
    háblale.

CAR.   Don Juan, amigo.

TRIS. El sus penas te dirá.

JUAN. ¡Oh, Carlos!

CAR.   Vengo a saber
  para qué me habéis llamado.
JUAN. Comunicar el cuidado   235
  su remedio suele ser;
  mas antes despacharé.
  ¡Ah! Tristán, ¿oyes?
TRIS.   Señor.
JUAN. Da este papel a Leonor,
  (Dale el papel.)
  Que me importa.
TRIS.   Así lo haré.   240
  (Vase.)
JUAN. Ya estamos solos. ¡Ay, Carlos!
  Si pudiese mi dolor
  manifestaros la pena
  y terrible confusión
  que pasa un pecho abrasado   245
  en dulces llamas de amor,
  donde el alma es mariposa
  que, deslumbrada al candor
  de los ojos de Armesinda,
  tan ciega ¡ay Dios! se llegó   250
  a sus rayos soberanos,
  sin recelar el rigor,
  con que el más helado pecho
  vuelven en fuego, que estoy
  tan preso en sus dulces lazos   255
  y en su amorosa prisión
  que como el imán al hierro
  y como a la rosa el sol
  atraen, así, de este modo,
  sigo su hermosura yo.   260
  Mas dejando de contaros
  adónde llega mi amor,
  que es un principio sin fin,
  porque quiero con pasión,
  ya os acordaréis que os dije   265
  en la relación de hoy
  cómo el rey quiere a Armesinda
  y pretende su favor,
  y que una banda y diamante
  que de su mano la dio   270
  mis despojos hizo, efectos
  de un rendido corazón;
  pues en este mismo día,
  sin encubrirlas, mostró
  las señales de su pena,   275
  de sus iras el furor;
  y por vengar su desprecio
  me ausenta, con la ocasión

de la guerra del de Francia,
  dando tan buena color,   280
  que su general me hace,
  con que mi esperanza en flor
  se ha de marchitar sin tiempo,
  perdiendo su galardón
  mi fe, tan bien merecido,   285
  porque viendo que me voy
  Armesinda, y que la quiere
  un rey de tanto valor,
  se rendirá a sus halagos,
  pues nunca menos se vio   290
  en una mujer ausente
  que apetecer lo mejor.
  Yo me voy, Carlos amigo,
  a morir de mi dolor,
  sin alma; mirad si tengo   295
  para sentirlo razón.
  Mas entre tantos pesares,
  que veneno al alma son,
  un consuelo me ha quedado,
  fundado, Carlos, en vos: 300
  el amigo sois más caro;
  yo os dejo por otro yo
  para que, Argos vigilante,
  con más ojos que el pavón
  guardéis la prenda que adoro   305
  de este tirano rigor,
  que hasta su cielo divino
  más soberbio que Nembrot
  con la escala del poder,
  donde no hay oposición   310
  pretende subir ufano,
  arrojando de él mi amor.
  Esto os ruego, Carlos mío,
  por Dios, por mí, por quien sois;
  que si tal merced alcanzo,   315
  tendréis en mí desde hoy,
  no digo un amigo grande,
  sino un esclavo, el menor,
  que a vuestros pies humillado,
  para mí el lugar mejor,   320
  podréis ponerme al instante
  con el hierro vengador
  la señal de servidumbre
  que tal amistad granjeó.
  Así partiré contento,   325
  ya que sin recelos no,
  en fin, más asegurado
  de mi cobarde temor,

que aunque de mi dueño hermoso
tengo gran satisfacción, 330
no os espantéis de que tema,
que es mujer, y amante soy.
(De rodillas.)
CAR. Levanta, don Juan, del suelo,
pues menos ponderación
bastaba a mover mi pecho 335
a ser mi amistad menor;
mas pues sabes que conservo
de siempre tuyo el blasón,
antes faltará a los cielos
de Admeto el rubio pastor, 340
al mundo azul las estrellas
y de Cintia el resplandor,
al prado su primavera,
al árbol la fruta y flor,
al mar los peces, y al día 345
bella esposa de Titón,
que yo falte en tu servicio,
y no es exageración,
pues diera por ti mi vida,
cuanto valgo y cuanto soy. 350
Vete, don Juan, sin cuidado,
cumple con tu pundonor,
porque se acabe la guerra
y del rey la indignación;
que en tu lugar quedaré 355
por guarda de aquésta yo,
sin que me engañe Mercurio,
y esta palabra te doy.
JUAN. Mil veces besar quisiera
tus pies, Carlos.
CAR. Eso no, 360
que están los brazos más cerca.
(Abrázanse.)
JUAN. Sólo ellos mi amparo son.
CAR. ¿Sabe tu ausencia Armesinda?
JUAN. En un papel la llevó
Tristán la dura sentencia 365
de mi triste muerte, ¡ay Dios!
y sin eso, la he de ver
esta noche.
CAR. Pues ya el sol
quita el freno de diamantes
a Ecto, Flegón y Piroys, 370
no te detengas, don Juan,
que se acaba el día.
JUAN. Voy,
y veré primero al rey;
entremos juntos los dos.

CAR. Otro Pilades seré. 375
JUAN. Y como otro Orestes yo.
(Vanse, y salen Armesinda, dama, y Leonor,
criada, con un papel.)
LEO. Este papel para ti
me acaba de dar Tristán.
ARMES. Muestra; mas si es de don Juan,
¿qué puede escribirme aquí? 380
A novedad lo he tenido,
pues en seis años de amor
es el primero, Leonor,
que a mis manos ha venido;
jamás confié a la pluma 385
mis secretos; que en querer
nunca en papel quise hacer
de mis amores la suma,
que suelen ser de una dama,
por un descuido, la puerta 390
que la deja siempre abierta
para perder honra y fama.
Don Juan, siguiendo mi gusto,
tan de esta opinión ha sido,
que jamás ha pretendido 395
salir de lo que es tan justo.
¡Y al cabo de tantos años
escribirme! ¡Extraña cosa!
El alma está temerosa.
LEO. Deja esos locos engaños; 400
veamos qué escribe el papel.
ARMES. Abro temblando el papel.
¿Si viene mi muerte en él?
LEO. Abre, acaba.
ARMES. Escucha.
LEO. Di.
(Lea.)
ARMES. "El rey, celoso de mí 405
y enamorado y perdido,
para vengarse, ha querido
que yo me ausente de aquí;
de su reino a la frontera
me envía por capitán; 410
fuerte sentencia me dan,
pues amor manda que muera.
De celos será forzoso
que me mate el rigor fiero,
pues en tu ausencia no espero 415
tener fin más venturoso.
Esta noche pienso verte
y despedirme de ti,
que es bien que celebre así
las vísperas de mi muerte. 420

¡Guárdente, mi bien, los cielos,
que yo he de ser en amar
firme, cual roca en el mar,
entre tormentas de celos!"
No puedo pasar de aquí;   425
¿Hay tal desdicha, Leonor?
¿Hay tal tragedia de amor
como comienza por mí?
¡Oh papel, quiero romperte,
pues el alma me has herido,   430
(Rásgale.)
y en tanto dolor has sido
mensajero de mi muerte!
¡Don Juan ausentarse, cielos!
¡El rey me ausente a don Juan!
Mas celos, ¿qué no podrán?   435
No eran vanos mis recelos.
Pero pierda la esperanza,
porque antes verá acabado
todo ese cielo estrellado
que en mi amor haya mudanza.   440
No piense que ha de poder
de ausencia el fiero rigor
contrastar tanto valor,
porque al contrario ha de ser.
Y bien puede estar seguro   445
de que no soy nieve al sol,
sino cual oro en crisol
que sale más limpio y puro.
Esta ausencia lo ha de ser
y he de amar hasta morir,   450
porque se pueda decir
que hay firme alguna mujer.
LEO. Mira que sale la infanta;
ten sosiego.
ARMES.   ¿Cómo puede
mal que a todo mal excede   455
hallarle en desdicha tanta?
LEO. Ya llega.
(Sale la infanta.)
INF.   ¡Con tantas quejas
aquí, Armesinda! ¿Qué es esto?
¿Quién así te ha descompuesto,
que de quien eres te alejas?   460
ARMES. ¿Yo quejas? No, mi señora;
todo con Leonor ha sido.
INF. Mala disculpa has fingido,
pues yo te oí como agora.
ARMES. *(Ap.)* ¡Ay, triste, si oyó el papel!   465
INF. Y de ti vivo quejosa
que no me hayas dicho cosa

de esa tu pena cruel,
sabiendo lo que te quiero
y mi buena voluntad.   470
ARMES. Encubrirte la verdad
fuera término grosero
a ese valor soberano,
de quien soy humilde hechura
y de quien vivo segura;   475
mas porque sale tu hermano
me voy; después te hablaré;
que me sigue con cuidado,
y de noche, enamorado,
temo que a mí me le dé   480
y a ti sospechas tan tarde.
INF. Conmigo es vano temor.
ARMES. Lo que yo temo es su amor.
INF. Pues vete.
ARMES.   Adiós.
INF.   El te guarde.
ARMES. *(Ap.)* A don Juan voy a esperar.   485
(Vase con Leonor y sale el rey.)
REY. ¿No estaba Armesindo aquí.
INF. Anda con temor de ti,
y no te quiso aguardar.
REY. ¿Hay tan grande crueldad?
Pues de mí, ¿por qué ocasión?   490
INF. Teme alguna sinrazón,
hija de tu voluntad.
REY. No me hallo un punto sin ella.
INF. ¿Tan enamorado estás?
REY. No puede, hermana, ser más   495
lo que esta enemiga bella
me hace sufrir y penar.
INF. Injustos son tus desvelos.
REY. ¿Qué quieres? Mátanme celos
y anégame un mar de amar;   500
vi a don Juan favorecido
de quien tanto estimo y precio,
con mil prendas, y el desprecio
la causa de todo ha sido;
ofrecióse esta ocasión   505
en que de aquí le he ausentado,
con que quedaré vengado
sea o no sea razón.
INF. Amor no admite ninguna.
REY. Dices bien; que al fin es rey,   510
y no está sujeto a ley;
solamente guarda una.
INF. ¿Cuál?
REY.   La del gusto.
INF.   Es así;

mas quien tiene discreción,
sujétese a la razón. 515
REY. No estoy, Celidaura, en mí;
quiero y amo con exceso
aquesta ingrata hermosura,
origen de mi locura,
pues por ella pierdo el seso; 520
tengo un desvanecimiento
dentro de mi fantasía,
y una rebelde porfía
que no admite rendimiento.
Y, en efecto, tengo llena 525
el alma de mil enojos,
y así se asoma a los ojos,
como a ventana, mi pena.
Albándame este diamante
en firmeza y en dureza, 530
pues no basta mi grandeza
ni ser en su amor constante.
INF. Yo haré todo [en] mi poder;
pierde por mí ese cuidado.
REY. Un monte habrás allanado 535
si vences esta mujer.
(Vanse y salen D. Juan y Tristán, de noche.)
JUAN. ¿Es muy tarde?
TRIS.   No, señor;
las doce en punto dio agora.
JUAN. ¡Oh, si saliese mi aurora!
TRIS. ¡Oh, si saliese Leonor! 540
JUAN. Sal, divino sol, a darme
luz en tiniebla tan fría.
TRIS. ¡Acaba, soplona mía.
en salir a consolarme!
JUAN. Lleguemos paso y despacio, 545
por si viene gente acá.
TRIS. Bien desocupado está
el terrero de palacio.
JUAN. Ya siento abrir la ventana;
ponte a este lado, Tristán, 550
y hablaréla.
(Salen Armesinda y Leonor a la ventana.)
ARMES.   ¿Es mi don Juan?
JUAN. Yo soy. ¡Oh suerte inhumana,
que me has de quitar que vea
unos ojos que me dan
vida en su vista!
LEO.   ¿Es Tristán? 555
TRIS. Si tú quisieres que sea.
ARMES. ¿Es posible que te ausenta
el rey cruel de mis ojos,

y que para darte enojos
vencer mi desdén intenta? 560
¿Es posible que sin ti
he de poder tener vida?
No es posible, porque asida
con el alma te la di.
Contigo llevas, mi bien, 565
alma, vida y corazón;
que mi amor y fe es razón
que estos soldados te den.
Del rey la fuerza amorosa
no te dé, don Juan, disgusto, 570
que en el resistir su gusto
verás mi firmeza honrosa.
Roca seré incontrastable
en este mar proceloso,
que a su viento riguroso 575
he de estar firme y estable.
¿No me respondes?
JUAN.   ¿Qué puedo
responder, si estoy mortal?
Y temiendo mayor mal,
turbado y confuso quedo; 580
que es poderoso contrario
de un mozo rey el poder,
y es justa cosa temer
mudanzas del tiempo vario.
Seis años con tu gloriosa 585
vista he podido vivir;
pues, ¿cómo podré sufrir
la ausencia triste y forzosa?
Que la pena de no verte,
pienso que me ha de matar, 590
que es mejor que no llegar,
dulce señora, a perderte.
ARMES. Es tanto el tormento mío
y lo que siento y padezco,
que las piedras enternezco 595
con los suspiros que envío.
¡Que te vas!
JUAN.   Más sentiré
si me olvidas, Armesinda.
ARMES. La muerte, don Juan, me rinda
antes que falte a mi fe; 600
y porque partas de aquí
seguro de mi valor,
la satisfacción mayor
quiero darte. Escucha.
JUAN.   Di.
ARMES. Si yo, ingrata, olvidare tus amores,

ni burlare, mudable, tu esperanza,   606
en un golfo de celos sin bonanza
me anegue de tu ausencia en los rigores;
    de mi edad juvenil, las frescas flores
marchite en mayo el tiempo y su mudanza
haga de un envidioso confianza,   611
y un vil esclavo goce mis favores;
    no tenga en cosa que procure gusto,
penas me sean las mayores glorias,
persígame tu sombra en cualquier parte,
    viva, muriendo, en cautiverio injusto,
y atorméntenme el alma tus memorias,   617
si yo, don Juan, dejare de adorarte.
JUAN.   Pues si dejare un punto de
            quererte,
ni olvidare jamás tu rostro hermoso,   620
no halle en cosa que emprenda fin dichoso,
y en flor me coja desastrada muerte;
    tenga en todas mis cosas mala suerte,
con el rey me enemiste un mentiroso,
no vuelva de esta guerra victorioso,   625
y máteme la pena de no verte;
    gócete el rey, y rompa mis despojos,
ostente los favores de tu mano,
pase mi cuerpo de esta a la otra parte
    con mi espada delante de tus ojos   630
la mano del más rústico villano,
si dejare, Armesinda, de adorarte.
TRIS. ¡Vítor a los dos, Leonor!
ARMES. Don Juan, esta calle deja,
y pásate a esotra reja,   635
donde hablaremos mejor,
que es muy baja.
JUAN.   Así lo haré.
ARMES. Pues ve, que en el puesto espero.
(Quítase.)
JUAN. Mi amor llegará primero
con las alas de su fe.   640
(Entrase D. Juan.)
TRIS. Y ella, no me dice nada,
pues ve que también me ausento.
LEO. Cierto, Tristán, que lo siento
con grande extremo.
TRIS.   ¡Ay, taimada!
Ya he comenzado a temer   645
que en faltando yo, no hay más,
por otro me dejarás
como mula de alquiler.
LEO. No hayas miedo.
TRIS.   Pues porque haya

en esta ausencia consuelo,   650
    asegura mi recelo.
LEO. Sí haré. Oye, Tristán.
TRIS.   Vaya.
LEO.   Si yo olvidare, cielo, eternamente
el amor y las gracias de Tristán,
con campanas me atruene un sacristán   655
y beba en el verano agua caliente;
    persígame un galán impertinente,
no halle flor en el campo por San Juan,
en piedra dura se me vuelva el pan,
y tenga lamparones en la frente;   660
    no halle descanso ni contento en cosa;
pulgas me piquen en cualquiera parte,
y si durmiere, que me den enojos;
    quede, cuando llorare, lagañosa,
si yo dejare, mi Tristán, de amarte,   665
porque eres el candil de aquestos ojos.
TRIS.   Pues si yo te olvidare, mi Leonor,
ni borrare del alma tu retrato;
con sus ratones me persiga un gato,
con sus golpes me aturda un herrador;   670
    ande hecho estafermo de un señor,
de mis favores haga un necio plato,
con preguntas me mate un mentecato,
y atraviéseme el cuerpo un asador;
    parezca cocinero de convento,   675
no tenga en esta guerra buena suerte,
un escudero goce mis despojos;
    y póngame a guardar un monumento,
si yo, Leonor, dejare de quererte,
porque eres las niñitas de estos ojos.   680
LEO. Basta; satisfecha estoy.
TRIS. Quedo, ¡por Dios! ¡Mi señor!
(Sale D. Juan.)
JUAN. No hay más fe, no hay más amor,
que el de mi bien.
LEO.   Yo me voy.
(Quítase de la ventana Leonor, y salen el rey,
D. Carlos y Leonelo, de noche; embózanse
D. Juan y Tristán.)
REY. Gente, Carlos, hay aquí.   685
LEON. Y la ventana cerraron;
con ellos, sin duda, hablaron.
JUAN. Estos se acercan a mí.
REY. ¿Conóceslos?
CAR.   No, señor.
REY. Pues pregunta.
CAR.   Es razón.   690
    ¿Qué gente?

JUAN.   Dos hombres son.
CAR. ¿Quién vive?
JUAN.   Sólo el amor.
  ¿Es Carlos?
CAR.   (Ap.) Sí, y Filiberto
  es el que viene conmigo.
JUAN. No sé qué he de hacer, amigo,   695
  si vengo a ser descubierto.
LEON. Y él, ¿quién es?
TRIS.   Soy un soldado
  de amor.
LEON.   Pues el nombre dé.
TRIS. Espere, y se lo diré:
  el amante sin cuidado.   700
REY. Descúbrase.
JUAN.   Bien estoy.
REY. Y si os lo mandase el rey,
  ¿no lo haréis?
JUAN.   Es justa ley.
REY. Pues descubríos, que yo soy.
JUAN. Si eso es cierto, veisme aquí   705
  a vuestros pies.
(Descúbrese.)
REY.   ¿Es don Juan?
JUAN. Sí, señor.
REY.   ¿Y éste?
JUAN.   Tristán.
REY. Pues ¿cómo a tal hora así?
JUAN. Salí, con el gran calor,
  a tomar un poco el fresco.   710
REY. No sería mal refresco
  si acaso os le dio el amor;
  y más acertado fuera
  ordenar vuestra partida,
  pues ya la gente lucida   715
  en la campaña os espera;
  y advertid que a esta ventana
  no os pongáis a galantear,
  ni lleguéis jamás a hablar
  con las damas de mi hermana.   720
JUAN. ¿Yo, señor? ¡Jesús!
REY.   No habléis.
  Idos, don Juan, a acostar,
  porque habéis de madrugar.
JUAN. Señor.
REY.   No me repliquéis.
  Ven, Carlos.
JUAN.   ¿Hay tal rigor?   725
(Vase el rey, y sus criados.)

"Idos, don Juan, a acostar,
  porque habéis de madrugar"
TRIS. ¡Lindo consejo, señor!
JUAN. Amor y temor, que el alma
  cercáis en un mismo tiempo,   730
  sin tener en tantos males
  ni descanso ni consuelo.
  ¿Qué guerra injusta es aquésta
  qué hacéis en mi pensamiento,
  de sospechas mal nacidas,   735
  en que por puntos me anego?
  No es bien que temáis mudanza
  de quien es de amor portento,
  de firmeza maravilla,
  de hermosura el mismo cielo.   740
  Sosegaos, sospechas mías;
  no os alteréis, pensamientos;
  dormid seguros, cuidados;
  dejadme un poco, dèsvelos.
  Mas ¡ay! que es fuerte enemigo,   745
  flaco el muro de su pecho,
  la ausencia, de amor contraria,
  y que es mujer considero.
  Si la combate el poder,
  con muy justa causa temo,   750
  con razón suspiro y lloro,
  con ocasión desespero.
  ¡Oh, cielo airado, inhumano,
  que escuchas mis tristes ecos!
  ¿Por qué culpas me condenas   755
  para un infierno de celos,
  para un millón de pesares,
  para un siglo de tormento,
  para un mar tempestuoso
  y para un mal sin remedio?   760
  Enternézcante mis quejas,
  oye mis suspiros tiernos,
  a mis pesares te ablanda,
  y escucha mi sentimiento.
  No sé cómo tengo vida   765
  cuando a la desdicha llego,
  en que de mi bien me aparto
  y de sus ojos me alejo.
  ¿Es posible que me voy?
  No es posible, no lo creo,   770
  que el alma se queda acá,
  y sólo se parte el cuerpo.
  Tú, noche, que oyes mi llanto,
  dila a Armesinda cuál quedo,

estas ansias la refiere, 775
menores de lo que siento.
Y vosotras, bellas luces
de ese hermoso firmamento,
decid a las de sus ojos
lo que por ellas padezco. 780
Y tú, sol, que el mundo alumbras,
pues gozas ufano el cerco
de rayos que desperdicia
el resplandor de mi dueño,
cuando mirares su rostro, 785
menos altivo y más bello,
recuérdala las memorias
de aquellos pasados tiempos.
Tú, dulce señora mía,
resiste el poder violento 790
de este Tifeo segundo
que quiere asaltar tu cielo.
Derriba sus pretensiones,
aniquila sus intentos,
desespera su esperanza 795
y confunde su deseo,
que si de esta suerte lo haces,
partiré a morir contento,
pues me ausento de la vida
que tengo mientras te veo. 800
Y con esto me despido;
adiós, bellísimo dueño;
adiós, rejas y paredes,
donde toda el alma dejo;
adiós, Nápoles la bella; 805
adiós, palacios soberbios,
destierro de la virtud
y patria de lisonjeros.
¡Ea, partid a la guerra,
cuidados y pensamientos, 810
seguid a Marte animoso,
dejad a Cupido tierno!
Mas ¿qué digo? Estad alerta
por centinelas, recelos,
mirad que este muro asalta 815
de un poderoso el deseo.
TRIS. ¿Acabóse la oración?
JUAN. No tiene fin lo que siento.
TRIS. Vente a acostar con el diablo;
mira que todo me duermo. 820
JUAN. ¿Qué hora es?
TRIS.   Las cuatro y media.
JUAN. Pues ven, que voy casi muerto.

TRIS. Y yo de sueño y de hambre,
por seguir tu poco seso.

ACTO SEGUNDO

(Salen el rey y D. Carlos, solos.)
REY. ¡Que respondió tan cruel! 825
CAR. Si quiere a don Juan, no es mucho.
REY. Con un duro mármol lucho,
hecho de nieve y clavel.
CAR. Dila, señor, el papel,
contéla tu grande amor, 830
y con no visto rigor,
manifestado en sus ojos,
respondió . . . .
REY.   ¡Bravos enojos!
CAR. que no esperes su favor.
REY. ¿Hay tal cosa? ¡Estoy perdido! 835
Mas no pierdo la esperanza,
que de mujer la mudanza
nunca desechada ha sido;
pues ya que no engendra olvido
en ella, Carlos, la ausencia, 840
bien podrá mi diligencia
hacer, con algún engaño,
que cese el desdén extraño
con que apura mi paciencia.
CAR. Muy bien, señor, me parece; 845
pero ¿cómo le has trazado?
REY. El decir que se ha casado
su amante mi amor me ofrece;
con tantos desdenes crece,
de suerte ¡ay cielos! que estoy 850
olvidado de quien soy,
y ocasiona mi locura
esta divina hermosura,
tras cuyo hechizo me voy.
¿No has visto la bella rosa, 855
Carlos, que llaman del sol,
seguir su claro arrebol
lozana y presuntuosa,
y que en la noche medrosa,
como la faltan sus rayos, 860
se encoge con mil desmayos
hasta que al siguiente albor,
vuelve a ver su resplandor

y a repetir nuevos mayos?
Así yo, ni más ni menos   865
altivo, bien como ella,
sigo de Armesinda bella
el de sus ojos serenos;
mas en el punto que ajenos
los míos están de ver   870
su beldad, vengo a perder
el gusto para otra cosa,
hasta que su luz hermosa
me vuelve a dar nuevo ser.
CAR. Pues si no te has de casar,   875
¿no es lo que quieres locura?
REY. Muy bien puede su hermosura
a mi grandeza igualar;
mas si lo llego a intentar,
ya ves que no es justa cosa,   880
ni para mi estado honrosa,
casarme yo con quien sé
que tiene en otro su fe
y que es conmigo engañosa;
que aunque vivo satisfecho   885
que su amor, bien arraigado,
de palabras no ha pasado,
ni otra malicia sospecho,
es menester que del pecho
la arranquemos a don Juan,   890
que con eso cesarán,
dándole, Carlos, la muerte,
los tormentos y ansia fuerte
que tanta pena me dan.
CAR. Sentencia, por cierto, injusta,   895
cuando sirviéndote está.
REY. Pues tanta pena me da,
no es injusta, sino justa.
CAR. En fin, ¿de matarle gusta
Vuestra Alteza?
REY.   Lo que quiero   900
decirte en esto es que espero,
fingiendo su muerte, hacer
que se rinda esta mujer
a un amor tan verdadero.
CAR. Aun lleva mejor camino.   905
REY. Antes que ponga este medio,
que es el último remedio
con que acabar imagino
su conquista, determino
hacerla entender por ti   910
que se ha casado, y así
creerá que es cierto el suceso

por ser tu amigo, y con eso
tendrá más piedad de mí.
CAR. (Ap.) ¡Ay, pobre don Juan, ausente! 915
REY. ¿Qué dices?
CAR.   Que es traza buena.
REY. Así entretendré mi pena.
CAR. Pues vete porque lo intente,
que en teniéndola presente,
daré a tu traza lucida   920
principio.
REY.   Y a mí la vida,
si sales, Carlos, con ello.
CAR. (Ap.) Echaré a mi industria el sello
por conocer si es fingida.
(Vase el rey.)
CAR. Ya es ido el rey, y confuso   925
me deja su loco amor.
Aunque seguir no es error
de aquestos tiempos el uso,
el cumplir aquí no excuso
lo que me deja mandado;   930
mas si soy amigo honrado,
¿cómo puedo hacer que rinda
su amor al rey Armesinda,
habiéndomela encargado?
Yo soy amigo leal   935
y soy vasallo del rey,
su obediencia es justa ley,
e impedir también el mal
de mi amigo, ¿Hay pena igual?
Si al uno quiero servir,   940
al otro le he de mentir,
porque en término sucinto,
no hay en este laberinto
un hilo para salir;
mas ya le halla mi deseo   945
en la misma confusión,
pues me le da la ocasión,
y sin ser el de Teseo,
que saldrá a mi intento creo,
porque, fingiendo, sabré   950
si es oro lo que se ve
de Armesinda con don Juan,
y en éste toque saldrán
los quilates de su fe;
que no hay en una mujer   955
combate más fuerte y recio
como de un hombre el desprecio
para venir a caer;
notable prueba ha de ser,

con que se muestre mejor 960
de su fineza el valor;
y si estuviere constante,
será a un risco semejante;
mas ya sale con Leonor.
(*Salen Armesinda y Leonor.*)
ARMES. Bravo olvido en tanto tiempo. 965
LEO. Aquí está don Carlos; llega
y háblale, que él te dará
de don Juan algunas nuevas.
ARMES. Bien dices. ¡Señor don Carlos!
CAR. ¿Hay en qué serviros pueda?, 970
(*Descubierto.*)
que lo haré con mucho gusto.
ARMES. Sólo vengo a daros quejas
de un amigo, el más ingrato.
Perdonad, que con la pena
y sentimiento, no es mucho 975
el faltar a mi modestia.
CAR. Bien podéis hablar segura.
ARMES. Salte, Leonor, allá afuera
mientras hablo con don Carlos,
y tenme muy buena cuenta 980
si alguien viene.
LEO.   Así lo haré.
(*Vase.*)
CAR. Ya se fue Leonor.
ARMES.   Pues deja
que sienta, Carlos, y llore
ingratitud como aquésta.
Seis meses ha que don Juan 985
se ausentó de mí a la guerra,
y seis meses que no veo
de su mano ni una letra.
¿Es bueno, por dicha, es bueno
que haciendo yo resistencia 990
a los intentos del rey,
despreciando su grandeza,
no mujer, sino diamante,
firme roca, no veleta,
y siendo a tan grandes olas 995
inmóvil risco en firmeza,
halle en don Juan tanto olvido
que ni un recaudo siquiera
para consuelo me envíe
de esta rigurosa ausencia? 1000
¿Qué dices, Carlos, qué dices?
¿No respondes? ¿En qué piensas?
Si son las disculpas suyas,
no me mandes que las crea;

habla, o si no, pensaré 1005
que él es muerto.
CAR.   ¡A Dios pluguiera
que yo no supiera hablar
para darte tales nuevas!
ARMES. Con razones tan preñadas
mi triste muerte conciertas. 1010
Declárate más, ¡por Dios!
CAR. Pues digo . . .
ARMES. (*Ap.*)   Ya el alma tiembla.
CAR. (*Ap.*) La color se la ha mudado;
aquí el engaño comienza.
¡Sabe Dios lo que yo siento 1015
haber de darla esta pena!
Mas ¿qué he de hacer? La amistad
y la obediencia me fuerzan.
ARMES. Acaba. ¿Qué te detienes?
Pues es mejor cuando llega 1020
el mal que venga de golpe,
que no con intercadencias.
CAR. Digo, en fin, señora mía . . .
ARMES. Ya te escucho medio muerta.
CAR. que don Juan, como mudable 1025
ausente de tu belleza
y olvidado de tus gracias,
¡oh, lo que pueda el ausencia!
prosiguiendo, como sabes,
con el de Francia la guerra 1030
con infinitas victorias,
aumento de su nobleza,
prendió el almirante Alberto
por gran dicha en una de ellas;
y tratando del rescate 1035
con don Juan, los dos conciertan
que, dándole libertad
y a alguna gente franqueza,
en retorno le daría
su hija, madama Clavela, 1040
con trescientos mil florines
en dote y algunas tierras.
Don Juan aceptó el partido;
que tanto un hombre se ciega
cuando con una hermosura 1045
se junta también riqueza.
Dicen salió a ver la novia
con tantas galas y fiestas,
que para de rey faltó
poca pompa a su grandeza. 1050
No sé si está concluído
el casamiento, aunque cierta

nueva de lo que te he dicho
por toda Nápoles vuela,
si bien no me ha escrito nada,   1055
y creo que de vergüenza
de ver cuán mal ha pagado
mi amistad y tu firmeza.
ARMES. ¿Que se ha casado, y que es cierto?
CAR. Yo quisiera no lo fuera.   1060
ARMES. ¡Válgame el cielo! ¡Que ahogos
el alma en el pecho anegan!
CAR. Ya empieza amor sus efectos.
ARMES. ¿Cómo es posible que pueda
vivir?
CAR.   ¿Qué tienes, señora?   1065
ARMES. ¿Qué he de tener, que no sea
ansias, tormentos, enojos,
iras, venganzas, afrentas,
desdichas, desconfianzas,
desesperaciones, penas,   1070
que, como enemigos fieros,
para matarme me cercan?
¿No has visto, Carlos, no has visto
alguna mina encubierta
en quien el fuego voraz   1075
de repente se apodera,
que sin resistencia alguna
con tan gran furia revienta
que el más constante edificio
deshecho en el aire vuela,   1080
todo lo abrasa y consume,
y acabada su violencia,
el fuego a su esfera sube,
queda en su lugar la tierra,
y sobre ella, como en centro,   1085
las desbaratadas piedras,
sin quedar otra señal
de aquí no es ya lo que era?
Así yo del mismo modo,
contra cuya fortaleza   1090
ni los combates del tiempo,
ni los rigores de ausencia,
ni el amor del rey bastaron
a hacer en mi pecho niebla,
un desprecio y un olvido   1095
fueron la mina soberbia
que aquel hermoso edificio
de mi amor deshecho en piezas
arruinar, Carlos, pudieron,
y echar de mi pecho fuera,   1100
volviendo los materiales
de que bien compuesto era

a su primero lugar;
y así desde agora dejan
al campo sus esperanzas,   1105
al diamante su firmeza,
a las rocas su constancia,
y su amor a la franqueza,
quedando en este lugar
unas pequeñas centellas   1110
de la Troya que aquí fue
entre las cenizas muertas.
Y esto no para mudarme
a otro amor, porque es empresa
tan difícil olvidar   1115
jamás mi afición primera,
aunque por ello ganare
el ser de Nápoles reina;
que primero se verán
vueltas flores las estrellas   1120
en la tierra, y el azul
manto una verde floresta,
que yo me vuelva a rendir,
y tenlo por cosa cierta.
(Llora.)
CAR. (Ap.) ¡Ay tal amor y lealtad!   1125
ARMES. Goce, goce de Clavela
don Juan muy felices años.
CAR. Notablemente me pesa
de haber sido yo la causa
de los disgustos que muestras.   1130
¡Perdona, por Dios te pido!
ARMES. Antes desde aquí me dejas
muy obligada a servirte.
¡Cielos, dadme más paciencia!
CAR. Seis días lo he dilatado,   1135
pero viendo que era fuerza
saberlo tú, te lo he dicho
porque de una vez lo sientas,
y sienta también mi agravio.
ARMES. Fuera encubrírmelo ofensa,   1140
queriendo que en mis engaños
eternamente viviera.
CAR. Aunque agora no se sabe
si las bodas están hechas.
ARMES. ¡Sí estarán, siendo en mi daño!
CAR. Hasta saberlo sosiega,   1146
sin hacer más novedad.
ARMES. (Ap.) Yo lo haré. ¡Ay Dios, si pudiera!
CAR. Que por ventura tu carta
y la mía harán que vuelva   1150
atrás de sus pretensiones
y tu lealtad agradezca.

ARMES. ¡Mas que no llegue a sus manos!
CAR. De sentimientos te deja,
    y quédate, porque voy 1155
    a ver al rey, que me espera
    para salir de palacio,
    y es acompañarle fuerza.
ARMES. Pues ve, y el cielo te guarde.
CAR. *(Ap.)* ¡Por llorar, perdida queda! 1160
(Vase D. Carlos.)
ARMES. ¿Hay suceso semejante?
    Válgame Dios, lo que yerra
    la que fía de quien tiene
    tan varia naturaleza
    como en el hombre se ve; 1165
    pues vuelve la espalda apenas
    de su dama, y en dos días
    no hay cosa que no apetezca.
    Mal ha dicho quien ha dicho
    que la mudanza se engendra 1170
    solamente en las mujeres,
    por su femenil flaqueza;
    pues cuando alguna se rinde
    a amar y querer de veras,
    no hay amor, no, que se oponga 1175
    con el suyo en competencia.
    Díganlo Artemisa y Julia,
    Annia romana, y Pantea,
    Lecostene, Porzia y Aria,
    Isicratea y Valeria; 1180
    y bien puedo yo contarme
    por más constante que éstas,
    pues amo, mas sin tener
    las obligaciones que ellas.
    En fin, don Juan, ¡te has casado! 1185
    ¡Quién tal mudanza creyera
    después de un amor tan largo,
    y que por otra me dejas!
    ¡Eres tú quien me decía
    al partir, con ansias tiernas, 1190
    que un villano te matase
    cuando olvidarme pudieras?
    ¡Cielos, la venganza os pido
    tan justa de mi querella!
    Pues yo no puedo vengarme 1195
    en nada de estas ofensas;
    que admitir a Filiberto,
    aunque es rey, será bajeza
    de mi sangre que por dama
    en su palacio me tenga. 1200
    Si me caso, es imposible
    que algún gusto tener pueda

    en brazos de ajeno dueño.
    Y siendo don Juan mi esfera,
    pues entrarme en religión, 1205
    ¿de qué sirve, si se queda
    él contento con su dama,
    y yo triste con mi pena?
    Ninguna cosa me cuadra
    ni me deja satisfecha, 1210
    si no es morir, que el morir
    todas las cosas remedia!
*(Vase por una puerta, y salen por la otra
D. Juan y tres soldados.)*
JUAN. Vencidos ya los franceses
    en tres trances tan famosos,
    no nos muestran orgullosos 1215
    sus escudos y paveses.
SOLD. 1º. Han sentido tu valor,
    porque eres el mismo Marte,
    y así no es mucho temblarte
    como a invicto vencedor. 1220
SOLD. 2º. No te igualan ¡pesia tal!
    César, Pompeyo romano,
    Scipión, el bravo africano,
    ni de Cártago, Anibal.
JUAN. Mucho agradezco, soldados, 1225
    el amor con que me honráis
    y el gran valor que mostráis,
    de que seréis bien premiados.
    A Su Alteza escribiré
    en la primera ocasión 1230
    que os dé el justo galardón
    de vuestra lealtad y fe.
SOLD. 3º. ¿Qué mayor que militar
    debajo de tu estandarte?
    ¡Vive Dios! que a cualquier parte 1235
    contigo iré a pelear.
JUAN. Tengo aviso de un espía
    que se apercibe el de Francia
    con socorro de importancia,
    y que por el mar envía 1240
    su armada, y viene en persona
    a proseguir esta empresa;
    que ya sabéis que interesa
    de Nápoles la corona.
    Conviene estorbar la entrada; 1245
    bastante gente tendré,
    y a Sicilia escribiré
    que no den paso al armada.
SOLD. 1º. Mil despojos me prometo,
    que estoy sin blanca, ¡por Cristo! 1250
    Mal mi fortuna resisto.

JUAN. No juréis.
SOLD. 1º.   Soy un pobreto.
JUAN. Pues de ayuda cien escudos
    les doy agora a los tres.
SOLD. 2º. Cual dádiva tuya es;   1255
    hablen en tu loor los mudos.
SOLD. 3º. Nápoles su rey te vea.
JUAN. Vayan a que se los den
    en mi tienda.
SOLD. 1º.   ¡Vive, amén,
    más que un templo de una aldea!   1260
(Vanse los soldados.)
JUAN. Mientras me dejan los celos
    y dan treguas a mi mal,
    quiero, ausente celestial,
    referirte mis desvelos.
    Después que de ti partí,   1265
    vivo con tantos enojos
    que no sé si estoy en mí,
    mas no es mucho si en tus ojos
    la primer vez me perdí.
    De esta guerra, mis recelos   1270
    son vigilantes soldados,
    que en iguales paralelos
    me cercan por todos lados,
    mientras me dejan los celos.
    Las penas y pensamientos   1275
    son bagaje, y los suspiros
    arcabuces que a los vientos
    hacen mil fogosos tiros
    con balas de mis tormentos.
    Es el amor general   1280
    que gobierna mis pendones;
    en mi memoria inmortal
    éste alivia las pasiones
    y da treguas a mi mal.
    El ánimo es la esperanza   1285
    de gozar de tu belleza,
    la guarda desconfianza,
    centinela en tu firmeza,
    el temor de tu mudanza
    De éstos dar a cada cual   1290
    por vanguardia delantera
    de mi desdicha mortal
    la imaginación ligera
    quiero, ausente celestial.
    A aquesta gente briosa   1295
    mis confianzas la dan
    de tu lealtad victoriosa
    un valiente capitán
    que llamo firmeza honrosa.

    Entre oscuros negros velos   1300
    contra mí el poder, sin ley,
    viene escalando los cielos,
    ¿pues de qué sirve, si es rey,
    referirte mis desvelos?
(Sale Tristán con un pliego.)
TRIS. Dame albricias.
JUAN.   Yo las doy;   1305
    mas dime de qué, Tristán.
TRIS. Estas cartas lo dirán,
    que al real han llegado hoy.
JUAN. Muestra.
TRIS.   Págame primero.
JUAN. Yo te haré mi capitán.   1310
TRIS. Eso sí, ¡vítor don Juan!
    Desde aquí soy caballero.
    Toma el pliego.
JUAN.   Aquésta es letra
    de don Carlos.
TRIS.   Así es,
    que es de su parte.
JUAN.   Esta es   1315
    de quien mi alma penetra.
    Mil besos la quiero dar.
    ¿Es posible que ya veo
    cosa que tanto deseo?
TRIS. Locuras no han de faltar.   1320
(Lea D. Juan.)
JUAN. "Mi bien, después que te fuiste
    sólo han tenido mis ojos
    pesar, lágrimas y enojos,
    efectos de ausencia triste.
    El rey procura ablandarme   1325
    y que deje de quererte,
    mas yo me daré la muerte
    si de él no puedo librarme.
    Seguro puedes vivir,
    que no han de vencerme engaños.   1330
    Dios te guarde muchos años;
    tuya siempre hasta morir".
    ¿Qué te parece?
TRIS.   Que es mucha
    su firmeza.
JUAN.   Y mi temor
    es, Tristán, mucho mayor;   1335
    mas la de Carlos escucha.
(Carta.)
    "Amigo, después que faltáis de Nápoles no ha
habido novedad de que os poder dar cuenta
por no ser de consideración; sólo os digo que
en vuestro particular podéis vivir seguro,

porque vuestra dama os adora con la misma
firmeza que antes. No temáis, que yo estaré a
la mira y os avisaré de todo. El cielo os
guarde. Vuestro amigo, don Carlos".

TRIS. ¿Ves cómo te has engañado?
JUAN. Siempre la desconfianza
    a quien tiene amor alcanza.
TRIS. Pues no estés desconfiado.   1340
    Mas ¿cuánto va que Leonor
    se acuerda ahora de mí
    como el Gran Turco de ti
    y el asno del ruiseñor?
    Pero cuando llegue a ver   1345
    que soy tan gran capitán
    y me llamo don Tristán,
    ¡oh, lo que por mí ha de hacer!
JUAN. Deja esos vanos ensayos.
TRIS. Una casa he de poner   1350
    que no haya más que ver;
    cien pajes, treinta lacayos,
    una recua de fregonas,
    veinte caballos morcillos,
    cuatro bayos, seis tordillos,   1355
    un papagayo y dos monas.
JUAN. Tú lo pareces agora;
    anda necio, que estás loco.
TRIS. Lo que he referido es poco.
JUAN. ¡Quién viera mi ausente aurora!   1360
TRIS. Deja esos vanos cuidados,
    que no sabemos, señor,
    si te agradece el amor
    o nos tiene ya olvidados;
    que cuando es más verdadero   1365
    suele mudarse en presencia
    del bien; pues, ¿qué hará en ausencia?
JUAN. ¡Eso dices, majadero!
TRIS. Dos mil ninfas hay aquí,
    y sin verme capitán,   1370
    que ni un cuidado me dan,
    aunque se mueren por mí.
    ¡Ea, huélgate, así vivas!
JUAN. ¡Necio! ¿Quiéresme dejar?
TRIS. ¡De esa manera has de hablar   1375
    a un capitán matacribas!
(Tocan una caja dentro.)
JUAN. ¿Qué caja es ésta?
TRIS.   No sé.
JUAN. Sal allá, mira lo que es,
    que yo iré tras ti después.
TRIS. A avisarte volveré.   1380
(Vase.)

JUAN. ¡Qué lleno estoy de cuidados!
    Más guerra tengo en mi pecho
    que la que al de Francia he hecho
    con tanta gente y soldados.
(Sale Tristán aprisa.)
TRIS. No fue la señal en vano.   1385
JUAN. ¿Qué es, Tristán?
TRIS.   Que el rey de
    Francia
    ha llegado, y su arrogancia
    pasar quiere el Garellano.
    Mira que hay defensa poca,
    y una puente quiere echar.   1390
JUAN. Pues vámoselo a estorbar.
    ¡Toca alarma!
TRIS.   Alarma toca.
*(Entranse con ruido de cajas, y salen por el otro
lado la infanta y Armesinda y Leonor.)*
INF. ¿Es posible que no puedes,
    tan ofendida, olvidar?
ARMES. Nada me ha de contrastar.   1395
INF. A toda mujer excedes
    en quien suele la venganza
    que esperan de sus enojos
    cerrar a todo los ojos
    hasta que mejor la alcanza.   1400
    Filiberto adora en ti,
    y con tan grande pasión,
    que aquesta loca afición
    le tiene fuera de sí.
    Su mujer te quiere hacer,   1405
    siendo supremo señor;
    no estimar tanto favor,
    dime ¿en quién puede caber?
    Don Juan te ha pagado mal,
    si bien no te debe cosa   1410
    más de tu constancia honrosa,
    y quererle como a igual.
    Deja esa fineza vana,
    que ya pica en grosería.
LEO. ¡Acaba, por vida mía!   1415
ARMES. ¿Hay suerte más inhumana?
    Perdona, por Dios, señora,
    que no puedo consolarme.
INF. Haz esto por agradarme.
ARMES. No lo he pensado hasta agora.   1420
LEO. El rey viene; ten cordura,
    y respóndele más bien.
(Salen el rey y D. Carlos.)
REY. ¿Ha templado ya el desdén,
    Armesinda, tu hermosura?

ARMES. No se canse, Vuestra Alteza. 1425
REY. Yo descanso con cansarme.
ARMES. En fin, ¿no quiere dejarme?
REY. En venciendo esa aspereza.
ARMES. Pues imposible ha de ser.
REY. El tiempo todo lo muda. 1430
ARMES. En mí esa regla es en duda.
REY. No lo es siendo tú mujer.
ARMES. Pensad en que soy diamante.
REY. Yo lo sabré bien labrar.
ARMES. Nadie a tanto ha de bastar. 1435
REY. Puede mucho un rey amante,
  y como tal, mostrará
  ya que tan cruel estás,
  cuál de los dos puede más.
CAR. (Ap.) Innoble en su intento está. 1440
  ¡Bravamente se defiende!
ARMES. (Ap.) ¡Válgame Dios, qué tormento!
REY. Determínate al momento,
  que ya esa altivez me ofende,
  a quererme, que si no 1445
  a don Juan he de matar.
ARMES. (Ap.) ¿Quién en las olas del mar
  más combatida se vio
  que yo? ¡Rigurosa suerte!
  Mas si don Juan me ha olvidado 1450
  y con otra se ha casado,
  ¿qué importa que le den muerte?
  Pero ¿cómo he de vivir
  teniendo la vida en él?
  Que aunque me ha sido infiel, 1455
  no me puedo dividir
  de su amor. ¡Confusión brava!
REY. La palabra me has de dar.
ARMES. Primero lo he de pensar.
LEO. Señora.
ARMES.   Déjame.
LEO.   Acaba. 1460
REY. Que si no, ¡viven los cielos,
  cruel, ingrata, homicida,
  que he de quitarle la vida
  porque cesen mis desvelos!
ARMES. Pues, ¿tiene de mi rigor 1465
  para que pague por mí
  culpa en algo don Juan?
REY.   Sí.
ARMES. No le teniendo yo amor,
  dime ¿cómo puede ser?
REY. Porque le estimas, padezco. 1470
ARMES. Antes, señor, le aborrezco,

  y me lo puedes creer.
  (Ap.) ¡Ay, don Juan, y cómo miento!
REY. Pues ¿por qué dudas ahora?
ARMES. Por no ser merecedora 1475
  de tan alto casamiento.
REY. Si yo te quiero igualar
  a mí, y ponerte en la alteza
  que merece tu nobleza,
  ¿qué disculpa puedes dar? 1480
ARMES. Déjame mirarlo un poco.
CAR. ¡Tan gran firmeza no he visto!
REY. En vano mi amor resisto;
  mira que me tienes loco,
  y como tal, ¡vive Dios! 1485
  que si no me das el sí,
  le he de dar muerte, y así
  me vengaré de los dos.
ARMES. ¡Señor!
REY.   No hay que replicar;
  ya se acabó la piedad. 1490
ARMES. Advierta, Tu Majestad.
REY. ¡Yo le tengo de matar!
(Va[n]se el rey y D. Carlos.)
INF. Y será muy justa cosa.
  Pues tanto un rey se desprecia.
ARMES. ¡Mi señora!
INF.   Eres muy necia, 1495
  y así, para mí, enfadosa.
(Vase la infanta y Leonor tras ella.)
ARMES. No sé si muero, cielos, o si vivo,
  enajenada en mi dolor esquivo,
  sola entre tanta pena,
  que estoy de alivio y de consuelo ajena.
  Don Juan, traidor, casado; 1501
  el rey de mis desdenes enojado;
  la infanta desabrida;
  y yo de todos tres aborrecida,
  en un mar proceloso 1505
  adonde sopla el viento riguroso
  del poder invencible,
  que escapar de su furia es imposible
  a mi pobre barquilla,
  no hallando en tanto mal segura orilla
  ni en su tormenta calma 1511
  donde descanse por un rato el alma,
  anegada en la furia
  de un desprecio, un olvido y una injuria.
  Venganza amor previene, 1515
  y él mismo de tomarla se detiene;
  de suerte que al momento

que quiere ejecutar su pensamiento,
arrojando el retrato
que tiene el pecho de don Juan, ingrato,
de sí, vuelve al instante   1521
a ser en mi memoria de diamante.
Y por más que deseo
vengarme, haciendo en Filiberto empleo,
poniendo su grandeza   1525
y estampa por lugar de más alteza
del corazón en el ardiente fragua,
mas es pintar figuras en el agua,
porque tengo a don Juan tan arraigado
que de ninguno puede ser borrado.   1530
¡Yo muero! Yo le adoro;
su ingratitud y mi firmeza lloro;
no es posible olvidarle,
ni por amor mayor dejar de amarle;
y antes el cielo bajará a ser tierra,   1535
y en su lugar se subirá la sierra,
acuchillando el viento pececillos
y el undoso elemento pajarillos,
que en mí se pueda ver mudanza alguna,
por más que me persiga la fortuna,   1540
a sus golpes inmoble
y a los del rey como la encina o roble.
Mas ¡ay, triste, qué digo,
cuando aquel enemigo
en brazos de Clavela   1545
por amarla y matarme se desvela,
gozándola contento,
sin acordarse del dolor que siento!
¡Válgame Dios! ¡Qué extrañas sinrazones
padezco entre tan grandes confusiones!
Pues si aquí me desquito,   1551
y a Filiberto por vengarme admito,
en venturoso empleo
a mi enemigo con Clavela veo.
¿Cómo tendré alegría   1555
cuando no la halla la desdicha mía?
Que, aunque desobligada
para con él de la palabra dada
estoy, no habrá sin gusto
ninguna cosa que me venga al justo.   1560
Si no me caso con el rey, es cierto
que don Juan será muerto,
con que pierdo la vida,
que está pendiente y de la suya asida,
porque tenerla en ella   1565
al punto que le quise fue mi estrella.
Si el honor me debiera,

yo la homicida de mí misma fuera.
Mas ni una sola mano
pudo alcanzar ufano;   1570
que a mi recato honesto
el tiempo de seis años se hizo presto
para que sus amores
alcanzasen de mí tales favores;
que es muy necia la que antes de
   himeneo   1575
cumple al hombre su antojo o su deseo,
porque después, en posesión de esposo,
de su lealtad viene a vivir dudoso,
presumiendo muy loco y arrogante
que los que a él se le hicieron siendo
   amante,   1580
gozará otro en dulcísimos despojos,
con que siempre es un Argos de sus ojos.
Y por eso advertida,
cuanto a querer rendida
en tiempo dilatado,   1585
mi limpio honor guardé sin ser
   manchado
para ser de don Juan esposa cara,
pero mi suerte avara
impedir quiso el bien de amor tan cierto,
poniendo en mí los ojos Filiberto;   1590
con que en seis años no ha tenido logro
la dicha que por él tanto malogro.
Y agora, ¡fiero hado!,
no hay duda de esperar; don Juan,
   casado,
me deja sola, triste y olvidada,   1595
y más que el primer día enamorada,
entre ahogos crueles
que a mi garganta aprietan los cordeles.
El temor de su muerte
entre tantos contrarios es más fuerte.   1600
¿Qué haré? Que estoy dudosa,
sin que pueda cuadrarme alguna cosa
que traiga mi remedio;
pues poner tierra en medio
no es a mi estado honesto conveniente,
ni tampoco que intente,   1606
que es bárbara locura,
el darme con mis manos muerte dura.
Mas, pues falta del cielo
remedio, al tribunal de amor apelo;   1610
él me le dé, pues es mi resistencia
la más rara firmeza en el ausencia.

(Vase.)

ACTO TERCERO

(Sale un alarde de soldados, que vayan pasando
por su orden con caja y bandera, y detrás don
Juan con su bastón y Tristán con jineta de
capitán, a lo gracioso.)

JUAN. Marchen todos con buen orden.
SOLD. 1°. En todo obedeceremos
    tu mandato, pues sabemos   1615
    el mal que trae la desorden.
SOLD. 2°. Después de tantas victorias,
    no has de qué tener temor.
JUAN. Por el descuido menor
    se pierden mayores glorias.   1620
    Alargue el paso la gente.
TRIS. ¡Ea, a caminar soldados!
(Acaban de pasar y quedan solos D. Juan y
Tristán.)
JUAN. ¡Que han de tener mis cuidados
    fin, Tristán, tan brevemente!
TRIS. Nada puedo asegurar.   1625
JUAN. Si no son desdichas mías,
    dentro de dos o tres días
    en Nápoles he de entrar.
TRIS. Yo entrara de mejor gana
    en un pernil de tocino,   1630
    con dos azumbres de vino
    y un pan por cada mañana,
    que a ver la Reina Ginebra
    ni del Preste Juan las bodas
    con el Coloso de Rodas,   1635
    que tanto el mundo celebra.
    ¡Lleve el diablo la jineta!
    Más hambre tengo que un galgo
    ni que un escudero hidalgo
    que pretenda ser poeta.   1640
JUAN. Ya se va llegando el fin
    de los trabajos pasados
    con que seremos premiados.
TRIS. Flaco estoy como un rocín.
JUAN. No sé cómo vuelvo vivo,   1645
    ni en año y medio de ausencia
    he sufrido con paciencia
    el mal de no verla esquivo.
    ¡Si conservará el amor
    que me tiene prometido,   1650
    y con él habrá vencido
    tan fuerte competidor
    como el rey! Estoy dudoso,
    que aunque Carlos me asegura

por cartas de mi ventura,   1655
    soy yo tan poco dichoso
    que temo con gran razón.
TRIS. Ella sería harto necia
    si por ti, como Lucrecia,
    se mata en cualque ocasión   1660
    que el rey podría tener
    siempre dentro de palacio.
JUAN. Vete, necio, más despacio,
    o aquí mi muerte has de ver.
TRIS. Eso solamente ha sido   1665
    hablar de burla, señor,
    que de Armesinda el valor
    bien le tengo conocido.
JUAN. Da priesa a la retaguardia.
TRIS. A punto todos están.   1670
JUAN. Pues caminemos, Tristán,
    que se aleja la vanguardia.
TRIS. El sol sus rayos inclina,
    escondiendo la luz pura.
JUAN. ¡Todo será noche oscura   1675
    hasta ver mi luz divina!
(Tornen a tocar las cajas, y éntrense por una y
salgan por la otra.)
(El rey, con una carta, y D. Carlos.)
REY. Hoy esta carta he tenido,
    Carlos, de don Juan dichoso,
    en que dice ha concluido
    las guerras, y victorioso   1680
    a Nápoles se ha partido;
    y que en toda esta semana
    llegará, para mi daño.
    Con que mi suerte inhumana
    ha de frustrar el engaño,   1685
    saliendo su industria vana
    y así, será lo mejor
    darla tú a entender su muerte,
    porque no se pase en flor
    el tiempo, que de esta suerte   1690
    se rendirá su vigor;
    pues las cartas que la escribe,
    tan buena maña me he dado
    que ella ninguna recibe.
    ¡Mira cuál es mi cuidado   1695
    que de hacer engaños vive!
    Yo no puedo sosegar
    en tanta contradicción.
CAR. Bien, mas has de reparar
    que, según es su afición,   1700
    la puede el dolor matar.

REY. No hará, que en fin es mujer.
CAR. Quien ser reina tiene en poco,
    siendo de tan flaco ser,
    no se rendirá tampoco. 1705
REY. Esto, Carlos, ha de ser.
    Amor se ha vuelto porfía.
    Yo la tengo de gozar.
    Basta ser empresa mía
    para acabar de intentar 1710
    derretir nieve tan fría.
CAR. Mira lo que te ha servido
    en tanto tiempo don Juan.
REY. Ya lo tengo bien sabido.
CAR. ¿Y lo que de ti dirán? 1715
REY. ¿Qué importa, si estoy perdido?
    Y así, será ya excusado
    el consejo que me dieres.
CAR. Es a ley de buen criado;
    mas, señor, pues no le quieres, 1720
    no seré en esto cansado.
REY. Lo que importa es la presteza,
    antes que pueda llegar
    don Juan.
CAR.   Dice bien Su Alteza.
    (Ap.) ¡Quién la pudiera avisar! 1725
REY. Porque quiebre su entereza,
    a verla voy. Ven conmigo.
    Hablaré antes a mi hermana.
CAR. *(Ap.)* A cumplir la ley de amigo
    contra afición tan tirana 1730
    voy.
REY.   ¿No vienes?
CAR.   Ya te sigo.
(Vanse.)
(Salen Armesinda y Leonor.)
ARMES. Sin duda está concluido
    lo que Carlos me ha contado.
LEO. Bien puede haberse engañado.
ARMES. Desengáñame su olvido. 1735
    ¿Qué puede la causa ser
    de no me escribir, Leonor,
    ni agradecer tanto amor,
    sino amar otra mujer?
    Que si alguno me tuviera, 1740
    hiciera finezas locas;
    mas las que hace son tan pocas,
    que aun no he visto la primera.
    Escribiérame quejoso
    de aquesta cruel ausencia, 1745
    mostrara menos paciencia

y pintárase celoso.
Año y medio ha que se fue,
y no he visto letra suya
que de su firmeza arguya 1750
correspondencia a mi fe;
cuando yo, siendo mujer,
desmintiendo mi flaqueza,
resisto a tanta grandeza
y burlo tanto poder. 1755
Y, en fin, tan mal ha pagado
mi fe ¡ay, cielos! su mudanza,
que, burlando mi esperanza,
con Clavela se ha casado.
No hay en los hombres verdad. 1760
Miente, Leonor, quien dijere
que a la mujer se prefiere
en firmeza y en lealtad.
Pretende el galán la dama
que le ha parecido bien, 1765
y conquista su desdén
bien a costa de su fama.
Paséala un mes la calle
en el caballo brioso,
con ostentación de airoso, 1770
haciendo alarde del talle.
De noche, las rejas mira,
con músicas la enamora,
y a sus umbrales la aurora
le halla cuando rayos tira. 1775
Ella, incauta y obligada
del amante cauteloso,
le hace dueño venturoso
de la prenda más preciada;
y apenas pues ha gozado 1780
aquello que pretendía,
cuando porque esotro día
vio que la calle ha pasado
otro, y que por cortesía,
Leonor, la quitó el sombrero, 1785
por encubrir su grosero
término y bellaquería,
dice que quien se rindió
tan presto a su amor primero,
que aquél no será el postrero, 1790
pues a muchos puerta abrió.
Y fundando sobre nada
su maldad e injusta queja,
se va a otra parte, y la deja
para siempre deshonrada. 1795
Como te pinto es el hombre.

LEO. Bien, mas no corre por ti
ese discurso.
ARMES.　　　Es así,
que nunca ofendí ni nombre;
y a haberme don Juan gozado,　　　1800
disculpa alguna tenía.
Mas todo es desdicha mía.
LEO. ¡Qué amor tan mal empleado!
Extraña, por cierto, estás.
¡Mira que es injusta ley　　　1805
despreciar marido rey
que te adora!
ARMES.　　　¿En eso das?
No lo trates por tus ojos,
porque no me he de rendir
de nuevo, para sufrir　　　1810
tantos pesares y enojos.
Sueño me da. Estoy cansada.
Llégame esa silla aquí,
(Llega Leonor una silla.)
que esta noche no dormí
de cuidados desvelada;　　　1815
que me inquietan mil desvelos.
LEO. Pues yo te quiero dejar,
porque puedas reposar.
(Siéntase, y vase Leonor.)
ARMES. Harto hará quien tiene celos.
El alma su rigor siente　　　1820
cuando amante, temerosa,
de la deslealtad quejosa
de aquel mi enemigo ausente.
¡Mas dejad, ojos cansados,
que sosiegue el corazón　　　1825
con el sueño, que es razón
dar tregua a tantos cuidados!
(Duérmese, y salen el rey y Leonor.)
LEO. Yo entiendo que se ha dormido.
Espéreme, Vuestra Alteza.
Llamaréla.
REY.　　　¡Qué belleza　　　1830
que muestra en tanto descuido!
No la despiertes, Leonor.
Déjame, que quiero hablarla.
LEO. ¿Durmiendo?
REY.　　　Sí, y preguntarla
si agradece ya mi amor.　　　1835
LEO. Pues yo me retiro allí.
(Vase Leonor. Sale D. Carlos al paño.)
CAR. Siguiendo al rey he venido.
La obligación me ha traído

de mi amistad. Desde aquí
podré mejor escuchar　　　1840
qué dice el rey.
(Ha estado divertido el rey.)
REY.　　　¿Quién vio agora
el sol, si duerme el aurora,
que es quien luz le puede dar?
Mas ya miro que, parado,
suspende su movimiento,　　　1845
a tanta hermosura atento
y en tal beldad elevado.
¿No me oís, desdén cruel?
Sois de nieve a tanto fuego,
pues nunca os toco, aunque llego,　　　1850
que soy rayo y vos laurel.
¡Apiadaos de un rey rendido,
ángel en humano velo!
Mirad que se ofende el cielo
de rigor tan conocido　　　1855
a mi bien.
(Habla Armesinda entre sueños.)
ARMES.　　　Pretende en vano,
que siempre soy la que fui.
No temas, don Juan, de mí
que me venza este tirano.
REY. Entre sueños habla. ¡Ay, cielos!　　　1860
Más cerca quiero llegar
y lo que dice escuchar.
ARMES. No te enojen del rey celos.
REY. ¿Esto habla con don Juan?
Mas mi poder y grandeza　　　1865
rendirán tanta aspereza
y desamor.
ARMES.　　　No podrán.
REY. ¿No podrán? ¡Extraño caso!
Mas ¿qué dudo, si es mujer,
que olvide?
ARMES.　　　No puede ser.　　　1870
REY. ¡Hay tal cosa! Yo me abraso.
CAR. (Ap.) ¡Aun en sueños le desprecia!
No va muy malo hasta aquí.
REY. Mira que muero por ti.
Quiéreme.
ARMES.　　　No soy tan necia　　　1875
que no estime en más tu amor
que cuanto el rey puede darme.
REY. Todo esto es desengañarme.
Ya ¿qué espero?
ARMES.　　　Ni un favor
de mí ha podido alcanzar.　　　1880

REY. A fe que habla bien de veras,
    aunque parecen quimeras.
ARMES. Tú sólo me has de gozar.
REY. ¿Qué escucho?
ARMES.   Que por ti muero.
REY. ¡Ay, bellísima homicida!   1885
    Pues aun estando dormida
    pagáis tan mal lo que os quiero,
    pues me ofrece la ocasión
    el cabello; llegaré
    y su mano besaré.   1890
*(Antes que llegue a ella, salga D. Carlos de
donde estaba, fingiéndose muy alborotado.)*
CAR. ¡Hay tan grande confusión,
    Señor!
REY.   ¿Qué es eso que ha habido?
CAR. ¡Oh, qué descuidado estás!
REY. Pues ¿qué hay de nuevo?
CAR.   No más
    de que por cierto he sabido   1895
    que está para entrar don Juan
    en Nápoles.
REY.   ¡Qué desdicha!
CAR. Y ha de impedirte la dicha
    que estos engaños tendrán.
    Abrevia el darla a entender,   1900
    antes que llegue, su muerte,
    pues vencerás de esta suerte
    el desdén de esta mujer;
    que yo no quise aguardar,
    supuesto que ya ha llegado,   1905
    al tiempo por ti ordenado,
    sino venirte a avisar.
REY. El mayor servicio ha sido
    que he recibido de ti.
CAR. Mi obligación cumplo así.   1910
    (Ap.) ¡Qué bien su gusto he impedido!
REY. Pues ponte detrás del paño,
    que la quiero despertar
    para que podamos dar
    principio y fin al engaño.   1915
    Yo me esconderé contigo.
CAR. *(Ap.)* Mi industria salió valiente,
    y cumplí famosamente
    con la ley de buen amigo.
*(Tira el rey de la manga a Armesinda y
escóndese con D. Carlos.)*
REY. Yo me escondo.
(Despierta.)
ARMES.   ¡Dulce sueño!   1920

¡Qué corto me ha parecido
el rato que me ha tenido
los sentidos en empeño!
Con mi ingrato me soñaba
como si fuera verdad,   1925
y de mi mucha lealtad
satisfacciones le daba.
"Que te quiere el rey, es llano",
me dijo; y yo respondí,
"Siempre he de ser la que fui.   1930
No temas; pretende en vano".
Replicó, "¡Viven los cielos,
que padezco mil enojos!"
Yo le dije, "¡Por tus ojos,
no te enojen del rey celos!"   1935
"Pues ¿cómo me dejarán,
si vencerán tu firmeza,
poder, grandeza y riqueza?"
Respondíle, "No podrán".
Prosiguió: "Siendo mujer,   1940
es cierto te rendirás
y mi amor olvidarás."
Yo dije, "No puede ser,
que, aunque por mujer me precia
y su reino puede darme,   1945
de mi fe no he de mudarme,
que no soy, don Juan, tan necia.
Pues no ha podido alcanzar
de mí ni un solo favor,
no hagas caso de su amor;   1950
tú solo me has de gozar".
Y cuando alegre llegaba
a darle tiernos abrazos,
los dulces y alegres lazos
soñé que el rey me estorbaba;   1955
que con nunca visto ceño,
airado a mí se llegó
y del brazo me tiró.
Desperté. ¡Qué extraño sueño!
¡Ay, si verdadero fuera,   1960
qué dichosa me juzgara,
pues nada me fatigara
como en sus brazos me viera!
Pero bien puede ser cierto
haberle visto dormida   1965
si es alma de aquesta vida.
*(Sale D. Carlos fingiéndose muy triste, y diga,
sin mirarla, quedándose el rey escuchando.)*
CAR. ¡Todo es aire, todo incierto
    cuanto el mundo trae consigo!

Bien la ocasión lo ha mostrado,
pues ya veo malogrado   1970
del alma el mayor amigo.
(Levántase Armesinda.)
    ¡Ay don Juan!
ARMES.   Carlos, ¿qué es eso?
CAR. ¡Ay, fiera enemiga Parca!
ARMES. Dime, por Dios, lo que tienes,
que ya se alborota el alma.   1975
CAR. No me mandes que lo diga,
pues será doblar mis ansias
y a ti quitarte la vida.
ARMES. Con eso lo has dicho. Basta;
ya es muerto don Juan, sin duda.   1980
CAR. ¡Qué confusión tan extraña!
ARMES. ¡El corazón se me parte!
CAR. (Ap.) ¡Oh, quién la desengañara!
Mas el rey está a la mira,
escuchando lo que pasa.   1985
ARMES. ¿Para qué, sin don Juan, quiero
vida tan triste y amarga?
CAR. Y yo, ¿para qué la estimo
sin quien a mí me la daba?
ARMES. ¿Es cierto, Carlos, es cierto   1990
que aquella furia tirana
del rey ha podido tanto,
que le dio la muerte? ¡Ay, ansias!
CAR. No le mató el rey, señora.
ARMES. ¡A muy buen tiempo me engañas!
Pues ¿quién se la pudo dar?   1996
CAR. Dispararonle una bala
los enemigos franceses
en la postrera batalla.
ARMES. Si eso es cierto, ya no más.   2000
Aquí para mí se acaba
todo gusto. Adiós, don Carlos;
adiós, mundo, que me llama
mejor vida en mis desdichas.
(Vase a entrar, y sálenla al paso el rey, la
infanta y Leonor, que la detienen.)
REY. Detente.
ARMES.   ¡Eso me faltaba!   2005
INF. Dime, ¿estás loca, Armesinda?
ARMES. Oye, bellísima infanta,
y tú, señor soberano,
mi intento en breves palabras.
Ya sabéis los dos quién soy,   2010
la nobleza de mi casa
que con el cielo compite
y el lustre que la acompaña.

Desde mis primeros años,
de padres desamparada,   2015
vine, señor, a palacio
para servir a tu hermana.
Aficionóse don Juan
de mí con fineza tanta
que, creyendo sus engaños,   2020
rendida, a su amor di entrada.
Es don Juan del de Gayazo
el hijo heredero, y basta
para amarle su nobleza,
que a los cielos se levanta.   2025
Seis años le quise firme,
siendo igualmente pagada,
sin que este amor se extendiese
a más que honestas palabras,
hasta que un necio favor,   2030
de todas mis males causa,
te movió a que le ausentases
a la guerra del de Francia.
Fuese; y como es en el hombre
tan natural la mudanza,   2035
se casó, y en breves días
me olvidó. ¡Quién tal pensara!
Propuse en mí desde entonces,
del mundo desengañada,
no admitir segundo empleo   2040
y olvidar sus pompas vanas;
mas tú, señor, no cansado
de mi resistencia honrada,
amante me lo impediste
con mil ruegos y amenazas;   2045
vime de ti combatida,
de don Juan desobligada;
por una parte tu amor,
y por otra mi venganza
venció aquél como constante.   2050
¿A quién no admira y espanta
que luego no la tomase,
y más viéndome agraviada?
Que es amor tan poderoso
cuando al principio se arraiga   2055
en el pecho, que ninguna
ofensa a matarle basta.
Procuré animarme en vano
a dar lugar en el alma,
por vengarme, a tu grandeza;   2060
mas como el gusto faltaba,
ni promesas de ser reina,
ni ruegos de Celidaura,

ni razones de don Carlos,
ni ofensas tan declaradas, 2065
ni el hallarme aborrecida
y tan sola y desdichada,
bastó a mi constante pecho
para que hiciese mudanza.
Y esto, no porque creyese, 2070
pues fuera necia esperanza,
que don Juan estimaría
tanto amor, firmeza tanta,
sino que no pude más
con mi presunción gallarda, 2075
rendida al que fue primero.
Mas ya que la dura Parca
ha querido que don Juan
muera, ¡aquí el alma se arranca!,
y yo quedé con la vida, 2080
señor, a tus pies postrada
humildemente te pido
perdones el serte ingrata,
(De rodillas.)
y des licencia que pueda,
de la corte retirada, 2085
acabar en un convento
las penas que aquí me acaban.
No me lo niegues, te ruego,
pues quedaré así obligada
para encomendar al cielo 2090
los aumentos de tu casa.
Muévante, señor invicto,
las lágrimas que derraman
mis ojos, que, vueltos fuentes,
a formar un mar bastarán, 2095
pues cesarán de esta suerte
los enojos, penas y ansias,
las memorias, los agravios,
las desdichas, las desgracias,
la ingratitud, las ofensas, 2100
que me atormentan y matan
por puntos; mas ya la voz
el dolor intenso ataja,
sin dejarme proseguir,
con un nudo a la garganta 2105
que los crueles ahogos
impiden a mis palabras.
¡O has de hacer lo que te pido,
o matarme con tu espada!
(Levántase con el lienzo a los ojos.)
REY. *(Ap.)* ¿Hay semejante mujer? 2110
Callen griegas y romanas.

INF. *(Ap.)* Por demás es porfiar.
CAR. *(Ap.)* ¡Qué firmeza tan extraña!
¡Dichoso don Juan mil veces!
LEO. Todos, admirados, callan. 2115
ARMES. Hazme esta merced tan grande.
REY. *(Ap.)* ¿Qué haré en confusiones tantas?
Pues, más amante y perdido,
ninguna cosa me cuadra
sino proseguir mi intento. 2120
ARMES. ¿No respondes? ¿En qué tardas?
REY. Mis brazos son la respuesta.
(Llégase a ella.)
Mi esposa has de ser.
ARMES. Aparta,
señor; mira que es injuria
de tu grandeza bizarra. 2125
INF. Deja, hermano, de cansarte,
pues ya lo pasado basta.
ARMES. *(Ap.)* ¡Qué lance tan apretado!
REY. Dame aquesa mano, acaba,
o tomaréla por fuerza. 2130
ARMES. Daréme mil puñaladas
antes que este intento mude.
CAR. Escucha, que suenan cajas.
(Suenan cajas, y sale Leonelo corriendo.)
LEON. ¡Albricias, señor!
REY. Leonelo,
¿de qué?
LEON. De que agora acaba 2135
de entrar don Juan victorioso.
REY. *(Ap.)* ¡Qué nuevas, cielos, tan malas!
ARMES. ¡Don Juan! ¿Cómo puede ser?
LEON. Ya entra, bizarro, en la sala.
*(Tornen a tocar un clarín, y salgan los más
soldados que puedan, muy galanes, y Tristán; y
detrás D. Juan con su bastón, muy bizarro,
llegue al rey e hínquese de rodillas.)*
ARMES. ¿Qué es esto que ven mis ojos? 2140
¿Es visión imaginaria?
JUAN. Deme los pies Vuestra Alteza.
REY. Levanta, don Juan, levanta,
que bien mereces mis brazos.
¿Vienes bueno?
JUAN. Lo que basta 2145
para servirte, señor,
como siempre.
REY. Habla a mi hermana.
(A ella.)
JUAN. Aquí tenéis vuestro esclavo,
bellísima Celidaura.

INF. La gloria de tus victorias   2150
    hasta los cielos te ensalza.
ARMES. ¿Hay tal confusión, Leonor?
LEO. Disimula, sufre y calla.
JUAN. Escucha, invicto señor,
    sabrás todo lo que pasa   2155
    y lo que dejo asentado.
REY. Será conforme esperaba
    de tu valor. *(Ap.)* ¡Qué viniese
    a tal punto! ¡Suerte airada!
JUAN. Generoso Filiberto,   2160
    rey de Nápoles heroico,
    a quien el cielo prospere
    largos siglos y dichosos;
    por mandato de Tu Alteza,
    contra el francés orgulloso   2165
    salí a reprimir la furia
    con que, rindiéndolo todo,
    casi por fuerza quería
    gozar el supremo solio
    del reino que, dignamente,   2170
    en ti tiene el mejor logro.
    Llegué cerca de su campo
    con el tuyo belicoso
    a la ciudad de Salerno
    una tarde, cuando Apolo,   2175
    trocando sus arreboles
    en encendidos y rojos,
    por el poniente pasaba
    el plaustro, luciente de oro,
    a la región donde el día   2180
    nace cuando acaban otros.
    Tuve, para entrar en ella,
    con los franceses bisoños
    algunas escaramuzas
    en un paso peligroso;   2185
    mas, esforzando la gente,
    les dimos tal carga todos,
    que en Salerno, a su pesar,
    entramos con el socorro;
    era el mariscal de Anvila   2190
    general, llamado Astolfo,
    de todo el campo francés,
    y en la guerra valeroso
    que, no desmayando entonces,
    acometió por mil modos   2195
    y ardides ganar la entrada;
    pero valiéronle poco,
    porque aunque escaló dos veces,
    confiado y animoso,

    los muros, les defendimos   2200
    dar el asalto, de modo
    que les fue fuerza dejarle,
    y rebatidos al foso,
    de tal manera caían
    los que, por más animosos   2205
    a subir se adelantaron,
    ignorando su destrozo,
    que como espeso granizo
    cayendo unos sobre otros,
    tan gran monte levantaron   2210
    que pudiera tener logro
    la pretensión que les trujo
    al suceso lastimoso,
    intentando desde encima
    volver a asaltar briosos   2215
    el muro, a quien igualaba
    el de los muertos en torno,
    que pasaron de seis mil;
    con que el mariscal, dudoso,
    por no aventurar el resto,   2220
    viendo tan grandes estorbos,
    levantó el cerco; y apenas
    tendió la noche su toldo,
    cuando con toda la gente
    caminando presuroso,   2225
    dio de repente en Amalfi,
    y allí, fingiendo industrioso,
    que era gente tuya, entró
    la ciudad sin alboroto,
    donde, matando las guardas,   2230
    con muchas muertes y robos,
    y con prisión de los nobles,
    se apoderaron de todo.
    Quiso mi suerte dichosa,
    y quiso el cielo piadoso   2235
    que antes del alba saliese
    a recorrer el contorno,
    y viendo la fuga, al punto,
    de algún daño temeroso,
    dejando grueso presidio   2240
    dentro en Salerno, de un soplo
    nos pusimos en camino
    en su alcance; mas a pocos
    pasos me llegó la nueva
    del suceso riguroso   2245
    y de la toma de Amalfi;
    con que siguiendo furioso
    el camino comenzado,
    tan a prisa llego y rompo

la defensa de los muros, 2250
que como rayos fogosos
asaltando tus soldados,
bien ayudados del plomo,
retiraron los franceses;
y ya, menos presuntuosos, 2255
a pedir partido enviaron,
que piadoso les otorgo,
con que saliesen sin armas;
y aceptado de este modo,
quedó la ciudad segura 2260
de peligro tan notorio.
Pasando de allí a Venosa,
a Pocodinare topo,
capitán bien conocido,
con ejército copioso. 2265
Quiso excusar el encuentro,
mas viendo que era forzoso,
se aparejó a la batalla;
y al mismo punto nosotros,
aunque éramos inferiores 2270
en el número y en todo,
acometimos valientes,
sin huir al golpe el rostro;
y cuando ya de vencida
íbamos, por ser tan pocos, 2275
ordenó la buena suerte
que los franceses, que rojos,
por mí de Amalfi salieron
con el partido afrentoso,
asomaron, aunque lejos. 2280
Yo entonces, que reconozco
nuestro cercano peligro,
de un ardid maravilloso
me valí para vencerlos,
y dando voces, me pongo 2285
a decirles: "¡Ea, amigos,
que ya nos viene el socorro!
¡Mueran los franceses! ¡Mueran!"
Ellos entonces, medrosos,
creyendo que era verdad, 2290
por ver la gente en mi abono,
se pusieron en huída
por montes, valles y sotos,
sin bastar a detenerlos
su capitán animoso, 2295
que escapó, por gran ventura,
con una herida en el hombro.
Con esta insigne victoria,
que echó su soberbia a fondo,

quedaron tan oprimidos, 2300
desanimados y flojos,
que las fuerzas que tenían
ganadas en tiempo corto,
de toda Basilicata
a tu obediencia las postro. 2305
Pasé desde allí a Barleta,
donde hice en breve lo propio;
y cuando ya parecía
que estaba acabado todo,
llegó el de Francia en persona 2310
a vengar tantos oprobios
de su gente, con la flor
de los franceses más mozos.
Junté la gente que pude,
y aunque no era poderoso 2315
mi ejército contra el suyo,
a resistirle me opongo.
Junto al río Garellano,
lugar para mí dichoso,
que quiso pasar por puentes, 2320
cuya intención le interrumpo,
tuve la postrer batalla,
tan sangrienta, y tan dudoso
su fin, que fue maravilla
vencer el impetuoso 2325
valor de tantos franceses,
con ejército tan corto,
la enemistad y la ira.
Fue tan grande y espantoso
el número de los muertos, 2330
que corriendo mil arroyos
de la sangre humana, el río
parecía de ella un golfo,
y la infinidad de cuerpos,
de monte asolado troncos. 2335
En fin, tal carga les dimos
que, aunque bramaba de enojo
el rey contra sus soldados,
su autoridad valió poco;
pues huyeron de los tuyos 2340
que, como sangrientos lobos
entre manadas de ovejas,
discurrían, siendo monstruos
de nunca visto valor,
hasta que el velo lustroso 2345
del día se retiró,
y parece que de asombro
del horrendo sacrificio.
Mi gente, entonces, recojo

a descansar del alcance,   2350
que, cargados de despojos,
ricos y alegres gozaban
de sus trabajos el colmo.
Aquella noche me vino
con una embajada Astolfo,   2355
pidiendo paz el de Francia,
con este partido honroso:
que la infanta, mi señora,
sea de las lises de oro,
y que él te dará a su hermana,   2360
madama Blanca, en retorno,
cuya belleza verás
en este retrato hermoso,
(Da al rey un retrato, y él le mira atento.)
breve copia de sus gracias,
tan dignas de tal esposo.   2365
Esto es, señor, lo que pasa;
aunque, guardando el decoro
a tu elección, no he dejado
confirmado ni uno ni otro.
Mis servicios son aquéstos,   2370
si bien se me hiciera poco
por sevirte, como a Francia
humillar del mundo el globo.
REY. Otra vez te doy mis brazos,
(Abrázale.)
¡Oh capitán valeroso!   2375
JUAN. Ellos son el mayor premio.
REY. Pide mercedes, que pongo
a los cielos por testigos,
que si gozara el tesoro
de Midas, te le rindiera.   2380
JUAN. Los mayores antepongo
porque me des a Armesinda,
en cuya beldad adoro.
REY. *(Ap.)* Hoy aumento mis victorias
con ganar la de mí propio,   2385
que esto es ser rey y cumplir
con el título que gozo,
y por premiar un vasallo,
matar mi fuego amoroso,
pues la hermosura de Blanca   2390
tan presto me ha vuelto en otro
del que antes era. Armesinda,
da a don Juan la mano.

ARMES.   ¿Cómo,
señor, viniendo casado?
Es a Clavela alevoso.   2395
JUAN. ¿Yo casado, prenda mía?
CAR. Cesen ya tantos enojos
y penas, bella Armesinda,
con saber que ha sido todo
probar la rara firmeza   2400
de quien ejemplo glorioso
ha sido. Perdón te pido.
ARMES. Con mil gustos te perdono,
y doy a don Juan la mano.
JUAN. Tu esclavo soy y tu esposo.   2405
(Danse las manos.)
REY. Doyte en merced cuatro villas,
y a Armesinda hermosa doto
en trescientos mil ducados.
INF. Pues yo de mi parte pongo
otros seis mil para galas.   2410
JUAN. ¡Viváis años venturosos!
REY. Pregónese paz con Francia,
y para mis desposorios
con Blanca se ordenen fiestas.
TRIS. ¿Viose cuento más donoso?   2415
Nadie trata de Tristán,
y ¡vive Dios, que yo solo
he muerto más enemigos
que un boticario tramposo,
ni que un médico moderno!   2420
Mas yo me iré a matar moros,
que aquí no se premian buenos.
(Hace que se va.)
JUAN. Vuelve, Tristán; ¿estás loco?
REY. Yo le daré una alcaidía,
y con más espacio a todos   2425
premiaré como merecen.
TRIS. Pues con Leonor me rebozo
y abrenuncio la jineta.
LEO. Tu esposa, Tristán me nombro.
(Danse las manos.)
JUAN. Y aquí se acaba, senado,   2430
perdonad mi estilo tosco,
La firmeza en el ausencia,
cuyos yerros son notorios.

FIN DE LA COMEDIA

Feliciana Enríquez de Guzmán

INTRODUCTION

On the basis of scholarly work of the nineteenth and early twentieth centuries dedicated to Feliciana Enríquez de Guzmán, it is generally accepted that her birthdate is sometime before 1580. She was born in Seville, one of the three daughters of Diego García de Torre and María Enríquez de Guzmán.[1] In keeping with a practice not uncommon in that period, she and her two sisters, Carlota and Magdalena, took their mother's maiden name as surname, perhaps due to the greater prestige its connection to Andalusian nobility provided them.[2] The early studies of Enríquez, however, have done more than provide historical information about her life, since scholars as renowned as Marcelino Menéndez y Pelayo, Emilio Cotarelo y Mori, and Blanca de los Ríos accepted as fact the identification they drew between the historical Enríquez and a figure described in Lope de Vega's *Laurel de Apolo*. In this poem, Lope recounts the exploits of a young woman named Feliciana who "Pues mintiendo su nombre / Y transformada en hombre" studied at the University of Salamanca in male disguise until she fell in love with another student named Félix.[3] Their mutual love is disturbed when she becomes jealous ("Hasta que Feliciana tuvo celos"), and the outcome is that "Don Félix se quedó, fuese la dama."[4] Her sadness, according to Lope's poetic voice, becomes this Feliciana's inspiration for composition of her own verses. Thus, the suggestion of a gifted writer with the same first name as

Enríquez's has encouraged some to invest her with mythic proportions through the entangling of known facts with elements of legend.[5] The overlapping of the historical author with the fictitious cross-dressed female student conflates the reality of Enríquez and her accomplishments with the critical/scholarly appreciation of her as a rare and exceptional being who must bend the gendered categories in order to find some measure of success as a writer.

What we do know about the author's adult life is that in 1616 she married for the first time. Her husband, Cristóbal Ponce Solís y Farfán, was a widower several years her senior who died just three years after their marriage. His patronage of a chaplaincy left Enríquez well-fixed financially, and four months after Ponce's demise, she married Francisco de León Garavito. She remained childless through both marriages. Upon Garavito's death in 1630, Enríquez began her second widowhood in economic difficulty. In spite of her chaplaincy and the directorship of a *patronazgo*, she was forced to accept charitable offerings of sustenance from an Augustinian order to which her late husband's brother, Lorenzo, belonged. Her death is not recorded but is supposed to have occurred about 1647 when the plague claimed so many lives in Seville.[6]

Enríquez's plays exist in two seventeenth-century printed editions, one from 1624 printed in Coimbra and Lisbon and the other printed in

1627 in Lisbon. Both editions contain the two-part play with their *coros* and *entreactos* printed primarily in double columns throughout. The 1627 edition, however, contains some corrections seemingly sanctioned by the author as well as two theoretical documents entitled "Carta ejecutoria" and "A los lectores." Because of the fuller nature of the later edition, I break with my practice for the other plays contained in this collection and base my edition of *Segunda parte de la Tragicomedia los jardines y campos sabeos* on the later 1627 edition. With its companion pieces, it is found in the Biblioteca Nacional de Madrid under the rubric T 11605. The 1624 edition is numbered T 10780, also in the Biblioteca Nacional.

The two parts of the *Tragicomedia* are independent in spite of the fact that some characters from the first appear briefly in the second. In her theoretical statements, Enríquez defends her use of the term "tragicomedia" because, although the first play ends with betrothals, the second begins after the disruption of those unions and dramatizes new love affairs as well as heartbreak for some of the characters of the first drama. The *Parte primera* dramatizes the problems surrounding the love of Prince Clarisel of Sparta for Princess Belidiana of Arabia and that of Lisdanso, King of Macedonia, for Clarinda, Princess of Cyprus and Belidiana's cousin. To effect their betrothals, both couples have to overcome parental opposition and cruel intrigues by sinister characters bent on revenge, such as Sinamber. Throughout the play, the human characters are joined by mythological figures like Adonis, Venus, Cupid, Orpheus, and Apollo, who interact with them. Finally, through the intervention of these mythological beings, the mortal couples are matched correctly, and the play ends with celebration of the upcoming weddings.

In *Parte segunda*, Clarisel and Lisdanso are once again the principal male characters, but time has passed between the end of the first play and the start of the second. The audience learns through dramatic dialogue that Belidiana's father reneged on the earlier marriage agreement and, in Clarisel's absence, betrothed his daughter to Rogerio, Prince of Phoenicia. The agreement between Lisdanso and Clarinda has likewise been dissolved. This play then dramatizes the development of affection between the two young male monarchs and, respectively, the Spanish princess Maya and the Italian princess Hesperia. In this play the mythological entities participate even more in the earthly realm. Whole scenes are given over to such elements as the narration of the myth of Atalanta or the teasing of the god Vulcan about his adulterous wife Venus. Thus, there is little action, and the reader or audience must remain attentive to the many allusions to mythological and legendary events, figures, and terminology. The romantic pairs are successful in moving toward marriage in this play, but not without some interference from more villainous types. The playwright also inserts self-referential elements in certain passages through superimposing her own identity upon that of the protagonist Maya and that of her second husband León Garavito upon Clarisel.

The *entremeses* that accompany the two plays are also autonomous. The one that accompanies the *Primera parte,* in two parts and in prose, depicts the comical situation of the ridiculous figure Baco Poltrón and his three ragged and decrepit daughters, Aglaya, Eurfosina, and Talía, the *Gracias mohosas*. The daughters are eligible for marriage and are courted by six equally ridiculous and crippled or maimed men: Saba, Pancaya, Nisa, Anga, Orfeo, and Anfión. The problem of which of the suitors to pick as husbands for the three women is resolved after much hilarity. It is suggested that the six men and three women will marry each other. They will then jointly calculate how to mate the three to the six and decide what the members of the family will call each other, since their children will be siblings and half-siblings to each other, as well as sons, daughters, nieces, and nephews to the spouses.

The *entremés* for the second play is also in two parts, the first written in verse and the other written in prose. They depict a comic version of one of the mythological tales about King Midas. In the original, Midas judged a music contest between Pan and Apollo, and when he preferred the music of Pan to that of his rival, the offended Apollo changed Midas's ears into those of a shaggy donkey. Attempting to hide his shameful appearance, Midas covered his head with a turban and divulged his secret only to his barber. The barber, sworn to keep the king's secret, had difficulty doing so, and thus dug a hole in the earth into which he whispered the information. A patch of reeds sprouted from that place, and as they grew and swayed in the breeze, they echoed the words Midas wanted to keep quiet. In Enríquez's comic version of the tale, Midas presides over a drinking contest that lasts nine days, after which a music contest between Pan and Apollo proceeds, with the expected results for Midas's ears as well as for his servant Licas, who is given a donkey's tail. The second half of the interlude contains scenes of mythological chases and transformations, for which Midas with his new ears and Licas with his tail and propensity to talk too much serve as audience and commentators. Enríquez's comic pieces convert to a burlesque and ribald register the more idealized issues of love, marriage, and royal authority dramatized in the two parts of her *Tragicomedia*.

The differences between the 1624 and 1627 editions of the play have to do primarily with the playwright's trimming the second version of numerous lines as well as revising the structuring and terminology of the divisions of the works included in each. The first edition, for instance, carries the terms "Jornada" and the names for the dramatic divisions "Protasis," "Epitasis," and "Catastrophe," labeling that is not repeated in the 1627 edition in which the latter terms are largely eliminated and the word "Acto" appears at the appropriate divisions. The two parts of the 1624 edition bear different publication sites; the first (entitled *Primera y segunda parte*) was printed by Jacomo Carballo in Coimbra and the second (with the title *Segunda parte . . .*) was printed in Lisbon by Pedro Crasbeeck. Because of printing injunctions in Madrid between 1625 and 1635, Pérez speculates that Enríquez sought a Portuguese press or presses because those in her native Seville were too busy "printing works which were not permitted to be printed in Castile."[7] He likewise suggests that the date and place of Enríquez's first edition "could have been manufactured; that is, the plays were actually published after 1625 but were backdated."[8]

The dates of publication listed in the 1627 edition present other puzzles. The *Parte primera* bears the 1627 date while the *Parte segunda* shows 1624. It is likely that both parts were indeed printed in Lisbon by Pedro Crasbeeck as the title page indicates and that the erroneous date resulted from the typesetter's using the first edition as a guide and simply copying the first date onto the

later edition, which in other elements is likewise different from the one of 1624.[9] Other parts of this edition, moreover, offer discrepancies in dates; for instance, the introductory letter to Enríquez's brother-in-law is dated at the closing "9 de octubre de 1619," an indication of the longer period of composition that the plays underwent before being printed. In addition, the "Carta ejecutoria" at the end of the second part in this edition is dated March 1, 1624. I have not provided what would amount to copious footnotes showing the variants in the texts, changes probably made, or at least overseen, by Enríquez herself.[10] I have preferred instead to devote the precious textual space available in the present multi-drama edition to explanatory notes. In his edition of the two plays and accompanying pieces, Pérez has nevertheless chosen the reverse pattern for notes, supplying the variants but no explanatory material for terms and dramatic language. For those interested in following the process of reworking and trimming the first text that brought into being the second under Enríquez's guidance, I refer them to Pérez's edition and his many footnotes dealing with this information.

Enríquez has left behind a complete dramatic work with the principal plays and their connected elements. In particular, her theoretical pieces afford insights into views counter to the precepts that underlie the *comedia nueva* of Lope de Vega.[11] She rejected the popular *comedia* and its representation in the established playhouses because she was artistically committed to her classicist approach to the theater and dramaturgy, and also because, as a female dramatist of that age, she had great difficulty in finding access to its theatrical world. She comments on this difficulty in her "Carta ejecutoria" and "A los lectores," where she defends her works from those who would impugn them primarily because they are by a woman. Whether enjoyed literarily as written texts or appreciated as potentially representable, Enríquez's plays and interludes provide evidence of the seventeenth-century theatrical experience, evidence that is for the most part missing with regard to the plays by more well-known authors whose dramas we do not know in the fuller context of interludes and other such surrounding material that would have been part of an afternoon at the theater in the Golden Age.[12]

NOTES

1. In the introduction to his recent edition of Enríquez's two-part play (*The Dramatic Works of Feliciana Enríquez de Guzmán*, ed. Louis C. Pérez, 1), Pérez bases much of his information, including that about the playwright's birthdate, on an early twentieth-century study of her by Santiago Montoto de Sedas (*Doña Feliciana Enríquez de Guzmán*).

2. Pérez, *Dramatic Works*, 1.

3. I quote from the passages cited in Pérez's *Dramatic Works*, 32.

4. Ibid.

5. In *Dramatic Works*, 5-6, Pérez points out that some critics also connect the legendary Feliciana of Lope's poem and Enríquez herself with characters in Tirso de Molina's play *El amor médico*. See, for example, Blanca de los Ríos, *Obras completas: Siglo de Oro*, III:67-68 and Julio Cejador y Frauca, *Historia de la lengua y literature castellana*, V:35. Still other scholars discount completely the parallel drawn between Enríquez and Lope's Feliciana, among them Santiago Montoto de Sedas, *Doña Feliciana Enríquez de Guzmán,* 22; Manuel Serrano y Sanz, ed., *Apuntes para una biblioteca de escritoras españolas desde el año 1401 al 1833*, 269:357; Mario Menéndez Bejarano, *Diccionario de escritores, maestros y oradores naturales de Sevilla y su actual provincia*, I:180-81; and José Sánchez Arjona, *Anales del teatro en Sevilla*, 227. In spite of the clarity with which he outlines this debate, it should be noted that Pérez does accept some of Serrano y Sanz's implications about autobiographical information in Enríquez's plays, and draws some of his conclusions about her life based upon what she represents in her drama ("To judge from references in her plays" [*Dramatic Works*, 3]).

6. Pérez, *Dramatic Works*, 3. See also, José Sánchez Arjona, *Anales del teatro*, 385-86 and José Velázquez y Sánchez, *Anales espdémicos. Reseña histórica*.

7. Pérez, *Dramatic Works*, 26.

8. Ibid., 26-27.

9. Ibid., 27.

10. Pérez affirms that the 1627 edition "seems to represent Feliciana's preferred version" (*Dramatic Works*, 30).

11. For further information about the debates over the theater in the Golden Age, see Joaquín de Entreambasaguas y Peña (*Una guerra literaria del siglo de oro. Lope de Vega y los preceptistas aristotélicos*); Federico Sánchez Escribano; Alberto Porqueras Mayo (*Preceptiva dramática española*); and, with regard to Enríquez's place in this debate, Teresa S. Soufas (*Dramas of Distinction: A Study of Plays by Golden Age Women*).

12. For commentary on the lack of information concerning the complete dramatic program for plays by canonical playwrights, see, for example, Jean-Louis Flecniakoska, *La loa*, 10.

SELECTED BIBLIOGRAPHY

Barrera y Leirado, Cayetano Alberto de la. *Catálogo bibliográfico y biográfico del teatro antiguo español*. Madrid: Gredos, 1969.

Cejador y Frauca, Julio. *Historia de la lengua y literature castellana*. Vol. V. Madrid: Revista de Archivos, Bibliotecas y Museos, 1922.

de los Ríos, Blanca. *Obras completas: Siglo de Oro*. Vol. III. Madrid: Moreno, 1910.

Enríquez de Guzmán, Feliciana. *Tragicomedia los jardines y campos sabeos. Primera y segunda parte con diez Coros y cuatro entreactos*. Coimbra, 1624.

———. *Segunda parte de la Tragicomedia los jardines y campos sabeos*. Lisbon, 1624.

———. *Tragicomedia los jardines y campos sabeos. Primera y segunda parte, con diez coros y cuatro entreactos*. Lisbon, 1627.

———. "Entreactos de la primera parte de la Tragicomedia los jardines y campos sabeos." In *Teatro de mujeres del Barroco*. Ed. Felicidad González Santamera and Fernando Doménech, 173-217. Madrid: Asociación de Directores de Escena de España, 1994.

———. Acts 1, 2, and 5 of *Tragicomedia de los jardines y campos sabeos, Entreacto I and II* of *Parte primera* and *Entreacto II* of *Parte segunda*, and "Carta ejecutoria." In Serrano y Sanz, *Apuntes,* 269:358-87.

Entreambasaguas y Peña, Joaquín de. *Una guerra literaria del siglo de oro. Lope de Vega y los preceptistas aristotélicos*. Madrid: Tipografía de Archivos, 1932.

Flecniakoska, Jean-Louis. *La loa*. Madrid: Sociedad General Española de Librería, 1975.

Menéndez Bejarano, Mario. *Diccionario de escritores, maestros y oradores naturales de Sevilla y su actual provincia*. Vol. I. Seville: Gironés, 1922.

Montoto de Sedas, Santiago. *Doña Feliciana Enríquez de Guzmán*. Sevilla: Imprenta de la Deputación Provincial, 1915.

Newels, Margarete. *Los géneros dramáticos en las poéticas del siglo de oro*. Trans. Amadeo Solé-Leris. London: Tamesis, 1974.

Pérez, Louis C., ed. *The Dramatic Works of Feliciana Enríquez de Guzmán*. Valencia: Albatrós, 1988.

Porqueras Mayo, Alberto. *Preceptiva dramática española*. Madrid: Gredos, 1972.

Sánchez Arjona, José. *Anales del teatro en Sevilla*. Seville: E. Rasco and Busto Tavera I, 1898.

Serrano y Sanz, Manuel, ed. *Apuntes para una biblioteca de escritoras españolas*. Vol. 269. Madrid: Rivadeneira, 1903.

Soufas, Teresa S. *Dramas of Distinction: A Study of Plays by Golden Age Women*. Lexington: Univ. Press of Kentucky, 1997.

Velázquez y Sánchez, José. *Anales espdémicos. Reseña histórica*. Seville: Imprenta y Litografía, 1866.

Segunda parte de la Tragicomedia los jardines y campos sabeos

Dedicada a
Don Lorenzo de Ribera Garavito

A mis hermanas dediqué mi *Tragicomedia* en el principio de la primera parte, dándoles como a hermanas consanguíneas y esposas del Altísimo,[1] el primer lugar a la mano derecha. Ahora dedico a v.m.[2] esta segunda parte en el segundo, a la otra mano como a hermano por afinidad, que (como v.m. y todos saben) cede a la carne y sangre. Por ser obra de mis manos, obliga las de v.m. a que la reciban benignamente, y la amparen y defiendan con su mucho valor; aunque no sea tan hazañosa como la de las valerosas manos mancas de nuestras ilustres parientas doña Leonor Garavito y doña Mariana de Guzmán, que mancándose en Simancas, redimieron a nuestra España del tributo afrentoso de las doncellas. Comoquiera que puedo decir, que en ella las he imitado en alguna manera, vengando a la misma nuestra buena madre de buenos ingenios del tributo de nobles y plebeyas comedias, que sus poetas han pagado tanto tiempo torpe y venalmente al ignorante y bárbaro vulgo por tener treguas y paz con él; que solamente ha querido de ellas la exterior hermosura de pasos y apariencias; motivo que también causó aquel torpe censo por vivir en paz y treguas los nuestros en medio de tanto paganismo y tener alguna venia y sosiego con él.[3] Si mis manos hubieren sido mancas en esta labor y en los rasgos y dibujos que han hecho, para muestra y dechado que tengan las ninfas de nuestro Betis,[4] el refrán me excusaré, que dice: Bien haya quien a los suyos parece. No lo estén las de v.m. en tomar mi causa por suya, que no queda tan mal cortada o tan cansada mi pluma que con ella no puedan defenderla de los muchos que con envidia serán sus émulos, hasta que el tiempo les haga conocer y confesar que (como dije) yo he vengado a España y a nuestra patria cabeza de ella honrosa y valerosamente del injurioso tributo que ha pagado hasta nuestros tiempos, restituyéndolos a los felicísimos de nuestra española Maya,[5] cuyos elíseos campos cifrados en los sabeos[6] se verán y gozarán de hoy en adelante libres y francos de servicios y pechos tan mal pagados, cuanto felizmente libertados por los linajes de doña Leonor y doña Mariana, coronas de las mujeres. Una tan noble y generosa como ellas, de Dios a v.m. en compañía, en la cual le guarde muchos años, como yo deseo. Y quédese a él que oigo a Calíope celebrar con la suya mi poesía. De casa 9 de octubre de 1619.

Doña Feliciana Enríquez de Guzmán.

CALIOPE
A las Ninfas del Betis.

Mirad bien esta labor,
Ninfas de mi amigo Betis
Que a las de Nereo y Tetis
Vencéis en gala y primor;
De Mariana y Leonor
Enseñada Feliciana
Vuestra andaluz, vuestra hermana
La labró para que os sea
Muestra, dechado, tarea,
Curiosa, fácil, galana.

Yo os certifico de mí
Que no labraron mis manos
Tan bellos, primos, galanos
Dibujos, ni yo los vi.
De leonado y carmesí,
Amarillo, azul, morado,
Blanco, verde naranjado,
Los dibujó en telas de oro,
Porque alegren vuestro coro
Por vuestro Betis sagrado.

DE CLARISEL[7] A MAYA
Soneto

Dichoso (Maya), yo, que alegres miro
Hoy tus ojos, que ayer me hicieron fuego,
No soy ya Clarisel bárbaro griego,
Fuilo, mas ya a tu España me retiro.

Rico me ha hecho Feliciana. Aspiro
A inmortal gloria; quien estuvo ciego,
No tuvo culpa. A Belidiana[8] niego;
Confieso (Maya) a ti, por quien respiro.

Yo rompo los carteles temerarios,
Si conviene romperlos, ya por otros
Cancelados estando; y éste escribo

(O Maya Feliciana)[9] en jaspes parios
En que afirmo en tu nombre que en nosotros
Fe y amor se hallará siempre excesivo.

DE MAYA A CLARISEL
Soneto

Dichosa (Clarisel) tu amada Maya,
Española princesa, hija de Atlante;
Laureada de ti por firme amante
En coros de Eufrosina, Talía, Aglaya.

O valeroso príncipe, siempre haya
Noticia de tu nombre; y tu fe cante
Gloriosamente Apolo en su discante,
Alzándote por rey en su atalaya.

Rey eres ya de España, y no de Arabia.
Arabia por España darse pudo,
Valeroso español, sin otro cambio.

Ilustre hecho hiciste, hazaña sabia,
Trueco discreto; pues su casto nudo
Hoy te da Feliciana por recambio.

Segunda parte de la Tragicomedia los jardines y campos sabeos

Personas:

Clarisel, príncipe de Esparta
    y Micenas
Beloribo, rey de Macedonia
Rogerio, príncipe de Fenicia
Ercilio, príncipe de Nabatea
Atlante, rey de España
Hespero, rey de Italia
Hércules, sobrino de Atlante
Perseo, sobrino de Hespero
Birando, escudero de Clarisel
    Yleda, su esposa
Adonis, hijo de Cinyras, rey
    de Chipre

Sinamber, caballero de Arabia
Ermila, su esposa
Belidiana, reina de Arabia
Clarinda, princesa de Chipre
Maya, princesa de España
Hesperia, princesa de Italia
Vulcano, Cupido, Cupidillos
Apolo, Anfión, Himeneo
Juno, Venus, Aglaya, Talía
    Eufronsina
Pan, Vertuno, Guasorapo
Caballeros españoles,
    italianos, griegos,
    macedones

PROLOGO

En este sitio, señores,
os prometí dos comedias,
que los preceptos antiguos
guardasen de actos y escenas.

Leyes de tiempo y lugar   5
con poéticas licencias;
la primera oístes luego,
oíd hoy su compañera.
Empresa ha sido difícil,
pero no imposible empresa,   10

aunque ha parecido a muchos
imposible en nuestra era,
como en los tiempos pasados
pareció siempre quimera
que en el antártico polo   15
hubiese pobladas tierras.
Mas ya este grande imposible,
ya estas dos mares inmensas;
se ha hallado nao victoria
que las navegue y las venza.   20
Y es maravilla mayor,
haber sido la maestra
de esta nao, de esta victoria
una mujer, una hembra.
Prueba concluyente hacen   25
dos testigos, si contestan;
uno habéis examinado,
el examen de otra resta.
El que examinastes es
Belidiana, la princesa   30
de Arabia; el no examinado,
es Maya, de España dea.
Belidiana con su prima
ya de su Tragicomedia
en los primeros principios   35
probó bien nuestra sentencia.
Hoy en la segunda parte
nuestra Maya sabia y bella,
nuestra andaluz, que luz es
de Sevilla y las Riberas   40
honra de su patria Betis,
mostrará esta nueva ciencia
cuán gentil, cuán elegante
y cuán cierta guía sea.
En ella llegó la hora   45
felice, dichosa y buena
en la cual la linda Maya
fue cuanto bella, discreta.
Que conoció los quilates
de fe y lealtad sincera   50
del griego heroico y premió
su amor, constancia y firmeza.
(Apolo con Anfión,
Venus, Juno y Gracias bellas
celebraron su Himeneo
y cantaron esta emblema.)
    Salve, o Maya, mayor hija de Atlante,
de Clarisel progenitor de Evandro
digna esposa, de ti vendrá Alejandro,   55
Faramundo y Pelayo, el grande infante.

A ti la flor de lis y el león rapante
sus reyes deberán; y tú al Meandro
tartesio darás cisnes, un Leandro,
un Isidro que den gloria al Tonante.   60
    De ti procederán dos altas ramas
de Enríquez y Guzmanes, de las cuales
una que será honor de Garavitos.
    Felicísima gloria de las damas
de tu Betis, sus perlas y corales   65
en ti celebrará y en sus escritos.

ACTO PRIMERO

Escena primera

(Venus, Apolo, Adonis.)
VEN. Canta, Apolo, la canción,
        que aquí escribió Clarisel;
        cuando con ansia cruel
        partió y dejó el corazón.   70
APOL. Seraos dulce y agradable,
        Venus y Adonis; pues gusto
        siempre os causó su disgusto,
        y fortuna variable.
        Pues es fuerza partirme.   75
        de tu felice tierra; y deleitosa
        serálo despedirme
        de ti, princesa hermosa,
        cuanto en rendirme fuerte y poderosa.

Escena segunda
del acto primero.

(Beloribo, rey de Macedonia; Clarisel, príncipe
de Esparta y de Micenas; Birano, escudero de
Clarisel; Apolo; Venus; Adonis.)
(Cantando.)
[TODOS.] Llegado habemos al ingrato suelo,
        que fue algún día ameno y deseado.   81
CLAR. O, ya infelice Arabia, el alto cielo
        te mire siempre fiero, cruel, airado.
APOL. *(Cantando.)* Oye, dulce señora.
BELOR.   El dios de Delo
        me parece; y que canta el canto amado,   85

que a la que con Rogerio más bien se haya,
escribiste y abriste en esta haya.
APOL. *(Cantando.)* Oye, dulce señora,
el ronco, triste y afligido canto
del que te ama y adora;   90
y alcance de ti tanto
que te conmueva mi dolor y llanto.
VEN. Triste el señor Clarisel
y desdichado partía;
¿a la de Arabia quería?   95
¡Guardábase para él!
¿No estuvo, Adonis, gracioso
el vejamen del sarao?
ADON. No mucho; que galambao
también quedé yo y rabioso.   100
APOL. *(Cantando.)* Aunque cuya eres, seas
torre de mi prisión; y otra no haya
como tú, en las sabeas;
y aunque fuiste atalaya
de otra atalaya, quédate y tú, o haya.   105
Y decidle, si acaso
viere en vos mis vestigios, que algún día
claro oriente y no ocaso
(dulce estancia) en ti vía;
y en ti, haya, verá ya sombra fría.   110
(Aquí templa la lira Apolo.)
CLAR. Gracias te doy, Tonante poderoso,
y sacrificio rindo de alabanza;
que así de Belidiana en la mudanza
a mi insano furor diste reposo.
Cuando verme temí loco furioso,   115
viendo a otro en posesión de mi esperanza
sosegaste con súbita bonanza
el mar de confusión tempestuoso.
O grande dios, o Juno soberana,
mereció mi deseo casto y puro,   120
que no se desvió de amor honesto.
Que luego que su fe y palabra vana
se llevó el viento, ni un nublado oscuro
quedase, ni un deseo descompuesto.

Escena tercera
del acto primero.

*(Pan, dios de los pastores; Vertuno, dios de los
huertos; Guasorapo, dios de los cazadores; Rogerio,
príncipe de Fenicia; Ercilio, príncipe de Nabatea;
Clarisel; Beloribo; Birano; Yleda, hermana del
sabio Darsileo; Apolo; Venus; Adonis.)*

PAN. La doncella nos dad, o vuestras vidas
serán de vuestra insania sacrificio.   126
ROG. Por ella se darán por bien perdidas,
castigado primero vuestro vicio.
VERT. ¿Así son las deidades ofendidas
de Pan, Vertuno?
GUAS.   ¿Y el cruel suplicio   130
de Guasorapo no teméis?
ERC.   Es feo,
sátiros, y bestial vuestro deseo.
BELOR. Por los eternos dioses, que es Yleda
la que quieren los sátiros.
VEN.   Rogerio
y Ercilio son los dos por quien se veda   135
ser hecho a la alcahueta vituperio.
BIR. Dioses, ¿qué veo? Si mi honra hoy queda
perdida, cometiéndome adulterio
mi bella Yleda, ¡aunque con rapto y fuerza!
la fortuna mis ansias hoy refuerza.   140
YLEDA. Ay, salvaje cruel; fuertes guerreros,
que me lleva este fiero, socorredme.
CLAR. Aquí os quedad, señores caballeros,
con estos dos.
YLEDA.   Ay, príncipes, valedme.
CLAR. Que a la dama aquel vil con pies ligeros
se lleva en brazos.
YLEDA.   Ay, favorecedme.   146
CLAR. Y antes que la transporte, do no se halle,
favor conviene con presteza dalle.
*(Vanse Clarisel, Beloribo, Birano, detrás del
sátiro Pan, que lleva Yleda.)*
VERT. Pan nos lleva la presa; ¿qué esperamos?
Detenernos con éstos, ¿no es dislate?   150
GUAS. Apresuremos, que si nos tardamos,
él nos da con la dama jaque y mate.
VERT. La caza gozará que levantamos,
como primer halcón, que a ella se abate.
(Vanse los dos, y Apolo vuelve a tocar.)
ERC. ¿Huís, ambos? Huid.
ROG.   Dulce instrumento,
suavemente hiere el blando viento.   156
APOL. Rogerio ilustre, Ercilio valeroso,
príncipes de Fenicia y Nabatea;
tú, Rogerio de Belidiana esposo,
tú Ercilio, de Clarinda Cyterea;   160
oíd a Apolo el canto lastimoso,
que se oyó en toda esta región sabea.
Y a mi hermana reverenciad primero.
ROG. Adoramos tu luz y su lucero.
APOL. Clarisel, uno de los dos guerreros   165
que van a dar favor a la doncella,

espejo y luz de buenos caballeros,
cuanto infestado de su airada estrella,
(Pues tú Rogerio gozas sus primeros
amores, aunque ya otra es su luz bella,) 170
partiendo de esta tierra, que dejaba
así se despedía y lamentaba.
(Cantando.)
  A los dioses famosos
rey de todos los ríos de esta tierra;
tan próspero y dichoso,   175
  que la que hace guerra
a las ninfas de Cintia, en ti se encierra.

Escena cuarta
del acto primero.

(Aglaya, Talía, Eufrosina, que son las tres
Gracias de Venus; Apolo, Venus, Adonis,
Rogerio, Ercilio.)
(Cantan las Gracias.)
  Por ti, o claro río, se entró un arroyo,
que ahogó mis glorias y te enturbió todo.
AGLA. Río caudaloso, tu ninfa bella   180
  por el arroyo dejó tu ribera.
  Por el arroyo, que corre entre guijas,
dejó tu ribera tu bella ninfa.
(Todas tres bailando.)
  Por ti, o claro río, se entró un arroyo,
que ahogó mis glorias y te enturbió todo.
TAL. Rió cristalino, ya en tu morada   186
  un arroyo goza de mi ninfa amada.
  Eras, bella ninfa, de un claro río;
y ya de un arroyo que corre entre riscos.
(Todas tres bailando.)
  Por ti, o claro río, se entró un arroyo, 190
que ahogó mis glorias y te enturbió todo.
EUFR. Aunque es cristalino, ninfa, tu
    arroyuelo,
  fuiste, bella ninfa, de otro primero.
  Primero, graciosa, bella y casta ninfa,
que de arroyo fueses, fuiste ninfa mía.   195
(Todas tres bailando.)
  Por ti, o claro río, se entró un arroyo,
que ahogó mis glorias y te enturbió todo.
ROG. Conmigo las Gracias hablan;
  y las seguidillas son
  del griego, si a la canción   200
  que Apolo canta se entablan.
VEN. Sois, Rogerio, muy discreto;

y habéis muy bien entendido
a mis Gracias, que han venido
a daros gusto en efeto.   205
ROG. Por vejamen le tuviera,
  si no fuera por su agrado,
  y por haber aclarado
  tú, Venus, río y ribera.
APOL. Aglaya, Talía, Eufrosina   210
  se pueden ir; y un paseo
  dar después con Himeneo,
  que a Juno traerá Ericina.
(Vanse las Gracias.)
APOL. *(Cantando)* A los dioses palacio
  grato albergue, aunque breve y presuroso;
  que gozarte de espacio.   216
  Y en ti tener reposo,
  no me permitió el hado riguroso.

Escena quinta
del acto primero.

(Belidiana, reina de Arabia, Clarinda,
princesa de Chipre, Rogerio, Ercilio, Apolo,
Venus, Adonis)
BELID. ¿Quién estos campos, ay Clarinda,
    alegra
  con la canción del griego valeroso,   220
  que cual el fiero Marte a los de Flegra
  al escuadrón de Arabia fue espantoso?
  Ay, Clarisel, pues tuve suerte negra
  en padre porfiado y riguroso;
  la de Arabia no culpes, que a Rogerio   225
  de su libertad diese el cautiverio.
CLARIN. Apolo, canta y le oyen vuestro primo,
  mi hermano Adonis con su diosa amada,
  y Rogerio y Ercilio, a quien ya estimo,
  pues Beloribo me dejó olvidada.   230
BELID. Ay, canción, que las lágrimas reprimo,
  por tener a otro dueño la fe dada.
  Ay, triste Belidiana, bien mereces,
  pues fuiste desleal, lo que padeces.
CLARIN. Aquí nos retiremos; si nos vieren,
  el vestido de campo nos excusa,   236
  en su alcance venir; que ellos refieren,
  que así en Fenicia y Nabatea se usa.
  Y Diana y sus ninfas, cuando inquieren
  la caza por sus bosques y difusa   240
  selva y monte, se visten de este traje
  suelto y ligero y propio de boscaje.

APOL. *(prosiguiendo.)* ¿A los dioses ventana
    de mi divina aurora claro oriente?
    De mi bella Diana   245
    esfera refulgente
    y cielo de mi sol resplandeciente.
    Mensaje regalado,
    ricas prendas con título enviadas
    de esposa a desposado,   250
    de mi aurora labradas
    por sus ebúrneas manos torneadas.
    Sólo el cuerpo conmigo
    parte, mi casta Venus; la alma queda
    toda entera contigo;   255
    a él se le conceda,
    que volver a juntarse a su alma pueda.
BELID. Belidiana, Belidiana,
    ¿tú eres a quien se envió,
    quien recibió y quien leyó   260
    canción tan alta y galana?
    ¿Que pudieses, fementida,
    a razones tan de la alma
    negar la debida palma
    tantas veces prometida?   265
CLARIN. ¿Qué os puedo, prima, decir?
BELID. Ni yo, prima, sé qué os diga.
    Sé que Venus fue enemiga
    y de mi madre el morir.
    Sé que ya no puedo ver   270
    en el espejo hermosura;
    sé que es corta mi ventura
    y que no me sé entender.
CLARIN. Vuestra madre culpo yo
    mudarse así.
BELID.   Si viviera,   275
    Clarisel mi esposo fuera;
    somos mortales, murió.
ADON. Holgaré que uno me cuente
    del galán la historia amarga,
    después que partió.
VEN.   Aunque larga,   280
    yo la diré brevemente.
    Partió Clarisel de Arabia,
    príncipe del suelo achivo,
    con el rey de Macedonia,
    el valiente Beloribo.   285
    De Belidiana el primero,
    de Clarinda este cautivo,
    en incendio ambas dejadas
    no menos que el suyo esquivo.

    Llegaron a Macedonia,   290
    donde muerto el fuego vivo,
    el macedón olvidó
    de su dama el incentivo.
    Porque le vinieron nuevas,
    que al de Nabatea altivo   295
    de la amorosa Erisipila
    quiso ser preservativo.
    Partióse a Esparta y Micenas
    su estado y patria el argivo;
    cuanto leal y constante,   300
    tanto triste y pensativo.
    Tres años tuvo constancia
    y en todos muerto ni vivo,
    no tuvo de Belidiana
    ni un solo confortativo.   305
    Y aunque le escribió una carta
    con un diestro anunciativo
    que la dio a su secretaria
    y trajo fe del recibo,
    la respuesta fue: Rogerio   310
    con el sí correspectivo
    heredero de Fenicia
    ser ya su correlativo.
APOL. No me negarás, hermana,
    que aunque tu hijo nocivo   315
    triunfó del pecho del griego,
    su valor fue admirativo.
    Pues oyó las nuevas tristes
    del tálamo intempestivo
    con tanta serenidad,   320
    que mayor no la percibo.
    Y así ya Júpiter quiere
    que el ánimo vengativo
    remitas, y que ya cese
    tu ira y furor excesivo.   325
    Porque su valor merece
    le hagamos donativo
    de Maya, y reinos hispanos
    tú y él, yo, Juno y Gradivo.
ADON. Ha sido grande consuelo,   330
    Apolo, en mi poca gracia
    de Clarisel la desgracia,
    fe quebrada y desconsuelo.
    Por Venus, que está presente,
    que es mi soberana gloria;   335
    que me enternece la historia
    del amador excelente.
APOL. Aunque algunos enemigos

alegría recibieron,
las penas se conmovieron, 340
encinas, robles, quejigos.
VEN. Yo, Adonis, por ti y por mí
me alegré, mi dulce bien;
mas pues ya en ti no hay desdén,
y el cielo lo quiere así; 345
mi persecución hoy cesa,
y quiero por mujer haya
a su hermosísima Maya,
de las Españas princesa.
Ella lo ama, y él la adora; 350
amor, Himeneo, Juno
los desean ver en uno;
que se gocen en buena hora.
APOL. El canto los ha elevado,
y tiene ajenos de sí. 355
VEN. Vamos, Adonis, de aquí;
que viene en tu alcance el hado.
APOL. También yo a traer me parto
la luz al mundo; que ya
la aurora llegado ha 360
de su hora el último cuarto.
ADON. Poséate yo, mi luz,
que no temo al hado fiero.
VEN. Vamos, que despachar quiero
mis gracias a la andaluz. 365
(*Vánsele Apolo, Venus, Adonis.*)
CLARIN. Los príncipes en sí han vuelto
de la elevación del canto.
BELID. Recoged, ojos, el llanto,
pues el tiempo se ha revuelto.
ROG. ¡O qué voz, canto y ternura, 370
melodía y suavidad!
Conviene la majestad
con la armonía y dulzura.
Cuando el músico no hubiera
confesado ser Apolo, 375
por el dulce canto sólo
encubrirse no pudiera.
ERC. O Clarisel valeroso,
de caballeros ejemplo,
digno de soberbio templo, 380
siempre célebre y famoso.
Del hospedaje la ley
y de los dioses la ofensa
consideraste, y tu inmensa
lealtad no miró el rey. 385
(*Vanse los príncipes.*)

BELID. Los dioses te perdonen, padre fiero,
que sabiendo mi gusto, así quisiste
que faltase la fe y amor primero
para siempre vivir llorosa y triste.
No fuiste padre, mas cruel y austero, 390
capital enemigo, que pusiste
duro cuchillo al cuello de tu hija,
que a todas horas, noche y día, la aflija.
Padre protervo, duro y porfiado,
que dentro de tu casa lo hospedastes, 395
¡y ya por yerno e hijo regalado,
tú y la reina mi madre lo tratastes!
¡Leístes la canción con el dechado,
que me envió; y tú, y ella os admirastes!
Un mes entero y más de noche y día 400
comió a tu mesa con presencia mía.
CLARIN. ¿Queréis ver el dechado sobre
escrito,
sin faltar una letra en esta haya,
donde vuestro amador lo dejó escrito,
por memoria que entre las ninfas haya? 405
BELID. Un siglo ha que me fuera de infinito
contento repetirlo. Ya su Maya,
a quien ama y adora, puede verlo.
CLARIN. Yo no dejaré, prima, de leerlo.
Mas, ¿quién os dijo que abrasa 410
Maya en amoroso fuego
a vuestro olvidado griego?
BELID. ¿Quién? El fuego de su casa.
Yledilla que llegó
de España, y dice ella puso 415
en la tela rueca y huso,
y la tramó, urdió y tejió.
(*Va leyendo Clarinda.*)
CLARIN. Pues vencéis, bella señora,
a Palas en la labor,
en gala, aseo y primor; 420
y merece que os adora,
no olvidéis su firme amor;
porque queden en memoria,
cual de su tela la historia
y su triunfo heroico y fiero, 425
que labréis mis penas quiero,
dignas de tan alta gloria.
Deseo que mis ligeros
placeres y mis cuidados
crueles, ansiosos, fieros 430
entiendan los venideros,
aunque sean ya pasados,

yo de vos soy desechado;
vuestras manos diestras son
en labrar mi corazón;   435
haced de ellos un dechado
de la siguiente invención.
Labrad de leonada seda,
que mi congoja penosa,
y pasión declarar pueda   440
una vela donde en rueda
revuelve una mariposa.
Parezca que se desliza
del fuego, y al fin se quema;
pues seguí la misma tema,   445
hasta hacerme ceniza
vuestro fuego luz suprema.
Con una letra que diga
entregase sin temor
a la voluntaria muerte,   450
ardiendo en fuego más fuerte.
BELID. Ya, Clarisel, otro fuego
de Maya mayor princesa
ceniza te hace y pavesa.
CLARIN. *(Leyendo.)* Con lágrimas de morado
labrad de negro unos ojos;   456
que aunque ellos las han llorado,
amor las ha destilado
de penas, ansias y enojos.
Conózcase en su tristeza,   460
en su dolor y pasión,
que ojos míos ellos son;
y de ellas en la belleza,
que son por vuestra afición.
(Letra.)
Yo las labro con las manos,   465
y con los ojos las llora
el que con la alma me adora.
BELID. Ya, Clarisel, de tus ojos
lágrimas y color negra
de Maya la faz alegra.   470
CLARIN. *(Leyendo.)* De verde y oro labréis
en la mar, señora, quiero,
una sirena a quien deis
la hermosura que tenéis,
dando muerte a un marinero.   475
Y pues no es menor la pena
del que vuestra voz oyó,
seré el marinero yo,
vos, mi aurora, la sirena
que por mi muerte cantó.   480
(Letra.)
Mi dulce voz fue el engaño,

y mi faz leda y serena
la que ejecuta la pena.
BELID. Ya la voz y faz de Maya
convierten en su marina   485
tu pena en gloria divina.

Escena sexta
del acto primero.

(Ermila, dama de Belidiana; Sinamber,
aposentador de Arabia; reina Belidiana;
princesa Clarinda.)
[ERMIL.] Solas están ambas primas;
¿matarémoslas entrambas?
SIN. No, que no es la culpa de ambas
y menos merece esgrimas   490
Clarinda contra su pecho
la fiera y sangrienta daga
que en el mío abrió la llaga
que tú curaste en tu lecho.
Dejemos la ejecución   495
para cuando sola esté
la fiera tigre que fue
la causa de mi traición.
ERMIL. Leyendo están en la haya
el dechado que hoy leímos;   500
y abrió en ella presumimos
su amante, que hoy lo es de Maya.
(Princesa Clarinda prosiguiendo.)
Con encarnado labrad
un basilisco cruel,
cuya fiera crueldad   505
acompaña a la beldad
que os dio el divino pincel.
Que aunque vuestros ojos son
dulces, blandos y amorosos,
cuanto graves y hermosos,   510
fueron a mi corazón
crueles y venenosos.
(Letra.)
Triste de aquél a quien vi
y mi cruel vista vio;
que un basilisco halló.   515
BELID. Si en mí hallaste un basilisco
y ojos despidiendo rayos,
en Maya abriles y mayos.
(Princesa Clarinda prosiguiendo.)
Ya aquí podéis de leonado
(que sabéis que es mi color)   520

labrad un león domado,
laso, triste y atraillado,
sin esfuerzo ni vigor.
Jueguen con él Cupidillos
que lo aflijan y castiguen,   525
y a dar bramidos le obliguen;
que fueron y son cuchillos
que me afligen y persiguen.
(Letra.)
  ¿Qué más crueles castigos
a los más valientes reos   530
que los que dan los deseos?
BELID. Ya, león, tu España y Maya,
defiende preso de amor,
pues de ellas eres señor.
(Princesa Clarinda prosiguiendo.)
  Así mis penas labradas   535
por vuestras hermosas manos,
blancas, dulces, torneadas,
quedarán eternizadas
por trofeos soberanos.
Verá, quien las viere, en ellas,   540
pues fue de mi desventura
la causa vuestra hermosura,
que muerte a manos tan bellas,
es muerte dulce y segura.
Y porque quede el dechado,   545
que todo cuadre con él,
pondréisle de aceitunado,
pardo, amarillo y morado
alrededor un cairel.
Ninguna seda sea floja;   550
toda la torced de suerte
que como mi amor, sea fuerte;
y no falte seda roja
por vos, que causáis mi muerte.
(Letra.)
  A quien penas y tormentos,   555
y amor hacen compañía,
morir por mí es alegría.
BELID. Ya vive ledo que esperas
en Maya marzo de amores
y abril y mayo de flores.   560
ERMIL. Mueran ambas, que si alguna
se nos escapa, nos daña,
y a eso venimos a España;
do nos llevó la fortuna,
y un año menos de nueve   565
nos ha tenido, atendiendo
oportunidad, cociendo
la rabia y veneno aleve.

BELID. ¿Que habéis, princesa, querido
refrescar de Belidiana   570
la llaga cruel, insana,
que en su pecho abrió Cupido?
No es justo, mujer casada,
aunque tenga descontentos,
a pasados pensamientos   575
en su memoria dé entrada.
(Vanse las primas.)
ERMIL. Fuéronse; vamos de prisa,
y antes de ser descubiertos,
dejemos maridos muertos
con fiera reina y princesa,   580
y con el príncipe griego,
que hoy hemos visto en Arabia,
salvaremos nuestra rabia,
que ha de dar las velas luego.
(Vanse.)

ACTO SEGUNDO

Escena primera.

(Venus, Adonis.)
[VEN.] Muéstrate a los fugaces   585
animales, mi Adonis, bravo y fuerte;
de las fieras audaces
huye y teme la muerte;
no quieras, que infelice sea mi suerte.
No fatigues aquéllas,   590
a quien de unas dotó naturaleza,
que ni mejillas bellas,
ni edad, ni gentileza
moverán, ni ojos bellos su fiereza.
Son un linaje infesto   595
a mí y a cosas mías; si supieran
que en ti mi amor he puesto,
ya contigo estuvieran,
y venganza cruel hecho en ti hubieran.
ADON. La causa, diosa mía,   600
de ese aborrecimiento oír deseo;
pues tu gran monarquía
al tigre, y oso feo,
se extiende y no perdona su trofeo.
VEN. Pues oír quieres, vida,   605
el principio y origen porque sea
de estos aborrecida

tu dulce Cyterea,
óyeme atento, y todo en mí te emplea.
Si quieres, a la sombra   610
que este árbol nos ofrece regalada
(sirviéndote de alfombra
mi veste, aunque delgada)
nos podemos sentar, que estoy cansada.
(*Siéntanse.*)
La hermosa y bella Atalanta,   615
hija del rey Esqueneo;
a quien ligereza Apolo
y belleza dio tu Venus,
él en competencia mía,
yo en competencia de Febo,   620
dotándola de las gracias
que nos dio el benigno cielo,
que ninguno distinguía
si era mayor el extremo
de su beldad singular   625
o el de su vuelo ligero.
Viéndose entrar en los años
que del amoroso fuego
no se libran y marido
el padre darle queriendo,   630
el oráculo de Apolo
consultó sobre el suceso
de sus bodas, mas no pudo
consolarla el dios del Delo.
"No te conviene", le dijo,   635
"rendir el hermoso cuello
al duro yugo y pesado
de Venus, Juno, Himeneo.
Huye el uso de marido,
que te será acero y fiero;   640
aunque no podrás huirlo,
y él traerá al fin postrero".
Tanto la cruel respuesta
la asombró del dios timbreo,
que el solo nombre de esposo   645
le es espantoso y horrendo.
Y con propósito firme
de jamás admitir dueño
en su dulce libertad,
se retira al bosque espeso.   650
Por las más sombrías selvas
vive, sin querer ver pueblo,
ciudad, aldea, ni corte
del rey su padre, ni a él verlo.
A los muchos pretensores   655
de su tálamo, el recelo

de morir en la demanda
hace poner tierra en medio.
"Porque de ninguno", dice,
"seré amoroso trofeo   660
si en curso y velocidad
no me venciere primero.
Mas todos deben morir
no venciendo, sin remedio,
que otro precio que su muerte   665
de parte de ellos no quiero".
Aunque la ley era dura,
el premio era tan supremo,
que no faltaron amantes,
que se tenían por cuerdos.   670
Sentádose había Hipómenes,
a ver el pesado juego,
y dicho "¿que haya en el mundo
quien, con peligro tan cierto,
quiera mujer? ¡O amadores   675
insanos, de poco seso!
¿Cuál locura, cuál furor
locos, tontos, es el vuestro?"
Cuando vio la faz hermosa
y sin manto el gentil cuerpo,   680
cual el mío o cual el tuyo
si tú fueras mujer, bello,
espantado, y sin sentido
quedó el incauto mancebo;
y levantando las manos,   685
dijo: "Perdonad mi yerro;
perdonad, discretos jóvenes,
el agravio que os he hecho
en culpar vuestros amores,
que mi grave error confieso.   690
Fue la causa de mi culpa
no haber visto el digno premio,
que vuestros ánimos mueve,
y a tal empresa os da esfuerzo".
Cuanto más la loa el triste   695
tanto crece más su incendio,
deseando que ninguno
venza a la dama corriendo.
"¿Mas por qué de esta contienda
ser uno", dice, "no intento   700
y no pruebo si mi suerte
es tan dichosa que venzo?
A los audaces ayudan
la fortuna y niño ciego,
y a los tímidos repelen   705
de su rueda y de su imperio".

En tanto que está consigo
Hipómenes revolviendo
tales consideraciones
en su mente y pensamiento,   710
la bella virgen, que excede
a las aves en el vuelo,
a las espaldas dejaba
estadio, amantes y viento.
Y aunque escítica saeta   715
parecía al joveneto,
más su singular decoro
lo admira y tiene suspenso,
porque el correr su hermosura
aumenta y el soplo tierno   720
de una aura sutil que lleva
tremolando sus cabellos.
El cansancio siendo causa
que el virginal rostro ledo
en su nieve pura admita   725
un rojo color bermejo,
no de otra suerte que cuando
en el atrio descubierto
causa sombra entremezclada
roja y blanca el rojo velo.   730
En el ínterin que el huésped
advierte y nota todo esto,
Atalanta victoriosa
llega al señalado término.
Y con festiva corona   735
celebra sus vencimientos;
con gemidos los vencidos
pagan la pena muriendo.
Mas él, los ojos en ella,
sin asombro ni escarmiento   740
de los tristes amadores,
deja animoso su asiento.
"¿Por qué quieres fácil título",
dice, "estos flojos rindiendo?
Contiende conmigo, a quien   745
vencer será honra y provecho.
Y no será afrenta tuya
del hijo de Megareo
ser vencida, de Neptuno,
padre de Onquesto, bisnieto".   750
Con blando rostro lo mira
la virginela, diciendo,
"¿Qué dios cruel, envidioso
en tal locura lo ha puesto,
y le manda que apetezca   755
de su vida con riesgo

casar conmigo? No soy
de tanto valor y precio.
No me conmueve su forma,
aunque bastante es a ello,   760
si no que es niño y su edad
le tiene en los años tiernos.
¡Cuán virginal rostro tiene
en el pueril aspecto!
O si no me hubieras visto,   765
mísero Hipómenes necio,
digno eras de vivir;
y si los hados acerbos
no me negaran las bodas,
digno de gozar mi lecho",   770
dijo; y como principiante,
no siente el fuego ya preso
del dulce amor, que aunque ama,
no alcanza bien el misterio.
Ya comenzar la carrera   775
querían, cuando mi deudo
mi espuma del mar suplica
favorezca sus intentos.
Trajo una aura no envidiosa
a mis piadosos ruegos;   780
movíme a misericordia,
aunque no sobraba tiempo.
Hay un bello campo en Chipre
a quien dicen Damasceno,
consagrado al nombre mío,   785
de mis aras digno censo.
En él un árbol leonado
levanta su copa, haciendo
con los crepitantes ramos
y fruta de oro reflejos.   790
Tres manzanas yo traía,
que acaso del árbol crespo
con mi mano había cortado
para mi entretenimiento.
A Hipómenes me llegué,   795
que sólo vio el don soberbio,
y dándoselas del uso
de ellas le di los preceptos.
Dieron la señal las trompas,
cuando los dos, que dispuestos   800
ya estaban, la suma arena
tocan con los pies ligeros.
Creyeras les dieran paso
por el golfo el dios Nereo,
y por las canas aristas   805
los espigados barbechos.

El clamor, favor y voces
de todos que en un concento
a Hipómenes apresuran,
espuelas le son y aliento.   810
Dudaras si más se alegra
el hijo de Megareo
del aplauso de la gente,
o la hija de Esqueneo.
Cuántas veces, aunque pudo   815
pasar delante venciendo,
detuvo el paso y los ojos
en el ya amado sujeto.
La boca lasa y cansada
árido daba el anhelito;   820
y el blanco, señal y fin
de la carrera está lejos.
Cuando de las tres manzanas
la una el nieto de Onquesto
arroja, y la bella infanta   825
la vista al rico cohecho,
declina el curso y levanta
el bello pomo almizqueño;
pasó Hipómenes delante,
causando en todos contento.   830
Ella la mora corrige
con vuelo ligero y presto;
y otra vez a las espaldas
deja al amador sin tiento.
Con la segunda manzana   835
detenida, en un momento
le vuelve a alcanzar ligera,
cual si fuera leve céfiro.
Quedaba la última parte
del curso largo y molesto;   840
cuando, invocando mi nombre,
arroja el pomo tercero.
Dudó si por él iría
la boba; mas tal afecto
causó en ella, que por fuerza   845
se arrojó al dorado cebo.
Puse en la bella manzana,
que era la mayor, tal peso
que la detuvo; y sin pulsos
Hipómenes llegó al puesto.   850
Quedó Atalanta vencida
sin pena del vencimiento;
coronan al vencedor,
y hácese el casamiento.
¿Era yo digna, mi Adonis,   855
que en buen agradecimiento

éste gracias me rindiera,
y ofreciera olor de incienso?
Pues ni gracias me rindió
ni incienso ofreció en mis templos;   860
convertí en súbita ira
mi dolor y menosprecio.
Pasaban los desposados
por la selva de los fresnos,
do a la madre de los dioses   865
levantó en pasados tiempos
Echión templo devoto;
convidólos a sosiego
el cansancio del camino
y el lugar fresco y ameno.   870
A Hipómenes ocupó
intempestivo deseo
de su querida Atalanta
por mí infundido en su pecho.
Torpemente los sagrarios   875
profana del sacro templo;
quiso la madre Cibeles,
que los sorbiese el averno.
Parecióle leve pena;
y revocando el decreto,   880
convirtió en leonadas crines
las que hebras de oro fueron.
Los hombros en espaldillas,
en corvas garras los dedos;
y dioles colas que barran   885
descansadamente el suelo;
rostros crueles, feroces
que vuelvan bramidos fieros,
por las palabras y voces
que expresaban sus conceptos.   890
Y del todo transformados
en leones verdaderos,
a su carro singular
los ligó y unió con frenos.
(Aquí acabó Venus, y ambos se levantan.)
ADON. A tu Adonis moviera   895
a compasión el caso lastimoso;
si castigo no fuera
justo, aunque riguroso,
de tu brazo, mi Venus, poderoso.
Sea, diosa, tu gloria   900
de todos los mortales conocida;
celebren la memoria
del hecho esclarecida,
siendo amada de todos y temida.
Tu fama gloriosa   905

en todo el universo sea eterna
de bella y poderosa;
y en la región superna
la célebre la corte sempiterna;
la hermosura de Juno   910
el olvido consuma, y la de Palas;
el reino de Neptuno
conozca que en las salas
del poderoso Jove te señalas.
VEN. Amado Adonis mío,   915
sabes la ira y enojo que me tienen
éstos, que te desvío;
huye de ellos, que vienen
con peste, y sangre y carne los mantienen.

Escena segunda
del acto segundo.

(Cupidillos, Vulcano, Venus, Adonis.)
UN CUP. ¡Cuán bienaventurado   920
aquél puede llamarse,
que del signo de Capricornio escapa!
Y vive descuidado
y lejos de casarse,
para cubrir errores con su capa.   925
No ha menester gualdrapa
que encubra los defectos
de su haca trabada
hambrienta y trasijada.
VEN. No te vean, Adonis, los que nietos 930
de Júpiter hiciste.
¿Es mi Vulcano aquél? Ay de mí triste.
Por ahí te desvía,
no venga en rastro tuyo.
CUP. 2 ¿Sabes, Vulcano, Venus es mi madre?
¿Y que aunque es madre mía,   936
y yo soy hijo suyo,
y tú eres su marido, ser mi padre
no es posible, te cuadre;
que Adonis el hermoso   940
a mí y a éstos dio vida?
ADON. Dame, diosa querida,
licencia que dé muerte a aquel cerdoso
jabalí, antes que huya.   944
VEN. Huye tú de ése, que es la muerte tuya.
(Vanse Adonis y Venus tras él.)
VUL. Perros perdigonzillos,
que no estáis engendrados,

cuando ya estáis nacidos; y en el punto
tenéis los alonzillos.
De mil plumas poblados,   950
corréis, crecéis, voláis todo allí junto;
o traidores, trasunto
y claro testimonio
del traidor, que mi frente
ciñe de cuerno ardiente.   955
¡Triste y desventurado matrimonio!
¡Tristes bodas las mías;
lóbregas noches, infelices días!
CUP. 1 Consuélate con Baco,
con Pan, con el Tonante,   960
que en el templo de Hamón colgó sus
    cuernos.
VUL. Y vos rapaz bellaco,
también de una tirante
colgaréis vuestros huesezillos tiernos.
CUP. 1 Si quiere muchos yernos   965
con su hija mi abuelo;
y quiere de mi madre
muchos nietos su padre,
y tú no se los das; di, vejezuelo,
con tus brazos tiznados,   970
¿por qué no quieres tú muchos alnados?
(Y dale con el azote.)
VUL. Yo os prometo, si os cojo,
travieso bellaquillo,
que una mano yo os dé, que os acuerde.
(Y sacúdele.)
CUP. 3 Y también un pie cojo.   975
VUL. ¿Así mal rapazillo,
vos me pagaréis?
CUP. 1   Di, viejo verde,
¿cómo quieres concuerde
con tu pie cojo y copo,
con tus manos tiznadas,   980
con tus piernas quebradas,
con tu boca soplona, ojos de topo,
los ojos, tez, blancura,
la gracia de mi madre y hermosura?
VUL. Porque la muy bellaca,   985
que de oriente a poniente
no hay otra tal en todo este hemisferio,
verde como albahaca,
falsa como serpiente,
señora del copioso y grande imperio   990
del cruel adulterio,
por ser rosita blanca,
y damita hermosa,

ha de entender, que esposa,
siendo mía, sus gracias todas manca;   995
¿y no son sus facciones
para tratar mis fraguas y carbones?
CUP. 2 Porque tú te lo dices,
porque es linda mi madre,
y tú eres un feísimo herrero.   1000
(Y sacúdele.)
VUL. Pues si no te desdices,
ni te valdrá tu padre,
ni las alas, ni azote de escolero.
(Repélale.)
CUP. 1 Ay, padre mulcíbero,
quedo, que me repelas.   1005
Ay, ay, que me lastimas.
VUL. Aunque llores y gimas,
perros, ¿todos a mí?
CUP.. 3   Dientes y muelas
no se dejen al viejo.   1009
CUP. 1 Hagamos un zurrón de su pellejo.

Escena tercera
del acto segundo.

(Vulcano, Apolo, Cupido, Cupidillos.)
VUL. ¿Sobre todos mis males,
quien sobreviene ahora
para alivio y consuelo de mis penas?
¡Estos ricos metales
la risueña señora   1015
me enviará del oro de sus venas!
De rosas y azucenas
coronadas las sienes
trae el señor Cupido;
algún triunfo ha tenido.   1020
CUP. Loquillos, apartaos. Ya, padre, tienes
de tu injuria venganza;
y ya, Marte mi padre, buena andanza.
Ya el que te deshonraba
y gozaba tus tálamos,   1025
en los campos sabeos yace muerto.
Y ya el que me afrentaba,
escribiendo en los álamos
él, y las ninfas, ser notorio y cierto
ganarme al descubierto   1030
el premio de hermoso,
yace frío y helado,

pálido y desangrado,
como Apolo, que el caso lastimoso
vio y oyó, a tu Ericyna   1035
cantará por mi amor con voz divina.
APOL. *(Cantando.)* El cuerpo del bello Adonis
yace desangrado y muerto
en los brazos y regazo
de la diosa de Citero.   1040
El oro fino de Tibar,
que enlazó altivo cuello,
caído sobre la frente
del malogrado mancebo.
Eclipsados los dos soles,   1045
que solían ser espejos,
en que mirarse solía
la que los mira traspuestos.
Las azucenas y rosas
pálidas del mortal hielo,   1050
los rubíes de los labios
entre cárdenos y negros.
Las perlas finas de Oriente,
el marfil del lindo suelo,
y la púrpura de Tiro,   1055
perdido el valor supremo.
Diole muerte un jabalí
en cuyos colmillos fieros,
los hados sus enemigos
amolaron sus aceros.   1060
CUPIDILLOS *(Cantando.)* Ay, padre Adonis,
presto
huérfanos nos dejó tu fin funesto.
VUL. *(Cantando.)* Llorad, llorad, hijuelos,
llorad noches y días vuestros duelos.
CUPIDILLOS *(Cantando.)* Y tú con ojos
pródigos y tiernos,   1065
llora, Vulcano, tus ramosos cuernos.
APOL. *(Prosiguiendo.)* Tuerce la diosa sus manos
y besa las que excluyeron
con su amorosa blancura
las tiznadas del herrero.   1070
La guirnalda que ceñía
el oro de sus cabellos,
con los dientes despedaza,
como mordida de perro.
Hiere sus sacras mejillas,   1075
y a las difuntas da besos;
muerde sus labios y pone
los del joven muerto en ellos.
Sus blancos brazos enlaza

al blanco alabastro terso 1080
de la garganta, que fue
su paz, su gloria y consuelo.
Llegó a la herida mortal
la boca, y su hijo ciego,
que su corazón inflama, 1085
palabras le dio de fuego.
CUPIDILLOS. (*Cantando*) Ay, padre Adonis, presto
huérfanos nos dejó tu fin funesto.
VUL. (*Cantando*) Llorad, llorad, hijuelos,
llorad noches y días vuestros duelos. 1090
CUPIDILLOS. (*Cantando*) Y tú con ojos
pródigos y tiernos,
llora, Vulcano, tus ramosos cuernos.
VUL. O rojo Febo Apolo,
el alto Panonfeo
a tu lira propicio siempre sea; 1095
y cedan a ti solo,
o niño erycineo,
cuantos suelen hollar la vía láctea.
Que así de Citerea
nuevas tan agradables 1100
ambos me habéis traído,
y del galán querido,
por quien dejó sus tedas maridables,
juntos quiero abrazaros
y recibiros por amigos caros; 1105
y vosotros, hijuelos,
llorad noches y días vuestros duelos.
CUPIDILLOS (*Cantando.*) Y todavía tù con
ojos tiernos,
llora por Marte más ramosos cuernos.
(*Vanse todos.*)
(*Aquí se sigue el Entreacto primero de esta
segunda parte.*)

ACTO TERCERO

Escena primera

(*Atlante, rey de España; Maya, su hija, princesa
de España; Hércules, conde de la Bética, sobrino
de Atlante; caballeros españoles.*)
ATL. Estos, hija, los jardines 1110

y campos sabeos son;
no sólo en esta región,
mas en todos los confines
de la tierra celebrados,
por el templo de Cibeles; 1115
y ser de Venus vergeles,
de ella y su Adonis hallados.
HER. La fiesta de Berecintia
llenos de gente los tiene,
que a verla y honrarla viene, 1120
cual maravilla corintia.
ATL. Aunque los campos anteos
célebres hace en Arabia
de Anteo y Tyfón la rabia,
excédenles los sabeos. 1125
(*Maya consigo.*)
MAYA. Si mi dulce Clarisel
los honrara y alegrara,
yo los campos los llamara
Elíseos de leche y miel.
Mas no sé si ha de cumplir 1130
la palabra por Yleda
dada y escrita y se queda
en su esparta por venir.
No es posible sea olvido,
falta de salud ser puede. 1135
Téngala él, aunque se quede,
que es travieso aquí Cupido.
Y puede alguna quimera
su presencia soberana
engendrarme en Belidiana, 1140
que fue su afición primera.

Escena segunda
del acto tercero.

(*Aglaya, Talía, Eufrosina, Atlante, Maya,
Hércules, caballeros españoles.*)
(*Las Gracias juntas bailando y cantando en coro.*)
Sea bien venida la linda Maya
a los campos sabeos de la rica Arabia.
AGLA. Sea bien venida con su padre
Atlante,
rey de las Españas, hasta el mar de Cádiz,
Venus nuestra diosa dice que sea 1146
bien venida a Arabia la española desa.
(*Todas las Gracias en coro.*)

Sea bien venida a la linda Maya
a los campos sabeos de la rica Arabia.　1149
TAL.　Sus gracias le envía Venus nuestra reina,
aunque está tristecilla de una tragedia.
Sus gracias le envía Venus mi señora,
para que se ensayen a alegrar sus bodas.
(Todas tres en coro.)
Sea bien venida la linda Maya
a los campos sabeos de la rica Arabia.　1155
EUFR.　Este mundo de oro, que labró Vulcano,
y labró sus penas, remite a sus manos,
este mundo de oro en señal le envía,
que hoy hereda Maya toda su alegría.
(Todas tres en coro.)
Sea bien venida la linda Maya　　　1160
a los campos sabeos de la rica Arabia.
AGLA.　Salve, hermosísima Maya,
oído has nuestro mensaje,
recibe el divino gaje
y por tus damas a Aglaya,　　　　1165
a Talía y Eufrosina,
de Venus las Gracias tres.
MAYA.　Tanta gracia y merced es
de tan grande diosa digna.
ATL.　Abrazad, Maya, a las Gracias,　1170
que yo a sus divinos brazos
no perdono tres abrazos,
que ahuyenten mis desgracias.
MAYA.　Los míos quiero que sean
doblados.
AGLA.　　　Estos serán　　　　1175
los que os dará hoy un galán
que ya estos campos recrean.

Escena tercera
del acto tercero.

(Hespero, rey de Italia, hermano de Atlante;
Hesperia, su hija, princesa de Italia; Perseo,
sobrino de Hespero, hijo de hermana; caballeros
italianos; Atlante; princesa Maya; Hércules;
caballeros españoles; Gracias.)
[HESP.]　Con razón en todo el mundo
estos campos son famosos;
¡qué amenos y deleitosos!　　　　1180
¡qué cielo alegre y jocundo!
Aunque Italia tiene algunos
espaciosos y patentes,

no gozan los excelentes
aromas de éstos ningunos.　　　　1185
PERS.　El templo de Berecintia
es el que allí se levanta.
HESP.　Con tan arrogante planta
que no se humilla al de Cintia,
limitadamente al día　　　　　　1190
de la fiesta hemos llegado.
PERS.　Ya Atlante se ha anticipado
con Maya y su compañía.
HESPERIA.　De Europa y Asia la gente
más granada ha concurrido.　　　1195
HESP.　Siempre Berecintia ha sido
venerada sumamente.
Vos hija, gran devoción
le tened, que es mi abogada,
cuanto siempre venerada　　　　1200
de la itálica nación.
UN CABALLERO ITALIANO.　A Rogerio y
Belidiana
di tu mensaje, señor,
y estimaron el favor
con respuesta cortesana.　　　　1205
Y luego dieron intento
a los que les asistían,
que por sí propios querían
salir al recibimiento.
HESP.　O hermano, rey de mi España,　1210
seáis con salud llegado.
ATL.　Y vos Hespero esforzado
con la felice campaña.
(Apártanse a hablarse.)
HESPERIA.　Seáis, prima, bien venida.
MAYA.　Seáis, prima, bien llegada　1215
para volver desposada.
HESPERIA.　Vos a vuestro griego unida.
MAYA.　¿Yo, princesa?
HESPERIA.　　　　¿Vos, princesa,
¿Conmigo melindres tantos?
MAYA.　¿Yo, griego?
HESPERIA.　¿Conmigo espantos?　1220
Que tengo noticia expresa
de Yleda, que es el tesoro
vuestro el invencible argivo.
MAYA.　Como el vuestro Beloribo.
HESPERIA.　Confieso.
MAYA.　Y yo, que le adoro.　1225
(Hablan en secreto.)
HESP.　Contentaos, hermano Atlante,
con el reino de mi España

que me tenéis usurpado,
y dejadme en paz a Italia.
Pues de Hércules nuestro tío,   1230
no os agradó ni os agrada
la elección que de mí hizo,
y me echastes de mi casa.
Yo os renuncio libremente
cuanto el Tajo y Betis bañan,   1235
todos los campos tartesios
y columnas gaditanas,
y con la tutela sola
de Cambo Blascón toscana
me contento, que por él   1240
y los suyos me está dada.
Que él siendo de edad adulta,
a Hesperia, mi hija, en arras
la dará, y será otro título
que justifique mi causa.   1245
ATL. Hespero, vuestra amistad,
vuestro amor y vuestra gracia
yo estimo en mucho, que sois
hermano amado del alma.
Mas sabéis mi mayoría   1250
y que me fue suplantada
por Hércules nuestro tío,
que os introdujo en España.
Gozastes de ella once años;
yo la conquisté por armas;   1255
dejeos por ella a mi Lacio,
y cuanto riegan las Albulas.
No debéis tener envidia
de mis felices andanzas,
antes os doled del peso   1260
que sustentan mis espaldas.
Que aunque en los Elíseos Campos
gozo de suaves auras,
todas las he menester
contra el eje que las carga.   1265
Si los astros no me mienten,
y mi ciencia no me engaña,
vos, Hespero hermano mío,
gozaréis en paz a Italia.
Rey, como sois, moriréis   1270
con quietud en vuestra cama;
y vuestro hijo (aunque espurio)
será del Lacio monarca.
Casarémosle con Roma,
hija mía, y de Leucaria   1275
la bellísima española,
de Hispalis originaria.

Serán virreyes por mí
y por Electra su hermana,
que casará con Blascón   1280
Corito de la Toscana.
O Roma, Roma valiente,
(que así tu nombre te llama)
cuantos ilustres varones,
valerosas hembras cuantas.   1285
De tu consorte y de ti
veo ser ramos y ramas,
que darán felices frutos,
de claro renombre y fama.
No solamente varones,   1290
que fundarán grandes casas,
serán de mi España gloria
con valerosas hazañas,
mas ilustrísimas hembras,
y entre ellas las de Simancas,   1295
descendientes de mis líneas,
que serán su honor y fama.
Desterrarán con Ramiro
y con la sangrienta espada
del hijo mayor del trueno   1300
las torpes y necias parias.
O glorioso Pelayo,
que de su real prosapia
Ramiro procederá,
ellas y segunda Maya.   1305
Y está de mis limpios reinos,
parias de la misma casta,
devengará celebrando
nuestra venida hoy a Arabia.
O Leonor, honor hesperio,   1310
o española Mariana,
que de los Campos Elíseos
seréis olivas y palmas.
Dolor me dan vuestras manos,
y su sangre derramada,   1315
mas ellas y ella serán
nobleza de vuestras patrias.
Consolaos, que será riego
de felicísimas plantas,
sangre tan ilustre y noble,   1320
sangre tan fina y preclara.
En sus venas la tendrán
dos en la grande Vandalia,
que también procederán
de descendientes de Maya.   1325
En los tiempos de Felipe
tercero de las Españas,

que por una Margarita
les dará cinco esmeraldas.
De tanta diafanidad, 1330
grandeza y belleza tanta,
que a diamantes y carbunclos
harán notorias ventajas.
La noble y leal Sevilla
de los dos será la patria, 1335
en la cual celebrarán
sus bodas y las de Maya.
Con ellas solemnizando
la belleza soberana
de la Madre del gran Dios, 1340
que de ambos hará una planta.
Yo quisiera, hermano Hespero,
que con Hércules casara
vuestra Hesperia, y con Perseo
Maya, porque ambos las aman. 1345
Y con estos casamientos,
vuestras paces renovadas
fueran por toda la vida
y por mi parte juradas.
Mas hallo que sus estrellas 1350
son mayores luminarias;
no lo entiendo bien, que hoy veo
en sus cabezas guirnaldas.
HESP. Conténtame el pensamiento;
casémoslas, que bien casan 1355
con sus primos, españoles,
hijos de nuestras hermanas.
Que aunque no tengan coronas,
las nuestras han de ser de ambas,
y con ellas la figura 1360
será cierta que levantas.
ATL. Hoy, hoy las ve en sus cabezas,
hoy las ve mi judiciaria,
no pueden las nuestras ser,
que son de otras flores varias. 1365
Mas vamos a visitar
a Rogerio y Belidiana,
y no les hablemos antes
sobre el discurso palabra,
que si ello está de los cielos, 1370
de los dioses y las hadas,
mejor en ellos serán
Hesperia y Maya empleadas
que en Curetes, Lestrigones,
Titanes, Traces, Galatas, 1375

Tesalos, Ionios, ni otros
que del orbe sean monarcas.
HESPERIA. Muertas somos, si oí bien
lo que nuestros padres hablan;
que a sus sobrinos nos quieren 1380
hoy sacrificar a ambas.
MAYA. No permita Juno tal,
menos Venus y sus Gracias;
que ya otro en mi pecho mora,
y otro yugo mal descansa. 1385

Escena cuarta
del acto tercero.

*(Vulcano, Cupidillos, Hespero, Atlante,
Hércules, Perseo, princesa Maya, princesa
Hesperia, Aglaya, Talía, Eufrosina, españoles,
italianos.)*
(Vulcano y Cupidillos, danzando y cantando.)
Sea bien venida la linda Hesperia
a los campos sabeos de la Arabia amena.
VUL. *(Cantando.)* Sea bien venida con su
padre Hespero,
de los Alpes rey, al romano suelo.
Juno mi señora dice su Iris sea 1390
la que alegre hoy a Arabia por vos,
princesa.
EL y CUPIDILLOS *(En sarao.)*
Sea bienvenida la linda Hesperia
a los campos sabeos de la Arabia amena.
Dos CUPIDILLOS. *(Cantando.)*
Juno le presenta de Adonis los hijos,
que le sirvan de pajes y de meninos. 1395
Por ser antenados de su hijo Vulcano,
como buena tutora les da buen amparo.
(Vulcano y Cupidillos, danzando en sarao.)
Sea bienvenida la linda Hesperia
a los campos sabeos de la Arabia amena.
(Tres Cupidillos cantando.)
Como tutriz nuestra, Juno nos envía, 1400
que sus pies besemos y lo que pisan.
Para que besemos de Hesperia los pies,
con el del pie cojo remite a los tres.
(Vulcano y Cupidillos cantando.)
Sea bienvenida la linda Hesperia
a los campos sabeos de la Arabia amena.

VUL. Juno, hermosísima Hesperia, 1406
    suprema diosa entre todas,
    en señal que de tus bodas
    es llegada ya la feria,
    estos brincos brincadores 1410
    te remite, y mis pies cojos,
    que no serán los más flojos.
HESPERIA. Son soberanos favores.

Escena quinta del acto tercero.

(Yleda, Pan, Clarisel, Beloribo, Birano,
Vulcano, Cupidillos, Atlante, Hespero, P.
Maya, P. Hesperia, Hércules, Perseo, Aglaya,
Talía, Eufrosina, españoles, italianos.)

[YLEDA.] Ay, altos reyes, socorro;
    ay Hesperia, ay Maya mía, 1415
    que me lleva esta harpía,
    este sátiro, este zorro.
CLAR. Deja, monstruo, la doncella,
    que basta venido haya
    de las Españas con Maya 1420
    para temer ofendella.
PAN. Pues no te puedo gozar
    por los muchos que me atajan,
    que en cuadrilla juntos rajan;
    tus brazos me han de vengar. 1425
YLEDA. Ay cruel, malos pellizcos
    con sus tenazas Vulcano
    te saque en el siciliano
    volcán y en sus fieros riscos.
(Huye, y vase Pan.)
ATL. O príncipe valeroso. 1430
HESP. O ilustre rey macedón,
    ¿también en esta región?
BELOR. Un vendaval proceloso
    nos derrotó en sus riberas
    cuando hoy de Titón la esposa 1435
    mostraba su faz hermosa
    y sus rubias cabelleras.
(P. Maya, aparte a las Gracias.)
MAYA. Gracias, ¿puedo temer celos
    de Belidiana?
AGLA.   Serían
    que a ti sola agraviarían 1440

    impertinentes recelos.
    Sabes que no el austro fiero,
    más tú de Grecia sacaste
    y a Arabia lo navegaste
    a tu leal caballero. 1445
    Sabes que te suplicó
    por Yleda acompañases
    a tu padre y lo esperases
    donde, aunque amó, ya olvidó.
HESPERIA. ¿Puedo yo, Aglaya, temellos,
    que Clarinda aquí también 1451
    se halla?
AGLA.   Y tú sabes bien
    que no traes por los cabellos
    a tu rey de Macedonia,
    a quien sin otra violencia 1455
    ha traído a tu presencia
    tu deseada colonia.
    Porque supo el rey tu padre
    te prometió a Berecintia
    cuando a vuestra Efesia Cintia 1460
    también te ofreció tu madre.
ATL. Al recibimiento, hija,
    de Venus quedaos en tanto,
    que al templo llegamos santo,
    que a Cibeles regocija. 1465
HESP. Vos también, hija, podéis
    con vuestra prima quedaros,
    y con Juno festejaros,
    a quien tanto honor debéis.
(Clarisel aparte a Maya.)
CLAR. Allá os llevo, mi señora, 1470
    en mi alma y corazón.
MAYA. Y yo a vos en posesión
    de la que os ama y adora.
BELOR. Y yo a vos, señora mía,
    en mi corazón y alma. 1475
HESPERIA. Y yo a vos dada la palma
    en mi mente y fantasía.
(Vanse todos y quedan Yleda y Birano.)
BIR. Cuéntame, Yleda, la historia
    de mi señor y de Maya,
    con pie y cabeza, que haya 1480
    para todos pepitoria.
YLEDA. Por el amor que me tienes,
    y porque si más callase,
    podría ser reventase,
    quiero abrir los almacenes. 1485

Ocho años son cumplidos
que aquí de ti me partí,
para volver a mi casa
como en efecto volví.
A mi hermano Darsileo   1490
hallé bueno, y referí
las paces que con el rey
en su nombre concluí.
De tu Cryselo y Lisdanso,
entendido rió el fin   1495
de las malogradas joyas,
que ambos suplieron por mí.
Sintió mucho, cuando supo
que Clarinda al mes de abril,
el abrir no suspendió,   1500
siendo malva loca al fin.
Mas mucho más cuando oyó
que a los tres años de lid
casó a la Belidianilla
su padre, el viejo ruin.   1505
Ofendióse te atrevieses
a querer ser mi rocín,
llevándome hasta Grecia,
sin latín y sin florín.
Carteóse con Atlante   1510
del Tajo al Gualdalquivir,
del Ebro al Duero monarca,
y con el rey paladín.
Díjoles que si era Maya
azucena, buen jardín   1515
era Esparta y Macedonia,
si su prima era jazmín.
Mas yo los hallé inclinados,
el de Italia al varonil
Hércules, que es su sobrino   1520
por la línea femenil.
Y el español a Perseo,
que es tío, aunque no viril,
de Maya, pero a las dos
más cuadra mi retintín.   1525
Conmigo se declararon;
labró en ellas mi buril,
y a las cartas respondieron
que de los dos a ambas di.
Finalmente, hoy se las tengo   1530
con sola mi industria aquí,
que con sus padres las traigo
con la ocasión del festín
de la madre de los dioses,
que toda Arabia feliz   1535

celebra felicemente;
tú ahora tu historia di.
BIR. Pues son ocho años cumplidos
que oíste, mi bella Yleda,
en esta hermosa arboleda   1540
mis suspiros y gemidos.
Premia mi amor y fe pura,
premia este cartel, que cuando
de aquí partimos penando,
yo dediqué a tu hermosura.   1545
(Yleda lee en una haya.)
YLEDA. El tercero lugar se debe a Yleda,
hija bella del conde Calineo;
cuyo brío, beldad y gracia veda
que otra alguna merezca este trofeo;
confiese esta verdad o no proceda   1550
adelante guerrero, que el deseo
quien puso en ella, y en su amor se enciende,
su beldad suma o el pasar defiende.
(Y sacando la espada de la vaina, dice:)
Falso, con esta tu espada
venganza de ti me diera,   1555
que por medio te hendiera,
si a piedad inclinada,
que al fin me amas, no estuviera.
Y con ella y fuerte lanza,
y tu arnés y mi pujanza   1560
defender yo no pensara,
mi hermosura insigne y rara
ser la que el primado alcanza.
(Quítale el morrión.)
Deja el yelmo para mí,
pues feamente te está,   1565
que mejor me asentará
y el tranzado arnés que a ti.
(Trábale dél para quitárselo.)
BIR. Mi Yleda.
YLEDA.   ¿Y replicará?
Haga, que a tal cuchillada
le dé con su propia espada,   1570
que le deje hecho el rostro
dos o tres como de mostro,
y aun no quedaré vengada.
(Quítase Yleda una saya, y vístese el arnés.)
Esa mi saya se vista,
que de vestidos de hombre   1575
no es digno, ni de tal nombre.
BIR. Mi Yleda.
YLEDA.   No me resista.
BIR. Mi Yleda.

YLEDA.   ¿Espera, le asombre?
 Amigo, con bendición,
 que aquí no hay apelación.   1580
BIR. Mejor es obedecer
 que de tan brava mujer
 incurrir la indignación.
YLEDA. Mi beldad y hermosura,
 que el lugar tiene primero   1585
 defender, amigo, quiero
 con su cobarde armadura,
 aunque de mohoso acero.
 El escribió, amante rudo,
 en la haya yo en su escudo   1590
 escribiré mi epigrama
 que asombro cause a la fama.
BIR. Mi Yleda.
YLEDA.   Hágase mudo,
 que no es el de nombrar digno
 mi nombre en su infame boca, 1595
 ella, quise decir, loca.
 Y mire, que si me indigno,
 que ha de llevar en la coca.
 Este estilo y una mora
 será pluma y tinta ahora.   1600
(Escribe el cartel.)
 Cuelgue, amiga, ese cartel,
 y su señor Clarisel
 defiéndame, a su señora.
(Cuelgue Birano el escudo, y léelo para sí:)
 Sólo falta que mi amante
 lave el rostro en esta fuente, 1605
 y se pele de repente
 con su virtud, que al instante
 no deja pelo a viviente.
 Refrescaos, Birana amiga,
 que os veo con la fatiga   1610
 sudando y abochornada;
 luego vuelvo, estad lavada,
 que voy por otro que os siga.
*(Lávase Birano en la fuente y pélaselo cual se puede
contrahacer, poniéndose media mascarilla de mujer.)*
BIR. Con que semblante yo ahora
 con su saya mujer hecho,   1615
 ¿estás amor satisfecho?
 ¿Osaré a mi clara aurora
 decir otra vez mi pecho?
 Si me transformó en Birana
 mi vida y luz soberana,   1620
 y parezco Lestrigona,
 no quiero decir fregona,

 que tengo saya galana
 o fortuna enemiga,
 ¿qué puedo ya pretender?   1625
 ¿De Yleda ni otra mujer
 que no me diga qué amiga?
 ¿Qué hermana? ¿Sabéis coser?
 ¿Queréis de dueña servir
 de entero o medio partir?   1630
 ¿Mas no habéis de ser picaza,
 queréis para ir a la plaza
 o para en casa y salir?
 Pues a fe, si me levanto
 y voy a vos de una floja,   1635
 que de verde os vuelva roja,
 cobijaos, Birana, el manto.
 ¿No venís, ama? ¿Estáis coja?
 Ya voy, señora. Que vaya
 por vos esperáis, y os traía 1640
 por los cabellos, porcona.
 Ya digo que soy fregona,
 aunque más os pese saya,
 ¿pues qué haré, o saya fiera,
 cuanto el más cruel sayón? 1645
 Pues me has hecho de varón
 mujer honesta soltera,
 ¿a quién no querrá un pelón?
 Mas esperanza en el niño,
 que dará zona y corpiño,   1650
 la que ya ha dado la saya,
 cuando lo principal traía
 por accesorio al aliño.
 De mi blanca armiño,
 con la cual me aliño,   1655
 y de perlas ciño
 mi hermoso brinquiño.
 En el cual apiño
 oro y plata y tiño
 de azul y destiño   1660
 lo negro y constriño,
 que me ame y un liño
 y mil escudriño,
 por no ser lampiño,
 y aunque más le guiño   1665
 del ojo, y retiño
 de púrpura, y giño
 ojuela, y pestriño,
 y en gran son retiño
 todo este campiño,   1670
 al fin viene a decir
 que soy ratiño.

ACTO CUARTO

Escena primera.

(Pan, dios de los pastores; Vertuno, dios de los huertos; Guasorapo, dios de los cazadores.)
[PAN.] Mas nos valiera ser hombres
    que por hombres ser vencidos.
VERT. O dioses, ¿por qué abatidos   1675
    permitís sean vuestros nombres?
GUAS. O dioses superiores,
    ¿por qué sois nuestros contrarios,
    mostrándoos siempre adversarios
    a nuestros gustos y amores?   1680
VERT. ¿Que una sola mujercilla
    tanto se nos resistiese,
    y tanto favor le diese
    de bellacos la cuadrilla?
PAN. Pues por la bella Siringa,   1685
    que adoro, si alguna cojo,
    que ha de saber si mi enojo
    es peor que su mojinga.
    Y ha de querer ser, cual Driope,
    y cual Lotos, convertida   1690
    en árbol, aunque presida
    el amante de Calíope.
VERT. Dos solitas a la fuente,
    vienen; silencio.
GUAS.   Esperemos
    se sosieguen y daremos   1695
    luego en ellas de repente.

Escena segunda
del acto cuarto.

(Birano, Yleda, Pan, Vertuno, Guasorapo.)
[BIR.] Yleda mía, Yleda de Birano,
    lumbre, gloria, descanso, vida y alma,
    ¿cuándo el trofeo he de alcanzar y palma
    y el descanso que espero soberano?   1700
    Ya es tiempo que recibas por esposo
    al venturoso,
    que ves, te adora,
    dulce señora.
YLEDA. Y con su saya   1705
    que ella se vaya

    a buscar dos amantes que uno pueda
    servirla y adorar el otro a Yleda.
BIR. El murmurio suave de esta fuente,
    el canto de la dulce Filomela,   1710
    la fragancia de flores que consuela,
    la aura que espera en ellas blandamente,
    todo viendo mi amor firme y notorio,
    el desposorio
    persuadiendo,   1715
    te está diciendo
    que des la mano
    a tu Birano.
YLEDA. Soy sorda, no oigo tal. Pues tiene saya,
    calce chapines y a buscarlos vaya.   1720
BIR. Acaba, vida; ¿no me prometiste,
    di, aurora mía, de acabar mis penas,
    mis pasiones de angustia mortal llenas,
    por esposa otorgándote a este triste?
    Cúmpleme la promesa, mi luz bella.   1725
YLEDA. La bella es ella.

Escena tercera
del acto cuarto.

(Yleda, rey Beloribo de Macedonia, Birano, Pan, Vertuno, Guasorapo.)
[YLEDA.] Rey Beloribo,
    por quien hoy vivo,
    esta es la fuente
    cuya excelente   1730
    virtud remoza a quien se lava en ella.
BEL. Bien se parece en su alegría bella.
(Lávase y parece quedar pelado, poniéndose otra media mascarilla de rostro de mujer.)
YLEDA. Buenas quedan las dos, bien me han
        pagado
    la injuria que me hicieron sus carteles.
    Parecen retratadas con pinceles;   1735
    ¡qué bien las ha la fuente remozado!
    Por un nivel están ambas peladas,
    y transformadas.
    Voyme, que crean,
    cuando se vean,   1740
    que me están viendo,
    y ambos creyendo
    que yo soy la que allí tienen delante,
    cada uno entenderá que ve a su amante.

PAN. Otra tercera ninfa me parece   1745
    con las dos veo, aunque en más cortos paños
    de montear.
VERT.   No suelen ser extraños
    de la que monte y selvas apetece.
(Vase Yleda.)
GUAS. Una de las primeras se nos vuela,
    la más novela.   1750
PAN. ¿Quién va y la ataja?
VERT. Mucha ventaja
    lleva, esperemos
    si vuelve, o iremos
    a las dos que se quedan en la fuente,   1755
    y el excluído buscará a la ausente.
BIR. Yleda de mi alma y de mi vida,
    lucero celestial de la mañana,
    mi clara luz y aurora soberana,
    trofeo mío, palma mía florida,   1760
    ¿por qué niegas el triunfo soberano
    a tu Birano?
    Rosas y flores
    brindan amores.
    Tú sola eres   1765
    de las mujeres,
    la que a tu tierna edad, florida y clara,
    ¿y a tu Birano quieres ser avara?
BELOR. ¿Estás, Yleda, loca? ¿Qué locura
    es esta tuya?
BIR.   Loco y tonto fuera,   1770
    si en las manos la asida cabellera
    soltara yo, mi Yleda, a la ventura.
BELOR. ¡O lástima, que estaba esta
        faltilla
    tan bonitilla
    en este instante,   1775
    y a su amante
    triunfaba ufano,
    que así a la mano
    se le hubiese venido, sin buscarla,
    después de tantos años de adorarla!   1780
PAN. No vuelve, no hay que esperar,
    salgamos, antes que vuelen
    éstas y se nos chancelen,
    aunque uno vaya a espigar.
VERT. Ninfas, pues sois solas dos,   1785
    escoged dos de los tres.
BELOR. Sin duda que ya esto es
    transformación de algún dios.
BIR. La voz es de Beloribo,

    el cabello, ojos y frente;   1790
    mas la boca le desmiente
    que a Yleda retrata al vivo.
BELOR. Verdad es, que de Birano
    es la voz, mas de Yledilla
    es una y otra mejilla,   1795
    boca, nariz, bozo y mano.
(Llégase a mirar en la fuente.)
    Pobre de mí, que no tengo
    en la barba un solo pelo;
    en la fuente nuestro duelo,
    Birano, he visto.
BIR.   Y yo vengo   1800
    a entender ya nuestro error,
    que mi barba veo pelada
    y media fuente barbada
    con las de nuestro color.
BELOR. También debe de tener   1805
    propiedad en que consista
    ofuscación de la vista,
    que no la deje bien ver.
    Pues tan mal los dos juzgamos
    nuestras antiguas facciones.   1810
PAN. Bellas ninfas, tres garzones
    tenéis, y tres sueltos gamos.
VERT. Dos sois, hermosas auroras,
    nosotros tres, sobra uno;
    ser éste quiere ninguno,   1815
    señaladlo vos, señoras.
    A mí, os suplico, admitáis
    a cualquiera de las dos;
    de los huertos soy el dios
    a quien Vertuno llamáis.   1820
    A la que a mí se otorgare,
    agradaré de manera
    que envidia su compañera
    tendrá que no me llevare.
    Coronaréla de rosas   1825
    purpúreas e hiacintinas,
    alhelíes, clavellinas
    y azucenas olorosas.
    La rica pera y camuesa,
    que madurare primero;   1830
    la almendra, manzana y pero,
    y la guinda, la cereza,
    y mil frutas excelentes
    las habemos de comer;
    y claro y frío beber   1835
    nos darán las claras fuentes.

Las ninfas de los jardines,
siendo de Vertuno esposa,
la conocerán por diosa,
y de rosas y jazmines   1840
a su frente tejerán
de tanto valor guirnaldas
que a las de oro y esmeraldas
la ventaja no darán.
Ea dríadas hermosas,   1845
no perdáis tanta ventura,
que si vuestra hermosura
excede a la de las rosas,
y ambas sois merecedoras
de suerte felice y alta,   1850
merecimiento no falta
a vuestro Vertuno, Aurora.
PAN. Ninfas, cuya hermosura
y cuyos dulces amores
a Pan dios de los pastores   1855
pueden dar rica ventura,
queredme, que soy el dios
de pastores y pastoras.
Ea, rosadas auroras,
¿cuál me quiere de las dos?   1860
La que casare conmigo
tendrá suerte venturosa,
porque siendo ella mi esposa,
el cielo será su amigo.
La ternera y el cabrito,   1865
el grandecillo cordero
ha de comer, y el carnero
merino y el lechoncito.
Rico y picante almodrote
y con agro y salmorejo   1870
el gazapillo y conejo,
tortada y pastel en bote;
albóndigas y nogada,
perejil, mostaza y ajo,
lomos, cecina, tasajo,   1875
berenjenal, pimentada.
¿Qué desearas, traidora,
la que al dios Pan escogieres?
¿De qué silvestres haberes
con Pan no serás señora?   1880
¿No se dice que con pan
los duelos suelen ser menos?
Pues, ¿por qué con Pan más buenos
los contentos no serán?
¿Hay sin pan contento alguno?   1885
¿Hay sin pan algún placer?

¿Sin pan puédenle tener
Venus, Júpiter ni Juno?
Ea, ¿cuál es de las dos
la que ha de ser tan dichosa   1890
en ser mía cuanto hermosa?
¿Cuál es del sátiro dios?
GUAS. Bellas ninfas, más hermosas
que el fresco y florido mayo,
abrasadoras que rayo   1895
y que el almizcle olorosas;
más blancas que blanca nieve,
y más suaves y lindas
que las camuesas y guindas
y el rojo sol cuando llueve.   1900
Si es Pan dios de los pastores
y de los huertos Vertuno,
Guasorapo, aunque cabruno,
desde el conejo medroso,
animal ninguno habrá   1905
que se nos escapará,
hasta el jabalí cerdoso.
El lobo en nuestros ganados
no se atreverá a hacer presa;
y el venado a nuestra mesa   1910
servirá ricos bocados.
La ágil planta y voladora
no escapará al veloz ciervo,
ni la ala al grajo ni al cuervo
ni a la grulla veladora.   1915
Al sabroso perdigón
comeremos las pechugas;
galápagos y tortugas
también harán la razón.
El francolín delicado,   1920
el faisán dulce y sabroso,
pollo y pichón oloroso
con el capón regalado.
Concluyo, ninfas hermosas,
que cazador escogido   1925
en mí tendrá y buen marido,
días, y noches dichosas.
La cazadora Diana
tendrá envidia a su faretra,
de escribir podrá esta letra   1930
cazadora soberana.
BIR. Sacros dioses celestiales,
de quien mi honra confío,
pues veis que soy de vidrio,
libradme de estos rurales.   1935
Dios de amor que de Yledilla

me hiciste prisionero,
líbrame de este carnero,
no me haga su ovejilla.
Que soy tierna corderilla. 1940
y maganta cabritilla;
y para ser pellejilla
tengo mala pantorilla.
PAN. ¿Ni aun nos respondéis, traidoras?
¿Por qué al dios no agradecéis 1945
de amor lo que le debéis,
que os queramos por señoras?
BELOR. Porque dioses a las diosas
deben amar, no a nosotras;
y si a mujeres, a otras 1950
que sean ninfas hermosas.
Somos niñas y muchachas,
y nunca en esto nos vimos.
BIR. Somos mulas que nacimos
con lupias, muermo y mil tachas. 1955
VERT. Así os queremos nosotros;
no os dé pena, así os queremos.
BIR. ¿Y si de mulas tenemos
gualdrapas y somos potros?
(Beloribo destroncando una rama.)
¿Y si con estos quillotros 1960
de este acebuche en vosotros
hacemos lo que hoy en otros
seremos también nosotros?
(Y sacúdeles.)
PAN. O falsos, los mismos somos
a quien la ninfa hoy quitastes; 1965
y en ninfas os transformastes
por sacudirnos los lomos.
GUAS. Huye, Pan, huye, Vertuno,
que yo aunque soy Guasorapo,
si de estos falsos escapo 1970
incienso prometo a Juno.

ACTO QUINTO

Escena primera.

(P. Maya, P. Hesperia, Juno, Venus, Aglaya,
Talía, Eufrosina, Vulcano, dos Cupidillos.)
[MAYA.] Adoremos, diosas nuestras,

ambas a las dos y damos
a vuestros pies, que besamos,
a los templos y aras vuestras 1975
la obediencia y sujeción.
HESPERIA. Y nuestras vidas y estados
rendimos, que encomendados
son a vuestra protección.
VEN. Yo a vos, Hesperia, y a Maya, 1980
Juno, con continua vela
recibimos en tutela,
en amparo y atalaya.
Vuestras bodas son llegadas;
vos Hesperia a Beloribo, 1985
vos Maya al príncipe argivo,
por los hados estáis dadas.
JUNO. ¡O qué crueles desgracias!
No las acabéis, dejaldas.
Diéronles por las espaldas; 1990
vamos allá, quedaos Gracias,
y entretened las princesas
con estos niños, en tanto
que a aplacar vamos el llanto
y a cumplir nuestras promesas. 1995
(Vanse Juno y Venus, y óyese ruido de lejos.)
MAYA. ¿Qué grita, estruendo, alarido
puede ser tanto?
VUL.   Aniquila
a sus príncipes Ermila
con Sinamber su marido.
A Ercilio y Rogerio él, 2000
y a Clarinda y Belidiana
la fiera tigre inhumana,
dando esta muerte cruel.
Guardaron, son ya ocho años,
su rabia, hasta esta hora, 2005
que entró Erinnis vengadora
(como lobo en los rebaños),
en sus fieros corazones,
y ambos se entraron rabiosos
entre los cuatro, como osos, 2010
y entre sí como leones.
Yo a hacer a los dos voy,
que mueren con sus cuchillos,
para mi carro cuquillos
como yo, pues yo lo soy. 2015
Si pavones y palomas
los de Juno y Venus tiran,
de hoy más cuquillos estiran
de mi carro las maromas.
(Vase.)

Escena segunda
del acto quinto.

(Cupido, Himeneo, Clarisel, Beloribo, Birano,
Yleda, P. Maya, P. Hesperia, Aglaya, Talía,
Eufrosina, dos Cupidillos.)

[CUP.] Venus nos envía, y Juno,   2020
    princesas, a que al instante
    cada una dé a su amante
    la mano y reciba en uno;
    que si pasa de voleo
    la ocasión, todo es perdido;   2025
    yo doy fe como Cupido.
HIM. Yo la doy como Himeneo.
HESPERIA. Conviene que también fe
    me déis, que ninfa no sea
    el que mis bodas desea,   2030
    que veo en él no sé qué.
AGLA. ¿Quién mi rey os pelechó?
BELOR. Dígalo esta clara fuente,
    que me ha dado tersa frente.
AGLA. Y también lo digo yo.   2035
HESPERIA. Vuestra soy, rey Beloribo,
    con condición que seáis hombre.
BELOR. Y vos confirméis el nombre.
    Yo soy vuestro.
CLAR.   Yo os recibo
    por mi esposa, mi señora.   2040
MAYA. Yo a vos por dueño y esposo.
CLAR. Dejado habéis glorioso,
    bella Maya, al que os adora.

Escena tercera
del acto quinto.

(Atlante, Hespero, Hércules, Perseo, españoles,
italianos, Clarisel, Beloribo, Birano, P. Maya,
P. Hesperia, Yleda, Cupido, Himeneo, dos
Cupidillos, Aglaya, Talía, Eufrosina.)

ATL. Seáis, hijas, bien halladas,
    luego volverán las diosas   2045
    que a Júpiter, presurosas,
    llevan nuestras embajadas.
    Que el soberano Tonante
    es el que une de consuno
    dos corazones un uno,   2050
    con vínculo de diamante.

HESP. En pavones transformó
    Juno a Ercilio y a Rogerio,
    y Venus, no sin misterio,
    en palomas convirtió   2055
    a Clarinda y Belidiana,
    y a sus carros los unieron,
    y con ellos discurrieron
    a la corte soberana.
    A Ermila y su Sinamber   2060
    Vulcano cuquillos hizo,
    porque su nombre postizo
    quiso estas postas tener.
HER. Los más insanos letreros
    son los tres que yo he leído;   2065
    si loca la dama ha sido,
    locos son los caballeros.

(Lee los carteles.)

1. La princesa de Arabia Belidiana
    en quien se retrató naturaleza
    la palma a todas las mujeres gana   2070
    en hermosura, gracia y gentileza;
    defiende su excelente y soberana
    beldad, que excede la mortal belleza,
    o el paso de este ameno campo y prado
    su griego a todo caballero armado.   2075
2. La hermosísima Clarinda
    de Chipre honor y alegría,
    la segunda monarquía
    alcanza de hermosa y linda.
    Defiende esta conclusión   2080
    o el paso de aquí adelante
    a todo armado viandante
    su felice macedón.
3. La bella y gentil troyana,
    hija del Celenio, conde,   2085
    cuyo esfuerzo corresponde
    a su beldad soberana.
    A estos carteles responde,
    que su divina belleza
    y no humana gentileza,   2090
    no sólo la palma gana
    a Clarinda y Belidiana,
    pero a la naturaleza.
    Esto hará conocer
    a sus locos caballeros,   2095
    como a todos los guerreros,
    que no quieran conceder
    principios tan verdaderos,
    la que sola escribir pudo
    sin arrogancia este escudo   2100

es la hermosísima Yleda,
que a su amante dio la seda
y a él tomó el acero crudo.
(Y alzando la clava—que trae como su
pariente Hércules Libio—da con ella en los
carteles, diciendo.)
    Carteles tan soberbios y arrogantes
    cual Icaro merecen dar el vuelo.   2105
    Vengan la dama loca y los amantes
    que tuvieron tan indiscreto celo.
PERS. ¿Hallarse pueden damas semejantes,
    no digo superiores, en el suelo
    a Hesperia y Maya? Vuelen las palomas
    y pavones, buscando otros aromas.   2111
(Esto dice Perseo, acuchillando los carteles
caídos.)
BELOR. Los carteles están, bravos guerreros,
    como merecen, bien descuadernados;
    pues fueron ciegamente sus letreros
    en tan fáciles hembras empleados.   2115
CLAR. Confesamos por más bellos luceros,
    los que en ambas Hesperias venerados
    al de Venus no ceden; y que no haya
    dama en el mundo cual Hesperia y Maya.
ATL. Valeroso Perseo, en mucho estima   2120
    Maya el grande favor que le habéis dado.
HESP. Y el que vos le dais, Hércules, su prima
    y vuestra, mucho, como yo, ha estimado.
    Aunque el presente caso me lastima,
    que tanta hermosura haya acabado,   2125
    y competir no puedan con Hesperia
    y Maya, las que son ya otra materia,
    verse, invicto español, de vos esposa,
    a Hesperia hermosea, que el contento
    es el que hace a la mujer hermosa,   2130
    y da gracia, donaire y movimiento.
    Dadle la mano, hija venturosa,
    que ya vuelven a vuestro casamiento
    Venus y Juno.
ATL.   Y vos, Maya mi hija,
    recibid de Perseo su sortija.   2135

Escena cuarta
del acto quinto.

(Apolo, Anfión, Vulcano, Juno, Venus, Cupido,
dos Cupidillos, Himeneo, Aglaya, Talía,
Eufrosina, Atlante, Hespero, Hércules, Perseo,

Clarisel, Beloribo, Birano, P. Maya, P.
Hesperia, Yleda, españoles, italianos.)
(Van dando las manos, como se les va
mandando, con gran suspensión y espanto de
Atlante y Hespero, Hércules y Perseo.)
APOL. y ANF. *(Cantando.)*
    Dé la mano, Cupido, a la bella Aglaya,
    déla el príncipe griego a la linda Maya.
    De los dos Cupidillos, uno a su Eufrosina,
    y el otro la mano dé a su Talía.
    Déla el rey macedón a la hija de Hespero,
    restitúyase Venus a su herrero.   2141
    Juno y Himeneo se den las manos;
    la troyana Yleda le dé a su Birano.
    Gócense felizmente los desposados,
    gócense felizmente por largos años.   2145
(Y repiten en coro las diosas y las Gracias,
Vulcano, Himeneo, Cupido y Cupidillos.)
    Gócense felizmente los desposados,
    gócense felizmente por largos años.
(Vuelven los reyes en sí, quedándose los sobrinos
suspensos.)
ATL. Atónitos con espanto,
    soberano Apolo, estamos,
    que el misterio no alcanzamos   2150
    de vuestro entonado canto,
    el cual manda nuestras hijas
    a otros den el trofeo
    de Hércules y de Perseo,
    que ya les daban sortijas.   2155
APOL. Y a las manos, reyes, dadas
    estaban, ya no hay remedio;
    Himeneo de por medio
    entró y las tiene enlazadas.
AGLA. Prestes paciencia o no prestes,   2160
    inclines o no los lomos,
    de los desposorios somos
    nueve testigos contestes.
JUNO. Beloribo y Clarisel
    nacieron para su empleo,   2165
    y Venus, Juno, Himeneo
    se las confirman en él.
    Y vuestras hijas nacieron,
    reyes ínclitos famosos,
    para tan dignos esposos,   2170
    que dignamente eligieron.
    El grande merecimiento
    del español y latino,
    de la misma forma es digno
    de uno y otro casamiento.   2175

De vuestras hijas Celeno
y bellísima Aretusa,
con dotes de Siracusa
y las islas del Tirreno.
ATL. Todos por merced tan alta, 2180
 vuestros pies, dioses, besamos.
HESP. Y humildes os adoramos.
JUNO. Ya pues ningún novio falta,
 con divina bendición
 el sarao se ordene; y cante 2185
 Apolo con su discante,
 y acompáñele Anfión.
(Templan sus instrumentos Apolo y Anfión.)
ATL. ¡O soberano Tonante,
 cuán altos son tus secretos,
 cuán ocultos tus juicios, 2190
 cuán profundos tus misterios!
 A los planetas no estar
 ni a las estrellas sujetos,
 yo el judiciario mayor
 de todo el orbe confieso. 2195
 Hoy alcancé las guirnaldas
 de nuestras hijas y yernos;
 mas no supe discernir
 los confines de sus reinos.
 ¡O Maya, o Hesperia, o Electra, 2200
 Roma, Aretusa, Celeno,
 cuántas guirnaldas y palmas,
 lauros, coronas y cetros,
 principiados, monarquías,
 dinastías, tronos, imperios 2205
 proceder de todas seis
 de oriente a poniente veo!
 De otra Maya llegarán
 los felicísimos tiempos,
 vuestra descendiente, a quien 2210
 daréis Enríquez abuelos.
 Abrazarán estos siglos
 los de Felipe tercero
 y los de Felipe Magno,
 su sucesor y heredero. 2215
 Vos, fuertes Perseo y Hércules,
 alegraos, que como el cielo
 a Hesperia guardó y a Maya
 para un macedón y un griego,
 a Celeno y a Aretusa 2220
 guardó para vuestro empleo,
 por las cuales, yo mi mano
 y la suya os dará Hespero.

No quiero ser más prolijo
por no ser impedimento 2225
a los coros y saraos
de tan altos casamientos.
Yo por Celeno mi hija
os doy la mano, Perseo.
HESP. Yo por mi amada Aretusa 2230
 a vos, Hércules, la ofrezco.
HER. A Celeno y a Aretusa,
 con soberano contento
 las manos damos, alegres
 de los felices sucesos 2235
 de nuestras queridas primas,
 a las cuales con bisnietos
 veamos, que sean las luces
 y gloria del universo.
MAYA. Con cuñados tan ilustres 2240
 nuestro gozo ha sido inmenso.
CLAR. De concuños tan famosos
 es todo el bien que tenemos.
(Apolo y Anfión cantando.)
 Anfión y Apolo tañan y canten,
 Juno, Venus, Aglaya bailen y dancen. 2245
 Anfión y Apolo den vida a sus harpas,
 Himeneo, Vulcano y Amor a las danzas.
 Sean la alegría de estos regocijos,
 Eufrosina y Talía con sus meninos.
 Gócense felizmente los desposados, 2250
 gócense felizmente por largos años.
(Juno, Venus, Aglaya, Eufrosina, Talía, dadas
las manos con lenzuelos a Himeneo, Vulcano,
Cupido y Cupidillos, y dando vueltas y lazos,
repiten.)
 Gócense felizmente los desposados,
 gócense felizmente por largos años.
APOL. y ANF.
 Los dos Cupidicos el coro comiencen 2254
 y a sus gracias dos de las manos lleven.
 De la mano a su Aglaya el tierno
  Cupido,
 porque se amen los novios con regocijo.
 Con Hespero y Atlante, Hércules,
  Perseo,
 a Cupido y Aglaya se sigan luego.
 Con su bella Maya Clarisel se siga, 2260
 Beloribo luego con su Hesperia linda.
 Con Yleda Birano sucesivamente,
 aunque vistió saya, en el coro entre.
 Con el hijo de Juno su Ericina bella,

olvidando sus penas, muéstrese risueña.
    Cierre Juno la danza con Himeneo,   2266
porque a todos los novios dé castos deseos.
TODOS. Gócense felizmente los desposados,
    gócense felizmente por largos años.
(Dadas las manos con lenzuelos, por esta orden,
hacen su coro, baile y danza. Y mudando el
son, dicen Apolo y Anfión:)
[APOL. y ANF.] Por plaudite Apolo cante
    el romance que el amante   2271
    cantará estirpe de Atlante
    en la bética campaña:
    Maya vámonos a tu España.
LOS DIEZ. Maya vámonos a tu España,
    que el Betis Elíseo baña,   2276
    Maya vámonos a tu España.
APOL. *(Solo cantando.)*
    A Maya nuestra española
    me parecéis, reina mía,
    que fue de España princesa,   2280
    de su rey Atlante hija.
    Dicen fue hermosa y discreta
    Urania en astrología;
    Polimnia en dulce elocuencia;
    Calíope en poesía;   2285
    Clío en variedad de historia;
    Euterpe en dulce armonía;
    Melpómene en versos trágicos;
    y en los cómicos Talía;
    Tersicore en los afectos;   2290
    Erato en la geometría;
    en gracia todas tres Gracias
    Talía, Aglaya, Eufrosina.
    Celebráronla en sus coros
    las ninfas de Andalucía,   2295
    y en su nombre hicieron Mayas,
    y las hacen hoy las niñas.
    Mi hermosa y discreta Maya,
    sois vos Feliciana mía.
    Los astros os reconocen   2300
    por su Diana divina.
    Sois retórica elocuente,
    de mi vida coronista;
    tocando en mi corazón,
    cantáis endechas y liras.   2305
    Vuestros efectos son vivos,
    que se entran en la alma misma,
    mas medidlos con los míos
    y hallaréis una medida.

    Vuestras gracias dan deleite,   2310
    regocijo y alegría;
    las de Venus en sus coros
    las celebran sin envidia.
    Mas la dulzura, mi Maya,
    de vuestros versos y rimas   2315
    es la que ha llegado al alma
    con suave melodía.
    Celebren de hoy más las damas
    de las béticas orillas
    vuestras canciones suaves   2320
    y amorosas poesías;
    que yo siempre por mi Maya
    os celebraré en las mías;
    y diré que Feliciana
    es de España hoy Maya viva.   2325
    Y porque mi buena suerte
    debo al Arbol de la vida,
    y a la que en su Concepción
    y nacimiento fue limpia;
    de plata y oro esta plancha,   2330
    Arbol, celebre y Concepción sin mancha.
    Bendijiste, Señor, la tierra tuya,
    de ella apartaste el duro cautiverio,
    todo animal de su contorno huya,
    que es tierra santa y tierra de misterio;
    el cielo su virtud en vos influya,   2336
    tierra de promisión, tierra de imperio,
    tierra desde el principio sin tributo,
    que semejante a vos distes el fruto.
    Dad un alto ciprés, tierra que sea   2340
    de Sion honra y que seáis vos propia,
    dad una palma que en Cádiz se vea
    exaltada a los montes de Etiopía.
    Un cedro, que del Libano posea
    la alta cumbre, una oliva, que olio en
        copia
    dé, y ambas fruto con ciprés y cedro,   2346
    que sustento a la nave sea de Pedro.
    Muéstrese en el diciembre helado y frío,
    cuando otros frutos no permite el hielo,
    y vos palma y oliva, en el sombrío   2350
    terreno os trasplantáis del alto cielo;
    y luego vuestro fruto con rocío
    divino, sazonado dais al suelo,
    al Líbano y Sion hermoseando,
    a Cadés y a los campos alegrando.   2355
    Repártanlo las liberales manos,
    que del Arbol pendieron exaltado

de Sion en los montes soberanos,
hoy felizmente por Helena hallado;   2359
do todos cuatro unánimes y hermanos

palma, oliva, ciprés, cedro han mostrado,
que semejantes sois, Cruz y María,
en redención, en fruto, en profecía.

Vos valete et plaudite.
FIN DE LA TRAGICOMEDIA LOS JARDINES Y CAMPOS SABEOS,
que acababa doña Feliciana
Enríquez de Guzmán, en Sevilla en nueve de octubre de 1619.

Entreactos de la Segunda parte de la Tragicomedia los jardines y campos sabeos

ENTREACTO PRIMERO

(Sacan unas mesas con vasos, picheles, frascos y cantimploras, pan y algunas viandas, tres sillas en cabecera y bancos a los lados. Salen el dios Baco y Sileno, su amo, con máscaras de borrachos, coronados de pámpanos con racimos de uvas; el dios Apolo con su cabellera y pellico de pastor; Pan y Guasorapo con sus cuernos y piernas de cabras; Vertuno, dios de los huertos; Cupido Poltrón, hombre con máscara de grandes bigotes, y un arco de un cuerno de buey y virotes de carrizos; y el rey Midas con corona, máscara y vestido todo dorado; Dafne, Siringa, y Pomona con mascarillas feas y ridículas; y Apolo y Pan con sus instrumentos músicos, dicen cantando y todos repitiendo en sarao.)

APOL. Y PAN. En convite de Midas, hecho al
    dios Baco,
beba hasta que caiga todo borracho.
(Todos cantando.) En convite de Midas, hecho al
    dios Baco,
  beba hasta que caiga todo borracho.
APOL. Y PAN. *(Cantando)*:
  En convite de Midas, hecho a Sileno,   5
  todos los convidados se vuelvan cueros.
(Todos en sarao.) En convite de Midas, hecho a
    Sileno,
  todos los convidados se vuelvan cueros.
APOL. Y PAN. *(Cantando)*:
  En convite de Midas, do está Timolo,
  los demás borracheen y él juzgue sobrio.   10
(Todos en sarao.) En convite de Midas, do está
    Timolo,
  los demás borracheen, y él juzgue sobrio.
  En convite de Midas, hecho al dios Baco,
  beba hasta que caiga todo borracho.
(Como Apolo fuere cantando, irán haciendo todos en sarao.)
APOL. *(Solo y cantando)*   En Arabia se halla
    Midas,   15
  rey de Frigia y, aunque avaro,

un espléndido banquete
de diez días hace a Baco.
  Por la libertad que goza
el viejo Sileno, ayo   20
del dios, de pámpanos y uvas
frente y sienes coronado.
  Son convidados Sileno,
Vertuno, Pan, Guasorapo,
Dafne, Siringa, Pomona,   25
Apolo y Timolo el sabio.
  Cupido Poltrón de cuerno
pendientes alaba, y arco
con virotes de carrizos
tintos en sangre de gamos.   30
  Pasados son nueve días;
hoy da fin el fino trago;
hoy se reparten los premios
a los más aventajados.
  Al bebedor más valiente   35
un cuerno, un pichel, un jarro;
y a la ninfa más vinaria
un pipote y cuatro frascos.
  Baco es juez de esta justa,
que como descalabrado,   40
sabrá celebrar celebros,
cuando más descelebrados.
  El mismo en otro certamen
y Cupido poltronazo
contienden cual es flechero   45
de más crueles flechazos.
  En el certamen tercero,
Apolo y Pan semicapro
de la música pretenden
y su dulzura el primado.   50
  De estas dos últimas justas,
Timolo ha de ser el árbitro,
que ha andado estos días sobrio,
y está más despabilado.
(Como Pan fuere cantando, irán obedeciendo todos.)
PAN. *(Solo cantando.)* Váyanse sentando pues
  por su orden a las mesas;   56

Baco rey de bebedores
presida en la cabecera.
   Siéntense a sus lados Midas,
y Timolo; porque puedan   60
pro tabernali ser árbitros
de todas nuestras contiendas.
   Dafne, Siringa, Pomona
ocupen la una ladera;
Guasorapo con Vertuno   65
y el Poltrón Amor la izquierda.
   Sileno, que ha de brindar
a todos esta testera,
como más buen testarudo,
puede ocupar con su testa.   70
   Yo y Apolo nos quedamos
por músicos y poetas,
sobresalientes cantando,
por más alegrar la fiesta.
   Y por principio más glorioso de ella, 75
la bendición de Baco eche la diestra.
SIL. *(Cantando.)*   Ya pues estamos benditos,
por segunda buena estrena
apaguen los luchadores
el polvo de la palestra.   80
   E imitando a Sileno, con cerveza
todos por orden con un mote beban.
(Esto diciendo, toma a dos manos su tazón y
bebe, y beben los demás con sus motes.)
SIL. Nueve días ha que bebo,
y me parece que hoy diez,
aun no he bebido una vez.   85
BACO. Nueve días ha que bebo,
tanto que, aunque Baco soy,
ya para vacar estoy.
(Midas queriendo beber y no pudiendo, por
convertírsele en oro la bebida.)
[MID.] ¡Qué don me diste, dios Baco,
que en oro (o infelice suerte)   90
cuanto toco me convierte!
TIM. Puro no puedo beberlo,
porque he de ser hoy juez;
haré la razón después.
GUAS. No soy gusarapo de agua   95
sino Guasorapo fino,
de las surrapas del vino.
VER. En mis huertas las lechugas
beben agua, mas mi pancho
vino tinto y vino blanco.   100
CUP. POL. Por Baco, Timolo y Midas
mil veces con ésta son
las que ha bebido el Poltrón.

DAF. Como soy hija de río,
también lo beberé aguado   105
por las flemas del pescado.
SIR. A lo pastoril yo puro
lo quiero, porque la leche
no quiere que agua se le eche.
POM. Sobre la fruta relaja   110
mucho el agua, y la madura
quiere la bebida pura.
PAN. Nuestra contienda en la música
no ha de excluir la batalla
de la ardiente bacanalla.   115
APOL. Pues por mis pecados me hallo
hecho de Admeto gañán,
también beberé con Pan.
SIL. Patrone Midas, bebeto recio filiolo Midas
comete, si poderete.   120
CUP. POL. Ya está Amor hasta el gollete,
   brindis
faza Vostra Majestad de oro la razón.
SIL. Mejor fuera no nacer,
Midas, para vida tal,
que morir es menor mal.   125
MID. O desdichado de mí,
que todos comen y beben,
todos brindan, todos ríen
y conmigo se entretienen.
   Todos a mí me echan muecas, 130
todos con pullas me ofenden,
que no son pullas, son puyas,
que la alma triste me hieren.
   Nunca yo, Baco, pidiera
a tu deidad don tan fuerte,   135
que ya no puedo sufrirlo,
y se me acerca la muerte.
DAF. Este trago, amigo Midas,
en mi nombre beberete.
SIR. Y éste en el mío.
POM.   Y por mí   140
también has de beber éste.
(Y bébenselos.)
MID. Probadísimas, no basta
mi desventurada suerte,
que se me convierta en oro
el pan, agua, los manteles,   145
cuchillo, sal, vino, frutas,
carne, pescados, picheles,
y de hambre esté rabiando,
y de sed muera y me seque.
   ¿Chufletas a mí? O dios Baco, 150
¿por qué tal dolor consientes?

¿Por qué me diste este don
para que así rabie y pene?
CUP. POL. A mis doncellicas tratas,
rey Midas, tan torpemente.   155
Vengad, Vertuno, esta injuria;
Guasorapo y Pan valientes,
recibid estos flechazos;
y tú, Apolo, también éste;
y sed sus enamorados   160
aunque os paguen con desdenes.
APOL. ¡O falso Poltrón, qué golpe
me has dado!
PAN.   ¡O Poltrón aleve!
GUAS. ¡O Poltronazo cruel!
VER. ¡Poltronísimo ardiente!   165
CUP. POL. Huid, doncellicas bellas,
antes que os guasoropeen,
os apolillen y empanen,
queditos los cuatro estense.
(Vanse huyendo las tres y acometen a ir tras
ellas Apolo y los sátiros y Vertuno.)
BACO. Sosiéguese todo el mundo;   170
que yo presido al banquete.
SIL. Y yo soy pie de banqueta,
y aunque a pie, he de andar las veinte
brindis todo bebedor;
todos beban tragos siete   175
por Maya y sus seis hermanas
princesas del occidente.
Dos por los buenos amigos
Hércules y Filoctetes,
nueve por las nueve musas,   180
doce por los doce meses.
MID. Duélete Baco de mí;
que sed y hambre me tienen
transido, que cuanto toco
en oro se me convierte.   185
BACO. Ande el vino, que el Poltrón
ya en Apolo hizo suerte,
a Pan tiene ya vencido,
que es todo, y todo lo vence.
    De Guasorapo y Vertuno   190
ha sujetado las frentes;
Dafne, Siringa y Pomona
con todos fueron crueles.
    Dale, Sileno, estocadas
treinta con este vinete   195
dulce, suave, oloroso;
dale, caiga.
CUP. POL.   O Baco fuerte,
tanto puedes como yo,

si mucho mis flechas pueden,
tus reveses y tus tajos   200
fuertes son, como la muerte.
SIL. Baco víctor.
TODOS.   Víctor Baco.
MID. O vencedor del oriente,
porque también cantar pueda
Midas tus triunfos solemnes,   205
déjame poder beber,
déjame poder beberte;
que te empeño mi palabra,
de beberte en oro siempre.
BACO.   Ríndase el dios de las ciencias   210
primero; y Cupido bese
mi mano, y como vasallos
a mis leyes se sujeten.
APOL.   O letrados desgraciados,
o letras y ciencias flebles,   215
huid del vino y Amor
que son vuestra mayor peste.
    Y cuando más bien libráis,
os responden con desdenes,
huyendo, cual huyó Dafne,   220
que atrás deja el viento leve.
    Ceded al tiempo y mujeres,
que el que al tiempo y a ellas cede,
aunque haya sido vencido,
vencerá gallardamente.   225
PAN.   Consuélate, rojo Apolo,
en los tres gamos, que sienten
los virotes enclavados
del Poltrón Cupido aleve;
y Siringa nos huyó.   230
VER. Y Pomona no se duele
de Vertuno.
GUAS.   Y Guasorapo
dice que son unas pieles.
MID. Baco, triunfador en Nisa
de toda Arabia, concede   235
perdón a Midas el necio,
que te pidió don tan fuerte.
BACO.   Midas, Midas, la avaricia,
cuchillo de tantos bienes,
es raya de todos males,   240
que en ella y por ella crecen.
    Venga el tercero certamen
de que sois ambos jueces
tú y Timolo, y sentenciado
veremos tu despidiente.   245
TIM.   Cante Pan y oigamos todos,
que ya yo tengo mis sienes

peinadas y sólo falta
que los dos las suyas peinen.
*(Peina Pan sus cabellos con un peine de
caballo.)*
PAN. *(Cantando.)* Oye anciano Timolo, 250
oye Midas rey de oros, no de copas;
que te quedaste solo
sin mojar ni unas sopas,
con tu cara de sol, como tus ropas.
   Perdona, fuerte Baco, 255
la ignorancia de Midas y rudeza,
que no fue de polaco
querer tener riqueza,
que da ciencia, linaje y gentileza.
   Con Midas no te midas 260
porque si tu con Midas te midieres,
aunque se mida Midas,
con todas sus haberes
medidor quedará hecho de Ceres.
*(Apolo se ha estado peinando con peine de
marfil, y curiosos peinadores, que le dio Sileno.)*
TIM. Bueno está; cante otras tres 265
Apolo resplandeciente,
pues ya peinó sus cabellos
y escombró su leda frente.
APOL. *(Cantando.)* Oye, sabio Timolo,
y tú, Midas, también oye mi canto, 270
pues desafía a Apolo
del cielo con espanto
un coronado sátiro de Acanto.
   Mi lira al alto cielo
suspendió cuando Júpiter Tonante 275
en el tinacrío suelo
el escuadrón gigante
sepultó en las cavernas de Mimante.
No es célebre trofeo
vencer de Pan la rústica zampoña; 280
otro es ya mi deseo,
que a mi ninfa bisoña
del dios Amor sea dulce la ponzoña.
TIM.   La dulzura y melodía,
Apolo, y la suavidad 285
de tu canto y majestad
de tus versos y poesía,
la dulcísima armonía
de tu voz y tu concento
que suspende al firmamento, 290
por ti la sentencia dan;
ceda la ventaja Pan
a tu voz y a tu instrumento.

(Todos menos Midas a voces, "Víctor, Apolo.")
MID. Si debe valer mi voto,
como susurro de abejas 295
ha sonado en mis orejas
el canto suave y doto
de Pan, que Atropos y Cloto
y Lachesis, si lo oyeran,
el hilado suspendieran. 300
Bien puede ceder Apolo,
aunque más diga Timolo,
y más las nueve le quieran.
(Vertuno y Guasorapo a voces, "Víctor, Pan.")
APOL.   Serás con todo tu oro
siempre grosero y durasno, 305
y tendrás orejas de asno,
Midas, por mayor decoro;
éstas serán tu tesoro,
y aunque más las disimules,
porque con ellas no adules 310
más a tu querido Pan;
sus flautas las pintarán
de oro y colores azules.
   Sólo falta, Baco hermano,
que porque de éste no acabe, 315
muriendo, el castigo grave,
revoques su don insano.
BACO. Vete, Midas aldeano,
pues por ti intercede Apolo
y lávate en el Pactolo. 320
SIL. Deja crecer las guedejas,
que te tapen las orejas.
Víctor, Apolo y Timolo.
TODOS. Víctor, Apolo, víctor, Apolo.
*(Y rebúznanle todos a Midas y a sus orejas, que
a este tiempo se le descubren en un papahigo
que tenía caído; y Sileno aplica a su cabeza y
orejas.)*
BACO.   Paréceme, amigo Midas, 325
que has sido aquel necio asno,
que andaba un día paciendo
en compañía de un gallo.
Vino un león contra él,
queriendo echarle los garfíos, 330
cantó el gallo, huyó el león
asombrado de su canto.
   Creyó el asno que huía
de temor suyo y espanto;
esforzóse y levantó 335
las orejas con buen ánimo;
arremetió hacia el león,

corrió contra él rebuznando,
hasta que perdió de vista
a su valedor gallardo. 340

Revolvió el león corrido,
cuando vio sólo al cuitado,
y hambre y enojo juntos
con satisfacción quedaron.

Sólo te falta que digas, 345
como decía aquel pardo
cuando se vía morir:
"Tonto de mí, desdichado.
Que entendí que la victoria,
que de mi fuerte contrario 350
amor Poltrón celebraba,
era triunfo de este brazo".

SIL.   Con el dios Apolo Febo,
amigo Midas, has sido
como el otro asno mostrenco 355
en una selva perdido;
que en ella se halló un pellejo
de león, del cual vestido,
ganados y ganaderos
no dejaba en el exido. 360
A los hombres espantaba,
los animales, los riscos
asombrados ocupaban,
huyendo el león fingido.
Viendo el engaño común, 365
se arremetió a su amo mismo,
que por las orejas de asno
conoció que era su asnillo.

Y sacándoselas fuera,
con risa y mofa le dijo: 370
"De todos los circunstantes,
bien te conozco asno mío".

Y, tú Midas, reconoce
a Febo, que fue contigo
más afable, que tú necio 375
con tu mucho oro engreído.
Y dale mayores gracias,
que caballo no te hizo;
ni te expuso a las batallas,
a sus trances y peligros. 380

Cual el otro, que soberbio
con freno de oro y estribos,
tropelló al triste jumento,
que humilde por el camino,
reventando con la carga, 385
llevaba teja y ladrillo;
y no se pudo apartar

del ímpetu repentino.
Y consuélete el consuelo
del mísero jumentillo, 390
que viéndolo alanceado,
su suerte de asno bendijo.

MID.   Y a ti, Sileno, por tu buen juicio
te alcance el Poltrón con sus carrizos.

*(Y chiflándole y rebuznándole todos, se van
entrando; y se acaba el "Entreacto primero de
la segunda parte".)*

ENTREACTO SEGUNDO

*(Salen Midas con sus orejas de asno y Licas su
esclavo con su cola de asno.)*

MID.   Licas, Licas, esclavo mío querido, y amado
en lugar de hijo, que no lo fue tanto tu padre
Licas de Hércules su señor, pues habiendo sido
mi hambre más rabiosa que su venenosa rabia,
no he hecho de ti lo que él hizo de tu padre;
que tomándole por los pies y rodeándole como
honda sobre el brazo, le arrojó en el mar, donde
fue luego mudado en una peña que de su
nombre hoy retiene el nombre de Licas.

LIC.   Pues ¿porque sor[1], rey Midas, orejas de asno,
habías de hacer tú en mí tan grande desguisado?
Tomaréte yo por las orejas y haréte rebuznar
tan fuertemente, que te oigan Pan y Apolo y
vengan a hacerte otra vez joez,[2] para acabarte
de hacer toda la cabeza de asno.

MID.   ¡O hados desventurados! Que me hayan
obligado a hacerme salvaje por estas selvas con
sólo un esclavo tonto y simple, que yo con su
cola y él con mis orejas haríamos un asno perfecto.

LIC.   ¿Tú con mi cola? Eso no, y menos yo con
tus orejas. Si fueran de mula como hojas de
lechugas, que se pudieran comer en ensalada,
aun no fueran tan malas.

MID.   Oyeme acá por tu vida, hijo Licas, que no
estoy para gracias mohosas; ya mis ruegos
fueron oídos de Baco, y bañándome en el río
Pactolo, como él me mandó, escapé de tan
rabiosa muerte y rabiosas congojas. Ahora que
puedo ya comer y beber, tengo necesidad de
tu fidelidad y taciturnidad. Bien sabes que al
buen callar llaman santo.

LIC. ¡Válame[3] la miel, que es dulce! ¿Que al buen callar llaman santo? Pues aunque sea muro santo, yo descanso con hablar.

MID. Pues ahora no has de tener ese descanso, y has de callar el secreto de mis orejas y guardarlo como oro en paño.

LIC. ¿Cómo puede ser eso y, tú, noso[4] rey amo, mandarme esotro, que las leyes que son santas no callan, sino cuando hablan las armas?

MID. Pues hablarán mis armas para que tù calles.

(Y estírale con ambas manos de las orejas.)

LIC. Ay, ay, que me arranca las orejas y me las saca fuera de las sienes, que me las ha hecho tan grandes y vistosas como las suyas. ¡Ay orejas mías inocentes sin culpa! Pecó mi lengua y pagastes vosotras la pena. No es nuevo pagar justos por pecadores, y lo que habla la boca, pagarlo la coca.[5] *(Ap.)* Mas vos, noso rey asno, me lo pagaréis en la misma moneda de orejas. Vos me sacastes las mías de las sienes, yo os sacaré las vuestras del calvatrueno, y de las melenas con que las encubrís tan en pública plaza, que todo el mundo os las celebrará, pues fuistes tan asno que fiastes vuestro secreto de un esclavo y tan caballo que habiéndosele fiado, le habéis agraviado tan gravemente. Espere, noso rey Micas, que luego vuelvo que estoy arrebentando.

(Vase.)

MID. ¿Vas escarmentado, hijo Licas? ¿Callarás ya el secreto de mis orejas? ¿Dónde te fuiste loco? ¿Qué haces allí de bruces? Buscas grillos en las grietas de la tierra.

(Vuelve Licas.)

LIC. Noso rey asno, perdone que quise decir noso rey amo. El cielo prometió a la tierra de no tenerle cosa alguna encubierta. La verdad es que yo arrebataba y estaba de parto. Yo moría por decir a todo el mundo que Su Jamestad[6] dorada tiene orejas de asno. Mandóme callar; amenazóme y escarmentóme. Yo estaba arrebentando, yo escogí por paz y concordia de mis ansias y mando real no decir el secreto de sus orejas a todo el mundo, sino a sólo uno de sus alimentos. A sola la madre tierra se lo dije, tan madre es suya como mía. Mi boca junté con sus bocas que allí tenía, y me mostraba hiantes y abiertas. Solamente le dije en secreto:

Midas tiene orejas de asno
porque fue necio y durasno.

MID. O ladrón, mal hombre, o traidor, que tú me has de venir a descubrir.

(Salen Dafne, Siringa y Pomona, huyendo.)

DAF. Huid, amigas Siringa y Pomona, de vuestros perseguidores que no corren menos que el ligero Apolo, que viene en mi seguimiento.

(Vanse huyendo.)

(Salen Apolo, Pan y Vertuno, corriendo.)

APOL. Espera ninfa bellísima, pues ves que no te sigo como enemigo. Ay por los dioses, espera, mira, que no soy algún pastor ni grosero villano, ni cruel y carnicero lobo para que huyas de mí. El amor me fuerza y hace que te siga; grande miedo tengo que caigas y te hieras y yo sea causa de tu dolor.

(Y éntrase apresurado.)

PAN. No huyas, bella Siringa, princesa de las Hamadriadas, y ninfas nonacrinas; que si tú eres hija del sagrado río Ladón, famoso y celebrado de los pastores de la Arcadia, yo soy Pan, su cornicapro dios, que se juzga por muy venturoso en casar contigo.

(Y éntrase también corriendo.)

VER. Espera, Pomona mía, mi pícara manzanera, que Vertuno quiere ser tu pícaro manzanero. Si tú eres ninfa de las plantas y labradora de hortalizas y árboles frutíferos, yo soy el dios hortolano de huertas, jardines y vergeles.

(Y éntrase asimismo apresuradamente.)

LIC. Parécenme estas tres que aunque son nueras rogadas, no son ollas reposadas.[7]

MID. Aquí, hijo Licas, tarde vinieron los gatos por las longanizas; que todas tres se pusieron en cobro.

(Sale Dafne huyendo, con ramos de laurel en ambas manos, extendidos los brazos y guirnalda en la cabeza.)

DAF. O padre mío Peneo, si algún poder o divinidad alguna tienes, socorre a tu desconsolada hija, ahora estés aquí en Arabia, ahora en tu Tesalia. O vos, ríos, si alguna virtud en vosotros hay, socorredme con vuestras aguas. O tierra, tú me recibe allá dentro o destruye ésta mi dañosa hermosura que tanto mal me hace.

(Y éntrase dentro levantando los brazos.)

LIC. Noso rey amo, o asno, o como quisiere, ¿qué

medio árbol y medio mujer es éste que se nos vino aquí por sus pies, y se fue por ellos? Parecía que llamaba a los ríos. ¿Si es alguna Napea que para ella se rea,[8] hablando con labranza y crianza de sus barbas doradas?

MID. Para ti, Licas, sea toda la fruta que diere. Oye, que alguien viene en su seguimiento.

(Sale Apolo apresurado.)

APOL. Espera, Dafne hermosa, que no soy yo algún sátiro disforme como Pan, ni tengo orejas de asno, como Midas su amigo, ni cola, como su esclavo Licas, que se la di porque coleease detrás de él y estuviese entre los dos un asno repartido.

(Y éntrase corriendo.)

LIC. Noso rey asno, sea ya éste su nombre, ¿qué le parece?¿Cómo le suenan en las orejas aquellas razones? Que a mí me han turbado y levantado la cola para ser más que napeo.

(Sale Siringa huyendo con cañas verdes en ambas manos, extendidos los brazos y guirnalda de cohollos[9] de cañas en la cabeza.)

SIR. O padre Ladón, río famoso de Arcadia, aunque estás tan ausente, libra a Siringa tu hija deste ladrón semicapro que quiere robar su honra y la tuya.

(Y éntrase huyendo y levantando los brazos.)
(Sale Pan, corriendo.)

PAN. Espera, bella Siringa, que no tengo yo orejas de asno como Midas, por sentenciar atronadamente por mí, ni cola como su esclavo Licas, por haberle aplaudido la sentencia.

(Y éntrase corriendo.)

LIC. ¿Qué le parece (noso rey minas de oro) del par de capones con que el rústico Pan le paga la sentencia? Sentenciad joeces asnos neciamente contra josticia por vuestros amigos, que ellos os pagarán como Pan. Y aplaudid, consejeros, asesores y ministros, que no os faltarán colas de asno, con que os gratificarán vuestros aplausos.

(Sale Apolo con un ramo y corona de laurel.)

APOL. ¡O Peneo cruel, que así has hecho tan grande crueldad en tu hija, porque yo no la gozase! O Dafne querida de mí más que de Midas sus orejas y de Licas su cola, pues no puedes ya ser mi esposa, tú serás mi árbol; y los reyes y ricos hombres y capitanes harán de ti coronas cuando vencieren algunas batallas, como yo la he hecho en memoria tuya. Por ti

tendrán nombre los bachilleres de ti coronados. Con tus pimpollos, hojas y bayas se coronarán los buenos poetas, como antes se coronaban con los silvestres laureles, hiedras y mirtos. Con tus ramos marchitos y secos coronarán sus sienes y orejas Midas y los demás que las tuvieren como él, que no serán pocos.

(Vase.)

(Sale Pan con cohollos de cañas verdes y una campaña o flauta de las cañas.)

PAN. ¡O Ladón, ladrón que así me has dejado viudo de mi Siringa! ¿Por qué me la convertiste en cañavera que abrigue lagartos, culebras y lagartijas? ¿Qué desgracia mía es la deste día? A Yledilla me quitaron aquellos bellacones, y a Siringuilla su padre y otros ladrones. Pues todos no serán poderosos a quitarme el consuelo, Siringueta mía, que me darán siempre tus cañaveras; que yo haré dellas flautas y zampoñas semejantes a ésta, que de ellas hice y las harán en mi nombre mis pastores, y todos las tocaremos en poblados y despoblados en memoria tuya; y ahora en ésta yo cantaré dulcemente tus loores.

(Y tocará la flauta o zampoña, y dirá en ella cantando.)

Midas tiene orejas de asno,
porque fue necio y durasno.

(Y repite Licas, cantando.)

Midas tiene orejas de asno,
porque fue necio y durasno.

PAN. ¡O prodigio y portento raro! ¿Qué puede ser esto? ¡Que yendo yo a flautar y celebrar a mi Siringa, diciendo que es mi heringa[10] y que ya no me respinga, la zampoña hecha de sus cañas, celebré las orejas de mi amigo Midas por sí propia! ¡O caso peregrino! Aquí hay alguna grande maravilla.

LIC. ¡Qué le parece señor rey, si ha dado fruto mi sementera![11] Parécenme frutos vistos.

MID. O triste y desventurado de mí, mi afrenta es ya pública en todo el mundo. ¡O Pan, mal amigo, ingrato y desleal! ¡O infiel esclavo, protervo, errón y fugitivo!

LIC. Huy, huy, huy. Triste de mí, que no tengo yo toda la culpa. ¿Para qué las bellacas Danetilla y Siringuilla se fueron a hincar en la tierra, donde yo fui a descansar con ella del secresto,[12] que me atormentaba y causaba mil bascas?

MID. O traidor, que tù solo fuiste y eres toda la causa de mi desventura.

LIC. Calle pues noso rey Migas, no tenga pena, que yo lo remediaré todo. Espere le arrancaré las orejas que son toda su pesadumbre.

(Y ásele de ellas.)

MID. O mal hombre, cruel, atrevido; déjame, traidor, que me matas.

PAN. Calla, amigo Midas, no des gritos, que bien hace Licas; y yo también le auydaré.

(Y estíranle ambos, dando con él en el suelo.)

MID. Ay, ay, desventurado de mí, que me matan estos traidores.

LIC. Ya él se quisiera que se las arrancáramos. ¿No ve que no las tiene presas con alfileres, sino pegadas con mi cola?

MID. Ay, ay, ay.

(Salen Baco, Sileno, Timolo y Cupido Poltrón.)

BACO. ¿Qué es esto, Licas y Pan? ¿Cómo tratáis tan pesadamente a nuestro amigo Midas? ¿Así respetáis la majestad real?

TIM. ¿Dónde se sufre esto, Pan amigo?

MID. Ay, dios Baco y amigo Timolo, que me han muerto.

(Levantando.)

SIL. Que ha sido de grandísimos bellacos tan borrachos como yo.

PAN. Pues porque veais todos la culpa que yo tengo, tocad esta zampoña hecha de las cañas de mi desventurada Siringa, que en ellas en este punto se convirtió en el mismo lugar donde Licas celebró las orejas de su señor.

TIM. Paréceme, amigo Midas, que los hados son inevitables; no hay sino tener paciencia.

LIC. Mire, noso rey Medidor, lo que está del cielo, ello se viene. Venga acá; ¿qué agravio le hicieron si le quitaron oro y le dieron orejas? Calle, que no se entiende que tiene orejas de mercader y oirá y no oirá lo que quisiere. Mire, el tiempo es un grande honramalos y deshónrabuenos. Como deshonró mi buena cola, honrará sus malas orejas. Y andando el tiempo, no faltará quien diga que no fueron orejas de asno, sino de mula, y luego dirán los hortolanos que no fueron sino orejas de sus lechugas. Advierta bien esto que le quiero decir. La piedra es toque del oro, y el oro es el toque de los hombres. El oro que tuvo fue toque de sus quillatres y nos dijo que no eran de hombre, sino de asno.

MID. O traidor, mal hombre, mala bestia, dejádmelo matar, no me tengáis. ¿Que haya llegado el atrevimiento déste a tanto con las alas que todos le habéis dado?

TIM. Rey Midas amigo, no tienes razón que no merece pena Licas por decirte verdades y darte buenos consejos y castigos; y tú no los debes menospreciar, por ser de tu siervo, que los consejos que son útiles no pierden por la humildad del consejero.

CUP. POL. Tal que sabe el asno qué cosas son melcochas.

TIM. Midas amigo, ten ánimo y fortaleza en los trabajos y tribulaciones; que de los hombres valerosos es tenerle y no desmayar en ellas. Cuando fueres yunque, sufre como yunque.[13] Ya ves la piel que te han comenzado a vestir por la cabeza; y el garbín que has puesto en ella. De los buenos asnos es no ser bravos, feroces y arrogantes, sino simples, benignos y humildes, no ariscos y vengativos, sino reportados, sufridos, templados y muy pacientes. Trabajos, rey Midas, hacen a los hombres filósofos.

MID. ¡Ha corona real, a qué estás sujeta, si el cielo se conjura contra ti! O dios de la sabiduría, ¿quién se atreve a ofenderte? O inescrutable sabiduría divina, ¡qué investigables son tus caminos! ¡Con qué trazas abajas y humillas la soberbia y arrogancia! ¡Con cuánta facilidad das y quitas las riquezas y castigas en ellas mismas la avaricia de los avaros! Estaba yo en honra, no me conocí; no sólo me hallo comparado a los jumentos, mas me hallo hecho el más vil y humilde dellos.

LIC. ¡O qué bien dicho! Mire, nosso rey Midasno, la verdad es que toda nuestra vida no es otra cosa sino una comedia.[14] Los dioses son los que dan los dichos, y a uno mandan que represente un rey, como a él se lo mandaron hasta ahora; y a otro que represente un asno, como se lo han mandado ya, y a Licas también que colee con su cola, porque en la leche mamóla.

CUP. POL. Lo que a mí me pesa mucho, amigo Midas, y no puedo dejar de llorarlo, es que ya las caricias de la perrilla de falda no son para ti, que te molerán a palos, si usares dellas, y la reina te dará de chapinazos si te quisieres festejar en sus faldas. Mas un consuelo te puedo dar, que ya que eres asno, al fin eres asno mostrenco sin dueño, y te puedes andar perdido por las viñas y sembrados ajenos; por ventura algún guarda o viñadero te cortará las orejas por asno ladrón y te restituirá en tu primera forma.

MID. Pues todo el mundo anda al revés; yo que había de ser consolado, quiero consolar y leer cátedra a otros con buenos castigos; que bien puedo, pues de los escarmentados se hace los arteros reyes; reyes y príncipes de la tierra, quedad eruditos de mí, escarmentad en vuestro compañero. Pues es sentencia del sabio Timolo y de Sileno su amigo que todos tenéis grandes orejas; tenedlas para oír a buenos consejeros. No deis oídos a lisonjeros, músicos y bufones, que si los dieredes, no os faltarán orejas de las mías. Los que aun no las tenéis, mirad los amigos, privados y consejeros, que admitís que solamente quieren vuestro pan, vino y oro y no os lo dejar comer, beber ni gozar por comérselo, bebérselo y gozárselo ellos. ¡Qué amiguitos Pan, Baco, Sileno y la otra harria de mulos y mulas y varias pécoras! Amigos todos de taza de vino, el pan comido, la compañía deshecha. Todos pregonaron vino y vendieron vinagre; y todos después de banqueteados de mí espléndidamente, me dicen con voz en cuello:

(Cantando.)

Midas tiene orejas de asno,
porque fue necio y durasno.

LIC. Y Licas tiene la cola,
porque en la leche mamóla.

(Repiten todos bailando, cantando y rebuznando.)

Midas tiene orejas de asno, &tc.

(Salen Vertuno y Pomona, dados de las manos, y delante dellos la danza de los hortolanos, dadas las manos con espadas desnudas, guiándola Guasorapo y Apolo.)

APOL. Y GUAS.*(Tañendo y cantando.)*

Gócese su Pomona con su Vertuno,
gócense muchos años los dos en uno.

Gócese su Vertuno con su Pomona,
que si Midas es asno los dos son monas.

Celebren sus bodas sus hortolanos,
con espadas desnudas, dadas las manos.

Con su danza de espadas, propia de España,
las bodas celebren de su hortolana.

¿Para qué querías tanto oro, tonto?
Mejor estuvieras menos orondo.

¿Para qué quisiste ser juez de Pan?
Para ser jumento de un azacán.

Pues fue tu juicio de oidor caballo,
tus orejas sean de juez asno.

Gócese su Pomona con su Vertuno,
gócense muchos años los dos en uno.

Gócese su Vertuno con su Pomona,
que si Midas es asno, los dos son monas.

APOL. *(Solo cantando.)*

Midas tiene orejas de asno,
porque fue necio y durasno,
y Licas tiene la cola,
porque en la leche mamóla.

(Todos en sarao.)

Midas tiene orejas, &tc.

APOL. Midas fue duro y avaro,
grosero, burdo, lanudo,
su entendimiento más rudo
que el de un alazano claro.
Por ser jumento preclaro,
le dio Apolo orejas de asno
porque fue necio y durasno.
Y a Licas le dio la cola,
porque en la leche mamóla.

(Apolo cantando. Idem.)

[APOL.] Baco y el sabio Timolo,
Pan, Vertuno, Guasorapo,
Sileno con todo el trapo,
Cupido Poltrón y Apolo
celebren por el Pactolo,
Midas tus orejas de asno,
por mentecato y durasno.
Y de tu Licas la cola,
porque en la leche mamóla.

(Idem.)

Rebuzna, salta y respinga
y corona tus orejas,
frente, sienes y guedejas
con las cañas de Siringa,
dente otros asnos mojinga,
pues tienes orejas de asno,
por mentecato y durasno.
Y Licas tiene la cola,
porque en la leche mamóla.

(Todos en sarao.)

Midas, &tc.

(Y éntranse todos rebuznándole.)

FIN DEL ENTREACTO
segundo de la segunda parte.

Carta ejecutoria de la Tragicomedia los jardines y campos sabeos

Apolo Febo, Timbreo, Titán, Paean, Clario, Loemio, Ulio, Libistino, Philesio, Pithio, Latoo, Lintesio, Loxias, Aegleto, Gergitio, Argirotoxo, Oetosciro, Delio, Agileo, Sminteo, Didimeto, por la gracia de Júpiter, rey del cuarto cielo, sol alumbrador del universo, señor de todas las vertientes de la fuente Aganipe, &tc.[1] A la serenísima princesa de las ciencias, Pallas Minerva y a las nueve infantas de nuestro Parnaso y Consejo Real de Poesía, nuestras muy caras y muy amadas hermanas, duques, condes, marqueses, ricos hombres, presidentes y oidores de las nuestras audiencias y cancillerías, etc. Y a todos los poetas españoles, que andáis vagando por las faldas y cumbres de nuestro sacro Monte, salud y gracia. Sépades que en el dicho nuestro Consejo Real de Poesía, ante las dichas nueve infantas, nuestras musas y oidoras, se presentó una simple querella y demanda por parte de los poetas cómicos de España, juntamente con la tragicomedia intitulada *Los jardines y campos sabeos,* que en la ciudad de Hércules nuestro hermano, sacada de zanjas por Hispalo su hijo y de su nombre Hispalis llamada,[2] se había compuesto por una que decía ser descendiente de Maya, hija de Atlante, rey de las Españas; por la cual se querellaron de ella y le pusieron demanda, diciendo que siendo mujer y no pudiendo hablar entre poetas, había tenido atrevimiento de componer la dicha tragicomedia, y dejádose decir en ella que había sido la primera que con toda propiedad y rigor había imitado a los cómicos antiguos y guardado su arte poética y preceptos; y ganado nuestro laurel a todos, los que habían compuesto comedias, en lo cual había excedido notablemente; y todo lo que decía era novedad, quimera y disparate. Porque nos pedían y suplicaba declarásemos la dicha tragicomedia por novela[3] impertinente y a la autora de ella por autora de novedades y dislates; y la condenásemos en perdimiento de tiempo y de la impresión y en las costas de ella; y mandásemos que en las comedias no se hiciese novedad; y pidieron justicia.

Y por nuestras musas, vista la dicha querella y demanda, mandaron dar traslado a la parte. La cual por su petición, que ante ellas presentó, dijo que la dicha querella y demanda no procedía por lo general, y lo que de ella resultaba. Y porque su tragicomedia era muy util y provechosa para desterrar de España muchas comedias indignas de gozar los Campos Elíseos; y para libertarla y libertar a sus ilustres y nobles poetas del tributo que por tener paz con el bárbaro vulgo, le han pagado hasta su tiempo, como la misma España y sus perseguidos moradores lo pagaron de cien doncellas en cada un año por tener treguas con el paganismo, hasta que las siete doncellas mancas, con su valerosa hazaña, dieron causa a su redención; a las cuales ella, como generosa parienta suya, había imitado, libertando a la misma valerosa España y a sus muchos ilustrísimos poetas que, compulsos y apremiados, habían rendido semejantes parias. Porque nos pedía y suplicaba denegásemos a la parte de los dichos poetas lo que pedían y les pusiésemos perpetuo silencio; y juntamente mandásemos establecer por ley y pragmática sanción, promulgada en nuestras cortes que todas las comedias guardasen de aquí adelante la traza y arte, leyes y preceptos de la dicha tragicomedia; la cual generalmente se leyese en todas nuestras academias por arte poética de buenas comedias y pidió justicia. Y por nuestras musas fue mandado dar traslado a los poetas; los cuales se afirmaron en su demanda, diciendo que todo lo dicho, alegado y pedido por la susodicha era burlería y notorio disparate; y que los poetas españoles eran hoy la luz de la poesía en todas las naciones del universo; y no se debía permitir contra ellos censura tan rigurosa de una mujer; mayormente en materia de comedias en las cuales se hallaban en España algunas tan elegantes y elocuentes que merecían el aplauso de grandes príncipes y la admiración de hombres doctísimos y versados en todas facultades y buenas letras. Y que era arcaísmo y antigüedad desusada la que quería introducir, y no era posible su introducción; porque si las cosas representadas sucedían en diferentes lugares y tiempos, mal se podían disponer en un solo lugar y tiempo, sin evidente falsedad; y mucho menos en lugar público delante del pueblo las sucedidas en las recámaras, salas y aposentos. Y que ni la misma tragicomedia había guardado las leyes que daba; pues juntaba los siglos de Adonis y Venus con los de Atlante y Hespero y con los presentes y venideros; y en los entreactos los de Midas y Baco con los de Dafne, Siringa y Pomona. Y últimamente los actos y entreactos contenían dioses y transformaciones y multitud de personas juntas, cosas todas no permitidas por la *Arte poética* de nuestro poeta Horacio. Por todo lo cual nos pedían y suplicaban hiciésemos en la causa, según por su parte se había pedido; y pidieron justicia y ser recibidos a prueba. De la cual petición nuestras musas mandaron dar traslado a la otra parte. La cual dijo, que todavía debíamos denegar a la parte contraria lo pedido en su demanda, porque todo lo que de nuevo alegaban se excluya por lo que dicho y alegado tenía; y porque si ella era mujer, también lo eran nuestras carísimas hermanas las nueve musas, sin embargo de lo cual las hemos hecho del nuestro Consejo Real de Poesía; porque en ellas asienta nuestro furor Cirreo, como el esmalte sobre el oro; y asimismo nuestra serenísima hermana Pallas Minerva era diosa de las ciencias. Y en España su progenitora Maya, hija de Atlante, ínclito rey de ella, a todas nueve no había dado ventaja. Y también fueron insignes en buenas letras, la dignísima marquesa de Cenete, la celebrada Isabela, joya de Barcelona, la eruditísima Sigea toledana, a quien por sus letras latinas y hebreas la serenísima reina de Portugal, con increíble admiración, recibió en su casa e hizo maestra de la clase, que en ella tenía de mujeres ilustres; doña Angela Zapata, doña Ana Osorio burgalesa y doña Catalina de Paz, gloria y honor de Guadalajara; y otras españolas sin número que siempre han honrado las Españas, señalándose en ellas en todos tiempos.[4] Que ella no ponía defecto ni otra nota en la elegancia y elocuencia, donaires y sales de las comedias españolas, muchas de las cuales reconocía en esta parte por maravillas nuestras, inspiradas de nuestro celestial influjo. Que sola su censura era del único lugar público y contexto de breve tiempo y división de actos y escenas, en

que se afirmaba haber ganado nuestra corona de laurel y haber faltado todos los cómicos españoles. Los cuales no se debían ofender de esta censura, que muy más rigurosa era la de otras muchas personas, y señaladamente la del buen caballero andante don Quijote de la Mancha, cuyo Rocinante se atrevió a morder a nuestro caballo Pegaso y le dijo en jumental idioma que las comedias de los dichos poetas lo habían convertido en caballo gradario, haciéndole discurrir algunas de ellas, casi por todas las partidas del mundo con sus autores y actores. Que si algunas habían merecido el aplauso de grandes príncipes y suspensión de aficionados a buenas letras, también mereció el aplauso de la Majestad del prudentísimo Felipe Segundo y de los muchos príncipes y doctos que le asistieron la gran comedia que en Milán se le representó en su viaje a Flandes, siendo Príncipe de las Asturias, cuyo escritor dice haber sido una de las mejores que se habían representado en Italia; y esto le había obligado a decir la sola división de cinco actos y las escenas de nuestras musas, ninfas, Baco y Sileno que ella asimismo introducía en su tragicomedia. Que restituir la antigüedad es de las mayores gentilezas de los bien entendidos, no arcaísmo sino fineza muy estimada. Que ya cesaba la disputa, si eran posibles o no eran posibles las leyes y preceptos de su arte, pues se veían guardados tan puntualmente en su primera y segunda parte. En las cuales la licencia poética usada discretamente había permitido que concurriesen los tiempos de Adonis con los de Atlante; y los de Midas y Baco con los nuestros y de nuestra querida Dafne y con los de Pan, Vertuno y los demás. Que de los dioses y diosas introducidos, como personas humanas, no hablaba la prohibición de nuestro poeta Horacio; y menos de las transformaciones referidas en relación; y asimismo no se entendía con las de los entreactos, que él llama sátiros, dichos vulgarmente entremeses; porque en éstos principalmente se procura mover a expectación y entretenimiento; a lo cual mueven más las apariencias. Que la multitud de personas era prohibida, cuando hablaban muchos juntos causando confusión; no cuando hablaban tres o cuatro entre sí y otros aparte sin causarla. Porque nos suplicaba hiciésemos y proveyésemos como tenía pedido y pidió justicia. Todo lo cual visto en el dicho nuestro Consejo, se hubo el pleito por concluso, y se recibió a prueba, con cierto término, dentro del cual por la parte de los poetas se presentaron todas sus comedias y tragedias hechas en romance y lengua española, hasta estos tiempos del Magno Felipe Cuarto, rey de las Españas; con que vinieron cargadas muchas recuas y carretas que llenaron los archivos y almacenes de nuestra Elicona. Y juntamente dijeron sus dichos muchos testigos, poetas y no poetas, que todos unánimes y contestes, depusieron que eran grandes y famosas las dichas comedias y tragedias; y que así las veían intitular y ser habidas y tenidas comúnmente por tales, con extraordinario aplauso de todos; y que todo lo demás era novedad y cosa de risa. Y por la otra parte solamente se reprodujo su tragicomedia por los poetas con su demanda presentada; y se presentaron algunos testigos, pocos o ningunos contestes, y todos los demás singulares que, aunque dijeron algo en su favor, todos vinieron a concluir que por ser cosa tan nueva para España, no se sabían bien determinar en decir su parecer; y así se remitían a las leyes y ordenanzas de nuestra poesía. Y habiéndose dado traslado a las partes de las dichas comedias y probanzas de conformidad, concluyeron para sentencia y por nuestras musas fue habido el pleito por concluso; y hallándome yo a la vista en la sala y a la determinación en el acuerdo, pronunciamos sentencia definitiva del tenor siguiente.

En el pleito entre partes &tc. Hallamos que debemos declarar y declaramos la *Tragicomedia los jardines y campos sabeos* haber ganado nuestra corona de laurel en la arte y preceptos de los cómicos antiguos a todas las comedias y tragedias españolas, compuestas hasta los tiempos del Magno Felipe Cuarto de las Españas. Y mandamos a nuestros poetas españoles que en las comedias que de aquí adelante se hicieren, guarden las leyes y preceptos de su *Primera* y *Segunda parte,* so pena de no ser tenidos de nos por cómicos ni trágicos; y que los mandaremos borrar y tildar del catálago de nuestros poetas y de los libros de nuestras mercedes y situados con destierro a nuestra voluntad, de las altas cumbres de nuestro Parnaso. Y mandamos se lea en todas nuestras academias por arte de buenas comedias, ley y pragmática sanción hecha en nuestras cortes la dicha tragicomedia y sus reglas y preceptos. Y juzgando así lo pronunciamos y mandamos sin costas. Y que se ejecute esta sentencia sin embargo de suplicación y se despache carta ejecutoria de ella. Apolo Febo, Calíope, Euterpe, Clío, Talía, Urania, Erato, Terpsicore, Polimnia, Melpómene. Dada fue y pronunciada la dicha sentencia en el Monte Parnaso, en su sala de audiencia pública de poesía, por Su Majestad de nuestro rey y señor Apolo Febo y por las ilustrísimas infantas, sus carísimas hermanas, las nueve musas de su Real Consejo de Poesía, que en ella firmaron sus nombres. En nueve de octubre de mil y seiscientos y veinte y tres años. Por su mandado, Orfeo de Tracia, Secretario. Porque vos mandamos que veáis la dicha sentencia de suso contenida y la guardéis, cumpláis y ejecutéis y hagáis guardar, cumplir y ejecutar, según y cómo en ella se contiene; e no fagades ni fagan ende al, so pena de la nuestra merced y las demás penas en ella contenidas y de todas sus anticomedias para la nuestra cámara; so la cual mandamos a cualquier nuestro poeta, aunque no sea de los del número, os la notifique y dé testimonio de ello, porque nos sepamos, como se cumple nuestro mandado. Dada en los jardines de nuestro Monte Parnaso, en primero de marzo de mil y seiscientos y veinte y cuatro años. Apolo Febo, Calíope, Euterpe, Talía. Por su mandado Orfeo de Tracia, Secretario. Registrada. Anfión. Por Canciller. Anfión.

A los lectores

Entiendo haber imitado en esta tragicomedia con todo rigor y propiedad el estilo y traza de las comedias y tragedias antiguas, así en la división y artificio de sus actos y escenas como en guardar siempre un mismo lugar público en el teatro y en toda la fábula un continuado contexto, de breve tiempo, en el cual naturalmente los que se hallasen presentes pudiesen sin larga intermisión haber asistido a todo el suceso; en todas las cuales cosas (o por no haberlas bien considerado, o por la dificultad de bien disponerlas, o por interés propio, o por mayor aplauso del vulgo) todos los modernos han faltado. En la primera impresión dividí licenciosamente cada una de sus dos partes en tres jornadas, al uso español, usado hasta estos días, para su más cómoda representación; y porque imitasen y contuviesen en sí las tres partes de la comedia, protasis, epitasis y catástrofe.[5] Hoy que veo el edificio fraguado y firme, he quitado en esta segunda las cimbras de las jornadas a los arcos de los actos, para que ellos solos lo sustenten y levanten sobre sí más galana y artificialmente, sin la máquina, arrimo y embarazo de ellas.[6] Y con más razón me parece ahora que se me puede permitir que diga que es de tan buen parecer mi tragicomedia que puede salir en público, a ver no los teatros y coliseos, en los cuales no he querido, ni quiero, que parezca; mas los palacios y salas de los príncipes y grandes señores y sus regocijos públicos y de sus ciudades y reinos; y asimismo, con menos ruido, visitar en sus casas a los aficionados a buenas letras. Y también puedo decir que se debe estimar en algo haber cifrado en fingimientos tan antiguos de lo más curioso de la antigüedad sucesos verdaderos y tan nuevos, que el día de hoy están presentes. El nombre de tragicomedia, aunque juzgado rigurosamente de alguno por impropio y no bien impuesto al Anfitrión de Plauto,[7] en nuestra fábula o historia tiene toda propiedad; porque contiene dos partes y dobles los argumentos, trágicos y cómicos en su principal y fatal persona Clarisel y en las de las princesas Belidiana y Maya; como quiera que las comedias y tragedias mixtas no ignoradas de los antiguos se dijeron así, porque en parte eran turbulentas y en parte quietas. Y los agudísimos y prudentísimos jureconsultos, que tuvieron tan buen voto en toda filosofía, admitieron acciones mixtas, por participar de reales y personales; como la arte y naturaleza también han admitido los mixtos y compuestos. De los entreactos, digo que está guardado el mismo estilo en ellos que en la acción principal; y huida la enseñanza, que ordinariamente éstos suelen tener, pervirtiendo los ánimos y buenas costumbres. Y adiós, que oigo a Apolo celebrar y promulgar hoy por ley mi Mayuma, llamando las provincias de España a las fiestas y alegrías de ella.

María de Zayas y Sotomayor

INTRODUCTION

Although María de Zayas enjoys relatively more fame among present-day Hispanists than her female literary colleagues, much about her life remains unknown. She is most frequently anthologized, studied, and commented upon as the author of two collections of prose *novelas* published during her lifetime in the first half of the seventeenth century. She is, however, also the author of at least one play, entitled *La traición en la amistad*. Her contemporary, Juan Pérez de Montalbán, praised her and what may have been an initial draft of the first installment of her prose pieces as follows: "Décima musa de nuestro siglo, ha escrito á los certámenes con grande acierto; tiene acabada una comedia de excelentes coplas, y un libro para dar á la estampa, en prosa y verso, de ocho novelas ejemplares."[1] Such a reference gives no indication of a performance of the play, but suggests such an event or at least the circulation of her manuscript among her friends and acquaintances in literary circles in Madrid.

Zayas was born about 1590 to the military officer Fernando de Zayas y Sotomayor and his wife María de Barasa.[2] Her father earned recognition as a knight in the order of Santiago in 1628 during a distinguished career which took him and his family to Naples, where he served the Count of Lemos from 1610 to 1616. The majority of Zayas's life, however, was spent in Madrid, where she enjoyed contact with other writers and participated in their literary exchanges exemplified, for instance, in her occasional poems published between 1621 and 1639. Except for this range of dates and the years of publication of her two collections of *novelas,* 1637 and 1647, respectively, little is known with certainty about her adult life. During the decades of the 1620s and 1630s, she seems to have been an active member of the literary *academías* in Madrid sponsored by writers and intellectuals, which as one commentator notes were "muy activos por estos años y de fundamental importancia en la vida cultural de la capital."[3] Speculation about her possible residency in Zaragoza during the period between the publication of her two prose collections has been suggested, but no one has offered proof about such a move for Zayas. The period from 1639 to 1647 marks one of complete professional silence for the author, when she neither seems to have participated in the activities of her literary community nor submitted for publication any works. One conjecture places Zayas in Barcelona during this eight-year period, since Francesc Fontanella locates her there in a contemporary satirical *Vexamen.*[4] Again, no sound information exists to support such a possibility. No records remain either to indicate that she ever married, nor is her date of death known. Having effectively disappeared from public and literary life after 1647, it is possible that she may have died shortly after publishing her second anthology of *novelas.*[5]

The autograph manuscript of her play *La traición en la amistad* is the only extant copy from the seventeenth century. It is quite flawed due to incorrect attribution of lines as well as omissions of words in some verses that distort the poetic rhythm. I have used editorial license and corrected these problems in the present version, providing a footnote in each instance about the change made. The manuscript is in the Biblioteca Nacional de Madrid and is labeled ms. 173; it consists of forty-eight folios with dialogue written in single columns. Its date of publication is not known, but Pérez de Montalbán's mention of a *comedia* by Zayas in his *Para todos* of 1632 indicates that, if he is referring to this work, its date of composition is earlier than that of publication for her two prose collections. The setting of the play is one contemporary with the dramatist's Madrid, with various events taking place in spots such as the Prado and the Duke of Lerma's garden, fashionable sites for the gentry of the seventeenth century. Another reference early in Act I is to the War of Succession of Mantua (1628-1630) in which Spanish troops participated to protect Spain's possessions in northern Italy in order to keep open access to Hapsburg holdings and interests in northern Europe. The citation of such a historical event helps narrow the possibilities for dates of composition, for with this reference and Pérez de Montalbán's 1632 praise of the play, it is reasonable to date the drama between the years 1628 and 1632.

The play is one about multiple love intrigues, but unlike most such works in Golden Age Spain, the main agent of seductions and the figure who brags most about myriad lovers is one of the female lead characters, Fenisa. The man she loves above all the others is Don Liseo, but he has abandoned his former lover Laura in the prehistory of the play. She follows Golden Age dramatic convention by pursuing him through subterfuge in order to make him fulfill his promise of marriage. Laura is able to plan her trick against Liseo thanks to the help of other women he has wooed, but Zayas also dramatizes a disjuncture of both the community of women (for Fenisa never incorporates herself into the company of her female peers) and that of the men (each male figure pursues his own interests throughout the play). Nighttime

assignations, notes sent between lovers, and meetings at balcony windows all contribute to the romantic chaos that must be replaced with order by play's end.

NOTES

1. Juan Pérez de Montalbán, *Para todos*, fol. 359r.
2. My sources for information about Zayas's life are found in: the introduction to Alessandra Melloni, *María de Zayas fra commedia e novella*; Melloni's introduction to her recent edition of *La traición en la amistad*; Manuel Serrano y Sanz's entry on her which precedes his edition of her play in *Apuntes para una biblioteca de escritoras españolas desde el año 1401 al 1833*, vol. 271, 583-89; Felicidad González Santamera and Fernando Doménech, *Teatro de mujeres en el Barroco*, 33-35; the introductions to the most recent editions of her *novelas*, *Tres Novelas amorosas y ejemplares y tres Desengaños*, ed. Alicia Redondo Goigoechea,7-22; *Desengaños amorosos*, ed. Alicia Yllera, 11-33; the entries in the two bio-bibliographical works: Peter Cocozzella, "María de Zayas y Sotomayor: Writer of the Baroque *Novela Ejemplar*," 189-227; and Marcia L. Welles and Mary S. Gossy, "María de Zayas y Sotomayor," 507-19; and in Teresa S. Soufas, "María de Zayas's (Un)Conventional Play, *La traición en la amistad*," 148-64.
3. "Introducción," in *Tres novelas*, ed. Alicia Redondo Goigoechea, 9.
4. Welles and Gossy, "María de Zayas," discuss Zayas's activities after 1639, a period during which, according to a recent study by Kenneth Brown, she was in Barcelona and was the subject of Fontanella's satirical *vejamen* in 1643 (507-08). See also González Santamera and Doménech, *Teatro de mujeres*, 34.
5. Welles and Gossy, "María de Zayas," 508.

SELECTED BIBLIOGRAPHY

Barbeito Carneiro, María Isabel. *Escritoras madrileñas del siglo XVII*. Vol. I, 837-41. Madrid: Editorial de la Universidad de Madrid, 1986.
Barbero, Teresa. "María de Zayas." *La Estafeta Literaria* 527 (1973): 24-25.
Boyer, Patsy. "María de Zayas." In *Women Writers of Spain: An Annotated Bio-Bibliographical Guide*. Ed. Carolyn L. Galerstein, 338-39. Westport, Conn.: Greenwood Press, 1986.
———. "La visión artística de María de Zayas." In *Estudios sobre el Siglo de Oro en homenaje a Raymond R. MacCurdy*. Ed. Angel González, Tamara Holzapfel, and Alfred Rodríguez, 253-63. Madrid: Cátedra, 1987.
Brown, Kenneth. "Context i text del *Vexamen* d'academia de Francesc Fontanella." *Llengua y Literatura* 1(1987): 173-252.
Brownlee, Marina S. "Postmodernism and the Baroque in María de Zayas." In *Cultural Authority in Golden Age Spain*. Ed. Marina S. Bronwlee and Hans Ulrich Gumbrecht, 107-27. Baltimore: Johns Hopkins Univ. Press, 1995.

Chevalier, Maxime. "Un cuento, una comedia, cuatro novelas (Lope de Rueda, Juan Timoneda, Cristóbal de Tamariz, Lope de Vega, María de Zayas)." In *Essays on Narrative Fiction in the Iberian Peninsula in Honour of Frank Pierce.* Ed. R.B. Tate, 26-38. Oxford: Dolphin, 1982.

Clamurro, William H. "Ideological Contradiction and Imperial Decline: Towards a Reading of Zayas's *Desengaños amorosos.*" *South Central Review* 5(1988): 43-50.

Cocozzella, Peter. "María de Zayas y Sotomayor: Writer of the Baroque *Novela Ejemplar.*" In *Women Writers of the Seventeenth Century.* Ed. Katharina M. Wilson and Frank J. Warnke, 189-227. Athens: Univ. of Georgia Press, 1989.

de Armas, Frederick A. *The Invisible Mistress: Aspects of Feminism and Fantasy in the Golden Age.* Charlottesville, Va.: Biblioteca Siglo de Oro, 1976.

Felten, Hans. "La mujer disfrazada: un tópico literario y su función. Tres ejemplos de Calderón, María de Zayas y Lope de Vega," 77-82. In *Hacia Calderón.* Stuttgart: Franz Steiner, 1988.

Foa, Sandra M. *Feminismo y forma narrativa. Estudio del tema y las técnicas de María de Zayas.* Valencia: Albatros, 1979.

———. "Humor and Suicide in Zayas and Cervantes." *Anales Cervantinos* 16(1977): 71-83.

———. "María de Zayas: Visión conflictiva y renuncia del mundo." *Cuadernos Hispanoamericanos* 331(1978): 128-35.

———. "Zayas y Timoneda: elaboración de una patraña." *Revista de Archivos, Bibliotecas y Museos* 79(1976): 835-49.

Fox Lockert, Lucia. "María de Zayas." In *Women Novelists in Spain and Latin America,* 25-35. Metuchen, N.J.: Scarecrow Press, 1979.

González Santamera, Felicidad, and Fernando Doménech, eds. *Teatro de mujeres del Barroco.* Madrid: Asociación de Directores de Escena de España, 1994.

Goytisolo, Juan. "El mundo erótico de doña María de Zayas." In *Disidencias,* 63-115. Barcelona: Seix Barral, 1979.

Grieve, Patricia E. "Embroidering with Saintly Threads: María de Zayas Challenges Cervantes and the Church." *Renaissance Quarterly* 44(1991): 86-106.

Griswold, Susan C. "Topoi and Theoretical Distance: The Feminism of María de Zayas." *Revista de Estudios Hispánicos* 14(1980): 97-116.

Kaminsky, Amy Katz. "Dress and Redress: Clothing in the *Desengaños amorosos* of María de Zayas y Sotomayor." *Romanic Review* 79(1988): 377-91.

King, Willard F. *Prosa novelística y academias literarias en el siglo XVII.* Madrid: Anejos del Boletín de la Real Academia Española 10, 1963.

Laspéras, Jean Michel. "Personnage et recit dans les *Novelas amorosas y ejemplares* de María de Zayas y Sotomayor." *Mélanges de la Casa de Velázquez* 15(1979): 365-84.

McKay, Carol. "María de Zayas: Feminist Awareness in Seventeenth-Century Spain." In *Studies in Language and Literature. Proceedings of the 23rd Mountain Interstate Foreign Language Conference.* Ed. Charles Nelson, 377-81. Richmond, Ky.: Eastern Kentucky Univ. Press, 1976.

Melloni, Alessandra. *Il sistema narrativo di María de Zayas.* Turin: Quaderni Ibero-Americani, 1976.

———. *María de Zayas fra commedia e novella.* Roma: Instituto Español de Cultura y de Literatura, 1981.

Montesa Peydró, Salvador. *Texto y contexto en la narrativa de María de Zayas.* Madrid: Dirección General de la Juventud, 1981.

Oakey, Valerie Hegstrom. "The Fallacy of False Dichotomy in María de Zayas's *La traición en la amistad.*" *Bulletin of the Comediantes* 46(1994): 59-70.

Ordóñez, Elizabeth. "Woman and Her Text in The Works of María de Zayas and Ana Caro." *Revista de Estudios Hispánicos* 19(1985): 3-15.

Pabst, Walter. *La novela corta en la teoría y en la creación literaria. Notas para la historia de su antinomia en las literaturas románicas.* Trans. P. de la Vega. Madrid: Gredos, 1972.

Pérez de Montalbán, Juan. *Para todos.* Madrid, 1632.

Pérez Erdelyi, Mireya. *La pícara y la dama. La imagen de las mujeres en las novelas picarescocortesanas de María de Zayas y Sotomayor y Alonso de Castillo Solórzano.* Miami: Ediciones Universal, 1979.

Place, Edwin B. *María de Zayas, an Outstanding Short-Story Writer of Seventeenth Century Spain.* Boulder: Univ. of Colorado Press, 1923.

Rudat, Kahiluoto Eva M. "Ilusión y desengaño: el feminismo barroco de María de Zayas." *Letras Femeninas* 1(1975): 27-43.

Serrano y Sanz, Manuel de. *Apuntes para una biblioteca de escritoras españolas.* Vol. 271. Madrid: Biblioteca de Autores Españoles, 1975.

Simón Díaz, José. "María de Zayas y Sotomayor." *Cien escritores madrileños del Siglo de Oro (Notas bibliográficas),* 143-47. Madrid: Instituto de Estudios Madrileños, 1975.

Smith, Paul Julian. "Writing Women in the Golden Age." In *The Body Hispanic.* Oxford: Clarendon Press, 1990.

———. "Writing Women in Golden Age Spain: Saint Teresa and María de Zayas. *MLN* 102(1987): 220-40.

Spieker, Joseph B. "El feminismo como clave estructural en las novelas de doña María de Zayas." *Explicación de Textos literarios* 6(1978): 153-60.

Soufas, Teresa S. "María de Zayas's (Un)Conventional Play, *La traición en la amistad.*" In *The Golden Age "Comedia": Text, Theory, and Performance.* Ed. Charles Ganelin and Howard Mancing, 148-64. West Lafayette, Ind.: Purdue Univ. Press, 1994.

Stackhouse, Kenneth A. "Verisimilitude, Magic and the Supernatural in the *Novelas* of María de Zayas y Sotomayor." *Hispanófila* 62(1978): 65-76.

Stroud, Matthew D. "Love, Friendship, and Deceit in *La traición en la amistad,* by María de Zayas." *Neophilologus* 69(1985): 539-47.

Sylvania, Lena E.V. *Doña María de Zayas y Sotomayor: A Contribution to the Study of her Works.* New York: Columbia Univ. Press, 1922.

Vasileski, Irma. *María de Zayas: Su época y su obra.* Madrid: Playor, 1973.

Welles, Marcia L. "María de Zayas y Sotomayor and her *novela cortesana*: A re-evaluation." *Bulletin of Hispanic Studies* 55 (1978): 301-10.

Welles, Marcia L., and Mary S. Gossy. "María de Zayas y Sotomayor." In *Spanish Women Writers: A Bio-Bibliographical Source Book.* Ed. Linda Gould Levine, Ellen

Engelson Marson, and Gloria Feiman Waldman, 507-19. Westport, Conn.: Greenwood Press, 1993.

Williamsen, Amy R. "Engendering Interpretation: Irony as Comic Challenge in María de Zayas." *Romance Languages Annual* 3(1992): 643-48.

Zayas y Sotomayor, María. *Comedia famosa de La traición en la amistad.* Madrid: Biblioteca Nacional de Madrid, ms. res. 173.

———. *Comedia famosa de La traición en la amistad.* In González Santamera and Doménech, *Teatro de mujeres,* 31-172.

———. *La traición en la amistad.* Ed. Alessandra Melloni. Verona: Universitá Degli Studi di Verona, 1983.

———. *La traición en la amistad.* In Serrano y Sanz, *Apuntes para una biblioteca de escritoras españolas.* Vol. 271: 590-620.

SELECTED RECENT EDITIONS OF ZAYAS'S PROSE

Desengaños amorosos. Ed. Alicia Yllera. Madrid: Cátedra, 1983.

Desengaños amorosos. Parte segunda del sarao y entretenimiento honesto. Ed. Agustín González de Amezúa. Madrid: Real Academia Española, 1950.

Novelas: La burlada Aminta y Venganza del honor. Ed. José Hesse. Madrid: Taurus, 1965.

Novelas amorosas y ejemplares. Ed. Agustín González de Amezúa. Madrid: Real Academia Española, 1948.

Tres Novelas amorosas y ejemplares y tres Desengaños. Ed. Alicia Redondo Goicoechea. Madrid: Castalia, 1989.

La traición en la amistad

Comedia famosa

Los que hablan en ella:

Marcia	Gerardo
Fenisa	Don Juan
Belisa	Lauro
Laura	León
Félix	Antonio
Liseo	Fabio
Lucía	

JORNADA PRIMERA

(Salen Marcia y Fenisa)

MAR. Vi, como digo, a Liseo
en el Prado el otro día
con más gala que Narciso,
más belleza y gallardía.
Puso los ojos en mí   5
y en ellos mismos me envía
aquel veneno que dicen
que se bebe por la vista;
fueron los míos las puertas,
pues con notable osadía   10
se entró por ellos al alma
sin respetar a sus niñas;
siguióme y supo mi casa,
y por la nobleza mía
apareció el ciego lazo   15
que sólo la muerte quita.
Solicitóme amoroso,
hizo de sus ojos cifras
de las finezas del alma
ya por mil partes perdida;   20
yo, Fenisa, enamorada
tanto como agradecida,
estimo las de Liseo
más de lo justo.
FEN.   Me admira,
Marcia, de tu condición.   25
MAR. No te admires, sino mira,
Fenisa, que amor es dios
cuya grandeza ofendida
con mi libre voluntad

de esta suerte me castiga;   30
ya hizo el alma su empleo,
ya es imposible que viva
sin Liseo, que Liseo
es prenda que el alma estima;
y mientras mi padre asiste,   35
como ves, en Lombardía,
en esta guerra de amor
he de emplearme atrevida.
Si tu pretendes que crea
que eres verdadera amiga,   40
no me aconsejes que deje
esta impresa a que me obliga,
no la razón, sino amor.
FEN. Mal dices, siendo mi amiga,
poner duda en mi amistad;   45
mas si a lo cierto te animas,
justo será, Marcia amada,
que temas y no permitas
arrojar al mar de amor
tu mal regida barquilla.   50
Considera que te pierdes
y a las penas que te obligas
en mar de tantas borrascas,
confusiones y desdichas.
¿Qué piensas sacar de amar   55
en tiempo que no se mira
ni belleza, ni virtudes?
Sólo la hacienda se estima.
MAR. Nadie puede sin amor
vivir.
FEN.   Confieso; mas mira,   60
bella Marcia, que te enredas

sin saber por do caminas;
el laberinto de Creta,
la casa siempre maldita
del malicioso Atalante,						65
el jardín de Falerina,
no tienen más confusión.
Lástima tengo a tu vida.
MAR. Espantada estoy de verte,
Fenisa, tan convertida;					70
¿haste confesado acaso?
Ya me cansa tu porfía;
¿no aman las aves?
FEN.					Si aman,
y no [te] espante que diga
lo que escuchas, pues amor				75
esta ciencia me practica;
ya sé que la dura tierra
tiene amor, y que se crían
con amor todos sus frutos,
pues sabe amar aunque es fría.				80
MAR. Pues, ¿por qué ha de ser milagro
que yo ame, si me obliga
toda la gala que he visto?
Y para que no prosigas,
verás en aqueste naipe					85
un hombre donde se cifran
todas las gracias del mundo,
él responda a tu porfía.
FEN. (Ap.) ¡Ay de mí!
MAR.					Ya te suspendes;
dime ahora, por tu vida,					90
¿qué pierdo en ser de unos ojos,
cuyas agradables niñas
tienen cautivas más almas
que tiene arenas la Libia,
estrellas el claro cielo,					95
rayos el sol, perlas finas
las margaritas preciosas,
plata las fecundas minas,
oro Arabia?
FEN. (Ap.)	¡Ay, Dios! ¿Qué he visto?
¿Qué miras, alma, qué miras?				100
¿Qué amor es éste? ¡Oh qué hechizo!
Tente, loca fantasía.
¡Qué máquina, qué ilusión!
Marcia y yo somos amigas;
fuerza es morir. ¡Ay, amor!				105
¿Por qué pides que te siga?
¡Ay, ojos de hechizos llenos!
MAR. Suspensa estás. ¿Qué imaginas?

Fenisa, ¿no me respondes?
¿No hablas?
FEN.			¿Llamas, amiga?					110
MAR. No estoy muy bien empleada.
FEN. (Ap.) Yo le vi, por mi desdicha,
pues he visto con mirarle
el fin de mi triste vida.
Digo, Marcia, que es galán;				115
mas cuando pensé que habías
hecho a Gerardo tu dueño . . .
¿Olvidas lo que te estima?
¿No estimas lo que te adora,
siendo obligación?
MAR.				No digas,					120
que a nadie estoy obligada
sino a mi gusto.
FEN.				(Ap.) Perdida
estoy por Liseo; ¡ay, Dios!
Fuerza será que le diga
mal de él, porque le aborrezca.				125
¿Cuidado de tantos días,
como el del galán Gerardo
por el que hoy empieza olvidas?
Demás, [que] de aquéste puedes,
fingiendo amor, cortesía,					130
estimación y finezas,
burlarte; y es más justicia
estimar a quien te quiere,
más que a quien quieres.
MAR.					¡Que digas
razones tan enfadosas!					135
Alguna cosa te obliga
a darme, Fenisa, enojos;
¿qué pensamientos te animan?
FEN. No te enojes.
MAR.				¿Cómo pides
que no me enoje, si quitas					140
a mis deseos las alas,
a mi amor la valentía,
a mis ojos lo que adoran
y a mi alma su alegría?
¿Quiéresle, acaso?
FEN.				¿Yo, Marcia?					145
¡No está mala la malicia!
MAR. No es malicia, sino celos.
FEN. ¿Por qué el retrato me quitas?
MAR. Muestra que tú de Liseo
valor ni parte no estimas,					150
y si le estimas procura
que yo le aborrezca.

FEN.   Amiga
Marcia, escucha, no te vayas.
Aguarda por vida mía;
oye, por tu vida, escucha.   155
MAR. Muy enojada me envías;
quien dice mal de Liseo
pierda de Marcia la vista.
(Vase.)
FEN. Pierda la vista de Marcia
quien piensa ganar la vista   160
de la gala de Liseo.
¿Hay más notable desdicha?
¿Soy amiga? Sí. Pues, ¿cómo
pretendo contra mi amiga
tan alevosa traición?   165
¡Amor, de en medio te quita!
¡Jesús, el alma se abrasa!
¿Dónde, voluntad, caminas
contra Marcia, tras Liseo?
¿No miras que vas perdida?   170
El amor y la amistad
furiosos golpes se tiran;
cayó el amistad en tierra
y amor victoria apellida;
téngala yo, ciego dios,   175
en tan dudosa conquista.
(Sale don Juan.)
JUAN. Marcia, me dijo, Fenisa,
que estabas aquí, y así
a ver tus ojos subí.
FEN. Siempre el corazón avisa   180
el bien y el mal, y así a mí
el corazón me decía,
mi don Juan, con su alegría
que tú llegabas aquí.
JUAN. Bien mi voluntad merece   185
tu favor, Fenisa mía;
mas el alma desconfía,
con que mil penas padece.
FEN. *(Ap.)* Aunque a don Juan digo amores,
el alma en Liseo está,   190
que en ella posada habrá
para un millón de amadores;
mas quiérole preguntar
quién es éste por quien muero
nuevamente.
JUAN.   Pues no quiero   195
verte así contigo hablar
si no es que a ti te enamoras,
porque yo no te merezco.

FEN. ¿Celos, don Juan?
JUAN.   Yo padezco,
y tú mi dolor ignoras.   200
Maldiciones de Fenisa
son éstas; tú pagas mal
mi amor.
FEN.   ¿Y tú, desleal,
eso dices a Fenisa,
a quien por quererte ha sido   205
una piedra helada y fría
con los hombres?
JUAN.   Una harpía,
un desamor, un olvido,
dirás, Fenisa, mejor.
Ya sé tus tretas, sirena,   210
que ya en tu engaño y mi pena
hace sus suertes amor,
y eres . . .
FEN.   Basta, no haya más,
que estás en quejarte extraño.
(Ap.) De esta manera le engaño.   215
¡Ay, Liseo! ¿Dónde estás?
Que yo te diré en qué estaba,
como viste, divertida.
JUAN. ¡Dilo presto, por tu vida,
que la mía se me acaba!   220
FEN. ¿Tú muerto? ¡Mil años vivas!
Di, ¿conoces a un galán
en quien cifradas están
las pretensiones altivas
de las damas de esta corte?   225
JUAN. ¿Qué dices? ¿Qué es lo que veo?
Respondes a mi deseo,
mas quieres que pague el porte.
FEN. Escucha, así Dios te guarde,
que yo te diré el deseo   230
que me mueve, y es Liseo
su nombre.
JUAN.   ¡Ay, amor cobarde,
qué presto desmayas! Fiera,
¿tal me preguntas a mí?
FEN. No pienses, don Juan, que en ti   235
hay causa de tal quimera.
¿De ti mismo desconfías,
cuando tus partes están
por gentil hombre y galán,
venciendo damas?
JUAN.   ¿Porfías   240
en darme la muerte, ingrata?
FEN. *(Ap.)* Mejor, don Juan, lo dijeras,

triste de mí, si supieras
que este Liseo me mata;
mas amor manda que calle;   245
disimular quiero.
JUAN.   A fe
que ya en tus ojos se ve,
fiera, que debes de amalle.
FEN. Tu engaño, don Juan, me obliga
a descubrirte el secreto,   250
por lo que quise saber
quién es el galán Liseo:
pretende de Marcia bella
el dichoso casamiento,
siendo, por fuerza de estrellas,   255
conformes en los deseos;
quíseme informar de ti
si es noble, porque discreto
y galán, ella me ha dicho
que es de aquesta corte espejo;   260
y tú, sin mirar que soy
la que te estima por dueño,
estás con celos pesado,
pidiendo sin causa celos;
no me verás en tu vida,   265
y pues celos de Liseo
te obligan a esta locura,
yo haré que tus pensamientos
tengan, por locos, castigos,
pues de hoy más quererle pienso;   270
y así servirá a los hombres
tu castigo de escarmiento,
que no se han de despertar
a las mujeres del sueño,
que firmes y descuidadas   275
dulcemente están durmiendo.
JUAN. Aguarda.
FEN.   No hay que aguardar.
(Ap.) De Liseo soy; el cielo
lo haga.
JUAN.   Tras ti voy, fiera,
que por amarte me has muerto.   280
(Vanse, y sale[n] Liseo y León, lacayo.)
LEÓN. Contento vienes, como si ya fueras
señor del mundo, por haberte dicho
la bella Marcia que te adora y quiere.
LIS. ¿No te parece que de un [fino] ángel
se han de estimar favores semejantes,   285
y engrandecer el alma, porque en ella
quepa la gloria de merced tan grande?
LEÓN. Si va a decir verdad, como no busco

amor de mantequillas ni alfeñique,
de andarme casquivano y boquiabierto,   290
de día viendo damas melindrosas,
de noche requebrando cantarillas
de las que llenas de agua en las ventanas
ponen a serenar por los calores,
pues a cabo un cuidado de quebrarse   295
la cabeza, no hará sino caerse
y romperle los cascos cuando menos.
¡Pesie a quien me parió! ¡Que no hay tal cosa,
como las fregoncillas que estos años
en la corte se usan.
LIS.   Mi alegría   300
escucharte me manda; dime al punto
cómo son las fregonas que se usan.
LEÓN. Si preguntas, señor, de las gallegas
rollizas, carihartas y que [c]alzan
doce puntos o trece por lo menos,   305
dos varas de cintura, tres de espalda;
que se alquilan por meses y preguntan
si acaso hay niños, viejos o escaleras;
de las que sacan de partido un día
y hurtan cada día algunas horas,   310
buscan sus cuyos cuando salen fuera
y venimos a serlo los lacayos
por nuestra desventura y mala estrella;
llevan su medio espejo y salserilla,
y entrando en el portal que está más cerca
se jalbegan las caras como casas   316
y se ponen almagre como ovejas,
y tras de esto, buscando su requiebro,
se vuelven hiedras a su tronco asidas;
llevan sabrosas lonjas de tocino,   320
y en pago de esto vuelven a sus casas
con un niño lacayo en la barriga,
o mozo de caballos por lo menos;
nosotros paseamos por su calle,
haciendo piernas y escupiendo fuerte,   325
hasta que llega la olorosa hora
en que quieren verter el . . . ya me entiendes;
alcahuete discreto de fregonas,
cuyo olor nos parece más suave
que el de la algalia, y aun decirte puedo   330
que alguna vez le tuve por más fino.
Estas, como te he dicho, son gallegas,
fruta para nosotros solamente;
que de las fregoncillas cortesanas
no hay que decir, pues ellas mismas dicen
que son joyas de príncipes y grandes,   336
y aun hay muchos que humillan su grandeza

al estropajo de estas bellas ninfas,
que te puedo jurar que he visto una
que tal vez no estimó de un almirante   340
cien escudos, señor, sólo por darle
la paz al uso de la bella Francia.
Con éstas se regala y entretiene
el gusto, y más cuando se van al río,
que allí mientras la ropa le jabonan,   345
ellas se dan un verde y dos azules;
y no estas damas hechas de zalea
que atormentan a un hombre con melindres
y siempre están diciendo: "dame, dame".

LIS. ¡Ay, mi León! que [en] sola Marcia veo
un todo de hermosura, un sol, un ángel,
una Venus hermosa en la belleza,   352
una galana y celebrada Elena,
un sacro Apolo en la divina gracia,
un famoso Mercurio en la elocuencia,   355
un Marte en el valor, una Diana
en castidad.

LEÓN.   Parece que estás loco.
¿Para qué quieres castas ni Dianas?
Anda, señor, pareces boquirrubio;
¿para qué quiero yo mujeres castas?   360
Mejor me hallara si castiza fuera;
por aquesto reniego de Penélope,
y a Lucrecia maldigo; ensalzo y quiero
a la Porcia sin par; que sólo Bruto,
si acaso en el amor te parecía,   365
pudo hacer desatino semejante.
¡Por vida de mis mozas!, que si fuera
mujer, que había de ser tan agradable
que no había de llamarme nadie esquiva;
dar gusto a todo el mundo es bella cosa;
bien sabe en eso el cielo lo que hizo.   371
Tengo estas barbas, que si no, yo creo
que fuera linda pieza; ¡oh si tuviera
una famosa bota, como digo
verdad en esto!

LIS.   Calla, que parece   375
que vienes como sueles, pues no miras
que con tu lengua la virtud ofendes
más estimada y de mayor grandeza;
mas eres tonto, no me espanto de esto.

LEÓN. Perdona si te digo que tú eres   380
el tonto, si de castas te aficionas;
mas que si Marcia esa quimera hace,
que te ha de aborrecer, que las mujeres
aunque sean Lucrecias, aborrecen
los hombres encogidos, y se pierden   385

por los que ven graciosos, desenvueltos,
y más si al dame, dame, son solícitos;
si no, mira el ejemplo: a cierta dama
cautivaron los moros, y queriendo
tratar de su rescate su marido,   390
respondió libremente que se fuesen,
que ella se hallaba bien entre los moros;
que era muy abstinente su marido
y no podía sufrir tanta Cuaresma;
que los moros el viernes comen carne   395
y su marido sólo los domingos,
y aun este día sólo era grosura,
y el tal manjar ni es carne ni es pescado.
¿Entiendes esto? Pues si Marcia sabe
que eres tan casto, juzgará que tienes   400
la condición de aquéste que quitaba
a esta pobre señora sus raciones,
o entenderá que eres capón, y basta.

LIS. Ya parece, León, que desvarías;
pero mira al balcón. ¿Es Marcia aquella?

LEÓN. No es sino Fenisa, amiga suya.   406
(Sale Fenisa al balcón.)

FEN. León, llama a Liseo.

LEÓN.   Señor, llega,
que la hermosa Fenisa quiere hablarte.

FEN. Dichosa es la que merece amarte.

LIS. ¿Qué mandáis, Fenisa, hermosa,   410
pues por mi dicha merezco
que de Marcia hermosa el alma
tenga de hablarme deseo?
Hablad, señora, por Dios,
y no tengáis más suspenso   415
a quien os adora a vos
por estrella de su cielo,
y si sois de aquella diosa
en quien adoro . . .

FEN.   *[Ap.]* ¿Qué espero?
Dejé a Marcia con don Juan   420
y vengo llena de miedo
a ver de mi dulce ingrato
la gala que no merezco.
Hurtando a Marcia sus glorias,
las cortas horas al tiempo,   425
escribí un papel, y en él
mi amor y ventura apuesto.
Enojada me fingí,
y con este engaño, dejo
a don Juan pidiendo a Marcia   430
que de esta paz sea tercero.
Y aunque a mi don Juan adoro,

quiero también a Liseo,
porque en mi alma hay lugar
para amar a cuantos veo.   435
Perdona, amistad, que amor
tiene mi gusto sujeto,
sin que pueda la razón
ni mande el entendimiento;
tantos quiero cuantos miro,   440
y aunque a ninguno aborrezco,
éste que miro me mata.
LIS. Fenisa, ¿tanto silencio?
No dilates más mis glorias;
dime si traes de mi dueño   445
algún divino mensaje.
FEN. Amistad santa, no puedo
dejar de seguir a amor;
de aqueste papel, Liseo,
sabrás lo que me preguntas;   450
léele, que te prometo
que me cuesta harto cuidado
la travesura que he hecho,
y queda adiós.
LIS.   ¿Ya te vas?
Aguarda, por Dios.
FEN.   No puedo.   455
¡Ay, ojos, en cuyas niñas
puso su belleza el cielo!
Adiós.
(Vase.)
LIS.   Id con él señora;
dulce papel de mi dueño,
no carta de libertad   460
sino de más cautiverio.
LEÓN. ¿Es *ligno en cruzis* acaso?
¿Es de alguna santa el hueso
lo que te dio aquella dama?
LIS. ¿Por qué lo preguntas, necio?   465
LEÓN. Bésasle tan tiernamente
que no es mucho si sospecho
que es reliquia. ¡A ver, papel!
Ahora sí que estás bueno.
Mas si fuera Marcia casta,   470
no granjeara en aquesto.
LIS. Si merezco, papel mío,
saber lo que tienes dentro,
romperé para gozarlo
aqueste divino sello.   475
LEÓN. Acaba. ¿Qué estás dudando
si no temes que los griegos
del gran caballo troyano
trae metidos en su centro?

LIS. ¿No es esta letra de Marcia?   480
LEÓN. Y vendrá a ser, por lo menos,
de la fregona de casa.
LIS. Calla que leerle quiero;
oíd la boca de Marcia:
"Supe, gallardo Liseo,   485
tu nobleza, tu valor,
y tu gran merecimiento.
En tu retrato miré
las partes que te dio el cielo,
y al fin por ojos y oídos   490
me dio el amor su veneno,
y aunque entiendo quien te adora,
hoy a quererte me atrevo,
que amor no mira amistades
ni respeta parentescos.   495
Dirás que fuera mejor
morir; pues tú me has muerto.
No se queda sin castigo
mi amoroso atrevimiento,
y si quieres de más cerca   500
oír mis locos deseos,
escuchar mis tristes quejas
y amorosos pensamientos,
vivo a San Ginés, ¡ay, Dios!
si no vivo, ¿cómo miento?   505
Vivo sólo donde estás,
porque donde no estás muero.
En unos hierros azules
dadas las doce, te espero
donde perdones los míos,   510
pues vienen de amor cubiertos".
¿Qué dices de esto, León?
LEÓN. ¿Qué he de decir? Que eres necio
si no gozas la ocasión,
pues te ofrece sus cabellos.   515
¡Esta sí que me da gusto,
que descubre sin extremos
los que tiene allá en el alma!
Parece que estás suspenso;
¡ventura tienes, por Dios!   520
Di, ¿sabes encantamientos?
¿Con qué hechizas esta gente?
¿Traes algún grano de helecho?
Marcia, te adora y estima;
Fenisa, por ti muriendo;   525
¿y Laura?
LIS.   Calla, borracho.
Si sabes que la aborrezco,
¿por qué me nombras su nombre?
¡Vive Dios!

LEÓN.   ¡Jesús! ¿Tan presto
te enojas? Detén la mano,   530
que ya la paso en silencio;
mas, dime, ¿en qué ha de parar
esta quimera, que creo
que te has de volver gran turco?
Di, ¿qué pretendes?
LIS.   Pretendo   535
darte cien espaldarazos.
LEÓN. Dios te guarde, que yo pienso
que no te verás por dar
a puertas de monasterios,
y si das, son mogicones,   540
cosa que aunque por momentos
los des, no les quitarás
la herencia a tus herederos;
mas si pasas adelante
con estas cosas, sospecho   545
que han de reñir y arañarse,
que esto y más pueden los celos.
Las fregonas, por nosotros
cada día hacen esto;
más las demás, no es razón.   550
LIS. ¿Quieres callar, majadero?
Ya me cansan tus frialdades,
ya de escucharte me ofendo.
LEÓN. Casto dice y tiene tres;
éreslo como mi abuelo   555
que no dejaba doncellas,
ni aun las casadas, sospecho.
Era cura de un lugar
y en lo que tocaba al sexto,
curaba muy bien su gusto;   560
pues el día de su entierro
iban diciendo: "¡Ay, mi padre!"
todos los niños del pueblo.
Algunos murmuradores
al obispo le dijeron   565
que tenía doce hijos,
sin los demás encubiertos.
Vino el obispo al lugar
a castigar tantos yerros,
y él le salió a recibir   570
disimulado y secreto.
Dijo el obispo: "¡Traidor!
¿Cuántos hijos tenéis?"; "Pienso,"
respondió, "que he de tener,
si no me engaño y es cierto,   575
tantos como useñoría,
y aun sospecho que uno menos".
Llegaron con esto a casa

y al entrar en ella vieron
los doce niños, vestidos   580
de un leonado terciopelo
y con hachas en las manos.
Quedó el obispo suspenso,
mirando con atención
los muchachos, ya mi abuelo   585
dijo: "¿Qué mira, señor?
¿Estos doce candeleros?
Pues yo le juro que todos
dentro de casa se hicieron".
LIS. ¿Acabaste?
LEÓN.   No, señor,   590
que se me acuerda otro cuento
tan gracioso como estotro.
LIS. Lo que has hablado no creo,
que habla más un papagayo.
LEÓN. Dábale mucho contento   595
tener las criadas mozas,
y habiendo por fuerza hecho
que tuviese una ama vieja
de a cincuenta años, fue puesto
en la mayor confusión   600
en que no se vio en su tiempo,
y para poder medir
con su gusto el mandamiento,
tomó dos de a veinte y cinco,
que fue el más famoso cuento.   605
LIS. Calla ya, por Dios.
LEÓN.   ¿Te ofendes
de tan graciosos sucesos,
y de eso estás enfadoso?
¡Por Cristo, que no te entiendo!
LIS. Divina Marcia, perdona   610
si en no ser leal te ofendo,
que a Fenisa voy a ver,
y aun a engañarla si puedo.
Si no te viere esta noche,
no te enojes, que el que pierdo   615
soy yo que pierdo tu vista.
Vamos, León.
LEÓN.   Ya está hecho.
Vamos, y el cielo permita
que algún fregonil sujeto
haya en casa, porque yo   620
reciba algún pasatiempo.
(Vanse y sale Gerardo.)
GER.   Goce su libertad el que ha tenido
voluntad y sentidos en cadena,
y el condenado en la amorosa pena
al dudoso favor que ha pretendido.   625

En dulces lazos pues leal ha sido,
de mil gustos de amor al alma llena,
el que tuvo su bien en tierra ajena
triunfe de ausencia sin temor de olvido.

Viva el amado sin favor, celoso,   630
y venza su desdén el despreciado;
logre sus esperanzas el que espera.

Con su dicha se alegre el venturoso
y con su amada el vencedor amado,   634
y el que busca imposibles, cual yo, muera.

(Salen Antonio y Fabio, con sus instrumentos.)

FAB. ¿Mandas, señor, que cantemos?

GER. Fabio, Antonio, bien venidos
seáis.

ANT.   Cuidados perdidos
son los tuyos.

FAB.   ¿Qué diremos?

GER. Mi pasión podéis cantar.   640

FAB. Será muy triste canción,
que en siete años de afición
no te acabes de cansar.

GER. Cual Jacob querré otros siete,
si he de gozar a Raquel.   645

ANT. Aquí no hay suegro cruel
ni Lía que te sujete.

GER. Unas endechas me di.

FAB. ¿Endechas?

ANT.   ¿Endechas quieres?
Amante de endechas eres.   650

GER. ¡Ay, Fabio! ¡Ay, Antonio! Sí,
cantad, pues, y no templéis;
basta mi tristeza fiera.

FAB. ¡Bravo amor!

ANT.   ¡Brava quimera!

GER. Ea, cantad si queréis.   655

(Cantan y Gerardo se pasea.)

   ¿Por qué, divina Marcia,
de mis ojos te ausentas
y en tanto desconsuelo
triste sin ti me dejas?
Si leona no eres,   660
si no eres tigre fiera,
duélete, desdén mío,
de mis rabiosas penas.

(A la ventana Belisa y Marcia.)

BEL. Llega, querida prima,
así tus años veas   665
logrados y empleados
en quien más te merezca.
Escucha como cantan.

(Cantan.)

FAB. ¡Ay, celoso tormento!
¡Ay, traidora sospecha!   670
Ya que me olvida Marcia,
¿por qué tú me atormentas?

BEL. ¡Oh, prima de mis ojos,
buena ocasión es ésta!

MAR. Calla, que me disgustas,   675
o diré que eres necia.

(Cantan.)

FAB. Amigo pensamiento,
tras esta ingrata vuela,
dulce dueño que al alma
tanta pasión le cuesta.   680

GER. En el balcón hay gente;
será mi Marcia bella;
mas no soy tan dichoso
que tal favor merezca.

(Cantan.)

FAB. ¡Ay, que a mi ingrata bella   685
más la endurecen mis rabiosas penas!

BEL. Amada prima mía.

MAR. ¿Que me vaya deseas?

BEL. Pues en esto me hablas,
no te vayas; espera.   690

(Vase.)

   Sabe el cielo, Gerardo,
cuanto el veros me pesa,
en tan grande desdicha.

GER. ¿Sois vos, Belisa bella?
¿Y mi Marcia divina?   695

BEL. Aquí estaba, y roguéla
que tu pasión mirase,
mas cruel persevera;
mas no es justo desmayes,
que, aunque más me aborrezca,   700
he de hacer vuestras partes.
Tened, señor, paciencia.

(Vase.)

GER. ¡Ay, señora, así vivas!
Mi desdicha remedia.
Y vosotros, dejadme   705
solo con mis tristezas.

FAB. ¡Triste mancebo! Antonio,
miedo tengo que muera.

ANT. Dejémosle que a solas
pasa mejor sus penas.   710

(Vanse los dos.)

[GER.]. ¡Oh, Dafne fugitiva,
y aun más ingrata que ella,

pues huyes de tu amante
cuando amarle debieras!
Plegue a Dios que el que amares   715
te deje cual me dejas,
pues a mí que te adoro
desdeñosa desprecias;
de mi pasión se duelen
hasta las duras piedras,   720
y de ella, enternecidas,
ablandan su dureza.
Mis lágrimas son tantas
que el reino que gobierna
el sagrado Neptuno   725
no tiene más arenas;
dejad los hilos de oro
en que ensartáis las perlas
y ayudadme llorando,
del mar bellas sirenas.   730
Plegue a los cielos, Marcia,
pues mi pasión te alegra,
que ante tus fieros ojos
muerto a Gerardo veas.
[Vase.]
(Salen Laura y Félix, paje.)
FÉL. Dímelo, así Dios te guarde.   735
LAU. ¿Qué te tengo de decir?
    Que soy, Félix, desdichada,
    que sin ventura nací.
FÉL. No es sin causa esta pasión;
    fíate, Laura, de mí,   740
    que si puedo remediarla,
    lo haré, aunque entienda morir.
    Mil días ha que te veo
    desconsolada vivir.
LAU. ¿Vivir? Si viviera, Félix,   745
    no fuera malo.
FÉL.   ¿Es así?
    ¿Qué tienes, señora mía?
    Bien me lo puedes decir,
    que contado el mal, se alivia.
LAU. Es verdad; escucha.
FÉL.   Di.   750
LAU. Ya conoces a Liseo;
    pues de aquéste, Félix, fui
    requebrada y pretendida.
FÉL. ¿Eso no más?
LAU.   ¡Ay de mí!
    Améle.
FÉL.   Pues, ¿que le ames,   755
    por eso pierdes?

LAU.   Perdí
    en amarle, Félix mío,
    más que piensas.
FÉL.   Eso di.
LAU. Dióme palabra de esposo
    y con eso me rendí   760
    a entregarle . . .
FÉL.   No te pares.
LAU. Dile . . .
FÉL.   Prosigue.
LAU.   ¡Ay de mí!
    mi honra le entregué, Félix,
    joya hermosa, y que nací
    solo obligada a guardarla,   765
    y con esto me perdí
    cuando pretendió mi amor.
    Amante y tierno le vi
    cuanto ahora desdeñoso,
    pues no se acuerda de mí.   770
    Dime, ¿qué será la causa?
    Que si acaso viene aquí,
    es cuando luego me dice:
    "Laura, yo voy a dormir".
    Si ve mis ojos llorosos   775
    y el gusto para morir,
    ni me pregunta la causa,
    ni la consiente decir.
    Cuando le escribo y me quejo
    de ver que me trata así,   780
    no responde; antes se enfada
    de verme siempre escribir.
    Si busco lugar de darle
    el favor que ya le di,
    regatea el recibirle,   785
    y él queda conmigo aquí.
    Dormido anoche en mis brazos,
    con ansia empezó a decir:
    "Marcia y Fenisa me adoran".
    ¡Oh, amor, y lo que sentí!   790
    Y al fin, asiendo sus manos,
    llorando, le estremecí,
    diciendo: "Amado Liseo,
    mira que estás junto a mí;
    si a Marcia y Fenisa quieres,   795
    mira, ingrato, que por ti
    a mí misma me aborrezco
    desde el día que te vi".
    Respondióme airado: "Laura,
    ya no te puedo sufrir;   800
    de todo tienes sospechas;

presto quieres ver mi fin".
Esta noche le aguardaba,
Félix; pues no viene aquí,
alguna dama la tiene   805
más dichosa que yo fui.
Estos son, Félix, mis males;
aquesto me tiene así,
atormentándome el alma
sin descansar ni dormir.   810

FÉL. De esa suerte, hermosa Laura,
muy bien te puedo decir;
las tres de la noche han dado,
mi señora, y no dormís;
sentid, pues fuisteis la causa,   815
el dolor que os da a sentir
aquel corazón de piedra
cruel, pues os trata así;
llorad, bellísimos ojos.

LAU. Mi Félix, harélo así   820
hasta que acabe la vida,
que presto será su fin;
pluguiera al cielo, Liseo,
dura piedra para mí,
que fuera el fin de mis días   825
el día que yo te vi.
¡Piadoso cielo, duélete de mí,
que amando, aborrecida muero al fin!
(Llora.)

FÉL. Baste, mi señora, baste,
no quieras tratar así   830
aquesos bellos luceros,
que aunque yo muera por ti,
[en] cuanto basten mis fuerzas
me tienes seguro aquí.
Suspende tu pena ahora;   835
acuéstate y fía de mí,
que yo sabré por qué causa
Liseo te trata así;
que la deuda que a tus padres
tengo desde que nací,   840
fuera negarla si ahora
te desamparara a ti.
Queda en buen hora, que el cielo,
cansado ya de sufrir,
te vengará de este ingrato,   845
que yo le voy a seguir.

LAU. ¡Piadoso cielo, duélete de mí,
que amando, aborrecida muero al fin!
(Vase Félix.)
Que muera yo, Liseo, por tus ojos

y que gusten tus ojos de matarme;   850
que quiera con tus ojos alegrarme,
y tus ojos me den cien mil enojos.
Que rinda yo a tus ojos por despojos
mis ojos, y ellos en lugar de amarme,
pudiendo con sus rayos alumbrarme,   855
las flores me convierten en abrojos.
Que me maten tus ojos con desdenes,
con rigores, con celos, con tibieza,
cuando mis ojos por tus ojos mueren.
¡Ay, dulce ingrato, que en los ojos tienes
tan grande deslealtad, como belleza,   861
para unos ojos que a tus ojos quieren!
(Vase Laura; con que se da fin a la primera
jornada.)

JORNADA SEGUNDA

(Sale Marcia, sola.)
MAR.   Amar el día, aborrecer el día,
llamar la noche y despreciarla luego,
temer el fuego y acercarse [a]l fuego,   865
tener a un tiempo pena y alegría.
Estar juntos valor y cobardía,
el desprecio cruel y el blando ruego,
temor valiente y entendimiento ciego,
atada la razón, libre osadía.   870
Buscar lugar donde aliviar los males
y no querer del mal hacer mudanza;
desear sin saber qué se desea.
Tener el gusto y el disgusto iguales
y todo el bien librado en esperanza,   875
si aquesto no es amor, no sé qué sea.
(Sale Belisa.)
MAR. ¿Búscasme prima?
BEL.   Una dama
bizarra y de lindo talle
te quiere hablar. ¿Quieres dalle
licencia? Que es de la fama   880
y muestra su gallardía
ser hermosa.
MAR.   Pues, ¿qué quiere?
BEL. Hablarte.
MAR.   Sea quien fuere,
dile que entre, prima mía.
¿Viene sola?
BEL.   Un escudero,   885

una silla, mucha seda,
buen brío, y tan cerca queda,
que con su presencia espero
sacarte de confusión.
Entrad, gallarda señora.   890
(Sale Laura con manto.)
MAR. No sale, prima, el aurora
con tan grande presunción.
¡Buen talle! Seáis bien venida.
LAU. Y vos, señora. ¡Ay, amor,
ya el ánimo y la color   895
tengo de verla, perdida!
MAR. Parece que se ha turbado,
Belisa, en sólo mirarme.
LAU. Marcia hermosa, perdonadme,
que es vuestro talle extremado;   900
me ha turbado, y casi estoy
muerta de amores en veros;
no hay más bien que conoceros;
dichosa en miraros soy.
MAR. Para serviros será,   905
que lo haré, así Dios me guarde.
LAU. ¿Que tiemblo; que estoy cobarde?
MAR. Confusa, Belisa, está.
Descubríos, que los ojos
me tienen enamorada.   910
LAU. Sólo en el ser desgraciada
soy hermosa, y si en despojos
el alma, señora, os doy,
tomad el rostro también.
MAR. Hermosa sois.
BEL.   No hay más bien
que ver cuando viendo estoy   916
tal belleza; el cielo os dé
la ventura cual la cara;
si hombre fuera, yo empleara
en vuestra afición mi fe.   920
LAU. Bésoos, señora, las manos.
MAR. Señora, pues me buscáis,
razón será que digáis
quién sois.
LAU.   Pues las tres estamos
solas, quién soy os diré   925
y a lo que vengo.
MAR.   ¿Os llamáis?
LAU. Laura.
BEL.   Con razón tomáis
tal nombre, pues ya estaré
segura que a Dafne veo
hoy en laurel convertida.   930

MAR. Laura bella, por mi vida
que no tengáis mi deseo.
LAU. Mas confiesa, Marcia bella,
¿es esta dama Fenisa?
MAR. No, Laura, porque es Belisa,   935
mi prima.
LAU.   Ya mi amor sella
con mis brazos su amistad.
BEL. Soy vuestra servidora,
y a fe que desde esta hora
cautiváis mi voluntad.   940
LAU. Yo la acepto, y porque está
suspensa Marcia, os diré
a lo que vengo.
MAR.   Estaré
atenta. ¡Ay, Dios, qué será!
LAU. Sabed bellísimas primas,   945
cuyos años logre el cielo,
como nací en esta corte
y es noble mi nacimiento;
mis padres, que el cielo gozan,
me faltaron a tal tiempo   950
que casi no conocí
a los que vida me dieron;
quedé niña, sola y rica
con un noble caballero
que tuvo gusto en criarme   955
por ser de mi madre deudo.
Puso los ojos en mí
un generoso mancebo,
tan galán como alevoso,
desleal y lisonjero;   960
como mi esposo alcanzó
los favores, con que pienso
que si tuve algún valor,
sin honra y sin valor quedo.
Cuando entendí que mi amante   965
trataba de casamiento,
trató, Marcia, de emplearse
en otros cuidados nuevos;
yo sintiendo su tibieza
y mi desdicha sintiendo,   970
le hice seguir los pasos
para averiguar mis celos;
a pocos lances hallé
que éste mi tirano dueño
Nerón cruel que a mi alma   975
puso como a Roma incendio,
¡ay, Marcia, supe . . .
(Llora.)

MAR.   Pues dilo,
  y deja ese sentimiento.
BEL. Ya no sirve enternecerte;
  lágrimas viertes, ¿qué es esto?   980
LAU. ¿No quieres, divina Marcia,
  que tema el decir?
MAR.   ¡Ay cielo!
BEL. Laura, confusa me tienes;
  aquí no te conocemos
  si es vergüenza.
LAU.   No es vergüenza   985
  sino pensar que me pierdo;
  sólo digo . . .
MAR.   Acaba amiga.
LAU. Supe, Marcia, que Liseo,
  que éste [es] el traidor ingrato
  que en tal ocasión me ha puesto,   990
  te adora a ti; ésta es
  la causa porque temiendo
  estaba de declararme.
MAR. Laura, si tu sentimiento
  es ése, puedo jurarte   995
  que no le he dado a Liseo
  favor que no pueda al punto
  quitárselo; yo confieso
  que le tengo voluntad;
  mas, Laura hermosa, sabiendo   1000
  que te tiene obligación,
  desde aquí de amarle dejo,
  en mi vida le veré.
  ¿Eso temes? Ten por cierto
  que soy mujer principal   1005
  y que aqueste engaño siento.
LAU. Espera, amiga, que hay más,
  que es justo, porque tomemos
  venganza las dos, que sepas
  que este cruel lisonjero   1010
  si a mí me desprecia, a ti
  te engaña, pues sé por cierto
  que ama a Fenisa, tu amiga,
  que a ti te engaña cumpliendo
  con traiciones, que Fenisa   1015
  es su gusto y pasatiempo.
  Desde que sale en Oriente
  el rubio señor de Delo
  hasta que sale la luna,
  está en su casa Liseo   1020
  embebecido, hechizado,
  y de muy amante necio.

Bien sé Marcia que contigo
  era sólo pasatiempo
  lo que el ingrato trataba,   1025
  mas con Fenisa yo pienso
  que pasa más que a servirla.
  Marcia, dame tu consejo,
  que si Liseo se casa,
  bien ves cuán perdida quedo.   1030
  ¡Ay, bella Marcia!
MAR.   No llores,
  que ya he pensado el remedio,
  tal que he de dar a Fenisa
  lo que merece su intento.
  ¿Podrás quedarte conmigo?   1035
LAU. Sí, amiga, porque no quiero
  vida, hacienda y gusto, honor
  si a mi dueño ingrato pierdo;
  mas para que con mi honra
  pueda cumplir, Marcia, quiero   1040
  que digas que eres mi deuda
  y que en ese monasterio
  me has conocido, y Leonardo,
  creyendo ser parentesco,
  me dejará que contigo   1045
  viva, señora, algún tiempo.
MAR. Pues, Laura, quítate el manto,
  sosiega y éntrate dentro,
  que no quiero que te vea
  que estás conmigo Liseo,   1050
  y déjame el cargo a mí.
LAU. Déjame besar el suelo
  adonde pones las plantas.
MAR. Alza, amiga, que no quiero
  que gastes tanta humildad,   1055
  que no es razón; mas pensemos
  si Liseo te buscase,
  qué has de decir a Liseo.
[LAU.] Yo le escribiré un papel,
  y en él le diré que quiero,   1060
  cansada de sus crueldades,
  ser religiosa, y con esto
  yo sé que su poco amor
  dará lugar a mi enredo.
MAR. Bien haya tu discreción.   1065
  ¿Qué dices, prima?
BEL.   Que pierdo
  el juicio, imaginando
  tal traición, y que si puedo,
  le he de quitar a don Juan,

mi antiguo y querido dueño, 1070
que también le persuadió
a que no me viese.
LAU.   ¡Ay cielos!
¿También tú estás agraviada?
MAR. Muy fácil estás el remedio;
procura, prima, que vuelva 1075
a su posada; deseo
que fácil será de hacer
con persuasiones y ruegos.
Vamos, Laura, ¡y tal maldad!
Así paga los extremos 1080
de mi voluntad Fenisa.
¡Mal haya quien en tal tiempo
tiene amigas.
BEL.   Don Juan viene.
Vete, por Dios; que si puedo,
he de intentar mi venganza. 1085
MAR. Vamos, que sus pasos siento.
LAU. La traición en la amistad
puede llamarse este cuento.
(Vanse Marcia y Laura, y queda Belisa sola.)
BEL.   Quien no sabe qué es celos, no
    se alabe
que ha tenido dolor ni descontento, 1090
porque basta un celoso pensamiento
para matar a quien sufrir no sabe.
     ¡Oh, yugo del amor dulce y suave,
sólo por ti se tiene sufrimiento,
que celos es tirano tan violento 1095
que atemoriza con su aspecto grave!
     No sé, amor, cómo el verle no te espanta,
siendo como eres niño y temeroso,
antes le tienes por leal amigo.
     Mas es sirena que cantando encanta,
que para ti Cupido es amoroso 1101
cuanto cruel y desleal conmigo.
Sea de esto testigo
la crueldad con que me das tormento,
fuego rabioso en que abrasarme siento.
Y si alguno pregunta 1106
de qué son mis desvelos,
le pueden responder que tengo celos.
(Sale don Juan.)
JUAN. ¿Será preguntar locura
a tu divina hermosura, 1110
discretísima Belisa,
si está con Marcia Fenisa?
BEL. Es tal tu desenvoltura

que no me espanto que a mí
llegues a mostrar que fuiste 1115
quien . . . , con saber que por ti
vivo congojosa y triste
de lo que no merecí;
que si yo fuera mujer
que a tu ingrato proceder 1120
hubiera dado el castigo,
no tuvieras, enemigo,
tal libertad y poder.
Por Fenisa me preguntas,
tirano, y no miras juntas 1125
mi ofensa y libertad;
no conoces tu maldad,
y mi rigor no barruntas.
Solicitaste mi amor,
y cuando de su favor 1130
eras, ingrato, admitido,
me trataste con olvido,
propio pago de traidor;
mudo estás, tienes razón,
pero ya de tu traición 1135
el cielo y tu infame prenda
mi agravio y tu olvido venga.
JUAN. Escucha.
BEL.   ¿Por qué razón?
Si, escuchándote, perdí
la libertad que era en mí, 1140
libre, exenta y no pechera;
pues, ¿por qué quieres que muera
tornándote a escuchar, di?
Déjame, no me detengas,
que aunque no quieres, me vengas 1145
tú mismo, traidor, de ti.
JUAN. ¿Pues cómo, señora, así
me tratas?
BEL.   Ya tus arengas
para mí son invenciones.
JUAN. ¡Oh, amor, qué ocasión me pones!
¡Que por mi culpa perdiese 1151
tu gracia!
BEL.   ¡Si yo te viese
tan cercado de pasiones,
enemigo, como estoy!
Mas, ¿por qué tan necia soy 1155
que, pudiendo yo vengarme,
dejo que torne a engañarme
tu maldad?
JUAN.   Si yo te doy

enojos, Belisa mía,
mátame.
BEL.   Yo bien querría.   1160
JUAN. Con tus ojos, pues que soy
su esclavo.
BEL.   ¡Qué hechicería!
Calla, alevoso perjuro,
y no irrites mi venganza,
sino mira tu mudanza   1165
y que con razón procuro
tu muerte.
JUAN.   ¡Qué hermoso estás!
Parece que con enojos
hacen más tus bellos ojos
con que la muerte me das,   1170
llevando el alma en despojos.
Mira que muero por ti.
BEL. ¿Eso me dices así?
Cuando adoras a Fenisa,
por quien mi gusto perdí,   1175
¿enamoras a Belisa?
Véngueme el cielo de ti;
más ella te habrá encerrado,
pues mientras tú, descuidado,
otro sus umbrales pisa   1180
y engaña con falsa risa
a quien a mí me ha engañado.
JUAN. No sé qué tienen tus ojos
que en esas hermosas niñas
parece que miro el alba   1185
cuando hermosa, crespa y linda
por los balcones de Oriente
nos muestra su hermosa risa.
Fenisa tiene la culpa.
Mas si me agravia Fenisa,   1190
vengada quedas, señora;
yo, ofendido como pintas;
mas dime, ¿quién es el hombre,
sólo para que le diga
que solos tus ojos bellos   1195
son los que don Juan estima?
BEL. Basta, don Juan, que me tienes
por necia, pues que a mí misma
me preguntas esas cosas
y en que las diga porfías.   1200
Hante picado los celos
y quieres por causa mía
vengarte del que te ofende.
¡Harto donaire sería!
No tienes que preguntarme   1205

ni presumas que me obligas
con tus engaños, pues bastan
tus falsas hechicerías.
Vete con Dios, que me cansas,
que rosas y perlas finas   1210
para Fenisa las guarda
a quien con gusto te inclinas.
JUAN. ¿Por qué te vas de esa suerte?
¡Aguarda, señora mía,
fénix, cielo, primavera,   1215
cuando abril sus campos pisa;
accidente fue el querer
a esa mujer; mi desdicha
me obligó a tales locuras,
mas ya el alma arrepentida,   1220
a ti, que es su centro, vuelve!
BEL. ¡Tente, don Juan, no prosigas,
que parece que es verdad
tus palabras, y es mentira,
y podrá ser que me venzas,   1225
que la mujer más altiva
rendirá fuertes de honor
si acaso escucha caricia!
Goza tu prenda, que es justo,
que ella misma te castiga,   1230
pues te paga con engaños
la verdad con que la estimas.
JUAN. Si a Fenisa no aborrezco,
aquí se acabe mi vida,
aquí me destruya un rayo,   1235
aquí el cielo me persiga,
aquí me mate mi amigo
y con esta espada misma,
y aquí me desprecies tú,
y aquí me quiera Fenisa.   1240
Dame de amiga la mano,
rosa hermosa, clavellina,
y te la daré de esposo
a tus plantas, de rodillas.
BEL. ¿Cómo te podrá creer   1245
quien teme que tu malicia,
como primero, me engaña?
JUAN. No digas eso, Belisa.
BEL. ¡Ay, mi don Juan, que en mirarte
casi me tienes rendida!   1250
JUAN. Amor te doy por fiador
y a tu hermosura divina.
BEL. ¿Qué me dices, pensamiento?
¿Qué pides, afición mía?
¿Qué me dices, voluntad,   1255

que parece que [te] inclinas,
porque al fin todas las cosas
vuelven a lo que solían?
Los ojos se van tras ti,
la boca a decir se inclina,   1260
mi don Juan, que yo soy tuya
mientras yo tuviere vida.
JUAN. Por este favor te beso
las manos, prenda querida.
Vamos, mi señora, adentro,   1265
que quiero ver a tu prima.
BEL. Vamos, que ya estoy vengada.
JUAN. ¿Contenta estás?
BEL.   Así vivas
los años que yo deseo,
como temo tus mentiras.   1270
Mas porque Fenisa pierda
la gloria que en ti tenía,
vuelvo de nuevo a engolfarme.
JUAN. No más engaños, Fenisa.
(Vanse, y sale[n] Liseo y León.)
LEÓN. Cansada Laura ya de tus tibiezas,   1275
quiere escoger tan recoleta vida,
aborreciendo el mundo y sus grandezas.
LIS. Es Marcia de mi amor prenda querida
y Fenisa adorada en tal manera
que está mi voluntad loca y perdida.   1280
Laura ya no es mujer, es una fiera;
Marcia es un ángel; mi Fenisa diosa;
éstas vivan, León, y Laura muera;
Marcia está a mis requiebros amorosa;
Fenisa a mi afición está rendida;   1285
Marcia será, León, mi amada esposa.
LEÓN. ¡Bueno eres para turco! ¡Linda vida
si con media docena te casaras!
LIS. Marcia en eso será la preferida.
Tiene hermosura y perfecciones raras;   1290
su hacienda, su nobleza, su hermosura,
su raro entendimiento.
LEÓN.   ¿Y no reparas
ya, señor, que de Laura no te acuerdas,
como Fenisa tiene tal locura
que piensa ser tu esposa?
LIS.   ¡No me pierdas
el respeto, borracho! ¿Y me das ira?   1296
¡Lindo, por Dios, qué bien templadas cuerdas!
León, si yo a Fenisa galanteo,
es con engaños, burlas y mentiras,
no más de por cumplir con mi deseo.   1300
A sola Marcia mi nobleza aspira;

ella ha de ser mi esposa, que Fenisa
es burla.
LEÓN.   Acaba, y ese papel mira.
LIS. ¿Que he de verle, León, si en él me avisa
las cansadas quimeras con que suele?   1305
LEÓN. Tu condición, por Dios, me mueve a risa.
¡Que te tenga apetito de esa suerte!
LIS. Papel, ¡sólo en mirarte me das muerte!
(Lee) "Cansada de sufrir tus sinrazones, y
viendo que ya en ellas no habrá enmienda,
estoy determinada a cerrar los ojos al mundo y
abrirlos para Dios; y así hoy me voy a un
monasterio fuera de la corte, para dejar que
goces en ella tus nuevos empleos y estorbar que
lleguen a tus oídos nuevas de mi nombre ni a
los míos las de tu libertad.

                          Laura"
LEÓN. Laura escoge lo mejor.
Vive el cielo, que en el alma   1310
siento, señor, sus desdichas,
nacidas de tu mudanza.
LIS. Pues yo, León, olvidado,
por su condición pesada,
de la obligación que tengo,   1315
sus penas estimo en nada.
Viva mi amada Fenisa,
estime mis penas Marcia
y haga de sí lo que dice
la ya aborrecida Laura.   1320
No haya miedo que la estorbe
elección tan justa y santa,
que fuera delito feo;
hoy para conmigo acaba,
y así este papel y ella   1325
quedarán por esta causa
borrados de mi memoria,
como escritos en el agua.
(Rómpele.)
LEÓN. ¡Tente, señor, por tu vida!
LIS. ¡Majadero, allá te aparta!   1330
LEÓN. ¿Pues por esta niñería
me das aquesta puñada?
¿No digo yo que tus manos
son dadivosas y francas
para puñadas y coces?   1335
(Sale Fenisa.)
FEN. ¿Es acaso de la dama?
Si será, ¡tanta crueldad!
¡Así sus favores rasgas!
Coge, León los pedazos.

LEÓN. Sólo aquesto me faltaba 1340
de la ración. ¿Es por Dios
la cuenta, barba borrasca?
Alterado sale el mar;
tormenta nos amenaza.
FEN. Fino alcahuete sois vos. 1345
LEÓN. ¿En qué te ofenden mis barbas
que así a mesarlas te atreves?
¿He de pagar yo tu rabia?
Malhaya el lacayo, amén,
cuando en tal oficio anda, 1350
para excusar estas fiestas,
como fraile no se rapa.
FEN. ¡Cuánto diera vuesarced
porque al salir se cegaran
mis ojos y no le vieran! 1355
LIS. Basta, mi Fenisa, basta;
no te enojes, que por ti,
por tu hermosura y tus gracias,
hoy papel y dueño mueren.
FEN. ¡Aparta, cruel, aparta! 1360
Parida leona soy
cuando sus hijos le faltan;
pues es Marcia la que estimas,
déjame y vete con Marcia.
LIS. ¡Ah, Circe! ¡Ah, fiera Medea! 1365
¡Más que Anajáreta ingrata!
Deja a Marcia, no la culpes,
pues que no ha sido la causa;
coge, ingrata, los pedazos
y en ellos verás que Laura, 1370
mujer que no la merezco
ni con ninguna se iguala,
cansada de mis tibiezas
y de mi rigor cansada,
me dice que a Dios escoge 1375
y de mi rigor se aparta,
y a servirle en un convento
del mundo engañoso escapa,
valiéndose en tal sagrado
del rigor con que la tratas; 1380
que tú eres la causa de esto
y de que yo mi palabra
quiebre a Dios, a Laura, al mundo.
LEÓN. ¡Pobre León! ¡Y cuál andas,
mojicón y remesones 1385
sin respetar a mi cara!
Eso sí, escupamos muelas;
dete Dios tan buenas pascuas
como regalos me das,

servida aquesta tarasca, 1390
guardando la calle al tonto
a quien la fingida engaña.
FEN. ¿Qué habláis, pícaro, entre dientes?
Amiga soy yo de gracias.
LEÓN. Mejor dijera entre muelas, 1395
pues ya me has quitado tantas,
una, dos, ¡por Jesucristo!
que ya cincuenta me faltan;
mete los dedos, verás
que está la boca sin nada. 1400
FEN. Llegad, pues, a fe que os rompa
las muelas y las quijadas.
LEÓN. ¡Ah, triste de ti León!
Desde hoy comeremos gachas.
Señores, ¿saben si acaso, 1405
pues hay quien encubra calvas,
habrá quien adobe muelas?
LIS. ¿Qué es esto, Fenisa amada?
¿No merezco que me creas?
LEÓN. ¡Ay, muelas de mis entrañas! 1410
¡Ay, quijadas de mis ojos!
LIS. ¿Qué es esto, mi bien, no hablas?
¿No basta lo que he jurado?
Acaba, no seas pesada.
FEN. Por fuerza habré de creer. 1415
LEÓN. No hayas miedo que se vaya,
que es doctor que dice no
y luego la mano alarga.
FEN. Véncenme al fin tus porfías.
LEÓN. ¡Gracias a Dios!
LIS.   No te cansas 1420
de matarme, pues tus ojos
con su belleza me matan.
LEÓN. ¡Pluguiera a Dios te murieras
y que el diablo te llevara!
Ved aquí, ya están en paz, 1425
y yo cual niño que mama;
así medran los terceros,
de esta suerte me regalan;
mal haya, amén, el oficio.
FEN. ¡Qué tibiamente me abrazas! 1430
¿Estás también enojado?
LEÓN. ¡Ah, sirena, cómo encantas!
Pues a fe que yo no llegue,
que eres de mano pesada.
LIS. Tiénesme muy ofendido, 1435
y así en tus brazos desmaya
el amor; mas estoy loco.
LEÓN. ¡Mal haya quien no te ata!

FEN. ¿Somos amigos?
LIS.   ¿Pues no?
FEN. ¿Y Marcia?
LIS.   Deja ahora a Marcia.   1440
FEN. ¿Y a Laura?
LIS.   ¡Por Dios, señora,
   si la nombras que me vaya!
LEÓN. ¿Hay borrachera como ésta?
   Entre muelas derribadas
   retozando está la risa.   1445
   ¡Qué de terneza que gastas!
FEN. Esta noche voy al Prado,
   allá Liseo me aguarda.
LIS. ¿Dónde?
FEN.   A la huerta del duque
   me hallarás, mi bien, sentada.   1450
LIS. En Santa Cruz hay gran fiesta.
FEN. Pues veréla de pasada;
   vete, porque la merienda
   a prevenirla me llama.
LIS. Adiós, dulce dueño mío.   1455
FEN. Adiós, señor de mi alma.
LEÓN. Adiós, diablo arañador
   y engarrafadora gata.
   Cata la cruz, guarda afuera,
   no vuelvo más a esta casa   1460
   aunque mirando a la cea,
   zura mala, en piedra caigas.
(Vanse Liseo y León.)
FEN. Gallarda condición, Cupido, tengo,
   muchos amantes en mi alma caben,
   mi nuevo amartelar todos alaben,   1465
   guardando la opinión que yo mantengo.
      Hombres, así vuestros engaños vengo;
   guárdenos [de las] necias que no saben,
   aunque más su firmeza menoscaben,
   entretenerse como me entretengo.   1470
      Si un amante se ausenta, enoja o muere,
   no ha de quedar la voluntad baldía,
   porque es la ociosidad muy civil cosa.
      Mal haya la que sólo un hombre quiere,
   que tener uno solo es cobardía;   1475
   naturaleza es vana y es hermosa.
(Sale Lucía, criada.)
LUC. Gerardo está allá fuera y quiere hablarte,
   y Lauro ha más de una hora que te aguarda.
FEN. Sean muy bien venidos; di, Lucía   1479
   que entre Gerardo y me aguarde Lauro.
LUC. ¿Tanto estimas la vista de estos hombres?
FEN. Sólo porque me aguardan. ¿No te digo

Lucía, lo que estimo su presencia?
   Anda no aguarden, di a Gerardo que entre.
LUC. Notable condición, señora, tienes;   1485
   mas no te he dicho como cuando estabas
   hablando con Liseo, vino Celia,
   la criada de Marcia.
FEN.   Y bien, ¿qué dijo?
LUC. Saber la causa porque estás extraña
   en visitarla.
FEN.   No me espanto de eso;   1490
   bien parece, Lucía, que la ofendo,
   pues nunca he vuelto a verla desde el día
   que le quité a Liseo.
LUC.   Mal has hecho;
   mucho disimularas si la vieras.
FEN. No tengo cara para ver su cara.   1495
   Demás de esto, Liseo me ha mandado
   que cuanto pueda su visita excuse.
   ¿Qué le dijiste a Celia?
LUC.   Que dormías
   la siesta y que más tarde te vería.   1499
FEN. Dijiste bien. Pues, ¿cómo no ha venido
   don Juan desde anteanoche?
LUC.   ¿Si está malo?
FEN. Bien puede ser. Irás a visitarle,
   mas no esta noche, bastará mañana,
   que me quiero ir al Prado aquesta noche.
LUC. Sea como mandares; bravamente   1505
   entretienes tu gusto.
FEN.   Es linda cosa;
   los amantes, Lucía, han de ser muchos.
LUC. Así decía mi agüela, que Dios haya,
   que había[n] de ser en número infinitos,
   tantos como los ajos que poniendo   1510
   muchos en un mortero [amontonados],
   salte aquel que saltare, que otros quedan,
   que si se va o se muere nunca falte.
FEN. ¡Brava comparación! Llama a Gerardo,
   que si puedo, he de hacerle mi cofrade,
   sin que Lauro se escape de lo mismo.   1516
   ¿En qué parara, amor, tan loco embuste?
   Diez amantes me adoran, y yo a todos
   los adoro, los quiero, los estimo,
   y todos juntos en mi alma caben,   1520
   aunque Liseo como rey preside;
   éstos llamen desde hoy, quien los supiere,
   los mandamientos de la gran Fenisa,
   tan bien guardados que en ninguno peca,
   pues a todos los ama y los adora.   1525
LUC. Entrad, que aquí os aguarda mi señora.

(Entra Gerardo.)

GER. Alma de aquella alma ingrata
que en penas mi alma tiene,
a ti me vengo a quejar,
si de mi dolor te dueles;   1530
a ti, estrella de aquel sol,
a ti, pues su amiga eres,
pido que a mi Marcia ingrata
mi fiero dolor le cuentes;
a ti, Fenisa, que miras   1535
contino su rostro alegre,
porque a mí no quiere oírme,
a ti, que tanto te quiere,
te escuchará más piadosa.

FEN. Enternecida me tienes;   1540
conoces que Marcia ingrata
disgusto recibe en verte
y que en otro gusto ha puesto
el gusto que a ti te debe;
sabes que a Liseo adora   1545
y con él casarse quiere,
y tú pasas a su causa
esa pasión que encareces;
mil veces, Gerardo, he dicho,
y tú escucharme no quieres,   1550
que padezco por tu causa
lo que por Marcia padeces,
y por esos ojos juro
adorarte si me quieres,
regalarte si me estimas,   1555
mirar por tu gusto siempre;
que decirle yo a esa ingrata
que tu cuidado remedie,
es pedir al sol tinieblas,
luz a las tinieblas fuertes.   1560
Yo te quiero, señor mío;
¿por qué, mi bien, no pretendes
olvidarla, y de mi amor
recibir lo que te ofrece?
Sea, mi Gerardo, yo   1565
el templo santo a do cuelgues
la cadena con que escapas
de prisiones tan crueles.
¡Acaba, dame esos brazos!

GER. ¡Calla, lengua de serpiente!   1570
¡Calla, amiga de estos tiempos!
¡Calla, desleal, y advierte
que he de adorar a aquel ángel!
Jamás mi fe se arrepiente
de un ángel, de un serafín.   1575

¿Con aquesa lengua aleve
osas hablar, y yo escucho
tal, sin cortarla mil veces?
Por ser mujer Marcia bella
y deber a las mujeres   1580
sólo por ella respeto,
será mejor que te deje.

(Vase.)

FEN. ¡Gerardo, Gerardo, escucha!
¡Oyeme, señor, y vuelve,
que con aquesas injurias   1585
amartelada me tienes!

LUC. Señora, ¿por qué haces esto,
y sin mirar lo que pierdes?

FEN. Tienes razón. ¡Ay, Lucía,
enredo notable es éste!   1590
¡Traición en tanta amistad!
Mas, discurso sabio, ¡tente,
que no hay gloria como andar
engañando pisaverdes!

LUC. Mira que Lauro te aguarda.   1595

FEN. Vamos.

LUC.   Temeraria eres.

FEN. Calla, que en esto he de ser
extremo de las mujeres.

(Vanse, y sale[n] Marcia, Belisa y Laura.)

MAR. ¡Bravos sucesos, prima, por mi vida!
Y tales, que parecen que las fábulas   1600
del fabuloso Isopo se han venido;
Liseo, que mis partes pretendía
en la mar de Fenisa sumergido,
debiendo a Laura su nobleza y honra;
déjalo estar, que si mi poder basta. . .   1605

LAU. ¡Ay, Marcia! ¡Ay, mi señora, mi mal mira!

MAR. ¡Calla, amiga, no llores! Calla, amiga,
no has de quedar perdida si yo puedo.

BEL. De don Juan, a lo menos, tú no dudes,
que si quiero casarme aquesta noche,   1610
ajustará su gusto con el mío.

MAR. ¿Ya tan grato le tienes?

BEL.   Bueno es eso.
Dice que ya me adora y que reniega
del tiempo que Fenisa y sus engaños   1614
le tuvieron tan ciego.

MAR.   Al fin te quiere.

BEL. Me adora, me requiebra y pide humilde
le perdone el delito cometido
contra el amor que a mi firmeza debe.   1618

LAU. Dichosa tú que tal ventura alcanzas.

BEL. Yo espero que has de ser también dichosa.

MAR. Mucho gusto me has dado; así yo viera,
    pues don Juan te merece que le quieras,
    para que cuando Laura con Liseo
    se casen, tú y don Juan hagáis lo mismo.
LAU. Basta, que piensa mi cruel Liseo   1625
    que eres tú, bella Marcia, la que habla
    cada noche en la reja.
MAR.   Yo te juro
    que él caiga de tal suerte, si yo puedo,
    que en lazo estrecho de Liseo goces;
    ya te digo, Belisa, a don Juan ama.   1630
BEL. Prima, don Juan fue siempre de mi gusto,
    y así es fuerza que siga tras mi estrella.
MAR. ¿Sabes, prima, que siento y que me tiene
    cuidadosa de ver que no parece
    el discreto Gerardo, que te juro   1635
    que me siento en extremo descontenta?
    Porque viendo, Belisa, los engaños
    de los hombres de ahora y conociendo
    que ha siete años que este mozo noble
    me quiera sin que fuerza de desdenes   1640
    hayan quitado su afición tan firme,
    ya como amor su lance había hecho
    en mi alma en Liseo transformada,
    conociendo su engaño, en lugar suyo
    aposento a Gerardo, y así tiene   1645
    el lugar que merece acá en mi idea.
BEL. ¡Oh, prima mía! ¡Oh, mi señora! ¡Dadme
    en nombre de Gerardo los pies tuyos!
LAU. El parabién te doy, divina Marcia.
MAR. Alza del suelo, mi querida prima,   1650
    y cree que Gerardo está en mi alma;
    toma a tu cargo el que se busque y dile
    que ya el amor, doliéndole su pena,
    quiere darle el laurel de su victoria,   1654
    y que el laurel es Marcia. Vamos, Laura.
LAU. Vamos, señora mía, y quiera el cielo
    que goces de Gerardo muchos años.
MAR. Esos vivas, amiga, con Liseo,
    dichoso dueño de tu nuevo empleo.
(Vanse.)
BEL. Gracias, amor, a tus aras,   1660
    a tu templo, a tu grandeza,
    a tu divina hermosura,
    a tus doradas saetas,
    pues ya Marcia de Gerardo
    estima las nobles prendas.   1665
    ¿Hay tal bien, hay tal ventura?
(Sale don Juan.)
JUAN. Mi bien, mi ventura sea

ver, mi Belisa, tus ojos
    en cuyas niñas risueñas
    vengo a gozar de mi gloria.   1670
BEL. Don Juan, bien venido seas;
    ¿cómo estás?
JUAN.   Como tu esclavo.
BEL. ¿Y cómo estoy?
JUAN.   Como reina
    de mi alma y de mi vida
    y de todas mis potencias.   1675
BEL. Y Fenisa, mi señora,
    ¿no me dirás cómo queda?
JUAN. Sí, amores, que a tu pregunta
    es muy justo dar respuesta.
    Habrá, mi Belisa, una hora   1680
    que estando en mi casa, llega
    Lucía que de Fenisa
    sabes que es fiel mensajera,
    a decirme que en el Prado
    en medio de su alameda   1685
    su señora me aguardaba,
    que allí me llegase a verla.
    Yo fui, no por ofenderte,
    sino sólo porque seas
    de todo punto mi dueño,   1690
    que aun faltaba esta fineza;
    apenas vi las murallas
    de la celebrada huerta
    que hizo a la real Margarita
    el noble duque de Lerma,   1695
    cuando vide, mi Belisa,
    con Fenisa, esa Medea,
    a Lauro, aquese mancebo
    que con Liseo pasea.
    Como ya el señor de Delfos   1700
    daba fin a su carrera
    y la luna sale tarde,
    pude llegarme bien cerca;
    oíles dos mil amores
    y de sus palabras tiernas   1705
    conocí amor en el uno
    y en la otra falsas tretas.
    Quise llegar; no son celos,
    mi Belisa, no los tenía;
    mas estorbólo Liseo   1710
    que venía en busca de ella,
    y con él venía León,
    y sacando la merienda
    merendaron, viendo yo
    hacerse dos mil finezas.   1715

Ellos eran tres, yo solo,
y así estar quedo fue fuerza,
si bien la cólera andaba
riñendo con la paciencia;
como digo, merendaron, 1720
y poco a poco dan vuelta
ellos en su compañía,
yo en su retaguardia de ella.
Antes que a casa llegasen,
veinte pasos de su puerta, 1725
los despidió, que su madre
siempre por coco la enseña.
Así a la calva el copete,
y fingiéndole ternezas,
llegué diciendo: "Fenisa, 1730
vengas muy enhorabuena".
Fueme a decir: "Mi don Juan . . ."
Yo entonces la mano puesta
en la daga, quise darle.
BEL. Alma y corazón me tiembla. 1735
¿Dístela?
JUAN. Túvome el brazo
conocer que eras mi prenda
y que te han de dar la culpa
sin que tú la culpa tengas.
BEL. Bien hiciste, que es crueldad; 1740
y a las mujeres de prendas
les basta para castigo
no hacer, don Juan, caso de ellas.
JUAN. Dejé sangrientas venganzas,
y para mayor afrenta 1745
con la mano de su cara
saqué por fuerza vergüenza,
diciendo: "Así se castigan
a las mujeres que intentan
desatinos semejantes 1750
y que a los hombres enredan".
Y siguiendo tras Liseo,
le hallé y metí en una iglesia
y le conté este suceso
con razones bien resueltas. 1755
Esto ha pasado, señora,
y pues ya Fenisa queda,
como merece, pagada,
seré tuyo hasta que muera.
BEL. ¿Es posible que esto has hecho? 1760
Es mujer al fin; me pesa;
que no hiciera estas locuras,
mi don Juan, si se entendiera.
Don Juan, ninguna mujer,
si se tiene por discreta, 1765

pone en opinión su honor,
siendo joya que se quiebra.
Pues si lo fuera Fenisa,
esos engaños no hiciera,
pues al fin pone su fama 1770
en notables contingencias.
Nunca me quiso creer,
siempre dije que no es buena
la fama con opiniones;
a su condición paciencia. 1775
Ya es hecho y por los deseos
con que por vengarme fuerzas
el amor que la tuviste,
darte mil mundos quisiera;
mas pues soy pequeño mundo, 1780
corona de él tu cabeza,
que con darte aquesta mano
soy tuya.
JUAN. Gloria como ésta
sólo con Marcia es razón
que se goce.
BEL. Y seré prueba 1785
del oro de tu afición
de mi prima la presencia,
y contarásle ese cuento
que con donaire le cuentas.
JUAN. Tú me prestas de los tuyos; 1790
vamos, Belisa.
BEL. Quisiera
que buscaras a Gerardo,
porque mi prima desea
tratar con él ciertas cosas
de importancia.
JUAN. Mi bien, entra 1795
y diráse por los dos
lo de César darlo a César.
(Vanse, con que se da fin a la segunda jornada.)

JORNADA TERCERA

(Sale Laura sola.)
LAU. ¿Qué pecado he cometido
para tan gran penitencia?
¿Por qué acabas mi paciencia, 1800
celos, verdugo atrevido?
Dime, ¿qué es esto, Cupido?
¿Qué gente metiste en casa
que en fiera llama me abrasa?

Bástame, amor la tuya; 1805
no sé qué diga ni arguya
de tu condición escasa.
Recibíte en mi posada
por verte niño y desnudo;
ya mi libertad la mudo 1810
con ser de mí tan amada.
Dite la casa colgada
de muy rica colgadura;
dite cama de ternura
y colchones de afición, 1815
y mandéle a la ocasión
que de ti tuviese cura.
Ha dos días que aquí entraste,
sin mirar que huésped eras
y de mi afición las veras; 1820
con ausencia te casaste,
toda la casa ocupaste
con sus penas y tormentos
que son de ausencia allegados,
hijos, parientes, criados 1825
que jamás están contentos.
Celos, ¿qué tienes conmigo?
¿Por qué me tratas tan mal?
Bástete verme mortal;
déjame, fiero enemigo. 1830
¿Qué rigor es, qué castigo
es éste en que estoy metida?
Ya que estoy muerta y rendida,
¿para qué contra mí espadas
en tu rigor afiladas, 1835
con que me quitas la vida?

(Sale Félix.)

FÉL. ¿No sabes lo que pasa?
LAU.   ¡Ay, Félix mío,
el corazón y el alma me has turbado,
que en tu cara te veo que las nuevas
que me vienes a dar no son de gusto! 1840
FÉL. Se ha casado [Liseo] con Fenisa.
LAU. ¡Ay de mí, desdichada! ¡Ay de mí, triste!
Esta sospecha misma es la que siempre
me atormentaba el alma.
FÉL.   Desmayóse.
¡Ah, Laura, ah, mi señora! Celia, Claudia,
llamad a Marcia presto, que se muere 1846
la desdichada, [atormentada] Laura.

(Sale Belisa.)

BEL. ¿Qué es esto, Félix? Laura, Laura mía.
LAU. ¡Ay, Belisa!
BEL.   ¿Qué tienes?
LAU.   Muerte, rabia,

cuidados, ansias y tormentos, celos 1850
cuyo dolor por sólo que se acabe
será pasarme el pecho el más piadoso
remedio. ¡Ay, mi Belisa! ¡Ay, que se acaba
la mal lograda vida que poseo!
BEL. ¿Qué tiene Laura, Félix?
FÉL.   ¿Ya no dice
que tiene celos, cuyo mal rabioso 1856
causa esas bascas, como al fin veneno?
BEL. ¿Celos? Acaba, dímelo.
FÉL.   Ha sabido
que Fenisa y Liseo anoche fueron
a tomarse las manos a la audiencia 1860
del vicario.
BEL.   ¡Jesús, y qué mentira!
Eso no puede ser; ¿no sabes, Laura,
lo que pasó a Fenisa con Liseo
y don Juan? No lo creas; calla, amiga.
LAU. ¡Ay, Belisa del alma! ¡Ay, que me acabo!
BEL. No llores, no maltrates esos ojos, 1866
guárdalos para ver a tu Liseo
en tus brazos, pues ha de ser tu esposo.

(Sale Gerardo.)

GER. ¿Está mi Marcia aquí?
BEL.   Señor Gerardo,
seáis muy bien venido; vamos, Laura, 1870
y llamaré a mi prima.
LAU.   ¡Ay, santos cielos,
qué rabioso mal es el de celos!

(Vanse Laura y Belisa, y sale Marcia.)

GER. Dueño del alma mía,
a darme gloria bien venida seas;
de mi gusto alegría, 1875
prenda del corazón que ya hermoseas;
hermosísimos ojos,
más bellos que los rayos del sol rojos,
goce yo de tus brazos
amar mi cuello tan dichosos lazos. 1880
MAR. Dulce Gerardo amado,
del alma gusto y de mi gusto empleo,
pues tan dichosa he estado,
gozo, teniendo en ti todo el deseo.
Con mis brazos recibo 1885
el cuerpo amado en quien por alma vivo,
y tan eternos sean
como las almas de los dos desean.
GER. Este bien que poseo
teme perderle mi contraria suerte, 1890
y así, mi bien, deseo
que, estando como estoy, venga la muerte,
pues muriera dichoso

entre mis brazos este cuerpo hermoso.
¡Ay, divina señora,   1895
tus pasados rigores temo agora!
MAR. Si por haberte sido
en los tiempos pasados rigurosa
te temes de mi olvido,
no señor; ya mi bien, es otra cosa;   1900
ya conozco que gano
en darte como esposa aquesta mano;
no temas mis enojos.
GER. Alza a mirarme aquesos dulces ojos;
haga eterno los cielos,   1905
esposa amada, este dichoso lazo;
no le adelgace celos
ni le rompa el mortal y duro plazo.
MAR. Yo la que gano he sido.
GER. Yo, mi bien, en ser de ti querido.   1910
MAR. Venturosos amores.
GER. Yo lo soy en gozar estos favores;
si mil almas tuviera,
todas, dulce señora, en ti empleara;
si rey del mundo fuera,   1915
el cetro y la corona te entregara;
si fuera justa cosa,
mi diosa fuera mi querida esposa;
quisiera ser Homero
para cantar que por amarte muero.   1920
MAR. Para sólo mirarte,
quisiera de Argos los volantes ojos.
GER. Yo para regalarte
y darte de riquezas mil despojos,
ya que tal bien poseo,   1925
que el oro fuera igual a mi deseo.
MAR. Pues yo ser sol quisiera
para darte los rayos de mi esfera,
de todo ser señora,
para hacerte de todo rico dueño,   1930
por recrearte, aurora.
GER. Yo para darte gusto, mi fe empeño,
dulce amor, que quisiera
ser la fértil y hermosa primavera,
tierra para tenerte,   1935
y cielo para siempre poseerte.
(Sale Félix.)
FÉL. A llamarte me envía,
divina Laura, Marcia, mi señora,
porque hablarte quería,
que de venir Liseo es ya la hora.   1940
MAR. Vamos, Gerardo amado,
remediemos a Laura su cuidado.

FÉL. Fortuna, estáte queda
y no des vuelta a tu inconstante rueda.
(Vanse, y sale Liseo.)
LIS. Vengativo eres, amor,   1945
no hay quien contra ti se atreva;
desdichado de el que prueba
de tu venganza y furor.
Dejé a Laura que me amaba,
traté a Marcia con engaño   1950
y todo sale en mi daño,
pues ya mi fingir se acaba;
pues Fenisa, más ingrata
que Medusa y más cruel,
aprieta tanto el cordel   1955
que con tal rigor me mata.
¡Oh, Laura! tus maldiciones
me alcancen, pues sin razón
traté tan mal tu afición,
olvidando obligaciones.   1960
¡Ay, Fenisa, fementida,
más taimada y embustera!
¡Oh si Marcia lo supiera
te castigara, atrevida!
¡Con qué gusto me engañaba!   1965
¿Hay más extraño fingir?
Casi me mueve a reír
ver el engaño en que estaba;
si Laura no hubiera dado
santo fin a su afición,   1970
cumpliera mi obligación
a su firmeza obligado;
ya pues Laura se acabó,
será Marcia mi mujer,
cuyo entendimiento y ser   1975
con extremo me agradó.
El reloj da; doce son;
en cuidado me ha metido,
viendo como no ha salido
a esta hora a su balcón;   1980
mas, ¿si sabe alguna cosa?,
que ya me ha dicho Fenisa
que don Juan ama a Belisa,
de mi Marcia prima hermosa;
mas ya veo en el balcón   1985
que mi sol hermoso sale;
alma, adelántate y dale
nuevamente el corazón.
(Salen a la ventana Marcia y Laura, y Marcia
finge ser Belisa.)
MAR. Ten ánimo, prima amada,

deja esos cansados celos, 1990
que antes de mucho los cielos
te harán de todo vengada.
LAU. ¡Ay, Marcia!
MAR.   ¡Jesús! ¡Qué dices?
Belisa me has de llamar.
LAU. Estoy tan triste que hablar 1995
no puedo.
MAR.   Mucho desdices
de quien eres; ¿qué es aquesto?
LIS. Marcia mía, ¿cómo estás?
¡Habla, mi bien, que jamás
en tal confusión me has puesto! 2000
¿Qué es esto? ¿Callando quieres
aumentar más mi cuidado?
MAR. Lisonjas has estudiado,
bien lo dices, lindo eres;
a Marcia habemos tenido 2005
por saber cierto cuidado
tuyo, que lástima ha dado
verla una hora sin sentido.
LIS. ¿Cuidado mío, Belisa,
cuando el alma, vive en ti? 2010
[Ap.] ¡Ay Dios, si sabe, ay de mí,
la voluntad de Fenisa!
Matarme será favor
en desdichas semejantes.
MAR. Nunca matan los amantes, 2015
que es padre piadoso amor.
LIS. Marcia mía, ¿qué pretende
tu crueldad? Dime tu pena,
que mi voluntad y espada
sabrán vengarte.
[MAR.]   No enfada, 2020
que es padre que al hijo ofende.
LAU. Cansada barca mía,
pues ya a seguirte la tormenta empieza,
y tan sin alegría
surcando vas por mares de tristeza, 2025
despídete del puerto
en quien pensaste descansar muy cierto
y dile adiós, ingrato,
que no puedo sufrir su falso trato.
De tus falsos engaños 2030
me alejo, desleal, no quiero verte,
y en la flor de mis años
quiero rendirme a la temprana muerte;
sigue tras tus antojos
por quien son ríos de llorar mis ojos, 2035
que yo pienso dejarte

y recogerme a más segura parte.
Tirano, no son celos,
aunque pudiera dármelos Fenisa;
no quiero más desvelos; 2040
vamos, prima, de aquí, vamos, Belisa.
LIS. Marcia divina, escucha.
LAU. No puedo, falso, que mi pena es mucha.
LIS. Así tus años goces
que no te aflijas, llores ni des voces. 2045
LAU. Cierra esa infame boca
que no es quimera, no, traidor, mi queja.
MAR. Está de pena loca;
prima querida, esas razones deja;
basta, por vida mía. 2050
LAU. Déjame, [mi]prima, aparte; desvía.
LIS. Ea, mi cielo, acaba,
que miente quien te ha dicho que la amaba.
LAU. Aquesa ingrata veas
hacer favores a quien más te ofende; 2055
de ella olvidado seas.
LIS. Hermosa Marcia, mi disculpa entiende.
LAU. Y cuando más te quiera,
muerte cruel entre tus brazos muera,
y si es aborrecida 2060
en tu poder alcance larga vida.
(Vase.)
LIS. Tenla, hermosa Belisa.
MAR. No la puedo tener, que va furiosa.
LIS. ¡Oh, mal hayas, Fenisa,
que así estorbes mi suerte venturosa! 2065
MAR. Bien dijo quien decía
mal haya la mujer que en hombres fía.
LIS. Belisa, mortal quedo.
MAR. ¿En qué vendrá a parar tan loco enredo?
Una mujer celosa 2070
es peor que la víbora pisada;
pero haz una cosa
si quieres que yo pueda, confiada,
tratar aquestas paces
y decirla el favor que tú la haces: 2075
promete ser su esposo
y amansarás su rostro desdeñoso,
en un papel firmado
en que diga: "Prometo yo, Liseo,
por dejar confirmado 2080
con mi amor y firmeza mi deseo,
ser, señora, tu esposo,
pena de que me llamen alevoso",
con que podré, segura,
hacer por ti lo que [mi] amor procura. 2085

LIS. Si hiciera; mas agora
¿cómo podré escribir eso que pides?
Da un[a] traza, señora,
pues tu favor con mis deseos mides.
MAR. Allégate a la puerta,   2090
que por servirte al punto será abierta;
enviaréte un criado
mientras veo si Marcia se enternece,
y te dará recado
para que escribas, pues tu suerte ofrece
que dichoso poseas   2096
en matrimonio la que más deseas.
LIS. Ve, señora, al momento,
que no me da mi pena sufrimiento.
(Vase Marcia y sale León.)
LEÓN. ¡Gracias a Dios que te hallo!   2100
Por Dios, que vengo molido;
¿hay quien me socorra acaso
con algún trago de vino?
Sudando estoy, ¿no me ves?;
tienta, que por Jesucristo   2105
que no he parado esta tarde,
buscándote, señor mío.
¡Válgame Dios lo que anduve!
No he dejado, ¡por Dios vivo!,
tabernas ni bodegones   2110
donde no entrase mohino.
Preguntaba en las despensas:
"Señores, acaso han visto
entre los cueros honrados
un amo que yo he tenido?"   2115
Llegué a casa de Fenisa
y halléla con tanto hocico,
tanto, que en sólo mirarla
dos muelas se me han caído,
que éstas solas me quedaron   2120
de cuando que estás mohino;
parece que no te agrado
con estas cosas que digo.
No me habló y llegué a Lucía,
antiguo cuidado mío,   2125
y miróme carituerta
y con el rostro torcido;
al cabo de mil preguntas
muy enojada me dijo
que don Juan a su señora . . .   2130
¿Has el suceso sabido?
¿También estás enojado?
Si quieres al atrevido
que entre los dos le paguemos

el merecido castigo,   2135
vamos, que yo le daré,
pues hizo tal desatino,
lo que merece. ¿Hay tal cara?
Miren qué ceño maldito.
¿Acábase el mundo, acaso?   2140
¿Es venido el Anticristo?
Que, vive Dios, que pareces
hoy al miércoles corvillo.
¡Jesús, mil veces! ¿Hay tal?
¿Has el juicio perdido?   2145
¿Qué tienes?
LIS.   ¡Ay, mi León!
LEÓN. ¡Ay, Jesús, y qué suspiro!
¡Dios me ha hecho mil mercedes
de estar en la calle!
LIS.   Amigo,
¿por qué causa?, que la casa   2150
con él se hubiera caído.
LEÓN. ¿Qué tienes? Has hecho acaso
algún terrible delito?
¿Búscate algún alguacil?
¿Viene el Día del Juicio?   2155
LIS. ¡Ay, León! ¡Ay, fiel criado!
Muerto soy, yo soy perdido.
LEÓN. ¡Ay, señor de mis entrañas,
que me has quitado el sentido!
¿Perdido? No, que aquí estás.   2160
¿Muerto? ¡Yo te veo vivo!
Yo no sé lo que te tienes;
¿dónde está tu regocijo?
LIS. Ya, León, ya se acabó,
ya soy con todos malquisto.   2165
LEÓN. Si acaso has dicho verdades,
no me espanto, que este siglo
la aborrece en todo extremo.
LIS. Marcia, León, ha sabido
la gran traición de Fenisa   2170
y mi altanero sentido,
y más brava que leona
dos mil injurias me ha dicho,
y sin oír mi disculpa
de aquí furiosa se ha ido.   2175
LEÓN. ¿Eso es no más? Lleve el diablo
tus terribles desatinos;
¡vive Cristo! que en las calzas
he criado palominos.
¡Miren qué traición al rey!   2180
¡Por Dios santo, que me río!
Calla, [que] eres mentecato.

Dime, ¿dónde está tu brío?
Hay mil mozas en la corte,
entre quince y veinte y cinco,   2185
que sólo porque las quieras
te traerán siempre en palmitos.
LIS. Aquésta sola, León,
es la [que] quiero y estimo.
LEÓN. Y si te doy un remedio,   2190
¿qué me darás?
LIS.   Cuanto estimo,
cuanto yo tengo y poseo
y el naranjado vestido.
LEÓN. Pues sabe que una mujer,
de aquéstas que chupan niños,   2195
me dio para cierto caso
una receta de hechizos;
no sirvió, porque mi moza,
muy arrepentida, vino
a rogarme una mañana   2200
con dos lonjas de tocino.
Guardéla con gran cuidado
aquí en este bolsillo.
Sal acá.
LIS.   ¿No pareció?
LEÓN. Sí; los cielos sean benditos,   2205
¿quieres oírla?
LIS. ¡Ay, León,
si aprovechara te digo!
LEÓN. Claro está, que yo la di
en cierto caso a un amigo,
que su mujer padecía   2210
mal de madre, y ella hizo
y vio milagros con ella.
LIS. ¡Hay tan cruel desatino!
Pues si es para enamorar,
¿cómo sanarla ha podido?   2215
LEÓN. Eso es ello, que es tan fuerte,
que aunque le costó infinito,
al fin sanó la mujer,
porque el ensalmo es divino.
LIS. Dila, aunque me cueste un mundo.
LEÓN. Pues está atento un poquito.   2221
¡Ay, Dios, si te aprovechase,
porque me des el vestido!
    Un corazón de araña al sol secado
y sacado en creciente de la luna,   2225
tres vueltas de la rueda de fortuna
cuando tenga a un dichoso levantado.
    Esto ha de ser con gran primor mojado
en el licor de aquella gran laguna

donde por ser Salmazis importuna,   2230
fue Eco en Hermafrodito trocado,
    en sangre de Anteón, muy bien cocido,
revuelto en quejas de los ruiseñores,
y entre pelos de rana conservado.
    Cuando fueres tratado con olvido,   2235
sahuma con aquello a tus amores
y serás de tus penas remediado.
LIS. Vive Dios, que estoy por darte
cien coces; cuando mohino
me ves, me cuentas, alegre,   2240
tan terribles desatinos;
cuando estoy desesperado,
dices . . .
LEÓN.   ¡Vive Dios, que he sido
en todas las ocasiones
muy desgraciado contigo!   2245
Entreténgote y te pesa;
¿no sabes que los hechizos
tienen la misma virtud
que en esta memoria has visto?
Cuando es uno desdichado   2250
en todo tiene prodigios.
Verá el diablo por qué tanto
me veo ya despedido
de vestirme como Judas
de aquel vestido amarillo.   2255
(*Sale Belisa a la puerta.*)
BEL. Cé, Liseo.
LIS.   ¡Norte mío!
BEL. Que lo soy, cierto confío;
entra y escribe.
LIS.   Ya voy;
[digo que] tu esclavo soy.
LEÓN. No entiendo tu desvarío.   2260
Entrate, pues yo me voy,
que con calentura estoy
después que entro en una ermita,
ya que esta pasión se quita
con dormir.
LIS.   De Marcia soy;   2265
di, Belisa, ¿qué hace ahora?
BEL. ¿Quién?
LIS.   Mi Marcia.
BEL.   Gime y llora
tu engañoso proceder.
LIS. En ella mi alma adora.
[*Vase.*)
BEL. Laura será tu mujer   2270
a quien [es] tu fe deudora,

que si engañando has vivido
y de ti engañada ha sido,
hoy tu engaño pagarás,
y por engaño serás   2275
a tu pesar, su marido.

(Vase Belisa, y salen Fenisa y Lucía.)

LUC. Como te cuento, he sabido
　　　este caso.
FEN.　　　　　Al fin don Juan
　　　es de Belisa galán
　　　y por ella le he perdido.   2280
LUC. Días y noches está
　　　entretenido en su casa,
　　　señal que su amor le abrasa
　　　y que olvidándote va.
FEN. Cuando antenoche le vi   2285
　　　tan vengativo y furioso,
　　　no le culpé por celoso,
　　　y porque la causa fui.
　　　Mas viendo que no ha tornado,
　　　conozco que fue venganza,   2290
　　　y más era su mudanza
　　　que su grande desenfado.
　　　Belisa lo mandaría
　　　y por eso se atrevió.
LUC. Eso no lo dudo yo.   2295
FEN. No hay que dudar, mi Lucía,
　　　ya parece que Cupido
　　　ofendido de mí está,
　　　y a todos mandando va
　　　que me traten con olvido.   2300
　　　Tres días ha que Liseo
　　　ni me visita, ni escribe,
　　　don Juan con Belisa vive,
　　　y sola males poseo;
　　　don Juan con Belisa amigo,   2305
　　　habiendo por mi olvidado
　　　su amistad.
LUC.　　　　　Caso pesado
　　　de tu condición castigo,
　　　pues del amor te burlabas,
　　　y a tu servicio admitías   2310
　　　a todos cuantos querías,
　　　puesto que a ninguno amaba[s].
FEN. ¿A ninguno? Por los cielos,
　　　que a todos quiero, Lucía,
　　　a todos juntos quería;   2315
　　　si no, míralo en mis celos.
LUC. Pues no te osaba decir
　　　cómo ya Marcia y Liseo

se gozan.
FEN.　　　　　¡Ay de mí! creo
　　　que estoy cerca de morir;   2320
　　　¡Marcia y Liseo! ¿Hay tal cosa?
　　　Y Belisa con don Juan
　　　bien concertados están.

(Llora.)

LUC. Ella es historia donosa;
　　　no llores.
FEN.　　　　　Yo he de vengarme   2325
　　　Lucía, no hay que tratar;
　　　yo los tengo de matar,
　　　no tienes que aconsejarme.
LUC. ¿A todos?
FEN.　　　　　A todos, pues.
LUC. Jesús.
FEN.　　　　　No te escandalices.   2330
LUC. Mira, por Dios, lo que dices.
FEN. Calla, y lo verás después.
　　　Dame mi manto, Lucía,
　　　y toma el tuyo, que quiero
　　　ver a Liseo la cara.   2335
LUC. Míralo mejor primero,
　　　y no te arrojes, por Dios,
　　　que el daño después de hecho
　　　aunque quieras remediarle,
　　　no tiene ningún remedio.   2340
FEN. Trae los mantos, esto pido,
　　　que no te pido consejos,
　　　porque tal estoy, Lucía,
　　　que ya no son de provecho.
LUC. Con todo quiero pedirte   2345
　　　que escojas uno de aquéstos
　　　y no traigas tantos hombres
　　　danzando tras tu deseo.
FEN. Es imposible, Lucía,
　　　proseguir, que es [devaneo]   2350
　　　quererme quitar a mí
　　　que no tenga muchos dueños;
　　　estimo a don Juan, adoro
　　　a mi querido Liseo,
　　　gusto de escuchar a Lauro   2355
　　　y por los demás me pierdo;
　　　y si apartase de mí
　　　cualquiera de estos sujetos,
　　　quedaría despoblado
　　　de gente y gusto mi pecho;   2360
　　　acaba, ¿no traes el manto?
　　　que estoy rabiando de celos.
LUC. Ya voy.

(Vase.)

FEN.   Camina, que amor
  venganza me está pidiendo.   2364
  Si, mi amor, [siente] un alma porque tiene
  sufrimiento en sus penas y tormentos,
  yo, amor, que amando a muchos, mucho
    siento;
  no es razón que tu audiencia me condene;
  razón más justa, amor, será que pene
  la que tiene tan corto pensamiento   2370
  que no caben en él amantes ciento
  y amando a todos juntos se entretiene;
  si quien sólo uno ama premio espera,
  con más razón mi alma le merece,
  pues tengo los amantes a docenas.   2375
  Dámele, ciego dios, y considera
  si con uno sólo [pues] se padece,
  yo padezco con tantos muchas penas.

(Sale Lucía.)

LUC. Lauro te quiere hablar si gustas de ello;
  abriré a la puerta, que están llamando.

FEN. Jesús, Lucía, ¿pues a Lauro niegas   2381
  la entrada, pues la tiene ya en mi alma?

LUC. Como estás disgustada, yo creyera
  que te faltaran gusto y desenfados
  para engañar a todos, como sueles.   2385

FEN. ¿Qué cosa es engañar? Ya yo te he dicho
  que a todos quiero y a ninguno engaño.

LUC. ¿Pues cómo puede ser que a todos
    quieras?

FEN. No más de cómo es. Ve y abre a
    Lauro,
  y no quieras saber, pues eres necia,   2390
  de qué manera a todos los estimo;
  a todos cuantos quiero yo me inclino,
  los quiero, los estimo y los adoro;
  a los feos, hermosos, mozos, viejos,
  ricos y pobres, sólo por ser hombres.   2395
  Tengo la condición del mismo cielo,
  que como él tiene asiento para todos
  a todos doy lugar dentro en mi pecho.

LUC. También en el infierno hay muchas
    sillas
  y las ocupan más que no en el cielo;   2400
  según esto serás de amor infierno,
  que si allá van los hombres por delitos,
  también vienen a ti estos pecadores
  por los que ellos cometen cada día.

FEN. Deja quimeras; llama a Lauro, necia,
  que yo soy blanco del rapaz Cupido.   2406

LUC. Entrad, Lauro; ya viene; al cielo ruego
  que no te quedes, como pienso, en blanco.

(Entra Lauro.)

LAUR. ¿Cómo tan sola, Fénix de hermosura?
  Mas será por decir que sola eres   2410
  del mundo asombro y de belleza reina.

FEN. Basta, Lauro, lisonjas. No me quieres,
  pues conmigo las gastas sin pedirlas.

LAUR. Pluguiera a Dios, Fenisa, no quisiera
  como quiero, pues es tan sin remedio.   2415

FEN. Pues ¿cómo sin remedio, Lauro mío?

LAUR. ¿Tuyo, Fenisa? Pues si yo tuyo fuera,
  no viniera a decirte lo que vengo.

FEN. ¿Díceslo por Liseo? ¿No te he dicho
  que pidas a Liseo que me deje?   2420
  Mas di, Lauro, a qué vienes, y perdona
  que no me siento, porque estoy de paso,
  que voy a ver a Marcia.

LAUR. No hay conmigo
  cumplimientos, señora; acá me envía
  Liseo a que te diga que te cansas   2425
  con recados, mensajes y papeles,
  gastando el tiempo en cosas sin remedio;
  dice que aquella noche que en el Prado
  contigo estuvo, apenas te apartaste
  cuando, llegando a San Felipe, llega   2430
  don Juan, un caballero que conoces,
  y le pidió le oyese dos palabras,
  en las cuales le dijo que tú eras
  por cuyo amor dejó a Belisa, prima
  de la gallarda Marcia, amiga tuya;   2435
  que de la misma suerte salteaste
  a su amor, como el suyo de esta dama;
  también le dijo cómo aquesta noche
  en el Prado, a tu causa, perder quiso
  con Liseo la vida y aun la honra,   2440
  mas viendo que la culpa tú le tienes,
  tomó como tú sabes la venganza,
  y le contó lo que decir no quiero,
  que bastan los colores de tu cara
  sin que yo saque más; al fin, Liseo   2445
  dice que te entretengas en tus gustos,
  pues son tan varios, y que de él no esperes
  otra cosa jamás; yo, que te amaba,
  no te aborrezco, mas al fin te dejo;
  yo voy, pues lo permiten tú y los cielos,
  a llorar y sentir aquestos celos.   2451

(Vase.)

FEN. Lauro, Lauro, escucha, espera.
  ¿Fuese?

LUC.   Sí, ¿mas qué pretendes
en tantos males hacer?

FEN. Dame el manto y no me dejes,   2455
que ya no puedo, Lucía,
sufrir los males presentes;
yo me tengo de perder.

LUC. Alto, las armas previene,
que yo me pondré a tu lado,   2460
haciendo lo que tú hicieres;
buena te ponen los hombres,
pero no es mucho que penes,
que dar gusto a tantos hombres
imposible me parece.   2465

FEN. Deja las burlas, Lucía.

LUC. Ya veras llamarlas puedes
las que dan tanto pesar,
y si por burlas las tienes,
no hay sino tener amantes   2470
y sufrir lo que viniere;
burlas, yo las doy al diablo.
Señoras, las que entretienen,
tomen ejemplo en Fenisa:
huyan de estos pisaverdes.   2475

FEN. Acábate de cubrir;
Lucía, pesada eres;
cuando reventando estoy,
con gracias te desvaneces.

(Vase.)

LUC. Camina, señora mía;   2480
digan señoras, ¿no miente
en decir que quiere a todos?
Cosa imposible parece;
mas no quiera una mujer,
que vive mintiendo siempre,   2485
pedir verdad a los hombres;
necias serán si lo creen.

(Vase.)

(Salen Belisa y León.)

LEÓN. ¡En casa y sola!

BEL.   ¿Esto te ha espantado?

LEÓN. ¿No quieres que me espante de una
dama
moza, gallarda y de tan nobles partes,   2490
día de San Miguel, y sola en casa,
cuando aún las más bobillas toman vuelo?

BEL. Mira, León, cuando una mujer ama,
ni busca fiesta, ni visita plazas,
pasea calles, ni pretende fiestas.   2495

LEÓN. Tienes razón; cuando una mujer ama;
mas tengo para mí que no hay ninguna,
y si la hay, es sola, como fénix.

BEL. Pues esa fénix sola en mí la miras.

LEÓN. Está ya tal el mundo, que es milagro
poder en él vivir; está perdido,   2501
porque ya las mujeres de estos tiempos
tienen unos de gusto y otros de gasto,
y el marido que coja clavellinas
que cría Medellín y el rastro cría.   2505

BEL. Esas tales, León, no son mujeres;
sucias harpías son, confuso infierno
donde penan las almas de estos tristes.

LEÓN. Grandes son los pecados de estos
tiempos
si aquésos son infiernos como dices,   2510
pues no habiendo criado Dios más que uno,
ahora vemos en el mundo tantos.

BEL. ¿Tantos hay?

LEÓN.   Infinitos.

BEL.   No te espantes
que como son los gastos sin medida
procuren las mujeres quien lo gaste,   2515
y si con la razón lo miras todo,
también los hombres tienen cien mujeres
sin querer a ninguna.

LEÓN.   ¿Cien mujeres?
¿Y cuál es el ladrón que tal tuviera?
Vive Dios, que es bastante sola una   2520
a volver viejo un hombre, y tú me dices
que hay ninguno que tenga tanta carga;
y si engañan, los hombres aprenderán
de los engaños que hay en las mujeres;
cierto amigo me dijo que había dado   2525
al desdichado mundo por arbitrio,
que pidiese en algunos memoriales
a los dioses remedien sus desdichas
y los gastos pesados que se usan.

BEL. Dime aqueso, León.

LEÓN.   Pues, ¿no lo sabes?
Aguarda y lo diré, si está atenta.   2531

BEL. Dame, León, de aquesas cosas cuenta.

LEÓN. Después que pasó
de la edad dorada
la santa inocencia   2535
y la verdad santa,
cuando las encinas
la miel destilaban,
y daba el ganado
hilos de oro y plata,   2540
ofrecían los prados
finas esmeraldas,
y la gente entonces
sin malicia estaba,

en esta de hierro   2545
tan pobre y tan falta
de amistad, pues vive
la traición malvada,
son los males tantos,
tantas las desgracias   2550
que se teme el mundo
de que ya se acaba.
En la sacra audiencia
con su larga barba,
pidiendo justicia,   2555
entró una mañana;
el sacro auditorio
oyó su demanda
y le dio licencia
para relatarla;   2560
lo primero pide,
que justicia se haga
de los lisonjeros
que en la corte andan;
con esto que pide   2565
muchos amenaza.
¡Ay de los que sirven!
Perderán la gracia
y que a la mentira
descubran la cara,   2570
porque el nombre usurpa
a la verdad santa;
que declare el uso
cómo y dónde halla
los diversos trajes   2575
con que al mundo engaña;
a quien tras los cuellos
que bosques se llaman,
tanto en la espesura
como en ser de caza,   2580
guedejas y rizos
de las bellas damas,
puños azulados,
joyas, cintas, galas;
a los hombres dicen   2585
que vistan botargas
como en otros tiempos
los godos usaban;
que a las damas manden
que por galas traigan   2590
las cofías de papos
de la infanta Urraca;
que en la ropería
acorten las faldas
de aquestos jubones   2595

ya medio sotanas,
y que de las tiendas
las busconas salgan
para que no pelen
los que en ellas andan;   2600
que a los coches pongan
corozas muy altas
por encubridores
de bajezas tantas;
pide a ciertas brujas,   2605
que en nombre de santas
en la corte viven,
que de ella salgan,
porque sólo sirven
de vender muchachas   2610
y chupar las bolsas
con venturas falsas;
pide a mil maridos
que miren su casa
para ver si hay   2615
varas encantadas
con que sus mujeres
oro y tela arrastran,
dando a los botones
por honesta causa;   2620
pues de los poetas
mil cosas ensarta,
mas yo no me meto
en contarte nada;
doy al diablo gente   2625
que al amigo mata
si toma la pluma
con no ser espada.
BEL. Ya sabes León
que al león señalan   2630
por rey de las fieras
que en el campo andan,
y sabrás también
que le da cuartana
con que su fiereza   2635
humilla y abaja.
LEÓN. Pues, ¿no he de saberlo
si a su semejanza
traigo la cabeza
siempre cuartanaria?   2640
BEL. Pues estando un día
su crueldad y rabia
al dolor rendida
del mal humillada,
entró a visitarle   2645
con la vista airada

el soberbio lobo
de malas entrañas,
éste con la zorra
trae guerra trabada,	2650
y así por vengarse
este enredo traza.
"Si Tu Majestad,
señor, quiere traiga
la piel de la zorra	2655
al cuerpo pegada".
Yendo a entrar la zorra
oyó estas palabras,
que fueron aviso
para su venganza;	2660
aguardó que el lobo
la dejase franca
la anchurosa cueva
del león morada;
con el rostro humilde	2665
entró, mas no osaba
llegarse al león
temerosa y cauta.
Díjole el león:
"¡Ay, amiga cara!	2670
esa piel me han dicho
que conmigo traiga
y tendré salud".
La zorra humillada
le dice: "Señor,	2675
tu pena restaura
si en este remedio
tu mal se repara,
mas mi pellejuelo,
aunque tenga gracias,	2680
es tan pequeñito
que aun un pie no tapa;
si fuera el del lobo,
tiene virtud tanta
que sólo en tocarle	2685
la vida se alarga".
Dejóla el león,
mas el lobo aguarda
y en llegando cerca
echóle la garra,	2690
quitósele todo,
sólo le dejara
la cabeza al triste
y las cuatro patas;
salió el pobre lobo	2695
con tan grandes ansias

que con el dolor
mil aullidos daba;
estaba la zorra
contenta y ufana	2700
mirando el suceso
de una peña alta,
y con voz risueña,
desenvuelta y clara
dijo: "Caballero,	2705
vuelva acá la cara,
el de los zapatos,
guantes y celada;
si os veis otra vez
con personas altas,	2710
contad vuestras cosas,
las demás dejadlas;
sabed que no medra
quien en corte habla";
¿entiendes, León?	2715
pues si entiendes, calla.
LEÓN. Muy bien te he entendido,
mas callarme mandas;
tengo el arca chica,
todo me embaraza;	2720
¡ay Dios! que reviento;
si callo, me matas,
¡qué imposible cosa!
¡oh qué ley pesada!
No hay torno de monjas	2725
con andar cual anda,
como aquesta lengua
tan libre y tan larga;
no hubiera ignorantes
si todos callaran;	2730
mas don Juan es éste.
BEL. Pues, si es don Juan, calla.
(Sale don Juan.)
JUAN. Dulce Belisa, ¿aquí estás?
BEL. Aquí estoy, amada prenda,
esperando a ver tus ojos.	2735
JUAN. Pues ya vengo a que me veas
y me mandes como a esclavo.
BEL. ¿Quién es quien queda a la puerta?
JUAN. Gerardo, señora mía.
BEL. Gerardo, ¿por qué no entras?	2740
GER. Por dar lugar a don Juan.
BEL. No ofenderá a tus orejas
oír hablar dos amantes.
GER. Antes oírlos me alegra.
BEL. Espera, ¿qué ruido [es] éste?	2745

LUC. Camina, señora, allega;
    don Juan está con Belisa.
    Famosa ocasión es ésta.
FEN. Traidor, ¿en aquesta casa
    he de hallarte, cuando dejas   2750
    mi voluntad ofendida,
    mi rostro lleno de ofensas?
    ¡Vive Dios, que he de quitarte
    con estas manos, con éstas
    esa infame y falsa vida!   2755
BEL. Pasa, Fenisa, está queda,
    que tiene en corte parientes
    que por el contrato vuelven.
FEN. Belisa, apártate a un lado,
    no des lugar que te pierda   2760
    el respeto y que te diga
    que fue por tu gusto hecha
    en mi persona venganza.
BEL. Mientes, villana grosera.
FEN. Ahora verás quién soy.   2765
LEÓN. Igual está la pendencia,
    una a una.
JUAN.   ¿Hay caso tal?
    Esta es mucha desvergüenza,
    Fenisa.
LEÓN.   Déjalas, calla,
    diremos, viva quien venza,   2770
    si viniesen a las manos;
    tú, Lucía, estate queda,
    ¡oh, vive Dios! que los ojos
    allá el cogote te meta
    de una puñada.
LUC.   Está quedo.   2775
(Sale[n] Marcia [y Laura].)
MAR. ¿Qué es esto, qué grita es ésta,
    Fenisa, pues tú en mi casa
    loca y atrevida llegas
    y con mi prima te pones
    en iguales competencias?   2780
    Vuelve en ti, que estás sin seso.
FEN. Marcia, no puede mi ofensa
    dejar la venganza.
MAR.   Quita,
    ¿qué venganza? Si tuvieras
    tu juicio, ante mis ojos   2785
    en tu vida parecieras;
    quita, prima, que es infamia
    que con mujer tan resuelta
    te pongas.
BEL.   Déjame, prima.

LEÓN. ¡Por Dios! que si no viniera,   2790
    ellas, con hermoso brío,
    se asían de las melenas.
FEN. Esa es discreta razón,
    Marcia, que niegue tu lengua
    la obligación a mi amor.   2795
MAR. ¿Hay desvergüenza como ésta?
    ¿Tu amistad, tu amor? No digas,
    Fenisa, aquesa blasfemia,
    sino dime a qué has venido.
FEN. A quejarme que consientas   2800
    que don Juan hable a tu prima,
    siendo mi esposo.
JUAN.   ¡Que mientas
    en cosa que tanto importa!
    ¡Por Dios, Fenisa, me pesa!
(Sale Liseo.)
LIS. Si quien viene arrepentido   2805
    tiene de hablarte licencia,
    escúchame, bella Marcia,
GER. ¿Qué es esto, mi Marcia bella?
MAR. Ten ánimo y no desmayes
    aunque más sucesos veas.   2810
    Liseo, ¿pues tras Fenisa
    te vienes a mi presencia?
LIS. ¿Yo tras Fenisa, señora?
    Si tal vengo, con aquesta
    espada a traición me maten.   2815
FEN. Ya que descubierto queda
    todo el engaño, Liseo,
    ¿por qué tus ojos me niegas?
    Vuelve a mirar a Fenisa.
LIS. De Marcia soy, no pretendas   2820
    estorbar mi casamiento.
LAU. Eso será cuando quiera
    Laura la licencia darte.
LIS. ¡Cielos! ¿Qué visión es ésta?
    Laura, ¿no eras religiosa?   2825
LAU. No, Liseo, que fue treta
    de Marcia, para engañarte
    y dar remedio a mi pena;
    no te enfades ni te enojes,
    yo he sido la que en las rejas   2830
    te hablo, fingiendo ser Marcia,
    y porque mejor lo creas
    ¿esta firma es tuya?
LIS.   Sí,
    porque aunque negarla quiera,
    es Belisa buen testigo,   2835
    pues ella me mandó hacerla.

MAR. Liseo, cosa imposible
　　　es apartar lo que ordena
　　　el cielo; pues Laura es tuya,
　　　por mí tu mano merezca.　　　　　　　2840
FEN. Liseo, pues eres mío,
　　　lo que haces considera,
　　　cumple con mi obligación.
MAR. ¿Qué ha de cumplir? Calla, necia,
　　　que sólo por ser mujer　　　　　　　　2845
　　　no te echo por la escalera.
　　　¿Dudas, Liseo? ¿Qué es esto?
　　　Pues para que ejemplo tengas,
　　　mira cómo doy mi mano
　　　a Gerardo, porque sea　　　　　　　　2850
　　　premiada su voluntad.
GER. De rodillas en la tierra
　　　la recibo, Marcia mía;
　　　al fin venció mi paciencia;
　　　¡bien empleados trabajos!　　　　　　2855
LIS. Laura, mi ventura es ésta.
LAU. No dirás sino la mía.
LIS. Esta es mi mano, y con ella
　　　el alma, pues, será tuya.
FEN. ¡Que aquesto mis ojos vean!　　　2860
　　　Dame la mano, don Juan,
　　　pues quiere el cielo que sean
　　　tuyas mis humildes partes.
JUAN. Di a Belisa que consienta
　　　en ello.
FEN.　　　Sólo tu gusto,　　　　　　　　2865
　　　don Juan, puede hacerte fuerza.
　　　Acaba, dame tu mano.
BEL. Desvíate a un lado, necia,
　　　que don Juan no ha de ser tuyo
　　　mientras el cielo me tenga　　　　　2870
　　　viva, porque es ya mi esposo.
JUAN. Yo soy, Belisa discreta,
　　　el que gano en tal partido.
LEÓN. Lucía, no te detengas,
　　　dame presto esa mano,　　　　　　　2875
　　　que según Fenisa queda,
　　　pienso que ha de asir de mí,
　　　y no quiero ser con ella

　　　otro signo Capricornio,
　　　pues soy león en fiereza.　　　　　　2880
LUC. Tuya soy, León amado,
　　　pero yo no tengo hacienda,
　　　y si eres bravo, ¿qué haremos
　　　si no comemos arena?
LEÓN. Remédialo tú si puedes.　　　　2885
LUC. Yo tengo cierta receta
　　　para hacer los bravos mansos.
LEÓN. ¿Y si lo soy habrá renta?
LUC. Renta, coches y criados.
LEÓN. Pues alto, usaremos de ella,　2890
　　　que en la corte no se vive,
　　　si no es con trazas como éstas.
FEN. Todos habéis sido ingratos
　　　a mi favor y finezas.
　　　Justicia, cielos, justicia　　　　　　2895
　　　sobre aquesta casa venga.
MAR. Fenisa, tus maldiciones
　　　que nos alcancen no creas,
　　　pues de tu mal nadie tiene
　　　la culpa, sino tú mesma.　　　　　　2900
　　　Las amigas desleales
　　　y que hacen estas tretas,
　　　pocos son estos castigos;
　　　consuélate y ten paciencia.
LIS. Con esto, senado ilustre,　　　　2905
　　　justo será que fin tenga
　　　La traición en la amistad,
　　　historia tan verdadera
　　　que no ha un año que en la corte
　　　sucedió como se cuenta.　　　　　　2910
LEÓN. Señores míos, Fenisa,
　　　cual ven, sin amantes queda;
　　　si alguno la quiere, avise
　　　para que su casa sepa.

FIN DE "LA TRAICIÓN EN LA AMISTAD."

Alabado sea el Santísimo Sacramento y la limpia
y pura Concepción de la Virgen sin mancilla,
concebida sin mancha de pecado original.
　　　　Doña María de Zayas.

Glossary of Mythological Figures and Terms

Adonis: A handsome young man loved by Venus. He was killed by a wild boar in the forest, and the goddess grieved for her dead lover.

Aglaya (Aglaia): One of the three Graces.

Amazonas: Mythical women warriors whose nation was thought to be in various locations on the margins of the regions known to the ancient Greeks.

Anajáreta (Anaxarate): A woman who, upon spurning a suitor, was turned into a stone statue by the goddess Aphrodite.

Anfión (Amphion): A mythological figure with exceptional musical skills on the lyre.

Anfitrite (Amphitrite): A mythological Nereid and wife of Poseidon, Greek deity of the sea. She was reported to live in a golden castle under the sea.

Anteo (Antaeus): The giant son of Poseidon and Earth who was eventually killed by Hercules.

Apolo (Apollo): The Greek god of the intellect, the arts (especially music), healing, and light. He is the Olympian deity of the sun, associated with its light and differentiated from *Helios* (q.v.).

Argos (Argus): A many-eyed monster in Greek mythology.

Ariadna (Ariadne): The mythological woman who gave the ball of string to Theseus upon his entry into the Cretan labyrinth so that he could unwind it and follow its trail back out of the structure.

Artemis: The twin sister of Apollo, the virgin goddess of the hunt and of chastity.

Atropos: One of the Fates who spin and cut the thread of a person's life.

Baco (Bacchus): The Roman god of wine and drink.

Basilisco (Basilisk): A mythological serpent said to kill with its breath and a glance from its eyes.

Belerofonte (Bellerophon): The son of Glaucus, king of Corinth. He rode the winged horse Pegasus in Greek mythological accounts.

Belona (Bellona): The Roman goddess of war.

Boreas: The north wind.

Calíope (Calliope): The muse of epic poetry.

Camila: A mythological virgin huntress, warrior, and favorite of the Roman goddess Diana.

Cibeles (Cybele): Mother of the Olympian gods. Her rites were celebrated with orgies.

Cintia (Cynthia): Artemis, also called Cynthia because of her birth on Mount Cynthus at Ephesus in Asia Minor. In Greek mythology she is associated with the moon and is the twin sister of Apollo, who is associated with the sun.

Circe: A famous enchantress of Greek mythology who attracted sailors to her island and then changed them into beasts. Odysseus's men are among her most famous victims.

Cloto (Clotho): One of the Fates who spin and cut the thread of a person's life.

Cresos (Croesus): An ancient king of Lydia famous for his vast wealth.

Cyterea: Meaning related to Venus, who was born from the sea foam near the island of Cythera.

Dafne (Daphne): A nymph of Greek mythology who, when chased by Apollo (*Apolo*), escaped through metamorphosis into a laurel tree.

Diana: In Roman mythology, the virgin goddess of the moon and the hunt.

Driope (Dryope): A young womn who, unaware that the blossoms she was picking beside a stream were the metamorphosed nymph Lotis, was likewise transformed into a plant.

Eco (Echo): A nymph who, because of her assistance to Zeus in amorous adventures, was condemned by Hera to a loss of speech except for the ability to repeat the last words of everything she heard others say. She pined away to nothing more than this repetitive voice.

Echión: Father of the Theban king Pentheus who opposed the worship of Dionysus.

Ecto, Flegón, Piroys (Aethon, Phlegon, Pyrois): Three

of the four horses driven by the sun god Phoebus Apollo (or in other accounts Helios) across the heavens each day. The fourth horse was Eous.

El de Delo/el señor de Delo: A reference to Apollo, one of whose shrines was on the island of Delos.

El señor de Delfos: A reference to Apollo, whose greatest shrine was at Delphi.

Elena (Helen): The beautiful Helen of Troy for whom the Trojan War was begun.

Elicona (Mt. Helicon): A mountain sacred to the Muses.

Elisios campos (Elysian Fields): A mythical place associated by the Greeks with the Island of the Blessed, where all are happy.

Eolo (Aeolus): The mythological keeper of the winds.

Eos: The Greek goddess of the dawn.

Ericina: Another name for Venus because one of her temples was on Mt. Erix in Sicily.

Erinnis (Erinyes): The Furies.

Eufrosina (Euphrosyne): One of the three Graces.

Evandro (Evander): A minor Greek deity connected with Pan and a figure in the *Aeneid* who aids Aeneas.

Faetonte (Phaeton): In Greek mythology, son of Helios, the god of the sun in its daily course of movement. Phaeton once drove his father's chariot across the sky but could not control the horses. The chariot fell toward the earth, and only Zeus's destruction of Phaeton with a thunderbolt saved all below from annihilation.

Febo (Phoebus Apollo): Apollo in his role as god of light.

Fénix (Phoenix): A mythological bird of Egyptian origin, said to rise to new life from the ashes of its own funeral pyre.

Filoctetes (Philoctetes): A man famed in Greek mythology for his deep friendship with Hercules. He inherited Hercules's invincible bow and mortal arrows.

Flegra (Phlegra): An ancient site in Macedonia where in mythological accounts a battle between the giants and the gods occurred.

Flora: The Roman goddess of flowers.

Fortuna: The Roman goddess of good luck, often represented beside a wheel in motion that symbolizes the instability of her inclination.

Gañán de Admeto: A reference to Apollo, who was sentenced by Zeus to subject himself to ser-vice to King Admetus for one year for having killed the Cyclopes.

Ganimedes (Ganymede): A handsome Trojan youth who was taken up to Olympus and made immortal; there he served as cupbearer to the gods.

Hamadriadas (Hamadryads): Nymphs who inhabit trees. Each lives only as long as her particular tree lives.

Hamón (Ammon): Originally an Egyptian god, absorbed into Greek mythology. Connected with the oracles, he is represented as a horned god with a human body and a ram's head.

Harpías (Harpies): Monsters of Greek mythology who have the head of a woman and the body, wings, and talons of a bird.

Helios: God of the sun, of an older generation than Apollo and differentiated from him. Helios represents the sun in its daily course across the sky, while Apollo represents the sun's brightness, light, and healing power.

Hercules: Roman name for Heracles, an important Greek hero, famous for, among other things, performing twelve different labors assigned to him by the Mycenaean king Eurystheus to expiate the crime of murdering his own wife and children during a period of insanity brought on by the goddess Hera.

Himeneo (Hymen): The Greek god of weddings.

Hipogrifo (Hyppogriff): A mythological winged horse with the head, wings, and claws of a griffin and the body, hooves, and tail of a horse.

Icaro (Icarus): A figure from Greek mythology famous for his flight too close to the sun using wings constructed from feathers and wax by his father, Daedalus. The sun's heat melted the wax, and the boy fell to his death in the sea.

Iris: The goddess of the rainbow in Greek mythology.

Jove: See *Jupiter.*

Juno: The wife of Jupiter and the Roman goddess of marriage, the home, and childbirth.

Jupiter: The supreme deity of Roman mythology, symbolized by the thunderbolt he hurls.

La edad de hierro: The Age of Iron, the last and present mythical period of world history, associated with hardship and a lack of innocence and justice.

La edad de oro: The Age of Gold, one of the periods of world history in classical mythology, ruled over by Cronus (or Saturn) and characterized as a period of peace, innocence, and eternal springtime.

Lachesis: One of the Fates who spin and cut the thread of a person's life.

Marte (Mars): The deity of war in Roman mythology.

Medea: A woman of royal blood, proficient in sorcery and magic. With her aid, Jason obtained the Golden Fleece. She was his wife, but he fell in love with King Creon's daughter Creusa. Medea avenged his abandonment of her by killing their two children after furnishing Creusa with an enchanted wedding gown that burned her to death.

Medusa: One of the monstrous Gorgon sisters. Once beautiful, she was made hideous by Athena, who gave her hair of snakes and a hideous face. All who look upon her are said to turn to stone.

Mercurio (Mercury): In Roman mythology, the messenger of the gods, known for his eloquence.

Midas: The mythological king of Phrygia to whom Dionysus granted the wish that everything he touched would turn to gold. Midas suffered the consequences when even his food was so transformed.

Morfeo: The god of sleep and bringer of dreams in Greek mythology.

Napeas: Nymphs who inhabit forests.

Narciso (Narcissus): A handsome mythological youth who spurned the love of the nymph Echo and fell in love with his own reflection in a pool.

Nemesis: The mythological personification of retribution.

Neptuno (Neptune): The Roman god of the sea.

Nereo (Nereus): A sea god.

Nestor: The mythological king of Pylos, famous for his longevity, having already lived three generations when he joined the Greek forces in the Trojan War.

Noto (Notus): The south wind.

Orestes: A Greek mythological figure known to be the friend and constant companion of Pilades. He was the son of Agamemnon and Clytemnestra. Having sent her son away while her husband was also absent, Clytemnestra carried on an illicit affair with her lover, Aegisthus. Orestes eventually returned, but only after the murder of Agamemnon by the adulterous pair. The young man then killed his mother and her lover to avenge his father's death.

Orfeo (Orpheus): A celebrated musician from Thrace, the son of Apollo and the Muse Calliope.

Palas (Pallas Athena): The Greek goddess of, among other things, wisdom and the arts.

Palinuro (Palinurus): Aeneas's pilot who, through the intervention of the gods, dozed at the helm and fell overboard in calm waters and drowned.

Parca: One of the mythological fates said to control the lives and deaths of humans.

Parnaso (Mt. Parnassus): A twin-peaked mountain near Delphi, generally understood to be sacred to the Muses.

Pastor de Admeto: See Gañán de Admeto.

Pegaso (Pegasus): The mythological horse ridden by Bellerophon. In an ill-fated attempt to ride up to heaven, he threw his rider to his death.

Pilades (Pylades): A Greek mythological figure known to be the friend and constant companion of Orestes.

Polifemo (Polyphemus): The one-eyed Cyclops, famous for, among other things, his encounter with Odysseus in the *Odyssey.*

Sátiros (Satyrs): One of the forest gods with head, arms, and torso of a man and ears, horns, and hindquarters of a goat, known for dancing, playing reed pipes, chasing nymphs, and behaving in a lecherous fashion.

Semíramis: A mythical Assyrian queen noted for her beauty, her wisdom, and her military skills and victories.

Sirenas (Sirens): Figures of Greek mythology frequently represented as composite creatures with women's heads and bird-like bodies. Their song was so enticing that all who heard it were lured to destruction on the rocks around the island they inhabited.

Talía (Thalia): One of the three Graces.

Teseo (Theseus): The mythological hero who entered the labyrinth at Crete to kill the Minotaur enclosed there. He escaped thanks to Ariadne, who gave him a ball of thread to unwind as he entered, the trail of which he retraced in order to exit once he had slain the monster.

Tetis (Tethys): The female sovereign of the seas and rivers in Greek mythology.

Tifeo (Typhon): A monstrous giant of Greek mythology whose bold and arrogant violence led him to attack the gods. He was defeated by Zeus and buried under Mt. Aetna.

Venus: The Roman goddess of beauty. Through association with the Greek goddess Aphrodite, she is also the deity of love.

Vulcano (Vulcan): Roman god of fire and the blacksmith of the gods.

Zeus: The supreme deity in Greek mythology.

Notes

Dicha y desdicha del juego y devoción de la Virgen

345 *Grajeo:* derived from *granjear* (adquirir y lograr alguna cosa por medio de otra [*Aut.*]); in line with emphasis on gambling.

384 In text: "hermano."

411 In text: "que yo me voy," changed for poetic ryhthm.

456-59 Due to a small hole burned in the original text, some words in these lines are difficult to read, the most problematical section being the end of line 459, where I have determined the most likely word to be "materno."

563 In text: "un hora."

592 [Ap.] is added because lines 590-91 are obviously delivered to the audience.

622 The Carthusian order of monks, established by St. Bruno in 1084, is a particularly austere order, characterized by an eremitical life of contemplation and isolation.

842 [Ap.] is added because lines 842-44 are obviously delivered to the audience.

889 In the text the sentence is written as two poetic lines, which destroys the poetic rhythm and the rhyme pattern of the *quintilla*. The indication of an aside is added for fuller clarity.

1039-40 As the virgin warrior goddess of wisdom and the arts, Pallas Athene is sometimes depicted in connection with beauty, as, for example, when she threw away her flute (an instrument she invented) because playing it distorted her beautiful face (Morford and Lenardon, 95). Fadrique's references to the "rara belleza" and "la gala de los ojos" of María invoke both artistic representations of this goddess as "beautiful with a severe and aloof kind of loveliness that is striking" as well as "glaukopis," meaning gray- or green-eyed or of "bright or keen radiance" or "owl-eyed" because of her identification with the owl (Morford and Lenardon, 94).

1105 Deo gracias—semblante y ademán devoto y sumiso con que uno se presenta para ganar la estimación y confianza del que le puede favorecer (Real Ac.).

1321-22 Tijera makes a pun with the terms "devoto" and "boto" (from *botar*), indicating that his master can now ignore his earlier vow to the Virgin.

1372 *Verdes:* se aplica . . . a las cosas que están a los principios y que les falta mucho para llegar a perfeccionarse (*Aut.*).

1375 In the text: "elegido."

1379-83 Fadrique implies that the social expectation for a longer period of mourning for his dead father is an impediment to accepting Nuño's offer.

1463 Tijera plays with the term *Requiéscat in pace* used in the liturgy to bid farewell to the deceased; also used colloquially: dicese también de las cosas que se dan por fenecidas para no volver a tratar de ellas (Real Ac.).

1469 "Lacayage" (from *lacayo*) is an example of the many words invented and used comically by the *graciosos* in Golden Age plays.

1467-71 Punctuation in text: a question mark.

1480 The words added finish the octosyllabic line; in the text, the line is incomplete.

1481 *Orate:* la persona desbaratada, sin asiento ni juicio (*Aut.*).

1614-15 Three young men of Greek mythology famous for their physical beauty.

1725 In the text: "floro."

1744-45 A reference to Cupid.

1801 In the text: "recebirnos."

1925-26 There are many such proverbs listed in the collections of *refranes* with similar insistence upon the power of wealth to determine one's social position and value. For example: "Con mucho dinero, todo es hacedero"; "El dinero hace de lo malo, bueno"; and "Quien dineros tiene, alcanza lo que quiere; quien no tiene blanca, nada alcanza" (Martínez Kleiser, 202-03).

1945 In the text: "llegastes."

2052 In the text: "pedirmos."

2125 In the text: "Tiene." In keeping with the imperatives used throughout the rest of the surrounding sentences, I have made the change indicated.

2191 Punctuation in text: a question mark.

2217-19 Punctuation in text: a question mark.

2238 In the text: "Es este."

2339 *Sota:* la tercera figura que tienen los naipes, la cual representa el infante o soldado (*Aut.*).

2340 *Caballo:* en los naipes es una figura montada a caballo y es la novena carta en el orden de las diez que tiene cada palo de los cuatro que componen la baraja.

2466 San Franco (St. Franco Lippi) lived during the thirteenth-century near Siena, Italy. Having devoted the first fifty years of his life to crime, he became blind and then repented his life of dissolution. After making a pilgrimage to Santiago de Compostela, he regained his sight as well as the absolution of Gregory X. He entered the Carmelite Order as a lay member at more than sixty-five years of age and earned sainthood through his dedication to good works in this latter stage of life.

2477 *Pintas:* juego de naipes, especie del que se llama del parar (*Aut.*).

2560 Stage direction missing in text.

2561 "Sombrero" added for clarification in stage directions.

2881 Sombrero uses the comic neologism "diablencia" in addressing the devil.

3089 Tijera uses comically a paraphrase of Julius Caesar's famous Latin declaration, "Veni, vidi, vici" (I came, I saw, I conquered).

3278 In the text the word is "hos."

3309 Tijera and Rosela maintain the context of gaming and gambling with the use of the two words "envido" (from *envidar:* término del juego. Provocar, incitar, excitar a otro para que admita la parada, no para darle el dinero; sino para ganárselo y llevárselo, si puede [*Aut.*]) and "topo" (from *topar:* entre los jugadores vale admitir y consentir en los envites que se hacen [*Aut.*]).

3318 Violante here uses the verb *topar* in its other more usual sense of to come across someone.

3535 The antiquated form "vide" is necessary for the poetic rhythm.

3669 An allusion to the sharp eyesight of the lynx.

La margarita del Tajo que dio nombre a Santarén

99-100 The *gracioso* pretentiously quotes in Latin the Spanish *refrán:* "El buen amigo es otro yo" (Martínez Kleiser, 32).

127-28 Here Etcétera refers to the proverbial mistrust directed at servants. Martínez Kleiser lists numerous *refranes* that express such sentiment. For example: "Quien ha criados, ha enemigos excusados"; "No hay mayor enemigo que el de casa"; "La puerta cerrada, y el enemigo dentro de casa"; and "Tantos enemigos tenemos como criados habemos" (156-57).

145-64 Etcétera identifies Britaldo as a patient whose illness vexes the physicians attending him, and thus establishes the beginning reference to what continues throughout the play to be dramatized as a case of lovesickness, long recognized as a type of melancholia. See Babb, 134-37, 148-49, 156-72; Jackson, 352-72; and Soufas, *Melancholy,* 64-68, 71-72, and 139-140.

248 *Nabancia:* an ancient city in Portugal which takes its name from the River Nabán.

278 In his fifteenth-century *refranero*, the Marqués de Santillana records a proverb with similar sentiment: "Antes que cases, cata qué haces, que no es mal que así desates" (39).

290 *Scalabis:* A town founded and named by the ancient Romans, renamed Praesidium Julium by Julius Caesar and serving as an important port on the Tagus River in Portugal. It was renamed Santarém because of the seventh-century martyrdom of Irene dramatized in this play and recounted in Portuguese hagiography and folklore (Garrett, 189-93; Rosa, 27-31).

309 In the text: "truxe."

325-27 Perhaps a reference to the *refrán* "Nadie diga de esta agua no beberé," which Campos and Barella explain as follows: "Da a entender que ninguno está libre de que le suceda lo que a otro ni seguro de que no hará alguna cosa, por mucho que le repugne" (9). Thus, Britaldo comments upon the unexpected nature of his change of heart toward Rosimunda.

341 The Portuguese Nabán River feeds into the Tagus River.

396 In the text: "promedio."

451 An example of Azevedo's infrequent use of Portuguese vocabulary and phrases. The sense here is Etcétera's chiding remark about his master's need to simply get to the point by saying, "I love her very much, and that is that."

464 Galen was a very distinguished Greek physician of the second century.

483 From ancient times through the Renaissance, the term hypochondria (in Spanish *hipocondría*) identified a form of melancholia in which the individual, whose spleen and abdominal organs were affected by digestive problems and flatulence, felt pain in the side. In the sixteenth and seventeenth centuries, it was also subsumed into the melancholy affectations inspired by the Neoplatonic admiration for melancholic brilliance and creativity. Thus, would-be melancholics might feign the condition by holding a hand to the side in order to be considered a member of the highly intelligent melancholic elite. See Babb, 26-27; Jackson, 274-310; and Soufas, *Melancholy,* 97-100.

578 Etcétera's comment reflects the popular scorn heaped upon physicians and expressed especially in proverbs such as these that Martínez Kleiser lists: "Médicos, manceba y criados, son enemigos pagados"; "Dios cura, y cobra el médico"; and "Lo que el médico erró, errado quedó, y la tierra lo cubrió" (462-63). See also Soufas, "Calderón's Charlatan of Honor."

675 Punctuation in text: exclamation mark.

742 In the first line of her speech, Irene also names the poetic form, the *estancia*, that Azevedo employs for this passage, a form that consists in any chosen number of lines (here twelve-line stanzas) of eleven and seven syllables.

984 *San Blas* (St. Blaise, Blasius or Blase), whose date of death is around 316 A.D., is credited with legendary acts "which became widely known in W. Europe at the time of the crusades. . . . One of his miracles was the saving of the life of a boy who had half swallowed a fish-bone which could not be extricated; hence the rite of the 'Blessing of St. Blaise,' incorporated in the Roman Ritual, against affections of the throat" (*Book*, 126). Thus, Etcétera invokes the saint as he recounts his difficulty with eating and swallowing so rapidly.

1021 In the text: "Vase" in the stage direction, whereas both Britaldo and Etcétera leave the stage.

1718-39 and **1761-1815** Passages in which the *gracioso's* comic logic turns cowardice into a convenient virtue.

1737 *Horacio* (Horace): An ancient Roman poet whose works reveal his devotion to moderation and simplicity.

1837 According to the philosophical and medical theory of the four bodily humors, phlegm ("flema") is the systemic substance most abundant in cowardly individuals. See Babb, 6-7, 9-12, and 16-17.

1891-95 Here Etcétera comments upon the reversal of the *gracioso's* traditional privilege to hear his master's secrets, whether or not he keeps the information secret.

1924-91 Castinaldo appeals to his son Britaldo for more reasonable and ethical behavior through recourse to the then current explanations of the two divisions of the rational soul, known as the intellectual (reason) and volitional (will). Through the senses, the reason perceives the essence of what it regards and makes a judgment. Because the reason determines what is good and evil, it informs the will of such and the latter instinctively moves toward the good represented. Castinaldo complains that Britaldo has not controlled his passions through reason and thus his will is drawn in the wrong direction.

1965 In the text: "cautivado."

2108 Remigio refers to Judith, the exemplary figure of the Apocryphal biblical book named for her, which tells the story of the attack on the Jewish city of Bethulia by Nebuchadnezzar's general Holofernes. With her people on the point of surrender, the reportedly beautiful and devoted widow Judith entered the enemy camp and charmed Holofernes, then cut off his head. Her heroic act inspired the Jews to win a decisive victory over the besieging forces. Judith became a favorite subject of art and literature, both as a singular heroic figure and as a symbol of female courage.

2133 The [a] added for modern grammatical sense.

2160 Remigio continues the references to love as an illness.

2190 Invocation of the saying *Vender gato por liebre*: frase con que se explica el engaño de dar una cosa por otra (*Aut.*).

2223-27 The courting of nuns by gallants in loosely run convents was one of the abuses targeted for correction by the reform efforts of the Council of Trent.

2265 *Cum quibus* or *cumquibus*: dinero (Real Ac.).

2286-91 A reference to the myth of Echo (*Eco*).

2313 There are several possibilities among the martyred Christian saints for this reference. The first is the late third-century Saint Longinus, one of eight bystanders who converted to Christianity upon witnessing the martyrdom of St. George and were then put to death themselves. Another is one of a group of African bishops who were killed in the fifth century by the Arian Vandal King Hunneric after he subjected them to terrible tortures. Finally, a Roman centurion by this name, who acknowledged the crucified Christ as the son of God, was martyred in Cappadocia (*Book*, 251, 716, and 440). The martyrdom common to all of these cases is in concert with Etcétera's protestations that he is being cruelly accused and victimized.

2432-35 A reference to the mythological judgment of Paris by which Venus, rather than the other two contenders (Juno and Minerva), received the golden apple labeled "for the fairest."

2457 In the text: "concido."

2644-47 Professed nuns enter into a symbolic marriage with Christ, the divine bridegroom.

2743 A reference to Cupid's arrows with which he shoots lovers.

2759 In the text: "esfuerza."

3231 *Benjamín:* (por alusión a Benjamín, hijo última y predilecto de Jacob) hijo menor y por lo común el más querido de sus padres (Real Ac.). Lucinda comments on Etcétera's status as favorite among his numerous girlfriends.

3251 *Matachín:* hombre disfrazado ridículamente con carátula y vestido ajustado al cuerpo desde la cabeza a los pies, hecho de varios colores y alternadas las piezas de que se compone: como un cuarto amarillo y otro colorado (*Aut.*).

3733 This line echoes the famous statement delivered by Segismundo at the end of Act II of Calderón de la Barca's well-known play *La vida es sueño*.

3785-3819 This speech contains a series of unusual verse forms in lines that articulate questions, answered with a one-word response featuring an internal rhyme with echo effect. This pattern extends the eight-syllable lines to *arte mayor* form.

3820-23 Names of rivers of the Middle East: the *Pactolo* (Pactolus) is a small river of ancient Lydia (now Turkey) that joins the *Hermo* (Hermus), famous for the gold washed from its sands; *Arimaspo* (Arimaspio) is a Middle Eastern river renowned for the gold content of its sand; and the *Hydaspes* (Hydaspe) is a river along the bank of which Alexander the Great led his forces in an important battle in his campaign to conquer India in 327 A.D.

3856 In the text: "dexarmos."

3864 Lucinda's play on words with "jornada" which means both a day's work and an act of a play.

3899 The older form "mesma" is kept for preservation of the rhyme in e-a.

4004-05 An astrological measurement of two years' passage of time.

4059 See note for line 3899.

El muerto disimulado

193-96 The passage of approximately one year; additionally, this passage contains a reference to Apollo, son of Lethe, a female Titan called Latona in Roman mythology.

206 *Armada de Saboya:* A reference to one of the many Spanish military camgaigns in the late sixteenth century and on into the seventeenth for control of northern Italian regions, including the Duchy of Savoy, that provided strategic access to the Low Countries during a period when Portugal was part of Spain (1580-1640).

354-56 An example of Azevedo's infrequent use of terms in Portuguese. Saudoso/saudosa/saudades--nostalgic longing.

397 In the text: "Esta."

526 A possible reference to the short *novelas* written by Miguel de Cervantes (his *Novelas ejemplares*) and María de Zayas (her *Novelas amorosas* and *Desengaños amorosos*), among many others, which often develop such stories of love intrigues among the privileged classes.

546 *Hacer terrero:* cortèjar, obsequiar o galantear alguna dama desde el sitio o llano delante de su casa (*Aut.*).

551 *Boa:* Portuguese for "good."

565 *Lamego:* A Portuguese city.

691-92 *Carrasco/carrasca*: matorral de encina que crece poco y sus hojas son rodeadas de espinas (*Aut.*) This noun can appear in masculine or feminine form.

833-34 Papagayo's name symbolizes his talkativeness, a conventional trait of comic servant characters such as he.

931-55 Both Dorotea's and Lisardo's speeches are not meant for public communication; thus the indication of an aside is added for clarification.

1007 A Latin version of a saying also popular in Spanish, *Amigo hasta las aras:* el que profesa fina amistad a otra persona sin exceder los límites de lo justo y honesto (Real Ac.).

1202-03 *Prima:* en algunos instrumentos de cuerda se llama la que es primera en orden y la más delgada de todas que forma un sonido muy agudo (*Aut.*). Hipólita's remark is also a play on words, since Beatriz is the "prima" of Alberto.

1285 *Tomar las de Villadiego:* frase que vale ausentarse impensadamente o hacer fuga (*Aut.*).

1391 In the text: "alguno."

1456 *Entrar con pie derecho:* empezar a dar acertadamente los primeros pasos en un negocio (Real Ac.).

1490 The unusual grammatical formation "le dar" maintains the rhyme pattern e-ar / or / or / e-ar / or.

1546 A reference to the mythological figure Iris; she is invoked here presumably because of her frequent representation as messenger of the gods and thus her link to the role of intermediary that Beatriz hopes Jacinta can fulfill for her with her angry brother.

1571-72 A repetition of folk wisdom recorded in proverbs such as: "Criados, enemigos pagados" and "Quien ha criados, ha enemigos excusados" (Martínez Kleiser, 156-57).

1587 *Avalo:* A slight movement; an earthquake (*Veláz.*). Rodrigo contrasts the tranquility that a positive answer from his daughter would bring with the upheaval that results from her unwillingness to obey him.

1661 The speaker's name is added for clarity. Here Clarindo begins his cross-dressed performance, in a role that is based on the famous character Celestina in the early sixteenth-century *novela dialogada* of the same name by Fernando de Rojas.

1665 The speaker's name is added.

1666 *Caloyita:* presumably a diminutive adjective form associated with the word *caló* meaning *gitano* (Sainz de Robles, 549) or: lenguaje o dialecto de los gitanos adoptado en parte por la gente del pueblo bajo (Real Ac.). The lower-class nature of Clarindo's disguise at this point seems to fit this context.

1744 Clarindo plays with the terms "parto" and "cinta," and in this line conflates the meanings of the first term ("el acto de parir" and "Por extensión se toma por qualquier produccion física"[*Aut.*]) and the effect of hearing the two words "en" and "cinta" spoken in succession, as if the term were "encinta."

1974 In the text: "vidro."

2158 "[Ap.]" is added for clarity.

2173 In the text: "hermana."

2228-31 Papagayo plays with the components of his name within the context of food: *papa:* sopas muy blandas; Se toma tambien por qualquier especie de comida. Es voz del estilo familiar (*Aut.*); and *gayo:* grajo (Real Ac.).

2270 In the text: "aceta."

2561-63 There are many such proverbs, among them: "El huésped y el pece, a tres días hiede"; "Huésped viejo, enojo nuevo"; and "El huésped es hermoso por las espaldas" (Martínez Kleiser, 358).

2630 *Avaliar:* valuar, poner precio y tasar. Es voz de poco uso (*Aut.*).

2639-41 Papagayo makes an irreverent joke, commenting upon the group of beautiful young women surrounding Don Rodrigo through analogy to the counting of the rosary beads (*cuentas*) while saying the appropriate prayers (the *Ave María*/Jacinta, Beatriz, Hipólita, Dorotea and the *Padrenuestro*/Don Rodrigo, Jacinta's father).

2731 In the text: "entreternos."

2831 The marriage metaphor upheld by the Catholic Church for conventual life is reflected here through the accepted use of the term *dote* for the money paid upon entry into a religious order for a woman who will become a nun, the bride of Christ.

2988 In the text: "estada."

3307 In the text: "recebir."

3392 In the text: "impelir."

3618 In the text: "metamorfosios."

El Conde Partinuplés

125 In the text: "que en este imperio."

144 *Puzol:* a town in Italy.

169 References to the three planets named and to the moon as Diana, its deity.

183 In the text: "angañoso."

245 In the text: "de la fee, de la lealtad."

255 Stage direction missing in text.

277-78 One verse is missing to finish the octosyllabic series.

341 The "[que]" is added to complete the poetic rhythm.

372 In the text: "Lisbela."

432 Cupid. In B: the stage direction is "(Vanse.) (Dentro ruido de caza . . .)."

444 A common reference in Golden Age plays to the monarch as the sun.

479 In B: "(asidos de una caja.)."

499 *Cambray:* cierta tela de lienzo muy delgada y fina. . . . Díjose asi por haber venido de la ciudad de Cambray, donde por lo regular se fabrica (*Aut.*).

530-31 In B: these lines form only the one line, "o rapada o raída."

537 In text: "regatonas," which destroys the metric rhythm.

544 *Rodamonte:* An arrogant hero figure in the Renaissance work *Orlando Innamorato* by Matteo María Boiardo.

553 In the text: "Lisbela."

564 An indication of speakers missing in text.

570 In B: "(Van.)."

572 Stage direction added for clarification. In B: "(Van.)."

576 In B: "(Salen . . .)."

598-600 Gaulín mixes allusions to the medieval courtly lover (his master) whose poetry makes use of the vocabulary of religious adoration to praise his beloved as well as to the *alumbrados* considered heretical for their claims to privileged, mystical powers. The Latin term is part of the conflation of terms and ideas on the part of the *gracioso* and highlights his inclusion of the Jew mentioned in an ecstatic state.

638 *La de martes:* Dar a uno con 'la del martes,' frase figurativa y familiar. Zaherirle echándolo en cara o publicando algún defecto (Real Ac.). There are as well numerous Spanish proverbs that associate Tuesday with bad luck.

646 In text: "(Va.)." In B: "(Vase.)."

659 In B: "(Busca, y sale el Conde.)."

665 *Andarse por las ramas:* Dejar en alguna acción o discurso lo cierto, sólido y importante e irse a lo insubstancial y de ningún fundamento (*Aut.*).

686 Orlando furioso: A literary figure in an early-sixteenth-century work of the same name by Ludovico Ariosto. The protagonist becomes insane over his unrequited love for Angelica.

687 *Cada loco con su tema:* Refrán que comparativamente explica la tenacidad y apego que cada uno tiene a su propio dictamen y oposición (*Aut.*).

689 *Trascartón:* lance del juego de naipes, en que se queda detrás la carta, con que se gana y la que hace perder se anticipa a ella (*Aut.*). This term maintains the context already established by Gaulín in line 672 with the word "descarte."

696-700 In addition to the more usual definition of *vinagre:* se llama también lo que se muda o trueca de bueno en malo (*Aut.*). The passage implies the carnivalesque low humor of the comic figures, since Gaulín seems to have soiled himself in reaction to his fear; thus the reference to the foul odor.

708 *Barrabás:* Por alusión al judío indultado con preferencia a Jesús. . . . Persona mala, traviesa, díscola (Real Ac.).

715 *Tesalia* (Thessaly): a region famous for its witches. This popular association is recorded in Apuleius's second-century work *The Golden Ass,* in which he recounts the Thessalonian witches' custom of gnawing away bits of a dead person's face as well as their ability to assume different animal forms in order to facilitate their evil practices (*Encyc. Brit.* 19: 898). Gaulín's reference is thus based upon what he has just experienced and what he fears might await him and his master.

733-34 The saints invoked serve in the context of this scene in which Gaulín and the Count are threatened by magical beasts and an impending storm and will shortly find an enchanted boat for their escape. *Santa Prisca:* although there is a Saint Prisca of the third century who died a martyred virgin, nothing is known about her life or deeds; thus, the reference here is probably one of the typical mistakes by a comic figure such as Gaulín. A more likely candidate for this reference is Priscus, a fifth-century African bishop who, with a group of priests, was set adrift in a rudderless boat by the Aryan Vandals but successfully reached Italy (*Book*, 587-88). *Santa Bárbara:* patron of, among other things, firework makers and also protectress against lightning, fire, and sudden death, apt fields of concern for Gaulín at this point (*Book*, 100). The *Sant Angel* named, of whom there are numerous examples, is probably Angelus of Borgo San Sepolcro, a thirteenth-century Augustinian friar known as a wonder-worker, likewise a logical choice for Gaulín's petition (*Book*, 60).

742-43 *Hacer o hacerse del ojo:* estar dos en un mismo parecer y dictamen en alguna cosa, sin habérsela comunicado el uno al otro (*Aut.*).

746 In B: "surcar."

780 *Quiebra:* pérdida o menoscabo de alguna cosa (*Aut.*).

781 *Dar culebra:* dar algún chasco pesado, que suele ser con golpes (*Aut.*).

788-89 Between these two lines a line is missing to complete the *redondilla*.

799 In the text: "quien cosa como, iguio."

802 *Gentil despacho:* frase adverbial, con que se significa la queja y sentimiento que causa una respuesta áspera o frívola en caso que merecía lo contrario (*Aut.*).

803 *Urdimbre:* el conjunto de hilos ya ordenados y dispuestos para el telar. Metafóricamente vale disponer o prevenir medios ocultos o cautelosos a algún fin malo o contra la voluntad de alguno (*Aut.*). *Trama:* hilos que cruzados con la urdimbre forman la tela; contextura, artificio (Corominas, 578). Gaulín plays with terms and meanings in this metatheatrical commentary on their predicament.

825 *Diaquilón* or *diaquillón:* ungüento con que se hacen emplastos para ablandar los tumores (Real Ac.).

892-93 References to a Saint Paul (*Pablo*) and perhaps to Saint Onuphrius or Humphrey (*Onofre*). The first may be to the apostle Paul, well-known as the sufferer of many dangers such as shipwrecks, imprisonments, floggings, and banishment, as well as persecutions by his enemies (*Book*, 551). There are likewise numerous canonized hermits by this name: for example, Paul the Hermit (c. 230-342,) who fled into the Egyptian desert at the age of twenty-two and stayed there until he died at ninety (*Book*, 548). St. Onuphrius also was an Egyptian hermit, living seventy years in the desert and gaining great attention and popularity during the Middle Ages (*Book*, 535). Gaulín's remarks seem to highlight the ascetic lack of interest the Count shows in food. He is, of course, more interested in finding the mysterious woman, whereas the servant wants, more than anything else, to eat.

896 *Muquir:* voz de la Germanía, que vale comer (*Aut.*).

906 In the text: "(Sola cant.)."

921 In B: "(. . . salen seis pájaros . . .)."

922 and 924 Paronomasia: *empanada / en pan nada*.

930 Gaulín's toast in Latin: Health and peace.

933 In B: no stage direction provided.

947 *Llevárselo el diablo:* expresión con que se da a entender, que alguna cosa sucedió mal o salió al contrario de como se esperaba (*Aut.*); *suegra* (in addition to the usual meaning of mother-in-law): llaman en Andalucía a los extremos por donde se unen las roscas del pan, que son más cocidas y delgadas (*Aut.*).

948 *Camaleón* or *chamaleón:* metafóricamente se llama el adulador (*Aut.*). The implication of hypocrisy refers back to the Count's command to his servant to look happy in the face of what Gaulín fears are diabolical spells.

953 Indication of speaker added for clarity.

1000 A reference to the myth of Theseus (*Teseo*).

1018 In the text: "sois." In B: "soy."

1041-42 *Maula:* engaño o artificio encubierto (Real Ac.); *coger el espartillo:* cazar pájaros con espartos untados de liga (Real Ac.). Gaulín emphasizes his impression of the trickery underlying their current experiences.

1043 In the text: "quiereis."

1059 The word "[mucho]" is added to preserve the octosyllabic line.

1076 *San Patricio* (St. Patrick): perhaps invoked with reference to the legend that the snakes followed the saint and were thus driven out of Ireland.

1077 and 1081 In the text: "v.m" (or *vuestra merced*), but the poetic rhythm demands "su merced."

1087-88 *Hablar de cabeza:* hablar sin fundamento ni razón, voluntaria y disparatadamente (*Aut.*).

1090-91 In this section of the exchange between Aldora and Gaulín, there are serious textual defects. The *romance* in i-o that runs from line 965-1103 breaks down here in these two lines due, presumably, to a typesetter's error. First, the last word in line 1090, delivered by Aldora, appears in the text as "ronquilla," a word that departs from the i-o rhyme in assonance; thus, I have changed the word to "ronquillo." The next line, delivered by Gaulín, represents a further flaw, one not so easily remedied. Not only is it short of syllables, it also destroys the rhyme pattern. It appears that one and a half lines may have been dropped from this interchange of nonesense words that begin with the letter "r." My decision to leave the line as it appears in the text is based on the fact that to invent so many words in one passage (and in a passage that has no firm context for the words included) is most difficult. I would offer in this present note, nevertheless, a possibility: "ALD. Nada; que rata, ratera, / Roma, raída, ronquillo." "GAUL. Rescate, rienda, rabieta, / ropa, repique, rastillo."

1093 *San Remigio* (Remigius): presumably a reference to the natural son of Charles Martel, who was bishop of Rouen from 755 to his death in 772. Because of his successful work for the introduction of the Roman rite and chant into Gaul, the reference seems appropriate in this interchange of rhyming and chanting between Aldora and Gaulín.

1094 In the text, the line is short by two syllables.

1097 *Rengifo:* possibly *rengífero.*

1128 In the text: "Transilvania."

1170 In the text: "es."

1174 Possibly evidence of the religious tensions between Protestant Great Britain and Catholic Spain, with emphasis here on the strong Catholic tradition and presence in Ireland. Such exaggerated or erroneous historical references are not uncommon on the stage both in England and Spain in this period (other examples include figures and events in Calderón's *La cisma de Inglaterra* and John Dryden's *The Indian Emperor*).

1211 *Tinacría:* Sicily.

1231 In B: "persuade."

1244 The "[que]" is added to complete the endecasyllabic line.

1259 The "[el]" is added to make the line metrically complete.

1261 In the text: "En todo."

1272 *Epicuro* (Epicurus): An ancient Greek philosopher who taught that pleasure is the end of morality but that true pleasure is experienced through a life dedicated to prudence, honor, and justice. Eventually his philosophy came to be associated with indulgence and extravagance, the context of Gaulín's invocation.

1273 *Heliogábalo* (Heliogabalus): A Roman emperor of the third century whose reign was noted, among others things, for his gluttony.

1292 *Miserere:* la fiesta o función que se hace en cuaresma a alguna imagen de Cristo, por cantarse en ella dicho psalmo (Real Ac.).

1341 In the text: "hermosura." In B: "hermosa."

1360 Stage directions missing in text.

1386 In B: "procurar."

1390 In B: "Preciome tan de tuya."

1408 The four other senses besides that of sight which she denies to the Count.

1549 *San Cosme:* possible reference to St. Cosmas, a twelfth-century bishop captured in his episcopal city of Aphrodisia and tortured and killed by the Saracens.

1584 In B: "bienvenida a mi dicha."

1599 In B: "luz."

1615-16 *Ser de Bronce* (*ser un bronce*): frases muy comunes para dar a entender la fortaleza y constancia del ánimo y del cuerpo que uno es robusto, infatigable, inmóvil y que resiste firme y constante a los ímpetus y adversidades de la fortuna (*Aut.*).

1665 In the text: "hierro."

1686 In the text a seeming printer's error: "Bella es, finge, ..."

1700 In the text: "dueño."

1702 This line is not in B.

1709-10 Gaulín invokes a version of the misogynistic dimension of certain proverbs. Among those that articulate his present message are: "Muchas hijas en casa, todo se abrasa" (Campos and Barella, 180); and "Mala noche y parir hija" (*Aut.*).

1711 This line is one syllable short; the addition of "tal" restores the octosyllabic line.

1737-38 Evidence of mutual stereotypical scorn between Spain and France in their respective art and literature of the period.

1740 In the text: "hierro."

1757 Latin for: Saint Peter, pray for us.

1761 In B: "(Vanse.)"

1830 In B: "matarte."

1863 In the text: "Hermosa," but the line is short by two syllables; the word "Hermosísima" restores the octosyllabic count.

1909 In B: "(Ponense con ella los dos y va subiendo la tramoya)."

1926 *Cuero:* por translación festiva se llama así al borracho o gran bebedor (*Aut.*).

1941 In B: "ganara."

1942 In B: "(Vanse) (Corren . . .)."

1968 In the text: "y de la Flor de Lis, hermana." To restore the octosyllabic line, I have eliminated the word "la."

1993 In the text: "do le quiero;" the change to "no le quiero" accords with the message of Lisbella's speech and corrects what appears to be a printer's error.

2066 In B: "Señora."

2069 A reference to the myth of Icarus; his courage and ambition to reach great heights are the qualities invoked here.

2104 The old form "mesmo" is maintained to preserve the rhyme in e-o.

Valor, agravio y mujer

11 In the text: "hayan."

72 *Mavorte:* another name for Mars, the god of war.

111 In the text: "un animada condenada."

131-36 A reference to characters and events in the famous Cervantine novel as well as an allusion to an *entremés* by Lope de Vega.

204-05 *No mondar nísperos:* frase con que se significa la inteligencia o noticia que alguno tiene de la materia que se trata o que maneja, por alusión a la incapacidad de mondarse esta fruta, hallándose burlado al quererla mondar el que no lo sabe (*Aut.*).

364 The third of May.

417-18 The peace treaty with Holland held from 1609 to 1621.

512-15 A reference to one of the tales in Book IX of Ovid's *Metamorphoses*. Iphis, born female, was raised by her mothers as a son because of her husband's wish to have a male child. When the deceived father betrothed his child to a young woman named Ianthe, Iphis and her mother prayed to the goddess Isis to intervene. On the eve of the wedding, Isis transformed Iphis into a man.

567 *Aquí fue Troya:* frase de que se usa para dar a entender lo que ya pereció y acabó y de que apenas han quedado vestigios, como la ruina de un edificio, población, etc. (*Aut.*).

834 In the text: "almas," reflecting the orthographical substitutions of "l" and "r" in the period.

915-19 *Adonis, Fénix, Ganimedes* (Ganymede), *Narciso:* all mythological figures known for their great physical beauty.

1039-45 *Gracioso's* metatheatrical commentary on the unusual oxytonic rhyme is final "a" of the preceding *romance* delivered by Leonor.

1075 *Hacer terrero*: cortejar, obsequiar o galantear alguna dama desde el sitio o llano delante de su casa (*Aut.*).

1090 *Picada* (from *picar): se toma algunas veces por mover, excitar o estimular; picarse:* se dice también de los animales que están en zelo (*Aut.*). The double meaning here typifies the lower level of humor often articulated by the Golden Age *gracioso*. Ribete comments upon the need for a "despique" since Leonor is a counterfeit male.

1133 The verb form "vais" used in this line is one of those including "vayamos, vayáis" and "vamos" as correct subjunctive forms in the seventeenth century (Lapesa, 252).

1175-76 The individuals cited are examples from antiquity of literary and learned women. *Argentaria* (Pola Argentaria): purported to have helped her husband, the Roman epic poet Marcus Anneaus Lucan, write his famous but seemingly unfinished work the *Pharsalia*. *Sofoareta:* seems to be the *gracioso's* corruption of the two names Safo and Aretea. Safo (Sappho): famous ancient Greek lyric poet; Aretea: celebrated woman of ancient Cyrene, famous for her teaching. *Blesilla:* a pious widow of ancient Rome who died in 387 A.D. and was later canonized.

1248 In the text: "por de Estela."

1341-43 Mythical and historical women known for their political and military strengths. *Semíramis:* a mythical Assyrian queen, based perhaps on the historical Sammuramat, regent of Assyria from 810 to 805 B.C. *Cenobia* (Zenobia): queen of Palmyra in the third century, known for her intelligence, beauty, and, in some accounts, for her arrogance. *Drusila* (Livia Drusila): Roman matron and wife of two Roman emperors and the mother of Tiberius, who was known for

her intelligence, ambition, dignity, and beauty. *Camila,* see note to line 502.

1763-82 These décimas recited by Ludovico are attributed to the poet Juan de Salinas. The freedom with which poets shared manuscripts and took liberties with each other's works in Golden Age Spain makes such a borrowing between Caro and Salinas a rather regular occurrence. For the text of the poem in Salinas's works, see *Juan de Salinas: Poesías humanas*. Ed. H. Bonneville, 464. Madrid: Castalia, 1987.

1984 *Cantonera:* se llama . . . la mujer perdida y pública que anda de esquina en esquina, provocando a pecar. Díjose así porque andan siempre de cantón en cantón para estar a la vista y servir más fácilmente de tropiezo a los que pasan (*Aut.*).

1985 *Cantarranas:* a section of Sevilla then known as an area for prostitution, also mentioned in the same context in *El burlador de Sevilla* by Tirso de Molina, Act II, 1234-36.

2001 In the text: "a quien."

2295-96 *Luis de Narváez:* a famous master and teacher of fencing (Lola Luna, 165).

2314 *Espada negra:* se llama la que es de hierro sin lustre ni corte y con un botón en la punta que sirve para el juego de la esgrima (*Aut.*).

2375-77 A reference to *El libro de la oración y meditación* by Luis de Granada, a very popular book in the sixteenth and seventeenth centuries and, among others of his works, condemned by the Inquisition in 1559 until he corrected certain unapproved sections. (Green III, 157).

2410 Along with the mythological King Midas, *Cresos* (Croesus), the last king of Lydia (6th century), was famous for his vast wealth.

2432-33 *Lobo:* se llama en estilo festivo la embriaguez o borrachera (*Aut.*).

2448-49 Lines of a *romance* spoken by Sempronio in the early fifteenth-century work *La Celestina* (91).

2545 The antiquated form "mesmo" is kept to preserve the rhyme in "e-o."

2747 The line in the text is too short; the added words complete the syllabic count.

La firmeza en la ausencia

10 *Por la posta:* modo adverbial con que además del sentido recto de ir corriendo la posta, transláticamente se explica la prisa, presteza y velocidad con que se ejecuta alguna cosa (*Aut.*). *Rosano:* an Italian city.

45 The color blue.

59 The insertion of "con" completes the poetic rhythm.

101 Cupid.

308 *Nembrot* (Nimrod): a mighty hunter recorded in Genesis 10:8-12.

340 In the text: "Atdmeto."

357 Through this reference to the god Mercurio, slayer of the many-eyed monster Argus, Carlos alludes to his earlier promise to be watchful.

548 *Hacer terrero:* cortejar, obsequiar o galantear alguna dama desde el sitio o llano delante de su casa (*Aut.*).

940-48 A reference to the traditional confusion associated with the labyrinth built at Crete to house the Minotaur, into which Theseus entered and from which he successfully exited.

1111 *Aquí fue Troya:* frase de que se usa para dar a entender lo que ya pereció y acabó y de que apenas han quedado vestigios (*Aut.*).

1177-80 Examples of women famous for their devotion to the men they loved. Among the most famous are *Artemisa*, from the fourth century B.C., who built the Mausoleum at Haliacarnasses to honor her deceased husband. The *Julia* mentioned is presumably the daughter of Julius Caesar and the wife of Pompey, famous for her diplomatic talents. *Annia* (Annia Galeria Faustina the Younger), wife of the Roman Emperor Marcus Aurelius, accompanied her husband on military campaigns. *Porzia* (Portia) is the wife of Brutus, who killed herself after his death. *Valeria*, Roman empress of Thessalonika in 315, refused to remarry after her husband's death and subsequently suffered the loss of all her possessions and eventually her life.

1222-24 A list of famous generals of antiquity; in line 1233 the accent normally found on the name "Aníbal" is missing to maintain the oxytonic poetic line.

1237 In the text: "una espía," corresponding to the then current feminine form of the noun which referred, nevertheless, to both male and female spies. The sense here is a reference to a man.

1259 In the text: "Vivas."

1388 *Garellano:* the Garigliano River in Italy.

1633-35 Tristán's comic references are to *Reina Ginebra* (Queen Guinevere), King Arthur's wife and famous figure of the chivalric ballads and legends; *Preste Juan* (Prester John), a legendary Christian priest and ruler of a supposedly vast and rich empire in Africa or Asia; and the *Coloso de Rodas* (Colossus of Rhodes), a giant statue of Helios, the sun god, erected and later destroyed in the harbor of Rhodes and considered one of the seven wonders of the ancient world.

1659 *Lucrecia* (Lucretia): a virtuous woman of ancient Rome and wife of Lucus Tarquinius Collatinus. After being raped, she urged her husband to avenge her honor, and then committed suicide.

1851 A reference to the myth of Daphne (*Dafne*) and Apollo (*Apolo*).

2379-80 *El tesoro de Midas:* to the mythological King Midas Dionysus granted the power to turn everything into gold by his touch; the power became a curse when even his food turned to gold.

2428 Tristán uses a seemingly comic distortion of the term "renuncio" with "abrenuncio."

Segunda parte de la Tragicomedia los jardines y campos sabeos

[1] The playwright's two sisters were Carlota Enríquez and Magdalena de Guzmán, both nuns in the convent of Santa Inés in Seville.

[2] Lorenzo de Ribera Garavito was Enríquez's brother-in-law and a member of the Augustinian order.

[3] This is the first articulation in Enríquez's second play of her renouncing of the Lopean *comedia nueva*, a theoretical stance she made clear earlier in the "Prólogo" to the *Primera parte* of her two-part work. She continues to reiterate her position in the "Prólogo" that follows in the *Segunda parte* as well as in the documents "Carta ejecutoria" and "A los lectores," published in the 1627 edition of Enríquez's works and placed after the *entremeses* for the *Segunda parte* and included in the present edition.

[4] *Betis:* the Guadalquivir River.

[5] *Maya:* In the play's *Segunda parte*, Princess of España and beloved of Clarisel. The inspiration for this name is also mythological. Maya was one of the seven Pleiades, and according to Ovid she lent her name to the month of May. She is the daughter of Atlas and Pleyonea, one of Jupiter's lovers, mother of Mercury; in another version, she is the daughter of Faunus and wife of Vulcan. These are other figures in Enríquez's play.

[6] *Sabeos:* From Saba, a region in ancient Arabia.

[7] *Clarisel:* In the play's *Segunda parte*, Prince of Sparta and beloved of Maya.

[8] *Belidiana:* In the play's *Primera parte*, Princess of Arabia and beloved of Clarisel; also takes part in the *Segunda parte*.

[9] *Maya Feliciana:* One of the textual moments when the author conflates her identity with that of her character Maya.

32 *Dea:* diosa.

49 *Quilate:* metafóricamente vale el grado de perfección en cualquier cosa no material (*Aut.*)

52 The stage directions at this point are written in the original printed text as poetic lines. I have maintained their status as stage directions, apart from the numbered lines of the poetry, since in the seventeenth-century printed copy throughout the play, all stage directions appear in a different print pitch and thus separated from the lines of dramatic dialogue, as is the case with these four lines.

55 *Alejandro:* Presumably a reference to Rodrigo Borja, born near Valencia in 1431, elected to the papacy in 1492, and named Pope Alexander VI. Although his papacy was connected with intrigue and abuse of power, he was also appreciated as a protector of the sciences and letters.

56 *Pelayo:* A famous historic Asturian king of the eighth century whose victory over the Moors at Covadonga marked the beginning of the Christian Reconquest.

57 *Flor de lis:* A symbol of the French monarchy; *el león:* symbol of the Castilian monarchs.

58-59 *Meandro:* nombre de un río del Asia Minor (Real Ac.); *tartesio:* natural de la Tartéside . . . perteneciente a esta región de la España antigua (Real Ac.). Thus, "Meandro tartesio" is presumably a major Spanish river, perhaps the Guadalquivir referred to earlier (note 4).

59 *Leandro:* The elder brother of St. Isidore of Seville; he is himself a saint and important cleric and scholar of Spain. He was appointed archbishop of Seville in the sixth century, and is liturgically honored as a doctor in Spain.

60 *Isidro* (St. Isidore) succeeded his brother Leandro in the see of Seville; great theologian and scholar of Spain and also declared Doctor of the Church. *Tonante:* epithet of the god Jupiter.

181-82 In the text the two lines are too long metrically, appearing as follows: "por la de un arroyo dejó tu ribera. / Por la de un arroyo, que corre entre guijas,". I have changed them as indicted to maintain the endecasyllabic pattern.

299 *Argivo:* natural de Grecia antigua (Real Ac.).

315 Cupid.

329 *Gradivo* (Gradivus), meaning marcher, is another title of Mars.

419 *Palas* (Pallas Athena): The Greek goddess of, among other things, wisdom and the arts; the reference here is presumably to the weaving being discussed.

485 *Marina:* se llama en la pintura el cuadro en que está pintado el mar, las naves o puerto (*Aut.*). In this context, the reference implies the tapestry being described.

615 Here Venus begins the narration of the myth of Atalanta.

715 *Escítica:* Presumably an allusion to the violent nature of the Scythians, considered barbarians by the Greeks.

922 *Capricornio:* A reference to the horns, sign of the cuckhold that Vulcan must assume because of his wife Venus's affair with Mars. The rest of this Act is devoted to the comic treatment of this myth. There is great emphasis on the fact that Venus's children in the play are not hers by Vulcan. This scene has much in common with Velázquez's mythological painting "Vulcan's Forge." In her version, however, Enríquez retains the traditional role for Mars as father of Cupid

but names Adonis as Venus's lover and the father of her bastard offspring, the Cupidillos.

942-44 A reference to the myth of Adonis and Venus.

1004 *Mulcíbero* (Mulciber), meaning one who tempers, is one of Vulcan's names.

1024-26 Adonis.

1041 *Oro de Tibar:* un oro muy acendrado, que se coge en río llamado así (*Aut.*).

1257 *Albulas:* Mineral fountains in Italy near the Tiber River.

1277 *Hispalis:* Seville.

1328-29 A metaphorical reference to Philip III and his queen Margarita of Austria. The term *margarita* also means pearl; thus the comparison to precious jewelry of Queen Margarita and her five children (the "cinco esmeraldas"), one of whom would become Philip IV. If Enríquez wrote the play in 1619, as her introductory salutation to Lorenzo de Ribera Garabito indicates, then she honors the king sitting at the time of composition as well as his successor, who was king during an early performance of her two plays, as the prologue to *Parte primera* indicates.

1460 Presumably a reference to the statue of Artemis, also called Cynthia, at Ephesus in Asia Minor.

1572 The term "mostro" satisfies the rhyme pattern of the *redondilla.*

1692 Apollo.

1955 In the text: "lupios."

2117 *Hesperias:* The name in ancient Greece for Italy and in ancient Italy for Spain.

2283-92 The nine Muses.

Entreactos de la Segunda parte de la Tragicomedia, los jardines y campos sabeos

ENTREACTO PRIMERO

48 *Semicapro:* A comical term invented by Apollo in reference to Pan's goat's horns, ears, and legs; from such words as *cabra, caprino,* or *cabruno.*

95 *Gusarapo:* cierta especie de insecto o gusano blanco, que tiene seis pies y se cria en el agua o en lugares húmedos y encharcados (*Aut.*).

119 The line is metrically too long.

121-22 The lines are metrically too long; in line 117, the rhyme with "poderete" and "gollete" is also destroyed.

131-32 Midas plays with the terms "pullas" and "puyas" in this complaint about the insults being directed at him. *Pulla:* dicho obsceno o sucio (*Aut.*); *puya (pua):* metafóricamente se dice de las cosas no materiales que causan sentimiento y dolor interno (*Aut.*).

179 *Hércules, Filoctetes* (Philoctetes): Famous friends

of Greek mythology. Philoctetes inherited Hercules's invincible bow and mortal arrows.

215 *Flebles:* Presumably an altered form of *flébiles:* lamentable, funesto, triste y digno de ser llorado (*Aut.*). The term used preserves the rhyme in e-e.

260-62 Pan plays with the terms *Midas, medir,* and *medirse. Medir:* vale también tender el cuerpo en el suelo, reclinándose para descansar o por alguna caída apresurada y violenta [*Aut.*]); *medirse:* metafóricamente vale contenerse y moderarse en decir o ejecutar alguna cosa [*Aut*].).

273 *Sátiro de Acanto:* Pan.

276 *Tinacrío suelo:* from Tinacria, the ancient Greek name for Sicily.

320 *Pactolo* (Pactolus): The river in Lydia in which Midas washed to remove his curse of the golden touch, leaving behind gold dust for which the river's waters are famous.

ENTREACTO SEGUNDO

[1] *Sor:* señor.

[2] *Joez:* juez.

[3] *Válame:* válgame.

[4] *Noso:* nuestro.

[5] *Coca:* antiguamente significaba lo mismo que cabeza (*Aut.*).

[6] *Jamestad:* majestad; comical mispronunciation typical of servant figures in Golden Age dramas.

[7] Word play with the *refrán* "Olla reposada, no la come toda barba," which is explained as follows: "Refrán que enseña que el que tiene muchos cuidados y dependencias, dificilmente logra descanso, ni aun para comer" (*Aut.*).

[8] *Pea,* from *peer:* arrojar, despedir la ventosidad del vientre por la parte posterior (*Aut.*). The modern verb is *pederse.*

[9] *Cohollos* is a variant of *cogollos* (Real Ac.): la cima del arbol, u de la planta, u el renuevo que arroja (*Aut.*).

[10] *Heringa:* apparently a neologism that rhymes with "Siringa" and "respinga." Perhaps a corrupted variant of *jeringa* which Corominas cites as "princ. S. XVII, antiguo *siringa*" (345), a meaning that connects the word with Pan's beloved (Siringa) as well as implies a connection with the hollow reeds he is famous for playing.

[11] *Sementera:* la tierra sembrada (*Aut.*). Licas refers here to the secret he divulged or metaphorically planted in the earth.

[12] *Secresto:* lo mismo que sequestro, que es como oy se dice (*Aut.*).

[13] A reference to the proverb "Cuando yunque, sufre; cuando mazo, tunde": refrán que enseña que debemos acomodarnos al tiempo y a la fortuna (Real Ac.).

[14] Metatheatrical allusion to the baroque theme "el gran teatro del mundo."

"Carta ejecutoria" de la *Tragicomedia los jardines y campos sabeos* and "A los lectores"

[1] This list of names, beginning with Apollo (and invoking his influence in the realm of music and the arts), consists of epithets for him such as "Loxias" (meaning crooked or ambiguous and attached to Apollo and his oracle at Delphi through suggestion of mysteriousness and inscrutability); "Phoebus" (shining, emphasizing his brightness as sun god); and "Paean" (divine healer of the gods and connected to Apollo through his influence on medicine). The Aganipe fountain on Mt. Helicon is sacred to the Muses and said to give poetic inspiration to all who drink from it.

[2] *Hispalis:* Seville.

[3] *Novela:* term derived and used here in the sense of *novedad.* In her edition of María de Zayas's second collection of stories, Alicia Yllera comments (p. 23) upon the interchangeability of the terms *nona, novella, novedad,* and *noticia* in medieval usage (*Desengaños amorosos.* Madrid: Cátedra, 1983).

[4] Some of these women named are well-known scholars and authors. For example: *Isabela de Barcelona,* presumably Isabel de Heredia, a poet of the late sixteenth and early seventeenth centuries; *Luisa de Sigea,* sixteenth-century scholar, writer, and gifted linguist who knew Latin, Greek, Hebrew, and Chaldean; *Ana Osorio,* sixteenth-century scholar of theology; and *Catalina de Paz,* sixteenth-century poet.

[5] *Protasis:* the introductory part of a play or narrative poem; *epitasis:* the development of a play leading to the catastrophe; *catastrophe:* the final event of the dramatic action, especially of a tragedy.

[6] Enríquez explains here her elimination of the terms "Jornada," "Protasis," "Epitasis," and "Catastrophe" in the 1627 edition of her plays, which are present in the 1624 edition. The term "cimbras" continues the architectural metaphor she employs in discussing the structure of the the the *comedia.*

[7] *Plauto* (Plautus): Roman comic poet (c. 254-184 B.C.) who wrote plays adapted from those of Greek New Comedy that portray representations of middle- and lower-class life.

La Traición en la amistad

2 *Prado:* A popular avenue for strolling on the outskirts of seventeenth-century Madrid. See José Deleito y Piñuela. *Sólo Madrid es corte: La capital de dos mundos bajo Felipe IV.* Madrid: Espasa-Calpe, 1968 and González Santamera and Doménech, *Teatro de mujeres,* n. verso 2, 48.

5-11 Marcia apparently refers to the optics of love, a much used conventional description in Golden Age plays of the onset of amorous feelings. It was thought that love entered through the eyes. The poison she mentions also calls to mind the basilisk, a snake said to be so venemous that it can kill with merely a look.

36 *Lombardía:* Probably a reference to military service in the Mantuan War of Succession, 1628-1630, in which Spain was engaged because of her longstanding interests in possessions in northern Italy.

63-66 Fenisa cites places noted for their confusing architecture: *el laberinto de Creta*, ordered built by King Minos in order to imprison the minotaur; and *el jardín de Falerina* and *la casa de Atlante*, places known for their labyrinthine structures and false images. All references emphasize the confusion generated by falling in love.

70 In the text: "convertiva."

74 The "[te]" is added for sense and poetic rhythm.

76 In the text: "pratica."

129 The "[que]" is supplied for the grammar and the poetic rhythm of the line.

175 *Ciego dios:* Cupid, god of love.

213 In the text: "no haya no más."

273 In the text: "se an."

284 To complete the poetic rhythm, I have supplied the word "fino."

289 *Alfeñique:* pasta de azúcar que se suaviza con aceite de almendras dulces que regularmentese toma en las fluxiones catarrales para ablandar el pecho; *estar como un alfeñique:* dícese de cualquier cosa que se quiere ponderar de blanda, suave, blanca y quebradiza (*Aut.*).

304-05 The word "alzan" that appears in the text does not make sense; *calzan* is more appropriate in the context of the discussion of shoe size that follows. *Puntos:* en los zapatos son las medidas que están rayadas en el marco para determinar el tamaño que han de tener (*Aut.*).

311 *Cuyo:* tomado como sustantivo vale el galán o amante de alguna mujer. Usase regularmente en estilo familiar y festivo (*Aut.*).

314-17 A passage in León's speech that recounts in exaggerated terms the application of cosmetics to the faces of the *gallegas* he describes. In the basket or "salserilla" along with the "medio espejo," León indicates that they carry the make-up and colors with which they paint their faces. In this passage, the text contains a further error: the word "jaluean" should read *jalbegan* from *jalbegar:* lo mismo que enjalbegar; vale también afeitar o aderezar con exceso el rostro (*Aut.*). The final step in their beauty routine entails the application of *almagre:* especie de tierra colorada muy semejante al bol arménico que sirve para teñir o untar diferentes cosas (*Aut.*).

330 *Algalia:* el sudor que despide de sí el gato llamado de algalia . . . y recogiendo el sudor con una cucharilla junto hace como una especie de manteca, la cual es sumamente odorífera (*Aut.*).

333 In the text: "y fruta," corrected here to preserve the poetic rhythm.

346 *Darse un verde con dos azules:* frase vulgar con que se da a entender que uno ha logrado gozar y desfrutar un particular regocijo y contento muy a su placer y satisfacción (*Aut.*).

347 *Zalea*: la piel del carnero seca con lana y sin curtir (Aut.).

350 The word "en" is added for the sense of the whole sentence.

355 A reference to the famous eloquence of the god Mercury.

362-64 All three women mentioned are frequently cited examples of spousal fidelity. *Penélope*: waited twenty years for her husband Ulysses to return from his adventures. *Lucrecia* (Lucretia): committed suicide in front of her father and husband after being raped. *Porcia* (Portia): the wife of Brutus who was so dedicated to him that she killed herself after his death.

397 *Grosura:* la grasa y manteca de los animales; se llama también las extremidades e intestinos de los animales: como cabeza, pies, manos y asadura; y porque en Castilla se permite comer los sábados sólo estas partes de las reses, se llamó día de grosura (*Aut.*).

419 The text does not indicate what seems obvious from the sense of the passage, that is, that Fenisa speaks to herself in an aside. Liseo chides her in line 443 for her silence since he does not hear her words.

426 In the text: "escribe."

443 In the text: "silicencio."

462 The ecclesiastical term in Latin is *lignum crucis:* reliquia de la cruz de Nuestro Señor Jesucristo (Real Ac.).

492 In the text: "que."

504 *San Ginés:* A reference to either St. Genesius the Comedian who, acting the part of a Christian on the Roman stage, was suddenly converted and subsequently martyred, or to St. Genés of Arles who, after refusing to record an imperial decree against Christians in the fourth century, was martyred. The reference reflects the situation being portrayed in this conversation when the truth of what is said is under question.

508 *Hierros:* This implies her *reja* or ironwork-covered balcony window; in Hispanic culture, blue is the color associated with jealousy.

523 *Helecho:* planta de que hay dos especies, una hembra o común y otra macho (*Aut.*).

552 *Frialdad:* significa . . . necedad, dicho o despropósito sin gracia ni viveza que deja frío al que lo oye (*Aut.*).

588 In the text: "te."

592 In the text: "estotros."

644-45 Jacob labored for seven years to win the hand of Rachel. Her father tricked Jacob and substituted his other daughter, Leah, for Rachel. Jacob had to work another seven years in order to win Rachel as his wife.

651 In the text: "se."

721 In the text: "de allá."

734 The stage direction is added for clarity.

745 In the text: "viera."

819 In the text: "bellisisimos."

860 In the text: "tiene."

863-76 This sonnet also appears in Zayas's tale "Aventurarse perdiendo" in her first collection of short narratives *Novelas amorosas y ejemplares*, but the version in her play differs slightly from that in the story (see *Tres novelas*, 79).

865 In the text: "el."

871 In the text: "alibrar."

875 In the text: "en esta esperanza," which does not accommodate the poetic rhythm.

883 In the text the sentence begins, "Belisa, hablarte," which does not serve poetically or logically since Belisa is the speaker.

912 In the text: "cien."

930 The metamorphosis of Daphne into the laurel is here connected to Laura's name.

933 In the text: "confiesso."

939 In the text: "quede desta."

989 I have added "es" to maintain the poetic rhythm.

1059 At this point in the speech, the words should be attributed to Laura because of the sense of the message.

1077 In the text: "vera."

1232 In the text: "lastimas."

1256 The insertion of the word "te" preserves the poetic rhythm.

1276 In the text: "quieres coger."

1301 In the text: "e."

1365-66 A reference to the three mythological women *Circe, Medea,* and *Anaxarete,* invoked here in connection with the strength, magical powers, and rejection of male attention for which they are famous.

1449 *La huerta del Duque:* The garden of the Duke of Lerma near the Paseo del Prado, a place of socializing for the nobility in seventeenth-century Madrid (González Santamera and Doménech, *Teatro de mujeres,* n. line 1449, 110).

1451 *Santa Cruz:* The neighborhood by this name, situated near the Plaza Mayor (González Santamera and Doménech, *Teatro de mujeres,* n. line 1451, 110).

1461 *Cea:* especie media entre el trigo y la cebada, que tiene su caña y espiga semejante a estas dos semillas (*Aut.*).

1462 *Zura* (also *zurita, zorita*): se aplica a la paloma brava o campesina (*Aut.*).

1468 In the text: "dellas."

1511 A word has been left out at the end of this line in the text. For the sense of the passage and to maintain the poetic rhythm, I have inserted "amontonados."

1522 In the text: "lo."

1566 In the text: "cuelgas." I have changed it to maintain the rhyme in assonance.

1578 In the text: "contarla."

1600-05 In the text these lines are erroneously attributed to Belisa.

1601 *Isopo* (Aesop): An ancient Greek fabulist of the sixth century B.C.

1694 *La real Margarita:* Queen Margaret of Austria, wife of Philip III.

1709 In the text: "si no tenía," changed for better contextual sense in the passage.

1728 *Copete:* cierta porción de pelo, que se levanta encima de la frente más alto que lo demás, de figura redonda o prolongada, que unas veces es natural y otras postizo (*Aut.*).

1739 In the text: "culpas."

1764 In the text the remaining portion of this speech is erroneously attributed to Juan.

1841 "Liseo" is inserted to preserve the sense and the poetry of the line.

1847 The insertion of "atormentada" completes the poetic rhythm and the parallel repetition of the words "desdichada" and "atormentaba" of Laura's preceding speech.

1905 The verb is maintained here in the singular, as it is in the text, to preserve the metric rythm.

1919 *Homero* (Homer): An important ancient Greek poet to whom are attributed the two famous epics the *Iliad* and the *Odyssey.*

2020-21 In the text this speech is attributed to Belisa, who, of course, is not even present.

2021 The "padre" mentioned refers back to Marcia's description of love as "padre piadoso" in line 2016.

2026 In the text: "despidote."

2071 In the text: "tizada."

2095 In the text: "tu suerte te ofrece," changed to preserve the metric rhythm.

2143 *El miércoles de corvillo:* Ash Wednesday.

2179 *Palominos:* en estilo jocoso y festivo se llaman aquellas manchas del excremento que suelen quedar en las camisas (*Aut.*). This line is typical of the coarse humor often expressed by the *gracioso* in Golden Age plays.

2182 In the text: "pues," changed to preserve the octosyllabic line.

2189 The word "que" is inserted to preserve the poetic rhythm.

2195 León says these insulting words about Fenisa, inferring that she is a witch through reference to the abhorrent practice of sucking the blood of babies and little children, then popularly attributed to witches.

2229-34 In this passage, León, in typical *gracioso* fashion, jumbles together bits of information. Here he refers to mythological figures who have nothing to do with each other and confuses the details of their individual stories.

2259 The insertion of "digo que" preserves the sense and rhythm of the line.

2271 The word "es" is inserted to preserve the poetic rhythm.

2283 In the text: "a su."

2312 In the text: "amaba."

2319 In the text: "que creo," changed to preserve metric rhythm.

2339 In the text: "quieren."

2350 In the text: "desvarío." I have changed it to "devaneo" which preserves the sense of the passage and the rhyme in e-o.

2365 The insertion of "[siente]" completes the metric pattern and the sense of the passage.

2367 In the text: "a muchos muchos."

2371 In the text: "acaben" and "amante."

2377 The word "pues" is inserted for the metric pattern.

2378 In the text: "tanto."

2380 In the text: "abriré a."

2384 In the text: "faltara" and "gustos."

2430 *San Felipe:* a church and monastery located in the seventeenth century in Madrid's Puerta del Sol (Santamera and Doménech, n. line 2430, 152).

2446 In the text: "me."

2484 In the text: "no que."

2518 In the text: "Con."

2577-80 León plays with the terms he uses here. *Cuellos:* se llamaba también un adorno del pescuezo que se traía en lo antiguo, hecho de lienzo fino, todo alechugado, cuyos pliegues se almidonaban y abrían con molde de hierro (*Aut.*). As León indicates, these collars were also called *bosques*. Thus, the double meaning of the word *caza:* [1] la acción de buscar, seguir, acosar y perseguir las aves o animales para rendirlos y sujetarlos el hombre a su dominio; [2] lienzo muy delgado que se teje de algodón, sutilmente hilado, y ésta se llama caza ordinaria a diferencia de la caza cambrayada que es más delgada que cambray (*Aut.*).

2591 *Cofias:* cierto género de cobertura para la cabeza hecha de red o de lienzo, de que se sirven los hombres y mujeres para recoger el cabello (*Aut.*). *Papos:* antiguamente significaba también una moda de tocado que usaban las mujeres, con unos huecos o bollos que cubrían las orejas (*Aut.*).

2592 *Urraca:* famous historical figure, daughter of King Ferdinand I of Castile and well-known through ballads.

2602 *Coroza:* cierto género de capirote o cucurucho que se hace de papel engrudado y se pone en la cabeza por castigo, y sube en diminución, poco más o menos de una vara, pintadas en ella diferentes figuras conforme el delito del delincuente (*Aut.*).

2671 In the text: "por el."

2756 In the text: "Paso."

2771 In the text: "vieren."

2813 In the text: "señor."